A IDADE DE OURO

FUNDAÇÃO EDITORA DA UNESP

Presidente do Conselho Curador
Herman Jacobus Cornelis Voorwald

Diretor-Presidente
José Castilho Marques Neto

Editor-Executivo
Jézio Hernani Bomfim Gutierre

Conselho Editorial Acadêmico
Alberto Tsuyoshi Ikeda
Áureo Busetto
Célia Aparecida Ferreira Tolentino
Eda Maria Góes
Elisabete Maniglia
Elisabeth Criscuolo Urbinati
Ildeberto Muniz de Almeida
Maria de Lourdes Ortiz Gandini Baldan
Nilson Ghirardello
Vicente Pleitez

Editores-Assistentes
Anderson Nobara
Henrique Zanardi
Jorge Pereira Filho

GEORGES MINOIS

A IDADE DE OURO
História da busca da felicidade

TRADUÇÃO
CHRISTIANE FONSECA GRADVOHL COLAS

L'Âge d'or de Georges Minois
Work copyright © Librairie Arthème Fayard 2009

© 2010 da tradução brasileira
Direitos de publicação reservados à:
Fundação Editora da UNESP (FEU)
Praça da Sé, 108
01001-900 – São Paulo – SP
Tel.: (0xx11) 3242-7171
Fax: (0xx11) 3242-7172
www.editoraunesp.com.br
www.livrariaunesp.com.br
feu@editora.unesp.br

CIP – Brasil. Catalogação na fonte
Sindicato Nacional dos Editores de Livros, RJ

M625i

Minois, Georges, 1946-
    A idade de ouro : história da busca da felicidade / Georges Minois ; tradução Christiane Fonseca Gradvohl Colas. – São Paulo : Editora Unesp, 2011.
    466 p.

    Tradução de: L'âge d'or
    Inclui bibliografia e índice
    ISBN 978-85-393-0171-3

    1. Felicidade. 2. Felicidade – História. I. Título. II. Título: História da busca da felicidade

11-5813.   CDD: 170
                                                          CDU: 17.023.34

Editora afiliada:

Asociación de Editoriales Universitarias de América Latina y el Caribe

Associação Brasileira de Editoras Universitárias

"Preencher o tempo: eis a felicidade."
Ralph Waldo Emerson, *Essays*

SUMÁRIO

INTRODUÇÃO 1

Capítulo 1
NO INÍCIO ERA A FELICIDADE
Nascimento do mito da idade de ouro 5
Hesíodo, pai da idade de ouro / A idade de ouro segundo Sêneca / A felicidade bíblica: uma visão pessimista / Adão e Eva eram felizes? / Os sentidos do mito da idade de ouro / "Rico como Creso": Sólon e a felicidade / Os pré-socráticos: a felicidade é secundária / Demócrito: para sermos felizes, sejamos cegos

Capítulo 2
A BUSCA DA FELICIDADE NO MUNDO ANTIGO
O impasse filosófico 39
Sócrates: "como poderemos ter felicidade?" / Platão: a felicidade pela virtude obrigatória / Aristóteles: a felicidade do sábio próspero e bem de saúde / Fim do século IV: está aberta a caça à felicidade / Epicuro ou a felicidade austera / Carpe diem: fracasso do epicurismo voluntarista? / A felicidade estoica de Epicteto e Marco Aurélio / Sêneca: o impasse estoico rumo à felicidade / A literatura consolatória / "Aqui reside a felicidade": o ponto de vista plebeu / Uma questão de humor?

Capítulo 3
A IDADE MÉDIA
Mil anos de interdição da felicidade 81
As bem-aventuranças, ou a felicidade pela infelicidade / Um vale de lágrimas entre dois paraísos / Santo Agostinho: "A felicidade é inacessível nesta vida" / Tomás de Aquino e a felicidade imperfeita / A felicidade na fuga: o mosteiro e o milênio / A nostalgia do Éden e da idade de ouro / As miragens: as ilhas Afortunadas e o reino

do Preste João / A reivindicação de uma felicidade sensual: do Romance da Rosa à Rainha Sibila */ Os sonhos de felicidade: o aprisco e o carnaval*

Capítulo 4
A VOLTA DA IDADE DE OURO
A Renascença da felicidade mítica (século XVI) 131
O tema central da Renascença / Um tema agregador que absorve a Arcádia e o país da Cocanha / 1468: "O tempo volta", um tema para festas principescas / Um tema nostálgico / Retrato ideal de um casal feliz / A felicidade em um Éden futuro? / A felicidade em Utopia? / A felicidade na América? / Os humanistas: a síntese impossível do carpe diem e das bem-aventuranças / Protestantes e católicos: a santa aliança contra a felicidade / Montaigne: para sermos felizes, vivamos conscientes

Capítulo 5
O GRANDE SÉCULO
Da idade de ouro ao século de ferro 185
Sombrio século XVII / Sejamos felizes apesar de tudo: libertinos, Burton, Spinoza... / Descartes: a felicidade na estufa / Hobbes, destruidor de mitos: a felicidade, o homem selvagem e a idade de ouro / A felicidade, um sonho de cavouqueiro: os Diggers de Winstanley / La Rochefoucauld e Pascal: a felicidade ou a grande ilusão / Teologia da felicidade impossível / O início de uma reabilitação da felicidade: Malebranche e Fenelon / Locke e Shaftesbury: os arautos ingleses da busca de uma felicidade esclarecida

Capítulo 6
O SÉCULO XVIII OU O CULTO DA FELICIDADE 227
Uma nova religião / O novo Éden hedonista e seu grande sacerdote, Casanova / Indivíduos e povos felizes: de Madame de Choiseul ao Taiti / Não há selvagens felizes / A felicidade existe... em Utopia / Felicidade pública ou felicidade privada? / A felicidade: um assunto físico / Sobre a felicidade dos pobres / A felicidade tranquila e suas armadilhas / A pluralidade das felicidades / Da busca à exigência de felicidade

Capítulo 7
A FELICIDADE DAS LUZES
Uma ideia revolucionária? 283
Ceticismo quanto à felicidade individual / O progresso: uma utopia? / A busca da fórmula matemática da felicidade / A América, terra da felicidade / 1776: a busca

da felicidade torna-se um direito inalienável / A felicidade na ordem do dia da Revolução Francesa / "É para serem felizes que os sans-culottes *fizeram a Revolução" (Hébert) / Da felicidade pensada à felicidade por construir*

Capítulo 8
O SÉCULO XIX
A felicidade burguesa, denegrida e cobiçada 313
A idade de ouro, bem em frente! / A maior felicidade do maior número: o utilitarismo / O sonho americano: idade de ouro ou de "folheado a ouro" (Mark Twain)? / Fracasso das experiências de comunidades felizes / O impasse utópico / As promessas revolucionárias / O coro dos filósofos: a felicidade? Uma quimera! / A felicidade do último homem / O coro dos teólogos: a felicidade? Nem pensem nisso! / O coro dos poetas e artistas: a felicidade? Uma tragédia! / O coro dos romancistas: a felicidade? Uma história de loucos! / Jack Feliz e a felicidade burguesa / Uma seleção natural dos felizes?

Capítulo 9
O SÉCULO XX
A felicidade, assunto de Estado, e seus detratores 373
Fracasso das tentativas de felicidade comunista / A renúncia dos utopistas / No Ocidente: o Estado liberal e a felicidade / A felicidade em equação: um erro de cálculo / O distanciamento dos intelectuais (1900-1980) / Freud, ou a felicidade impossível / A felicidade está no Larzac / Teilhard de Chardin, Alain, Bertrand Russell: três advogados da felicidade

Capítulo 10
AMANHÃ: A FELICIDADE?
A procura da idade de ouro a partir dos anos 1980 403
O maremoto eudemonista / A felicidade faz vender / O psicólogo: a felicidade como obrigação moral / O sociólogo: a felicidade paradoxal / O filósofo: da grande às pequenas felicidades / O atrativo da felicidade à maneira oriental / O biólogo: a felicidade está no gene / Para terminar com a felicidade

CONCLUSÃO 427

REFERÊNCIAS 431

ÍNDICE ONOMÁSTICO 445

INTRODUÇÃO

A felicidade é um dos termos mais desfigurados na cultura ocidental contemporânea, da literatura às conversas corriqueiras, das mídias aos discursos oficiais. Como todo termo utilizado a torto e a direito, ficou insípido, perdeu sua força evocadora, tornou-se a expressão banal de qualquer alegria passageira. No entanto, é ao mesmo tempo o tema de uma miríade de trabalhos, livros e artigos de Filosofia, Psicologia e Psicanálise, de manuais de Ética e da arte de saber viver, de métodos e receitas para alcançar a vida feliz, a tal ponto, que provoca saciedade, fastio e repulsa em muitos intelectuais. Estamos saturados de reflexões sobre a felicidade.

Em si, isto é antes um mau sinal, pois não sentiríamos tanta necessidade de ensinar a felicidade se ela fosse moeda corrente. Como se explica então que, segundo pesquisas do Eurobarômetro, 87% dos europeus se dizem "felizes ou muito felizes"? As receitas ministradas por gurus, psicólogos de botequim e vendedores de ilusão seriam eficazes? Ou antes, no clima de hedonismo forçado criado pelas mídias, não ser feliz é considerado uma doença vergonhosa, inconfessável? Pascal Bruckner denunciou essa *euforia perpétua* que impõe a cada um a quase obrigação moral de ser feliz. O fenômeno é, em todo caso, intrigante.

Por sua vez, o historiador é, portanto, levado a se indagar sobre essa noção básica. Se até aqui ela foi o objeto de pouquíssimos estudos históricos, em grande parte é por causa de sua evidência: ao que parece, todo mundo quer ser feliz, e isso sempre foi assim. O que haveria, então, para contar? Deixemos o assunto para filósofos, psicólogos e sociólogos. Isso é esquecer que a noção de felicidade está intimamente ligada ao contexto cultural de cada época e de cada sociedade. Ser feliz não tem o mesmo sentido para um romano do século I, um francês da Idade Média ou um inglês da Revolução Industrial. A ideia que fazemos da felicidade revela os valores da sociedade em um determinado momento da História. Já temos aqui uma razão para estudá-la sob o ângulo histórico.

Além disso, a ideia de felicidade tem a ver com a ação política e social. Considerada universalmente um bem, ela suscita lutas de natureza ideológica. Na Antiguidade, é considerada exclusividade de uma minúscula elite de sábios e de virtuosos que podem atingi-la apenas por meio de uma disciplina de vida extremamente rigorosa. Na Idade Média, chega a ser posta totalmente fora do alcance de uma humanidade decaída, que não pode esperar fruir da felicidade nesta vida. No Renascimento, ganha destaque o desejo de aproveitar a estadia terrestre e levar a vida do modo mais feliz possível, ao menos para a elite. Com a filosofia das Luzes, torna-se aos poucos um direito fundamental para todos os homens: é o que proclama a Declaração da Independência Americana em 1776 e uma das motivações essenciais da Revolução Francesa para a qual, segundo o célebre relatório de Saint-Just em 1794, "a felicidade é uma ideia nova na Europa". Todas as ideologias dos séculos XIX e XX têm a pretensão de trazer a felicidade – isso transparece em obras de propaganda, como as da União Soviética. Hoje, finalmente, é uma preocupação essencial, tanto da Economia política, que conta com "o moral dos lares" para garantir o crescimento, como das ciências humanas, que, da Psicologia à Neurobiologia, tendem a garantir o sentimento de bem-estar do indivíduo.

Um dos maiores paradoxos da felicidade é que ninguém conseguiu defini-la ainda. Há, sem dúvida, inúmeras descrições, mas elas são parciais, incompletas, datadas, orientadas, tanto que é impossível dizer exatamente o que é *a* felicidade. O termo abrange experiências muito diferentes – beatitude, bem-aventurança, delícias, prazer, bem supremo, alegria, gozo –, com conteúdos que diferem segundo as épocas e os contextos sociais. Será que encontramos a felicidade no repouso ou na ação? Na liberdade ou na igualdade? Na virtude ou nos prazeres? Depende da organização social ou do psiquismo individual? Todas essas questões têm instigado os pensadores, de Sócrates até hoje, e seria mais sensato falar de *felicidades*. Sua natureza permanece desconhecida para nós.

Outra coisa que nos escapa: quais foram, ao longo da História, as épocas mais felizes, aquelas em que a proporção de pessoas felizes foi maior? Os atenienses do século de Péricles teriam sido mais felizes que os franceses do século de Luís XIV? É impossível responder a essas questões: as pessoas não tinham as mesmas aspirações, além dos desejos físicos elementares; não tinham a mesma sensibilidade, as mesmas expectativas, as mesmas esperanças. E quando hoje as pesquisas mais sofisticadas tentam captar o grau de satisfação dos cidadãos, os resultados e o próprio princípio dessas sondagens são bastante contestados.

Se sua natureza continua inapreensível, se o grau de felicidade que um povo experimenta é incognoscível, se é um estado psicológico estritamente individual, é impossível produzir uma história da felicidade. Em contrapartida, é possível estudar historicamente a *busca* da felicidade: em que direção? Com que intensidade? Com que meios? Segundo as preferências, falaremos de uma "pesquisa" para os cerebrais, de uma "caça" para os mais ativos (Stendhal), de um "ir no encalço de" (Houellebecq), de uma "conquista" (Russell), e até mesmo de uma "busca" para os arturianos e os místicos; os espíritos guerreiros falarão de uma "estratégia" da felicidade; os estetas, de uma "arte", e as mentes práticas, de "receitas". Cada um tem sua abordagem, mas todos correm atrás da felicidade. Não é, portanto, a história da felicidade que queremos traçar, mas a dessa corrida. O paraíso terrestre é seu arquétipo na cultura cristã, e Jean Delumeau reconstituiu brilhantemente sua história. A cultura pagã elaborou outra representação, muito fértil: a idade de ouro.

Esse mito, que remonta a Hesíodo, ajuda a pensar em felicidade mais que o jardim do Éden, na medida em que não concerne apenas a duas pessoas, mas a toda a humanidade em um momento da História, e na medida também em que está menos ligado a um contexto religioso específico. Assim como todos os lugares de felicidade, esse mito está delimitado no tempo e no espaço, como se para melhor ilustrar o fato de que a felicidade é uma situação excepcional. A idade de ouro é ao mesmo tempo a abundância, a beleza, a juventude, a saúde, a despreocupação, o lazer, os prazeres físicos e intelectuais, em uma natureza pacífica e benevolente.

Existe na história ocidental uma espécie de alternância ou de dialética entre o paraíso terrestre e a idade de ouro. O primeiro é a referência suprema nas épocas que privilegiam a felicidade no além, a felicidade celeste dos eleitos. A idade de ouro, por sua vez, é evocada principalmente nos períodos em que a aspiração à felicidade terrestre se afirma com força: desde Hesíodo e Ovídio na Antiguidade pagã, até o Renascimento, quando fornece um tema ideal aos pintores e aos poetas, e a partir da revolução econômica dos séculos XIX e XX, no início da qual Saint-Simon declara que "a idade de ouro está diante de nós". A idade de ouro subjaz a todos os sonhos utópicos de sociedades perfeitas; é a imagem da felicidade laica, terrestre, enquanto o Éden está sempre sob a vigilância estreita do Deus ciumento. Adão e Eva eram livres, mas uma proibição pesava sobre eles; os homens da idade de ouro são totalmente autônomos, "sem deus nem senhor". É certo que Saturno reina sobre a idade de ouro, mas ele é um deus benevolente que não arma ciladas para os felizes mortais.

É por isso que quisemos situar a história da busca da felicidade sob o signo da idade de ouro, pois, tal como aqueles casais nus, livres, que dançam, conversam, divertem-se, representados por Lucas Cranach,[1] ela encarna o ideal de uma felicidade terrestre autônoma. Uma felicidade que é objeto de uma busca sem fim.

---

1 Pintor renascentista alemão (1472-1553); entre outros gêneros, destacou-se pelos nus representativos de temas mitológicos. (N. T.)

– 1 –

NO INÍCIO ERA A FELICIDADE

Nascimento do mito da idade de ouro

Em todas as civilizações, os primeiros traços escritos que chegaram até nós mencionam a felicidade. Desde que o homem tomou consciência de sua condição, ele mensurou sua infelicidade e seus limites, e expressou sua aspiração por um mundo melhor, isto é, sem sofrimentos. Acometido por toda sorte de males, levando uma existência frágil, ele imaginou o que poderia ser uma vida feliz. Sem meio algum de realizá-la, colocou-a em um lugar inalcançável; um local não geográfico, sem indícios que permitissem prever sua existência, mas cronológico, em um passado fabuloso: outrora, há muito tempo, o homem era feliz.

Naquele tempo – como conta uma tabuleta suméria cujos caracteres cuneiformes foram impressos em argila há quatro mil anos –, "não havia serpentes, não havia escorpiões, não havia hienas, não havia leões, não havia cães selvagens, nem lobos, não havia medo, nem terror, o homem não tinha rival".[1] Quer dizer que ele vivia em harmonia com a natureza, fazendo-se uno com seu ambiente. No mito sumério de Enki, o país de Dilmun é

---
[1] Kramer, *History Begins at Summer*, p.222.

um rincão paradisíaco que não padece nem de guerras nem de doenças.² Na epopeia de Gilgamesh, trata-se de um "paraíso" situado no centro do mundo, perto da "foz dos rios", onde mora o sábio Outanapishtim. Vários textos mesopotâmicos mencionam a lembrança remota de um paraíso perdido. No Egito, trata-se de um mundo de abundância, em que as colheitas são extraordinárias:

> Eu conheço o campo de juncos de Re. A muralha que o cerca é de metal. A altura da cevada é de quatro cúbitos [mais de dois metros]; sua espiga é de um cúbito e seu caule de três cúbitos [...],

diz uma inscrição da pirâmide de Uni, datada de 24 séculos antes da nossa era. Mil anos depois, um texto em hieroglifos evoca um paraíso onde não havia nem medo, nem contendas, nem inimigos.³

Esses paraísos, que lembram o fascínio do país de Cocanha, são geralmente mundos fechados – outro sinal de sua inacessibilidade. É o mesmo caso nas mitologias iranianas, em que o antigo termo persa *apiri-doeza* significa "pomar cercado por um muro". Trata-se de um soberano da idade de ouro, Jima, cujo reino fica no topo de uma alta montanha onde crescem árvores mágicas. Mitos similares existem em todas as culturas, na Índia, na China, na América pré-colombiana, tanto quanto na Islândia, nas sagas escandinavas ou em antigos textos anglo-saxões.⁴ Eles refletem as aspirações particulares dessas populações: paz e saúde para todos, verdura e frescor para os povos das estepes e dos semidesertos áridos, sol e calor para os das regiões setentrionais. No poema anglo-saxão da Fênix, a era feliz foi aquela em que não havia "nem chuvas, nem neve, nem geadas", isto é, o inverso do clima inglês.⁵ De modo geral, representamos esses tempos felizes, idos para sempre, como a antítese do mundo presente, que é a expressão de uma insatisfação gerada pela vida real. As primeiras ideias de felicidade são fruto de um pensamento pessimista, de uma frustração, de uma falta, de uma dor: a felicidade se define negativamente. Ela seria a ausência dos sofrimentos presentes, sentidos como uma situação anormal, um estado de degeneração comparado com uma era feliz de perfeição. Essa era é quase sempre vislumbrada na forma de uma harmonia completa entre o homem e a natureza, uma natureza organizada, domesticada, razoável, uma natureza ao

---

2 Limet, "Dilmun et la mythologie sumérienne des pays lointains", p.9-21.
3 Pritchard, *Ancient Near Eastern Texts Related to the Old Testament*, p.33.
4 Levin, *The Myth of the Golden Age in the Renaissance*, p.10 et seq.
5 Kennedy, *Early Christian Poetry*, p.231.

mesmo tempo selvagem e humanizada: um jardim. Os poetas que concebem esse mito são urbanos – ainda que esse termo possa parecer um exagero aos olhos das metrópoles atuais – para os quais a civilização é uma forma corrompida da evolução humana, e que por isso imaginam que a perfeição inicial era um estado campestre, uma espécie de pastoral idílica. A felicidade era o homem em estado natural, mas em uma natureza harmoniosa, sem conflitos, sem luta pela sobrevivência, sem seleção de espécies – uma natureza não darwiniana.

HESÍODO, PAI DA IDADE DE OURO

Duas tradições, cujos mais antigos traços escritos remontam aos séculos VII-VI antes de nossa era, marcaram profundamente a cultura ocidental: o mito pagão da idade de ouro e o mito judaico, transmitido aos cristãos, do paraíso terrestre. A despeito de diferenças superficiais, sua significação profunda é idêntica. Examinemos primeiro a idade de ouro, cujos textos fundadores conhecidos são os mais antigos.

Esse mito é formulado pela primeira vez por Hesíodo, perto do fim do século VIII antes de nossa era, em um grande poema épico, intitulado *Teogonia trabalhos e dias*. Embora seja um mito relativamente confuso, é rico tanto em sentidos reais como hipotéticos. No começo, então, os homens eram perfeitamente felizes, eram como deuses:

> *Deuses e homens mortais nasceram de origem comum.*
> *De ouro foi a raça primeira dos homens de vida passageira,*
> *Raça criada pelos deuses imortais, que habitam o Olimpo.*
> *Era no tempo de Cronos, quando o céu era seu reino*
> *Quando os deuses levavam uma vida a salvo dos sofrimentos.*
> *Longe, afastados das desditas e dos pesares; jamais a velhice*
> *Árdua se aproximava; os pés e os braços sempre jovens,*
> *Viviam eles de festins, ao abrigo de toda penúria;*
> *Morriam como adormeciam. E todas as riquezas*
> *A eles eram revertidas: a terra que dá a vida, por si mesma,*
> *Ofertava-lhes seus abundantes frutos; a alegria e a calma*
> *Presidiam os trabalhos dos campos, suas grandes riquezas –*
> *Ricos de gado, bem-amados pelas potências divinas.*[6]

---
6 Hesíodo, *Les travaux et les jours*, v.108-20.

Esse texto convida vários comentários. Para começar, constatamos que Hesíodo não fala de "idade de ouro", mas de "raça de ouro", o que sugere uma distância não apenas cronológica, mas também etnológica: esses homens felizes eram racialmente diferentes de nós. Essa raça é "de ouro", pois o metal, considerado puro e precioso, frequentemente é ligado à noção do divino na poesia grega. Aliás, não se sabe muito bem se ele fala dos deuses ou dos homens. Em todo caso, a felicidade não residia na imortalidade, mas em uma longa juventude, graças à ausência de doenças:

> Ora, vivia a raça dos homens outrora na terra
> Afastada e longe de todo mal, afastada dos sofrimentos,
> Dos males dolorosos que as Keres trazem ao homem.
> Na desdita, de fato, os homens envelhecem tão depressa![7]

Portanto, eles morriam jovens e com saúde, o que pode parecer estranho. Outra contradição: Hesíodo nos diz que a natureza "ofertava-lhes seus abundantes frutos"; então, para que serviam os "trabalhos nos campos", se bastava estenderem a mão para se alimentar? Os homens da raça de ouro trabalham ou são ociosos? Não façamos exigências racionais demais: trata-se apenas de um mito. É preferível preservar o que parece ser a essência da felicidade dessa gente feliz: eles ignoram a velhice, o sofrimento e a penúria, morrem sem dor e alcançam o mundo dos deuses. Uma concepção minimalista de felicidade como ausência de sofrimento. Tal parece ser a ideia original: a felicidade não tem conteúdo positivo e, aliás, Hesíodo não emprega essa palavra; ser feliz é não ser infeliz, apenas isso.

E sobre essa raça feliz reina Cronos, deus ambivalente, criatura benévola que devora seus filhos. Pai dos deuses e dos homens, ensinou a estes últimos a agricultura e a arte de construir cidades. Filho da união do Céu com a Terra, representa genuinamente o Ser, a existência, com tudo o que ela tem de ambíguo. Castrou o pai, Urano, e será, ele mesmo, castrado por seu filho Zeus, num gesto que simboliza a esterilidade do Ser. Antes de ser vítima de Zeus, o próprio Cronos garantia essa esterilidade ao devorar seus filhos, símbolo do tempo que acaba com tudo, que mata todas as produções humanas. É, no entanto, sob seu reinado que os homens conhecem a idade de ouro, que são felizes, e é a partir de sua queda que se tornam infelizes. Como interpretar isso? Não seria o caso de dizer, invertendo as perspectivas, que Cronos não é o tempo, mas a eternidade? Seu reino é o do eterno retorno

---

7 Ibid., v.90-3.

de onde estão excluídas a evolução, a mudança. A idade de ouro seria não somente a ausência de sofrimento, mas também a garantia da permanência, a ausência tanto de temor como de esperança, quer dizer, de incerteza. Aliás, a esperança faz parte dos males que estão na caixa de Pandora; a esperança é o sinal de uma falta; logo, de um sofrimento. Na idade de ouro, onde reina a plenitude, nada há a temer ou a esperar. É quando Zeus destitui seu pai e toma o poder que, paradoxalmente, o tempo surge, põe fim à eternidade e, portanto, à felicidade, ao introduzir a incerteza. Cronos é exilado em Creta e reina dali em diante sobre as Ilhas Bem-Aventuradas ou Ilhas Afortunadas, para onde vão os heróis mortos. É ali que desde então se encontra a felicidade.

> *É ali que eles permanecem, o coração ao abrigo dos sofrimentos,*
> *Na ilha dos bem-aventurados, perto da onda oceânica*
> *Esses heróis venturosos.*[8]

Assim, a felicidade é eliminada deste mundo e agora só existe em um além misterioso que não se pode alcançar senão após a morte, quando se chega ao reino de Cronos, o tempo eterno. Ao identificarem Cronos com Saturno, os romanos retomam o mito e, celebrando anualmente as saturnais, repetem indefinidamente o retorno periódico da idade de ouro em festas desenfreadas, durante as quais se esquecem sofrimentos, penúrias, temores e esperanças.[9]

Voltemos a Hesíodo. A raça de ouro, diz ele, desapareceu. Culpa de Pandora, criatura de Zeus. Este, sem dúvida enciumado da felicidade humana, "querendo infligir aos homens sofrimentos funestos", teve uma ideia diabólica: criar a mulher, "essa encantadora infelicidade". Zeus arma sua cilada e todo o Olimpo participa: Hefesto modela um corpo de mulher em argila e água, dando-lhe "um rosto divino de deusa, uma encantadora beleza virginal"; Atena ensina-lhe os trabalhos domésticos e infunde-lhe o "doloroso desejo", reveste-a de adornos; Hermes "concede-lhe uma alma de cadela, de modos dissimulados", põe em sua boca "palavras mentirosas e enganadoras"; trata-se claramente de uma conspiração dos deuses para acabar com a felicidade dos homens. É "uma armadilha fatal, infalível", diz Hesíodo. E essa criatura de sonho é batizada Pandora, o que significa ao mesmo tempo "todos" (*pan*) os "dons" (*dôron*), e dom de todos os deuses (*pantés*). Zeus ri, satisfeito com sua obra. Ele confia a Pandora uma jarra

---
8 Ibid., v.170-2.
9 Sobre a mitologia envolvendo Saturno-Cronos, ver a obra clássica *Saturne et la mélancolie*.

(a famosa caixa) contendo os "dons" dos deuses – na realidade, todos os males que afligirão a humanidade, inclusive a esperança. Aqui há mais um mistério: Pandora abre a jarra; todos os males escapam; ela recoloca a tampa apressadamente e tão bem que "só a esperança restou em sua indestrutível morada". A esperança seria então um bem que Zeus introduzira furtivamente no meio de todos os males para consolar os homens? De qualquer modo, eles não terão nem mesmo esse consolo. Mas terão a mulher, e "acalentarão assim sua miséria". A lição é clara: a mulher é talvez o futuro do homem, mas ela é sobretudo sua infelicidade, porque a mulher é o desejo, e o desejo, inextinguível, sempre renovado, é o grande obstáculo à felicidade, como logo o confirmarão os filósofos: felicidade consiste em satisfazer um desejo, mas a satisfação do desejo mata o desejo, e então mata ao mesmo tempo a felicidade, já que não há mais nada a satisfazer. A armadilha era diabólica! E é sem convicção que Hesíodo nos adverte: "Que a mulher de ancas provocantes não enrede tua alma com suas palavras aduladoras".[10]

Acabou-se então a felicidade e, com ela, a raça de ouro. Dali em diante, reinam as "lúgubres dores". À raça de ouro sucede a raça de prata "bem inferior, criada pelos habitantes do Olimpo". Os homens dessa raça

> *Viviam apenas pouco tempo, sucumbidos de miséria*
> *Por sua insensatez: sem poder desviar sua imensa violência*
> *Uns dos outros...*[11]

Ao fim de cem anos, Zeus os destrói e cria a raça de bronze, "terrível e poderosa, seduzida por Ares para os trabalhos violentos". Essa raça desaparece, por sua vez, vítima de suas guerras. Zeus a substitui pela raça dos heróis, que também acabam se matando uns aos outros e vão para o reino de Cronos. Vem então a quinta raça, a nossa, a raça de ferro, a mais infeliz de todas:

> *A raça atual é de ferro: de dia, as misérias,*
> *E de noite as aflições consomem sem trégua*
> *Os mortais. Os deuses lhes atribuem atrozes sofrimentos.*[12]

Para nós, homens da quinta raça, não se trata mais de felicidade, e isso provoca as lamentações de Hesíodo:

---

10 Hesíodo, op. cit., v.373.
11 Ibid., v.133-4.
12 Ibid., v.176-9.

Se eu pudesse não viver na quinta raça!
Ter morrido antes, ou ter nascido mais tarde![13]

O que dizer? Poderíamos considerar "mais tarde" um retorno da idade de ouro? Hesíodo contenta-se em declarar que

Zeus destruirá essa raça de homens que vivem na terra
Assim que, depois que nascerem, suas têmporas tornarem-se grisalhas.[14]

Talvez haja aqui o início da ideia do eterno retorno, a promessa de uma nova era feliz. Mas essa promessa é muito vaga, e o tom geral, bem pessimista: a condição humana presente é infeliz; a felicidade pertence ao passado, a um passado encerrado. E não se deve contar com os deuses para recuperá-lo: se os homens são bons e felizes, eles preparam uma armadilha para fazê-los sofrer; se são maus e infelizes, aniquilam-nos.

Tal é o texto fundador da idade de ouro. Curiosamente, Homero, que não obstante está bem a par do que se passa com os deuses, não falou sobre isso. Na *Odisseia*, é verdade que o jardim de Alcínoo tem ares de paraíso terrestre, mas é um terreno particular que nada tem a ver com uma felicidade primitiva da humanidade. Aliás, é muito mais um pomar – cujas espécies selecionadas produzem esplêndidos frutos – do que um verdadeiro mundo de felicidade:

> Uma muralha fecha-o na largura e no comprimento. Ali crescem grandes árvores floridas, pereiras, romãzeiras, macieiras de frutos vistosos, figueiras de frutos abundantes, oliveiras. Seus frutos nunca morrem nem faltam, no inverno como no verão; elas produzem o ano inteiro. O sopro constante da brisa faz crescer uns, amadurecer outros; sem descanso, amadurecem pera após pera, maçã após maçã, uva após uva, figo após figo. Mais adiante, está plantado o fértil vinhedo; em uma peça quente, em terreno plano, as uvas secam ao sol; no outro, vindimadores colhem uvas, e outros as espremem.[15]

Resumindo: uma fazenda-modelo, mais do que um autêntico paraíso.

No entanto, Homero sem dúvida deve ter uma ideia a respeito da felicidade. Um texto anônimo que os especialistas situam entre os séculos V e III antes de nossa era, do gênero que mais tarde será chamado "diálogo dos

---

13 Ibid., v.174-5.
14 Ibid., v.178-9.
15 Homero, *L'Odyssée*, VII, v.110-30.

mortos", põe Homero diante de Hesíodo, que lhe pergunta: "O que devem os homens entender por 'felicidade'? — Ter vivido os maiores prazeres e as menores tristezas", o que não é uma concepção muito original e poderia levar a pensar que Homero crê na possibilidade da felicidade. Mas quando Hesíodo pergunta: "Homero, como é semelhante aos deuses em tua sabedoria, responde: qual é a melhor coisa para o homem?", a resposta é de um pessimismo insuperável, como se espera de um homem da idade de ferro: "Primeiro, não nascer; essa é a melhor coisa; uma vez nascido, transpor as portas do Hades o mais rápido possível".[16]

Para a mitologia grega, a felicidade absoluta então desapareceu com a idade de ouro e se tornou um tema literário sobre o qual os poetas amam se estender. Por meio de suas descrições, expõem o ideal de felicidade. A idade de ouro torna-se sinônimo de felicidade completa e de prosperidade. A noção é instrumentalizada, por exemplo, no mundo político. Na *Eneida*, Virgílio escreve que "Augusto César, filho de um deus, recriará a idade de ouro, no Lácio, entre os campos onde outrora reinara Saturno". Ele não especifica o que será esse tempo feliz, mas sua ideia pessoal de felicidade é bem campestre: a vida ideal é a do camponês cujo trabalho produz boas colheitas para alimentar sua família, em um quadro idílico. O homem feliz vive em contato com a natureza, cujas leis e decretos ele conhece e aceita:

Feliz o homem que, estudando as leis da natureza,
Pelos efeitos percebe as causas,
E cujo espírito está sempre sereno,
Sem temer a Fortuna e aceitando o Destino.[17]

Mesmo o além paradisíaco, "a residência bem-aventurada", é um risonho campo "de agradáveis gramados e bosques verdejantes", ou seja, campos elíseos, isto é, por vir. Para Virgílio, a idade de ouro já nada mais é do que uma noção, a alegoria de uma felicidade ao mesmo tempo passada e futura de que a vida campestre pode apenas, no presente, dar-nos uma ideia.

Ovídio é mais fiel ao texto de Hesíodo. Retomando o mito das cinco raças ou idades da humanidade em *As metamorfoses*, escreve que "a idade de ouro foi criada primeiro". Então, "os homens estavam em segurança e sem protetor", não havia armas, nem guerras, nem castigos, nem temores, nem palavras ameaçadoras; cada um estava feliz em seu canto; não se

---
16 *La dispute d'Homère et d'Hésiode*, p.317.
17 Virgílio, *Les Géorgiques*, livro II.

viajava (o que é uma ideia mais original, pois o turismo não é um sinal de insatisfação, que nos impele a ver se estaríamos melhor em outro lugar?). É claro que as safras cresciam sozinhas, e os homens viviam da colheita, em um campo onde corriam rios de leite, de néctar e de mel. "A primavera era eterna, e as brisas calmas acariciavam com seus sopros tépidos as flores nascidas sem sementes."[18] Felicidade açucarada e, no entanto, bem insossa; felicidade sem mulheres, como em Hesíodo, o que, para um poeta mais do tipo erótico, é bastante surpreendente, para não dizer suspeito. Idade de ouro para homossexuais? É verdade que isso foi inventado pelos gregos, mas digamos em vez disso idade de ouro assexuada, o que alguns começam a achar insuportável. Empédocles teria sugerido que esse tempo era, na verdade, regido por Afrodite, e Teócrito teria falado de amores da raça de ouro.[19] É uma elegia anônima tardia, o *Liber amor*, que introduz as mulheres nesse paraíso masculino, ao declarar que a harmonia repousava sobre a credulidade dos machos e sobre a hipocrisia das fêmeas: elas praticavam o amor livre, sem deixar de convencer seus companheiros de sua fidelidade – assim, todo mundo estava feliz.[20] Quando o mito da idade de ouro ressurge no Renascimento, o amor livre será, com a comunhão de bens, um de seus traços essenciais. A partir de então, o assunto será um dos temas favoritos dos pintores.

Guardemos na memória por enquanto que, na mitologia greco-romana, a felicidade absoluta reside na ausência de sofrimento, na segurança e na fartura, e que essa felicidade absoluta existia no início, mas desaparecera por causa de uma cilada armada pelos deuses. A felicidade é dali em diante inacessível para uma espécie humana que degenerou. Só é possível reencontrá-la em um hipotético além, nas ilhas Bem-Aventuradas onde reina Cronos, e nossa única esperança de felicidade na terra reside na eventualidade de um eterno retorno à idade de ouro.

A IDADE DE OURO SEGUNDO SÊNECA

Essa noção não é apenas poética. Ela também foi explorada por filósofos, Sêneca em particular. Em suas cartas, ele utiliza o mito da idade de ouro para esboçar um quadro do que considera o regime político e social ideal,

---

18 Ovídio, *Les métamorphoses*, Livro I, III, "Les quatre âges", v.89-162.
19 Levin, op. cit., p.24.
20 *Anthologia latina*, n.914, v.69-70.

que asseguraria a felicidade de todos. À brevíssima descrição de Hesíodo, ele acrescenta especificações pessoais:

> Nesse século que chamamos de idade de ouro, o poder estava nas mãos dos sábios; eram eles que detinham o braço da violência e que defendiam o fraco contra o forte; eram eles que consultavam, que dissuadiam, que indicavam o que era útil ou nocivo; sua prudência propiciava que nada faltasse aos seus súditos; sua coragem afastava os perigos; sua generosidade aumentava o bem-estar e embelezava a vida de todos. A realeza era uma função, não uma dignidade. Não se experimentava o poder sobre os homens a quem ele era devido; não havia nem desejo nem motivo de fazer o mal, já que se obedecia com amor a quem comandava com bondade.[21]

A era feliz seria portanto a de uma monarquia paternalista em que o poder seria confiado aos filósofos, os únicos capazes de garantir justiça e paz.

E, nesse tempo feliz, os homens viviam frugalmente, naturalmente, em cabanas simples, vestidos com peles de animais, e o luxo era excluído:

> Creiam-me, essa era feliz precedeu os arquitetos. É somente com o luxo que nasceu a arte de esquadriar as vigas e dirigir à vontade a serra para cortar a madeira mais regularmente; [...] ainda não se construíam essas salas de jantar nas quais cabe todo mundo, e não se viam filas de carretas carregando pinhos e pinheiros, e fazendo tremer as ruas sob seu peso, para que no alto desses grandes edifícios fossem suspensos lambris carregados de ouro. Duas forquilhas colocadas a distância sustentavam então as habitações, e uma cobertura de folhas de árvores superpostas bastava para o escoamento das águas, por mais abundantes que fossem as chuvas. Vivia-se sem temor sob aqueles tetos rústicos. A taipa cobria os homens livres; sob o mármore e o ouro, habita a servidão. [...] Se o gênero humano quisesse escutar essa voz, reconheceria que os cozinheiros lhes são tão inúteis quanto os soldados. Eram sábios, ou se pareciam muito com sábios, aqueles que os cuidados consigo mesmos ocupavam tão pouco. O necessário é bem fácil de se proporcionar; é o luxo que custa tanto sacrifício! Vocês não necessitarão de artesãos quando seguirem o desejo da natureza: ela não nos impôs obstáculos, mas proveu todas as nossas necessidades.
>
> O frio é insuportável para o corpo quando ele está nu. Pois então! Os despojos das feras e de outros animais não são mais do que suficientes para

---

21 Sêneca, carta XC, *Oeuvres complètes*, p.455.

protegê-los? A maior parte dos povos não se veste com cascas de árvores? Seria tão difícil fazer vestimentas com plumas de pássaros reunidas?[22]

Parece que estamos lendo Rousseau. Curiosamente, ele, que conhece bem Sêneca, nunca o citou. A semelhança é ainda mais gritante quando o filósofo aborda a organização econômica da idade de ouro: o ponto essencial que garante a felicidade social, e que será a pedra angular de todos os sistemas utópicos, é a comunhão dos bens:

> Os benefícios da natureza estavam à disposição de todos, e a cada um bastava se servir, naquele tempo em que a avareza e o luxo ainda não tinham dividido os homens, e feito suceder a comunhão dos bens pela pilhagem; [...] a avareza veio perturbar aquela bela ordem das coisas: ao querer roubar e se apropriar de uma parte da riqueza pública, ela se privou da totalidade; reduzida a pouco, depois de ter possuído tanto, introduziu a pobreza; e ao cobiçar muito, perdeu tudo. Hoje, qualquer que seja o esforço para reparar suas perdas; ainda que acrescente mais terras às suas, e que expulse seus vizinhos a preço de prata, ou pela violência; ainda que seus campos sejam como verdadeiras províncias...[23]

Lembremo-nos de que Sêneca vive no século I de nossa era, sob um regime imperial autocrático, em uma sociedade dominada pela classe dos senadores e das grandes famílias patrícias, cujas imensas propriedades rurais, os latifúndios, são o mais das vezes deixadas improdutivas, enquanto à plebe falta terra – o que provocou em época anterior pesados conflitos sociais. Na idade de ouro, em que todos os bens eram comuns, não havia ricos nem pobres, todo mundo era feliz.

> Que geração foi mais feliz? Os homens tinham partes iguais nos frutos da natureza que, tal uma mãe, bastava ao sustento de todos; nada que perturbasse suas posses, já que as propriedades eram comuns. Não havia nunca excesso nem falta, pois tudo era compartilhado de bom grado. O mais forte ainda não pesara sua mão sobre o mais fraco; o avarento que esconde seus inúteis tesouros ainda não privara os outros do necessário: tinha-se para com os outros os mesmos cuidados que consigo mesmo. As armas ficavam ociosas e limpas do sangue humano; as mãos empregavam violência apenas contra animais ferozes. Aqueles que encontravam abrigo contra o sol na floresta cerrada, e, na cabana

---
22 Ibid., p.457-63.
23 Ibid., p.479.

miserável coberta de folhas, um refúgio contra os rigores do inverno e as águas torrenciais da chuva, esses passavam noites tranquilas e sem pesadelos. Sobre nossos leitos de púrpura, a inquietação nos aflige e desperta com seus cruéis aguilhões; mas eles, quão doce sono tinham deitados no chão![24]

Sêneca sabe bem do que fala, ele que acumula riquezas sem escrúpulo, como veremos. A nostalgia da idade de ouro rapidamente se torna um artifício para justificar uma crítica do sistema socioeconômico vigente e de seus defeitos. A idade de ouro, evocação nostálgica de um passado feliz porém fictício, torna-se rapidamente um tema de utopia: a imaginação da sociedade ideal. Cada um a preenche segundo suas convicções, um meio prático de criticar sem risco os males contemporâneos, já que se trata de um mundo que desapareceu para sempre. Em outro nível, é também a expressão de uma visão pessimista da evolução humana: a felicidade – isso foi outrora, na idade de ouro dos primórdios. Desde então, a infelicidade penetrou no mundo, em seguida a um acontecimento misterioso do qual os mitos tentam dar conta.[25] Dali em diante, a felicidade é irremediavelmente passado.

A FELICIDADE BÍBLICA: UMA VISÃO PESSIMISTA

Com o mito do paraíso terrestre, a versão judaico-cristã da idade de ouro, o mundo hebraico compartilha essa visão pessimista. O relato deve ser ressituado no contexto dos escritos testemunhais, que atribuem um lugar importante à reflexão sobre a felicidade. A incerteza referente à data de redação dos diversos livros torna aleatório o estudo de uma evolução cronológica dessa reflexão. Entretanto, alguns traços principais podem ser destacados.

As referências à felicidade são bastante numerosas na *Bíblia*. Por ser um estado positivo por excelência, a felicidade não pode ser nada menos que um dom de Deus. Logicamente, nas passagens mais antigas, é considerada a recompensa dos justos, dos que obedecem à lei divina. O Deuteronômio, livro cujas partes mais antigas são trechos de prédicas levitas que remontam ao século VII, está cheio de exortações como esta:

---

24 Ibid., p.479-81.
25 Sobre a origem do mal no mundo, ver Minois, *Les origines du mal*.

Portanto, ó Israel, ouve e cuida de pôr em prática o que será bom para ti e te multiplicará muito, conforme te disse Iahweh Deus de teus pais, ao entregar--te uma terra onde mana leite e mel. (6:3)

E o que é ser feliz? Ter muitos filhos, um belo rebanho e viver até idade avançada. Felicidade rudimentar, na medida para um povo seminômade de três mil anos atrás. Para as mulheres, é ainda mais simples: serem férteis basta para sua felicidade – pelo menos é o que dizem os homens, e são eles que escrevem a *Bíblia*.

À primeira vista, a felicidade não parece trazer muitos problemas para os hebreus. No entanto, a questão os preocupa. Tomemos os Salmos. A primeira palavra é "Feliz [...] o homem [...] seu prazer está na lei de Iahweh" (1:1-2). A afirmação se repete continuamente: "És tu o meu Senhor: minha felicidade não está em nenhum destes demônios da terra" (16:2-3); "Qual o homem que tema a Iahewh? [...] Ele o instruiu sobre o caminho a seguir; sua vida repousará feliz" (25:12-13); "Qual o homem que deseja a vida e quer longevidade para ver a felicidade? Preserva tua língua do mal e teus lábios de falarem falsamente. Evita o mal e pratica o bem, procura a paz e segue-a" (34:13-15); "Quanto a mim, estar junto de Deus é o meu bem" (73:28); "O próprio Iahweh dará a felicidade" (85:13).

É no século IV antes da nossa era que o livro de Jó ousa dizer francamente: os que são felizes são os maus, os que não se preocupam com sua consciência: "Sua vida termina na felicidade [...] acaso não tem eles a prosperidade em suas mãos?" O mau vive muito e próspero, morre forte e pleno, após uma vida de prazeres: "Este morre em pleno vigor, de todo tranquilo e em paz", ao passo que o bom, o fiel, "morre com alma amargurada, sem ter saboreado a felicidade" (21:13, 16, 23, 25).

Também Jó fora feliz, em outros tempos. Pensem: ele tinha sete filhos, três filhas, sete mil ovelhas, três mil camelos, quinhentas juntas de bois, quinhentas mulas e servos em grande número! (1:3) Como um hebreu não seria feliz com tais posses? E ele acreditava na felicidade: "Esperei a felicidade", diz (30:26). "Veio-me a desgraça". Sabemos das calamidades que se abatem sobre ele, e que o fazem pronunciar falas sacrílegas, como previra Satã: a felicidade só existe para quem não tem moral. Ele se faz então advogado do diabo, enquanto seus amigos não renunciam: ele deve ter cometido algum erro, pois apenas os virtuosos são felizes: "Se o escutarem e se submetem, terminarão seus dias em felicidade e seus anos no bem-estar", diz Eliú (36:11). O debate será retomado mais tarde de forma secularizada pelos filósofos gregos, que se mostrarão tão ingênuos quanto Elúi ao afirmar que a virtude faz alguém feliz.

Por fim, é também a conclusão do livro de Jó, cujo desfecho é absolutamente moral: "Então Iahweh mudou a sorte de Jó, quando intercedeu por seus companheiros, e duplicou todas as suas posses", para compensá-lo por essa piada de mau gosto. Ei-lo à frente de

> catorze mil ovelhas e seis mil camelos, mil juntas de bois e mil jumentas. [...] Jó viveu depois cento e quarenta anos, e viu seus filhos e os filhos de seus filhos até a quarta geração. E Jó morreu velho e cheio de dias. (42:10-7)

Tudo está bem quando acaba bem. O desfecho confirma de passagem a concepção absolutamente material da felicidade para um hebreu do século IV antes de nossa era: ser feliz é viver muito, com muitos filhos e milhares de animais. E essa felicidade é uma dádiva do Senhor. Um dom reservado aos fiéis? Aparentemente, mas a questão foi levantada apesar disso, e a resposta muito conformista arrisca-se a não convencer todo mundo.

De fato, o problema é examinado novamente em um escrito bíblico do século III antes de nossa era, o Eclesiastes. A questão posta dessa vez é muito mais radical: o que é a felicidade? A influência do pensamento racional e cético do mundo grego faz-se sentir aqui. Como o texto anônimo helênico que mencionamos faz dizer Homero, o melhor seria não nascer, e, se não se tem essa sorte, morrer o mais rápido possível é o que pode nos acontecer de melhor: "Então eu felicito os mortos que já morreram, mais que os vivos que ainda vivem. E mais feliz que ambos é aquele que ainda não nasceu", declara o redator do Eclesiastes (4:2-3). Desprezo esses patriarcas centenários, desdentados, caquéticos e paralisados por reumatismos! É zombar do mundo pretender que se pode ser feliz nessa idade. Aliás, acrescenta o Eclesiastes, existe a felicidade? Procurei-a por toda parte, disse a mim mesmo: "Pois bem, eu te farei experimentar a alegria e conhecer a felicidade!" (2:1). Tentei de tudo: o vinho, as mulheres, a vida de prazeres e amenidades em moradas suntuosas com jardins frescos, juntei o dinheiro, os animais, os escravos, as dançarinas, as riquezas de todo tipo, "e meu coração ficou desenganado de todo o trabalho com que me afadiguei debaixo do sol". E tudo isso foi em vão:

> o que resta ao homem de todo o trabalho e esforço com que o seu coração se afadigou debaixo do sol? Sim, seus dias todos são dolorosos e sua tarefa é penosa, e mesmo de noite ele não pode repousar. (2:22-23),

pois ele sabe que tudo isso terá um fim. Viver bastante e ter muitos filhos? Seria isso a felicidade?

> Teve cem filhos e vive por muitos anos [...] e mesmo que alguém vivesse duas vezes mil anos, não veria a felicidade; não vão todos para o mesmo lugar? (6:3, 6)

Tudo termina na tumba. Trabalhar para seus herdeiros? Para quê? Aliás, o trabalho é penoso: "pra quem trabalho e privo de felicidades?" (4:8). Riqueza? É uma preocupação secundária. Mesmo a sensatez é contrária à felicidade, pois "Muita sabedoria, muito desgosto; quanto mais conhecimento, mais sofrimento" (1:18). E olhem em torno de vocês: "Eu vejo todas as opressões que se praticam sob o sol; olhem as lágrimas dos oprimidos: eles não têm consolador; a força está ao lado dos opressores". Como podem querer ser felizes nessas condições? "Detesto a vida, pois vejo que a obra que se faz debaixo do sol me desagrada: tudo é vaidade e correr atrás do vento" (2:17).

A felicidade é inacessível. Reportemo-nos aos pequenos prazeres da existência, aproveitemos os momentos agradáveis sem pensar no amanhã: comamos, bebamos e sejamos alegres, pois amanhã morreremos; tal é a célebre conclusão do Eclesiastes, um *carpe diem* sem ilusão, uma espécie de felicidade de curto prazo: "Eu exalto a alegria, pois não existe felicidade para o homem debaixo do sol, a não ser o comer, o beber e o alegrar-se" (8:15). Se se trata aqui de felicidade, ela é bem modesta. E não é nem mesmo certo que seja permitida: corremos o risco de que nos peçam satisfações por todos esses pequenos prazeres. Então, jovens, desconfiem; divirtam-se, mas será preciso pagar um dia:

> Alegra-te, jovem, com tua juventude, sê feliz nos dias da tua mocidade, segue os caminhos do teu coração e visão dos teus olhos, saibas, porém, que sobre todas essas coisas Deus te convocará para o julgamento. (11:9)

Pode-se compreender por que o livro do Eclesiastes não é muito popular nas celebrações religiosas atuais. As leituras dos cultos dominicais preferem se concentrar em textos mais otimistas e em parábolas clássicas, morais e tranquilizadoras. O Eclesiastes é um dos textos menos lidos e menos citados da Bíblia, onde cada um escolhe o que lhe convém. Ele revela um pessimismo profundo que estava amplamente presente no mundo hebraico dos cinco séculos que precedem nossa era. As promessas de salvação estavam longe de monopolizar a atenção; para muitos, é a ideia de queda que importa. A felicidade não estava nem no futuro, nem no presente, mas no passado, e um passado inelutavelmente acabado. Mesmo a "felicidade" proporcionada pelos rebanhos, os filhos e a longevidade não passava de uma felicidade substituta. A verdadeira felicidade, a felicidade absoluta, existira apenas nos primórdios, na aurora do mundo, em um paraíso, e esse paraíso estava perdido.

ADÃO E EVA ERAM FELIZES?

O relato da criação, inspirado nos mitos do Oriente Médio, recebeu sua forma definitiva, segundo os exegetas, por volta dos séculos VIII ou VII antes de nossa era. À primeira leitura, o mito parece simples. A história é bem conhecida: criação de Adão, depois de Eva, no jardim do Éden, com proibição de comer os frutos da árvore do conhecimento do bem e do mal; tentação de Eva pela serpente; expulsão do jardim. Mas, por trás desses acontecimentos que fascinam as histórias infantis, os exegetas, teólogos e filósofos acreditam poder distinguir significações profundas, em particular na área que nos concerne.

Primeira constatação: não se fala em nenhum lugar que Adão e Eva eram felizes antes da queda. É verdade que podemos supô-lo: a cena se passa no Éden, termo hebreu que evoca ao mesmo tempo "gozo" e "campo feliz"; mas nada se diz do estado de espírito deles, e até o ambiente fica por conta da imaginação do leitor. Releiam a narrativa no Gênesis (2:4-25): nem uma palavra sobre o cenário. Todas as pinturas do paraíso saem da imaginação dos artistas. É apenas por uma dedução lógica baseada nos males que vão fazê-los sucumbir em seguida que podemos supor que o casal inicial levava uma vida tranquila antes do pecado. Mas eles não tinham consciência de sua felicidade. A prova: no meio do jardim está a "árvore do conhecimento do bem e do mal", e a eles é proibido tocá-la: "Podes comer de todas as árvores do jardim. Mas da árvore do conhecimento do bem e do mal não comerás, porque no dia em que dela comeres terás que morrer" (2:16-17). Disso é fácil concluir que Adão e Eva não sabiam o que era felicidade nem infelicidade. A tradução corrente diz, é verdade: "árvore do conhecimento do bem e do mal". Mas a tradução ecumênica da *Bíblia* prefere "conhecimento da felicidade e da infelicidade" e a justifica assim:

> *Conhecimento da felicidade e da infelicidade*, isto é, o saber que permite ser feliz ou infeliz, preferível à tradição comum: "árvore do bem e do mal", que dá a essa árvore uma significação moral ou intelectual demais. O conhecimento era

para os israelitas menos teórico do que experimental. A ciência da felicidade e da infelicidade (Dt, 1:39; 1Rs, 3:9; Esd, 7:15) é um discernimento (2Sm, 19:36) de caráter universal (Gn, 24:50; 31:24) que permite tudo julgar (2Sm, 14:17) para a felicidade e a infelicidade de si próprio e dos outros.[26]

Adão e Eva, portanto, não são felizes, pois não têm consciência de sua felicidade. Vivem em harmonia com o restante da criação, sem consciência reflexiva. Apenas os deuses sabem o que é a felicidade, e é justamente o que o diabo propõe a Adão e Eva: "vossos olhos se abrirão e vós sereis como deuses, versados no bem e no mal" (3:5). E, uma vez cometido o irreparável, "disse Iahweh Deus: 'Se o homem já é como um de nós, versado no bem e no mal [...]'" (3:22). Passemos sobre o "nós", que deixa supor que Iahweh não é tão único assim, e notemos que, para ter acesso ao conhecimento da felicidade, foi preciso que nossos ancestrais enfrentassem a proibição, isto é, provassem sua autonomia, quebrassem os limites, derrubassem os tabus. Notemos também o caráter inseparável do bem e do mal: não se pode conhecer um sem o outro; eles se alimentam um do outro; não há bem que não seja consciente de si mesmo, e consciente da existência do mal. Dito de outra maneira, a felicidade exclusiva não existe, ela é ontologicamente impossível. Um mundo onde a infelicidade não existisse não seria um mundo feliz. Para ser feliz, é preciso ter consciência disso, e saber o que significa não ser feliz. É por isso que o pecado original torna a felicidade possível, sempre mostrando seus limites e a impossibilidade de uma felicidade absoluta: ela teria existido apenas no paraíso, mas só tomamos consciência disso ao perdê-la. É, portanto, toda a ambiguidade da felicidade que se revela aqui.

Compreendemos por que certos teólogos puderam qualificar o pecado original de "feliz erro": é graças e ele que o homem alcança de fato a humanidade, adquirindo consciência de si mesmo, autonomia e responsabilidade. Sem o pecado, sua liberdade teria sido apenas potencial, e sua felicidade, inconsciente, logo inexistente. Mas não se pode ter consciência da felicidade absoluta senão ao perdê-la; a felicidade humana é obrigatoriamente limitada, impura, incompleta, indissociável da infelicidade.

Podemos também fazer um comentário sobre o termo paraíso, originado do hebreu antigo *pandès*, por sua vez derivado do persa *apiri-daeza*, que significa "cercado por um muro". A tradução dos Septuaginta[27] dará o

---

26 *Traduction oecuménique de la Bible*, 1975, p.46, nota k.
27 Designação pela qual é conhecida a mais antiga tradução em grego do texto hebreu do Antigo Testamento, realizada por 72 tradutores, daí o nome. (N. T.)

termo *paradeisos*, de onde a ideia segundo a qual a felicidade perfeita exige um espaço fechado, isolado, protegido contra os males e as imperfeições do mundo exterior. Todas as utopias de mundos perfeitos serão imaginadas em ilhas, lugares inacessíveis ou fortificados, e as tentativas de realização, no século XIX, acontecerão nos ermos da imensidão americana.

O paraíso terrestre é diferente da idade de ouro, no sentido em que concerne a apenas um casal e não a todo um povo, uma raça. Mas o sentido global é o mesmo: a felicidade perfeita não existe senão em um passado fabuloso, para sempre inacessível, e cuja perda se deve à vontade dos deuses, pois a interdição de comer o fruto proibido era a melhor maneira de empurrar Adão e Eva a fazê-lo. Não é nem mesmo uma armadilha; é um ardil tosco que completa a criação, conferindo ao homem sua autonomia. O mito do paraíso terrestre, como o da idade de ouro, é o reconhecimento do caráter implacável da perda da felicidade original pela tomada de consciência.

OS SENTIDOS DO MITO DA IDADE DE OURO

Filósofos e etnólogos explicaram esses mitos. Todos se unem para dizer que as ideias de uma idade de ouro e de paraíso terrestre exprimem a nostalgia da unidade perdida. De modo esquemático, a história é a seguinte: em um primeiro momento, o homem vive em simbiose com a natureza, está imerso em seu ambiente, com o qual se funde; ele é um animal no meio dos outros. "Ele se sente em seu lugar, no coração da realidade, sem suficiente consciência de si para querer ser outro", diz George Gusdorf.[28] Nesse estágio, há uma unidade profunda entre o homem e seu meio; cada um é o centro do mundo, o lugar ontológico, e, de certa forma, vive o mito; o que se vive precede o que se pensa. O drama acontece quando surge a consciência, a inteligência, pela qual o homem se coloca perante seu meio; a inteligência distingue, separa, dissocia, põe fim à unidade primordial, o que gera angústia. Com a desagregação do estado mítico, o homem se coloca em relação a seu meio, no qual vê dali para frente um ambiente potencialmente ameaçador. E, a partir de então, vive na nostalgia da unidade perdida que todos os seus esforços procuram, em vão, reencontrar. Sonha com a idade de ouro, com o paraíso perdido, e lhe dá um nome: a felicidade. Ele elabora um mito para explicar por qual catástrofe aquilo aconteceu:

---

28 Gusdorf, *Mythe et métaphysique*, p.144.

A reflexão consagra o fim da inocência mítica. Doravante o homem não pode mais se deixar levar pelas evidências estabelecidas. Ele se torna operário da verdade, ou seja, capaz e culpabilizável. A existência se fundamenta sobre um rompimento, sobre uma separação de si com o mundo, de si consigo e de si com Deus; e todo o esforço da sabedoria e do conhecimento humano terá a ambição de remediá-la. [...] Podemos, portanto, dizer que a reflexão separou o que o mito havia unido. O conhecimento nasce dessa desintegração do ser primitivo no mundo. Ele é, sob todas as suas formas, uma tentativa de reintegração. Mas essa tentativa da consciência de reencontrar um equilíbrio ontológico, para se justificar ao justificar o universo, não poderá mais revestir o caráter totalitário da certeza mítica.[29]

O trabalho de todas as religiões e filosofias será o de explicar como o homem perdeu a felicidade perfeita e por quais meios pode esperar recuperá-la, seja por inteiro (as promessas das religiões), seja mais modestamente em parte (as sabedorias filosóficas). Sobre a causa da perda da felicidade, o homem hesita: ele se sente ao mesmo tempo vítima e culpado. Acusa forças que o superam (Deus, o diabo, digamos, o destino), e também ele mesmo: a consciência é sempre de certo modo má consciência, de onde a ambiguidade do termo. Como diz Gerardus Van der Leew,

> a cisão original na existência humana, que pôs o homem *ipso facto* em estado de consciência, constitui igualmente a descoberta do pecado. A noção de pecado acompanha a noção de si mesmo. Adão, depois de sua queda, vê-se pela primeira vez em toda a sua nudez. Tomar consciência é perceber seu estado de pecado. Aquele que toma consciência de si atinge, como o filho pródigo, a própria essência do homem, quer dizer, do pecado.[30]

Ou ainda: "A expulsão do paraíso terrestre e a noção de si são idênticas".[31] Quanto mais a consciência de si é aguda, mais vivo é o sentimento de ter perdido a felicidade, pois a consciência de si isola e, portanto, afasta da unidade primordial. Inversamente, uma fraca consciência de si, que se aproxima da consciência animal, reduz a angústia, aumenta a felicidade vivida e diminui a felicidade consciente: é o que a sabedoria popular chama

---

29 Ibid., p.192-3.
30 Van der Leeuw, *L'Homme primitif et la religion*, p.194-5.
31 Klages apud Gusdorf, op. cit., p.192.

de "bobo alegre", e que as Bem-aventuranças enobreceram pela fórmula "bem-aventurados os simples de espírito".

A explicação de Mircea Eliade em "La nostalgie du paradis" [A nostalgia do paraíso], vai no mesmo sentido.

> O mito paradisíaco se encontra um pouco por toda parte no mundo. Todos esses mitos apresentam o homem primitivo gozando de uma beatitude, de uma espontaneidade e de uma liberdade que ele infelizmente perdeu após tombar, isto é, em seguida ao acontecimento mítico que provocou a ruptura entre o Céu e a Terra.[32]

Em seu *Tratado da história das religiões*, Eliade aprofundou a noção de "nostalgia do paraíso", quer dizer, nostalgia da felicidade absoluta, que é um arquétipo inextirpável do espírito humano:

> Entendemos isso como o desejo de se encontrar, *sempre e sem esforço*, no centro do mundo, da realidade e da sacralidade, e, pelo caminho mais rápido, de ultrapassar de uma maneira natural a condição humana e recobrar a condição divina – um cristão diria: a condição de antes da queda.[33]

Esse arquétipo degradou-se ao longo dos séculos, prossegue o autor, mas é ele que está na origem de todas as miragens de felicidade que surgiram na História. Não é unicamente o caminho das Índias que os navegadores do século XVI buscavam, mas o paraíso terrestre, as ilhas Afortunadas, as ilhas dos Bem-aventurados. Essas ilhas e essas terras novas conservaram seu caráter mítico por muito tempo depois que a Geografia se tornou científica. "A ilha dos Bem-aventurados" sobreviveu a Camões, atravessou o século das Luzes, a idade romântica, e não perdeu seu lugar em nossos tempos. Mas a ilha mítica não significa mais doravante o paraíso terrestre: ela é a ilha do Amor (Camões), a ilha do "bom selvagem" (Daniel Defoe), a ilha de Eutanasius (Eminescu) ou ilha "exótica", um país de sonho de belezas secretas, a ilha da liberdade, do jazz, do descanso perfeito, das férias ideais, dos cruzeiros em transatlânticos de luxo, à qual o homem moderno aspira sob a miragem da literatura, do cinema ou simplesmente de sua imaginação. A função da terra edênica, privilegiada, permanece imutável; somente sua valorização sofreu muitas transposições, desde o paraíso terrestre (no

---
32 Eliade, "La nostalgie du paradis", em *Mythes, rêves et mystères*, p.52.
33 Id., *Traité d'histoire des religions*, p.322.

sentido dado pela Bíblia à palavra) até os paraísos exóticos com os quais sonham nossos contemporâneos.³⁴

Os antropólogos confirmam: mesmo os povos primitivos (povos "primevos" dizem doravante as mentes delicadas) têm uma noção da idade de ouro e dos mitos a ela relacionados. Margaret Mead observou que na Nova Guiné a idade de ouro é sempre situada na geração que precedeu a última a viver, portanto sempre em um passado do qual não há mais sobreviventes. E o que fazia a felicidade nessa idade de ouro é que não havia tabus sexuais. Naqueles tempos, os deuses eram indulgentes e toleravam o amor livre:

> O ideal de todo homem na comunidade é a idade de ouro, que cada um acredita ter existido justamente na geração que o precedeu, quando os espíritos não se interessavam pelos amores dos mortais e quando se podia, ao encontrar uma mulher, agarrá-la pelos cabelos. O estupro, a captura rápida de uma vítima resistente é sempre o ideal do homem.³⁵

Por toda parte, a idade de ouro o é para os varões, pois os mitos são feitos por eles. É por isso que a mulher é sempre acusada de ter sido o instrumento da queda: Pandora ou Eva. Cada cultura faz sua representação da idade de ouro como aquela em que os sofrimentos e as proibições do mundo atual não existiam, e a comunidade das mulheres é uma marca recorrente desses paraísos masculinos, marcados pela síndrome de Don Juan.

Claude Lévi-Strauss constatou a universalidade do mito da idade de ouro, mas para ele isso é mais do que um mito. Seu pensamento, irremediavelmente pessimista, vê na história da humanidade um processo de entropia semelhante ao que constatamos em termodinâmica, isto é, uma desagregação progressiva a partir de um ideal anterior harmonioso. O homem

> surge ele mesmo como uma máquina [...] trabalhando para a desagregação de uma ordem original e precipitando uma matéria fortemente organizada em uma inércia cada vez maior e que será um dia definitiva.³⁶

Em sua *Antropologia estrutural*, Lévi-Strauss sugere que uma idade de ouro existiu de verdade no início de toda sociedade, mas desapareceu definitivamente, sem esperança de volta. É inútil procurá-la nos povos primitivos,

---

34 Ibid., p.363.
35 Mead, *Growing-up in New Guinea*, p.130.
36 Lévi-Strauss, *Tristes tropiques*, p.478.

como se acreditou ser possível fazê-lo com a ilusão do "bom selvagem", pois os povos ditos "primitivos" não o são mais:

> Uma verdadeira sociedade primitiva deveria ser uma sociedade harmoniosa, pois ela seria, de certa forma, uma sociedade frente a frente consigo mesma. Vimos ao contrário que [...] aquelas que poderiam parecer mais arcaicas de verdade são todas contorcidas por discordâncias nas quais se descobre a marca, impossível de desdenhar, do acontecimento. Inúmeras rachaduras, únicas a sobreviverem à destruição do tempo, não darão nunca a ilusão de um timbre original ali onde, outrora, ressoaram as harmonias perdidas.[37]

Esse tempo da harmonia, da felicidade perfeita não voltará mais. Certamente, podemos sempre fingir que acreditamos nisso, dizer "nada é definitivo; podemos tudo retomar [...], o que foi feito e perdido pode ser refeito",[38] mas visivelmente ele não acredita nisso: "O homem só cria algo verdadeiramente grande no início; em qualquer que seja a área, apenas a primeira abordagem é integralmente válida".[39] De qualquer modo, "o mundo começou sem o homem e se acabará sem ele".[40] Interpretando o pensamento do antropólogo na bela biografia que lhe dedicou, Denis Bertholet conclui: "Não podemos nem devemos nos enganar: a perfeição pertence aos primórdios, não aos finais, [...] *o paraíso está perdido sempre*".[41]

É esse fato que o homem exprimiu nos mitos, cuja origem é evidentemente impossível de se encontrar. A noção central é a nostalgia, o sentimento de que tudo era melhor antes, de que o mundo criado pelos deuses devia necessariamente ser melhor do que o mundo presente, tão imperfeito, tão duro. O caráter tão penoso da existência provoca a aspiração àquela felicidade que deve ter existido outrora. Essa crença foi estruturada pelos poetas, no âmbito de cada civilização. Inventou-se a ideia de uma felicidade primordial, de um mundo ideal de onde fora eliminado tudo o que torna a vida difícil, um mundo de fartura, de paz, de descanso, de saúde, de juventude. E tudo isso serviu apenas para acentuar nossa infelicidade, ao acrescentar aos males reais a crença em uma felicidade ilusória perdida para sempre, para sempre inacessível. A história da felicidade começa pela história da felicidade perdida, começa na infelicidade e no pessimismo. Quando pensa

---

37 Id., *Anthropologie structurale*, p.132.
38 Id., *Tristes tropiques*, p.454.
39 Ibid., p.472.
40 Ibid., p.478.
41 Bertholet, *Claude Lévi-Strauss*, p.217.

na felicidade individual, o homem se volta primeiro para sua infância, para sua juventude; quando pensa na felicidade da humanidade, volta-se para a aurora do mundo. Nos dois casos ele se engana, mas a ilusão é inevitável.

Para o mundo ocidental, são primeiramente os mitos gregos, que se estenderam por todo o Mediterrâneo por intermédio dos romanos, que estabelecem a ideia da felicidade perdida. Primeiramente uma tradição oral, depois atribuída às figuras incertas de Homero e de Hesíodo, o mito se individualiza pouco a pouco nas obras literárias.

> Ao dar interpretações cada vez mais livres dos mitos fornecidos pela tradição, a literatura descobre em si um poder demiúrgico [...] O poeta, doravante o filósofo, confere o ser às realidades que ele evoca. Ele as cria segundo o espírito e o coração do homem. Ao mesmo tempo, diante do universo, o homem descobre sua verdadeira estatura. Criador de mitos novos, agora é ele que dá sentido ao mundo; ele aprende com a própria obra sua nova soberania.[42]

E, no espírito da idade de ouro, é um clima pessimista que cerca os textos poéticos gregos sobre a felicidade. Teógnis de Mégara, no fim do século VI antes da nossa era, desenvolve esta ideia radical: a felicidade é não existir; o nada vale mais do que o ser.

> O mais desejável de todos os bens sobre a terra é não nascer, não ter jamais visto os raios ardentes do sol; se nascer, cruzar o mais cedo possível as portas do Hades, e repousar sob um espesso manto de terra.

Como num eco, Heródoto faz falar Artabano,[43] ao longo de uma conversa sobre a brevidade da vida:

> Por mais curta que seja, não há um homem no mundo, aqui ou em outro lugar, que seja feliz o bastante para não ter desejado, e não apenas uma vez, mas com muita frequência, estar morto e não vivo. Os aborrecimentos chegam, as doenças nos afligem, e isso torna a vida, a despeito de sua brevidade, muito longa. O fardo é tão pesado que a morte é um refúgio que nós todos desejamos, e isso mostra que o deus que nos deu o gosto da suavidade do mundo ficou enciumado desse dom.[44]

---

42 Gusdorf, op. cit., p.191.
43 Irmão mais novo do rei Dario da Pérsia. (N. T.)
44 Heródoto, *Histoires*, VI, 46.

"RICO COMO CRESO": SÓLON E A FELICIDADE

Então é isso: a felicidade não é possível nesta vida porque os deuses vigiam. Desde o fim da idade de ouro, enciumados, eles não podem suportar que sejamos felizes. Então, se às vezes temos a impressão de sê-lo, fiquemos discretos, não vamos gritar aos quatro ventos: Zeus e seu bando nos mandariam catástrofes imediatamente. Foi o que aconteceu ao famoso Creso, conforme conta Heródoto, em um episódio rico de ensinamentos. Creso, rei da Lídia, possui imensos territórios e riquezas fabulosas que fizeram sua fama até hoje. Assim, não surpreende que ele imagine ser o homem mais feliz do mundo. E, para oficializar essa felicidade, ele queria que isso fosse reconhecido por um sábio de passagem, o ateniense Sólon. Seguro de si, ele o interroga:

> Então, meu bom amigo ateniense, ouvi muito falar de tua sabedoria e de todas as tuas viagens em busca do conhecimento. Não consigo me impedir de te fazer uma pergunta: quem é o homem mais feliz que você já viu até hoje?[45]

Pergunta imprudente. A resposta de Sólon deixa o rei estupefato: o homem mais feliz do mundo foi o ateniense Telo, ilustre desconhecido, morto em uma obscura batalha contra a cidade de Elêusis, e a quem seus compatriotas haviam concedido funerais públicos em reconhecimento por sua bravura.

Creso, decepcionado, espera pelo menos o segundo degrau do pódio. Nem isso! Nem mesmo o terceiro: na lista de honra dos homens mais felizes do mundo, Sólon coloca em segundo e em terceiro lugares dois jovens de Argos, os irmãos Cléobis e Biton, cuja façanha foi puxar por dez quilômetros a carroça em que estava sua mãe, para que ela pudesse chegar a tempo à festa de Hera. A mãe, agradecida, tinha então pedido à deusa que concedesse a seus filhos a maior felicidade que um mortal pudesse conhecer. Pedido satisfeito: os dois jovens morreram logo em seguida, durante o sono. Os habitantes de Argos erigiram-lhes estátuas que foram enviadas a Delfos.

Eis uma história bem bonita, mas que não agrada nem um pouco a Creso:

> Tudo isso é muito bonito, meu amigo ateniense; mas, e sobre minha própria felicidade? Ela é tão desprezível para que tu não a compares nem mesmo a essas pessoas comuns?[46]

---

45 Ibid., I, 30.
46 Ibid., I, 32.

Sólon então se explica:

> Creso, sei que Deus tem inveja da prosperidade humana e gosta de nos fazer sofrer; e tu me perguntas sobre o destino do homem! Escuta: quanto mais os anos passam, mais nos arriscamos a ver e a sofrer por coisas que gostaríamos de evitar. Consideremos que 70 anos é a duração média de uma vida humana, [...] ou seja um total de 26.250 dias, e nenhum deles nos traz a mesma coisa que o seguinte. Com isso, tu vês bem, Creso, que o homem está inteiramente entregue ao acaso. Tu pareces ser muito rico, e reinar sobre um povo numeroso, mas eu só poderia responder à tua questão quando soubesse que morreste feliz. A grande riqueza não pode fazer um homem mais feliz do que as posses modestas, a menos que ele tenha a sorte de continuar próspero até o fim. [...] Note bem isto: até a sua morte, mantenha a palavra "feliz" em reserva. Até lá, ele não é feliz, apenas sortudo. [...] Nenhum homem pode se sentir totalmente satisfeito: falta sempre alguma coisa. Mas aquele que tem o maior número de boas coisas e guarda-as até o fim e morre tranquilamente, esse homem, Creso, merece em minha opinião ser chamado de feliz. Espera sempre o fim, qualquer um que tu consideres. Não raro, deus dá ao homem um vislumbre da felicidade, e depois o arruína completamente.[47]

Creso não aprecia a lição e se despede friamente do "velho doido". Mas os deuses, indignados com a insolência desse homem que se achava o mais feliz do mundo, suscitam revoltas e guerras que levam à sua queda. O diálogo entre Creso e Sólon tem pouca possibilidade de ser histórico, porque o primeiro reina de 560 a.C. a 546 a.C., ao passo que o segundo já estaria morto em 559 a.C. Mas não faz mal. O que conta são os ensinamentos a tirar desse episódio fictício.

A lição é totalmente moral, pois ilustra que "dinheiro não traz felicidade" e que não basta ser "rico como Creso" para ser feliz. Entretanto ela é paradoxal: quem, se pudesse escolher preferiria o destino de Telo, de Cléobis ou de Biton em vez do de Creso? Morrer jovem pela pátria e descansar em um belo túmulo, ou viver muito rico e poderoso? A felicidade, segundo Sólon, é antes paradoxal. Além disso, quem melhor para julgar a felicidade de Creso: não seria o próprio Creso? Se ele se julga feliz, é porque o é. A felicidade é algo subjetivo, ao que parece; decretar que fulano é feliz ou infeliz, quando na verdade ele mesmo pensa o contrário, teria algum sentido?

---

47 Ibid., I, 32.

No entanto é o que pensa Sólon, e Sólon é um sábio. Em todo caso, representa a opinião dos intelectuais gregos do século V: a felicidade não é uma questão subjetiva, um sentimento pessoal, algo completamente oposto à nossa concepção atual. Não apenas Creso tem "tudo para ser feliz", como diríamos, mas está convencido de sê-lo. E, no entanto, segundo Sólon, ele não o é. A felicidade só pode ser decretada após a morte; é um julgamento objetivo, que abrange o conjunto da existência. Dito de outra maneira: ninguém pode se dizer feliz, pois ninguém tem certeza sobre o amanhã. No máximo, é possível se dizer sortudo.

O que chamamos de felicidade é uma questão de sorte. Os termos usados por Heródoto são *olbios*, *makarios*, quer dizer "abençoado" (dos deuses), ou ainda *eudaimon*: "que tem uma vida favorecida, florescente". Hesíodo utilizava a expressão *eudaimôn te kai olbios*, que traduzimos, na falta de algo melhor, como "feliz e afortunado o homem [...]". E, aliás, em todas as línguas indo-europeias, o termo felicidade mantém uma ligação com a ideia de sorte e de destino: é o que significa o *heur* no francês antigo; o alemão *Glück* designa tanto "felicidade" como "sorte"; o termo do norueguês antigo e do inglês médio *happ*, que se encontra em *perhaps* ("talvez") e *hapless* ("infeliz"), *haphazard* ("ao acaso"), dá *happy* ("feliz") e *happiness* ("felicidade"); o latim *felicitas* ("sorte", às vezes "destino") dá o espanhol *felicidad*, o italiano *felicità*, o português *felicidade*. Em todas essas línguas, mantém-se a ideia de que a felicidade é uma questão de sorte e de destino, e que, portanto, ela não depende de nós.

Ideia tão pessimista quanto a de uma idade de ouro: não só a felicidade perfeita desapareceu, mas até a comum, imperfeita, é uma questão de sorte. Ela depende do destino e, para os antigos, o destino são os deuses, aqueles que não gostam de nos ver felizes. É o que mostram, cada uma melhor do que a outra, as tragédias gregas, que sempre terminam mal. Os heróis sempre são infelizes: Antígona, Agamêmnon, Orestes, Édipo, Electra, Medeia, Fedra e os outros formam uma lamentável coorte perseguida pelas maldições divinas. "Nenhum homem é feliz", diz o mensageiro na *Medeia* de Eurípedes. No *Filoctetes* de Sófocles, o coro lamenta a sorte da "raça infeliz", do "homem mortal condenado a uma série sem fim de aflições, de dores insondáveis". O homem está totalmente à mercê dos deuses, isto é, do destino; ele é incapaz de fazer sua própria felicidade, pois não domina sua vida; sempre incerto sobre o amanhã, não pode nunca se dizer feliz, pois a incerteza corrói a felicidade. E se lhe acontece de se acreditar feliz, os deuses não o suportam, e aquilo não pode durar: "A felicidade humana, se se eleva alto demais, não morre estéril: da prosperidade germina uma infelicidade insaciável", diz Ésquilo em *Agamêmnon*. Em *As Eumênides*, o mesmo autor declara que o Céu ri ao ver o insolente, que não previa essa hora, presa de males sem remédio e impotente para superar a maré. Sua longa felicidade de outrora, ele a precipita contra o recife da justiça, e, sem que ninguém chore por ele, ei-lo morto, aniquilado.

Só os deuses podem ser felizes.

OS PRÉ-SOCRÁTICOS: A FELICIDADE É SECUNDÁRIA

Muito bem, tornemo-nos deuses! É mais ou menos o que vão tentar fazer os filósofos a partir de Sócrates, que marcam uma etapa decisiva na história da busca da felicidade. Podemos dizer que, antes dele, poetas e tragediógrafos gregos são marcados por um pessimismo profundo e reconhecem a ideia segundo a qual a felicidade é totalmente inacessível ao homem. Até o século V antes de nossa era, os próprios filósofos, cujo trabalho é decifrar os mitos – logo, desmitificá-los –, são marcados por esse pessimismo ambiente. Os "pré-socráticos", como são chamados, ocupam-se, aliás, pouco da questão da felicidade, que lhes parece secundária. Eles concentram suas reflexões na Física e na Matemática, no estudo do mundo material. Se incidentalmente abordam a questão é para dizer que não se deve ser exigente demais nesse domínio. A felicidade é algo secundário e ilusório; aliás, diz Anaxágoras, um ser feliz pareceria absurdo aos olhos da multidão. Heráclito, que é bastante misantropo, pensa que se os homens tivessem tudo o que quisessem, ainda assim não seriam felizes; ao menos é o argumento que lhe atribui o compilador Estobeu.[48] E, de acordo com Alberto, o grande, "Heráclito disse que, se a felicidade residisse nos prazeres corporais, diríamos que os bois são felizes quando encontram grãos-de-bico para comer".[49] Como bom matemático, Tales reduz a felicidade a uma equação muito simples, segundo Diógenes Laércio: felicidade = saúde + inteligência + "um natural cultivável", isto é, suscetível de melhoria.

O sofista Górgias surpreendeu seus contemporâneos pela longevidade – 80 anos, segundo Clearco; 108, segundo Plínio; 109, segundo Olimpiodoro – e eles procuraram saber o segredo de sua vida feliz: "Nunca me preocupei com a opinião dos outros",[50] e "nunca fiz nada buscando prazer",[51]

---

48 Stobée, *Florilège*, III, I, 176.
49 Alberto, o grande, *Des plantes*, VI, 401.
50 Athenée, *Les Deipnosophistes*, XII, 548 c-d.
51 Ibid.

teria dito ele. Na verdade, escreve Isócrates, seu verdadeiro segredo foi que "ele não se casou, não teve filhos, e portanto viu-se livre dessa carga incessante e ruinosa".[52] A felicidade pela independência e pela frugalidade; de certa forma, um programa bastante austero.

É o mesmo espírito que encontramos em outro sofista, Pródico, a quem devemos a cena mítica de Hércules confrontado com Vício e com Virtude que, sob a forma de duas jovens mulheres, prometem-lhe, ambas, a felicidade. Xenofonte, em *Memoráveis*, relata os argumentos de Pródico. Vício se apresenta: bela, provocante, com "uma roupa que deixava transparecer com generosidade os encantos de sua idade", promete a Hércules uma felicidade fácil, pelos prazeres do corpo:

> Eu te conduzirei à maior felicidade pelo caminho mais confortável. Não há prazer que não experimentarás e tu levarás tua existência sem conhecer dor alguma. [...] tu não precisarás te abster de nada daquilo que poderás usufruir. Aos que me seguem, dou licença de aproveitar absolutamente tudo.[53]

A felicidade é poder levar uma vida de prazeres sensuais sem limite e sem restrição.

Nada disso, diz Virtude: os prazeres não levam à felicidade, mas à decadência:

> Os jovens perdem todo o vigor e os velhos, a razão; cevados na juventude por uma educação que ignorava o esforço, ei-los que enfrentam, penosamente, a velhice, infelizes como todos.

Eles são perseguidos pelo remorso e pelo arrependimento. A felicidade demanda, ao contrário, um esforço permanente; é um processo longo, difícil, que exige que vençamos provações, pois "do que é belo e bom de verdade os deuses nada dão aos homens, senão ao preço de pesares e de cuidados diligentes". É preciso trabalhar, treinar, "praticar sem temer o esforço nem o suor". A felicidade pela virtude é dura, mas vale a pena.

A oposição dos dois métodos é corriqueira. O que há de novo aqui é que a felicidade parece depender do homem e não mais dos deuses. Sem dúvida, são estes que concedem a recompensa, mas a escolha do modo de vida volta a ser de cada um: felicidade pelo prazer imediato seguido de uma

---

52 Isócrates, *Sur l'échange*, 155-6.
53 Xenofonte, *Les mémorables*, II, I, 22-5.

decadência irremediável, ou felicidade final pelo esforço constante sobre si. Entretanto, não há certeza de que o tipo de felicidade prometido pela Virtude esteja em condições de motivar a maioria dos homens. Em que consiste de fato essa "felicidade" após uma vida de esforços e de sacrifícios?

> Os jovens se regozijam com os louvores dos anciãos e os mais velhos se glorificam por serem honrados pelos jovens. É com prazer que repassam na memória suas ações de outrora sem ter menos prazer em realizar bem as tarefas do presente; graças a mim, são adulados pelos deuses, amados por seus amigos, honrados pelos concidadãos; e, quando chega a hora fatal, não são sepultados no esquecimento desonroso: são exaltados e florescem para sempre na lembrança. Eis aqui [...] a felicidade mais divina que te será permitido possuir se tu souberes atravessar todas essas provações.[54]

A Virtude queria portanto fazer-nos crer que a felicidade está na boa reputação, na lembrança das boas ações, na honra, no julgamento favorável da posteridade e nos elogios do júri divino. Se isso é tudo o que se pode esperar de uma vida de esforços, não seria o mesmo que voltar a dizer que a felicidade não existe? Basta comparar essa "felicidade" à que supostamente gozam os homens da raça de ouro para constatar que não estamos falando da mesma coisa: antigamente, a felicidade era suavidade, facilidade, fartura sem esforço, saúde, paz, juventude, beleza, em uma espécie de paraíso de natureza generosa; agora, a felicidade é a satisfação do dever cumprido, a boa reputação obtida por um caminho de privações, de sacrifícios, de esforços, como no episódio de Creso; a felicidade reside no julgamento dos outros. Na idade de ouro, a felicidade era subjetiva, experimentada individualmente; agora, é objetiva, externa, não é mais experimentada, mas decidida pelos outros. Estamos sempre no contexto pessimista que evocamos: a verdadeira felicidade não existe mais; ela passa dali em diante pela infelicidade, à qual está indissociavelmente ligada: nenhum prazer sem dor, nenhuma satisfação sem esforço, nada de rosas sem espinhos.

DEMÓCRITO: PARA SERMOS FELIZES, SEJAMOS CEGOS

Essa concepção foi desenvolvida por Demócrito de Abdera, o risonho, que passou sua longa vida – Hiparco lhe dá 109 anos –, no século V antes

---
54 Ibid., II, I, 33.

de nossa era, zombando da condição humana ele constata que o homem passa sua vida "a padecer de sofrimentos sem fim; [...] ele não para de se atormentar", de trabalhar, de desejar, "e não tem vergonha nenhuma de se dizer feliz",[55] o que é o cúmulo do ridículo. Toda essa agitação inútil apenas gera dores e insatisfações. A felicidade, se existe, só pode ser alcançada por meio de uma redução draconiana de nossas atividades e de nosso envolvimento no mundo. A felicidade pela vida vegetativa, de certa maneira, em todo caso a felicidade pela tranquilidade de espírito, pela renúncia a todas as preocupações externas, pelo fechar-se em si mesmo; é no fundo de si que cada um pode encontrar a felicidade, não na agitação dos negócios públicos: "O bem supremo, ele o chama de tranquilidade e, repetidas vezes, de firmeza de alma, isto é, o estado de um espírito liberto do temor",[56] diz Cícero sobre ele.

Para início de conversa, sobretudo não se casar; "isso seria expor-se a muitas questões frívolas que nos desviariam das mais necessárias".[57] Evidentemente, não ter filhos:

> Em minha opinião, não é preciso ter filhos, pois observo no fato de tê-los muitos riscos consideráveis e muitas preocupações, para um rendimento fraco, e sem consistência nem valor.[58]

Não se meter em negócios públicos, fontes de aborrecimentos. Desconfiar de tudo e de todos:

> Quem quer conhecer a tranquilidade não deve se ocupar de muitos negócios, nem privados nem públicos, nem empreender nada acima de suas forças ou faculdades; é preciso que se mantenha sempre atento para poder, assim que a sorte lhe sorri e o leva a um degrau mais alto de reputação, manter os pés no chão e não começar nada que esteja além de suas forças.[59]

Ser feliz é ser tranquilo, "ficar bem consigo", regozijar-se com o que se tem e não desejar nada mais: "Desejar mais do que o que se tem é trocar o certo pelo duvidoso"; "o homem razoável é aquele que não se aflige pelo que

---

55 Pseudo-Hipócrates, *Lettres*, IV, XVII, 25.
56 Cícero, *De finibus*, V, XXIX, 87.
57 Clemente de Alexandria, *Stromates*, II, 138.
58 Stobée, *Florilège*, IV, XXIV, 31.
59 Ibid., IV, XXXIX, 25.

não tem, mas se compraz com o que tem".⁶⁰ A grande inimiga da felicidade é a imaginação, que nos faz esquecer nossos limites e a multiplicidade de perigos que ameaçam nossa frágil existência. Assim,

> muitos são aqueles que não cessam de criar de antemão as imagens mais belas de tudo que a natureza ou o acaso lhes traz ou lhes dá; eles levam em conta não o que é, mas o que poderá acontecer se tudo correr às mil maravilhas, e quando se veem subitamente privados, sua alma sucumbe sob o peso de desgraças sem fim, desmesuradas, ilegítimas e insensatas. Ei-los então dedicados à mais amarga e triste das existências.⁶¹

A imaginação nos arrasta para aventuras causadoras de frustrações.
Para garantir nossa tranquilidade, não hesitemos em eliminar todos os animais nocivos, e mesmo os vizinhos que incomodam:

> É preciso, acima de tudo, matar todos os animais que nos causam problemas e nos prejudicam. Ao fazer isso, receberemos uma melhor parcela de felicidade, de justiça, de firmeza e de propriedade em todas as nossas sociedades bem ordenadas. [...] O que recomendei sobre as feras e as serpentes que nos são hostis deve ser, em minha opinião, aplicado da mesma forma aos homens. Em toda sociedade bem organizada, deveríamos, seguindo as leis ancestrais, matar o inimigo, a menos que a lei o proíba, pois cada terra tem seus tabus particulares, seus tratados e seus juramentos.⁶²

Evitemos, porém, os excessos. Uma vez limpa a área, saibamos nos contentar com o que temos, e pensemos em todos aqueles infelizes que sofrem, o que é muito reconfortante:

> Basta contemplar a vida dos infelizes e considerar a extensão do que eles padecem para que aquilo que possuis e, portanto, de que dispões te pareça importante e invejável, e para que não tenhas mais que sofrer na alma de tanto querer sempre mais. Aquele que se pasma de admiração perante os ricos proprietários que os outros homens tomam por felizes, e é constantemente obcecado por isso, conhece a necessidade de imaginar incessantemente novos expedientes e de se lançar, para responder a seus desejos, em negócios escusos proibidos pela lei.

---

60 Ibid., III, X, 68 e III, XVII, 25.
61 Ibid., IV, XLIV, 81.
62 Ibid., IV, II, 16-7.

É por isso que não se deve desejar aquilo que não se tem, mas sim resignar-se com o que se possui, comparando sua sorte com a dos infelizes, e dando-se por feliz ao pensar nos males deles, em comparação aos quais tuas ações e tua vida são ainda melhores. Se te ativeres a essas reflexões, viverás de modo mais feliz, e tua vida estará protegida de muitos dos aborrecimentos que dão origem à inveja, ao ciúme e ao ressentimento.[63]

Instruamo-nos: "A cultura é o ornamento das pessoas felizes". Busquemos os bens espirituais:

> O melhor para o homem é passar sua vida da maneira mais feliz possível e menos aborrecida. Para consegui-lo, é preciso não colocar os prazeres nas coisas mortais.[64]

Não sejamos como os insensatos que "vivem sem gozar do que a vida oferece, [...] desejam viver uma longa vida sem saber se comprazer com essa longa vida". "É preciso buscar não todo o prazer, mas aquele que visa o belo." Saibamos provar moderação no gozo:

> A temperança multiplica os prazeres e aumenta ainda a volúpia. [...] É preciso tomar consciência de que a vida humana é frágil, efêmera e misturada a inúmeras preocupações e aborrecimentos, a fim de limitar seus desejos a uma possessão comedida, e para que sejam as coisas necessárias a medida de nossos tormentos.[65]

Desse homem que situa a felicidade humana na tranquilidade, na meditação, na dosagem dos prazeres, poderíamos dizer que é um precursor tanto de Epicuro como de Voltaire. "Cultivemos nosso jardim" epicurista, e, "para vivermos felizes, vivamos escondidos"... eliminando eventualmente os curiosos. "Ele chama a felicidade de tranquilidade, bem-estar e harmonia, assim como de congruência e ataraxia", diz Estobeu sobre ele. Estranho personagem, ao qual a tradição emprestou comportamentos excessivos a despeito de sua apologia da moderação. É assim que

> ele se privou do uso da visão, por julgar que os pensamentos e as meditações de seu espírito ocupado em examinar os princípios da natureza seriam mais

---

63 Ibid., III, I, 210.
64 Ibid., II, XXXI, 58 e III, I, 47.
65 Ibid., IV, XXXIV, 65.

vivos e mais precisos, uma vez libertos das fascinações do olhar e dos entraves que os olhos constituem

escreve Aulo Gélio, que acrescenta: "Assim, para sua felicidade, ele não foi mais testemunha da maldade de seus concidadãos".[66] Cícero confirma: "Ser privado da diversidade das cores não o impedia de conhecer a felicidade da qual o conhecimento das realidades o tinha privado".[67] Até mesmo, diz Tertuliano – que não consegue aceitar que um pagão leve a virtude a esse grau de heroísmo –, se ele se cegou, é porque era um obcecado sexual que não conseguia se controlar quando via belas mulheres; é uma espécie de castração:

> Demócrito, ao se cegar porque não podia ver mulheres sem se inflamar de desejo, e sofria por não poder possuí-las, testemunha por via desse remédio sua incapacidade de se dominar.[68]

Nesse caso, ele poderia ter feito como o bom cristão Orígenes e limitar o princípio de precaução ao objeto do delito sem se privar das outras satisfações que a visão traz. Conta-se assim que, quando ficou velho, velhíssimo, deu fim à própria vida ao parar de comer.

É evidentemente impossível separar o verdadeiro do falso na vida e nos propósitos desses sábios coroados por uma reputação extraordinária que faz deles autênticos mitos. Mas digamos que Demócrito, qualquer que tenha sido a realidade do personagem, encarna a visão pessimista do período grego arcaico. Se for necessário, de fato, chegar a esses extremos – viver como solitário e cegar-se depois de ter assassinado seus vizinhos – para ficar finalmente tranquilo e feliz, isso equivale a dizer que a felicidade não existe, ou que, se existe, é impossível alcançá-la, o que é a mesma coisa. A felicidade estava no início, na idade de ouro. Dali em diante, ela nos é inacessível.

Entretanto, não nos resignamos. O mito da felicidade faz parte da condição humana. A partir de Sócrates, os filósofos teimam em encontrar o caminho.

---

66 Aulo Gélio, *Nuits attiques*, X, 17.
67 Cícero, *Tusculanes*, V, XXXIX, 114.
68 Tertuliano, *Apologétiques*, 46.

– 2 –

A BUSCA DA FELICIDADE NO MUNDO ANTIGO

O impasse filosófico

É em torno do século V antes de nossa era que a felicidade passa a ser uma questão filosófica. Até ali, era um assunto encerrado. Hesíodo concluiu o processo: a felicidade tinha sido na idade de ouro. Dali em diante, acabou e não se fala mais nisso. E, de fato, ninguém fala, a não ser para dizer que é um estado reservado aos deuses, e que se nos aproximarmos demais arriscamos queimar nossas asas. A receita de Demócrito não tinha chance de atrair muita gente.

Depois, a partir dos anos 420 a.C., aproximadamente, o processo é retomado, em Atenas, em um contexto particular. Os tempos são difíceis: desde 431 a.C., a Guerra do Peloponeso se alastra e fracassa. Derrotas, humilhação, naufrágio da democracia, perda da supremacia em 404 a.C. O belo otimismo de Péricles não é mais admissível. Em 430 a.C., em seu célebre discurso, havia tentado convencer os atenienses de que eram uma gente feliz: temos o melhor regime possível, dissera-lhes, nossa cidade é a mais bela, a mais rica, a mais gloriosa; graças à democracia, somos cidadãos livres, cultos, temos lazer, podemos nos expressar, o mundo nos inveja, e as "eras futuras nos admirarão, como o tempo presente nos admira".[1] Subentenda-se: somos felizes e devemos lutar para defender essa felicidade contra os brutos de Esparta.

Para Péricles, é a cidade, o Estado, que garante a felicidade dos cidadãos pela democracia. A felicidade é um assunto público, é o bem-estar, a qualidade de vida. Ao ouvi-lo, Atenas revive a idade de ouro, ao menos para 10% da população: os homens livres cidadãos. As mulheres, os metecos, os escravos, evidentemente, não estão incluídos. Mas rapidamente a peste, os desastres, as ruínas, as lutas políticas põem fim a esse paraíso. E é nesse contexto que os filósofos se debruçam sobre a questão da felicidade. Por não ter mais o Estado condições de garanti-la, cabe a cada um se prover. A felicidade é antes de tudo um assunto privado, uma questão de moral individual. E enquanto até ali os intelectuais mal se interessavam a não ser pelas questões de Física, vemos agora multiplicarem-se os tratados sobre a felicidade. Quase todos esses textos desapareceram, como os de Xenocrates, Teofrasto, Straton, Dionísio, Heráclides e Cleantes. Sócrates parece ter dado o impulso a esse interesse pela vida feliz. Nascido em 470 a.C., morto em 399 a.C., ele no entanto nada escreveu, e tudo que conhecemos de seus discursos, tirando os sarcasmos de Aristófanes e de algumas passagens de Xenofonte, devemos a Platão, que fez dele o personagem principal de seus diálogos. Nascido em 428 a.C., Platão tem 29 anos quando morre Sócrates, cujos ensinamentos, sem dúvida, pôde aproveitar. Mas é impossível desemaranhar o que pertence a um e ao outro. Assim, devemos tratá-los em conjunto.

SÓCRATES: "COMO PODEREMOS TER FELICIDADE?"

Logo em um dos primeiros diálogos, *Eutidemo*, escrito sem dúvida um pouco antes de 400 a.C., a questão é colocada diretamente: "Será que na verdade não desejamos todos nós, os homens, ter felicidade?" Seria insensato negá-lo, responde Clínias. "Pois bem, passemos então ao que se segue: já que desejamos ter felicidade, como poderemos ter felicidade?"[2] E esse é o início de 2.400 anos de debates. Pela primeira vez, sem dúvida, é expressa a afirmação do desejo universal e legítimo de uma felicidade terrestre. Resta saber por quais meios se pode satisfazer esse desejo. Sócrates enumera, para rejeitá-las, todas as receitas populares: riqueza, saúde, beleza, poder,

---
1 Tucídides, *La guerre du Péloponnèse*, II, 41.
2 Platão, *Euthydème*, 278.

nascimento em berço de ouro; nenhum desses bens, que não dependem de nós, poderia garantir a felicidade. Apenas a sabedoria pode. Mas a sabedoria pode ser aprendida? Como é frequente nos diálogos platônicos, a discussão derrapa; digressões, problemas correlatos, distinções encobrem o assunto, e o *Eutidemo*, o primeiro grande debate sobre os meios para ser feliz, termina sem resposta. A coisa está mal engatada.

Platão voltará ao tema, alguns anos mais tarde, no *Górgias*, de um ângulo um pouco mais teórico. O resultado não é muito mais convincente. A felicidade, diz Sócrates, se experimenta na satisfação de um desejo, e "não é acertadamente que se fala da felicidade das pessoas que não conhecem nenhuma necessidade", o que Cálicles aprova: "Se for assim, efetivamente, as pedras, na verdade, gozariam de uma felicidade sem igual".[3] Mas o desejo é uma falta; logo, um sofrimento; enquanto não é satisfeito, a felicidade está excluída. Porém, uma vez satisfeito, não há mais desejo, e se a felicidade é o fato de satisfazer um desejo, se não há mais desejo, não há mais felicidade. Todos podem constatar: se tenho fome, desejo comer, não estou feliz; quando comi, não tenho mais fome, estou saciado, não desejo mais, e também não estou mais feliz. É a mesma coisa com a sede, o sexo, o cansaço. No máximo, pode-se dizer que durante o brevíssimo processo de satisfação do desejo, experimento o prazer. Mas prazer não é felicidade, pois ali se mistura uma falta: "Não é, portanto, o fato de experimentar um prazer que os faz ter felicidade".[4] O paradoxo é que a felicidade precisa do desejo, ao passo que o desejo exclui a felicidade. Estamos novamente no impasse.

Platão estuda mais uma vez o problema em um diálogo da maturidade, *O banquete*. Por uma vez, é um banquete sério: nada de álcool – bem, não muito –, ainda mais que os participantes estão mal recuperados da bebedeira da véspera: "Todos eles combinaram de não consagrar a presente reunião para se embriagar, mas beber apenas como entretenimento". Nada de mulheres, tampouco: mandam a flautista "tocar flauta para ela mesma". É que o assunto da discussão é importante e muito masculino: o elogio de Eros, deus do Desejo e do Amor. Os participantes rivalizam em entusiasmo por essa simpática divindade. Amor, diz Fedro, é o deus "mais poderoso para conduzir os homens à aquisição da virtude e da felicidade";[5] só ele nos proporciona "a felicidade completa", confirma Erixímaco; isso é verdade, diz Pausânias, mas na verdade há dois Eros: o "popular", vulgar, que inspira

---

3 Ibid., *Górgias*, 492 e.
4 Ibid., 497 a.
5 Platão, *Le banquet*, 180 b.

em alguns o desejo até pelas mulheres, e o Eros nobre, que proporciona a felicidade àqueles que "não amam senão os meninos assim que começam a ter inteligência, o que acontece mais ou menos quando a barba desponta".[6] Aristófanes aprova: "O meio para nossa espécie alcançar a felicidade seria, para nós, dar ao amor seu acabamento, isto é, que cada um tivesse relações com um amado que seja propriamente o seu".[7] E sobre isso ele tem sua teoria: o célebre mito dos andróginos. No início, o ser humano era duplo: quatro pernas, quatro braços, dois rostos, dois órgãos sexuais, ora, idênticos, ora opostos, macho e fêmea. Depois os deuses, sempre desconfiados em relação àquele ser um pouco forte demais com seus oito membros e seus dois cérebros, decidiram cortá-lo em dois, reorganizando a disposição dos órgãos, operação delicada da qual Aristófanes, que com certeza bebera um pouco além da conta, nos dá uma descrição detalhada extremamente cômica. Desde então, todo mundo procura sua metade para unir-se a ela, duas metades às vezes masculinas, às vezes femininas, às vezes um macho e uma fêmea; e a felicidade nada mais é do que encontrar sua metade.[8]

Tudo isso é muito interessante, diz Sócrates, que então interfere e expõe seu próprio mito, pelo qual modera o entusiasmo de seus interlocutores a respeito da felicidade. Sua história não deixa nada a desejar em extravagância em relação à de Aristófanes. Quando do festim de aniversário de Afrodite, conta ele, Expediente, o filho da Invenção, fica completamente bêbedo; chega a Pobreza, que mendiga; vendo o estado de Expediente, ela diz a si mesma que seria bem útil ter um filho dele. Ela o seduz e assim foi concebido Eros, filho da Pobreza e do Expediente. Meio humano, meio divindade, é um "demônio", um espírito intermediário. Como filho da Pobreza, ele é desejo, desejo dos bens divinos que são o Belo e o Bem, isto é, desejo de felicidade. Como filho do Expediente, nunca lhe faltam estratagemas para atingi-la, mas, sendo apenas semideus, ele se engana frequentemente de objetivo. O desejo nos faz crer que a felicidade se encontra lá onde não está, nos bens materiais, no sexo, na violência. Para atingir a verdadeira felicidade, a posse do Belo e do Bem, o desejo deve ser educado, processo longo e sofrido que deságua na sabedoria. No *Fedro* e em *A república*, Platão utiliza uma metáfora erótica adequada: o apaixonado pela sabedoria, ao fazer amor com a verdade, atinge o orgasmo da felicidade.

---

6 Ibid., 181 d.
7 Ibid., 193 c.
8 Ibid., 190-3.

Não há certeza de que essas especulações nos ajudem muito a ser felizes. Aliás, a discussão é interrompida bruscamente pela chegada de um grupo de festeiros conduzidos por Alcebíades: é a irrupção das paixões e dos prazeres grosseiros, diante dos quais a razão e a espiritualidade não têm grande peso. De manhã cedo, todos os convivas estão adormecidos e curtem sua ressaca, menos Sócrates, que continua a discorrer sobre a comédia e a tragédia perante os últimos ouvintes, que sucumbem por sua vez:

> Eles se deixavam forçar, sem acompanhar muito bem, e deixando pender a cabeça. Foi Aristófanes quem adormeceu primeiro, depois Agaton, quando então já era dia. Depois disso, tendo-os feito dormir como crianças, Sócrates se levantou e foi embora.[9]

Assim, para Platão, a felicidade está na busca do Bem e do Belo, o que é vago e concretamente não leva muito longe. Mas ele viu bem que essa exigência de sabedoria pessoal não bastaria: a felicidade depende também de todo um contexto político, econômico e social. Cabe ao Estado criar condições favoráveis à felicidade dos cidadãos. O principal mérito de Platão é ter sido o primeiro a ver que a felicidade é um problema cuja solução é tanto pessoal como coletiva, no cruzamento da Psicologia com as Ciências Sociais, a Moral e a Política. Será muito difícil até mesmo para um sábio ser feliz em um Estado anárquico ou ditatorial onde reina a miséria; ao contrário, o habitante de um Estado harmonioso, justo e próspero não poderá ser feliz se for depressivo ou dissoluto. Uma das lacunas nos estudos sobre a felicidade será com frequência interessar-se apenas por um dos dois fatores: o individual ou o coletivo. Platão abordou os dois, infelizmente de maneira pouco convincente. Acabamos de ver que sua concepção de felicidade em termos de moral individual chegava a dizer seja que a felicidade se autodestrói pela satisfação do desejo, seja que ela só pode ser alcançada por uma ínfima elite depois de longos e sofridos esforços na busca muito aleatória do Belo e do Bem.

PLATÃO: A FELICIDADE PELA VIRTUDE OBRIGATÓRIA

Seu estudo do aspecto coletivo não é mais encorajador. Para ele, o regime menos apto a garantir a felicidade dos cidadãos é a democracia. Esta

---

9 Ibid., 223 d.

não pode operar senão pela demagogia, que favorece a banalização dos vícios, a licença dos modos, e que escraviza o povo ao lhe dar a ilusão da liberdade. Os dirigentes, incompetentes e corruptos, monopolizam o poder embotando o povo pelo pão e pelos jogos, o que é contrário às exigências rígidas da felicidade pela Moral. O que é necessário é um regime autoritário dirigido por sábios e filósofos que tenham os meios de impor as medidas morais que levam à felicidade. Uma espécie de despotismo esclarecido ou mesmo de tirania: o que poderíamos censurar na tirania a serviço do Bem? Não nos esqueçamos de que Platão pertence a uma família aristocrática reacionária da qual vários membros fizeram parte dos Trinta Tiranos que acabaram com a democracia ateniense em 404-403 a.C., e que na sequência, em Siracusa, ele apoiou o tirano Dionísio, de quem gostaria de ter sido o mentor. Após fracassar, de volta a Atenas, funda a Academia, onde ensina os outros como ter sucesso onde ele próprio falhou.

Seu regime ideal, a tirania dos sábios, que de certa forma tornaria obrigatória a felicidade, foi exposta em *A república*, a primeira grande utopia da literatura ocidental. A utopia é um tipo de substituição da idade de ouro, um sonho de sociedade feliz, elaborada de início em oposição à situação presente – percebida como ruim – para eliminar os males. A utopia carrega a marca de uma classe social, que embora seja democrática, anárquica, aristocrática ou tirânica, é sempre um mundo hiperorganizado, planejado. Ela é concebida como um espaço limitado, isolado, quase sempre cercada por um muro, ou fica em uma ilha. Mesmo em suas pretensões mais libertárias, elimina a individualidade, pois tem dois inimigos: o livre-arbítrio e o tempo. Sociedade perfeita, não tolera a evolução, que não pode ser outra coisa senão degradação: a perfeição não se melhora. Ela está, portanto, paralisada em um eterno presente. Por outro lado, visto que é regida por leis perfeitas, está fora de cogitação tolerar iniciativas pessoais ou críticas. O ideal coletivo sufoca os valores individuais. Importa medir desde já as consequências dessas características, pois elas marcarão toda a história da busca da felicidade: longe de se completar, os caminhos individuais e os coletivos em direção à felicidade se opõem. Uns vangloriam o pleno desenvolvimento da pessoa, o que supõe a liberdade individual; os outros pregam um ideal coletivo que, para funcionar bem, exige a renúncia à liberdade individual. Liberdade ou igualdade: é preciso escolher; uma exclui obrigatoriamente a outra. Este será o quebra-cabeça de todos os pensadores políticos até os dias de hoje: encontrar um acordo harmonioso. Harmonizar, na falta de um ser ideal, pois é impossível garantir a integralidade simultânea desses dois valores. "Liberdade, igualdade" é um *slogan* absurdo e ingênuo. A balança pende obrigatoriamente para um lado ou para o outro, em alternância. O mesmo se passa com a busca da felicidade: uns a procuram pela via libertária: outros, pela via igualitária. Raros, e em situação bem desconfortável vão ser os que buscarão um acordo. Uma coisa é certa: se a felicidade exige a coexistência dos dois, ela é impossível; ao menos, a felicidade perfeita é.

A maioria dos filósofos da felicidade explorará a via individual, a única que depende de cada um, pois a via coletiva está na mão dos políticos, que raramente são filósofos. Por esse motivo, os pensadores que vislumbram as condições sociais da felicidade fazem-no sob a forma sonhada da utopia. Será que eles creem na possibilidade de realização de seu modelo? "A utopia é a verdade de amanhã", dirá Victor Hugo; e Lamartine: "As utopias não são mais do que verdades prematuras". Discurso de românticos. Em geral, os utopistas quase não têm ilusões; sua cidade ideal está como que suspensa entre o passado e o presente, vaga promessa (ou ameaça), miragem de uma idade de ouro em um porvir sem futuro. Num mundo desses, dizem que os homens seriam felizes – ainda mais seguros por saberem que seu sonho nunca será submetido à prova dos fatos. O que é duplamente inquietante para a felicidade: ou ela é condenada a continuar um sonho, ou, logo que o sonho começa a se realizar, torna-se pesadelo. A via social rumo à felicidade seria também um impasse?

Hipódamo de Mileto, no século V antes de nossa era, é considerado o primeiro grande utopista. Seu objetivo declarado é garantir a felicidade e a virtude dos homens criando um quadro de vida perfeitamente racional que reproduz a harmonia cósmica. Longe de reconhecer uma contradição entre as aspirações individuais e o ideal coletivo, ele pensa que existe uma correspondência profunda entre a alma racional e o macrocosmo. A felicidade nascerá da implantação de uma organização que reproduza essa harmonia. Arquiteto, legislador, filósofo, ele tem uma visão global da cidade perfeita que ele vislumbra como um conjunto de dez mil habitantes divididos em três classes: artesãos, agricultores e guerreiros, vivendo em bairros separados e funcionais. A cidade é geométrica, com uma rigorosa planta em tabuleiro, como no Pireu. Ele começa a construí-la em Mileto, destruída por um terremoto. Seus projetos não sobreviverão a ele.

Com Platão, a cidade ideal que garante a felicidade é objeto de uma descrição detalhada. Os elementos, dispersos em vários diálogos – *A república*, *As leis*, *Timeu*, *Crítias* –, formam um conjunto bastante coerente em que pesem algumas contradições de detalhes. Não são os sonhos de um rapaz, mas obras da maturidade e da velhice, elaboradas em uma época difícil de transição, em que Atenas perdeu sua soberba, corroída pelos conflitos políticos. É preciso reconstruir algo sólido e indestrutível. Não é um sonho de poder e de riqueza, mas de virtude e de razão. O poder e a riqueza de um Estado não fazem a felicidade dos cidadãos, diz Platão: vejam a Atlântida, superpotência de tecnologia avançada e com um nível de vida muito superior ao de Atenas. Essa cidade hegemônica foi engolida: os deuses, principalmente Zeus, não gostam de ver os homens se tornarem poderosos demais. Sempre a mesma história: a *hybris*, orgulho excessivo, exaltação da vontade de poder, dá origem à arrogância e termina em catástrofe. A Atlântida é a versão grega da torre de Babel: os homens, por essa vez, haviam decidido fazer algo em comum, mas isso Deus não pode tolerar: "E Iahweh disse: 'Eis que todos constituem um só povo e falam uma só língua. Isso é o começo das iniciativas! Agora, nenhum desígnio será irrealizável para eles". Isso é perigoso: "Confundamos a sua linguagem para que não mais se entendam uns aos outros" (Gênesis, 11:6-7). É o próprio Deus que introduz a divisão e a desordem: dividir para reinar, esta será sempre a tática dos deuses. Ou então eles destroem pelo fogo (Sodoma e Gomorra) ou pela água (o Dilúvio, Atlântida). Não importa como, em todas as mitologias, as potências divinas jamais admitem que os homens garantam sua felicidade pela satisfação de suas paixões.

E o "divino" Platão concorda com os deuses. A cidade feliz que ele vislumbra é a cidade do Belo e do Bem, da sabedoria e, portanto, da austeridade, nos antípodas do luxo de Atlântida. Ele está perfeitamente consciente da necessidade de outorgar as aspirações individuais e a organização social para garantir a felicidade. Se os deuses parecem contraditórios, a seu ver, é porque o homem se deixa guiar por suas paixões e por seus baixos instintos, em vez de seguir os conselhos de sua alma espiritual. O indivíduo que se deixa guiar pelas paixões do corpo está em erro; ele é doente; é uma marionete cujos fios são os prazeres:

> As afeições nos puxam como barbantes e, opostas como são, arrastam-nos no sentido inverso uma da outra para ações contrárias, sobre a linha divisória entre a virtude e o vício.[10]

A cidade ideal será organizada de modo a curar o homem de suas más paixões, e assim recolocá-lo no caminho da verdadeira felicidade. A aparente contradição entre as aspirações individuais e as exigências coletivas

---

10   Platão, *Les lois*, 644 e.

se desvanecerá a partir do momento em que o indivíduo e o Estado forem dirigidos de acordo com os princípios razoáveis do Belo e do Bem.

Concretamente, isso se traduzirá por um governo aristocrático nas mãos dos sábios, os "guardiões", cuidadosamente selecionados e formados. A sociedade será dividida em classes estritamente hierarquizadas, ficando embaixo os produtores (artesãos e camponeses), que garantem a existência material do conjunto. Vinte mil habitantes, dos quais 5.400 cidadãos, cada um com um nível de vida modesto. Comunidade das mulheres, eliminação das crianças raquíticas ou malformadas logo ao nascerem; as outras são imediatamente tiradas dos pais e educadas em comum. Proibição de inovar, proibição de mudar: a perfeição é imutável. Sendo os guardiões filósofos totalmente dedicados à beleza, ao bem e à virtude, a cidade funcionará de modo harmonioso, e cada um, por não desejar nada além da beleza, do bem e da virtude, será satisfeito: o paraíso! A idade de ouro! A felicidade!

A felicidade exige o sacrifício da liberdade: tal é o sentido da utopia platônica. Aristófanes não concorda. Em *As aves*, também ele imaginou a cidade da felicidade: Nefelococigia. Aqui pode-se, ao contrário, fazer tudo o que se quer: é a cidade libertária, a cidade da fantasia, da imaginação. Puro divertimento do espírito: essa cidade dos pássaros, nas nuvens, não tem nenhuma consistência, e uma vez mais os deuses interferem: eles ordenam o desmantelamento desse sonho.

Desde o século V, portanto, estão definidos os dois tipos extremos de utopia que não cessarão de se confrontar e que têm a pretensão, cada um, de garantir a felicidade: o mundo hiperorganizado, regulamentado, vigiado, que assegura a igualdade pela restrição coletiva, e o mundo sem coerção, onde o único senhor é a natureza, a serviço do indivíduo livre. Igualdade ou liberdade, comunismo ou anarquismo, Estado ou comuna, coletividade ou individualidade, as utopias não serão nada mais do que variações sobre os temas enunciados por Platão e Aristófanes. Porém, nos fatos, a felicidade permanece mais hipotética do que nunca.

ARISTÓTELES: A FELICIDADE DO SÁBIO PRÓSPERO E BEM DE SAÚDE

Talvez em nenhum outro campo a oposição entre Platão e Aristóteles, tão bem destacada no afresco de *A escola de Atenas*, é tão flagrante. Desçamos novamente à terra, diz Aristóteles, para procurar concretamente ali as condições da felicidade. Sejamos razoáveis: examinemos o que é possível fazer. Uma coisa é certa, como Sócrates havia notado: todo mundo quer ser feliz. A felicidade é o bem supremo, o bem perfeito, buscado apenas por si mesmo. "Tal parece ser, no ponto mais alto, a felicidade, pois nós a buscamos sempre por ela mesma, e nunca por outra razão".[11]

O problema começa quando se trata de definir essa felicidade:

> Sobre a própria natureza da felicidade, não nos entendemos mais, e as explicações desses sábios e da multidão estão em desacordo. Uns julgam que é um bem evidente e visível, tal como o prazer, a riqueza, as honrarias; para outros, a resposta é diferente; e com frequência ela varia para o mesmo indivíduo.[12]

Em que pesem essas variações, surge algum consenso, o da "felicidade em geral", que ele define assim na *Retórica*:

> Podemos definir a felicidade como a prosperidade combinada com a virtude; ou como uma vida independente; ou como a fruição tranquila do máximo de prazer; ou como uma boa situação de corpo e de bens, com o poder de salvaguardar essa situação e dela fazer bom uso. Quase todo mundo concorda em dizer que a felicidade é um desses bens ou mais. Dessa definição de felicidade segue-se que seus componentes são: um bom nascimento, muitos amigos, bons amigos, a riqueza, bons filhos, muitos filhos, uma velhice feliz, e essas qualidades físicas que são a saúde, a beleza, a força, uma boa compleição, bons músculos, com a glória, a honra, a sorte e a virtude. Um homem que possui esses bens internos e externos não pode deixar de ser autônomo, pois, fora esses, não existem outros.[13]

Finalmente um filósofo razoável e de acordo com a opinião comum, seríamos tentados a pensar; um filósofo que não despreza os bens deste mundo para se refugiar nas altas esferas da especulação metafísica, e que admite que o dinheiro, se não traz felicidade, contribui para ela, e que temos mais chances de ser felizes se formos ricos, belos, poderosos, jovens e saudáveis:

> Na falta desses meios, a felicidade da existência fica alterada, por exemplo, se não usufruímos de um bom nascimento, de uma feliz descendência ou de beleza. Na verdade, não poderíamos ser perfeitamente felizes se fôssemos

---

11 Aristóteles, *Éthique à Nicomaque*, I, VII, 5.
12 Ibid., IV, 2-3.
13 Aristóteles, *Rhétorique*, I, 5.

degradados pela natureza, de nascimento obscuro, sozinhos na vida ou desprovidos de filhos.[14]

Tudo isso não pode ser negligenciado, e é compreensível que "de comum acordo" a prosperidade seja tão desejada quanto a virtude.

A felicidade seria então possível? Seria um dom dos deuses que devemos esperar da Fortuna, ou podemos "adquiri-la pelo uso ou após algum treinamento"? Contanto que não sejamos desprovidos de qualquer aptidão para a virtude, "podemos atingir a felicidade pelo aprendizado e pela atenção". A felicidade será "amplamente partilhada". É isso que é tranquilizador. Além disso, escreve Aristóteles na *Ética*, não há nenhuma necessidade de esperar a morte de alguém para decretar que ele é ou foi feliz, contrariamente ao que dizia Sólon. Não se pode negar a felicidade sob o pretexto de que ela pode ser interrompida a qualquer momento:

> Se então é preciso esperar o fim da vida e então julgar não a felicidade atual de cada um, mas sua felicidade passada, como não se surpreender, quando um ser é feliz, que contestemos nele a existência dessa felicidade presente? A razão disso é que não queremos declarar felizes os viventes como resultado das mudanças que acontecem na existência, pelo fato que também atribuímos à felicidade sabe-se lá qual estabilidade isenta de qualquer mudança, ao passo que a roda da fortuna gira inclusive para as pessoas felizes.[15]

Se eu me creio feliz, sou feliz, e nisso me aproximo da condição divina.

Se ficássemos nisso, Aristóteles mal mereceria a esse respeito o título de filósofo; no máximo o de um moralista popular. Mas estudemos um pouco mais de perto, e constataremos que seus critérios de acesso à felicidade são muito mais restritivos do que parecem à primeira vista. A felicidade é, para cada espécie viva, o fato de coincidir exatamente com o que faz sua especificidade, viver em conformidade com seu estatuto. Sendo a razão e a virtude a especificidade do homem, ele somente pode ser feliz sendo razoável e virtuoso, isto é, sábio. Isso lhe proporciona um prazer inegável, o prazer gerado pela ação virtuosa: "Sem atividade, não há prazer, e toda atividade encontra sua conclusão no prazer".[16] Mas há prazeres bons e maus, e "a todos os prazeres que concordamos em julgar vergonhosos,

---

14 Aristóteles, *Éthique*, I, VIII, 16.
15 Ibid., I, X, 7.
16 Ibid., X, IV, 11.

devemos recusar a qualidade de prazeres genuínos, exceto aos olhos das pessoas corrompidas".[17] Essa reserva já elimina muitos candidatos à felicidade: todos os que se comprazem com os prazeres baixos. A começar pelos escravos, evidentemente: "Ninguém imagina fazer um escravo participar da felicidade".[18] Eliminados igualmente os parvos e as crianças, que não são seres de razão:

> A felicidade não se aplica à criança, pois sua jovem idade não lhe permite ainda fazer uso de sua razão. As crianças que julgamos felizes só são assim declaradas por causa das esperanças que dão. A felicidade exige de fato, como dissemos, uma virtude perfeita e uma existência consumada.[19]

O povo comum, os trabalhadores manuais, os camponeses, os artesãos também não são qualificados para a felicidade. Eles

> mostram preferência por uma vida de gozo. [...] A massa, que tão evidentemente não se distingue em nada dos escravos, escolhe uma existência basicamente animal e encontra alguma razão no exemplo das pessoas no poder que levam uma vida de Sardanápalo.[20]

Restam apenas dois finalistas: aqueles que levam uma vida política ativa, e os que vivem na contemplação. Isso exclui de fato as mulheres, relegadas às alegrias domésticas do lar e da cozinha, que não podemos realmente qualificar como felicidade. Sobra então um punhado de homens livres, divididos em duas categorias: os ativos e os contemplativos. Para quem vão os louros da vida feliz? Poderíamos pensar, após o que Aristóteles disse sobre as virtudes da ação, do movimento, que ele atribuiria a felicidade aos ativos. Ora, com uma reviravolta que a maioria dos comentaristas qualifica até de contradição, ele se decide pelos contemplativos ou, mais exatamente pela "atividade contemplativa", isto é, a sabedoria:

> O que é próprio ao homem é a vida do espírito, pois o espírito constitui essencialmente o homem. Uma vida assim também é perfeitamente feliz. [...] Que a felicidade perfeita seja uma atividade contemplativa, eis quem poderia

---

17 Ibid., X, V, 11.
18 Ibid., X, VI, 8.
19 Ibid., I, IX, 10.
20 Ibid., I, V, 3.

ainda prová-lo. Não julgamos, com efeito, que os deuses eram plenos de tudo e particularmente felizes? Além disso, quais ações temos obrigação de lhes atribuir? [...] Façamos uma contagem completa: tudo o que concerne à ação parecerá mesquinho e indigno dos deuses. [...] Também a atividade de Deus, que o transporta por sua felicidade, só pode ser contemplativa. Consequentemente, aquela para o homem que mais se aproxima vem a ser também a mais feliz. [...] Se os deuses de fato passam toda a vida em uma felicidade perfeita, a existência do homem conhece a felicidade apenas na medida em que ela apresenta uma semelhança com uma atividade desse gênero.[21]

Evidentemente, para poder levar corretamente uma vida contemplativa, "é necessário ao homem, pelo próprio fato de que é homem, certa prosperidade externa, pois a natureza humana não é completamente independente em matéria de contemplação". É preciso lazer, "um corpo saudável, uma alimentação suficiente e outros recursos necessários". Em resumo, a felicidade está reservada aos sábios do sexo masculino, ricos, ociosos, bem nutridos e saudáveis. Sem dúvida, Aristóteles faz parte dessa ínfima elite, se bem que não se vanglorie disso. À parte ele, quantos felizes eleitos levam uma vida divina? Uma meia dúzia? É o mesmo que dizer que, se a felicidade está nisso, ela é inacessível para a humanidade comum. Os caminhos de Platão e de Aristóteles em direção à felicidade são impasses.

FIM DO SÉCULO IV: ESTÁ ABERTA A CAÇA À FELICIDADE

A busca, no entanto, continua. Ela inclusive se intensifica. A partir do fim século IV antes de nossa era, a caça à felicidade está aberta. Nunca antes se havia dado tanta atenção à vida feliz. Por toda parte no mundo helenístico surgem mercadores da felicidade. Os historiadores atribuem uma causa essencialmente política a esse fenômeno. Aristóteles morreu em 322 a.C. Nessa época, a conquista macedônica conduzida por seu discípulo Alexandre extinguiu a autonomia das cidades gregas e culminou na criação de vastos reinos, de monarquias aristocráticas cosmopolitas no centro das quais os súditos perderam sua liberdade e suas referências e os valores patrióticos e morais. Privados das satisfações públicas que lhes conferia o devotamento à cidade, eles tendem a se concentrar na busca de satisfações pessoais, de

---

21 Ibid., X, VIII, 7-8.

uma felicidade de âmbito privado. Quanto maior é o conjunto político ao qual pertencemos, mais nos sentimos afastados da condução dos assuntos públicos, e mais nos consagramos aos prazeres individuais. O interesse pela receitas de felicidade é decuplicado. E a oferta segue a procura: moralistas e filósofos isolados, tanto quanto escolas e seitas, apresentam suas soluções para o acesso a uma felicidade rápida e completa, com ou sem esforço.

Na feira da felicidade, os charlatães se misturam aos sábios autênticos. O único critério de qualidade é o sucesso. Vocês querem ser felizes?, perguntam os cirenaicos: é muito simples, peguem o prazer, gozem: "A felicidade é um conjunto de prazeres particulares, entre os quais é preciso contar os passados e os por vir", e "por prazer eles entendem os do corpo, que eles tomam como um fim, e não o prazer em repouso, que consiste na privação da dor e na ausência de perturbação".[22] É assim que Diógenes Laércio resume a doutrina. Todo prazer é um bem, já que é uma coisa natural: "O prazer é um bem, mesmo que venha das coisas mais vergonhosas: a ação pode ser vergonhosa, mas o prazer que dali se tira é em si uma virtude e um bem". A finalidade do homem é o prazer:

> A prova de que a finalidade é o prazer é que desde a infância, e sem nenhum raciocínio, estamos tão familiarizados com ele que, quando o obtemos, não desejamos mais nada; ao contrário, não fugimos tanto de alguma coisa como da dor, que é o oposto do prazer.

O homem é dirigido por dois princípios: o prazer e a dor. Naturalmente, ele busca um e foge do outro, e "basta, para ser feliz, encontrar um prazer". É simples assim. Por prazer, eles entendem um princípio ativo: "Estar sem dor é como ficar no estado de um homem que dorme", o que não é um prazer, não mais "do que a lembrança ou a expectativa de acontecimentos felizes". O prazer é uma satisfação imediata e física: "Os prazeres do corpo parecem-lhes superiores aos da alma", relata Diógenes Laércio a respeito de Aristipo. Aqui, não se trata das delicadezas virtuosas e espirituais de Platão ou de Aristóteles: comer, beber e fazer amor, isso é a felicidade, uma felicidade que, sejamos francos, tem como seduzir a grande maioria da humanidade. Mas os cirenaicos, à imagem de seu mestre Aristipo, não são ingênuos: eles sabem muito bem que a trilogia "beber-comer-copular" raramente transcorre sem problemas e efeitos colaterais desagradáveis.

---

22 Diógenes Laércio, *Vie, doctrine et sentences des philosophes illustres*, t.I, "Aristippe", p.134.

Além disso, realizar um conjunto de prazeres que cria a felicidade parecia-lhes uma tarefa delicada. O sábio, portanto, não tem uma vida totalmente agradável, não mais do que o ignorante tem uma vida inteiramente dura; é uma questão de proporção.[23]

Cabe a cada um dosar seus prazeres.

É também o que pensa Hegésias, que leciona em Alexandria. Não sejamos hipócritas, diz ele; agimos apenas com vistas ao nosso prazer pessoal: "Não fazemos coisa alguma pela coisa em si; nós a fazemos pelas vantagens que ela proporciona". As ações aparentemente mais virtuosas são na realidade muito egoístas. Tudo que procuramos é nossa felicidade. Mas sobre isso Hegésias é bastante pessimista:

> A felicidade perfeita é impossível, pois o corpo está sujeito a cem doenças, a alma sofre com o corpo, e por cima disso tudo vêm os golpes do destino que arruínam nossas mais belas esperanças. No fim das contas, a felicidade perfeita não é realizável.[24]

Somente os idiotas acreditam nisso: "O ignorante acha a vida agradável; o sábio a vê, indiferente".

Nada disso, retruca Aníceris, que também leciona em Alexandria, na mesma época: "O sábio, mesmo carregado de preocupações, pode ser feliz com sua bem pequena bagagem de alegrias". Não se deve ser exigente demais, é verdade. Seu contemporâneo Teofrasto (372 a.C.-287 a.C.) não é, por sua vez, de grande utilidade no que concerne aos meios para alcançar a felicidade. Aos discípulos que lhe pedem orientação, ele responde:

> Eis o que posso lhes dizer: a vida promete grandes prazeres e a posse da glória. Basta no fundo ser feliz: deixem de lado o estudo, tarefa rude demais, ou, se a ele se consagrarem, façam-no seriamente e a glória virá por si só. Para o resto, há mais vaidade do que proveito na vida. Acrescento que não é mais tempo de me pedir conselhos; cabe a vocês avaliar como devem agir.[25]

Dito isso, ele cai morto!

---

23 Ibid., p.136.
24 Ibid., p.137.
25 Ibid., "Théophraste", p.242.

O cínico Antístenes é ainda mais lacônico: "Perguntavam-lhe o que o homem podia fazer de melhor: 'morrer feliz', dizia ele". Quanto ao inenarrável Diógenes, ele é aparentemente feliz em seu barril. Provocador nato, masturba-se em público, reivindica a comunidade das mulheres, preconiza uma vida em conformidade com a natureza, defende a suprema liberdade do sábio, devolve cada um à sua própria imagem. Seu grande princípio: "Esforço-me para fazerem minha vida o contrário de todo mundo". Seria essa a receita da felicidade? Seus contemporâneos pareciam acreditar nisso, porque – segundo Diógenes Laércio – após sua morte, erigiram-lhe uma estátua em bronze com a inscrição: "Tu indicaste o caminho mais curto para a felicidade".[26] Mas nem por isso os atenienses passaram a viver em um barril.

EPICURO OU A FELICIDADE AUSTERA

No mercado da felicidade que se abre no fim do século IV, duas insígnias vão rapidamente ganhar renome: o epicurismo e o estoicismo. Seus fundadores, Epicuro (341 a.C.-270 a.C.) e Zenão de Cítio (335 a.C.-264 a.C.), são contemporâneos. Um século depois da questão de Sócrates – "como poderemos ter felicidade?" – eles propõem duas respostas aparentemente contrárias, que ambos expõem em Atenas, no Jardim e sob o Pórtico.

O jardim de Epicuro, visto de fora, tem ares de jardim das delícias. Mas as aparências enganam. Entremos. Epicuro nos fornece um guia: *Carta sobre a felicidade (a Meneceu)*, no qual expõe os passos a seguir para atingir a felicidade. Urge ser feliz, diz ele. O tempo corre, não sabemos quanto nos resta viver. Peguemos a alameda central, a via real: é a filosofia. E nunca é cedo demais nem tarde demais para começar: "Quem diz que o tempo de filosofar ainda não chegou, ou que já passou, assemelha-se àquele que diz que o tempo da felicidade ainda não chegou ou que já passou".[27] E que o termo "filosofar" não nos amedronte: filosofar já é em si um prazer, pois "o prazer anda com a consciência, [...] não é após ter aprendido que usufruímos do fruto, mas aprender e fruir acontecem juntos". O caminho para a felicidade é, portanto, ele próprio um prazer. É o alegre saber.

Então, sigamos adiante, alegremente. Quatro condições devem ser preenchidas para sermos felizes. Primeiro, rejeitar os deuses, esses bichos-papões inventados para nos assustar. Nós já vimos: os deuses não podem

---

26 Ibid., "Diogène", t.II, p.35.
27 Epicuro, Lettre à Ménécée, *Lettres et maximes*, p.217.

suportar que os homens sejam felizes, e são eles que matam nossa felicidade. Principalmente, diz Epicuro, eles envenenam nossa existência com histórias de inferno, punições, maldições, destino. O homem vive no temor do castigo divino, cultivado pelos sacerdotes. Não tenham medo, diz o filósofo: se os deuses existem, eles são completamente indiferentes à nossa sorte e não se ocupam de nós.

Segunda condição: não tenham medo da morte. A morte não é nada. Enquanto vivemos, ela não está aqui, e quando ela está aqui, somos nós que não estamos mais. Nós a tememos unicamente porque queríamos viver sempre, já que nossos desejos não estão nunca satisfeitos. Se perseguimos a riqueza e a glória, é porque pensamos que elas vão nos trazer segurança. Tudo isso é inútil, assim como os mitos sobre o além – histórias para nos amedrontar. Na verdade, a alma é material; ela é composta de átomos sutis que se dispersam quando morremos e que entram então em outras composições.

Terceira condição: saber regular nossos desejos. Se não somos felizes, é quase sempre porque temos uma grande quantidade de desejos que não conseguimos satisfazer. É preciso, portanto, fazermos uma triagem para eliminar os desejos supérfluos. Epicuro se entrega a uma classificação dos desejos, que se repartem em duas grandes categorias: os desejos naturais e os desejos vãos. Estes últimos baseiam-se na imaginação; são, portanto, ilimitados e impossíveis de se satisfazer. Uma vez mais, a imaginação é acusada: ela causa nossa desgraça porque suscita desejos vãos que não podem acarretar senão frustrações. Ponhamos rédeas na imaginação. Não se deve sonhar.

Os desejos naturais se compõem de duas categorias: os que são necessários e os que não o são; as satisfações estéticas e sobretudo os prazeres sexuais. O sexo, o amor sexual (mas qual amor não é baseado antes de tudo no sexo?), é um instinto natural, é verdade, mas enganador. Ele é fonte de grandes sofrimentos; ele nos torna dependentes de alguém, nos faz negligenciar nossos deveres e nossa reputação, nos faz viver no temor de perder o objeto amado, na dor das ausências; não pode nunca ser plenamente satisfeito: a pessoa amada está sempre além, é sempre outra; a fusão completa à qual aspiramos é impossível. Se quiserem ser felizes, não sejam apaixonados.

Restam assim os desejos naturais necessários. De sua satisfação nasce a felicidade. Existem três categorias. Os desejos necessários à manutenção da vida: comer e beber; os necessários para evitar sofrimentos: ter uma vestimenta e um teto; os necessários para sermos perfeitamente felizes: filosofar ou, para aqueles a quem essa palavra dá medo, pensar, refletir, meditar.

Vamos resumir: todo homem busca naturalmente experimentar prazeres e evitar a dor. Se ele atinge esses dois objetivos, é feliz. E, na verdade, esses dois objetivos fazem um só, pois o verdadeiro prazer é a ausência de dor, o prazer do corpo em descanso, a *aponia*, daquele que não tem fome, nem sede, nem calor, nem frio, e o prazer da alma em descanso, a *ataraxia*. O epicurismo é então de fato a felicidade pelo prazer. Nada de mais legítimo do que procurar o prazer, e as próprias virtudes só têm valor se servirem ao prazer, como a prudência, a honestidade, a justiça. O mal-entendido virá do fato de que muitos dos supostos discípulos trairão o pensamento de Epicuro, estendendo o prazer à satisfação de desejos vãos e não necessários, e acreditando que podemos aumentar o prazer se formos além da satisfação de necessidades. Para Epicuro, comer pratos numerosos e refinados em nada aumenta o prazer de saciar sua fome com uma refeição frugal; ao contrário, isso leva à dor da indigestão. A felicidade epicurista está em não sentir fome nem frio, e na boa esperança de manter esse estado: "O grito da carne: não ter fome, não ter sede, não ter frio. Aquele que alcança essas coisas, e a esperança de tê-las, pode rivalizar com Zeus em felicidade".[28] Ele atinge então a sabedoria, que o faz enxergar a verdade, e a sabedoria é um estado irreversível. Quando a atingimos, somos "como os deuses", e podemos até mesmo suportar a dor física, que sempre é evitável. Preenchemos assim a quarta condição para sermos felizes: saber suportar com paciência a dor. De qualquer modo, a dor viva é breve, pois indica que o fim está próximo; se a dor perdura, é por ser leve; logo, suportável.

Mas uma questão se apresenta: se o mundo de Epicuro é materialista, e a própria alma é material, somos determinados pelas leis físicas, não somos livres e, nesse caso, não depende de nós escolhermos a sabedoria, sermos felizes ou infelizes. O filósofo se esforça em nos tranquilizar ao reintroduzir a liberdade no seio da matéria, graças a um subterfúgio bem pouco convincente, para dizer a verdade: tudo é composto de átomos, como dissera Demócrito (460 a.C.-360 a.C.), átomos em queda livre cujas combinações mecânicas produzem todas as formas do real. Mas eles não caem em linha reta; sua trajetória sofre um desvio ínfimo, a declinação, que introduz um elemento aleatório, um princípio de indeterminação que torna possível a livre escolha.

A felicidade epicurista em senso estrito é, portanto, uma felicidade mínima, uma felicidade negativa, uma felicidade de repouso e não de ação, uma felicidade reduzida ao essencial, após o corte draconiano de todos

---

28 Epicuro, *Sentences vaticanes*, 33.

os desejos supérfluos: o prazer de meditar à sombra depois de comer um pedaço de pão e ter bebido um copo de água. Esse é o prazer supremo, que os velhos são mais capazes de atingir do que os jovens:

> Não é o jovem que é bem-aventurado, mas o velho que viveu bastante, pois o jovem, cheio de vigor, perambula, o espírito perdido pelo destino; ao passo que o velho, na velhice como em um porto, ancorou os bens que ele esperara na incerteza, tendo-os colocado a salvo pelo meio seguro da gratidão.[29]

Essa concepção minimalista da felicidade corta qualquer vínculo com a vida da cidade. Os sábios do Jardim não fazem política. Tal noção de uma vida feliz convém totalmente aos novos regimes em vigor: as monarquias helenísticas. O epicurista é um súdito ideal para um poder autoritário: ele não pede nada ao Estado, contenta-se com muito pouco e não busca participar da vida pública. Com ele, nada de discussão, nada de contestação, nada de revolução; um pouco de pão e de água fresca, e ei-lo satisfeito. O epicurismo não tem de se preocupar com a democracia e suas inúteis agitações. A felicidade não depende absolutamente nada da organização social, do sistema socioeconômico. É um assunto estritamente pessoal. Péricles pensava que os atenienses eram felizes porque podiam participar das questões públicas – era a felicidade pela democracia; Epicuro estima que, para ser feliz, é melhor não participar – é a felicidade adaptada à monarquia.

Essa é, aliás, uma das razões pelas quais o epicurismo será de início mal recebido em Roma. Não que Roma fosse uma democracia, longe disso, mas, na época das guerras civis e da transição para a ditadura e o império, os senadores conservadores, que controlavam até ali o poder e que nada temiam tanto quanto a chegada de uma monarquia, inquietaram-se ao ver uma parte da elite culta se desinteressar da política para levar uma vida epicurista, fazendo assim o jogo dos ditadores. Aliás, o próprio César é simpatizante; seu padrasto, Lúcio Calpúrnio, fora apelidado "o benfeitor do epicurismo"; mantinha em casa um filósofo epicurista, Filodemos de Gadara. É na mesma época que Tito Lucrécio Caro, Lucrécio, de origem nobre, renuncia aos assuntos públicos e escreve o grande poema que desenvolve as ideias de Epicuro, o *Sobre a natureza das coisas*, dedicado a outro membro de uma família importante, Mêmio Gemelo, que havia comprado o jardim de Epicuro em Atenas e queria mandar construir ali um palácio, espécie de

---

29 Ibid., 17.

memorial em honra ao mestre. Cícero se preocupa: em *Do sumo bem e do sumo mal* e nas *Tusculanes* [Tusculanas], ataca o epicurismo, censurando seu materialismo, sua associação de prazer com ausência de dor, sua confusão entre desejos e necessidades e, sobretudo, seu ideal de prazer individual:

> Como não enxergar todo o transtorno, toda a confusão moral que se seguiriam? É o fim da ideia de generosidade, da noção de reconhecimento, essas pedras angulares da concórdia civil.

Outros se alarmam com os riscos de degradação dos costumes no povo, por demais inclinado a interpretar o epicurismo como a busca desenfreada de todos os prazeres. O mito dos "porcos de Epicuro" esses "rebanhos de porcos chafurdando no lodaçal" surge a partir do século II antes de nossa era: em 173 a.C., um decreto senatorial expulsa de Roma os pregadores epicuristas.

O epicurismo se espalha, no entanto, por uma parte da elite, sob forma mais adocicada, a da doçura de viver no campo. O Virgílio das *Bucólicas* descreve "nos jardins da Arcádia feliz" o venturoso pastor Titire, deitado "sob a cobertura de uma grande faia", tocando flauta. "Oh, felizes demais os agricultores, se conhecessem sua felicidade!", escreve nas *Geórgicas*.

CARPE DIEM: FRACASSO DO EPICURISMO VOLUNTARISTA?

De espírito igualmente epicurista é o *carpe diem* de Horácio, talvez a melhor ilustração da filosofia do Jardim humanizada, adaptada, adocicada, aclimatada. Nascido em 65 a.C., Quinto Horácio Flaco, filho de um alforriado, fez ótimos estudos em Roma e em Atenas, e seu talento literário permitiu-lhe tornar-se amigo de Mecenas, que lhe dá uma propriedade na Sabina, perto de Tibur. Dali em diante, ele achou sua vocação: fazer versos, levando uma vida confortável de proprietário rural. Para a posteridade, continuou o homem do *carpe diem*, o homem feliz por excelência, o epicurista no senso comum do termo, que aproveita os prazeres da vida. Mas essa obsessão pela felicidade não seria suspeita? O homem que escreve: "Enquanto falamos, a hora enciumada fugiu. Colhe o dia, confiando o menos possível no amanhã",[30] não está exprimindo a angústia diante da fuga do tempo mais do que a felicidade pelo prazer do momento? Colher o dia: não seria um conselho para

---

30 Horácio, *Odes*, I, 11.

ele mesmo – ele, que não está satisfeito em parte alguma? Quando está na cidade, sente saudades do campo e vice-versa. Esse pequeno homem gordo e precocemente grisalho que canta a vida simples, sem excessos, a moderação em tudo, o controle das paixões, é um agitado, um colérico, um inconstante, que corre atrás dos prazeres do ventre e do sexo, sempre insatisfeito. Não é a si mesmo que descreve em sua primeira sátira, quando se pergunta:

> Como é possível que o homem nunca viva contente com sua sorte, quer a deva a uma escolha motivada ou ao acaso das circunstâncias? Por que julga felizes as pessoas que levam uma vida oposta à sua? "Felizes os mercadores", diz o soldado que envelheceu no serviço, com os membros feridos pelo trabalho guerreiro. Em compensação, o mercador, sacudido pelos ventos do sul sobre seu navio, diz: "Ah! Como o serviço militar vale mais!" [...] O jurisconsulto inveja o agricultor. [...] O lavrador que, com seu arado, revolve com dificuldade a terra; o taberneiro enganador; o soldado; o marinheiro audacioso que singra os mares; todos proclamam que, se se resignam a esses trabalhos, é para terem, uma vez chegados à velhice, uma aposentadoria tranquila e segura, quando houverem acumulado o suficiente para viver.[31]

Mas eles não têm nem mesmo certeza de saborear essa aposentadoria, como Horácio, que morre aos 52 anos.

Então, podemos supor legitimamente que essa vida tranquila descrita em suas poesias, essa felicidade campestre cujos encantos evoca, é para ele antes um ideal que uma realidade. Seus amigos não viram nele, de forma alguma, o homem feliz que gosta de descrever, mas antes um inconstante, pronto para a cólera e até mesmo o ódio, um crítico mordaz, um insatisfeito crônico. Não é de si novamente que ele fala nessa epístola:

> Quem quer gozar dos bens acumulados deve começar comportando-se bem. Quando somos devastados pelo desejo ou pelo temor, o fato de sermos ricos proprietários nos proporciona apenas o mesmo prazer que um quadro oferece a um doente dos olhos, que roupas finas para um artrítico, que o som da cítara àquele cujos ouvidos estão doentes e cheios de humores. Quando um vaso não está limpo, tudo o que vertemos nele azeda. Despreza a volúpia: ela é um mal, e a dor é seu preço.[32]

---

31 Horácio, *Satires*, I, 1.
32 Horácio, *Épîtres*, I, 2.

Ele, a quem os excessos à mesa causam dores de estômago, sabe do que fala.

"Não se emocionar com nada", escreve também, "é o melhor meio, e quase o único, de encontrar e manter a felicidade."[33] Não é novamente um desejo, uma aspiração? Horácio seria muito mais esse ansioso:

> Quem teme perder essas vantagens sente mais ou menos a mesma angústia de quem as deseja. Nos dois casos, existe temor e sofrimento, e assim que se oferece a nós, inesperadamente, uma ou outra imagem, ficamos muito perturbados. Alegria ou dor, desejo ou temor, pouco importa o que sentimos se, diante dos resultados melhores ou piores do que a nossa expectativa, quedamos aturdidos, os olhos fixos, o espírito e o corpo entorpecidos.[34]

Não é a si mesmo que aconselha:

> A qualquer hora que os deuses te mandem a felicidade, recebe-a com gratidão e não deixa para depois o deleite de viver; assim, onde quer que estejas, poderás dizer que viveste satisfeito; se, realmente, são o bom-senso e a sabedoria que dissipam as preocupações, e não uma bela vista para o mar, é certo que ao se cruzar o mar muda-se de terra, mas não de alma. Quando nada temos a fazer, nós nos agitamos e pedimos a felicidade às naus e às bigas: a felicidade está aqui, ela até está em Ulubres [um "fim de mundo" qualquer, no Lácio], se nossa alma está bem equilibrada.[35]

Repitamos: tal insistência sobre o *carpe diem* é suspeita. Horácio sonha com a felicidade muito mais do que a vive de fato. Senão, que necessidade teria de evocar, ele também, a idade de ouro, as ilhas Afortunadas: "Ganhemos os ricos campos, as ilhas Afortunadas...", onde a natureza oferece brandura, abundância, repouso, e "teremos a felicidade de ver ainda outras maravilhas". Mas, infelizmente,

> Júpiter reservou essas costas para um povo piedoso, quando substituiu a idade de ouro por uma idade de bronze, que valia menos. Com o bronze, depois o ferro, fez idades mais duras.[36]

---

33 Ibid., I, 6.
34 Ibid.
35 Ibid., I, 11.
36 Horácio, *Epodes*, 16.

Será que um homem feliz escreveria que "uma alma bem preparada espera a felicidade no infortúnio, teme a desgraça na prosperidade"?[37] Não seria o contrário da felicidade, o contrário do *carpe diem*, a incapacidade de gozar do presente pela antecipação de um porvir aleatório? Freud verá nessa atitude uma real inaptidão para a felicidade, falando de dois de seus amigos melancólicos:

> A revolta contra o luto futuro estragava a alegria da beleza presente. A ideia de que tudo aquilo era fugidio dava-lhe a ambos um gosto antecipado do luto que experimentariam quando de seu desaparecimento. E, como a alma recua instintivamente diante de qualquer dor, o prazer deles era perturbado pelo pensamento da fugacidade de toda beleza.

Horácio é o fracasso do epicurismo voluntarista como via de acesso à felicidade. Ansioso demais para "colher o dia", passa seu tempo a repeti-lo e, por medo de estragar o presente pelo pensamento do futuro, devolve a felicidade ao passado.

A FELICIDADE ESTOICA DE EPICTETO E MARCO AURÉLIO

Enquanto Epicuro ensina em seu Jardim a via da felicidade pelo prazer sem dor, Zenão de Cítio, sob seu pórtico, indica outro caminho. Sabemos pouco sobre esse fundador do estoicismo, além do que nos fala Diógenes Laércio; ele condena o prazer, o qual vê como a satisfação de um desejo desarrazoado, e que opõe à alegria, como a satisfação de um desejo razoável. A felicidade, nós a atingimos vivendo em pleno acordo com a razão e a natureza, comportando-nos virtuosamente, adaptando nossos desejos à ordem do mundo. Este último, de fato, é harmonioso e bom, pois é uma obra divina. O que podemos fazer de melhor, senão aprová-lo, fazer nossa vontade coincidir com ele? Querer não o que imaginamos, mas o que acontece de fato, não é um método infalível para ser feliz? "Não peça que aquilo que acontece seja como você quer. Mas zele para as coisas acontecerem como acontecem, e será feliz", diz Epicteto.[38] Não é maravilhosamente simples? Se lhe quebrarem a perna, sorria e constate que aquilo devia acontecer. É o que

---

37 Horácio, *Odes*, II, 10.
38 *Manuel d'Épictète*, VIII.

contam as anedotas sobre a vida desse escravo da segunda metade do século I que vivia sozinho e feliz em sua cabana, sem recear os ladrões porque nada mais tinha além de uma lâmpada a óleo e uma reles cama. Como Sócrates e Diógenes, ele não deixou nada escrito, mas seus discursos, coletados pelo discípulo Flávio Arriano, reunidos em oito livros de entrevistas, mostram um personagem excepcional, feliz sem prazer: se for tentado por um prazer, reflita bem, dizia ele:

> Quando uma ideia de prazer se apresenta a teu espírito, protege-te, como das outras ideias, para não te deixares arrebatar. Mas adia a ação e concede-te alguns prazos. Compara em seguida os dois momentos: aquele em que gozarás do prazer, e aquele em que, tendo-o gozado, te arrependerás e te culparás. Opõe a esses pensamentos a alegria que sentirás ao te absteres e as felicitações que te darás. E, se as circunstâncias exigirem que ajas, cuidado para não te deixares vencer pelo que a coisa oferece de suave, de agradável e de atraente. Mas recompensa-te ao pensar quanto é preferível ter a consciência de que conseguiste esta vitória.[39]

É provável que nesse momento, de qualquer forma, a vontade já tenha passado.

Eis portanto um escravo feliz, o que muito teria surpreendido Aristóteles, que excluía qualquer possibilidade de felicidade para essa categoria social. Mas não é preciso ser escravo para ser feliz. Até os imperadores podem consegui-lo, desde que se esforcem, desde que sejam estoicos. É o caso de Marco Aurélio, que reinou de 161 a 180. Todo mundo pode ser feliz, escreve ele em seus *Pensées pour moi-même* [Pensamentos para mim mesmo]: "O homem feliz é aquele que atribuiu a si mesmo um bom quinhão, e um bom quinhão são boas orientações da alma, boas tendências, boas ações".[40] Ou ainda:

> A felicidade do homem: fazer o que é próprio do homem. E próprio do homem é ser bondoso com seus semelhantes, desprezar as agitações dos sentidos, discernir as ideias que merecem crédito, contemplar a natureza universal e tudo o que acontece em conformidade com sua lei.[41]

---

39 Ibid., XXXIV.
40 Marco Aurélio, *Pensées pour moi-même*, V, 36.
41 Ibid., VIII, 36.

Cada qual busca seu próprio bem, o que é legítimo, e o bem do homem é o que está de acordo com sua natureza. O que devemos entender disso? Aí está o problema todo. O imperador deixa claro então seu programa: serás feliz

> se cumprires a tarefa presente obedecendo à razão estrita, com presteza, energia, benevolência, e sem nela envolver nenhum assunto secundário; se cuidares para que teu gênio interior seja sempre mantido puro, como se necessitasses restituí-lo de imediato; se ligares essa obrigação ao preceito de nada esperar e nada evitar; se te contentares, na tarefa do momento, em agir de acordo com a natureza e, no que dizes e no que fazes ouvir e falar segundo a heroica verdade, viverás feliz.[42]

Se... O texto é como se fosse um precursor do famoso *If* de Rudyard Kipling, enumerando as condições que permitem ao sujeito tornar-se homem.

Seguir a razão e a natureza, diz Marco Aurélio. É curioso ver como todos aqueles que recomendam que se siga a natureza exigem coisas tão pouco naturais, como o perfeito controle dos instintos. Seguir a natureza deveria ser a coisa mais fácil do mundo, excluindo qualquer restrição. Ao contrário, parece que, para os filósofos, seguir a natureza consiste em contrariá-la em tudo. É que, para eles, nossa verdadeira natureza é a razão. É, portanto, sendo razoáveis que somos naturais. Assim entende Marco Aurélio. E o grande inimigo da razão é a imaginação, que deve ser banida absolutamente se quisermos ser felizes:

> A felicidade é ter um bom gênio, ou uma boa razão. Que fazes então aqui, imaginação? Vai embora, pelos deuses, do mesmo modo como chegaste! Não preciso de ti. Vieste, segundo teu velho costume; não tenho rancor; apenas bate em retirada.[43]

Para ser feliz, é preciso "apagar o que é imaginação, reprimir impulsos, apagar o desejo, continuar senhor de sua faculdade diretiva".[44] Viver no presente, ajudar seus semelhantes, contentar-se com tudo o que acontece. A justificativa é que faço parte de um grande todo do qual sou uma engrenagem; ao perseguir minha própria perfeição moral e racional, participo do

---

42 Ibid., III, 12.
43 Ibid., VII, 17.
44 Ibid., IX, 7.

bom funcionamento do conjunto, da harmonia cósmica, e isso é a felicidade. De escravo a imperador, cada um é importante, e todo mundo pode ser feliz:

> A felicidade de viver depende de coisas muito pequenas, e se te desesperas para poder ser um dialético e um físico, nem por isso é preciso renunciar a ser livre, modesto, sociável e dócil à vontade dos deuses.[45]

Ao contrário de Aristóteles e Platão, muito elitistas, epicuristas e estoicos acham que todo mundo pode ser feliz. Mas sua definição de felicidade e o caminho que indicam para alcançá-la são de tamanha dificuldade que podemos duvidar de seu realismo. A barra é fixada tão alta que apenas alguns atletas da sabedoria podem ter a pretensão de transpô-la. E, mesmo para os que conseguem, podemos chamar de felicidade o modo de vida de um sábio estoico? Isso é bastante discutível. Como para o epicurista Horácio, a vida e a obra do estoico Sêneca (2-66) obrigam a relativizar esse ideal.

SÊNECA: O IMPASSE ESTOICO RUMO À FELICIDADE

Sejamos justos: Sêneca jamais se apresentou como a encarnação do estoicismo e teve a honestidade de reconhecer que sua vida nem sempre esteve em conformidade com seus preceitos. No entanto, a acusação de hipocrisia persiste e sua existência nada tem de um modelo de virtude. Amante de cortesãs tanto quanto de princesas, dentre as quais Julia, filha de Germânico, e provavelmente Agripina, a mãe de Nero, cujo assassinato ele justifica em seguida; cortesão subserviente, de uma indulgência excessiva com Nero; ávido por riquezas, acumulando milhões de sestércios e de propriedades, levando a vida em grande estilo, ele nada tem de um Diógenes ou de um Epicteto. Inclusive seu suicídio "estoico", tão celebrado pelos artistas, é visto com reservas – como Sócrates, ele não tinha muita escolha: matou-se por ordem de Nero. Para Dion Cássio, é um hipócrita notório.

O que nos interessa, aqui, é que ele se preocupa com a questão da felicidade, à qual volta em numerosas cartas e à qual dedica tratados inteiros: *Du respos du sage* [Do repouso do sábio], *Da tranquilidade da alma* e, principalmente, *Da vida feliz*. Neste último, ele retoma do início a constatação de Sócrates:

---

45 Ibid., VII, 67.

Na vida, é a felicidade que todos os homens querem; mas, quando se trata de ver com clareza em que consiste o que pode fazer a vida feliz, eles têm uma nuvem diante dos olhos.[46]

Todos têm a pretensão de opinar sobre o assunto, mas na verdade cada um busca imitar os outros e apenas repete os lugares-comuns. Ora, na busca da felicidade, como em outros temas, "a multidão é a prova do que é pior". Sêneca dá então sua própria definição:

> A vida feliz é aquela que se concilia com sua natureza. Só podemos obter essa vida se o espírito é são e sempre em posse de boa saúde; se, além disso, ele é enérgico e ardente; se é dotado das mais belas qualidades, paciente, adequado a todas as circunstâncias, cuidadoso com o corpo que ele habita e do que ali se proporciona, mas sem agitações minuciosas; se dá atenção às outras coisas da vida, sem se ofuscar por nenhuma; se sabe usar as dádivas da sorte, sem jamais delas ser escravo. Compreendeis, ainda que eu não o diga, que daí resulta uma tranquilidade perene, a liberdade, já que foi banido tudo o que a todo instante vem nos irritar, nos assustar.[47]

Definição no fim das contas equilibrada e que exclui a busca do prazer, satisfação efêmera que sempre dá lugar ao aborrecimento. Natureza e razão: são mesmo os dois guias estoicos para o prazer: "A natureza, de fato, é o guia que devemos seguir; é ela que a razão observa e consulta. Portanto, viver feliz e viver segundo a natureza são a mesma coisa".[48] "Mas é uma natureza razoável que vocês têm a partilhar. O que melhor pode ser colocado em primeiro plano além da razão?"[49] A síntese das duas é sempre algo delicado de se realizar. É necessário que as satisfações permitidas à natureza física sejam sempre consideradas acessórias, como concessões ao corpo para mantê-lo em boa saúde. É pela prática da virtude que esse equilíbrio se garante:

> O homem feliz é aquele para quem não existe outro bem, nem outro mal, do que uma alma, boa ou má; aquele que pratica a honestidade, que se pauta pela virtude; que o acaso não conseguiria nem elevar nem abater; que não conhece

---

46 Sêneca, De la vie heureuse, I, em *Oeuvres complètes*, op. cit., t.III, p.295.
47 Ibid., III, p.303.
48 Ibid., VIII, p.315.
49 Ibid., XIV, p.331.

maior bem do que o bem que ele pode dar a si mesmo; o homem para quem o verdadeiro prazer é o desprezo pelos prazeres.⁵⁰

A diferença em relação ao epicurista, diz Sêneca, é que para ele a virtude é um meio para obter um prazer, ao passo que para mim a virtude é um fim em si. "O que dizer? A virtude bastaria para viver feliz? Sendo perfeita e divina, por que não bastaria? Ela tem até mais do que precisa." Ela propicia a felicidade, mas não o prazer:

> Se o prazer e a virtude fossem inseparáveis, não veríamos algumas coisas serem agradáveis, mas não honestas, e outras serem muito honestas, mas desagradáveis, tanto que é pelas dores que precisamos superá-las.⁵¹

Outras condições: "Posso ainda dizer que o homem feliz é aquele que nada deseja, que nada teme, graças à razão"; é também "aquele que tem o julgamento reto, que se contenta com o presente, qualquer que seja, e que ama aquilo que tem".

Sêneca tem a honestidade de reconhecer que a doutrina de Epicuro é próxima da sua, e muito rígida; seus discípulos é que o traíram, pretextando a apologia do prazer para estendê-lo à devassidão:

> Epicuro apresenta preceitos puros e retos; se os considerarem mais de perto, eles são tristes, pois o prazer de que ele fala restringe-se a algo pequeno e exíguo. [...] O que acontece então? Chamar de felicidade uma distração casual, e a alternância dos excessos à mesa com outros excessos que busca um bom fiador para uma causa ruim.⁵²

Eu sei o que dirão: "Falas de uma maneira e vives de outra". Vão censurar minha riqueza, minhas propriedades, meus escravos, as joias de minha mulher, minhas boas refeições, as lágrimas que derramo diante da morte de meus amigos, a cólera que sinto quando me caluniam; é esse o desapego do filósofo?

> Eis o que eu responderia: não sou sábio, [...] exijo de mim não ser igual aos mais virtuosos, mas ser melhor do que os maus; [...] quando mostro minha indignação contra os vícios, é primeiro contra os meus.⁵³

---

50 Ibid., IV, p.305.
51 Ibid., VI, p.331.
52 Ibid., XIII, p.327.
53 Ibid., XVII, p.339-41.

Falo de um ideal que não consegui atingir e poderíamos dizer o mesmo de todos os filósofos,

> pois, se suas ações também estivessem no nível de seu discurso, quem seria mais feliz do que os filósofos? [...] É de surpreender que eles não cheguem tão alto, tendo começado a escalar encostas tão íngremes?[54]

Confissão corajosa, mas catastrófica para nosso propósito: acreditamos ter encontrado um caminho para a felicidade, e isso não passa de ilusão? Então, nenhum dos filósofos que nos ensinam a vida feliz conseguiu alcançá-la? Mas eles não seriam mais sábios do que os homens comuns? A idade de ouro está realmente perdida.

O modo desajeitado de Sêneca defender suas riquezas apenas reforça essa constatação de fracasso: é claro, sou rico, mas não sou apegado ao meu dinheiro; ficaria indiferente se o perdesse; um filósofo rico não é a mesma coisa que um não filósofo rico: "Para mim, as riquezas têm importância; para vocês, são o mais importante". Além disso, é mais difícil ser sábio sendo rico do que sendo pobre: tenho de provar "temperança, liberalidade, exatidão, economia, magnificência"; felizes os pobres, que não têm todas essas preocupações. "Então, parem de proibir o dinheiro aos filósofos; nunca a sabedoria foi condenada à pobreza".[55] Aliás, Catão era ainda mais rico do que eu. "Não me acho nem um pouco mais feliz porque tenho uma capa macia e porque estendo a púrpura sobre ricos tapetes em meus festins."[56] Dinheiro não traz felicidade, sabemos todos. Mas, é verdade, prefiro filosofar no conforto, e até no luxo, "vestindo a toga ou o manto, a estar com os ombros nus ou mal cobertos".

Infeliz Sêneca! Que crédito daremos então a suas declarações sobre a felicidade do sábio que se desapega de todos os bens? Pois ele insiste fortemente nisso em suas cartas. Uma delas até se intitula "Sobre as vantagens da pobreza". Como são felizes, os pobres!

> Comparem o rosto dos pobres e o dos ricos. O pobre ri muito mais e com franqueza; se lhe advém alguma preocupação, ela passa como uma nuvem. Mas entre aqueles a quem chamamos felizes a alegria é simulação; a tristeza, um mal terrível que os devora.[57]

---

54 Ibid., XX, p.347.
55 Ibid., XXII, p.355.
56 Ibid., XXV, p.365.
57 Sêneca, *Oeuvres complètes*, op. cit., t.VI, carta LXXX, p.283.

É preciso acreditar que, afinal de contas, não é a felicidade que Sêneca procura; do contrário ele abandonaria seus milhões. Em outra carta, ele conta como, durante uma viagem, até experimentou a ventura da frugalidade: durante dois dias ficou com a mesma roupa, dormiu em um colchão no chão, tendo um casaco por cobertor; comeu figos secos e circulou em um veículo comum; e nem se queixou!

> Minha viagem me ensinou quantas coisas supérfluas possuímos e quão facilmente poderíamos dispensar todas elas, já que não nos fazem falta quando a necessidade delas nos priva.[58]

Não podemos alcançar a felicidade pela riqueza e pelos prazeres, como escreve a um amigo:

> Você aspira à felicidade, mas se engana se espera alcançá-la pela riqueza, se for às honrarias e aos negócios que a pede. Todos esses bens que você busca, como se devessem lhe dar prazer e contentamento, são fontes de tristeza. Corremos atrás da verdadeira alegria; mas ignoramos inteiramente o que a torna real e durável: este a procura nos festins e na devassidão, aquele na ambição e em um vasto cortejo de vassalos; outro, nos braços de uma amante; aquele outro, em uma inútil demonstração de conhecimento literário, e em estudos que não curam a alma. Todos esses homens deixam-se seduzir por diversões enganosas e passageiras; assim, a embriaguez nos faz pagar uma hora de alegria insana por um longo aborrecimento; assim, os aplausos e as aclamações da aprovação popular se compram e se expiam por meio de cruéis angústias.[59]

Não seria sua própria situação o que ele descreve aqui?

Ao longo de seus escritos, Sêneca retoma o problema da felicidade, tenta cercá-la, abordá-la, explorar caminhos para alcançá-la. "A vida é um bem menor do que a felicidade",[60] diz. A felicidade, portanto, é o bem supremo. "Ela consiste na perfeição da razão." Mas

> o que é a vida feliz? É a segurança; é uma calma inalterável. Quem nos dará essa vantagem? A grandeza de alma e a perseverança em executar as decisões de um julgamento sadio. Como chegamos lá? Ao abarcar em um só olhar a

---

58 Ibid., carta LXXXVII, p.385.
59 Ibid., carta LIX, p.47.
60 Ibid., carta XC, p.453.

verdade inteira; ao conservar nas ações a ordem, a ponderação, a conveniência, uma disposição inofensiva e generosa, em conformidade com a razão – que dela jamais se separa, e que é digna tanto de amor como de admiração.[61]

E acrescenta: "Quanto ao prazer, é a felicidade do bruto".

Às vezes, ele é mais concreto: saibamos aproveitar o presente, pois "a esperança do futuro nos faz ingratos à felicidade presente"; pensemos na imensidão do tempo e do espaço, isso relativizará nossas dores. É em nós que devemos procurar a felicidade: inútil correr mundo: "Vocês não viajam, vocês perambulam para cima e para baixo, de rincão em rincão, enquanto o objetivo de suas buscas, a felicidade, está em toda parte".[62] Em toda parte e, no entanto, tão difícil de se encontrar. Em *Du repos du sage*, Sêneca acredita tê-lo descoberto no retiro – "a única coisa que seria possível de se preferir ao repouso não existe em parte alguma" –, enquanto na carta LX ele a situa na ação: "Esconder-se, quedar em um torpor continuado é fazer de sua casa um sepulcro".

No tratado *Da tranquidade da alma*, ele opta claramente pelo repouso, com uma entonação que Epicuro não renegaria. Seu amigo Serenus está melancólico e hesita entre a carreira pública e a aposentadoria. Retira-te dos negócios, aconselha Sêneca, mas aos poucos, e procura a paz de espírito, que te garantirá a felicidade. Consagra-te ao estudo, passeia, frequenta amigos, bebe um bom vinho,

> às vezes até podemos chegar à embriaguez, não para nela afundar, mas para encontrar um estimulante; ela dissipa as mágoas e desperta a faculdade da alma, e, entre outras doenças, cura a tristeza.[63]

Não faça nada sem objetivo, sem razão; permaneça senhor de si, de suas emoções; que sua razão controle sempre sua conduta. Então, talvez você seja feliz.

Talvez... mas nada é menos certo. De fato, mais ainda do que para Horácio, podemos dizer que a obsessão da felicidade que percorre toda a obra de Sêneca é um sinal infalível de sua derrota. Sêneca, tão pródigo em conselhos sobre a vida feliz, não é feliz. Médico, cura-te a ti mesmo, poderíamos dizer. Ele o admite em uma carta a Lucílio:

---
61 Ibid., t.VII, carta XCII, p.21.
62 Ibid., t.V, carta XXVIII, p.187.
63 Sêneca, *De la tranquillité de l'âme*, Oeuvres complètes, op. cit., t.I, p.395.

Não, Lucílio, estando eu mesmo doente, não tenho a pretensão de curar os outros; mas acamado, por assim dizer, na mesma enfermaria, converso com você sobre nossos sofrimentos mútuos; eu lhe comunico minhas receitas. Escute minhas palavras como se fossem dirigidas a mim mesmo. Apresento-o ao fundo de minha alma, e lá, sem sua presença, censuro-me, dizendo: "Conta teus anos, e enrubescerás de teres ainda os caprichos e os projetos de tua infância; prevê o dia de tua morte; mata teus vícios antes de ti; rompe com esses prazeres tempestuosos que custam tão caro, funestos tanto depois como antes da satisfação, [...] aspira de preferência a uma felicidade constante: ora, ela não será da alma se não for tirada dela mesma. [...] Quando serás chamado a fruir dessa felicidade? Longe de interromper a busca, tu te apressas a alcançá-la. Quantas obras te restam a fazer! Quantas vigílias e quantos trabalhos para atingir esse objetivo! E ninguém pode fazê-lo por ti".[64]

Em outra carta, fica evidente que Sêneca tenta se convencer levantando objeções:

É verdade, me dirá alguém, que o sábio é feliz, mas não consegue chegar à felicidade perfeita. [...] Assim, o homem virtuoso não poderia ser miserável, mas não é perfeitamente feliz se estiver desprovido de vantagens físicas como a saúde e o uso dos membros. [...] Ouço alguém me dizer: o sábio, com um corpo fraco, não é feliz nem infeliz.[65]

As respostas de Sêneca não são lá muito convincentes: se um sábio doente não é feliz nem infeliz, então ele é feliz, pois se não é infeliz, quer dizer que há nele uma virtude tal que nada pode perturbar sua felicidade! E, se ele é feliz, então é perfeitamente feliz, pois,

se a virtude pode impedir um homem de ser miserável, ela vai achar mais fácil ainda torná-lo perfeitamente feliz, pois o intervalo entre a felicidade e a perfeita felicidade é menor do que entre a felicidade e a infelicidade.

É claro, diz Sêneca, "essas máximas nos parecem paradoxais, exageradas, acima da humanidade".

De fato, o próprio Sêneca não está convencido. O caminho estoico para a felicidade é irreal. É outro beco sem saída. Será que esse caminho já tornou

---

64 Sêneca, *Oeuvres complètes*, op. cit., t.V, carta XXVII, p.179.
65 Ibid., t.VII, carta XCII, p.27.

feliz algum homem? Isso é improvável. Esse endurecimento pode tornar os homens corajosos, sem dúvida. Felizes, certamente não.

A LITERATURA CONSOLATÓRIA

Sêneca tem o mérito de dar-lhe um meio aval, ao mesmo tempo que consola seus próximos atingidos pela desgraça. A literatura "de consolação" é um gênero que toma então impulso e que vai ser praticada durante cerca de cinco séculos, marcada pelas obras de Cícero, Crantor, Ovídio, Plutarco, Boécio. O objetivo do consolo não é propriamente deixar alguém feliz, mas atenuar uma dor. Entretanto, na medida em que a ausência de dor é considerada por alguns a definição de felicidade – é o caso de Epicuro –, não deixa de ser interessante examinar esses escritos que às vezes contêm indicações valiosas sobre a vida feliz. A impressão geral que se desprende deles não é muito positiva. Para começar, porque o primeiro tema do texto é a constatação de uma infelicidade. Somos todos atacados por más notícias: eis a primeira mensagem da "consolação". Segunda etapa: apesar da desgraça que os atinge, vocês não devem se afundar no desespero. São os argumentos "otimistas" que nos interessam aqui. Os de Sêneca são bastante estranhos. Políbio acaba de perder o irmão; o filósofo o "consola": todo mundo vai morrer; os mortos não devem ser lamentados, já que não sofrem mais, e na melhor das hipóteses podem até mesmo contemplar mais de perto as coisas divinas. Devemos limitar as manifestações de luto e refugiar-nos no estudo.[66]
Essa ainda passa. Mas eis Márcia que perdeu seu filho. Ela está inconsolável e chora há três anos. Isso não é razoável; o que ela esperava? Ter dado à luz um imortal? Na verdade, você é a primeira responsável: se ele não tivesse nascido, não estaria morto; ao lhe dar a vida, deu-lhe ao mesmo tempo a morte: "Se você chora a morte de seu filho, acuse então o momento de seu nascimento: já no nascimento sua sentença de morte foi pronunciada".[67] E, além disso, morrer cedo é uma bênção, pois evita as desgraças da vida e a decrepitude da velhice. Veja Cícero: se tivesse sido assassinado aos 43 anos por Catilina, teria evitado ser morto duas décadas mais tarde pelos esbirros de Antônio e de Otávio. Sem contar que não teria visto os horrores da guerra civil: "Ele poderia ter morrido feliz". Então, "vamos dizê-lo: não é uma infelicidade para seu filho ter morrido jovem; o passamento até o

---
66 Sêneca, *Consolation à Polybe, Oeuvres complètes*, op. cit., t.II, p.101-57.
67 Sêneca, *Consolation à Marcia*, ibid., X, p.211.

livrou de todos os males por vir". O que é um reconhecimento implícito da impossibilidade de levar uma vida feliz. Sêneca derruba com um mesmo golpe todos os seus discursos sobre a felicidade. Mas quem não diria qualquer coisa para consolar um ente querido?

A *Consolation à Helvie* [Consolação a Hélvia] tem mais valor. Hélvia é a mãe de Sêneca. Em poucos meses, perdeu um tio, o marido, três netos, dos quais um filho de Sêneca, ele mesmo recém-exilado na Córsega. De lá escreve à mãe e, paradoxalmente, é nessa *Consolação* que se mostra mais próximo da felicidade. Ele não chega a se dizer feliz, mas declara com prudência: "Não sofro nada que fizesse me ver como infeliz. [...] As penas que a senhora crê me terem prostrado não são insuportáveis".[68] Não chega a ser euforia, mas poderia ser pior. O exílio não é tão terrível assim: é uma mudança de lugar, uma migração. Povos migram desde sempre e em toda parte. Além disso, a Córsega não é tão ruim assim. Para tranquilizar sua mãe, o filósofo tenta tranquilizar a si próprio.

Outro exilado, Ovídio, escreve uma *Consolation à Livie* [Consolação a Lívia], mulher de Augusto, que chora o filho Druso. Devemos aceitar nosso destino: está determinado pelas Parcas, diz em suma. Mas ele mesmo sofre para aceitar: "Não teria sido melhor, para mim, nunca ter nascido?", pergunta em sua décima terceira *Élégie* [Elegia], sem deixar de falar de suas desgraças e de sonhar com a idade de ouro. Já Cícero tenta consolar os velhos, isto é, também consolar a si mesmo, já que tem 62 anos quando compõe *Da senectude*. Somos tão felizes quando somos velhos! É claro que alguns prazeres nos são proibidos, ou são difíceis de experimentar, como "essa comichão deleitável" no baixo ventre quando vemos belas mulheres. Mas e daí? Esse desejo é fonte de tantos problemas que é uma bênção estar livre dele: "Estou feliz demais por ter escapado ao império de um senhor rude e insensato", dizia Sófocles a esse respeito. O mesmo vale para todos os prazeres físicos aos quais se entregam os jovens: "A velhice não precisa mais disso para ser feliz". Há a leitura, a conversação: "Quando temos uma natureza feliz e soubemos nos dar uma boa formação", é possível ser um ancião feliz.[69] Claro que é melhor ser um velho patrício rico, respeitado, culto, a contemplar os campos toscanos sob o pórtico de sua *villa* do que um velho plebeu acabado, entrevado de reumatismo, mendigando pelas ruelas nojentas de Roma. Mas, em geral, esses não duram muito. "Os anciãos gostam de dar

---

68   Sêneca, *Consolation à Helvie*, ibid., IV, p.13.
69   Cícero, *De la vieillesse*, XIX.

bons preceitos, para se consolar de não estarem mais em condições de dar maus exemplos", dirá La Rochefoucauld. É isso mesmo o que Cícero faz.

Plutarco também não é mais convincente na *Consolation à Apollonius sur la mort de son fils* [Consolação a Apolônio pela morte de seu filho]. Ele cai na mesma contradição de Sêneca: de um lado, nos diz que a vida é bela, boa e feliz; de outro, declara que a morte de um jovem não é triste, pois evita-lhe os sofrimentos da vida que é, o mais das vezes, infeliz:

> A morte preservou muita gente das terríveis desgraças que uma vida longa os teria feito provar. [...] Por que então verter lágrimas na morte de jovens, pretextando que ela os priva desses pretensos bens de que teriam fruído em uma vida mais longa? Afinal, não é incerto, como já dissemos várias vezes, se as coisas de que a morte os priva são bens ou males?[70]

Quanto à tristeza, deixem isso para as mulheres e os bárbaros:

> A tristeza é uma paixão efeminada que não convém a homens bem-nascidos. Entregar-se à dor é prova de um caráter fraco e pusilânime. As mulheres são mais naturalmente levadas a isso do que os homens; os bárbaros mais do que os gregos, e as almas comuns mais do que os corações grandes e generosos.[71]

A literatura consolatória atinge o apogeu com uma obra tardia que fará grande sucesso: a *Consolation de la philosophie* [Consolação da filosofia], escrita por Boécio em 524. O ex-ministro de Teodorico está preso. Ele aguarda sua execução. Imagina que a Filosofia entra em sua cela para consolá-lo. E a melhor consolação que ela encontra é demonstrar que a felicidade terrena é uma ilusão. Todos os homens querem ser felizes, pois a felicidade é o bem supremo que nos iguala aos deuses. Mas os bens terrenos não podem nos proporcionar essa felicidade: "Oh, extraordinária felicidade propiciada pelos bens deste mundo: tão logo se tornam ricos, deixais de estar em segurança!". A felicidade na terra existiu apenas na idade de ouro:

> *Felizes os homens dos tempos de outrora!*
> *Contentavam-se com uma terra fiel,*
> *Não perdiam sua alma com o luxo inútil,*
> *E tardavam a aplacar seu apetite*
> *Com os frutos de que era pródiga a natureza.*

---

70 Plutarco, *Consolation à Apollonius sur la mort de son fils*, p.51 e 57.
71 Ibid., p.47.

Finda a idade de ouro, "para provar a perfeição da felicidade, nada melhor do que um estado que se caracterizasse por uma profusão de bens, não tivesse o que invejar dos outros e se bastasse a si mesmo". Isso só podemos encontrar em Deus, no além.

Consolação para condenado à morte, que não poderia satisfazer a todos os homens. De qualquer maneira, será que a Filosofia já consolou sequer um homem diante da morte? "Escreveu-se tudo o que poderia persuadir que a morte não é um mal; [...] entretanto, duvido que alguém de bom senso já tenha acreditado nisso", diz ainda La Rochefoucauld. Boécio assinala a entrada em uma nova época, na qual abandonamos a busca da felicidade na terra para colocar todas as esperanças em uma felicidade futura, além desta vida.

"AQUI RESIDE A FELICIDADE": O PONTO DE VISTA PLEBEU

Antes de abordar essa época, vamos dar uma última olhada na busca da felicidade no mundo antigo. Essa busca se liquida com uma derrota no nível das elites intelectuais. Até o século V antes de nossa era, a questão é pouco evocada; ela parece incongruente. A felicidade era algo do passado, pertencia à idade de ouro. E aquela era foi extinta por vontade dos deuses. Os filósofos deixam o tema para os poetas, e vão se ocupar de Física, Astronomia e Matemática. Depois, em torno de 400 a.C., Sócrates levanta novamente a questão no âmbito das reflexões éticas. Platão e Aristóteles refletem sobre isso. Todo mundo quer ser feliz, dizem eles, mas bem poucos podem sê-lo, pois a felicidade é toda uma existência de razão, de virtude, de sabedoria, no contexto das instituições ideais. Por volta de 300 a.C., a procura dos caminhos da felicidade individual é estimulada pelo desaparecimento da autonomia das cidades: cada qual deve inventar sua própria felicidade. Cirenaicos, cínicos, epicuristas, estoicos, todos definem a vida feliz, mas, visando a felicidade perfeita – aquela que faria do homem um deus –, traçam caminhos de tal forma exigentes que se revelam impraticáveis: as vias da felicidade filosófica antiga são na verdade becos sem saída. A idade de ouro continua sendo um passado inacessível.

Esses debates filosóficos, entretanto, não afetam em nada a vida cotidiana dos povos mediterrâneos que não se questionam nem encontram nos acontecimentos comuns o quinhão habitual de alegrias, prazeres, desejos, esperanças e temores cuja mescla constitui a felicidade popular. Eles encontram a idade de ouro espontaneamente nas festas, cuja periodicidade cadencia sua vida. Entre os gregos, as dionisíacas campestres, as grandes dionisíacas, as bacanais, as leneanas, as tesmofórias, as panateneias são todas festas religiosas e, portanto, têm obrigatoriamente um significado para o sentido geral do mundo, dependente da vontade dos deuses. Ora, encontramos nelas quase sempre quatro elementos: uma reatualização dos mitos, representados e expressos em pantomimas, o que lhes restitui a eficácia; uma mascarada que, sob disfarces variados, dá lugar a rituais mais ou menos codificados; uma prática da inversão, na qual se representa um mundo invertido que derruba as hierarquias e as convenções sociais; uma fase desenfreada, na qual os excessos, os transbordamentos, a transgressão das normas são a regra, terminando em devassidão e em orgias presididas por um efêmero soberano que é castigado no fim da festa. É ali que está a felicidade, como proclama o coro em *O ciclope* de Eurípedes:

> Feliz é o homem que entoa o grito de Baco, no caminho da festa, animado pelo suco benfazejo da vinha que o deixa inebriado. Ele abraça seu amigo, e o corpo jovem e fresco de sua voluptuosa amante espera-o na cama.[72]

Na mesma peça, Sileno proclama que "o homem que não gosta de beber é louco. Bebendo, podemos erguer isto [o pênis], apalpar um seio e acariciar a moita de uma mulher".[73] A felicidade da festa báquica é alcançada no "êxtase", quando se fica (*stasy*) fora (*ec*) de si mesmo.[74] O termo inglês *rave*, que designa uma mistura de entusiasmo e de delírio, define bem o estado dos participantes. As dionisíacas são autênticas *rave parties* pretensamente religiosas, nas quais todo mundo está em *ecstasy*. Baco, que assim é celebrado, com seu cortejo de sátiros risonhos e obscenos proporciona aos homens uma felicidade passageira. Mas que ninguém se engane: é um deus perigoso, ambíguo, ambivalente.

O filósofo situa a felicidade na razão, na sabedoria; o povo a busca na loucura, no delírio; a oposição é radical na aparência. Na verdade, tanto uns como outros estão em uma busca perpétua e ilusória. Os primeiros procuram uma felicidade perfeita que não passa de miragem, enquanto os segundos entregam-se aos prazeres sensuais, que lhes oferecem apenas uma satisfação efêmera. Na vida cotidiana, todos sofrem o peso do destino, com sua parcela de alegrias e de sofrimentos. Para a felicidade, os gregos utilizam geralmente o termo *eudaimonia*, que sugere uma mescla de boa

---

72 Eurípedes, *Le cyclope*, v.495-502.
73 Ibid., v.170-1.
74 Mikalson, *Ancient Greek Religion*, p.92.

sorte e de graça divina, trazida pelo *daimon*, o "demônio" de cada um. A felicidade é uma dádiva do céu, um céu mais ou menos divino e mais ou menos generoso. Uma certeza: os deuses, se existem, são felizes, o que não os impede de ter suas aventuras, e entre a felicidade filosófica de Atena e a felicidade embriagante de Baco há todas as nuanças possíveis, como entre os homens. Pinturas e esculturas nos mostram um povo relativamente feliz de viver, confiante e sereno, à imagem do sorriso satisfeito desse *kouros de Anavysos*,[75] imobilizado desde 525 antes de nossa era.

Em Roma, a noção de felicidade popular é expressa pelo termo *felicitas*, que associa a ideia de boa fortuna, *felix*, à de fecundidade, no sentido mais sexual do termo.[76] *Fascinum* é também o falo, símbolo da fertilidade e da prosperidade. Uma inscrição grosseira, em todos os sentidos do termo, fixou essa associação em Pompeia: um falo ereto, com as palavras: *Hic habitat felicitas* – "Aqui mora a felicidade". Eis, em toda a sua extensão, o ideal plebeu de vida feliz. Como na Grécia, as festas religiosas, desenfreadas, têm sempre uma forte conotação sexual. E, ao mesmo tempo, fazem a ligação, mais ou menos consciente, com a idade de ouro.

Duas festas sobretudo chamam a atenção: as saturnais e as lupercais, nas quais o riso é um elemento essencial. Etnólogos e historiadores são quase unânimes quanto ao seu significado. As saturnais, no início limitadas a um dia (o 14 das calendas em janeiro, isto é, 17 de dezembro antes da reforma do calendário juliano), depois estendidas para três dias (de 17 a 19 de dezembro) e finalmente para uma semana (de 17 a 23 de dezembro), destinam-se a preencher a lacuna entre a duração do ano lunar, que serve de base ao calendário oficial, e a do ano solar, que regula o calendário da lavoura. Esses poucos dias constituem uma espécie de vazio, um período subtraído à direção de Zeus, soberano dos deuses e dos homens, e durante o qual Cronos-Saturno, senhor do tempo, retoma sua posição dominante. O reinado de Saturno, segundo os mitos, fora a idade de ouro. Trata-se portanto de um retorno mítico àquela época feliz e desaparecida, época de igualdade, de fartura, de felicidade. A alegria que esse retorno periódico proporciona se manifesta pelo riso, e o riso se alimenta dos rituais e das práticas que acompanham essas festas.

---

75 *Kouros* (ou *cures*) são esculturas características do período arcaico grego, representando um jovem nu, em pé, com os braços estendidos ao lado do corpo; o rosto exibe um sorriso de lábios fechados. O *kouros de Anavysos* está no Museu Arqueológico Nacional de Atenas. (N. T.)

76 Thurmond, *Felicitas: Public Rites of Human Fecundity in Ancient Rome*, p.57-8.

Rituais de inversão, para começar. Tudo se passa ao contrário, já que o tempo está invertido. Inversão do dia e da noite: tochas e lampiões em pleno dia, pendurados nas fachadas das casas em 1º de janeiro; aclamação de "um novo sol" à meia-noite; cantos e danças durante a noite. Saturno, aliás, era associado a Jano, o deus bifronte, de duas faces, que olha para trás e para frente. Inversão dos sexos: os homens se fantasiam de mulher e cantam com voz de falsete, significando o retorno ao hermafroditismo primitivo. Inversão social: todo mundo usa o barrete frígio dos escravos alforriados, o *pileus libertatis*; os escravos comem com os senhores, aos quais podem dar ordens. Podemos ver isso em uma ilustração na segunda sátira de Horácio, em que o autor é criticado por seu escravo em uma discussão sobre a loucura. Isso vai até a inversão da língua, com o emprego de um autêntico *verlan*,[77] com efeitos cômicos. O riso está por toda parte, é obsessivo, obrigatório, tirânico. Tudo contribui para isso: a permissividade, a inversão, as máscaras, o vinho. Mais do que uma festa de Saturno, é uma festa do riso; e, como em todas as festas, este é ainda mais ruidoso quando não se sabe nem mesmo por que se ri. O retorno à idade de ouro primitiva é o retorno ao riso, que arranca o indivíduo de seu ambiente cotidiano, transgride os limites e as regras. O mesmo vale para as lupercais, em meados de fevereiro, nas quais o rito é diretamente ligado ao culto da fecundidade: rapazes nus percorrem a cidade batendo nas moças com correias de pele de cabra, para torná-las férteis.

O elo popular entre felicidade, sexo, fecundidade e prosperidade é constante em Roma. A noção de felicidade sob seu aspecto de *felicitas* reveste-se de tanta importância que termina por ser divinizada, no decorrer do século II antes de nossa era. *Felicitas* passa a ser uma deusa, a quem Licínio Lúculo dedica um templo no Velabro em 150 a.C.. Em 44 a.C., Júlio César manda construir outro, perto da Cúria, e a partir do reinado de Galba (68-69) a deusa Felicitas aparece em moedas, carregando uma cornucópia e um caduceu: um bastão em torno do qual se enrosca uma serpente, símbolo de paz. Em Roma, mais ainda do que na Grécia, a felicidade está associada à prosperidade terrena.

Ora, esta, com as conquistas, concentra-se nas mãos de um patriciado cujo luxo contrasta violentamente com a miséria das massas plebeias da imensa capital. Massa perigosa, violenta, que aspira à felicidade de base: a satisfação das necessidades fundamentais. Desde os primórdios do império, os soberanos têm consciência da necessidade de satisfazer essa aspiração.

---

77 Verlan: Tipo de gíria, principalmente da periferia parisiense, que consiste em inverter as sílabas das palavras. (N. T.)

Para evitar as perturbações e obter a aprovação do povo, o Estado assume a responsabilidade pela "felicidade" dos cidadãos. A política do "pão e circo" é a primeira forma do Estado previdenciário. Distribuições de alimentos e jogos circenses ocupam as massas. É a prática do evergetismo das cidades helênicas aplicada à escala da gigantesca capital. É preciso dar ao povo substitutos da felicidade para evitar que ele se entedie, pois um povo que se entedia é perigoso.[78]

Na época do Baixo Império, a satisfação dos cidadãos não é mais apenas um cálculo político; ela se tornou uma necessidade vital, interiorizada por todos: quanto mais os sinais de decadência se acumulam, mais a exigência de otimismo se afirma. É preciso manter o moral diante de ameaças que se multiplicam. O dever de ser feliz é a marca distintiva das civilizações em perigo. É uma espécie de reflexo de autodefesa – assim como em nossa época.

Reveladora dessa evolução é a atitude em relação à melancolia. Classificada na época clássica da Antiguidade como a marca de um espírito profundo, como um privilégio dos sábios, ela agora está prestes a se tornar uma doença quase vergonhosa. Desde o século II, o médico Areteu faz dela o mal dos velhos, dos fracos, dos solitários. Arquigenes de Apameia, outro médico, vê na melancolia uma espécie de doença maníaca, um início de loucura. A melancolia é magra, tem a pele escura e o hálito fétido. No século III, um tratado erroneamente atribuído a Sorano de Éfeso faz do melancólico "um traiçoeiro, avarento, deprimido, misantropo e tímido", mistura de doença e de defeito moral. A melancolia – como a depressão em nosso tempo – deve ser tratada. Ser feliz é quase um dever cívico e moral.[79]

UMA QUESTÃO DE HUMOR?

Mas se a melancolia concerne à medicina, não é verdade que a felicidade também tem um substrato fisiológico? A ideia estava em voga com a teoria dos humores. Segundo essa teoria, o corpo humano é composto de quatro elementos, que correspondem aos quatro elementos cósmicos: sol, terra, ar e mar. O equilíbrio de cada ser depende do equilíbrio desses quatro elementos, aos quais correspondem os quatro humores: a fleugma, fria e úmida; a bile amarela, quente e seca; a bile negra, fria e seca; o san-

---

78 Veyne, *Le pain et le cirque*.
79 Minois, *Histoire du mal de vivre, de la mélancolie à la dépression*.

gue, quente e úmido. As proporções desses quatro humores determinam o temperamento da pessoa.

A teoria, que remonta a Pitágoras, aperfeiçoada por Empédocles, impõe-se no fim do século V antes de nossa era e perdura por quase dois mil anos. Torna-se praticamente um dogma médico a partir do momento em que um texto atribuído – erroneamente – a Hipócrates, *De la constitution* [Da constituição], faz dela um sistema coerente. De acordo com esse sistema, os temperamentos felizes são aqueles em que predomina o sangue, com suas qualidades de calor e umidade. Esse temperamento é associado à primavera e à juventude. Lemos nesse tratado:

> Por que será que algumas pessoas são amáveis, risonhas e dadas à brincadeira, outras gementes, lentas e deprimidas, outras ainda, irritáveis, violentas e coléricas, ao passo que existem indolentes, indecisos e tímidos? A causa está nos quatro humores. Na verdade, aqueles que são governados pelo sangue mais puro são agradáveis, riem, brincam e têm um corpo rosado, de bela coloração.[80]

Eles têm um temperamento feliz, enquanto os guiados pela bile amarela são irritáveis, os dirigidos pela bile negra são melancólicos, e os conduzidos pela fleugma são tristes.

A ideia do temperamento sanguíneo como temperamento feliz é retomada por médicos, filósofos e mesmo teólogos até o início da Idade Média: para Galeno e o pseudo-Galeno, os sanguíneos têm a alma mais alegre; para os pseudo-Soranos, são "ponderados, sedutores, belos"; para Vindiciano, são "benevolentes, simples e naturais, ponderados, sedutores, agradáveis"; para Isidoro de Sevilha, são "agradáveis e sedutores"; para Beda, o venerável, são "alegres, jubilosos, compadecidos, riem e falam muito".[81]

Além do caráter obsoleto da teoria dos humores, há aqui uma intuição que será amplamente confirmada pela medicina moderna, isto é, que a felicidade é em parte um assunto genético, o que relativiza consideravelmente a importância dos debates sobre os meios para ser feliz. Se o biológico não é tudo, ele no mínimo cria predisposições à felicidade. A questão é saber em que proporção. E isso pode acarretar uma contradição, ou um conflito, com as doutrinas filosóficas. É assim que na Antiguidade, pelo menos a partir de Aristóteles, o temperamento melancólico é associado às ideias de profundeza de espírito, lucidez, inteligência, gênio, a tal ponto que Aulo

---
80 Apud Klibansky, Panofsky, Saxl, *Saturne et la mélancolie*, op. cit., p.111-2.
81 Ibid., p.114-5.

Gélio, no século II, denuncia a moda intelectual que consiste em fazer pose melancólica: "Saibam que esse tipo de intemperança a que chamamos melancolia não acomete os espíritos medíocres e comuns; ao contrário, essa afecção é quase heroica".[82] O célebre *Problème XXX* [Problema XXX], atribuído a Aristóteles, indaga: "Por que todos os homens que foram excepcionais em Filosofia, em Política, em poesia ou nas artes eram incontestavelmente melancólicos?". Para Rufus de Éfeso, no século II, "aqueles cuja inteligência é aguda e penetrante caem facilmente na melancolia", e Aristóteles escreve no início de sua *Metafísica*: "Todos os homens eminentes são condenados a ser infelizes".[83] Isso subentende que, inversamente, as pessoas felizes não são inteligentes, ideia que já encontramos. O problema é que apenas os espíritos inteligentes podem alcançar a sabedoria, e que a sabedoria é, segundo o mesmo Aristóteles, o caminho para a felicidade. Assim, para ser feliz, é preciso ser sábio, mas para ser sábio é preciso ser infeliz: de novo, o impasse.

---

82 Aulu-Gelle, *Nuits attiques*, XVIII, 7, 4.
83 Aristóteles, *Méthaphysique*, I, 2.

– 3 –

A IDADE MÉDIA

Mil anos de interdição da felicidade

> Erguendo então os olhos para os seus discípulos, dizia: "Felizes vós, os pobres, porque vosso é o Reino de Deus. Felizes vós, que agora tendes fome, porque sereis saciados. Felizes vós, que agora chorais, porque haveis de rir. Felizes sereis quando os homens vos odiarem, quando vos rejeitarem, insultarem e proscreverem vosso nome como infame, por causa do Filho de Homem. Alegrai-vos naquele dia e exultai, porque no céu será grande a vossa recompensa; pois do mesmo modo seus pais tratavam os falsos profetas" (Lucas, 6:20-6).

AS BEM-AVENTURANÇAS, OU A FELICIDADE PELA INFELICIDADE

Assim é o novo evangelho da felicidade, o mapa da vida feliz que regerá a cristandade, principalmente o longo período medieval, até o século XV. A felicidade pela infelicidade: eis a boa-nova das bem-aventuranças. Não mais a felicidade apesar do sofrimento, como para os estoicos, mas a felicidade graças ao sofrimento. E a felicidade não mais nesta vida, mas na próxima. Não se trata mais de ser feliz aqui. O presente é de sangue e lágrimas; a felicidade ficará – eventualmente – para depois da morte. Os que assim o desejarem estão livres para inverter a ordem: a felicidade imediatamente e o sofrimento depois. Se bem que é preciso que a felicidade seja possível na terra, o que ainda não está demonstrado; e, além disso, é preciso saber que o que vier depois durará uma eternidade. Vamos resumir: uma vida terrena de sofrimentos certos por uma eternidade de felicidade hipotética. Centenas de milhões de homens e mulheres aceitam a troca, sem nenhuma garantia.

O *Novo Testamento* inteiro bate na mesma tecla: a felicidade está na provação, escreve São Tiago: "Bem-aventurado o homem que suporta com paciência a provação! Porque, uma vez provado, receberá a coroa da vida, que o Senhor prometeu aos que amam" (1:12). São Pedro, na Primeira Epístola, confirma: "Mas se sofreis por causa da justiça, bem-aventurados sois" (3:14). E o Apocalipse acrescenta: "Felizes os mortos, os que desde agora morrem no Senhor" (14:13). Eles são centenas a se precipitar na morte pelo martírio, tanto aspiram a essa felicidade prometida, pronta a causar sofrimentos injustificados aos outros e a pisotear qualquer sentimento humano. Um só exemplo: em 256, duas mulheres com os sugestivos nomes de Felicidade e Perpétua, são julgadas como cristãs. Ambas são casadas, mas nenhuma delas pensou um só momento em seus maridos: "Tens um marido? Pergunta o juiz a Felicidade. 'Tenho um, mas não tenho nada a ver com ele'". Problema: ela está grávida de oito meses, e mulheres grávidas não são martirizadas. Felicidade reza com fervor, e Deus a ouve: ela dá à luz e abandona seu órfão antecipado para correr ao martírio: "Minha felicidade antes de tudo". Quanto a Perpétua, repele duramente seus pais, seu marido, seu filho, que lhe suplicavam: "Afastai-vos de mim, inimigos de Deus, pois não vos conheço". É preciso um desejo muito poderoso de felicidade para chegar a esse ponto.[1]

É preciso sobretudo a convicção de que essa felicidade futura que é prometida supere de longe todos os prazeres terrestres. Senão, diz São Paulo, "comamos e bebamos, pois amanhã morreremos". É que essa ventura no além não é uma felicidade comum, é uma bem-aventurança. O termo utilizado no Evangelho é *makarios*, que significa tanto "feliz" como "abençoado", e é a mesma palavra utilizada pelos judeus helênicos para traduzir o termo hebreu *asher* ou *'ashrê*, que contém uma noção de movimento, de direção

---

1 *La legende dorée*, p.400.

reta:[2] *makarios* designa uma felicidade que não é somente a da chegada, mas a da viagem, a viagem para a nova Jerusalém celeste, espiritual, onde o fiel gozará de todos os bens em Deus.

Mas por que deveríamos esperar por isso até a ressurreição?, perguntam-se alguns espíritos apressados. Essa será a via mística: gozar da beatitude proporcionada pela união mística, já nesta vida. É o que sugerem os escritos do pseudo-Dionísio Areopagita, um tratado escrito provavelmente na Síria no século VI, e que terá um grande prestígio durante toda a Idade Média: "Por um abandono total e absoluto de si e de todas as coisas, liberto e redimido de tudo, somos elevados ao raio da sombra divina que está acima de todas as coisas".[3] Despojar-se de si mesmo e de todas as preocupações terrenas, abandonar-se completamente à contemplação divina, e por esse desapego atingir a perfeição e a bem-aventurança: esse é o caminho direto que recomenda o pseudo-Dionísio para a felicidade perfeita nesta vida. Um atalho muito sedutor para uma pequena minoria impaciente para gozar a bem-aventurança. No século VII, Isidoro de Sevilha e depois João Escoto Erígena desenvolvem essa ideia que vai ao encontro da mística neoplatônica de Boécio: a fusão da filosofia antiga com o cristianismo. Essa via, entretanto, torna-se rapidamente suspeita aos olhos das autoridades eclesiásticas. Pois se, em geral, se admite que o místico possa conhecer momentos privilegiados de felicidade, o pseudo-Dionísio e seus seguidores afirmam que o método de abandono leva a um estado permanente, irreversível, de perfeita quietude e de beatitude. Logo, estamos salvos antes da hora, sem ter de combater e sofrer até o fim da vida. Esse curto-circuito do sofrimento é inadmissível. Devido ao pecado original, a felicidade perfeita não pode ser outra coisa senão o resultado de uma longa e dura guerra contra o mal. Os místicos são os franco-atiradores da fé, que buscam a bem-aventurança por seus próprios meios, independentemente da hierarquia. Esta os olha sempre com desconfiança, tolerando apenas os casos excepcionais, objetos de uma verificação que os torna intocáveis. Mas não se trata de aceitar a ideia de uma aquisição definitiva da felicidade pela quietude. Em 1311, o Concílio de Vienne condenará oficialmente as seguintes proposições:

> O homem pode atingir a beatitude final conforme cada grau de perfeição já na vida presente, e tal como a obterá na vida beatífica; toda natureza intelectual

---

2 Artigo "'ashrê" do *Theological Dictionary of the Old Testament*, Grand Rapids, Michigan, 1974.
3 Pseudo-Dionísio, *The Complete Works*, p.135.

é em si bem-aventurada por natureza e a alma não necessita da luz da glória para se elevar à visão e ao gozo beatífico de Deus.

O homem não pode fazer economia da desgraça se quiser alcançar a felicidade. É necessário que ele expie nesta vida o pecado original. Para o cristão, a vida presente é, portanto, um intervalo de dor entre duas felicidades: uma passada, a outra por vir. A primeira, perdida para sempre, é a felicidade original do paraíso terrestre de que apenas Adão e Eva se beneficiaram; a segunda, objeto de esperança e de promessa, é a felicidade final e definitiva do paraíso celeste. Como não abominar essa passagem obrigatória? Uma profusão de escritos espirituais pisoteia a vida terrestre, despreza essa existência frágil, vil, durante a qual o homem deve lutar continuamente contra a tirania da matéria, do corpo, dos instintos. A ladainha dos insultos à vida é infindável: "A vida é muito ruim e muito infeliz", escreve Jean de Fécamp, que se esgoela para enumerar as desgraças da existência:

> Vida miserável, vida caduca, vida impura que os humores molham, as dores extenuam, os calores ressecam, as comidas empanturram, os jejuns mortificam, os gracejos dissolvem, a tristeza consome, as preocupações angustiam, a segurança amortece, a riqueza incha, a pobreza abate...[4]

Pierre Damien, no século XI, exorta ao "desprezo de tudo o que se vê", e um poema anônimo do século XIII resume assim a vida humana: "Todo homem nasce/ Neste mundo em aflição;/ E a vida humana/ É levada na pena;/ No fim ela termina/ Na dor da morte".[5]

Na mesma época, Lotario di Segni, em seu tratado sobre *De miseria conditionis humane* [A miséria da condição humana], escreve: "Felizes aqueles que morrem antes de nascer, que conhecem a morte antes de conhecer a vida"; nessa vida desprezível, "quem terá conhecido uma só jornada de verdadeiro prazer?"[6] O tema é conhecido demais para nos estendermos nele. A mensagem da espiritualidade medieval é clara: esta vida é miserável, desprezível, repugnante, e não poderia nos trazer a felicidade verdadeira. No entanto, os autores espirituais constatam que alguns se agarram a ela e encontram prazeres. Esses precisam ser desencorajados e condenados. Desencorajá-los, estragando-lhes o prazer; a vida é curta, passa muito rápido, seus prazeres

---

4 *Patrologie latine*, XL, col.917.
5 *Patrologie grecque*, LX, col.724.
6 Lotario di Segni, *De miseria conditionis humane*, p.94.

são ilusórios e efêmeros; vocês acreditam que podem ser felizes, mas se enganam: "Por que amas os bens do mundo, que vão perecer?", pergunta Jean de Fécamp. No século XII, o monge inglês Serbon de Wilton exorta os contemporâneos a abandonar seus inúteis prazeres, pois "o mundo passa; joga o que passa, o mundo passa; o Cristo não passa, adora o que não passa".[7] E, para quem insistir em querer ser feliz neste mundo, a ameaça: o inferno.

UM VALE DE LÁGRIMAS ENTRE DOIS PARAÍSOS

A felicidade é intolerável neste mundo, pois estamos aqui para sofrer. Apenas o sofrimento nos garantirá a verdadeira felicidade, após a morte. A vida comum se encarrega, aliás, de prostrar a todos com seu lote de desgraças. Mas alguns não acham isso suficiente: para ficarem mais seguros de merecer a felicidade futura, eles se infligem voluntariamente sofrimentos suplementares, levando uma vida ascética que pode chegar aos absurdos dos Padres do Deserto e suas façanhas penitenciais. Para eles, a felicidade tem esse preço: quanto mais sofrermos, mais felizes seremos.

Aos olhos dos autores eclesiásticos, a felicidade terrena é ao mesmo tempo uma ilusão, uma cilada, uma anomalia, um escândalo. Desde o início do século III, o apologista Minúcio Félix, em seu *Octavius*, põe em cena um pagão e um cristão que debatem a felicidade. Vocês não sabem aproveitar a vida – diz o pagão Cecílio –, desprezam os prazeres, não são felizes:

> O espírito em suspenso é cheio de inquietude, vocês se abstêm dos prazeres honestos; não vão aos espetáculos, não assistem às procissões, os banquetes públicos acontecem sem vocês, que fogem horrorizados dos concursos sagrados...[8]

Na verdade, são duplamente infelizes, pois colocam suas esperanças em uma quimera: "Vocês não ressuscitam, infelizes, e esperando por isso tampouco vivem". Ao contrário, retruca o cristão Otávio: somos duplamente felizes, pois "ressuscitamos bem-aventurados e vivemos como tal desde já graças à contemplação do porvir",[9] ao passo que a felicidade de vocês é uma falsa ventura, uma ilusão, pois está constantemente ameaçada; não há nada de estável neste mundo e, sem estabilidade, nada de felicidade: "Sem

---
7 Apud Delumeau, *Le péché et la peur*, p.19.
8 Minúcio Félix, *Octavius*, XII, 5.
9 Ibid., XXXVIII, 4.

conhecimento de Deus, poderia existir uma felicidade sólida, quando a morte está aqui? Como o sono, antes de alcançá-lo, ela nos escorrega das mãos".[10]

Na primeira metade do século IV, Lactâncio, em suas *Institutions divines* [Instituições divinas], aborda no livro VII o problema "Da vida feliz". Sua argumentação é interessante. Ele parte desta constatação: todos os filósofos fracassaram em sua tentativa de definir o que é uma vida feliz. Suas opiniões divergem, e eles são incapazes de nos indicar o caminho da felicidade. Essa felicidade, esse bem soberano, deve preencher duas condições: deve ser permanente e, sobretudo, "deve ser acessível a todos". Essa exigência de universalidade é de fato estranha às filosofias pagãs, reservadas a uma elite, como já vimos. Em função dessas condições, prossegue Lactâncio, poderíamos dizer que a felicidade está na riqueza? No poder? Não, pois nem todos podem usufruir deles. No prazer? Menos ainda, pois "nos cansamos, enjoamos dele, o abuso torna-o funesto; ele se gasta com a idade; não é dado a todos prová-lo: ele é desconhecido por aqueles que estão na miséria"...[11] A virtude poderia nos tornar felizes? A resposta de Lactâncio é mitigada e, em suma, bastante razoável: a virtude é um bem, mas, na medida em que exige esforços, não pode ser assimilada à felicidade:

> É incontestável que é um bem, e um bem ao alcance de todos. Mas se ela é estranha à felicidade sobre a terra, se inclusive consiste especialmente na resignação aos sofrimentos que ela não poderia evitar, podemos qualificá-la com o título de soberano bem? [...] Sem dúvida que há, neste mundo presente, vantagens ligadas à virtude, mas essas estão longe de dispensar o trabalho necessário para adquiri-la, as perseguições e as desgraças que a atravessam.[12]

A conclusão cai como a lâmina de guilhotina: não há felicidade possível neste mundo; quanto à futura, podemos esperá-la, desde que tenhamos sofrido aqui:

> Nada de felicidade sólida para o homem na terra, enquanto sua alma estiver acorrentada à prisão do corpo. Não há felicidade em esperar aqui senão para os que parecem ser os menos felizes, furtando-se a todos os prazeres para se prender apenas à virtude, condenando-se a todas as privações, a todas as adver-

---

10 Ibid., XXXVII, 8.
11 Lactâncio, *Institutions divines*, livro VII, p.400.
12 Ibid., p.401.

sidades, que são tanto as provações quanto os apoios da virtude, caminhando na via estreita e difícil que é a única a levar à felicidade.[13]

Nessas condições, os que têm um temperamento feliz são bem infelizes! É difícil impregnar-se de miserabilismo quando se tem um caráter naturalmente voltado para a alegria de viver. É preciso então fazer um esforço suplementar para sufocar esse sentimento. Assim são os sanguíneos. Essa gente, diz Hildegarde de Bingen no século XII, "tem em si um humor encantador que não sucumbe nem à tristeza nem ao azedume".[14] Na mesma época, Guillaume de Conches, em sua *Filosofia*, estabelece uma caracteriologia humoral baseada na *Bíblia* e em Hipócrates. No paraíso terrestre, Adão e Eva tinham um temperamento feliz porque Deus dosara bem seus humores, que se equilibravam. Mas, com a vida penosa que levam os homens após a queda, eles perderam calor e umidade, o que os torna tristes e desagradáveis: são os coléricos, os fleumáticos e os melancólicos. Os sanguíneos são os únicos que guardaram mais calor e mais umidade, o que os torna "mais razoáveis do que os outros homens, mais eloquentes, mais amáveis, mais alegres e mais engenhosos",[15] mais aptos para a felicidade, portanto. No século XIII, Alberto, o grande, também pensa que os "sanguíneos têm boa carne e gozam de boa saúde",[16] o que, no limite, é anormal e constitui alguma deficiência, pois percebem menos do que os outros a que ponto somos infelizes. É por isso que Guillaume d'Auvergne elogia o temperamento melancólico, que não permite aproveitar a vida: isso é absolutamente apropriado à condição do homem decaído. Mas tampouco é necessário que a melancolia chegue ao desespero, que é um pecado mortal: sejam tristes, mas não desesperançados; esse é o equilíbrio precário que o cristão deve respeitar.

Por ser o sinal evidente da alegria de viver, os Pais da Igreja são categóricos: o riso está proibido. Aliás, Jesus jamais riu, e disse: "Infelizes vós, que rides". O assunto está, então, entendido:

Não é permitido absolutamente rir, em circunstância alguma, quando isso for apenas por causa da multidão dos que ultrajam a Deus desprezando sua lei. [...] O Senhor condenou os que riem nesta vida. Logo, é evidente que jamais haverá para os cristãos situações em que possam rir,[17]

---

13 Ibid., p.401-2.
14 Hildegarde de Bingen, *Causae et curae*, p.72.
15 Apud Klibansky, Panofsky, Saxl, *Saturne et la mélancolie*, op. cit., p.171.
16 Alberto, o grande, *De animalibus libri*, XXV, v.II, p.1305.
17 Basílio de Cesareia, *Petites règles*, 21.

escreve Basílio de Cesareia. Ora, como podemos rir se deveríamos morrer de medo pensando no inferno? O cristão "não deveria rir, nem tolerar quem faz rir". Para Santo Ambrósio, "aquele que muito tiver chorado nesta vida será salvo", e nós, "nós buscamos assunto para rir, a fim de que, rindo aqui embaixo, choremos lá em cima!".[18] Santo Agostinho também é igualmente claro:

> Suponho que perguntais: é melhor rir do que chorar? Quem não responderia: "Prefiro rir"? Entretanto, para que amemos a dor salutar da penitência, o Senhor fez das lágrimas um dever, e do riso uma recompensa. Como assim? Quando ele diz em seu Evangelho: "Bem-aventurados aqueles que choram, porque esses rirão um dia". Logo, chorar é um dever nosso, e o riso é a recompensa da sabedoria.

Conclusão: "Enquanto estivermos neste mundo, ainda não é tempo de rir, por medo de ter de chorar depois".[19] A concordância é unânime nesse ponto.[20] Para João Crisóstomo, "chorar suas verdadeiras misérias e confessá-las é criar para si uma alegria e uma felicidade".[21]

São os demônios que riem, como testemunham todos aqueles que visitaram o inferno, como o monge Drictelmo, que fez uma viagem até Satã, onde viu "demônios rirem e exultarem", à vista dos sofrimentos dos condenados – relata Beda, o venerável. Aliás, vocês também poderão se fartar de rir quando forem salvos. A grande diversão dos eleitos, que contribuirá para sua felicidade, será na verdade escarnecer dos condenados, diz Tertuliano:

> Eu é que rirei quando vir gemerem no fundo das trevas, com Júpiter e seus adoradores, todos aqueles reis dos quais se dizia estarem no céu; quando eu vir todos aqueles magistrados que perseguiram o nome cristão, devorados pelas chamas muito mais ardentes do que as por eles usadas para torturar nossos irmãos; quando vir todos aqueles sábios, todos aqueles filósofos sendo torrados com seus discípulos a quem ensinaram que Deus não cuida do mundo.[22]

Espetáculo gratuito e eterno. Uma parte da felicidade dos eleitos consistirá em gozar da vista das torturas impostas aos maus, diz São Cipriano.[23]

---

18 Santo Ambrósio, *De officiis*, I, 23.
19 Santo Agostinho, *Sermon CLXXV* e *Discours sur le psaume LI*.
20 Ver sobre esse assunto Minois, "La diabolisation du rire au Haut Moyen Âge", em *Histoire du rire et de la dérision*.
21 João Crisóstomo, *Commentaire sur l'Épître aux Philippiens*, t.XI, p.88.
22 Tertuliano, *De spectaculis*, 30.
23 São Cipriano, *Ad Demetrianum*, 23-4; *De mortalitate*, 14, carta VI, 3.

Será a grande desforra, uma genuína felicidade. E, por outro lado, os suplícios dos condenados serão aumentados pelo espetáculo da felicidade dos eleitos, segundo Clemente de Alexandria, confirmando dessa forma que felicidade e desdita são indissociáveis; uma só pode existir em relação à outra. É, aliás, por isso que podemos nos perguntar se Adão e Eva eram felizes, naquela época em que o infortúnio não existia. Mesmo uma mente superior como Tomás de Aquino afirma: a felicidade e o infortúnio dos eleitos e dos condenados se reforçarão mutuamente.[24]

A condenação do riso atinge o auge com São Bernardo – que o compara a um ventre estourando – e com Hildegarde de Bingen – que o assimila à flatulência ou, melhor ainda, à ejaculação: o corpo sacudido pelo riso imita os movimentos da cópula, e no momento do maior prazer o riso faz jorrar lágrimas como o falo jorra o esperma.[25] Com essa elegante metáfora, a religiosa relega o riso ao nível da bestialidade. É por isso que o comportamento de um santo como Francisco de Assis, sempre alegre, parece um enigma para seus contemporâneos, até mesmo um escândalo; ele recomendava a seus irmãos "mostrarem-se alegres diante do Senhor, contentes, amáveis e agradáveis, como convém".[26] Francisco de Assis é a exceção a confirmar a regra; e a regra é que neste mundo a felicidade é tanto impossível quanto indecente, tal como declara em 1195 o cardeal Lotario di Segni, já citado – e que é ninguém menos do que o futuro papa Inocêncio III:

> Que aflição oprime os mortais, atormentados de problemas, esgotados de angústia, aterrorizados pelos temores, acometidos pelo horror, perdidos de pavor, devastados de dor, abalados pela tristeza, acabrunhados de inquietação! Pobres e ricos, escravos e senhores, casados e castos, em suma, bons e maus, todos são afligidos pelos tormentos do século e atormentados pelas aflições do século. Creiam neste mestre informado: "Se eu for um ímpio, que a desgraça caia sobre mim; e se eu for um justo, não levantarei a cabeça, carregada de aflição e de miséria".[27]

Essa visão tão sombria da vida humana, aqui expressa pela autoridade suprema da Igreja e de um dos maiores papas da Idade Média, é compartilhada pelos heréticos, que, nesse ponto, rivalizam em pessimismo com

---

24 Tomás de Aquino, *Supplément à la somme*, q.98, art.9.
25 Hildegarde de Bigen, *Causae et curae*, op. cit., p.103.
26 Francisco de Assis, *Écrits*, p.8.
27 Lotharii cardinalis, *De liseria humanae conditionis*, livro I, cap.XIII-XIV, p.20.

o clero. A posição dos gnósticos – que deram origem a uma seita judaica independente do cristianismo – é radical: a felicidade é impossível porque "o mundo é mau e, como tal, está condenado porque nele o homem sofre, porque o mal, acima de tudo, é o de existir, e existir neste mundo",[28] criado pelo deus mau, o demiurgo. Os maniqueístas, nascidos da pregação de Mani, no século III, têm o mesmo ponto de vista: o mundo é radicalmente mau, a humanidade foi criada pelo príncipe das trevas, e na grande luta cósmica a que se entregam o Bem e o Mal não há lugar para a felicidade.

SANTO AGOSTINHO: "A FELICIDADE É INACESSÍVEL NESTA VIDA"

A versão ortodoxa, canônica, é bastante diferente, mas chega do mesmo modo à exclusão da felicidade terrena. A exposição mais elaborada, e que será autoridade durante séculos, é a de Santo Agostinho, por volta do ano 400. O bispo de Hipona é uma mente atormentada, sempre buscando. A busca da felicidade é sua principal preocupação: "Quando vos procuro, meu Deus, é a felicidade que busco; [...] a felicidade não é aquilo que todos querem, que não há ninguém que a ela não aspire?", escreve ele em suas Confissões. Se todo mundo busca a felicidade, é porque temos sua ideia dentro de nós. Alguns acreditam possuí-la.

> Alguns são felizes apenas em esperança. Esses só têm uma dose de felicidade menor do que os que já a possuem, mas estão em vantagem maior do que os que não são felizes nem de fato, nem em esperança. Se bem que esses deserdados devem conhecer alguma coisa, caso contrário não teriam tamanha vontade de ser felizes, vontade que neles não é duvidosa. Sim, eles a conhecem; mas como? Não sei. Eles têm uma noção qualquer a esse respeito. E o problema que me preocupa é determinar se tal noção reside na memória; se sim, então é porque fomos felizes outrora. Tê-lo-íamos sido todos individualmente, ou apenas aquele homem que primeiro cometeu o pecado por força do qual todos morremos e de quem nascemos todos seres de miséria?[29]

Todos temos na memória uma vaga noção tanto da felicidade como de Deus: "Tu não me procurarias se já não me tivesses encontrado...". Não uma lembrança visual, nem intelectual, mas a de uma experiência, de uma

---

28 Puech, *En quête de la gnose*, p.200.
29 Santo Agostinho, *Confessions*, X, 20.

vivência, como quando me lembro de um momento alegre e me entristeço, porque aquela alegria não existe mais: "É com tristeza que evoco minha alegria passada". Mas então, "onde e quando terei conhecido por experiência minha felicidade, para poder dela me lembrar, amá-la e desejá-la assim?".

E não se trata apenas de mim, ou de uma pequena elite: todos, sim, todos queremos ser felizes. Uma noção menos firme não nos inspiraria uma vontade tão firme. Ora, o que significa isso: perguntem a dois homens se querem portar armas; pode ser que um responda sim e o outro, não. Mas perguntem-lhes se querem ser felizes e ambos responderão sem hesitar que é esse seu desejo. E, se um aceita portar armas enquanto o outro se recusa, é para serem felizes tanto um como o outro.[30]

Além disso, todos afirmam que querem buscar a felicidade na verdade mais do que na mentira, pois ninguém quer ser enganado. "A vida feliz nada mais é do que a alegria que nasce da verdade". Então, por que buscá-la nesses caminhos diferentes?

É porque a verdade é tão amada que mesmo quem ama algo diferente dela deseja que aquilo que ama seja a verdade; e como não admitem estar enganados, tampouco admitem que lhes demonstremos seu engano.[31]

Eu também, na juventude, busquei a felicidade em caminhos errados, ele confessa. Busquei-a nas honrarias e na riqueza, mas também nos movimentos filosóficos e religiosos, entre os estoicos, entre os epicuristas, em Aristóteles, em Platão, em Cícero, nos astrólogos, entre os maniqueístas. E então, um dia,

[...] enquanto caminhava por uma rua de Milão, notei um pobre mendigo que devia, suponho, ter comido e bebido, pois ria e gracejava. Tristemente virei-me para meus companheiros e lhes falei das dores e dos aborrecimentos que padecemos por causa de nossa própria loucura. Minhas ambições já tinham me carregado de tristezas, e quanto mais eu avançava, mais o fardo era pesado, quando na verdade o único objetivo de todos os nossos esforços é atingir uma tranquila felicidade. Aquele mendigo já a tinha alcançado antes de nós, e talvez não a alcançássemos nunca. Pois todo o meu labor e todas as minhas manobras

---

30 Ibid., X, 21.
31 Ibid., X, 23.

complexas visavam somente atingir a alegria da felicidade terrestre, coisa que aquele homem já havia obtido com os poucos tostões que mendigara.

Aquele mendigo era "o mais feliz dos homens", "cheio de hilaridade", ao passo que eu estava "devorado pela ansiedade"; minha tarefa era "dizer mentiras" em honra do imperador, já que era professor de retórica, e aquilo não me proporcionava nenhuma felicidade; todo o meu saber revelava-se inútil.

A conversão de Santo Agostinho ao cristianismo é basicamente o resultado de sua desesperada busca da felicidade. E, de fato, logo após sua conversão, em 386, aos 32 anos, ele redige um pequeno tratado intitulado *De la vie heureuse* [Da vida feliz]. Na forma e no conteúdo, é uma obra de espírito platônico, um diálogo no qual Agostinho faz o papel de Sócrates, um Sócrates bastante pomposo e condescendente, que tem a bondade de se colocar no nível de seus pobres interlocutores para expor-lhes a verdade:

> Como alguns de meus ouvintes parecem ter muita dificuldade em compreender esse raciocínio, procurei, adaptando minhas palavras à inteligência deles, fazer com que o apreendessem.[32]

A argumentação, platônica, tem o entusiasmo e o otimismo do neófito. Todos os homens querem ser felizes, e só conseguimos sê-lo tendo o que desejamos. Mas isso não é suficiente: "Aquele que não tem o que deseja não pode ser feliz, e mesmo aquele que tem o que deseja nem sempre está em posse da felicidade". Agostinho retoma aqui as palavras de Cícero no *Hortensius*, que era um de seus guias preferidos:

> Certos homens cogitam que todos os que vivem como querem são felizes. Isso é falso em todos os aspectos, pois querer o que não convém é o cúmulo do infortúnio, e somos menos infelizes por não obter o que queremos do que por procurar o que é proibido.

Só podemos esperar a felicidade se o objeto do desejo é um bem, um bem completo, perfeito, e "um bem permanente, independente dos caprichos da sorte, acima de todos os acasos", um bem cuja posse garanta a eternidade, pois se temermos perder nosso bem não somos felizes.

---

32 Santo Agostinho, *Le livre de la vie heureuse*, t.II, p.25.

Eis, sem nenhuma dúvida, essa vida feliz que é também a vida perfeita, ao âmago da qual, devemos presumir, uma fé firme, uma viva esperança e uma ardente caridade guiarão nossos passos apressados.[33]

Somente a posse do bem supremo garante a felicidade perfeita, e o bem supremo é Deus. Mas nesta vida é impossível atingir completamente esse objetivo: "Enquanto buscamos e não nos saciamos na fonte da plenitude, é preciso admitir que não atingimos nossa medida; portanto, apesar da ajuda divina, ainda não somos sábios e felizes".

Pelo menos estamos no bom caminho, o que é um ponto de vista relativamente otimista. Mas Agostinho vai rapidamente perceber que subestimou os obstáculos, e suas obras posteriores têm um tom bem mais pessimista no que concerne à possibilidade de ser feliz na terra. No tratado *A Trindade*, e principalmente em sua grande obra, *A cidade de Deus*, ele chega a esta conclusão definitiva: "A verdadeira felicidade é inacessível nesta vida".[34] Agostinho tem agora 60 anos; não são poucas as desditas, as dores e as catástrofes que viu, entre as quais a tomada de Roma pelos bárbaros. O mundo que ele conhecera na juventude desmoronou. Isso o levou a aprofundar a noção de pecado original, cujas consequências ele passa a avaliar dali em diante: a natureza humana, corrompida, está dominada pela concupiscência, que significa que os sentidos agora subjugam a vontade racional. O homem perdeu a capacidade de discernir com clareza o bem e o mal, e seu espírito perdeu o controle sobre o corpo.[35] É verdade que "alguns indivíduos podem fazer com seus corpos coisas que para os outros são totalmente impossíveis": mexer as orelhas à vontade, imitar os sons dos pássaros, "fazer ruídos musicais com o traseiro sem desprender mau cheiro, como se cantassem com essa parte do corpo".[36] Mas os flatulistas são a exceção. A regra é que o corpo passou a ser independente de nossa vontade: a prova são as ereções involuntárias do pênis, que nos deixa na mão em outros momentos, quando precisamos dele:

> Quando se trata da procriação de filhos, o membro preposto a essa função não obedece à vontade. Ele só age quando impulsionado pela paixão da qual de

---

33 Ibid., p.35.
34 Santo Agostinho, *La cité de Dieu*, XIV, título do cap.XXV.
35 Minois, *Les origines du mal*, p.43-80.
36 Santo Agostinho, *La cité de Dieu*, XIV, 24.

certa forma é o direito. E esta não o põe em movimento quando queremos. Em outras vezes, ela o impulsiona quando não o desejamos.[37]

Lembranças pessoais? Em todo caso, desde o pecado original, o homem não é mais senhor de si e de seu destino. Para ser feliz, é preciso conseguir viver de acordo com seus desejos; ora, "qual ser humano pode viver como deseja, se a vida escapa ao seu controle"? E, para começar, "ele espera viver e é obrigado a morrer", e, "mesmo que almejasse morrer, como pode viver de acordo com seus anseios, se não deseja viver?"[38]

A felicidade supõe a imortalidade; é impossível ser feliz quando se sabe que essa felicidade vai acabar:

> Posto que os homens querem ser felizes, eles também querem – se realmente desejam a felicidade – ser imortais; de outra forma, não poderiam ser felizes. Se, aliás, os questionarmos sobre a imortalidade, assim como sobre a felicidade, todos responderão que a desejam. Mas nesta vida buscamos qualquer coisa em matéria de felicidade, uma felicidade assim chamada mais do que o é verdadeiramente, ou mesmo mais do que a imaginamos, ao passo que desesperamos da imortalidade, condição para toda verdadeira felicidade.[39]

"Logo, a vida só será verdadeiramente feliz se for eterna."[40] Isso não é tudo. A verdadeira felicidade, dizem com razão os filósofos, é o bem supremo. Mas, quando se trata de definir esse bem supremo, e, portanto, os caminhos que levam a ele, impera o mais completo desacordo: Marco Varrão, no século I, enumerou 288 opiniões diferentes combinando as ideias dos que situam o bem supremo na alma, no corpo, em ambos, com os quatro desejos básicos – os que desejam o prazer, os que desejam o repouso, os que querem uma combinação desses dois e os que buscam a plenitude dos dons naturais. Retomando os cálculos de Varrão, Agostinho faz a demonstração e chega à conclusão de que todas as opiniões sobre a felicidade terrestre são falsas, são 288 ilusões: "Todos esses filósofos buscaram – loucura espantosa – ser felizes neste mundo e atingir a felicidade por meio de suas próprias forças".[41] Agostinho confirma, portanto, o impasse da via filosófica. Os me-

---

37 Id., *De nuptiis et concupiscentia*, I, 7. Mesma constatação de impotência em *La cité de Dieu*, XIV, 16.
38 Id., *La cité de Dieu*, XIV, 16.
39 Id., *De la Trinité*, XIII, 8, 11.
40 Id., *La cité de Dieu*, XIV, 25.
41 Ibid., XIX, 4.

nos loucos, admite ele com Varrão, são sem dúvida os da "antiga Academia", os platônicos, que definem o homem como a união de um corpo e de uma alma, situam a felicidade na fruição virtuosa de todos os bens favoráveis ao corpo e à alma, sem esquecer o aspecto social: alcançar a felicidade implica buscá-la também para os outros. Tudo isso está fora de alcance do homem corrompido pelo pecado original e submetido à morte.

De fato,

> Quando, onde e como poderemos gozar das dádivas naturais essenciais nesta vida sem que sejam constantemente ameaçadas, que estejam à mercê do acaso ou de um acidente? Haverá alguma dor, o contrário do prazer, algum transtorno, o oposto do repouso, que não ameace o corpo do sábio? A amputação ou o enfraquecimento dos membros de um homem provoca desgastes em sua integridade física: a feiura destrói sua beleza, a doença destrói sua saúde [...] e o invólucro de seu físico estará a salvo dessas ameaças? [...] E o que dizer dos bens fundamentais do espírito? Os dois principais são os sentidos e a compreensão, pois levam à apreensão e ao conhecimento da verdade. Mas o que resta dos sentidos se um homem fica cego e surdo, para mencionar apenas isso? E onde se refugiarão a razão e a inteligência, onde dormirão, se um homem fica insano por causa de uma doença? [...] e a virtude? [...] não consiste sua atividade em uma guerra perpétua contra as depravações, e não contra os vícios externos, mas os internos, não os dos outros, mas os nossos?[42]

Então, se a felicidade está na fruição virtuosa da integridade dos bens do corpo e da alma, como se pode ainda falar de felicidade?

Com maior razão, como podemos nos dizer felizes a despeito dos sofrimentos reais? Agostinho se exalta com rara violência contra os estoicos, seu "descaramento", sua "arrogância espantosa", seu "delírio", sua "incrível idiotice", seu "rígido orgulho".

> A espantosa arrogância dessa gente é tamanha que imaginam poder encontrar o bem supremo nesta vida e alcançar a felicidade por seus esforços, que o "sábio" deles (tal como descrito por sua incrível idiotice), mesmo que fique cego, surdo, mudo, que seus membros se enfraqueçam e sejam atormentados pela dor, mesmo acometido de todos os males imagináveis – que podem até incitá-lo ao suicídio – não enrubesça ao chamar sua vida de desgraças uma vida

---

42 Ibid.

de felicidade! Com uma tal vida de delícias, quem busca a morte para dela dar cabo? Se é isso a felicidade, ele que continue então a viver![43]

Bela indignação. Mas será mais absurdo dizer que é possível ser feliz *apesar* do sofrimento, como afirmam os estoicos, ou *graças* ao sofrimento, como pretendem os cristãos, para quem as dores desta vida são tanto a expiação da falta cometida por seu ancestral como a provação necessária que permite ganhar a felicidade eterna? O problema, para os estoicos, é colocarem felicidade e dor em um presente simultâneo, enquanto os cristãos os colocam em sequência: dor agora, felicidade mais tarde.

E Agostinho prossegue: a vida social está cheia de perigos; o juízo humano está sempre sujeito a erros; as amizades são incertas; a vida humana

> são as angústias mortais, as agitações do espírito, as decepções, os medos, as alegrias frenéticas, as querelas, as disputas, as guerras, as traições, os ódios, as inimizades, os logros, as adulações, a fraude, o roubo, a rapinagem, a perfídia, a presunção, a ambição, a inveja, a matança, o parricídio, a crueldade, a selvageria, a maldade, o mau desejo, promiscuidade, a indecência, a impudência, a fornicação, o adultério, o incesto, a depravação contra a natureza dos homens e das mulheres (atos repugnantes, nojentos demais para serem nomeados), o sacrilégio, a conspiração, o falso testemunho, o julgamento injusto, a violência, os assaltos e todos os outros males que não vêm diretamente ao espírito, todos esses males fazem parte da maldade humana.[44]

Haverá ainda lugar para a felicidade em tal inferno? É claro que não.

O único tipo de felicidade possível neste mundo é a "felicidade de esperança": creiam, no meio dos flagelos, que vocês gozarão o bem supremo após a morte, se forem virtuosos nesta vida, e essa esperança os tornará, se não felizes, pelo menos contentes. Isso não supõe certo estoicismo?

> Se alguém aceita a vida presente em um espírito tal que se sirva dela tendo como único objetivo a outra vida na qual fixou seu coração com todo o fervor, e pela qual espera com total confiança, esse homem pode ser chamado feliz desde agora, apesar de ser mais por esperança no futuro do que pela realidade presente. A realidade presente sem essa esperança é, sem dúvida nenhuma, uma falsa felicidade, e na verdade uma completa miséria.[45]

---

43 Ibid.
44 Ibid., XXII, 22.
45 Ibid., XIX, 21.

TOMÁS DE AQUINO E A FELICIDADE IMPERFEITA

A felicidade, a verdadeira, está portanto fora de questão nesta vida. Nem pensar! Se pudéssemos ser felizes aqui, quem ainda faria esforços para uma vida futura bem hipotética? É justamente por não podermos ser felizes nesta vida que é preciso crer na próxima, onde todas as lágrimas serão enxugadas e todas as injustiças, reparadas. Para que essa argumentação – sobre a qual repousam as religiões – se mantenha, é preciso denunciar as falsas felicidades. Pois, a despeito das desditas que atingem esta terra, alguns acreditam que, apesar de tudo, podem aqui encontrar a felicidade. Alguns até acham que a encontraram. Enganam-se, são vítimas de ilusões, e isso vai lhes trazer azar. A verdadeira felicidade só pode existir no outro mundo. É isso que a teologia medieval se esforça em demonstrar. Tomás de Aquino, no século XIII, é um bom exemplo dela.

Pode-se dizer que ele elabora uma síntese das ideias de Santo Agostinho e de Aristóteles a respeito do tema da felicidade. Assim como Agostinho, ele entende que a felicidade perfeita, o bem supremo, é totalmente inacessível nesta vida.

> Com efeito, a felicidade é um bem perfeito já que aplaca inteiramente o desejo, sem o que ela não seria o fim último e restaria ainda algo a desejar. Ora, o objeto da vontade, isto é, do desejo humano, é o bem universal, como o objeto do intelecto é o verdadeiro universal. Disso resulta que nada pode acalmar a vontade do homem, a não ser o bem universal. Tal bem não se encontra em nenhuma criatura, mas somente em Deus; pois, em uma criatura, não existe bem senão por participação.[46]

A felicidade perfeita é a contemplação de Deus, o que evidentemente está fora do alcance neste mundo. Adão e Eva poderiam ter gozado dessa felicidade, pois haviam recebido a "justiça original", quer dizer que neles os poderes superiores – a vontade e a razão – dominavam os inferiores – os sentidos e as paixões. Mas quiseram atingir a bem-aventurança por si mesmos, e desde seu pecado a ordem se inverteu: os sentidos e as paixões dominam o homem, no qual todas as capacidades racionais estão alteradas. Desde então, ele é incapaz de satisfazer suas aspirações: aspira a controlar sua vida, mas sua razão está obscurecida, e ele se engana com frequência; aspira à fama, mas

---

46 Tomás de Aquino, *Somme théologique*, I, II, q.2, a.8.

somente a visão de Deus torna célebres os bem-aventurados, não segundo a opinião dos homens, que podem se enganar e enganar, mas segundo o muito verdadeiro conhecimento de Deus e de todos os bem-aventurados [...].

Ele anseia "gozar dos prazeres",

ou na suprema felicidade se encontra uma alegria perfeitíssima, cuja perfeição ultrapassa o prazer sensível, acessível também aos animais, na mesma medida em que a perfeição do intelecto supera a dos sentidos. E quanto mais esse bem de que gozaremos é superior a qualquer bem sensível, mais ele é íntimo e durável, mais também a alegria que proporciona é isenta de todo elemento entristecedor e doloroso.[47]

Por fim, ele anseia por conservar o ser; entretanto, é somente no além que terá a vida eterna.
Portanto, diz São Tomás,

nós o demonstramos: a felicidade perfeita só pode consistir para o homem na visão de Deus, sem nenhum intermediário. Não existe aqui, poder-se-ia pensar, uma evidente impossibilidade? [...] Em sua busca da beatitude, o homem, desesperançado de alcançá-la, sentirá seu fervor se extinguir e se abrandar o seu desejo.[48]

Tomás de Aquino percebe muito bem: o pessimismo radical de Agostinho arrisca-se a levar à desesperança. Se a felicidade é impossível de se atingir, de que vale a pena estar vivo? Aristóteles propõe uma solução: existe felicidade e felicidade. "É possível nesta vida tomar parte de certa maneira da felicidade, mas não possuir a felicidade verdadeira e perfeita".[49] Afirmação tranquilizadora a se considerar com bastante precaução: o homem não deve se desesperar, mas ele tampouco deve acreditar que pode recriar um paraíso na terra. Difícil equilíbrio. Também Tomás de Aquino se esforça para demonstrar que a felicidade humana é limitada, rara, decepcionante, enganadora; a cada vez que ela nos diz "podes ser feliz", acrescenta "mas...", isso não passa de felicidade de consolação, uma pálida imitação:

---

47 Tomás de Aquino, *Contre les gentils*, III, col.63.
48 Ibid., IV, 54.
49 Tomás de Aquino, *Somme théologique*, I, II, q.5, a.3

Graças a suas faculdades naturais, o homem pode adquirir uma felicidade imperfeita, acessível nesta vida, assim como adquire a virtude, cuja obra constitui a felicidade. Mas a ventura perfeita do homem consiste, já dissemos, na visão da essência divina.[50]

Onde e como encontramos essa felicidade barata, a única que nos interessa por enquanto? É na *Somme contre les gentils* que São Tomás tenta delimitá-la. Mas ele nos diz principalmente o que ela não é. Primeiro, não está nos prazeres, e isso por várias razões: o prazer é comum ao homem e ao animal; entretanto, os animais não são felizes. Os prazeres se medem; mas o que se mede não é um bem em si, "já que ele recebe sua bondade daquilo que o mede". "Esses prazeres não são, portanto, para o homem o bem supremo, isto é, a felicidade." Além disso,

> se fossem bens em si, usá-los ao máximo seria o maior bem, o que é evidentemente falso, pois o excesso de prazeres é considerado um vício, tanto nocivo para o corpo como nefasto para os próprios prazeres. Portanto, esses prazeres não são eles mesmos o bem do homem, e a felicidade do homem não está neles.[51]

Finalmente, acrescentemos que, já que a virtude leva à felicidade, "se a felicidade do homem estivesse nos prazeres, a virtude consistiria em se oferecer esses prazeres mais do que em deles se abster, o que é evidentemente falso".

A felicidade não está tampouco nas honrarias, pois estas dependem dos outros e, sendo assim, não as controlamos; além disso, até os maus podem ter honrarias, o que contradiria a afirmação básica segundo a qual não há felicidade sem virtude.

A felicidade também não está na glória, pois a glória depende da honra, e a honra não traz felicidade. A glória repousa quase sempre sobre uma falsa reputação.

Também não é a riqueza, já que buscamos a riqueza apenas para conseguir obter bens e prazeres; a riqueza não é um bem em si. A felicidade tampouco está no poder, "pois este se obtém geralmente graças ao acaso; ele é instável, não depende da vontade, com frequência está nas mãos dos maus". Como as riquezas, o poder só é buscado para alcançar outra coisa.

---

50 Ibid., I, II, q.5, a.5.
51 Tomás de Aquino, *Contre les gentils*, III, 27.

Assim, "a felicidade do homem não pode ser encontrada em nenhum bem externo, porque todo bem externo entra na categoria daquilo que é chamado bens de fortuna".

Tampouco está nos bens corporais – saúde, beleza, força – pois estes são instáveis e não dependem de nossa vontade.

A felicidade seria um bem da alma? Também não. A alma anseia pela felicidade, "mas a realidade que constitui a felicidade é externa à alma". O estudo das ciências especulativas, que se baseia nos sentidos, não pode de forma alguma nos trazer a felicidade, não mais do que o exercício das virtudes morais, pois "os atos morais são destinados a outra coisa que não eles próprios". A felicidade não pode estar senão no que é especificamente humano, no que vai em direção à perfeição da natureza humana. O traço específico do homem, o que faz que ele seja um homem, é a razão. Então,

> já que o homem é homem pela razão, seu bem próprio, isto quer dizer que a felicidade deve pertencer ao que é próprio à razão. Ora, o que a razão realiza por um ato imanente lhe pertence mais diretamente do que o que ela produz por uma ação transitiva. E porque ele é obra de uma ação transitiva da razão, o bem moral só pode ser o bem perfeito do homem, isto é, a felicidade seria antes um bem intrínseco à razão.[52]

Vamos resumir: a felicidade perfeita é impossível de se alcançar nesta vida, pois é a contemplação direta de Deus; neste mundo, resta a possibilidade de uma felicidade imperfeita... *mas* esta não se encontra nem nos bens externos, nem nos do corpo, nem nos da alma! Tomás de Aquino teria nos pregado uma peça? Seu raciocínio tem todos os ares de um sofisma. Na verdade, enquanto se supõe que está pesquisando o que faz a felicidade imperfeita, ele toma como padrão a felicidade perfeita e recusa o nome "felicidade" para tudo que não atende à exigência de perfeição. Em outros termos, não há felicidade senão na perfeição; logo, falar de "felicidade imperfeita" é um abuso de linguagem: se é imperfeita, não pode ser uma felicidade. No entanto, ele usa dois termos diferentes: *beatitudo* para a felicidade perfeita, e *felicitas* ou *beatitudo imperfecta* para a felicidade imperfeita, mas mantém a confusão ao declarar na *Suma teológica*:

> A perfeição última dos seres racionais ou intelectuais é dupla. Primeiro, eles podem atingir a perfeição neste mundo pelas capacidades naturais, o que

---

52 Ibid., III, 34.

chamamos beatitude [*beatitudo*] ou felicidade [*felicitas*] de determinada maneira: assim, Aristóteles assimilava nossa alegria à mais elevada atividade contemplativa, quer dizer, ao saber que é possível ao espírito humano nesta vida [...] mas, mais além dessa felicidade, existe outra, à qual aspiramos no futuro: a felicidade de ver Deus como ele é.[53]

Em definitivo, o discurso tomista sobre a felicidade, muito teórico e abstrato, mantém a imprecisão. Uma felicidade imperfeita é teoricamente possível, mas assim que a procuramos ela recua e se dissipa. Comer à vontade, ter dinheiro, um pouco de glória, de poder e de conhecimento, isso tudo torna a vida mais fácil, concorda São Tomás, mas de forma alguma poderia constituir a felicidade; são meios para se orientar rumo à perfeição.

A FELICIDADE NA FUGA: O MOSTEIRO E O MILÊNIO

Será que não poderíamos antecipar a felicidade futura criando um ambiente propício, um local isolado do mundo e de suas torpezas, reminiscência do paraíso terrestre, onde nos consagraríamos desde já à contemplação, dado que é por meio dela que se atinge a vida feliz? Essa é a base do ideal monástico. Na verdade, o mosteiro é o exemplo da total ambiguidade da Idade Média em relação à felicidade. Sua ambivalência é flagrante: é um refúgio de paz, de repouso, de quietude, mas também um lugar de penitência, de austeridade. A felicidade pelo sofrimento: em nenhuma outra parte além dela se tentou melhor realizar esse ideal do cristianismo medieval.

A abadia é um quadro totalmente racional: geométrica, organizada em torno de um centro, o claustro, que dá acesso direto às salas funcionais onde acontecem as ações vitais: rezar (igreja), comer (refeitório), dormir (dormitório), decidir (sala capitular). O conjunto é isolado do mundo por uma muralha que materializa a separação entre o profano e o sagrado. No mosteiro reina o princípio da igualdade perfeita, em detrimento da liberdade: ao adotarem um nome de religioso, os monges rompem com suas origens sociais e familiares; as mesmas roupas, as mesmas atividades, reproduzidas com regularidade cósmica. A regra determina a mecânica do convento de

---

53 Tomás de Aquino, *Somme théologique*, 1a., 62, I. A concepção tomista da felicidade foi estudada por Hundersmarck, "Thomas Aquinas on Beatitude", em *Imagining Heaven in Middle Ages: a Book of Essays*, p.165-83, e por Bradley, *Aquinas on the Twofold Human Good: Reason and Human Happiness in Aquina's Moral Science*, assim como por Hudson, "Imperfect happiness", em *Happiness and the Limits of Satisfaction*, p.151-68.

modo imutável, eliminando assim o grande inimigo da felicidade: o tempo. O indivíduo não tem mais sexo, o que evita os dramas da paixão e libera o espírito, inteiramente voltado para a contemplação. Em seu princípio, a vida monástica é a tentativa mais completa de realização na terra do modelo de vida perfeita, e portanto de felicidade completa, assim como concebida pelos teólogos da época. Mas, ao mesmo tempo, ela só pode consegui-lo ao custo de uma disciplina de ferro, da aplicação de uma regra rígida, que não tolera nenhuma iniciativa, nenhuma liberdade, e mobiliza o espírito e o corpo a todo instante do dia e da noite para não deixar nenhuma possibilidade de expressão aos sentidos e às paixões. Penitências e tensão permanente: assim é o espírito da "felicidade" monástica.

Em todo caso, esse é o ideal. A realidade é mais terra a terra, porém é tão contrastante quanto. Apesar de não serem pequenos paraísos terrestres, é certo que os mosteiros oferecem condições de vida que podem parecer invejáveis nessa idade de ferro: a paz, a segurança (relativa), a alimentação, o abrigo, a roupa, um nível de higiene correto para a época, uma relativa proteção contra as epidemias – poucos camponeses gozam de garantias parecidas. A contrapartida é a perda da liberdade e a obrigação de pobreza, de castidade e de obediência. Os abrandamentos da regra permitem todavia alguns arranjos, e a imagem do monge irreverente não é apenas um clichê anticlerical. A vida monástica medieval certamente não é a felicidade perfeita, mas é um mal menor.

É também uma síntese entre os dois tipos de felicidade que visam os movimentos milenaristas.[54] Na base dessas correntes está a busca da vida feliz. Dois caminhos estão abertos: a via terrena, pelos prazeres, a abundância, a facilidade, a satisfação dos sentidos; mas tomar essa via é interditar a outra, a via celeste, pela renúncia, a penitência, que visa o bem supremo, futuro e eterno. Alguns recusam essa oposição. Só existe uma felicidade: as duas não poderiam se opor. A solução dessa aparente contradição está nos textos sagrados de sentido misterioso, os livros de Amós, Oseias, Joel, Zacarias, Ezequiel, Daniel, o Apocalipse, que é preciso saber decifrar. Assim, abre-se a possibilidade de uma verdadeira felicidade de compromisso entre céu e terra, tempo e eternidade, passado e futuro. Esse compromisso toma formas diferentes segundo as épocas, mas há uma constante: uma era de mil anos de felicidade se abrirá sobre a terra para a comunidade dos eleitos, após um período cataclísmico de purificação. Mil anos é a eternidade para gente cuja esperança de vida é de 20 a 30 anos; esses eleitos viverão

---

54 A história foi retomada por Jean Delumeau em *Mille ans de bonheur*.

como no paraíso terrestre: todos os aspectos da felicidade estão portanto reunidos, com a garantia da duração.

Desde os primeiros séculos do cristianismo, essa esperança é levantada por espíritos quiméricos, exaltados e imaginativos, como Pápias, bispo de Hierápolis, ou Cerinto, que anuncia mil anos de delícias, fartura e satisfação sexual.[55] Será a Jerusalém nova, diz na mesma época Justino, que evoca um mundo reminiscente tanto do paraíso terrestre como da idade de ouro: um mundo de paz, sem animais ferozes, onde não se envelhece, um mundo de abundância e igualdade, entre pequenos proprietários independentes:

> Não haverá mais bebês prematuros, nem velhos que não completem seu tempo: o homem jovem terá cem anos [...] casas serão construídas e nelas se habitará; vinhas serão plantadas e seu produto será comido.[56]

No século III, Irineu, Tertuliano, Hipólito, Metódio de Olímpia deixam-se levar por sonhos semelhantes. No século IV, Lactâncio promete um aquecimento climático espetacular: "O sol se tornará sete vezes mais quente do que agora". Longe de assar toda forma de vida e de elevar o nível dos mares, isso trará abundância:

> A terra manifestará sua fecundidade e produzirá espontaneamente safras abundantes. O mel escorrerá das montanhas. O vinho correrá nos riachos. O mundo finalmente estará em alegria, livre do império do mal. Os animais não se alimentarão mais de sangue.[57]

Tais delírios começam todavia a preocupar as mentes sóbrias da instituição eclesiástica. Agostinho condena as interpretações do Apocalipse "em sentido carnal", e, no fim do século V, o papa Gelásio as proíbe. Mas não se sufocam com tanta facilidade as esperanças de felicidade. No fim do século VII, o pseudo-Metódio anuncia, por sua vez, um período de paz e prosperidade que, no entanto, deverá acabar mal. E como a Igreja oficial condena suas vãs profecias, estas se desenvolvem fora da e rapidamente contra a instituição, logo assumindo ares de violentos movimentos de contestação social: a felicidade será imposta à força, depois que seus adversários forem eliminados. O desejo de felicidade passa a ser um motor revolucionário que anima os

---

55 Eusébio de Cesareia, *Histoire ecclésiastique*, VII, cap.xxv.
56 Justino, *Dialogue avec Tryphon*, i.
57 Lactâncio, *Institutions divines*, cap.xxiv.

movimentos sociais a partir do fim do século XI, com líderes exaltados como Tanquelmo, em Flandres, e Eudes da Estrela, na Bretanha.

A força desses movimentos está ancorada na mescla dos elementos espirituais e sociopolíticos que os motivam. As esperanças escatológicas se misturam às reivindicações sociais e lhes dão o colorido radical próprio do fanatismo religioso. As profecias de Joaquim de Fiore, no fim do século XII, estruturam as esperanças milenaristas: a história da humanidade se divide em três eras, a do Pai, a do Filho, e logo mais a do Espírito, ou "a da maior graça", que será a da contemplação. Então, "não haverá mais sofrimentos e gemidos. Reinarão, ao contrário, a quietude, a calma, a abundância da paz"; "será um tempo de felicidade, alegria e repouso", "uma era de plenitude". Joaquim de Fiore vislumbra esse porvir radioso de um ângulo espiritual, como o farão seus discípulos e seguidores dentro da ordem franciscana no século XIII, João de Parma, Pierre-Jean Olivi, ou mesmo Ubertino de Casale. Mas logo o movimento descamba para a contestação social com os Irmãos do Livre Espírito ou Begardos, cujo pensamento, organizado por um mestre da universidade de Paris, Amauri de Bennes, morto em 1206 ou 1207, baseia-se em dois pilares: amor e comunismo. Para os Irmãos do Livre Espírito,

> quando um homem alcançou verdadeiramente o grande e elevado conhecimento, ele não é mais obrigado a observar nem lei nem mandamento, pois tornou-se uno com Deus. Deus criou todas as coisas para uso desses seres, e tudo que Deus criou lhes pertence. [...] Eles tomarão todas as criaturas tanto quanto sua natureza deseja e exige. [...] Se uma criatura desobedecer, ela é a única culpada.[58]

Dito de outra forma, na era do Espírito, a lei é superada e tudo é permitido. Amor livre e comunhão dos bens são as duas exigências fundamentais dos movimentos milenaristas, que supostamente levariam felicidade à humanidade. A grande palavra de ordem é: "Aquilo que o olho vê e cobiça, que a mão o agarre", uma espécie de "é proibido proibir" medieval, tido como conciliador do inconciliável – liberdade e igualdade –, para garantir a felicidade perfeita.

Com as catástrofes do fim da Idade Média e a exaltação espiritual que as acompanha, as exigências escatológicas se exacerbam. Não dá mais para esperar: os horrores dos Cavaleiros do Apocalipse, as guerras, as pestes, a fome, que se desencadeiam nos séculos XIV e XV, incitam até mesmo os

---

58 Depoimento de uma beguina, apud Delumeau, op. cit., p.69.

espíritos mais audaciosos à revolta contra a desgraça e o sofrimento: queremos a felicidade aqui e agora, nem que seja preciso massacrar os adversários, os defensores da ordem estabelecida, o clero e a nobreza. "Quando Adão capinava e Eva tecia, onde estavam então os fidalgos?", prega John Ball, na Inglaterra. É preciso restaurar o paraíso terrestre. Um pouco em toda parte, dos lolardos ingleses aos hussitas tchecos, estouram insurreições que visam impor a sociedade perfeita, a lei da felicidade.

O novo Éden será o da pureza adâmica, em que, de acordo com a *Chronique hussite* [Crônica hussita] de Laurent de Brezova, não haverá nem rei, nem sacerdote, nem professor, nem lei. Sob o comando de Martin Hùska, um grupo de hussitas funda em Tabor uma comunidade perfeitamente igualitária, núcleo de um paraíso terrestre que deveria se estender a toda a humanidade. "Os bons não vão mais sofrer", dizia Hùska. "Se, no entanto, os cristãos ainda devem sofrer, eu não quero ser um servidor de Deus."[59] Essas experiências de restauração da felicidade adâmica quase não têm tempo de provar a que vieram. Em geral, a coisa termina com um massacre, já que os defensores da ordem estabelecida não toleram essas comunidades igualitárias de felicidade anárquica.

Aliás, esses pequenos paraísos comunistas não tardam a se tornar pequenos infernos, logo que um chefe exaltado se crê um enviado de Deus, se não o próprio Deus, e impõe pela força medidas destinadas a garantir a felicidade, como Hans Böhm, em Niklashausen, em 1746; Joss Fritz, na diocese de Spire, em 1502; Savonarola, em Florença, em 1496; Thomas Müntzer, na Suávia, em 1525; Hans Hutt, em Stuttgart, e Agostinho Bader, em Augsburgo, em 1527; Bernard Rothmann, em Münster, em 1534, e seu sucessor, Jean de Leyde. A mensagem é sempre mais ou menos a mesma: um reino de felicidade vai se instalar na terra, e conciliar a liberdade de espírito com a perfeita igualdade. As promessas são tentadoras:

> A paz reinará sobre o mundo inteiro e toda criatura será livre para compartilhar a glória dos filhos de Deus. [...] Estes cultivarão sua vinha em paz e, de coração reconhecido, dela aproveitarão. As crianças pequenas levarão a pastar os animais selvagens. O lobo e o leão pastarão com os cordeiros. O ouro, a prata, as pedras preciosas não mais servirão à vaidade ingrata e arrogante, mas à glória dos filhos de Deus. Além disso, as promessas maravilhosas de todos os profetas se realizarão. [...] As mulheres grávidas darão à luz prematuros de

---

59 Apud Macek, *Jean Huss et les traditions hussites*, p.140.

três ou quatro meses, que viverão e saltarão. [...] A confiança e a fé florescerão. O caráter efêmero de todas as coisas será vencido.[60]

É o que garante Bernard Rothmann. Mas para isso é preciso criar a comunidade dos eleitos, o que fazem Jean de Leyde e Jean Matthys ao impor um regime de terror, vigiando a vida pública e a vida privada, condenando pessoas à morte por pecadilhos. Em todos esses movimentos, a eliminação dos pecadores anda de braços dados com a instauração do paraíso na terra. Alguns desses paraísos são mais terrestres do que outros, baseados no amor livre e na comunhão dos bens, as duas aspirações básicas do homem como animal social. Já outros são mais espirituais, como o prometido por Savonarola:

> Os anjos virão viver com os humanos e a Igreja militante se unirá à Igreja triunfante. [...] Não haverá senão a paz na Igreja renovada. [...] Todos encontrarão o consolo de espírito. [...] O mundo será apenas suavidade. [...] Nós teremos apenas alegria. [...] Parece que estaremos no paraíso.[61]

Todos esses sonhos acabam no suplício pelo fogo e no sangue dos massacres.

A NOSTALGIA DO ÉDEN E DA IDADE DE OURO

Mosteiros e comunidades milenaristas procuram instaurar a felicidade pela ruptura com o mundo, ao buscar inspiração na fé. Ruptura lícita, com a bênção das autoridades em um caso, ruptura ilícita, condenada pelos poderes civis e religiosos, no outro. Se são condutas de fuga, elas alcançam realizações, ilusórias porém concretas: a felicidade aqui e agora, ao menos para pequenos grupos; arquipélagos de vida feliz em um oceano de desamparo. São falsos paraísos, mas tentamos dar-lhes vida, e a multiplicação dos movimentos milenaristas no fim da Idade Média traduz a exasperação de uma humanidade prostrada por desgraças, que não tem mais nada a perder e que se lança nessas tentativas desesperadas de instaurar o paraíso na terra.

Os espíritos menos ligados à ação – e sem dúvida também os menos infelizes – contentam-se em sonhar com uma felicidade que eles sabem

---

60 Stupperich, *Die Schriften Bernard Rothmanns*, p.296-7.
61 Savonarola, *Prediche italiane ai Fiorentini*, p.199, 206, 322.

ser inacessível aos homens, situada em um além longínquo no tempo e no espaço. O imaginário cristão lhes fornece os dados. É primeiro a nostalgia do Éden, do paraíso perdido para sempre. A lembrança dos dias felizes, quando Adão e Eva, em sua magnífica nudez, passeavam no jardim das delícias, assombra o pensamento medieval, que transplanta esses fantasmas para o lacônico relato bíblico. É assim que o mito de origem não cessa de se enriquecer, por amálgama com os mitos pagãos da idade de ouro e das ilhas Afortunadas. Os primeiros Pais da Igreja, com grande reforço de cronologias comparadas, se esforçam para provar que o relato bíblico é anterior às tradições pagãs, que não passariam de imitações. É o que dizem Justino no século II, e Tertuliano e Clemente de Alexandria no século III. Isso permite fazer uma síntese como a de Lactâncio, grande admirador da cultura clássica, ou a de São Basílio, no século IV. Uma homilia erroneamente a ele atribuída faz uma descrição do paraíso que reúne todas as condições físicas ideais: temperatura amena, ar límpido, primavera perpétua, flores sempre abertas e nunca mirradas, paisagens encantadoras.[62] Do século IV ao século VI, o paraíso terrestre se enriquece continuamente com os despojos dos campos Elíseos, das ilhas Afortunadas e da idade de ouro, nas descrições de Vitor, de Avitus, de Sidônio Apolinário, de Prudêncio. Na época das invasões bárbaras, aprende-se que o jardim do Éden transborda de ouro e de pedras preciosas, como revela o tratadista marselhês Claudio Mario Vitor, do século V.

Alguns se inquietam com esses desvios para um paraíso mais fastuoso do que natural, e pendem para a interpretação simbólica: é o caso de Fílon, judeu de Alexandria, que no século I escarnece dos que fazem do jardim das delícias uma espécie de jardim botânico: "Crer que se trata de vinhas, de oliveiras, de macieiras, de romãzeiras ou de árvores desse tipo é uma grande ingenuidade, dificilmente curável",[63] escreve ele. Orígenes, Santo Efrém e Gregório de Nysse também se levantam contra as interpretações realistas do paraíso. No século X, Teódulo, por sua vez, protesta contra o amálgama entre a idade de ouro e o paraíso terrestre. Em um diálogo entre Pseutis, a Falsidade, e Alithia, a Verdade, ele mostra que para cada mito antigo existe um análogo cristão que, este sim, é autêntico. Ele destaca também a impossibilidade de uma idade de ouro, sua incompatibilidade com o pecado original: tendo sido cometido quando havia apenas duas pessoas no mundo, como se pode pretender que houve uma época em que uma

---

62 Pseudo-Basílio, *Patrologie grecque*, t.xxx, col.63-6.
63 Fílon, *Oeuvres*, t.X, p.39.

numerosa população usufruía de condições paradisíacas?⁶⁴ Téodulo hoje está bem esquecido, mas suas éclogas foram estudadas por muito tempo nas escolas medievais. A separação rígida que ele estabelece entre uma idade de ouro mítica e um paraíso terrestre autêntico é retomada por Dante. No decorrer de sua visita guiada ao purgatório, chega ao lugarejo chamado "Paraíso terrestre", onde é recebido por um espírito, Matelda, que explica ser esse o local em que nossos pais primitivos passaram alguns momentos felizes – o que sem dúvida inspirou os sonhos poéticos dos pagãos sobre a idade de ouro. Virgílio, o guia de Dante, concorda. Os cristãos não têm nenhuma necessidade das fábulas pagãs. Eles têm tudo de que precisam na Bíblia.⁶⁵

Mas a narrativa do Gênesis é sem dúvida seca demais para satisfazer a curiosidade dos fiéis, que se questionam, fascinados por essa história maravilhosa, como era, de verdade, esse paraíso. E cada um aproveita para acrescentar detalhes reveladores de sua concepção de felicidade. No século V, o cartaginês Emílio Dracôncio descreve essa natureza de encantamento, suas plantas variadas de virtudes milagrosas, a brisa perfumada, os gramados que não precisam ser aparados, os rochedos de pedras preciosas, e, no meio, o casal maravilhoso, a mulher nua de incrível beleza com sua longa cabeleira dourada.⁶⁶

É claro que a vida sexual de Adão e Eva atiça a curiosidade. O constrangimento dos teólogos é evidente: por um lado, não têm razão nenhuma para privar nossos pais primitivos dessa felicidade sem igual, já que Deus lhes dissera: "Crescei e multiplicai-vos". Por outro, como são seres perfeitamente racionais, cujos sentidos são controlados pelo espírito, não se pode atribuir a eles deleites puramente carnais. Os Pais da Igreja competem em engenhosidade para explicar como Adão e Eva podiam fazer amor como um ato puramente racional. Apenas um exemplo: eis como Santo Agostinho descreve a coisa em *A cidade de Deus*. A cena de amor no paraíso terrestre nada tem de ardente:

> Os órgãos sexuais seriam ativados por ordem da vontade, como os outros órgãos. Então, sem estar excitado pelo aguilhão da paixão, o marido se deitaria sobre o seio de sua mulher, perfeitamente calmo e sem alteração da integridade de seu corpo. Apesar de não podermos prová-lo experimentalmente [!] não seria

---

64 *Theologia ecloga*, p.32.
65 Dante, *Purgatoire*, XXII, 148; XXVIII, 139-41.
66 Dracôncio, *Carmen de Deo*, Patrologie latine, t.LX, c.704.

inacreditável que essas partes do corpo, sem serem movidas pelo turbulento calor da paixão, mas ativadas por uma decisão deliberada no momento desejado, conseguissem enviar a semente do macho à matriz, sem ofensa à integridade da mulher, assim como o fluxo menstrual pode sair da matriz de uma virgem sem perda da virgindade, pois a semente poderia ser injetada pela mesma passagem usada pelo fluxo. Assim como a matriz poderia se abrir para o parto por um impulso natural, chegado o momento, e não pelos gemidos do trabalho, da mesma forma os dois sexos poderiam se unir para a fecundação e a concepção por um ato da vontade, mais do que por um desejo concupiscente.[67]

Se Adão e Eva no paraíso terrestre não são transportados ao sétimo céu, eles gozam sobre seus descendentes de uma vantagem definitiva: a eterna juventude, sonho que nunca deixou de fascinar a humanidade decaída. A despeito das mentiras de toda uma literatura de consolação, envelhecer nunca foi um prazer.[68] Na Idade Média, pouquíssimos atingem o estágio dos cabelos brancos, mas os que o conseguem estão em condições tais que lamentam não terem morrido mais cedo. Desde os primeiros Pais da Igreja, o acordo é unânime. Adão e Eva não envelhecem: "Adão no paraíso era eternamente jovem e belo, mas seu desprezo pela ordem fez dele um velho, triste em sua decrepitude, carregando o miserável peso da velhice", escreve Efrém de Nisibe, no século IV. A partir do pecado, o homem é "assediado pelo duplo mal da velhice e da doença", lemos na *Vie des Pères du Jura* [Vida dos padres do Jura], obra do século VI. E Agostinho afirma: "Adão conservava a flor da juventude". No fim da Idade Média começa inclusive a circular um rumor sobre a "fonte da juventude". É verdade que se trata sobretudo de uma ficção romanesca, que surge no fim do século XIV no *Romance de Fauvel* e no século XV na *História do rei Alexandre*, mas sabemos que as ficções, inclusive as mais absurdas, têm capacidade de persuasão quando correspondem a um desejo profundo do ser humano. É por isso que se lançarão seriamente em busca da célebre fonte, e acreditarão mesmo tê-la encontrado, com Ponce de León, na Flórida, em 1513.

O paraíso terrestre, ornado com as vantagens e as riquezas da idade de ouro, a despeito de algumas vozes discordantes, se afirma na Idade Média como uma realidade histórica e geográfica. As duas noções estão ligadas: se houve um paraíso terrestre, ele certamente se situava em algum lugar na terra. Em sua *Uma história do paraíso*, Jean Delumeau mostrou como o amálgama

---

67 Santo Agostinho, *La cité de Dieu*, XIV, 26.
68 Minois, *Histoire de la vieillesse*.

paraíso-idade de ouro se impôs, de bom grado ou não, à teologia medieval, pelas obras de Bernard Silvestre, Godofredo de Viterbo (no século XII), Alexandre Neckham, Gautier de Metz, Rudolf d'Ems, Jacob Van Maerlant (no século XIII) e Jan Van Bandale (no século XIV): "Todos reatualizavam de geração em geração a saudade do paraíso perdido, mesclando de modo indissociável a Bíblia e a cultura pagã".[69] Mesmo os grandes têm de admitir, não sem hesitar. Santo Agostinho escolheu o compromisso: no *De Genesi ad litteram* [O significado literal do Genesis], escreve que para uns o paraíso terrestre é uma "realidade corporal", para outros, uma "realidade espiritual", e para outros ainda, "uma realidade tanto corporal como espiritual". "Confesso que essa terceira opinião tem a minha preferência", diz ele. Isto é: não faço ideia, mas essa solução é a menos comprometedora. São Tomás de Aquino é igualmente prudente. Ele pergunta claramente: "O paraíso terrestre seria um lugar corporal?". Mas responde de modo nebuloso:

> Nada me impede de adotar as interpretações espirituais do paraíso que podem ser úteis, desde que acreditemos na verdade absolutamente fiel, tal como se manifesta no relato dos acontecimentos.[70]

Essas respostas vagas não conseguiriam satisfazer a curiosidade natural dos crentes, que, com razão, querem levar a lógica até o fim: se existiu de fato, o paraíso terrestre tem de estar em algum lugar. Toda uma literatura apócrifa o afirma, e até mesmo declara que o lugar continua funcionando: é a antecâmara do paraíso celeste, que, este sim, se abrirá somente no fim do mundo. As almas dos justos falecidos ali aguardam a ressurreição, e já gozam da felicidade:

> Essas almas conhecerão a alegria com a segurança, a confiança sem a confusão, a felicidade sem o temor, pois se aproximam do momento em que verão a face daquele a quem serviram durante a vida e de quem receberão uma justa recompensa,[71]

diz o quarto livro de Esdras. O primeiro livro de Enoque, os apocalipses de Paulo e de Baruque, o confirmam, retomados por alguns Padres. A partir de 152, o concílio de Pérgamo declara que, depois da morte, "a alma ha-

---

69 Delumeau, *Une histoire du paradis*, p.27.
70 Tomás de Aquino, *Somme théologique*, I, q.102.
71 Apud Delumeau, op. cit., p.40.

bita o paraíso e ali goza da felicidade até que receba seu corpo imortal". A felicidade não espera. Mas de qual felicidade se trata? Será uma felicidade de repouso, um doce sono, como sugerem Atanásio, Dídimo, Epifânio, Gregório de Nysse, João Crisóstomo, uma espécie de coma, ou mesmo de estado pré-natal, como o feto no ventre de sua mãe, assim como na lenda dos Sete Adormecidos de Éfeso?[72] Outros preferem uma felicidade mais ativa: os eleitos dançam alegremente, esperando pela abertura das portas do céu, diz Teodoreto de Ciro, no século V.

Entretanto, a esperança de uma felicidade que se seguiria imediatamente à morte dos justos, sem necessidade de aguardar o julgamento final, parece prematura às autoridades eclesiásticas, que preferem adiá-la para o fim dos tempos: em 1240, a Universidade de Paris decreta o fechamento do paraíso terrestre, decisão confirmada pelo papa em 1331, depois em 1336, e novamente pelo Concílio de Florença, em 1439. A esperança de felicidade se afasta cada vez mais, adiada *sine die*.

Porém o lugar existe de verdade. "É o lugar de onde o Tigre e o Eufrates e os outros rios correm para surgir aqui", diz o bispo Epifânio, em torno de 400. Um consenso se estabelece rapidamente para situar o Éden no Oriente: Teodoro de Mopsueste, Efrém, o siríaco, Filostorgios, João Damasceno, Cosme Indicopleustes e muitos outros designam a alta Mesopotâmia, sem a menor prova, sem o menor indício. Os geógrafos não hesitam em situá-lo em seus mapas, a bem dizer bastante fantasistas, a partir do célebre mapa-múndi ["mappemonde"] de Cosme Indicopleustes, no século IX: mapas-múndi da Bíblia de Turim no século X, do mosteiro de Silos (diocese de Burgos), de Hugo de Saint-Victor, do abade de Ebstorf (século XII), da catedral de Hereford, das Grandes Crônicas de São Dionísio (século XIV).

No entanto, teria sido fácil verificar *in loco*: o local deveria se ver de longe, já que, segundo João Damasceno, ele fica no topo da montanha mais alta da Terra, "tão alta que chega bem perto do círculo da Lua", detalha Jehan de Mandeville no século XIV. Além do mais, está "cercado por uma parede de fogo cujo incêndio sobe até o céu", escreve Isidoro de Sevilha, o que exclui qualquer tentativa de uma arqueologia edênica. Inútil esperar entrar clandestinamente no paraíso: "Na verdade, ele está cercado de todos os lados por uma chama semelhante a uma espada de dois gumes", diz ainda Isidoro, acrescentando que "foi ordenado a um querubim que proíba a entrada a

---

72 Por ordem do imperador Décio, sete jovens cristãos teriam sido encerrados vivos em uma gruta, da qual saíram, vivos e jovens, mais de trezentos anos depois. (N. T.)

qualquer espírito e a qualquer carne".[73] De todo modo, não há entrada, diz um texto anônimo judaico do século XII, fadado a grande sucesso, o *Alexandri Magni iter ad paradisum*: Alexandre, o grande, percorreu a muralha durante três dias sem achar porta alguma. Honorius d'Autun também está convencido da existência do muro de fogo; Gervásio de Tilbury acrescenta-lhe um cinturão de deserto infestado de serpentes e de animais ferozes. Para Pedro Lombardo, é alto demais e, além disso, acima de oceanos intransponíveis, o que exclui a alta Mesopotâmia. Para o *Account of Elysaeus*, também do século XII, é uma barreira de trevas que protege as proximidades. No século XIII, São Tomás revisa a questão e declara: "O lugar é cortado por certos obstáculos, sejam montanhas, sejam mares, seja alguma região ardente que não pode ser atravessada".[74] Alto demais, diz São Boaventura; trancado a chave, diz Brunetto Latini; cercado por um cinturão de fogo, repetem Vicente de Beauvais, Alexandre Neckham, Bartolomeu, o inglês. Há que desencorajar os mais temerários que tentassem se aventurar na terra da felicidade. Nem pensar, escreve Jehan de Mandeville em suas *Voyages* [Viagens] imaginárias: não somente o paraíso está em uma montanha cuja altura chega quase até a Lua, como "é um paraíso todo cercado por uma muralha [...] com apenas uma entrada, que é encerrada por fogo ardente, de modo que nenhum homem mortal ali possa entrar". Os inconscientes que tentaram pereceram: seus navios naufragaram (estaria então em uma ilha?), eles se afogaram ou ficaram surdos por causa do extraordinário tumulto que impera nos arredores.[75]

Todos esses autores concordam, aliás, em dizer que o paraíso terrestre permanece um paraíso. Ninguém pode ali entrar, mas eles disputam para ver quem faz a descrição mais meticulosa e a mais enfeitiçante do clima, da fauna, da flora, das paisagens: é sem dúvida um jardim das delícias, um *hortus deliciarum*, segundo as *Etymologie* [Etimologias] de Isidoro de Sevilha. A terra da felicidade perfeita. Mas que está vazia desde que seus dois ocupantes dali foram expulsos. Alguns, como dissemos, não conseguiam aceitar que tal maravilha continue abandonada e abrigue as almas dos justos; outros contam que Elias e Enoque permaneciam lá. Mas as autoridades eclesiásticas não podiam tolerar aqueles invasores. Não, o paraíso é desesperançosamente vazio e inacessível; para a felicidade, será preciso esperar o fim do mundo.

---

73 Isidoro de Sevilha, Étymologie, em *Patrologie latine*, t.LXXXII, 2, col.496.
74 Tomás de Aquino, *Somme théologique*, I, q.102.
75 *Mandeville's Travels*, t.II, p.406.

AS MIRAGENS: AS ILHAS AFORTUNADAS E O REINO DO PRESTE JOÃO

Mas será que não haveria outras terras felizes? Talvez dois destinos ainda estejam abertos: as ilhas Afortunadas e o reino do Preste João. A tradição das ilhas Afortunadas remonta à Antiguidade pagã, a Hesíodo, a Homero; ali, na direção oeste, a idade de ouro continua a existir, em um arquipélago de clima temperado, de ar perfumado, onde as colheitas abundantes brotam sozinhas. Os heróis mortos ali residem com o velho Cronos exilado. Sêneca situava essas ilhas mais além da longínqua Tulé, e para Plutarco, ficavam a oeste do monte Atlas. Isidoro de Sevilha confirma a existência desses lugares de "quase felicidade", que não devem ser confundidos com o paraíso. Ele os situa mais ou menos onde ficam as ilhas Canárias:

> O nome "ilhas Afortunadas" significa que elas produzem todo tipo de bens, que elas gozam de uma quase felicidade e que elas aproveitam de uma bem-aventurada abundância. Por sua própria natureza fazem nascer frutos de árvores preciosas. Os flancos das colinas se cobrem espontaneamente de vinhedos. Em vez de ervas, a terra oferece comumente safras e legumes. Daí o engano dos pagãos e os cantos dos poetas profanos que, por causa da fecundidade do solo, acreditaram que tais ilhas eram o paraíso. Na realidade, elas ficam no oceano, à esquerda da Mauritânia, próximas do poente e separadas umas das outras pelo mar.[76]

A tradição das ilhas Afortunadas se perpetua durante toda a Idade Média, principalmente com Gervasio de Tilbury no século XIII, Bartolomeu, o inglês, no século XIV, e o cardeal Pierre d'Ailly, no século XV, que escreve:

> As ilhas Afortunadas significam, por seu nome, que elas encerram todos os bens. É essa fecundidade do solo que fez crer às gentes que o paraíso ficava nessas ilhas. [...] Todas essas ilhas são repletas de pássaros e arborizadas com palmeiras, nogueiras e pinheiros. Ali se encontra mel em abundância. As florestas estão cheias de animais e as águas regurgitam de peixes. Essas ilhas ficam no oceano, à esquerda da Mauritânia, entre o Meridiano e o Poente, perto do Ocidente. Estão separadas umas das outras pelo mar.[77]

---

76 Isidoro de Sevilha, op. cit., col.514.
77 Pierre d'Ailly, *Imago mundi*, II, p.389-90.

Todos esses autores falam no presente, o que mostra que para eles as ilhas Afortunadas continuam a existir. E, como o paraíso, não há hesitação em situá-las nos mapas, desde o século XII. A vantagem dessas ilhas em relação ao paraíso é que são habitadas e nenhum obstáculo intransponível impede o acesso a elas, mesmo que a navegação possa se mostrar perigosa. No século XIV, as descrições se tornam mais precisas: "As ilhas Afortunadas são como um paraíso", diz o *Policrônico* de Higiden, e o atlas catalão de Carlos V está particularmente bem informado:

> As ilhas Afortunadas estão situadas no grande mar, na direção da mão esquerda, tocando o limite do Ocidente, mas não ficam longe no mar. [...] São abundantes em todos os bens, em trigos, frutos e árvores. Os pagãos acreditam que lá se encontra o paraíso por causa do calor ameno do sol e da fertilidade do solo. Isidoro diz também que as árvores ali crescem até 140 pés e carregam muitos frutos e pássaros. Ali se encontram leite e mel, sobretudo na ilha de Cápria, assim chamada por causa da multidão de cabras que ali vivem. A ilha Canária se chama assim por causa da multidão de gordos e fortes cães que a habitam. Plínio, esse mestre da Geografia, diz que, entre as ilhas Afortunadas, há uma onde brotam todos os bens da terra, assim como todos os frutos sem que sejam semeados nem plantados. No alto das montanhas ficam árvores perfumadas, cobertas o tempo inteiro de folhas e de frutos. Seus habitantes comem uma parte do ano; depois fazem a colheita em vez de cortar o mato. Também os pagãos da Índia acreditam que suas almas depois da morte vão morar nessas ilhas e que lá continuam a viver eternamente do perfume desses frutos. Eles creem que é lá seu paraíso, mas, a bem da verdade, isso é uma fábula.[78]

Uma fábula que se revelará no entanto mais próxima da verdade, se assim podemos dizer, do que o paraíso terrestre quando, no século XV, os portugueses explorarão as Canárias. Mas então será necessário curvar-se à evidência: a felicidade não está mais naquele arquipélago do que em outro lugar. A fauna e a flora são ricas, é verdade, mas ali se envelhece, se sofre e se morre como em toda parte. Será que se enganaram de ilhas? Os celtas, por sua vez, olham mais ao norte. Em meados do século XII, o gaulês Geoffroy de Monmouth fala da ilha de Avalon, onde Artur cura suas feridas. Na *Vita Merlini*, ela se torna a *Insula Pomorum*, ilha dos frutos. Nela se goza da imortalidade na companhia de belíssimas mulheres. Aqui, nada de árvores exóticas de 140 pés de altura, mas há macieiras cujos frutos garantem a

---

78 Lelewel, *Géographie du Moyen Âge*, Bruxelas, t.II, p.49.

eterna juventude, como afirmam tão bem tanto as lendas das Hespérides quanto os mitos escandinavos. Os adivinhos celtas comem-nos antes de vaticinar, e Merlin ministra seus ensinamentos sob uma macieira.

Tais ilhas felizes ficam a noroeste da Europa, em algum ponto entre a Escócia e a Irlanda. É o que revela a *Navigation de Saint Brandan* [Navegação de São Brandão], relato fabuloso da viagem desse bispo irlandês do fim do século VI do qual resta uma versão de cerca de 1200.[79] Essas terras são chamadas "terra do prazer", "terra da felicidade" ou "terra dos bem-aventurados"; ali não existe doença nem fome, nem sede, nem velhice, e se goza de todos os prazeres terrenos. São sem dúvida as mesmas ilhas que as descritas no atlas catalão de Carlos V, que as situa a oeste da Irlanda. Em uma delas, nunca se morre, mas isso graças a um subterfúgio: "Quando os homens estão velhos o bastante para morrer, são levados para fora da ilha".

Em 1467 ainda, o mapa do italiano Grazioso Benincasa coloca 367 ilhas felizes em um golfo na costa ocidental da Irlanda. Lá, novamente, será preciso reconhecer os fatos: ao largo do Connemara nada mais há do que bruma, chuva, vento e recifes. A felicidade, se existir, fica em outro lugar.

E por que não para o leste? A partir do século XII, as cruzadas põem os ocidentais em contato com os mitos e as lendas do Oriente. Um fabuloso reino cristão existiria em algum lugar da África do Leste, ou, o que parece mais plausível, na Ásia: o reino do Preste João – talvez uma deformação de *Zan*, soberano da Etiópia. Se essa terra não é o paraíso terrestre, não está longe disso. É banhada por um rio cuja nascente está no Éden e que carrega pedras preciosas. Os bizantinos estão bem informados a respeito. O imperador Manuel I Comnène até recebeu uma carta pessoal do Preste João, que lhe descreve a situação de seu maravilhoso reino. O famoso falso documento, elaborado por um clérigo latino do Oriente entre 1165 e 1177, dá uma boa ideia do que o imaginário medieval considerava um Estado perfeitamente feliz. O documento, cuja autenticidade ninguém questiona, fez imenso sucesso. Encontraram-se 93 manuscritos, em várias línguas, e o papa Alexandre III chega inclusive a respondê-lo.[80]

A natureza é extraordinariamente generosa: encontra-se nesse reino todo o bestiário real e fantástico da Idade Média, inclusive grifos, cinocéfalos, fênix e ciclopes. Abundância, ar perfumado, flora deliciosa: tudo contribui para deixar os habitantes felizes. Há até mesmo um oceano sem água, cujos

---

79 The Anglo-Norman *Voyage of Saint Brendan by Benedict*.
80 Sobre essa carta, ver Zarncke, "Der Priester Johannes", em *Abhandlungen der Sächsischen Kön. Gesellschaft der Wissenschaften*, n.7 e 8.

peixes são muito saborosos. A população é composta de bons cristãos que não têm nenhum vício (nem mesmo o da mentira): "Não conhecemos nem o roubo, nem a adulação, nem a cupidez, nem as divisões". O documento não recua diante das contradições: "Não há pobres entre nós", podemos ler, e um pouco mais adiante: "Nós ajudaremos com nossas esmolas os cristãos pobres". O soberano vive num luxo extraordinário, e em um acordo delicado entre os encantos orientais do harém e as exigências da castidade cristã:

> Temos belíssimas mulheres. Mas elas só se juntam a nós quatro vezes por ano e apenas para a procriação de filhos. Depois, uma vez santificadas por nós [!] como Betsabé por Davi, todas voltam para seus aposentos.

Isso é esquecer que Davi foi duramente punido por aquela aventura. Mas há mais uma maravilha: uma fonte cuja água permite nunca adoecer e ficar sempre com 32 anos de idade.

Essas fábulas, transmitidas por vários séculos, revelam as hesitações do mundo cristão em relação à felicidade. Os componentes desta são de fato dificilmente conciliáveis com as beatitudes evangélicas: tolera-se que sejamos prósperos, alegres, que riamos e nos divirtamos nas ilhas Afortunadas pagãs, mas isso já é bem mais contestável no cristianíssimo reino do Preste João. Será que ser cristão combina com recorrer a uma fonte de juventude que evita adoecer, envelhecer e portanto morrer, mostrando assim que não há pressa em ir para o outro mundo? Que todos se sintam tão bem nessa terra é pouco lisonjeiro para o paraíso celeste que nos foi preparado. Buscar a eterna juventude é recusar o convite para as delícias celestes. E evitar todo sofrimento nesta vida é privar-se dos méritos indispensáveis para a salvação. Será que é moral sermos tão felizes sendo tão morais? Pois, como dizem as *Nouvelles de la terre du Prestre Jehan* [Notícias da terra do padre Jehan], no século XIV, todos são virtuosos naquela terra: nada de roubos, nada de homicídios, nada de mentiras, nada de injustiças, e ninguém sofre. São virtuosos sem esforço, o que é suspeito.

Um ponto em particular é problemático, e a seu respeito adivinhamos as hesitações dos autores: o prazer sexual. "Ninguém ousa fazer o pecado da luxúria, pois incontinente [sic] ele seria incendiado ou queimado", dizem sempre as *Nouvelles de la terre du Prestre Jehan*.[81] Confissão fatal: somos castos por temor do castigo. O desejo existe, mas não podemos satisfazê-lo (exceto

---

81 Alcripe, *Nouvelles Fabriques des excellents traits de vérité, suivies des Nouvelles de la terre du Prestre Jehan*, p.208.

quatro vezes por ano), o que é o contrário da felicidade. A ambiguidade também se encontra no relato das viagens imaginárias de Mandeville. Na ilha de Bragine, as pessoas são felizes, não conhecem doenças nem catástrofes naturais, porque são castas e jejuam cotidianamente: sua felicidade é portanto a recompensa de sua privação – isso seria mesmo felicidade? Do mesmo modo, as ilhas de Oxidrate e Ginosofe, onde os habitantes são nus e perfeitamente virtuosos.

E o que pensaríamos deste lugar:

> Ali moram as damas e as senhoritas mais belas do mundo, que sabem muito bem tocar todos os instrumentos, cantar melodiosamente, dançar em volta dessas fontes melhor do que todas as outras mulheres e, acima de tudo, são bem treinadas para proporcionar todas as carícias e intimidades imagináveis aos homens. Seu papel é oferecer todas as delícias e prazeres aos rapazes que eram colocados lá.[82]

Com certeza, é o paraíso, dirão os senhores. É de fato o que querem fazê-los crer. Esse texto é de Marco Polo, que descreve, no rastro de Mandeville e de Odorico, a astúcia do "Velho da Montanha", chefe da seita islâmica dos "Assassinos": para formar combatentes fanáticos, ele os droga e faz acreditarem que estão no paraíso. De volta "à terra", estão prontos a sacrificar a vida para reencontrar o mais rápido possível aquelas delícias. A história, que não é de todo lendária, destina-se aqui a escandalizar os cristãos. Mas não seria reveladora dos desejos profundos e das frustrações de um povo condenado a viver uma vida de austeridade com vistas a obter uma hipotética felicidade eterna?

Aliás, o mesmo Marco Polo que se indignava com o paraíso do Velho da Montanha – mal escondendo sua admiração – conta com deleite quanto esses povos do Extremo Oriente, que não conhecem o cristianismo, são felizes. Assim, "os habitantes originários de Quinsai são uma gente pacifica [...] eles se amam tanto uns aos outros que podem ser vistos como uma grande família". São suaves, educados, benevolentes, acolhedores, suas riquezas são fabulosas e suas prostitutas sabem carícias capazes de acordar um morto: "Os estrangeiros que tiveram uma vez prazer com elas ficam como que fora de si...". E os tibetanos, povo feliz como jamais existiu outro, têm um costume encantador: oferecem todas as moças virgens aos estrangeiros de passagem:

---

82 Marco Polo, *La description du monde*, p.49.

> Quando gente que chega de qualquer lugar passa por essas plagas, [...] então as velhas do lugarejo ou do povoado, que tenham filhas casadoiras, levam-nas, e algumas vezes em grupos de trinta ou quarenta; elas as oferecem aos homens, cada uma mais do que a outra, implorando que peguem sua filha e fiquem com ela durante toda a estadia. E dão as moças àqueles homens para que saciem seus desejos e se deitem com elas. [...] Os estrangeiros escolhem e se divertem e ficam com elas quanto quiserem. [...] E quando os homens fizeram tudo o que queriam com elas e desejam seguir viagem, é comum darem alguma coisinha – uma joia, um anel, uma medalha qualquer – às moças com as quais se divertiram. Pois assim, quando se casarem, elas poderão mostrar a prova de que foram amadas e tiveram amantes.

Com efeito,

> nessa terra, nenhum homem, por nada no mundo, tomaria por esposa uma donzela, dizendo que ela não vale nada se não estiver acostumada a se deitar com muitos homens. E perfeitamente: uma mulher ou moça que ainda não foi conhecida por homem, dizem que é malvista pelos deuses.

Quanto mais dessas ninharias ela tiver penduradas ao pescoço, mais amantes teve e portanto mais desejável é.

Marco Polo, após esse convite à viagem, acrescenta:

> Ora, contei-lhes desses casamentos! E foi bom contar. Não é verdade que seria bom para nossos jovens fidalgos de 16 a 24 anos irem dar uma volta nessas paragens? Eles teriam moças a bel-prazer, e ainda lhes pediriam que as pegassem de graça!

Pode-se perguntar por que a faixa etária é tão limitada. A narrativa sem dúvida enfeita a realidade, mas o que nos interessa é que ela revela os sonhos de felicidade terrestre dos europeus. Sonhos que nada têm de extraordinário, mas que são tão irrealizáveis quanto os do paraíso terrestre: quantos ocidentais podem então vislumbrar uma viagem ao Tibete? A felicidade está definitivamente sempre em outro lugar!

Os relatos de Marco Polo têm um imenso sucesso, à altura dos sonhos de felicidade de uma época que aspira a se libertar do jugo das bem-aventuranças. Hervé Martin destacou com propriedade o crescimento de um apetite pelo maravilhoso a partir do século XII: a melhora relativa das condições de vida com o desaparecimento temporário das grandes fomes e epidemias, o impulso da pesquisa e do saber, da economia urbana, de uma classe comerciante e burguesa estimulam o desejo de progresso, a procura de satisfações terrenas, de prazeres imediatos, que por ora só conseguem se expressar em forma de sonho, de relatos maravilhosos, do imaginário paradisíaco.[83]

> No mundo do sonho, reinam a abundância alimentar, a nudez inocente, a liberdade sexual; em suma tudo que é inacessível ou proibido no universo cotidiano. [...] As ameaças costumeiras do cotidiano (frio, fome, animais selvagens, seres malévolos) são afastadas graças à proteção atenta das fadas ou à dos anjos da guarda. [...] Associado ao sonho e, mais amplamente, ao desejo, o maravilhoso mantém uma estreita cumplicidade com a libido sexual.[84]

Não surpreende que a Igreja tenha adotado, em relação aos sonhos, uma atitude muito desconfiada, como Inocêncio III, que dedica um capítulo inteiro do *De contemptu mundi* [Do desprezo do mundo] ao medo dos sonhos.

A REIVINDICAÇÃO DE UMA FELICIDADE SENSUAL: DO *ROMANCE DA ROSA* À *RAINHA SIBILA*

A aspiração à felicidade terrestre passa, quase sempre, nesse mundo de jovens que é a Idade Média, pelo amor, o amor humano, tanto sentimental quanto físico. A reivindicação do direito à liberdade sexual como base da vida feliz é ilustrada pelo episódio de Abelardo e Heloísa, que mostra todos os obstáculos e as diferenças de abordagem entre o homem e a mulher. A correspondência entre os dois apaixonados, cuja autenticidade é certamente contestada é bem explícita a esse respeito: para Heloísa, a felicidade é estar com Abelardo até no inferno; para ele a felicidade é fazer amor com Heloísa. "Ah, é a concupiscência mais do que a ternura que te ligou a mim, é o ardor dos sentidos, mais do que o amor",[85] responde Heloísa. Na literatura como na vida, o amor é na verdade sempre contrariado e fonte de tristezas, como na história de Tristão e Isolda. O amor cortês é um eterno desejo, nunca satisfeito, uma tensão permanente que se alimenta de obstáculos e de provações para o amante que "não esvazia nunca sua bolsa". É uma corrida em busca da felicidade, sem alcançá-la jamais.

---

83 Martin, *Mentalités médiévales*, t.I, p.191 et seq.
84 Ibid., p.204.
85 Abelardo e Heloísa, *Correspondance*, p.119.

No entanto, a partir de meados do século XIII, mais ou menos, a demanda torna-se mais urgente, a necessidade de felicidade terrena se acentua. Discernimos tanto no estatuário das catedrais – que se torna mais sorridente – como nas melodias de Adam de la Halle, nas peças de Rutebeuf e na música polifônica de Pérotin. Mesmo os teólogos, em luta contra o pessimismo cátaro, sentem-se obrigados a reabilitar o mundo criado: "Três séculos de progresso contínuo faziam assim jorrar essa filosofia da felicidade",[86] escreve Georges Duby. O que não deixa de inquietar as autoridades. Benvenuto d'Imola diz que há "cem mil nobres, homens de alta estirpe, que pensam como Farinata degli Uberti e como Epicuro, para quem o paraíso só deve ser procurado neste mundo" – entre eles, o inquietante Frederico I, chamado pelo papa de o Anticristo.

Duas obras dessa época revelam essa aspiração. O romance *Aucassin et Nicolette* [Aucassin e Nicollete], para começar. O tema é audacioso: mais vale o inferno do que o paraíso, pois, de acordo com o discurso cristão, é no inferno que encontraremos todas as pessoas agradáveis deste mundo, principalmente as belas mulheres e seus amantes, ao passo que no paraíso teremos a companhia de velhas beatas. A felicidade está ligada aos prazeres e amores terrestres, e, como Heloísa, Aucassin prefere o inferno com sua bem-amada:

> No paraíso, o que terei para fazer? Não quero ir para lá, a não ser que possa levar Nicolette, minha tão doce amiga que amo tanto. [...] Eles vão para lá, os velhos padres e os velhos coxos e esses manetas que, dia e noite, definham diante dos altares e nas velhas criptas, e os que se vestem com velhas capas e velhos farrapos. [...] Esses vão para o paraíso. Com eles, o que vou fazer? Mas para o inferno quero ir. [...] É lá que estão as belas damas cortesãs, quando têm dois amigos ou três, com seu marido. [...] Com eles eu quero ir, desde que tenha comigo Nicolette, minha muito doce amiga.

Na terra, é no reino de Torelore que se encontra a felicidade, lá onde tudo é o contrário do mundo normal. E esse "canto-fábula" tem um final feliz revelador: Aucassin e Nicolette se reencontram e são, enfim, felizes; não há portanto mais nada a acrescentar: "Nosso canto-fábula chega ao fim, Nada mais a dizer".[87]

As pessoas felizes, como os povos felizes, não têm história. A felicidade não se narra. Isso não é subentender que um mundo feliz não teria interesse

---

86 Duby, *Le temps des cathédrales*, p.219.
87 Aucassin et Nicolette, em *Poètes et romanciers du Moyen Âge*, p.484.

algum e seria de um tédio mortal? Assim, desde o século XIII, quando está começando a se propagar a ideia da felicidade terrena, já entrevemos que ela traz em si uma força de autodestruição: a verdadeira felicidade é o fim da história, o início do tédio, logo o fim da felicidade.

Ainda não se avaliou de verdade esse perigo. Em meados do século XIII, o *Roman de la Rose* [Romance da rosa] é uma argumentação em favor da felicidade terrestre, uma reivindicação do direito à satisfação dos prazeres naturais. Esse texto extraordinário tem uma origem complexa. Iniciado por volta de 1240 por Guillaume de Lorris no espírito do amor cortês, ele é concluído em 1275 por Jean de Meung, um clérigo das escolas de Paris, que muda completamente a orientação do texto, em um sentido que poderíamos chamar de epicuriano. A felicidade é obtida pela satisfação das necessidades naturais, em particular no amor. Não o amor cortês, idealizado, que não passa de um desejo prolongado, mas o amor físico, concreto, que leva ao orgasmo. Outrora, na idade de ouro, diz Jean de Meung, os homens eram felizes porque viviam de acordo com a natureza. Retomando Hesíodo e Ovídio, ele faz um quadro dessa idade de ouro onde pela primeira vez aparecem as mulheres:

> Antigamente, no tempo de nossos pais e mães primitivos, como relatam os escritos dos Antigos, amava-se de fino e leal amor e não por cobiça, por desejo de rapina; e a felicidade reinava no mundo. A terra não era cultivada, mas ela estava como Deus a havia ornado, e no entanto, todos dela tiravam seu sustento [...] suas cabanas e aldeias eram cobertas de giestas e galhos [...] e quando à noite queriam dormir, em vez de cobertores eles traziam para a cabana montes de ervas, de folhas e de musgo. [...] Sobre essas camadas que descrevo, para o prazer, sem nada mais, os apaixonados se abraçavam e se beijavam. As árvores das florestas os protegiam do sol, estendendo sobre eles seus ramos como pavilhões e cortinas. Ali realizavam suas danças, seus jogos, na indolente ociosidade, simples pessoas tranquilas sem outra preocupação exceto viver felizes e como bons amigos.
>
> Nenhum rei ou príncipe ainda arrancara criminosamente o bem de outrem. Todos eram iguais e não possuíam nada em particular; eles conheciam bem a máxima segundo a qual o amor e a autoridade nunca foram companhia um para o outro; são desunidos por aquele que domina.[88]

Simplicidade, igualdade, comunhão de bens, amor livre: tais eram as receitas da felicidade na idade de ouro. Liberdade e igualdade triunfavam

---

88 *Roman de la Rose*, VIII, 148-50.

no amor, segundo o princípio de "todas para todos e todos para todas", ou se quisermos, "todas para um, um para todas". Pôde-se falar a esse respeito de "comunismo erótico".[89]

Entretanto, esse tempo feliz foi interrompido por Logro, Soberba, Cobiça, Avareza, Inveja, e, desde então, as relações humanas baseiam-se na hipocrisia, na injustiça, na força, na desigualdade. Para reencontrar a felicidade, o poema alegórico introduz vários personagens que a discutem, ecoando os debates escolásticos da época. Razão e Natureza são as duas protagonistas principais. São elas que é preciso seguir para ser feliz, em uma perspectiva bem materialista. Para Razão, o que se chama de amor é, na verdade, pura atração sexual:

> O amor, se refleti bem, é uma doença do pensamento, procedente de olhares desregrados entre duas pessoas de sexo diferente, pelo que elas tendem a se abraçar e copular e gozar carnalmente uma da outra. O amante não aspira a nada mais, ele se consome e se deleita nesse pensamento. Não sonha nem um pouco com o fruto, busca o prazer e nada mais. Alguns aparentam desprezar esse amor e, todavia, fingem ser amantes perfeitos: fazem troça das damas ingênuas, prometendo-lhes corpo e alma, e juram-lhes fábulas e mentiras, até conseguirem seu prazer. Estes são os que menos se decepcionam, pois sempre vale mais, belo senhor, ser enganador do que enganado, sobretudo nesse debate em que não se consegue encontrar o equilíbrio justo.

A Dama Natureza completa esse ensinamento realista e racional com uma alegoria agrícola: lavrem suas mulheres,

> fiquem nus [...] e deem-se ao trabalho de enfiar o relho rijo no sulco [...] e quando se cansarem de lavrar e for hora de descansar, interrompam para recomeçar cada vez mais.

Outro personagem, a Velha, acrescenta um conselho prático para aumentar o prazer:

> Quando o amante e sua dama estiverem em ação, que cada um se aplique para que o prazer venha em conjunto e não separadamente; que esperem um pelo outro para chegar lá juntos. Se ela não sentir nenhum prazer, deve fingir

---

89 Curtius, *European Literature and the Latin Middle Ages*, p.125.

todavia e dar todos os sinais de contentamento voluptuoso, de tal modo que o outro acredite que ela ache a seu gosto algo que estima tanto quanto um tapa.

O amor, diz ainda Razão, é mescla de felicidade e de sofrimento:

> O amor é odiosa paz e é ódio amoroso; é lealdade desleal e leal deslealdade; é medo tranquilo, esperança deseperada; é razão furiosa e furor razoável [...]; é pena alegre, crueldade enternecida [...]; inferno agradável, paraíso doloroso.

Não existe amor feliz. Mas, pelo menos, se seguimos a natureza, conseguimos a satisfação física.

O Amante, devidamente esclarecido por 22 mil versos de conselhos, pode finalmente colher a rosa, isto é, deflorar a donzela. Ele atinge a felicidade, equivalente do Graal. A cena é descrita em uma alegoria quase blasfematória, a do peregrino que introduz seu bastão em uma fenda para alcançar a relíquia, uma fenda até então inviolada:

> Eu vim, fresco e disposto, ajoelhar-me entre as duas belas colunas, pois estava faminto de adorar devotamente o santuário. [...] Eu levantei um pouco a cortina que escondia as relíquias, e me aproximei da imagem que beijei piamente; em seguida quis colocar na seteira meu bordão no qual pendia minha faixa. Achei melhor lançá-lo de uma vez, mas não consegui. Ele sai novamente, eu encaixo, mas em vão: sentia lá dentro uma paliçada que eu não via, mas da qual a seteira tinha sido munida perto bastante da borda, logo que foi construída: ela era mais forte e mais segura. Foi preciso atacar com força, muitas vezes ferir, quase sempre falhar. [...] Acabei no entanto percebendo uma via estreita por onde podia passar, mas tive que quebrar a paliçada.
>
> Por aquela picada pequena e exígua, depois de romper a barreira com o cajado, entrei na balestreira, mas não conseguia passar nem a metade. Fiquei zangado por não ir mais adiante, pois eu não conseguia avançar. Não me daria trégua enquanto não conseguisse mais; consegui enfiar ali meu bastão até o fim, mas a faixa ficou de fora com as aldravas pendentes; senti-me muito mal, de tanto que a passagem era estreita; percebi que o local não estava habituado a receber pedágios, e que ninguém havia passado ali antes de mim. [...] No fim, sacudi tanto o botão que espalhei um pouco de semente: fui passando em revista as pétalas, pois queria explorar o botãozinho até o fundo, tanto aquilo me parecia bom. Então misturei as sementes, tão bem que o botão se alargou e esticou. [...] Quando vi que tive sucesso, e que o resultado de meu processo não era mais duvidoso, a fim de me desculpar com meus benfeitores, como deve

fazer um devedor honesto, [...] entre cem beijos saborosos, dei graças dez ou vinte vezes ao deus do amor e a Vênus. [...] Antes de partir daqueles lugares onde teria ainda ficado de bom grado, colhi com grande alegria a flor da bela roseira florida, e consegui a rosa escarlate.[90]

É assim que esse estranho peregrino alcança o êxtase, a felicidade. É preciso avaliar bem a audácia extraordinária desse texto, que substitui diretamente o amor profano pelo sagrado, e o paraíso terrestre pelo celeste. Mais precisamente, Jean de Meung recusa inclusive o paraíso terrestre, em benefício de uma idade de ouro em que a felicidade consiste em seguir apenas a natureza:

> Garanto que quem vir esse parque encantado pensará que em nenhum paraíso mais belo Adão foi criado outrora. [...] Pensem em honrar a Natureza, sirvam-na trabalhando para seus fins,

e alcançarão a Fonte da Vida, a verdadeira felicidade.

Cerca de dois anos após a conclusão do *Roman de la Rose* [Romance da rosa], o bispo de Paris, Étienne Tempier, levanta uma lista de 210 proposituras condenadas. Entre elas se encontra a seguinte: "A felicidade se obtém neste mundo e não no outro". Sem dúvida, não há nenhum vínculo direto com o poema de Jean de Meung, mas a coincidência é reveladora do clima e das discussões que então acontecem na universidade, onde o averroísmo e o aristotelismo contribuem para reabilitar as coisas deste mundo. Daí a inquietude da Igreja, que faz questão de lembrar a verdade essencial: a felicidade está excluída deste mundo, e pretender o contrário é uma blasfêmia.

O debate, no entanto, prossegue. No século XIV, Eustáquio Deschamps (1346-1406) lamenta o desaparecimento da idade de ouro, do tempo feliz que contrasta com a assustadora época em que ele vive. Pouco tempo depois, o cardeal Nicolas de Clamanges (1363-1437) lembra os bons velhos tempos de antes do Cisma, que ele idealiza também sob os traços de uma idade de ouro terrestre. Outros vão mais longe: em um curioso pequeno romance do século XV dedicado à princesa de Bourbon e chamado *Le paradis de la reine Sibylle* [O paraíso da rainha Sibila], um cavaleiro alemão entra em uma gruta após uma longa viagem e se vê em uma terra maravilhosa de volúpia e de amor, governada por uma rainha belíssima. Luxo, conforto, boa companhia, prazeres sensuais. Ele é levado, ao doce som de

---

90 *Roman de la Rose*, VIII, 148-50.

instrumentos e melodias, por jardins, salas e quartos, uns bem e outros ainda mais bem arrumados, como se podia perceber. E na entrada de cada sala e de cada quarto havia grande companhia de damas e de damiselas, de cavaleiros e de escudeiros, muito bem vestidos e ainda mais adornados, que ali tinham vindo para honradamente o receber.[91]

Naquele verdadeiro paraíso, não se vê o tempo passar, "pois tal era o prazer sem fim que havia ali que um dia não lhe parecia mais do que uma hora". O cavaleiro declara à rainha: "Sois, então, vós e vossas gentes os mais felizes de todos os séculos". Mas por quanto tempo aquilo vai durar? "Quando este mundo acabar, senhora, o que será de vós?" A resposta, claro, é sibilina: "Nós nos tornaremos o que estiver ordenado, e não queiras saber mais".

Esse paraíso, obviamente, é o inferno. Uma vez mais, as perspectivas são subvertidas, o que é ainda assim preocupante para a Igreja. E o fim não é muito moral: o cavaleiro, tomado de remorsos por ter gozado "de coisas mundanas", ressurge daquele lugar e vai pedir o perdão do papa. Com a recusa deste, ele resolve voltar definitivamente para a rainha Sibila, a fim de gozar a felicidade diabólica. O papa então manda vedar a entrada da caverna, para evitar uma fuga maciça de cristãos rumo à felicidade.

OS SONHOS DE FELICIDADE: O APRISCO E O CARNAVAL

Nesse fim de Idade Média, há quem sonhe com um paraíso menos demoníaco: a felicidade não seria a vida de pastor, na calma campestre? A atração pela vida pastoral pode parecer surpreendente em um mundo onde, a despeito de um relativo crescimento urbano, as maiores aglomerações não passam de grandes burgos em contato direto com a vida rural. Se conseguimos entender o sonho bucólico nas megalópoles contemporâneas, pode parecer estranho entre os "urbanos" que nunca estão a mais de algumas centenas de metros do campo. Ainda mais porque os campos dos séculos XIV e XV são muito mais zonas de insegurança permanente, infestadas de salteadores, devastadas de tempos em tempos pela passagem de tropas, entregues aos lobos, e onde reina a miséria. A cidade é o refúgio, protegida por suas muralhas. Então, ficamos um pouco céticos quando ouvimos Philippe de Vitry elogiar os encantos da vida saudável e simples, frugal e laboriosa do

---
91 Le Paradis de la reine Sybille, em *Poètes et romanciers du Moyen Âge*, op. cit., p.682.

feliz camponês e de sua gentil esposa. Em *Le Dit du Franc Gontier* [O dito do franco Gontier], o bispo de Meaux, que era Philippe de Vitry, nos mostra o camponês Gontier que canta durante o trabalho, à sombra de grandes árvores, volta ao lar para comer as boas pequenas iguarias preparadas pela dama Helena, sua fiel esposa. Eustáquio Deschamps, Nicolas de Clamangees, Jean de Montreuil também celebram a ilusão da vida rural idílica. Por trás dessa ficção, que todos os textos documentais desmentem, é preciso ver apenas a insatisfação de cortesãos cansados que imaginam a vida do camponês através das *Bucólicas* de Virgílio. Tal sedução da vida simples e natural nos campos logo passa a ser uma constante nos meios privilegiados, das Arcádias romanescas da Astreia, ao vilarejo de Maria Antonieta, às comunidades dos jovens burgueses *hippies*. A personagem do pastor, em especial, está carregada de um capital afetivo que faz dele, para o urbano ou para o cortesão estressado, o arquétipo do homem feliz: um trabalho não muito duro em contato com a natureza, alternando devaneio e namoricos com lindas pastoras: eis a felicidade. Além disso, esses homens felizes são bem vistos pelos deuses, desde os pastores da Arcádia até os da Palestina, os primeiros a serem avisados do nascimento do Salvador.

A nobreza do século XV, ameaçada em seus rendimentos pela crise dos senhores feudais, confrontada com despesas militares e supérfluas cada vez maiores, enciumada pelo crescimento da burguesia, esquece seus problemas brincando de pastor e pastora, compondo pastorais como *Le dit de la pastoure*, de Christine de Pisan. Chastellain nos apresenta o rei René, representando um pastor:

> *Um rei da Sicília*
> *Vi tornar-se pastor*
> *E sua esposa gentil*
> *Nesse mesmo labor,*
> *Carregando o embornal*
> *O cajado e o chapéu*
> *Alojar-se no urzal*
> *Ao lado de seu tropel*

Tudo isso é encenação, claro. Esses aristocratas brincam de ser felizes criando para si um mundo de fantasia. Brincamos principalmente de ser aquilo que não somos. O povinho também faz seu teatro. Seus espetáculos não são tão sofisticados como os da nobreza, mas têm o mesmo fim: criar fragmentos de felicidade que permitam suportar o peso da vida. Se o nobre representa o camponês por acreditá-lo feliz, o camponês não tem essa singeleza e não brinca de nobre. Ele é mais ambicioso: suas festas são uma subversão total da ordem do mundo que encena, teatro revelador de sua profunda insatisfação — a felicidade é o mundo do avesso.

Na festa dos bobos e na festa do burro, são as autoridades eclesiásticas que proíbem a felicidade na terra, que são ridicularizadas, parodiadas e que se tornam, contra sua vontade, temas de alegria. No carnaval, com seu rei de mentirinha que acaba no fogo, a ordem civil é posta de pernas para o ar, e mais ainda, é a própria vida que, virada do avesso, se torna feliz, transfigurada. "O carnaval é a segunda vida do povo, baseada no princípio do riso. É sua vida de festa", escreve Mikhail Bakhtin.[92] Essa vida encenada no riso corresponde aos fins superiores da existência: uma renovação na universalidade, a liberdade, a igualdade, a fartura. É uma liberdade provisória, mas prenunciadora da libertação final, em relação a regras, valores, tabus e hierarquias deste mundo. Daí o caráter peculiar do riso carnavalesco que se entranha nas manifestações populares, definido por Bakhtin:

> O mundo inteiro parece cômico; ele é visto e percebido por seu aspecto risível, em sua alegre relatividade; [...] esse riso é ambivalente: é alegre, transbordante de júbilo, mas ao mesmo tempo debochado, sarcástico, ao mesmo tempo negando e afirmando, sepultando e ressuscitando.[93]

Por outro lado, a visão cômica popular do mundo traduz-se em obras verbais, elas mesmas ligadas aos festejos carnavalescos. Literatura de festa, paródica, pela qual as condições sociais oficiais são escarnecidas e reviradas, e onde os ritos mais sagrados são parodiados: liturgias, preces e sermões histriônicos, paródias de romances de cavalaria, *fabliaux*[94] e farsas, peças religiosas de feitiçarias. Enfim, para exprimir a alforria, o caráter dinâmico, mutável e festivo da realidade, essa visão cômica do mundo demanda um vocabulário novo no qual imprecações e grosserias têm um papel fundamental.

De fato, o que faz o caráter cômico da visão popular de mundo é o que Bakhtin chama de "realismo grotesco", isto é, a percepção, na origem de todas as realidades — inclusive das mais sublimes —, dos processos biológicos básicos. O mundo não passa de um grande organismo vivo, um gigantesco caldeirão de cultura, onde as formas se compõem e se desfazem sem cessar;

---

92 Bakhtin, *L'Oeuvre de François Rabelais et la culture populaire au Moyen Âge*, p.16.
93 Ibid., p.20.
94 Tipo de poema medieval de oito versos. (N. T.)

os aspectos mais refinados da vida espiritual são apenas flores efêmeras que se abrem sobre o substrato material biológico. Como consequência,

> o traço marcante do realismo grotesco é o rebaixamento, quer dizer, a transferência de tudo o que é elevado, espiritual, ideal e abstrato para o plano material e corporal, o da terra e do corpo em sua indissociável unidade.[95]

A paródia medieval, portanto, será um processo de rebaixamento, que explica o alto pelo baixo, não de uma perspectiva puramente negativa, mas com um objetivo de recreação. As formas nascem e morrem no caldo biológico primitivo, e essa realidade proteiforme, em que o nobre e o vil procedem dos mesmos mecanismos, é altamente cômica. O mundo é grotesco, alegremente grotesco. Então, o cômico popular medieval vai chafurdar no "baixo": a absorção do alimento, a excreção, a cópula, o parto na imundície, os odores e os ruídos do ventre, todas as funções que rebaixam, mas ao mesmo tempo regeneram. "O riso popular que organiza todas as formas do realismo grotesco sempre foi ligado ao baixo material e corporal. O riso rebaixa e materializa."[96] Rabelais será o resultado desse riso.

Simultaneamente, o riso carnavalesco está ali para tranquilizar, para vencer o medo. É por isso que vemos nos cortejos figuras exóticas, monstruosas, falsamente assustadoras, que ameaçam, fingem bater: provocar o medo sabendo que "para rir" é um modo de exorcizá-lo. Vemos homens e mulheres selvagens, com sua clava. Mouros e mais tarde índios, dragões, como a famosa Tarrasca de Tarrascon,[97] e gigantes, engraçados e inofensivos, cuja falta de jeito provoca a hilaridade. O carnaval exorciza o medo de um povo que a natureza e as autoridades conspiram para aterrorizar.[98] Ele é, portanto, também um sonho de vida melhor e até de felicidade.

O carnaval é a procissão grotesca de um povo que não vê mais a felicidade senão através do ridículo, da paródia, do absurdo, do riso bobo. A Igreja desconfia do riso, mas tolera esses excessos que são a válvula de escape desses condenados potenciais; é o desfile dos trabalhadores forçados. Já que lhes proibimos a felicidade, é preciso deixar-lhes um momento de alegria, de sonho.

---

95 Ibid., p.29.
96 Ibid.
97 Dragão da cidade de Tarrascon (no sul da França), domesticado por Santa Marta, que o aspergiu com água-benta. (N. T.)
98 Minois, *Histoire du rire et de la dérision*, p.45.

A felicidade era antes: a idade de ouro e o paraíso terrestre; e será depois: no céu ou no milênio; fica além: nas ilhas Afortunadas e nos domínios do Preste João. Nunca será aqui e agora. Isso se torna exasperador e desesperador. Vemo-lo bem nos quadros: os rostos de Van Eyck, por exemplo, não respiram muito a alegria de viver. A Idade Média termina em um coro de lamentações, "tempos de dor e de tentação, era de prantos, de inveja e de tormentos", escreve Eustáquio Deschamps. Alguns, no entanto, ainda creem: "Vejo despontar uma espécie de idade de ouro em um futuro bem próximo", escreve Erasmo em 1517 a Wolfgang Fabricius Capito. Não conte com isso, diz a Igreja. Dessa vez, porém, a promessa parece séria.

– 4 –

A VOLTA DA IDADE DE OURO

A Renascença da felicidade mítica (século XVI)

Quando Erasmo anuncia o próximo retorno da idade de ouro, esta já está presente de diversas formas em vários lugares, há cerca de meio século. É ela que serve de cenário para a Renascença artística do Quatrocentos e logo de toda a Europa; é ela também que constitui o pano de fundo do pensamento humanista. De muitos pontos de vista, aquilo que chamamos de Renascença é o retorno do mito da idade de ouro. Retorno triunfal, que passa a caracterizar todos os domínios da vida intelectual e artística e que corresponde à explosão de um formidável desejo de felicidade, incubado desde o século XIV, em uma cristandade doente, sofrida, prostrada por males. O fim das pestes e das grandes fomes, o impulso econômico e monetário, a redescoberta dos tesouros intelectuais da Antiguidade, o desenvolvimento das cortes principescas, tudo isso foi percebido pelas elites como uma transformação radical do contexto e da qualidade de vida, a saída de um longo período de trevas – enfim, como o retorno da idade de ouro.

O TEMA CENTRAL DA RENASCENÇA

Mais do que o mito do paraíso terrestre, é na verdade rumo ao mito profano da idade de ouro que se voltam os intelectuais. É nele que se implantam todas as esperanças, é ele que fagocita todos os outros sonhos de vida feliz: a Arcádia, o paraíso terrestre, o país da Cocanha, as ilhas Afortunadas, a fonte de juventude. A idade de ouro é tudo isso ao mesmo tempo, e se é ela que dá o tom, isso se deve a várias razões: fascina uma época ávida por antiguidades pagãs; evita a lembrança penosa da maldição do pecado original que assombra as evocações do paraíso terrestre; permite uma liberdade maior para a imaginação do que um Éden obrigado a respeitar certas restrições teológicas; adapta-se ao sonho de vida bucólica simples e natural tão bem quanto ao desejo de luxo, de riqueza e de conforto sugeridos pela menção ao ouro – que atiça a curiosidade e as cobiças em tempos de escassez de metais preciosos, em que se parte em busca do Eldorado –; finalmente, permite todas as licenciosidades eróticas de uma sociedade de corte, ávida por prazeres. Adão e Eva eram um único casal, nu, é verdade, mas obrigado a uma conduta bem reservada; a idade de ouro é uma população inteira de jovens liberados dos limites morais austeros do cristianismo, o que abre as portas a todos os prazeres.

Também os pintores se esbaldam, até mesmo o luteraníssimo Lucas Cranach. Seu *Idade de ouro* talvez seja a obra mais emblemática do século XVI. Três vezes ele ilustrou esse tema. O quadro mais famoso, o de Munique, pintado em 1530, reúne todos os elementos essenciais à felicidade humana. Em uma natureza ao mesmo tempo selvagem e domesticada, rica em flores, em frutos, em animais pacíficos, rapazes e moças, nus, divertem-se, conversam, namoram. Seis entre eles brincam em volta de uma árvore. Um casal saboreia um cacho de uvas; prazer sensual. Outro, deitado sobre a grama, discute; o homem explica, a mulher ouve com interesse; prazer do espírito. Em uma fonte, uma moça borrifa um rapaz; um dançarino canta; há risos. A cena idílica lembra tanto a Arcádia como o paraíso, de onde foram tomados dois elementos: a árvore e a muralha. A árvore, carregada de frutos, é uma reminiscência da árvore bíblica: árvore da vida ou do fruto proibido? Em todo caso, a alegre ronda dos jovens mostra que ela não é temida. Aqui, é a liberdade total; nenhuma proibição, nenhuma ameaça paira, nenhum velhote barbudo vigia os felizes casais. Quanto à muralha, serve para delimitar o jardim, como no jardim do Éden, porém é mais decorativa do que dissuasiva: apenas dois metros de altura, e o mundo exterior nada tem de inferno: rochedos, claro, mas também vegetação e castelos.

No mesmo ano, Cranach pinta *O paraíso terrestre*, que pode ser visto em Viena. A natureza ali também é bela, a fauna e a flora, ricas e tranquilas. Adão e Eva, nus, são jovens e belos, mas não são livres. No centro, estão de mãos dadas, comportados, enquanto o velho barbudo de capa vermelha, Deus Pai, os abençoa. Nossos pais primitivos são menores sob vigilância. E a cena, séria, é inseparável da catástrofe inevitável. Cranach representou, aliás, no mesmo quadro, os diferentes momentos do drama: a criação de Adão, a de Eva, a tentação; depois do erro, os dois culpados, aterrorizados, se escondem atrás de um arbusto; e por fim, à esquerda, são expulsos ignominiosamente pelo anjo que bate neles com um cajado. Quem não preferiria a felicidade duradoura da idade de ouro à tragédia do paraíso terrestre? Será que Adão e Eva foram realmente felizes? Mal se vê isso em seus rostos, e se o foram, por quanto tempo? Cranach os representou dezenas de vezes, mas nunca é a felicidade que está em cena; é sempre o episódio da tentação e do pecado.

Em 1546, ele pinta *A fonte da juventude*, a felicidade do eterno verdor em um mundo totalmente livre da ameaça divina. As velhas – pois, fato curioso, apenas as mulheres envelhecem – são levadas em carrinhos de mão, em charretes, nas costas de homens. Despidas, atravessam a piscina e dali ressurgem jovens, viçosas, belas. Sob uma tenda, vestem suntuosos trajes e vão encontrar os homens em um banquete; cantam, dançam, anáguas voam, namoram entre os arbustos, livres e felizes. Quantas vezes Cranach representou Vênus e Eros, as ninfas, o julgamento de Páris, numa sucessão de nudezes sensuais? Seus nus femininos, tão esbeltos, de longas pernas, seios pequenos, ventres planos, olhos amendoados, diabolicamente sedutores, são convites para os prazeres da carne em um pintor que, aliás, tantas vezes representou cenas religiosas clássicas, assim como a melancolia.

Aí está um traço comum à maioria dos pintores da Renascença, divididos entre a atração pela felicidade terrestre e os chamados à ordem da religião. Assim, Giorgio Vasari, que decora o Palazzo Vecchio de Florença com afrescos históricos e religiosos, demora-se em seus *Ragionamenti*, de 1588, nas peripécias de Saturno, mais do que sobre a idade de ouro; ele nos apresenta o deus, adormecido com Janos, velado pela Liberdade e a Tranquilidade, "que tornavam tão suave o sono na idade de ouro". Por volta de 1570, um aluno de Vasari, Jacopo Zucchi, pinta *A idade de ouro* em estilo maneirista um pouco carregado. A paisagem, acidentada, é sempre uma Arcádia de variadas flores, frutos e animais; há uma tendência à superpopulação, vários *putti* vêm se misturar aos humanos desnudos que colhem, dançam, brincam, banham-se, beijam-se, sob o olhar benevolente de um Cronos esparramado sobre a colina, a verter os bens de sua cornucópia. Um pouco mais tarde, Pietro da Cortona revelará sua versão da idade de ouro em uma série de quadros do palácio Pitti: a natureza, sempre generosa, fornece o alimento a uma humanidade a bem dizer pouco exigente: como no mito original, ela se alimenta dos frutos do carvalho.

A celebração da felicidade terrestre pelos pintores traduz-se também em quadros alegóricos. Um dos mais eloquentes é realizado em 1564 por

Agnolo Bronzino, pintor oficial de Cosme I de Médici, de 1537 a 1574. O *Alegoria da felicidade* mostra uma jovem mulher de seios desnudos, a segurar o caduceu e a cornucópia, símbolos de paz e de prosperidade; à esquerda, a Justiça; à direita, a Prudência, Janos de duas faces, que olha o futuro e o passado, enquanto Eros se prepara para cravar o coração da felicidade com um amor puramente humano; Glória e Celebridade pairam acima da felicidade, diante da qual o Tempo e a Fortuna se ajoelham; Loucura, Fúria e Acaso estão por terra. Inspirada nos antigos afrescos que celebram a *Felicitas Publica*, essa alegoria revela um estado de espírito em ruptura total com a Idade Média: é o triunfo da felicidade terrestre, o da idade de ouro.

No entanto, os espíritos não estão tranquilos. Mil anos de proibição da felicidade deixaram suas marcas. Esses prazeres terrenos não seriam miragens, ilusões ou armadilhas diabólicas? *O jardim das delícias* de Hieronymus Bosch, pintado por volta de 1510, joga com essa ambiguidade tão habilmente que os estudiosos nunca conseguem decidir se o pintor quis representar a felicidade ou seu desregramento. Esse Éden é tão extravagante que não pode se tratar do paraíso terrestre; de qualquer modo, tem gente demais. Idade de ouro? Aquelas pessoas têm mais o ar de loucas do que de felizes. Tudo é monstruoso nesse enxame de pequenos personagens nus que se entregam a prazeres sem alegria. Inferno? Paraíso? Não seria simplesmente o mundo como ele anda, uma agitação frenética e estéril à espera da morte? Nesse mundo desregrado, nenhuma noção de bem ou de mal, de proibição ou pecado; todos se entregam na maior liberdade às perversões ou a simples extravagâncias. Como observa um especialista em Bosch,

> quaisquer que sejam essas criaturas nos frutos ou que vogam nas barcas, ou as que, imagens dos prazeres, escondem-se dentro das cavernas, mexilhões, conchas, elas nunca representam as coisas proibidas e suas consequências, mas a felicidade e seu caráter efêmero. É uma queixa discreta, mas que jamais se transformará em remorsos.[1]

UM TEMA AGREGADOR QUE ABSORVE A ARCÁDIA E O PAÍS DA COCANHA

O sucesso da idade de ouro na Renascença se deve ao caráter agregador do tema, capaz de unificar todos os outros sonhos de felicidade. Em si, quase não é mais do que um quadro no qual se podem abrigar as imagens mais

---

1 Linfert, *Jérôme Bosch*, p.112.

variadas da vida feliz. Assim, a Arcádia e seus pastores, como os de Battista Guarini em *O pastor fiel*, ou os de John Fletcher em *A pastora fiel*, passam mais tempo com as pastoras do que com os carneiros. O gosto pelo romance pastoral, que nasce no fim da Idade Média com *O jogo de Robin e Marian* e o *Nifale d'Ameto*, de Bocage, torna-se, no século XVI, uma moda europeia que revela um apetite por prazeres naturais e a liberdade. Quanto mais a vida na corte se refina, mais se sonha com idílios campestres em um âmbito totalmente artificial onde os camponeses se parecem mais com deuses e deusas gregos do que com os brutos gordos de Bruegel. A partir de 1502, Sannazzaro dá o tom com sua *Arcádia*: o pastor Sincero engata discussões de casuística amorosa com seus colegas por trás dos quais se reconhecem pessoas da corte napolitana. A evasão torna-se maciça na segunda metade do século, quando se tenta esquecer por um instante as guerras de religião, lendo *Diana*, de Montemayor (1559), *Diana enamorada*, de Gil Polo (1564), *Aminta*, de Tasso (1573), *O pastor de Filida*, de Montalvo (1582), *Sereia*, de Honoré d'Urfé (1584), *Galateia*, de Cervantes (1585), *Arcádia*, de Philip Sydney, *Pastor fido*, de Guarini (1590) e *Les bergeries de Juliette*, de Honoré d'Urfé (a partir de 1593), que desembocarão em *Astreia* em 1627 e se prolongarão ainda na *Arcádia francesa da ninfa Amarilis*.

Em uma Arcádia verdejante onde todo mundo é jovem, belo e inteligente, onde se cruzam ninfas de fabulosa beleza, pratica-se o amor livre. A esse respeito, a *Aminta* de Tasso, encenada na corte de Ferrara, é característica. A história em si não tem grande interesse: um pastor apaixonado tenta convencer sua pastora reticente. O centro do relato é na verdade o debate entre a honra, que aqui quer dizer a virtude, e o amor carnal. A austera virtude, que proíbe os prazeres, é qualificada como "tirana do espírito, que atormenta sem razão nossa natureza". Esta nos pede que amemos, que façamos amor: "A natureza nos deu leis de ouro como esta: tudo o que dá prazer é lícito". A "lei de ouro" suprema é: "Se proporciona prazer, é permitido". Da mesma maneira, Ben Jonson escreve: "Nada do que dá prazer é pecado", e John Marston: "Sustentamos que tudo o que faz prazer é lícito". Para Richard Lovelace, era a lei da idade de ouro:

> *Três vezes feliz a idade de ouro,*
> *Quando o "não" maldito não empanava a felicidade das moças,*
> *Quando toda conversa se resumia em um "sim",*
> *E não se proibia nada, a não ser proibir.*[2]

---

2 Lovelace, *Poems*, p.146.

É proibido proibir: eis a lei da idade de ouro, o sonho hedonista que perseguirá de novo a juventude do Maio de 68, quatro séculos depois. A significação é a mesma: é a reivindicação do direito à satisfação imediata, ainda mais provocadora no século XVI. Tão provocadora que podemos até mesmo duvidar de sua sinceridade. Como o jardim das delícias de Bosch, a idade de ouro árcade de Tasso é ambígua. Não seria ao mesmo tempo inferno e paraíso? Podemos nos perguntar, ao ler *Jerusalém libertada*, onde vemos um grupo de cruzados arrastado mais além das ilhas Afortunadas, para a ilha do Prazer, onde sereias tentam seduzi-los:

> Eis o lugar onde podeis mitigar
> Vossos sofrimentos passados; aqui reinam a alegria e o prazer
> Que floresciam na antiga idade de ouro;
> Aqui, nada de leis: aqui, nada falta.

Era o ideal do pastor de *Aminta*; mas Tasso mudou de campo – seus cavaleiros resistem às sereias da idade de ouro –, e confirma sua nova orientação em um diálogo filosófico, *Do prazer honesto*, no qual elogia os méritos tradicionais da honra e da glória. Essa atitude desconcertante é comum no século XVI por causa da ameaça constante que pesa sobre os autores de escritos que contestam os valores cristãos. Obrigados à dissimulação, eles apagam os rastros ao multiplicar os escritos contraditórios, os diálogos, as falsas refutações, tão bem que hoje ainda é difícil conhecer suas convicções íntimas. Isso é nítido, especialmente a respeito do ateísmo.[3] O problema aqui é o mesmo: como expressar as aspirações à felicidade terrestre, à satisfação dos instintos naturais, sem atrair a ira das autoridades? O recurso ao mito antigo da idade de ouro, que remonta aos tempos pré-cristãos, é um meio cômodo. Mesmo Giordano Bruno não parece convencido da superioridade do estado da natureza que devia reinar na idade de ouro: em *Expulsão da besta triunfante*, um diálogo alegórico, vemos Prazer atacar Trabalho, acusando-o de ter acabado com a idade de ouro ao introduzir a propriedade privada; mas Sabedoria lembra que os homens da idade de ouro eram brutos primitivos e que sua liberdade nada tem a ver com a verdadeira virtude; Prazer é mandado para o conselho dos deuses.

A *Arcádia* de Philip Sydney não tem estados de espírito. "O espírito dos habitantes é moderado e equilibrado"; os pastores ali são felizes, "não lhes falta quase nada, pois desejam pouco", e os aristocratas sofisticados que

---

3 Minois, *Histoire de l'athéisme*, 2ème partie, "L'Athéisme subversif de la Renaissance".

ali desembarcaram após um naufrágio, os príncipes Musidoro da Tessália e Pirocles da Macedônia, são seduzidos por essa terra onde a natureza generosa lembra a idade de ouro, e onde os jovens pastores tocam flauta "como se nunca fossem envelhecer".

A idade de ouro não assimila somente a Arcádia. Ali se encontra também a fonte da juventude. A de Hieronymus Bosch fica no meio do jardim das delícias, sempre com a mesma ambiguidade. Muitas outras se encontram em tapeçarias, coberturas de cofres, gravuras e obras literárias. O mito é tão vivo que, em 1513, muitos acreditam que Ponce de León a descobriu na Flórida. A idade de ouro, por ser uma era de abundância, nos leva à tendência a fazer o amálgama com o país das maravilhas: assim, um quadro de Lucas de Leyde, no Rijksmuseum de Amsterdã, é chamado ora *País da Cocanha*, ora *A idade de ouro*.

A ideia de um país da Cocanha é sedutora, especialmente em uma época em que a fome ameaça constantemente, onde cada intempérie põe em risco o frágil equilíbrio entre população e alimentos. O mito teria nascido no século XII ou no século XIII, com os cantos desses clérigos errantes mais ou menos debochados, os *goliards*. Em um desses cantos, o *Carmina burana*, encontramos um abade da Cocanha. Depois, em 1250, um *Fabliau de Coquaigne* fala de uma terra maravilhosa onde se passa o tempo a se divertir, e principalmente a dormir: quanto mais se dorme, mas dinheiro se ganha. É o espírito carnavalesco do mundo ao avesso. Rabelais vai se lembrar disso ao evocar uma terra onde se ganha cinco tostões por dia para dormir, e sete e meio para roncar. No século XIV, no *Decamerão*, Bocage descreve:

> [...] uma terra onde as vinhas são amarradas com linguiças e uma gansa vale uns trocados e de quebra mais um gansinho; ali havia uma montanha inteirinha de queijo parmesão ralado sobre a qual moravam pessoas que se ocupavam apenas em preparar macarrão e raviólis e a cozinhá-los em caldo de capão, e depois jogavam tudo ao pé da montanha, onde quem pegava mais ganhava mais ainda. Bem perto dali corria um pequeno riacho de "vernaccia", o melhor que já se bebeu, e onde não entrava nem uma gota d'água.[4]

Ainda na Itália, na festa de Cucagna, em Nápoles, linguiças, carnes cozidas e macarrão jorravam de um Vesúvio artificial coberto de queijo ralado. Um mapa italiano do século XVI, intitulado "País da Cocanha", mostra também montanhas de queijo banhadas por um oceano de vinho grego;

---

4 Bocage, *Décameron*, 8º dia, 3ª novela.

árvores produzem frutas cristalizadas e peixes; os rios são de vinho *muscat*, e chovem faisões assados. Não é de surpreender que a Itália reivindique a origem do país da Cocanha, atribuída ao cantão de Cuccagna, entre Roma e Loreto. Para outros, o inventor seria o poeta "macarrônico" Teófilo Folengo, apelidado Merlin Coccaie, autor de uma descrição desse país maravilhoso. Mas cada país tem um equivalente: a Kokanje ou Cockaengen flamenga; a cidade de Kockengen, nos Países Baixos, onde também se encontra a expressão *het land van de koningkoeken*, "terra dos bolos de mel". Os ingleses têm a *Land of Cockaigne*, expressão registrada a partir do início do século XIV, e à qual podemos relacionar *cooking* (cozinhar) e *cake* (bolo); os alemães têm os *Kuchen* (bolos), e assim por diante.

Em 1567, Pierre Bruegel pinta a mais famosa ilustração do país da Cocanha: um clérigo, um cavaleiro e um camponês fazem a digestão entregando-se à sesta sob uma árvore, enquanto a comida corre, voa ou escorrega dos telhados em volta; sonho de paz, de união das ordens e de fartura, fervilhante de alusões. O país da Cocanha é a versão popular da idade de ouro, era em que não se passa necessidade de nada, sem nada fazer. Na farsa intitulada *Des roulles-bontems de la haute et basse Cocagne*, encenada em Paris em 1631, vão para a prisão aqueles que trabalham. Os *"fabliaux* da Cocanha" proliferam. No século XVI, foram catalogadas quarenta variantes em Flandres, 32 na Itália, 22 na Alemanha, doze na França.[5] O próprio Lutero, em seus *Propos de table* [Brincadeira de mesa], deixa-se levar por uma evocação do mundo futuro regenerado que tem alguma analogia com o país da Cocanha: paz, abundância, ociosidade, e mais

> a terra não será nua, árida e desolada após o Julgamento final, pois São Pedro disse que esperamos uma nova terra onde mora a justiça. Deus, que criará uma nova terra e novos céus, nela colocará cachorrinhos cuja pele será de ouro e cujos pelos serão de pedras preciosas...[6]

1468: "O TEMPO VOLTA", UM TEMA PARA FESTAS PRINCIPESCAS

Então, a Renascença sonha. E sonha com a idade de ouro. Todo mundo fala nisso. Mas será que fica à frente ou atrás? Está por vir, ou já desapareceu?

---
5 Delumeau, *La mort des pays de Cocagne*, p.11-4.
6 Lutero, *Propos de table*, p.276-9.

Ou os dois, por que não? As opiniões são divididas, segundo os temperamentos, otimistas ou pessimistas. Uma única coisa é certa: a idade de ouro não está no presente. Bem raros, naquela época de aspirações à felicidade terrestre, são aqueles que têm a impressão de viver um tempo feliz.

A exceção é a Itália, Florença em particular: em 1468, a idade de ouro ali está oficialmente de volta. Ao menos é o que declara, em francês, a divisa da bandeirola desfraldada na Praça da Santa Cruz para o torneio que celebra a ascensão de Lourenço de Médici, logo conhecido como "o magnífico", ao governo da cidade: "O tempo voltou". O tempo da idade de ouro. É o que confirma Marsile Ficin, amigo de Lourenço:

> É sem dúvida uma idade de ouro que trouxe à luz as artes liberais outrora quase destruídas: gramática, eloquência, pintura, arquitetura, escultura, música. E tudo isso em Florença.[7]

Durante todo o seu "reinado", Lourenço, o magnífico, dedica-se a criar um cenário digno da idade de ouro, e o que dele hoje ficou é sem dúvida deslumbrante. *A primavera*, de Botticelli, em 1482, é talvez o melhor símbolo disso: primavera, renovação, juventude, em uma natureza paradisíaca onde dançam jovens mulheres loiras, cuja nudez os véus transparentes acentuam. Imagem de uma felicidade perfeita em um mundo de beleza, um mundo totalmente secularizado, onde nenhum deus castrador vigia. O complemento será *O nascimento de Vênus*, em 1485. É pensando nessas obras que Vasari vai escrever que a época de Lourenço fora "verdadeiramente uma idade de ouro para os homens de gênio". Lourenço mantém um verdadeiro culto à felicidade, que expõe em 1473 em um longo poema, *Du souverain bien* [Do bem supremo]. Poema bucólico no qual 652 versos são consagrados a discutir a natureza da felicidade, inspirando-se em uma carta de Marcile Ficin, por sua vez intitulada *De felicitate* [Da felicidade]. Em um espírito neoplatônico, Lourenço, Marcile e um pastor concluem que a felicidade não está na fortuna, nem na força, na beleza ou na saúde, mas na prática das virtudes contemplativas, na elevação espiritual da qual fazem parte a razão, a vontade e o amor. De acordo. Mas o luxo, o conforto, os pratos refinados, os trajes suntuosos, as festas, os bailes e as belas mulheres tampouco fazem mal. Por mais que alguém seja neoplatônico, não deixa de ser homem, e os amores de Lourenço não são todos platônicos; os poemas voluptuosos de Politien, seu amigo íntimo, evocam os prazeres bem menos contemplativos da idade

---

7 Ficin, *Opera*, p.944.

de ouro. É com a ajuda do amigo poeta que o príncipe-banqueiro compõe poesias como *Les bois d'amour* [Os bosques do amor], que contêm uma descrição da idade de ouro, aquele tempo feliz em que todos os bens eram comuns, não havia teu nem meu, e se vivia em cabanas. É fácil – e legítimo – ironizar as contradições desses príncipes. Mais além de suas incoerências, é o culto da felicidade terrestre – capitalista ou comunista, pouco importa –, que eles cultivam. E para eles a felicidade tem um nome: a idade de ouro. Quando o segundo filho de Lourenço se torna o papa Leão X, é organizada uma procissão, não religiosa – Leão X superou essa fase –, mas um desfile para celebrar o retorno da idade de ouro. Vasari conta:

> Depois dos seis primeiros, vinha o carro, ou antes a carruagem triunfal, da idade de ouro ou da época de ouro, enfeitado da maneira mais artística, com inúmeras figuras em relevo feitas por Baccio Bandinelli, e belíssimas pinturas da lavra de Pontorno. No centro do carro havia um grande globo que representava o mundo, sobre o qual um homem prostrado, o rosto no chão, estava como morto, a armadura enferrujada, e da rachadura aberta em suas costas emergia um garotinho nu e dourado, representando a renascença da idade de ouro e o fim da idade de ferro, um a morrer e o outro a ressuscitar, com a eleição do papa...[8]

O papa da idade de ouro, isto é, Leão X, cujo pontificado, de 1513 a 1521, está associado às mais suntuosas realizações artísticas romanas e aos nomes de Michelangelo e de Rafael. Como profetizara Leon Battista Alberti em seu tratado *Da pintura*, a partir de 1436, "é mesmo uma nova era que se inicia, uma idade de ouro que chegaria a superar em glória a Antiguidade".[9] O próprio Erasmo deixou-se arrebatar. Ele escreve a Leão X:

> Nosso século será, espero, um século de ouro como jamais houve outro. Nele verei florescer sob tua proteção e graças a teu incentivo três dos bens essenciais ao gênero humano: a piedade, as letras e a paz.[10]

Durante todo o século XVI, a família Médicis cultiva essa associação com a idade de ouro na iconografia das festas e dos bailes de máscaras. Uma canção sobre o tema é composta para o casamento de Cosme I, duque da

---

8 Vasari, *Vie des artistes*, "Pontorno", VI, 153.
9 Crouzet-Pavan, *Renaissances italiennes*, 1380-1500, p.30.
10 Allen, *Opus epistolarum Desiderii Erasmi Roteradami*, t.II, p.527.

Toscana; quando do casamento de um Médicis com uma moça Farnese, em Parma, um carro representa a idade de ouro, com duas pombas e um rapaz que canta a história de Saturno e Astreia.[11]

Outras famílias reinantes são igualmente aclamadas como restauradoras da idade de ouro, que se torna um cenário obrigatório para as grandes monarquias e um tema recorrente para os bajuladores e cortesãos de todos os níveis: "Tu refizeste a bela idade dourada", escreve Du Bellay, dirigindo-se a François I, e em um soneto ele compara Maria Stuart à deusa Astreia, que vivia entre os homens na idade de ouro. Noel du Fail (1520-1591) também vê o reinado de François I como uma idade de ouro, à qual sucedeu a idade de ferro em que ele vive. Ronsard, em uma pastoral mascarada, ou *bergerie*, põe em cena um coro de pastoras a saudar a pastora-chefe, Catarina de Médicis, que vai recriar a idade de ouro:

> *Se vemos o século de ouro refeito*
> *É um benfeito*
> *Da pastora Catarina.*[12]

Na sequência, um coro de ninfas saúda o príncipe Charles, futuro Charles IX, sob o nome de pastor Carlin, que reerguerá o reinado de Saturno. Durante essa festa, que acontece em 1563, o pequeno Henri de Navarra, futuro Henri IV, é representado pelo pastor Navarin e recita versos que glorificam a idade de ouro, tempo de despreocupação em que as safras crescem sozinhas. Nadamos em plena pastoral, em plena Arcádia, e Ronsard repete a cena, com algumas variações para cada reinado. Em *Les Sereines* [As sereias], outro baile de máscaras realizado em Fontainebleau, é uma sereia que canta os primórdios da idade de ouro, que ele faz remontar ao tempo de Henri II.[13] Em uma quinta écloga, dois pastores, Carlin (Charles IX) e Xarcin (o futuro Henri III), evocam a idade de ouro dos oito primeiros Charles ("os pastores Charlots"), e Henri profetiza que aqueles tempos logo voltariam.[14] A realidade de fato será a noite de São Bartolomeu e os massacres das guerras religiosas.

Cruzemos a Mancha. Na Inglaterra, a idade de ouro será o reinado de Elizabeth (1558-1603), cujo fim é deplorado por Michael Drayton:

---

11 Nagler, *Theater Festivals of the Medici*, p.154.
12 Ronsard, *Oeuvres complètes*, I, p.930.
13 Ibid., I, p.1011.
14 Ibid., I, p.933.

> *Pois é, pastor, pois é, a idade de ouro foi embora;*
> *Os desejos não podem despertar o passado,*
> *O provérbio já diz: nada é para sempre.*[15]

Eram os bons tempos, o tempo da *Merry England*, da alegre Inglaterra, onde todos podiam se divertir, ecoam em coro Spenser, Cowley, Fletcher, Browne, Sidney, Greville que, em seu *Tratado da monarquia*, retoma o esquema da decadência, da passagem da idade de ouro elizabetana à idade de ferro dos puritanos. É também o lamento irônico de uma balada anônima do tempo da guerra civil, *L'Âge d'or, ou l'âge de la simplicité* [A idade de ouro, ou a idade da simplicidade]:

> *Vilania foi banida,*
> *Mulheres viraram castas,*
> *E somente por seus maridos*
> *Deixam-se abraçar*
> ....
> *Mas que tempo honesto!*
> *Como isso promete ser alegre!*[16]

Shakespeare é outro que ofereceu sacrifícios ao tema da idade de ouro, fazendo da Inglaterra de Elizabeth um "Éden" em uma célebre declamação de *Ricardo II*:

> *Este nobre trono real, esta ilha porta-cetro,*
> *Terra de majestade, residência de Marte*
> *Este outro Éden, quase um paraíso,*
> *Esta fortaleza que a Natureza construiu para si,*
> *Contra a peste e o braço da guerra,*
> *Esta nação bem-aventurada, este pequeno universo,*
> *Esta joia engastada no mar de prata,*
> *Que lhe faz às vezes de muralha,*
> *Onde fossos protegem uma morada*
> *Contra a inveja de terras menos felizes,*
> *Este solo abençoado, esta terra, este reino, essa Inglaterra.*[17]

---

15 Drayton, *The Sheperds Garland*, em *Works*, I, 87.
16 *English Pastoral Poetry*, p.57.
17 Shakespeare, *Richard II*, II, 1.

São também "as alegrias da idade de ouro" que vislumbra Pistol, o companheiro de farra de Falstaff, quando o amigo de ambos, o príncipe Henri, sobe ao trono.[18] Esperança desiludida, como se sabe: à guisa de idade de ouro, Henri V oferece a retomada da Guerra dos Cem Anos.

Com a chegada de Jacques I, em 1603, o poeta Ben Jonson saúda o novo reinado como "o retorno de Saturno". "A idade de ouro está de volta", afixa uma bandeirola desfraldada em Temple Bar, no caminho do cortejo real. E, por ocasião de um torneio em honra do príncipe Henri, filho do rei, Jonson organiza uma mascarada sobre o tema "A idade de ouro restaurada". Vemos ali Pallas acalmando o tumulto da idade de ferro e chamando Astreia, que volta a viver entre os homens, enquanto o coro dos poetas canta:

A terra, sem arados, produzirá as colheitas,
O mel mais puro escorrerá dos carvalhos,
As fontes produzirão leite,
Os cardos se ornarão de lírios,
Os espinheiros se carregarão de rosas,
E todos os vermes produzirão a seda.[19]

UM TEMA NOSTÁLGICO

A idade de ouro, cenário para festas principescas e reais. Mas todo cenário tem seu inverso. Assim, o mesmo Ben Jonson, que saúda em Jacques I o retorno de Saturno, tem palavras muito sarcásticas para qualificar sua época que, diz ele, longe de ser a idade de ouro é a idade do ouro, a busca desenfreada das riquezas. E em *O pastor triste*, ele se lamenta pelo fim da *Merry England*, ameaçada pela austeridade puritana. Da mesma forma, Erasmo, que aplaudiu em Leão X o restaurador da idade de ouro, considera, em seu *Éloge de la folie* [Elogio da loucura], que esta na verdade está de volta. De modo surpreendente para um intelectual de seu nível, ele parece elogiar o tempo da ignorância, da natureza em estado bruto, escrevendo que "a raça da idade de ouro, ingênua e que não se munia de nenhuma disciplina [intelectual], vivia sob a conduta somente da natureza", e que pouco a pouco essa pureza desapareceu, com a chegada das ciências. Nessa feliz época,

---

18 Shakespeare, *Henry IV*, V, 3.
19 Gilbert, *The Symbolic Persons in the Masques of Ben Jonson*, p.168.

que necessidade tínhamos da gramática, se a língua então era a mesma para todos e o discurso servia apenas para se fazer compreender? Que necessidade havia da dialética já que nenhuma disputa se impunha entre opções rivais? O que fazer da retórica, se não havia mais processos? Que uso para a jurisprudência, quando os maus costumes, dos quais nasceram sem dúvida as boas leis, ainda não haviam começado? Os homens eram religiosos demais para dirigir uma curiosidade ímpia aos mistérios da natureza, medir os astros, seus movimentos, sua influência, escrutar o mecanismo secreto do mundo. [...] Mas à medida que diminuiu essa pureza da idade de ouro, os maus gênios de que falei inventaram suas ciências.[20]

Erasmo faria o elogio do bom selvagem? Isso não é sério. Não nos esqueçamos de que é a loucura que fala. Mas, para muitos outros, a nostalgia de uma idade de ouro do naturalismo parece sincera, ao menos como teoria ou tema literário.

> Ó tempos felizes, ó verdadeiro século de ouro que nutria os homens com seus frutos produzidos espontaneamente sem sofrimento nem problema e, melhor ainda, sem superfluidade,[21]

já escrevia Coluccio Salutati. Em 1494, Sébastien Brant lamenta aquele tempo em que "a paz se estendia e reinava no mundo".[22] No *Gulden Welt* (idade de ouro), não se lutava pelas riquezas, não se cobiçavam os bens dos outros, não se dizia "queria que o que é teu seja meu", pois tudo era em comum. Clément Marot, por sua vez, imagina que na idade de ouro reinava o amor universal:

> *Nos bons velhos tempos um rastro de amor reinava,*
> *Quem sem grande arte e sem dons se agitava,*
> *Assim, que um buquê de amor, dado de amor profundo,*
> *Era dado a toda a terra rotunda,*
> *Agora se perdeu o que amor ordenava:*
> *Nada senão fingidos prantos, nada senão mudanças inúteis*[23]

---

20 Erasmo, *Éloge de la folie*, cap.xxiii.
21 Salutati, *Epistolario*, I, p.271.
22 Brant, *La nef des fous*, p.64.
23 Marot, *Oeuvres complètes*, I, p.438.

Por sua vez, Ronsard, desiludido com a perda de uma amante que vai se casar com outro, lamenta a célebre idade de ouro em que o amor era livre, onde não havia casamentos, nem padres, nem leis, nem alianças:

> Quando Himeneu era deus, e ainda le doy,
> Não conhecia a aliança, padre nem a lei.
> O prazer era livre...[24]

Cada um coloca nessa famosa idade de ouro o que lhe falta na vida atual, assim como a realização de seus desejos mais loucos, e como cada qual tem uma ideia diferente da felicidade, aqueles tempos felizes estão cheios de traços contraditórios. Se o comunismo agrário é praticamente unanimidade, de modo surpreendente entre aqueles proprietários rurais, por outro lado, suas opiniões diferem quanto ao trabalho. O povo da idade de ouro trabalhava ou se contentava de ver crescer as colheitas? Cervantes tende para a segunda hipótese, quando faz Dom Quixote dizer:

> Felizes tempos, eras afortunadas a que nossos antepassados deram o título de douradas! Não porque o ouro (que tanto apreciamos em nossa idade de ferro) abundava naquela época feliz, sem nenhuma labuta, mas porque quem vivia naquele tempo não conhecia as palavras "o teu", "o meu". Naqueles tempos felizes, todas as coisas eram comuns; ninguém necessitava, para ganhar seu sustento ordinário, fazer outro esforço que o de erguer a mão e tomá-lo àqueles robustos carvalhos que prodigamente convidavam a colher de seus frutos doces e suculentos. [...] Tudo então era paz, tudo amizade, tudo concórdia. Ainda não se atrevera a pesada relha do arado a penetrar as santas entranhas de nossa primitiva mãe; esta, sem ser forçada, oferecia de todas as partes o seio fértil e espaçoso, o que podia embriagar, sustentar e deleitar os filhos que então a possuíam.[25]

E prossegue: naquele tempo, não se conhecia o luxo das roupas, nem "a fraude, nem o engano, nem a malícia se misturavam com a verdade e a simplicidade". Os cavaleiros andantes protegiam as mulheres e os órfãos, reparavam os erros,

> mas agora a preguiça triunfa sobre o engenho, a ociosidade sobre o trabalho, o vício sobre a virtude, a presunção sobre o valor, a teoria sobre a prática das armas, que viviam e brilhavam naquela idade de ouro apenas nos cavaleiros andantes.

---

24 Ronsard, *Le mari de Rhée*.
25 Cervantes, *Don Quichotte*, 1ª parte, cap.II.

É claro que quem fala é um velho doido, e ele se contradiz: se não havia necessidade de trabalhar a terra, a idade de ouro devia ser povoada de ociosos cuja principal ocupação seria fazer a sesta.

Podemos encontrar novamente essa versão espanhola da idade de ouro nas *Metamorfoses* de Jorge de Bustamante, nas éclogas virgilianas do bispo Bernardo de Valbuena, na poesia de Juan del Encina e na de Lope de Vega, que, às vésperas de morrer, em 1635, escreveu *O século de ouro*, que celebra o tempo em que a natureza era como uma moça virgem, ao passo que hoje é uma prostituta, desfigurada pelas fraudes e as mentiras.[26] Tudo vai mal; antigamente, tudo ia bem, é a velha cantilena: essa época que Cervantes e Lope de Vega acham tão infeliz é justamente a que Francisco Martinez de la Rosa chamará de o Século de Ouro da Espanha, em 1827.

Nesse "verdadeiro" século de ouro – o mítico, portanto –, não se trabalhava, diz Cervantes. Ao contrário, diz outro espanhol, Antonio de Guevara, que se distingue também por sua defesa da propriedade privada, é justamente por isso que era a idade de ouro: trabalhava-se duro e as propriedades eram prósperas.

> No primeiro tempo da idade de ouro, todos viviam em paz, cada um se ocupava de sua terra, cada um plantava e semeava suas árvores e seu trigo, cada um colhia suas frutas e talhava suas vinhas, assava seu pão e criava seus filhos, e por fim todos viviam de seu suor e de seu trabalho, sem fazer mal aos outros.[27]

O escocês Alexander Barclay tem ainda outra opinião: todos trabalhavam, sim, mas em comum:

Eles trabalhavam juntos, sem inveja,
Todos os bens eram comuns entre eles,
As leis da Natureza impediam os vícios,
Sem violência e sem rigor de justiça,
E nenhum de nossos progenitores
Tinha a loucura de acumular tesouros.[28]

Essas histórias da idade de ouro são mais do que um tema literário e um cenário? Podemos duvidar. Se os poetas e os romancistas evocam esses

---

26 Vega, *La Vega del Parnaso*, "El siglo de oro", f. 3.
27 Guevara, *L'Horloge des princes*, p.92.
28 Barclay, *The Ship of Fools*, II, 103.

míticos tempos felizes, é principalmente para melhor destacar as desgraças, os defeitos e os vícios de seu tempo. Entretanto, sua insistência é significativa: ao se referir àquele mundo idílico e exclusivamente terrestre, livre de qualquer presença divina, eles revelam o profundo desejo de felicidade humana que caracteriza a Renascença. A força desse desejo é em si a marca de seu fracasso e da frustração que ele acarreta: o século XVI não é feliz, ele quer ser feliz, e quanto mais se quer feliz, mais se constata que não é. É o drama da felicidade: quanto mais se fala dela, mais parece que ela se afasta. Claro que há satisfações: "Ó, século, ó, estudos, é uma alegria viver", diz Ulrich de Hutten em 1518, e Gargântua fica maravilhado de ver os bandidos e os carrascos mais sábios que os intelectuais da geração anterior, mas o sentimento predominante continua a ser de insatisfação.

A obsessão da idade de ouro irrita não poucos. Como Walter Raleigh. Em sua *Histoire du monde* [História do mundo], ele afirma que os tempos primitivos nada tinham de dourados, pois "são os reis bons e dourados que fazem as épocas boas e douradas, e em todas as épocas os houve dos dois tipos". Quanto ao nosso tempo, diz, se alguns se queixam de viver em uma idade de ferro é porque o mundo está velho: os velhos têm saudade de sua juventude e enfeitam suas lembranças. Nós não éramos, sem dúvida, mais felizes antigamente do que hoje.

> Pois nossos jovens anos são nossa idade de ouro; como são absorvidos pelo tempo, louvamos os períodos que nossa juventude conheceu; e as penosas deteriorações, as dores e as doenças que não nos deixam mais até o túmulo tornam os tempos diferentes e desagradáveis. A qualidade da natureza humana é tal que veneramos e vangloriamos as primeiras etapas, e condenamos a situação presente.[29]

A essa explicação de natureza psicológica, Jean Bodin acrescenta uma razão histórica. Em 1566, em *La Méthode de l'histoire* [O método da história], ele ataca o mito das eras sucessivas dizendo que é difícil dissipar a ilusão da idade de ouro, "esse erro inveterado que criou raízes tão profundas que hoje parecem difíceis de se extirpar". Mas reflitam: os primeiros homens eram como animais selvagens e lutavam entre si para sobreviver; desde aqueles tempos bárbaros, o mundo, longe de viver a decadência, progrediu:

---

29 Raleigh, *The History of the World*, p.183.

Eis, portanto, esses famosos séculos de ouro e de prata! Os homens ali viviam dispersos nos campos e nos bosques como verdadeiros animais selvagens, e só tinham de seu aquilo que pudessem conservar pela força e pelo crime; foi preciso muito tempo para trazê-los pouco a pouco daquela vida selvagem e bárbara até os modos civilizados e a uma sociedade bem organizada, tal como vemos hoje.[30]

RETRATO IDEAL DE UM CASAL FELIZ

Os mitos são mais fortes do que a razão. Sobretudo quando respondem a uma necessidade fundamental: a necessidade de ser feliz e de saber por que não o somos. Essa necessidade se exprime também nas especulações sobre o paraíso terrestre: 150 obras foram catalogadas sobre o assunto entre 1540 e 1700.[31] Obras tiradas da imaginação fértil e exaltada de teólogos, católicos e protestantes, assim como de leigos eruditos, elas às vezes atingem o nível de obras-primas literárias, com a dimensão de epopeias cósmicas, cujo ponto culminante é *O paraíso perdido*, de Milton (1667), porém o mais das vezes são intermináveis e tediosas dissertações, como as 1.100 páginas in-fólio em latim de Cornélio a Lapide, o *Commentaria in Pentateuchum Moysis* (1616). Todas, evidentemente, são puras ficções, debruçando-se sobre um mito que cabe em algumas linhas. São apenas reveladoras das aspirações de sua época. Mencionemos como as mais instrutivas, além das duas precedentes, o *Treatise of Paradise* [Tratado do Paraíso] de um pastor de Somerset, John Salked (1617), e o *Discourse of the Terrestial Paradise* [Discurso do paraíso terrestre] de seu colega de Yorkshire, Marmaduke Carver. Calvino dá sua versão em seu *Commentaire Sur le premier livre de Moyse dit Genèse* [Comentário sobre o primeiro livro de Moisés dito Gênesis] (1553), e Lutero oferece a sua em *Commentaires du livre de la Genèse* [Comentários sobre o livro do Gênesis], retransmitidos por protestantes como Bullinger (*Antiquissima fides et vera religio*, 1554), Pierre Vermigli (*In primum librum Mosis*, 1569), Girolamo Zanchi (*De operibus Dei intra sex diebus creationis*, 1613), Wängler (*In Genesim commentarius*, 1609), Franz Du Jon (*Praelectiones in Genesim*, 1582), Grotius (*Adamus exul*, 1601), Du Bartas (*Les Semaines*, 1601), Vondel (*Adam banni*, 1664). As versões católicas do paraíso não são menos numerosas, dos *Commentarii in quinque libros mosaïcos* do cardeal Cajetan (1539) à *Historia sacra*

---

30 Bodin, em *Corpus général des philosophes français*, t.V, p.428.
31 Williams, *The Common Exposition: an Account of the Commentaries on Genesis*, p.3-19.

paradisi terrestris et sanctissimi innocentiae status de Agostino Inveges (1649), passando por uma montanha de in-fólios jesuítas, da qual destacamos o *Commentariorum et disputationum in Genesim* de Pereira (1590), o *De Paradiso voluptatis* de Malvenda (1605) ou as obras de Suarez. Jean Delumeau esboçou um panorama dessa literatura em sua *Uma história do paraíso*.[32]

Tal fluxo de comentários convida um comentário. Várias razões podem ser invocadas para explicar o interesse, de 1500 a 1650 mais ou menos, pelo paraíso terrestre. A simples curiosidade não fica de fora: "Todos temos profundamente fincado em nós o desejo de conhecer o local onde moraram nossos primeiros pais", escreve Marmaduke Carver. A rivalidade entre católicos e protestantes tem um papel importante, pois as consequências do pecado original sobre a natureza humana atual são diferentes de acordo com a imagem que se tem da situação edênica. É por isso que insistimos no caráter sério, "racional" dessas ficções, das quais pretensamente todo elemento fantástico foi afastado. Isso fica bem nítido, notadamente quanto aos problemas de localização: é com um sorriso desdenhoso que tratamos as fantasias e as ingenuidades medievais; não mais paraíso no alto de uma montanha, não mais muralha de fogo; é com precauções de arqueólogo que passamos em revista os locais mais verossímeis: Armênia, Mesopotâmia, Palestina e América equatorial. O Novo Mundo poderia bem ser o mais antigo, dizem Francisco Lopez de Gomara, Antonio de Herrera, Joseph de Acosta, Antonio de Leon Pinelo, Simão de Vasconcelos, todos ibéricos, é claro. Felipe II não ficaria descontente de ter o paraíso em seu império. Os teólogos protestantes não concordam, e tendem a acreditar que ele foi de qualquer modo aniquilado, riscado do mapa depois do pecado original. Debatemos também seu tamanho: um jardim, sim, mas de que dimensões? Sem dúvida muito grande, escreve Salked, pois estava previsto para todos os descendentes de Adão e Eva e, se considerarmos que a fecundidade era superior à de nosso mundo imperfeito, e que a esperança de vida teria sido considerável, à imagem dos patriarcas multicentenários, rapidamente teríamos atingido centenas de milhões de indivíduos. Talvez até fosse necessário evacuar regularmente o excesso para o outro paraíso, o celeste.[33]

Pretendemos ser racionais, lógicos. Mas o mais notável talvez seja a insistência na descrição das condições de vida de Adão e Eva. Os autores se debruçam sobre os mínimos detalhes da vida cotidiana de nossos pais primitivos, tentando imaginar com a maior verossimilhança possível o que

---

32 Delumeau, *Une histoire du paradis*, op. cit., p.181-9.
33 Ver relato dessas especulações no livro de Delumeau, op. cit., p.203-27.

podia ser uma vida perfeitamente feliz. É por isso que eles nos interessam aqui. Trata-se de fazer os homens enxergarem o que perderam. E essas descrições, se não nos informam sobre Adão e Eva, nos indicam o que os homens do século XVI entendem por vida feliz. O que eles nos mostram é seu ideal de felicidade perfeita, que apenas as primeiras criaturas puderam conhecer. Esses volumes enfadonhos têm, portanto, na verdade, um grande interesse: eles exprimem os sonhos de felicidade da Renascença, a intensidade do desejo de uma vida terrena feliz. E, ao colocarem esses sonhos no paraíso terrestre, refletem também a imensa melancolia dessa época, que mais do que nenhuma outra está consciente da impossibilidade de reencontrar a felicidade neste mundo: o paraíso terrestre só pode ser um paraíso perdido.

Pessimismo também quanto à duração: se acreditarmos na quase totalidade de nossos autores, a felicidade reinou não mais do que algumas horas no mundo, no máximo alguns dias. Adão e Eva tiveram menos de 24 horas para saborear as rápidas delícias do Éden, segundo Malvenda.[34] Suarez é um pouco mais generoso: ele lhes concede um dia e meio de volúpia.[35] Oito dias, inflaciona Salked, "pois era suficiente para a experiência desse feliz estado".[36] Quanta generosidade! Oito dias de felicidade para seis mil anos de tristeza, segundo a cronologia bíblica, e isso está longe de terminar. Uma semana de felicidade, é também o que suspeita Inveges, que chega a ser mais preciso: de sexta-feira, 25 de março de madrugada, momento da criação de Adão, e às 16 horas, criação de Eva, até sexta-feira 1º de abril do ano 1 às 11 horas, quando Eva, que devia estar com uma fominha, mordeu a maçã.[37] Primeiro de abril de muito mau gosto! John Swan, por sua vez, concede duas semanas,[38] mas isso parece exagerado à maioria dos teólogos. A história da felicidade é definitivamente bem curta, e a maravilha da criação, bem frágil, é incapaz de resistir mais do que alguns dias à tentação.

E como viveram, durante a semana de felicidade? Nossos teólogos fazem primeiro o retrato falado do homem e da mulher perfeitamente felizes. Ele, belo homem de 1,95 m segundo diversas fontes bem informadas, em todo caso "de bela estatura", com 34 anos de idade ao nascer, segundo Suarez; de 50 anos, de acordo com Pereira; de 70, segundo Cajetan: programado para viver no mínimo mil anos, ele está em todo caso na primeira juventude. Ela:

---

34 Malvenda, *De paradiso voluptatis*, p.241-45.
35 Suarez, *Opera omnia*, III, p.372.
36 Salked, *A Treatise of Paradise*, p.228.
37 Inveges, *Historia sacra paradise terrestris*, p.289-99.
38 Swan, *Speculum mundi*, p.228.

uma esplêndida loira com as medidas ideais (1,70 m) e dez anos a menos que seu marido. Lendo Inveges, acreditamos que ele a viu:

> Eva era de estatura mediana ou ligeiramente acima da média. Seu rosto não era redondo nem anguloso, mas discretamente alongado com uma tez quente, cabelos loiros, sobrancelhas arqueadas e mais para o escuro, olhos penetrantes com pupilas um pouco douradas e quase da cor da oliva, o nariz bem desenhado, lábios como uma flor, a emitirem doces palavras. Suas mãos e seus dedos eram finos.[39]

Mas nada saberemos do resto de sua anatomia, infelizmente. O casal, representado milhares de vezes pelos artistas através dos séculos, é de qualquer modo o arquétipo da beleza masculina e feminina.

Jovens e belos, eles também são instruídos, sobretudo em ciências naturais, já que o conteúdo das ciências humanas era bastante limitado poucos minutos após a criação:

> Segundo Suarez, Adão tinha um conhecimento natural perfeito [...] sua ciência não abrangia todo o céu, nem todo o poder das estrelas, e ela não o fazia conhecer os contingentes futuros. [...] Em contrapartida, permitia-lhe antecipar os futuros contingentes que resultavam do encontro de múltiplas causas naturais não livres. Ele não conhecia todo o passado [que no entanto era bem curto!] mas o que dele é revelado pelo presente. Fora isso, sua ciência se estendia à quase totalidade das espécies efetivamente criadas: pássaros, peixes, animais selvagens, árvores, ervas e flores.[40]

Suas capacidades intelectuais eram de todo modo extraordinárias. Segundo Lutero,

> se Adão tivesse persistido na inocência, [...] nós não teríamos tido necessidade de papel, tinta, penas e essa miríade de livros atrás dos quais corremos hoje, sem adquirir a milésima parte da sabedoria que era a de Adão no paraíso.[41]

Ninguém diz nada sobre a inteligência de Eva. Sem dúvida, não era uma mulher sábia; ela era bela e se calava, o que é o ideal para a felicidade do casal.

---

39 Inveges, op. cit., p.153.
40 Suarez, op. cit., III, p.232.
41 Lutero, op. cit., p.107.

Eles não eram ociosos. Contrariamente aos homens da idade de ouro, que alguns imaginam inativos, os teólogos são unânimes em condenar a ociosidade e daí concluírem que Adão trabalhava. Porém, antes do pecado, o trabalho era um prazer, um componente essencial da felicidade:

> Se a felicidade consistisse em nada fazer, o homem teria ficado inativo. Mas todas as delícias não o teriam feito feliz em uma vida de ócio. Assim, apenas criado, ei-lo ao trabalho. Nenhuma grandeza, nenhuma perfeição pode convir a braços cruzados. O homem devia trabalhar porque ele era feliz. Quanto nós devemos trabalhar a mais, a fim de um dia sermos felizes.[42]

É o calvinista Joseph Hall quem afirma, no espírito da ética protestante destacada por Max Weber. Seus correligionários aprovam: para Salked, o trabalho

> era uma consequência necessária desse estado feliz, visto que não trazia fadiga, nem sofrimento, mas constituía antes um prazer, [...] uma recreação e um gozo da vontade e do espírito.[43]

Os católicos concordam. Fora isso, o trabalho permite a Adão dominar a natureza; é um agricultor ou um jardineiro. Como foi criado na primavera, teve tempo apenas para arar e semear.

A felicidade de Adão e Eva era também a ausência de doença e de sofrimento físico. Quanto ao envelhecimento e à morte, a questão constrange os teólogos. Se Adão viveu 950 anos, a despeito do pecado, segundo a Bíblia, quanto teria vivido sem o pecado? Não há dúvida de que ele não teria conhecido a morte natural, mas seria levado diretamente ao céu, de corpo e alma, pensa a maioria dos autores. Seu corpo não apresentaria nenhum traço de envelhecimento.

Chegamos à questão delicada: a felicidade de nossos pais primitivos, logo, o tipo de felicidade que devemos visar, compreendia o prazer sexual? Esse prazer, considerado *a priori* "vergonhoso", não devia existir antes do pecado. Entretanto, se Deus criou os dois sexos, é porque os destinava a se unir, e o que Deus quis não pode proporcionar senão prazer. Daí o embaraço que, como vimos, já inspirara em Santo Agostinho uma solução

---

42 Hall, *Works*, I, p.15.
43 Salked, op. cit., p.180.

bizarra. Alguns se safam por uma evasiva: Adão e Eva dormiam em quartos separados, acredita saber Inveges:

> É plausível que Adão e Eva, no jardim santo, dormissem em lugares separados, como em camas afastadas, sem beijos, sem abraços, sem palavras de amor, nem de dia nem de noite.[44]

De qualquer modo, sua abstinência durou apenas uma semana, e eles não estavam com pressa. Isso não resolve o problema fundamental. Sem entrar em detalhes, digamos que a maioria dos teólogos dos séculos XVI e XVII acha que Adão e Eva não fizeram amor antes do pecado e que, se o tivessem feito, no estado de felicidade em que se encontravam o prazer teria sido inteiramente controlado pela razão, e a finalidade teria sido exclusivamente a procriação. Teria sido um ato voluntário, racional, pouco frequente e que propiciava uma pura satisfação intelectual. A opinião de Salked é bastante representativa:

> Enquanto o pecado não deformava a vontade, não podia haver sujeira nem abominação nas ações naturais. [...] Todas as deformidades e todas as desordens estariam excluídas. A conformidade [à vontade] e a ordem teriam restado intactas. O apetite sensorial teria obedecido à razão, a razão ao espírito, e o espírito a Deus. [...] Nenhuma desordem nos atos naturais teria acontecido no curso normal das coisas. Assim, no estado natural, aconteceria a geração humana como agora: quero dizer quanto à substância do ato, mas não na maneira de gozar e na furiosa dominação do prazer.[45]

Os teólogos dão finalmente algumas indicações sobre os componentes da felicidade que os descendentes de Adão e Eva teriam conhecido se não tivesse havido o pecado: parto com prazer de um bebê limpinho, que, em vez de chorar, teria "gargalhado e exultado porque nascia imortal", diz Inveges; infância e adolescência felizes e sem problemas. Quanto à organização política, social e econômica, quando a terra estivesse povoada, iria ao encontro do ideal da idade de ouro: igualdade perfeita, em um mundo de propriedade coletiva, sob o comando de chefes eleitos e vivendo com muita simplicidade, seja exatamente o inverso da realidade vivida, que é então considerada um mal necessário dadas as consequências do pecado original.

---
44 Inveges, op. cit., p.166.
45 Salked, op. cit., p.180.

A FELICIDADE EM UM ÉDEN FUTURO?

Esse quadro do sonho edênico volta a confirmar que a felicidade está excluída deste mundo, que funciona, no âmbito intelectual e social, sobre princípios totalmente opostos aos do paraíso. A ordem natural prevista por Deus foi desregulada pelo pecado, o que torna a felicidade impossível; no entanto, alguns não se conformam, tão forte é o desejo de uma vida feliz. Não seria possível recriar o paraíso terrestre, restaurar o quadro e os princípios do Jardim de Éden? Uns anunciam, interpretando os textos, que isso vai acontecer de qualquer modo: são os milenaristas; outros sugerem modelos de substituição: são os utopistas. Um terceiro grupo até pensa que a vida edênica prossegue além-mar, no Novo Mundo, entre os índios, e que, em todo caso, deve ser possível recriar lá, naqueles países virgens, ilhotas de felicidade, a salvo dos males e da corrupção do mundo moderno: são os missionários. Não há fronteiras estanques entre os três grupos, que têm um objetivo comum: fazer renascer a felicidade na terra.

A exaltação provocada pelos conflitos religiosos do século XVI estimula a imaginação dos espíritos frágeis que continuam, como seus credores do século XV, a anunciar uma era de felicidade em um futuro mais ou menos próximo. Até 1530, há inclusive tentativas de atualização, como vimos. Mas após o esmagamento da "Nova Sião" de Rothman e de Jean de Leyde, em 1535-1536, os milenaristas se contentam com escrever, durante um século, até o momento em que a revolução inglesa da década de 1640 criará novamente condições favoráveis à instalação do paraíso terrestre. Nesse meio-tempo, a ideia é mantida por gente como o espanhol Cosme Damien Hortolà, morto em 1568, que profetiza um tempo em que "não haverá mais luto, nem dor, nem gritos, nem morte";[46] por Michel Servet, em seu *Christianismi restitutio*, de 1553, ou pelo holandês David Joris, em seu *Wonderboek* [Livro maravilhoso], de 1551, e pelo francês Georges Pacard, em seu *Description de l'Antéchrist et de son royaume* [Descrição do Anticristo e de seu reino], de 1604, ou pelo português Antonio Vieira, em sua *História do futuro*, começada em 1649, quando ele anuncia uma era de paz e felicidade após a conversão dos infiéis. No mesmo espírito, haverá ainda o visionário francês Nicolas Charpy e seu *Ancienne Nouveauté de l'Écriture Sainte* [Antiga novidade da Sagrada Escritura], de 1657, e Pierre Poiret (1646-1719), que anuncia em seu *Économie divine* [Economia divina], de 1687, o próximo extermínio dos incrédulos e o advento de mil anos de paraíso na terra para os bons

---

46 Hortolà, *In Canticum canticorum Salomonis Explanatio*, p.389.

cristãos. No mesmo ano, Jacques Massard, em *Harmonie et accomplissement des prophéties* [Harmonia e realizações dos profetas], situa esse milênio entre 1770 e 2770. Um ano antes, Pierre Jurieu, em *Accomplissement des prophéties* [Cumprimento das profecias], descreve assim o mundo de felicidade que se estabelecerá a partir de 1785:

> Esses mil anos de paz e de santidade sobre a terra serão a imagem da paz e da santidade perfeita de que a Igreja gozará no céu. [...] Todo mundo se contentará com o necessário. Então reinará uma comunidade de bens semelhante à que se vira nos primeiros anos da Igreja de Jersusalém. Não que os bens deixem de ser próprios a cada um. Mas todos distribuirão largamente aos que não têm. Assim, no primeiro período da Igreja, os que terão mais bens para a posse não terão mais do que os outros para o uso.[47]

Os delírios desses arautos da felicidade, de todas as nações e de todas as confissões, se nutrem das Escrituras, em particular os textos apocalípticos. Sua audiência é limitada, e, tirando Jurieu, todos esses autores são agora esquecidos. Suas elucubrações quase não preocupam as monarquias cada vez mais absolutas, seguras de si, que não tolerariam a prática dessas experiências de felicidade coletiva e coletivista em seu território.

A FELICIDADE EM UTOPIA?

Com o humanismo, o sonho de felicidade recai sobre outro gênero literário que, por sua vez, pretende se basear na razão e na lógica para construir modelos de mundos perfeitos de que não sabemos de verdade em que medida são projetos ou simples ficções. As utopias, já que é delas que falamos, são de fato, desde a origem, ambíguas. Esse gênero de escritos desaparecera com o mundo antigo, pois na Idade Média a questão da perfeição na terra estava resolvida: era impossível, impensável, até mesmo proibida, por causa do pecado original. A partir do século XII, essa ideia tinha no entanto reaparecido com o milenarismo sob um disfarce religioso. Como acabamos de ver, este está sempre presente, mas não consegue satisfazer à nova demanda de racionalidade e de autonomia humana que anima o humanismo. Cabe aos homens construir sua própria felicidade neste mundo;

---
47 Jurieu, *L'Accomplissement des prophéties*, p.225, 295.

esta é a ideia central da utopia. Ideia paradoxal, ao mesmo tempo otimista e pessimista. Otimista, na medida em que o espírito humano é capaz de imaginar um sistema coerente e teoricamente viável de organização coletiva, garantindo a felicidade social. Pessimista, muito mais, pois todos os sistemas imaginados consistem mais ou menos em virar o mundo do avesso: para que o mundo seja feliz, é preciso fazer exatamente o contrário do que existe, o que torna a realização muito improvável. A felicidade, dizem em coro as utopias do século XVI e do início do século XVII, seria viver em um Estado do tamanho de uma cidade ou de uma pequena província, totalmente isolado do exterior, onde não haveria nem propriedade privada nem moeda, onde os indivíduos seriam vigiados dia e noite, inclusive em sua vida íntima e familiar, onde tudo seria regulamentado rigorosamente pelo Estado, em um espírito coletivista que não levaria em conta sentimentos pessoais, com um rigor geométrico, onde a natureza estaria inteiramente subjugada pela tecnologia, onde os dirigentes seriam um grupo de tecnocratas selecionados em função de critérios puramente racionais, onde se falaria uma linguagem funcional, e onde a religião seria um vago deísmo patriótico. Que tal mundo pudesse parecer o mais capaz de garantir a felicidade não é de surpreender em um tempo atormentado pelos fanatismos religiosos, pelas monarquias opressivas guiadas unicamente pela vontade de prestígio e de poder, pela insegurança endêmica, pelas ameaças de fome e de penúria, impotente diante das catástrofes de uma natureza hostil, e sofrendo de um sistema social fundado sobre a desigualdade e a injustiça. A ideia que temos da felicidade é sempre em função das desgraças que sofremos e que precisaríamos erradicar.

E é isso mesmo que faz o caráter utópico das utopias. O quadro que elas apresentam é em si um pouco diferente das iluminações dos milenaristas. Mas, para a realização, estes contam com Deus. Os utopistas podem contar apenas com a razão – e o que pode a razão diante das paixões? Os próprios utopistas não acreditam na possibilidade de realizar sua cidade ideal. A toponímia escolhida por Thomas More é bastante clara: ele diz que tudo se passa na ilha de Utopia que, em grego, evoca tanto "parte alguma" (*ou-topos*) como "lugar de felicidade" (*eu-topos*), associação desesperante – a felicidade não fica em parte nenhuma em um país cuja capital é Amaurote (a Cidade-Neblina), onde corre o rio Anhydris (sem água), onde vivem povos como os Alaopolites (sem cidade) e os Acoriens (sem país), onde o soberano é Ademus (sem povo).

Além disso, esses mundos utópicos são sempre inacessíveis e de superfície muito reduzida: a felicidade, mesmo em sonho, não é para todos; ela só pode existir para um pequeno grupo de privilegiados protegidos do resto do mundo: uma ilha, um lugar afastado. As raras tentativas de realização são sempre em escala minúscula: um canto da Calábria para Campanelle, em 1599, a ilhota de Lundy, na costa da Cornualha, onde Christopher Hill projeta, em 1600, com seu patrão Robert Basset estabelecer uma comunidade utopiana.[48] Essa noção de espaço restrito merece alguns comentários. Desde o início, o paraíso terrestre é considerado um cercado, um jardim, isto é, um lugar onde a natureza está domesticada, dominada, enquanto no exterior estende-se o mundo ameaçador da natureza selvagem. A felicidade não poderia ser universal: ela é a exceção, o resultado seja de um dom divino, seja da organização de um pequeno grupo, e deve ser protegida contra as más influências do exterior pelo oceano ou por uma muralha. As iluminuras medievais cercam o paraíso terrestre com uma verdadeira fortaleza, semelhante às muralhas urbanas. Todos os lugares de felicidade são espécies de comunidades muradas [*gated communities*], de comunidades fechadas: claustros, cidades, tribunais do amor, o pomar do *Romance da rosa*, cuja muralha "era alta e totalmente feita de pedras talhadas". Em *Sonho de Polifilo*, de Francesco Colonna, em 1467, a ilha de Citera, lugar de todas as delícias, fica não apenas "no meio do mar, que a cerca com água clara", mas, além disso,

> em todo o entorno da ilha estão plantados belos ciprestes a cada três passos, e acima há uma barreira de mirta, abundante e espessa, em forma de muralha. [...] Essa barreira serve de cerca para a ilha toda, e ali são feitas entradas e saídas em lugares convenientes.[49]

A felicidade é um estado excepcional e frágil. Não é o estado normal da humanidade. É por isso que não pode ser vivida senão em santuários protegidos: essa é a mensagem. Abrir as comunidades felizes para todos seria o mesmo que matar a felicidade. Ela é um tesouro que se guarda preciosamente. Isso vale tanto para os jardins das *villas* de Lourenço o magnífico, para quem "o mito da idade de ouro guiou a organização",[50] quanto para os que Mantegna visitou na região do lago de Garde, "tão parecidas com o paraíso",[51] os de Julio II no Belvedere, ou os de Henrique VIII em Hampton Court, de que uma parte também foi apelidada "o paraíso".[52]

---

48 Trevor-Roper, "Nicholas Hill, the English Atomist", em *Catholics, Anglicans and Puritans*.
49 Colonna, *L'Hypnérotomachie ou Songe de Poliphile*, p.106.
50 *Histoire des jardins de la Renaissance à nos jours*, p.37.
51 Ibid., p.36.
52 Thomas, *Man and the Natural World*, p.236.

Como o paraíso, os mundos utópicos são portanto sempre fechados, com uma única exceção: a abadia de Teleme. Esta se distingue, de quase todos os pontos de vista, tanto das abadias reais como das utópicas. Gargântua é taxativo: "Não se deve jamais construir muralhas no circuito, pois todas as outras abadias são orgulhosamente muradas". O monge aprova: ali onde existe uma muralha, "há obrigatoriamente murmúrio, inveja e conspiração mútua". Ela será no entanto a abadia da felicidade, a felicidade pela liberdade total, como dita a regra, que cabe em quatro palavras: *Fay ce que vouldras* [Faz o que quiseres]. Para Teleme, é proibido proibir. Pode-se entrar e sair à vontade. Ali encontramos homens e mulheres, com uma só condição: que sejam "belos, bem proporcionados e de natureza feliz", o que é, apesar de tudo, uma restrição séria. Apesar disso, para seguir no contrapé das três virtudes tradicionais – a castidade, a pobreza e a obediência –, "foi instituído que ali honoravelmente é possível ser casado, que cada um seja rico e viva em liberdade". O grande inimigo da felicidade humana continua a ser o tempo; para matá-lo, procede-se ao contrário dos conventos comuns, nos quais "tudo é compassado, limitado e regrado por horas": aqui, nada de horários fixos, nada de relógios, nada de campainhas, pois "a maior perda de tempo que existe é contar as horas". Temos a religião da felicidade. E, no entanto, Rabelais não escapa à imposição do coletivo sobre o individual. Os telemitas são totalmente livres, mas não sabem o que fazer dessa liberdade. Comportam-se como carneiros:

> Por essa liberdade, entraram na louvável imitação de fazer todos o que a um só viam fazer. Se alguém dizia: "Vamos beber", todos bebiam; se disesse: "Joguemos", todos jogavam; se dizia "Vamos à batalha dos campos", todos seguiam para lá.

Assim, foi rejeitada a uniformidade forçada apenas para reencontrar a uniformidade por mimetismo e instinto gregário. A sociedade livre é na verdade a sociedade do conformismo, e podemos duvidar seriamente da felicidade de seus membros. *Fay ce que vouldras* redunda em "Faça como os outros".

Bem outra é a solução de Thomas More. Na ilha de Utopia, nem um grama de liberdade. As mínimas atividades, públicas e privadas, são reguladas de modo minucioso; aqui, o grande princípio é a igualdade absoluta. Propriedade coletiva, sem moeda, rodízio de tarefas, troca de casa a cada dez anos, uniformidade absoluta, refeições em comum, redistribuição dos filhos: essa sociedade é um maquinismo, um formigueiro. E não se brinca com a moral: os adúlteros são decapitados.

E essa ilha de Utopia é a ilha da felicidade: "Estou totalmente convencido de que não há em nenhum lugar povo mais excelente, nem um Estado mais feliz", escreve Thomas More ao fim da obra. A felicidade é o grande negócio dos utopianos; "seu principal tema de controvérsia é a questão de saber em que consiste a felicidade humana, se é uma ou múltipla".[53] É curioso constatar que, nesse Estado mais feliz do mundo, não há acordo sobre a natureza da felicidade. Como por toda parte, aliás, discute-se, e a maioria se situa em um acordo entre a religião e a razão. A felicidade reside no prazer virtuoso:

> Ninguém seria cego o bastante para não se informar que é preciso procurar o prazer a qualquer custo, contanto apenas que um pequeno prazer não impeça um maior, e que nenhum sofrimento deve fazer expiar o que tivermos perseguido.

No fim das contas, os utopianos são epicuristas moderados: "A felicidade para eles não está em qualquer prazer, mas no prazer certo e honesto para o qual nossa natureza é arrastada".[54]

O que não é tão simples, pois se natureza e prazer concordam sem problemas, o *ménage à trois* com a virtude torna-se muito delicado. É preciso eliminar todos os falsos prazeres: riqueza, poder, honra, divertimentos, vaidades. "Os utopianos formam vários grupos de prazeres que declaram verdadeiros, ligados uns à alma, outros ao corpo." Os últimos estão na satisfação das necessidades naturais básicas: comer, beber, defecar, ejacular e coçar onde nos der na telha. Thomas More evoca

> o acordo certamente evidente que inunda os sentidos [...] restaurados pela comida e pela bebida, e também quando evacua tudo que o nosso corpo contém em excesso. Esse prazer nos é propiciado quando livramos nossos intestinos dos excrementos, ou quando concebemos filhos, ou quando acalmamos os pruridos nos esfregando, coçando a pele.[55]

Não existem pequenos prazeres! Ao contrário de Jonathan Swift, que dirá que "os homens não são jamais tão sérios, pensativos ou absortos do que quando estão na privada", Thomas More considera que os prazeres da privada valem tanto quanto os do trono. E se a esses prazeres básicos se

---

53 More, *L'Utopie*, p.172.
54 Ibid., p.173.
55 Ibid., p.180-1.

juntarem os da alma, quer dizer, "a contemplação da verdade, assim como a doce lembrança de uma vida bem vivida e a firme esperança de um bem por vir", somos felizes. Cada um deve ajudar os outros a obter esses prazeres, sem por isso privar-se deles: "A natureza te recomenda ser bom para teu próximo; ela não te ordena ser cruel e impiedoso contigo mesmo". Estranha contradição, vinda de um homem que portava um cilício! O ascetismo é uma loucura, diz ele ainda, que arruina a beleza e a saúde; a felicidade está no equilíbrio, na moderação – não na mera ausência de dor, que não passa de "torpor" –, e no gozo moderado de prazeres razoáveis:

> Desdenhar a beleza do corpo, arruinar suas forças, entorpecer sua agilidade com a preguiça, esgotá-lo de tanto jejuar, destruir sua saúde, rejeitar com desprezo as outras generosidades da natureza sem dela esperar um suplemento de bens para outrem ou para o Estado, nem uma alegria superior pela qual Deus recompensaria o sacrifício; para uma inútil sombra de virtude se destruir sem proveito para ninguém, com a ideia de poder suportar mais facilmente um revés da sorte que talvez nunca aconteça: eis o que eles estimam ser o cúmulo da loucura, o ato de uma alma má para ela mesma, e de suprema ingratidão para com a natureza, pois ela a demite com todos os seus benfeitos, como se corasse de ter essa dúvida para consigo mesma.[56]

Os utopianos teriam de fato acesso a essa felicidade, eles que estão submetidos a uma regra de vida extremamente rígida que não dá lugar a aspirações individuais? A utopia revela com isso seu caráter pessimista: é por não ter nenhuma confiança na natureza humana que ela imagina sistemas autoritários de grande rigor e de extrema precisão, destinados a canalizar as paixões e as tendências ruins; ela multiplica os parapeitos e as barreiras que devem garantir a felicidade individual pela coletiva. Uma felicidade obrigatória, ou, dito de outra maneira, uma felicidade impossível.

Thomas More acredita no valor de seu sistema? Sem dúvida mais do que nos deixa entrever ao qualificá-lo de "bagatela literária que escapou quase contra a vontade de minha pena". Do mesmo modo, seu amigo Erasmo qualificava seu *Elogio da loucura* de "brincadeira", escrita para passar o tempo durante uma viagem. Não passam de palavras de prudência da parte de intelectuais que sabem que são vigiados e têm consciência de provocar os sistemas políticos e sociais de seu tempo. Thomas More acredita sem

---

56 Ibid., p.185.

dúvida com sinceridade que seu Estado ideal poderia assegurar alguma felicidade terrestre; em compensação, ele não imagina que seja realizável. A felicidade na terra continua um sonho.

A Utopia é de 1516. Muitos outros a sucederão. O sucesso desse gênero literário revela tanto o desejo de felicidade que a Renascença estimulou como a constatação da impossibilidade de atingir tal felicidade na realidade. Aspiração, frustração, pessimismo da Renascença. Em 1553, Kaspar Stiblin, um alsaciano, publica a *Brève Decription de l'État d'Eudémoné, cité du pais de Macaria* [Breve descrição do Estado de Eudemone], *cidade da terra de Macaria*. Que se trata de uma utopia, um único traço bastaria para nos convencer: nesses países felizes, os salários mais altos são os dos professores! Essa não é a única felicidade: aqui, tudo está na moderação – preços baixos fixados pelo Estado, um mundo de pequenos proprietários que trabalham apenas o suficiente para obter os bens indispensáveis, e que povoam seu lazer cultivando seu espírito. A educação é cuidada. Todo mundo usa uniforme; para preservar esse paraíso, a ilha está cercada por muralhas e os contatos com o estrangeiro são quase proibidos.

Em 1602, no fundo de sua prisão, o monge calabrês Tommaso Campanella também imagina a possibilidade de uma ilha feliz: *A cidade do sol*.[57] Esse filho de operários, que conhece a miséria do povo, concebe uma felicidade ideal na medida da desgraça real: nessa ilha do Oceano Índico, protegida por altas muralhas, ergue-se uma cidade integralmente comunista. Em vez de pastores miseráveis, morrendo de fome em volta dos latifúndios da alta nobreza, está uma população laboriosa que divide tudo e faz tudo em comum, seguindo uma rígida organização, sob a autoridade de um sacerdote-padre, o Metafísico, assistido por três conselheiros: Amor, Sabedoria e Potência. O trabalho é obrigatório, mas a duração legal é de 24 horas semanais, pois a técnica permite facilitar os trabalhos mais duros: barcos a rodas e carroças à vela, por exemplo. Magistrados e dignitários são, aliás, sábios, e é sob seu controle que foi organizada a reprodução da espécie, com vistas a melhorar a qualidade: astrólogos e médicos decidem quem se deitará com quem; acasalamento a cada três dias a partir dos 21 anos para os homens e dos 19 para as mulheres, segundo um ritual bem preciso. Os filhos são tirados da mãe aos 2 anos e educados em comum. A família não existe, portanto, o que elimina muitos males: o amor-paixão, o ciúme, o adultério, o incesto, as disputas de herança.

Campanella não se contenta em sonhar com a cidade ideal. Ele age. Aliás, é por isso que está preso. Milenarista, tinha refeito os cálculos de

---

57 Delumeau, *Campanella*.

seu compatriota Joachim de Flore, e encontrara o erro: não era em 1260, mas em 1600 que deveria começar o reino do espírito, a era da felicidade, e ele tinha participado de um movimento agrário na Calábria para prepará--lo. Durante seus 27 anos de prisão, redigiu outras obras que, por sua vez, anunciam a volta da idade de ouro, uma fusão do milênio cristão e do século de ouro dos pagãos:

> Naquele tempo, um único rei reinará sobre todos os homens, como diz Ezequiel, no espiritual e no temporal. [...] A fraude e a iniquidade cessarão e a vida humana voltará a ser como era no princípio; tão bem que, como escreve Isaías, o homem de 100 anos será como uma criança e os santos reinarão durante mil anos no meio da felicidade, espiritual e material, praticando, segundo a lei natural, a perfeita comunhão dos bens: será a idade de ouro e ela durará por muito tempo sobre a Terra como prelúdio ao século futuro no céu que advirá com a segunda ressurreição, como diz São João, no Apocalipse.[58]

Assim que sabe do nascimento do pequeno Luís, filho de Luís XIII e futuro Luís XIV, em 1638, Campanella vê nele o soberano que trará de volta a idade de ouro, "a felicidade e a paz". Todo mundo pode se enganar.

Um aspecto de *A cidade do sol* é mais realista do que o resto: a contribuição do progresso científico e técnico para a felicidade da humanidade. É nessa direção que segue o chanceler Francis Bacon, cuja *Nova Atlântida* (1627) é a primeira utopia com ares de ficção científica. Trata-se novamente de uma ilha, Bensalem, nova edição da Atlântida. Aqui, são os sábios da "Casa de Salomão" que têm o poder e – é essa a utopia – usam-no somente para o bem. Todas as descobertas e invenções de natureza nefasta são mantidas em segredo e destruídas. No fim da obra há uma misteriosa lista cuja interpretação divide os comentaristas. Seu título é: "Maravilhas naturais, sobretudo as que são destinadas ao uso humano". Tudo parece indicar que se trata de uma série de objetivos científicos que devem ser atingidos para garantir a felicidade da humanidade. Lê-se, por exemplo, "tornar os espíritos alegres, e dotá-los de boa disposição", e "os maiores prazeres para os sentidos".

É notável constatar que quase todos os objetivos fixados nessa espécie de lembrete científico correspondem a velhos sonhos expressos durante séculos a fio nas descrições da idade de ouro, como:

---

58 Campanella, *La prima e la secunda resurrezione*, apud Delumeau, em *Mille ans de bonheur*, p.182.

prolongar a vida; devolver em qualquer grau a juventude; adiar o envelhecimento; curar as doenças tidas como incuráveis; minimizar a dor; aumentar a força e a atividade; transformar o temperamento, o excesso de peso e a magreza; transformar a estatura; transformar os traços; aumentar e elevar a inteligência; fabricar novas espécies; acelerar o tempo de maturação; acelerar a germinação; fabricar para a terra compostos ricos; produzir novos alimentos; fabricar novos fios para o vestuário, e novos materiais, a exemplo de papel, vidro etc.; materiais artificiais e cimentos.[59]

Não menos notável é constatar que as ciências contemporâneas atingiram todos os objetivos desse inventário à moda de Prévert. Terceira constatação: essas realizações deveriam trazer a felicidade. Mais uma vez, não deu. A utopia, mesmo quando se realiza, não torna a vida mais feliz.

A FELICIDADE NA AMÉRICA?

E se a verdadeira felicidade estivesse lá longe, naquelas terras novas que descobrimos e exploramos a partir do fim do século XV? Muitos acreditam nisso. Antes mesmo das viagens de Cristóvão Colombo, circulavam rumores sobre terras situadas longe, a sudoeste ou oeste, associadas ora às "sete cidades de Cibola", de fabulosa riqueza, ora à ilha de São Brandão ou às ilhas Afortunadas. Parece, aliás, que a ilha de *Brazil*, que aparece pela primeira vez em um mapa catalão de 1330, teria seu nome tirado do irlandês *Hy Bressail* ou *O Brazil*, que significa "ilha afortunada".[60] As mentes estão, portanto, prontas para ouvir os relatos maravilhosos sobre esses territórios.

Cristóvão Colombo está mergulhado nessa atmosfera. A dimensão mística do personagem, autor de um *Livro das profecias* que ficou incompleto, agora é mais bem conhecida.[61] Leitor assíduo de *Imago mundi* de Pierre d'Ailly e dos escritos milenaristas franciscanos, o descobridor dissecou a Escritura tanto quanto os mapas marítimos para concluir que o mundo é menor do que se imagina. E se ele leva em sua expedição Rodrigo de Jerez, judeu convertido que fala hebreu e aramaico, é porque esperava encontrar por lá o paraíso terrestre, cuja língua é o aramaico:

---

59 Bacon, *La nouvelle Atlantide*, p.133-4.
60 Hennig, *Terrae Incognita*, t.IV, p.326.
61 Moffitt Watts, "Prophecy and Discovery: on the Spiritual Origins of Christopher Columbus's Enterprise of the Indies", p.73-102.

A experiência mostrou, [nota ele] e eu o escrevi, com citações da Santa Escritura, em outras cartas, onde tratei da localização do paraíso terrestre, com a aprovação da Santa Igreja.⁶²

Assim, quando aborda o Haiti, ele tem certeza de estar nos subúrbios do paraíso terrestre: a fauna, a flora, a simplicidade e a bondade dos habitantes o convencem disso. Aquela gente que ficara próxima do paraíso sofreu menos os efeitos do pecado original e é, portanto, um povo feliz, em todo caso mais feliz do que nós. Primeiro sinal: sua longevidade excepcional. Colombo lembra-se de ter lido e anotado uma passagem de *Imago mundi* em que Pierre d'Ailly, falando dos habitantes da ilha imaginária de Taprobana, ex-paraíso terrestre, escrevia: "A duração de vida supera a média normal da fragilidade humana, de modo que se considera prematura a morte de quem falece com 100 anos".

No rastro de Colombo, inúmeros viajantes o confirmam: os povos desse novo continente são felizes; eles estão na idade de ouro: "Os de Cuba e das ilhas próximas [...] na maior parte vivem em um século de ouro",⁶³ escreve Pietro Bembo. "Todos os selvagens vivem geralmente e por toda parte em comunidade [...] a vida do antigo século de ouro",⁶⁴ garante Marc Lescarbot. "Eu mesmo pensava estar perto do paraíso terrestre", diz Américo Vespúcio em uma carta de 1502, da qual uma versão melhorada, de cerca de 1510, explica: "Se o paraíso terrestre subsiste em algum lugar da terra, estimo que não deve ficar muito longe dessas regiões", onde a esperança de vida é de 150 anos; as pessoas

> raramente estão doentes; e, se pegam alguma doença, tratam-se com raízes de certas plantas. [...] Aqui, o ar temperado e saudável não traz contágios. Tirando a morte violenta, os indígenas vivem muito tempo.⁶⁵

"Nossos compatriotas descobriram mil ilhas dignas do paraíso, mil regiões elíseas",⁶⁶ diz Pierre d'Anghiera. Lá longe, "a terra produz tudo espontaneamente", afirma Francesco Hernandez, retomando a fórmula de Ovídio

---

62 Apud Moffitt Watts, op. cit., p.83.
63 Bembo, *Histoire du Nouveau Monde*, p.11.
64 Lescarbot, *Histoire de la Nouvelle France*, p.759.
65 Vignaud, *Americ Vespuce*, p.411.
66 D'Anghiera, *De Orbe Novo*, livro X, década III, cap.IX.

sobre a idade de ouro.⁶⁷ "Lá fica o único ponto perfeito do mundo",⁶⁸ exagera um anônimo inglês de 1554. "Os habitantes ali vivem em contentamento", diz um missionário português, enquanto para seu compatriota Rui Pereira, "se existe um paraíso na terra, diria que ele se encontra agora no Brasil. [...] Só pode viver no Brasil aquele que quer viver no paraíso terrestre".⁶⁹ Jean de Léry, que ali passa um ano, em 1557-1558, concorda. No início do século XVII, John Smith escreve a respeito da Virgínia: "Tivemos a sorte de encontrar uma terra tal como Deus a fez", e sua admiração pela beleza das índias convence-o de que uma delas, da tribo dos Powhatans, só pode ser Eva. Na mesma época, Thomas Harriot pensa também que a Virgínia é o "paraíso do mundo". Um século depois, Daniel Price ainda fala dela como do "jardim do mundo onde correm o leite e o mel". Para George Aslop, o paraíso é Maryland, cuja flora constitui os "hieroglifos de nossa condição primitiva e adâmica" e contém os "traços da inocência original".

Os indícios são reunidos: a árvore do bem e do mal não seria o maracujá, com seus frutos de sabor divino e suas flores que evocam os instrumentos da Paixão? É o que sugere, por volta de 1650, Antonio de Leon Pinelo, a respeito desses "frutos da paixão". A fauna é também perturbadora, com esses papagaios, "aves de paraíso", que vivem tanto tempo que puderam conhecer a criação e conservaram a capacidade de falar. E, além disso, há todas as riquezas – reais ou supostas – do Eldorado.

Assim se constrói o mito do "bom selvagem", ser inocente, natural, sadio e feliz, produto do fantasma dos europeus em busca da felicidade. Mesmo os espíritos mais equilibrados são tentados a crer nisso, como Montaigne, para quem, entre esses povos,

> não há nenhuma espécie de tráfico, nenhum conhecimento de letras; nenhuma ciência de números; nenhum nome de magistrado, nem de superioridade política; nenhum uso de serviço, riqueza ou pobreza; nenhum contrato, nenhuma herança; nenhuma partilha; nenhuma ocupação que não seja ociosa; nenhum respeito de parentesco senão comum; nenhuma roupa; nenhuma agricultura; nenhum metal; nenhum uso de vinho ou de trigo. As próprias palavras que significam mentira, traição, dissimulação, avareza, inveja, detração, perdão são inéditas. [...] Além disso, vivem em um pedaço de terra muito agradável e bem

---

67 Hernandez, *Antigüedades de la Nueva España*.
68 Hakluyt, *The Principal Navigations, Voyages, Traffiques and Discoveries of the English Nation*, V, p.174.
69 Apud Delumeau, *Une histoire du paradis*, op. cit., p.148.

temperada; da maneira que me disseram minhas testemunhas, é raro ver ali um homem doente; e me garantiram que não há nenhum tremelicante, remelento, desdentado ou curvado de velhice.[70]

Entretanto, a miragem logo vai se dissipar. Não apenas os exploradores não descobrem nem Eldorado, nem as ilhas Afortunadas, nem o reino do Preste João, que desaparecem pouco a pouco dos mapas, como missionários e colonos devem logo perder as ilusões: aqueles selvagens não são nem tão inocentes, nem tão felizes como se conta. E, se forem, não vão continuar sendo por muito tempo. Montaigne pressente: "Às vezes me desagrada que esse conhecimento não tenha acontecido mais cedo, no tempo em que havia homens que teriam sabido julgar melhor que nós". O choque de civilizações chega tarde demais; a distância é agora muito grande, somos ao mesmo tempo corrompidos e tecnicamente poderosos demais para emprestar daqueles bons selvagens sua inocência e sua felicidade. Eles estão fadados a desaparecer. As últimas ilhotas de felicidade estão condenadas. Vamos contaminá-las com nossas doenças e nossa desgraça. É assim que prevê Ronsard que, em 1555, dirigindo-se a esses povos, lhes dá este conselho:

> *Vivei felizes, povos sem pena e sem problemas,*
> *Vivei alegremente: assim eu queria viver.*

Aproveitem, porque isso não vai durar; estamos chegando: seiscentos colonos, sob o comando de Villegagnon, singram naquele momento rumo ao Brasil e vão civilizar aquele povo que vive

> *Inocentemente todo feroz e todo nu,*
> *De roupas tão nu quanto o é de malícia,*
> *Que não conhece os nomes de virtude nem de vício*
> ....
> *Que de relho cortante a terra não importuna,*
> *A qual como o ar a cada um é comum.*[71]

Paradoxo: os europeus, em busca da felicidade, destroem os mundos felizes assim que neles pisam. Porque os povos felizes são indefesos. Como escreve Bartolomeu de Las Casas, defensor dos índios, eles "não têm malda-

---

70 Montaigne, *Essais*, I, cap.XXXI.
71 Ronsard, *Oeuvres*, t.V, p.154.

de, nem malícia", e, portanto, "são muito obedientes, fiéis a seus senhores naturais e aos cristãos a quem servem. São muito submissos, pacientes, pacíficos e virtuosos...".[72] Não é assim que podemos defender sua felicidade.

Não sejamos ingênuos: os índios não são melhores nem mais felizes do que os europeus. Sua "felicidade" não passa de uma ilusão de viajantes carregados de mitos sobre a idade de ouro e o paraíso terrestre, de intelectuais humanistas desiludidos pelas injustiças e os malefícios gerados pelo mundo moderno, e que sonham com pureza, simplicidade, felicidade. Esse debate, aliás, se manterá até o século XVIII. Mas tudo isso era inevitável e revelador: a civilização mais sofisticada engendra ao mesmo tempo, pela reflexão, o sentimento de sua superioridade e de sua culpabilidade; dominar e se autoflagelar é um traço permanente da cultura ocidental. O outro é buscar a felicidade em toda parte, tendo certeza de que ela é inacessível.

Entretanto, como dizem alguns missionários, se a América não é o paraíso, talvez seja possível criá-lo ali, aproveitando as circunstâncias favoráveis: uma população relativamente inocente, em uma natureza acolhedora. É com essa intenção que chegam ao México, em 1524, doze franciscanos decididos a implantar comunidades indígenas onde reinaria a simplicidade evangélica. Um deles, Motolinia, é seduzido pela doçura e pelas virtudes naturais das populações nativas. Essas tentativas não deixam de ter ligação com as utopias da época: o primeiro bispo do México, Juan de Zumarraga, que chegou em 1528, leva consigo um exemplar do livro de Thomas More. Seu amigo Vasco de Quiroga, futuro bispo de Michoacan, era discípulo do chanceler inglês e, escreve Jean Delumeau, "via nos índios os novos homens da idade de ouro".[73]

Um pouco mais tarde, em 1544, o franciscano Jerônimo de Mendieta, chega ao México e, se não poupa elogios sobre o caráter "doce e pacífico" dos índios, também planeja a criação de espécies de reservas paradisíacas que, no espírito utópico, deveriam ser protegidas de todo contato com os espanhóis. São mesmo ilhotas de felicidade que ele pretende criar, e estabelece explicitamente os laços com os mitos da idade de ouro, do paraíso e das ilhas Afortunadas:

> A província inteira poderia ser comparada a um mosteiro. É como a ilha Antillia dos antigos, que alguns dizem ser encantada e que não fica longe da Madeira. [...] Seria também ajuizado pedir a Nosso Senhor que os índios sejam

---
72 Las Casas, *Colección de tratados*, apud Hankes, *Colonisation et conscience chrétienne*, p.XXII.
73 Delumeau, *Mille ans de bonheur*, op. cit., p.238.

organizados e divididos em ilhas semelhantes à de Antillia. Eles viveriam então na virtude e na paz a serviço de Deus, como em um paraíso terrestre. No fim de sua vida, iriam para o céu, e assim evitariam todas as tentações por causa das quais muitos dos nossos vão para o inferno [...] e possuiriam a maior felicidade que se poderia desejar nesta terra.[74]

"A maior felicidade": é também o objetivo do dominicano Francisco de la Cruz, que chega ao Peru em 1561. É um iluminado que se toma pelo "terceiro Davi" e quer criar um reino do qual seria o soberano, "uma terra feliz onde viveriam em harmonia espanhóis, crioulos e índios", praticando a poligamia. Os negros continuariam escravos. Mencionemos ainda o franciscano Gonzalo Tenorio, que vislumbra no século XVII implantar um *Paradisus restitutus*. Todos esses movimentos, que anunciam os jugos jesuítas do século XVIII, fracassam.

OS HUMANISTAS: A SÍNTESE IMPOSSÍVEL DO *CARPE DIEM* E DAS BEM-AVENTURANÇAS

Voltemos, portanto, à Europa. Aqui, não estamos no Peru, mas desde o fim do século XVI os humanistas retomaram o debate sobre a felicidade terrestre, interrompido havia mais de mil anos. A discussão é retomada após o ressurgimento das correntes filosóficas greco-romanas e seu confronto com os dogmas cristãos. No centro dos debates, a questão consiste em saber se é possível ser feliz na terra. À resposta majoritariamente negativa da Idade Média cristã, preferem-se agora as respostas nuançadas: alguma felicidade é possível em certas condições. É o que escreve em particular um dos mais famosos arautos da Renascença, Pico de la Mirandola, em seu *Heptatus* de 1489, que retoma, implicitamente, a distinção tomista: a felicidade perfeita é impossível neste mundo, pois está na contemplação direta de Deus, mas podemos atingir uma "felicidade natural" (*felicitas naturalis*), que é "a felicidade pela qual as coisas são estabelecidas na perfeição de sua própria natureza". É o que ele qualifica como "sombra da verdadeira felicidade",[75] o que é tanto platônico (as sombras da caverna) como aristotélico (o eudemonismo em relação ao bem supremo) e tomista (a felicidade imperfeita). Assim, não há ruptura, mas antes uma síntese entre a tradição cristã e as filosofias antigas.

---

74 Mendieta, *Historia ecclesiastica indiana*, t.II, 1.4, cap.23.
75 Mirandola, *Heptatus*, em Miller (ed.), *On the Dignity of Man*, p.150.

É em torno dessa síntese que se abre o debate, marcado por uma florada de obras de títulos evocadores: *De vitae felicitate* [Da vida feliz], *De viri felicitate* [Da felicidade humana], *De christiana felicitate* [Da felicidade cristã]. Todas as nuanças são possíveis. Em função da dose de paganismo introduzida, é possível distinguir um platonismo cristão, um aristotelismo cristão, um estoicismo cristão, e até mesmo um epicurismo cristão.

É assim que, a partir de 1431, Lorenzo Valla, em seu diálogo *Sur le plaisir* [Sobre o prazer], invertia as expectativas – em vez de fazer da felicidade humana uma pálida imagem da felicidade celeste, fazia desta uma intensificação das felicidades terrestres: no céu, "nem um dia, nem uma hora, nem um instante [...] se passará sem honra, glória e prazer". Prazeres do corpo e do espírito; ali se dançará e se cantará.[76] É com esse mesmo espírito que, em 1504, o monge Celso Maffei publica a *Explication plaisante des plaisirs sensuels du paradis* [Explicação agradável dos prazeres sensuais do paraíso], e Gianozzo Manetti, *De la dignité et excellence de'homme* [Da dignidade e excelência do homem].

Para o neoplatônico Marsile Ficin, em compensação, a verdadeira felicidade está na contemplação mística de Deus, como escreve em uma carta a Lourenço de Médicis sobre a felicidade.[77] Muitos ainda são de opinião que a felicidade não é deste mundo: "Ninguém é feliz", escreve no fim do século XV o humanista bolonhês Filippo Beroaldo em seu *Discous sur le bonheur* [Discurso sobre a felicidade]. Mas então, retruca outro bolonhês, Benedetto Morandi, discípulo de Aristóteles, se ninguém é feliz, como podemos ter a mínima ideia do que seja a felicidade, como escrever tratados sobre a felicidade se ignoramos o que ela seja, e por que "a natureza nos teria dado em vão a capacidade de obtê-la"? Se não tivéssemos nunca provado da felicidade nesta vida, como poderíamos pretender experimentá-la na morte? Em seu livro *Sur le bonheur humain* [Sobre a felicidade humana], ele afirma que é possível alcançar certa forma de felicidade terrestre. Sem dúvida, diz Leonardo Bruni, mas isso depende mais do destino, da sorte, do que da virtude humana,

> pois é possível que um homem bom e sábio, culto e possuidor de todas as virtudes, seja reduzido à pobreza, ao luto e ao exílio. [...] Quem o qualificaria ainda de feliz em meio a tantos males, quando ele abundaria em virtudes?[78]

---

76 Valla, *De voluptate, on pleasure*.
77 *The Letters of Marsilio Ficino*, I, p.173.
78 Bruni, "L'Isagogue de la philosophie morale", em *The Humanism of Leonardo Bruni; Selected Texts*, p.271.

"Eu!", responderia Coluccio Salutati, defensor de um estoicismo cristão. Para ele, a reivindicação da felicidade é de qualquer modo ridícula; o que conta, é a virtude:

> Nós, humanos, estúpidos e loucos, nos esforçamos para ser felizes a qualquer preço neste mundo e, o que é ainda mais louco, acreditamos e nos vangloriamos de ser abençoados e felizes no meio das coisas mundanas.[79]

O debate é confuso e ainda mais exaltado. Partindo da Itália, lugar de origem da Renascença, propaga-se rapidamente por toda a Europa. O príncipe dos humanistas o divulgou sem tomar posição clara: "A única felicidade é nada saber", escreve Erasmo em *Elogio da loucura*. Gracejo ou suprema sabedoria? Apologia do bobo alegre? Da beatitude evangélica? Da dúvida socrática? Sem resposta. Em *Enchiridion*, ele afirma entretanto que "o caminho da felicidade é curtíssimo": é a fé. A fé e a razão, quer dizer, um uso moderado dos prazeres humanos, declara Thomas More: eis a receita dos utopianos. Dito de outro modo, uma receita impossível, tanto quanto a do abade de Teleme. Então, *carpe diem*? "Colhei hoje as rosas da vida", aconselha Ronsard, pois

> *O tempo passa, o tempo passa, Senhora.*
> *Ai de mim! O tempo não, mas nós partimos,*
> *E breve estaremos estendidos sob a lâmina.*

Esse retorno do tempo à força, que acreditávamos conseguir eliminar nos mosteiros, é talvez a marca essencial da busca da felicidade na Renascença, uma busca melancólica da vida feliz porque seu principal aguilhão é na verdade o pensamento sempre presente da morte. Tomamos consciência de que, desde Horácio, 1.600 anos se esvaíram; não há tempo a perder:

> *Se quereis ser felizes, sede-o!*
> *Amanhã talvez seja tarde demais.*[80]

Essa exortação de Lourenço, o magnífico é um pouco a divisa da Renascença. Felicidade e melancolia mesclam-se inextricavelmente. A melancolia

---

79 Salutati apud Trinkaus, "The Happy Humanist, a Modern Creation", em *Adversity's Noblemen: the Italian Humanists on Happiness*, p.87.
80 Apud McMahon, *Happiness, a History*, p.193.

é o mal do século. É por isso que tantos estudos médicos e filosóficos lhe são dedicados. A sombra da *Melancolia I* de Dürer (1514) paira sobre todo o século; é tanto uma moda como um flagelo de que tentamos nos livrar, e todas as terapias da melancolia que são sugeridas são igualmente receitas de felicidade. A teoria dos humores retoma seu prestígio. Para médicos e cirurgiões, Ambroise Paré, André du Laurens, Fernel, La Violette, o holandês Lemnius, o temperamento melancólico deve-se a um excesso de bile negra.[81] Uma boa higiene de vida pode atenuar suas consequências. Ao contrário, há temperamentos naturalmente alegres. Para todos, os poetas aconselham a vida nos campos, longe dos assuntos públicos. É principalmente o caso, na Inglaterra, de Robert Herrick, que canta "os solares do campo e o retiro"; de Joseph Hall, que sugere: "Que o santuário rural seja teu Eliseo com tua esposa"; de Ben Jonson, para quem "é feliz aquele que não tem negócios, como era a antiga raça humana [na idade de ouro]"; de Milton, que elogia "o lazer do retiro, que toma seu prazer nos jardins"; é a mesma ideia em Henry Vaughan, Abraham Cowley, Thomas Hawkins, John Ashmore, William Wycherley. Alguns personagens de Shakespeare exprimem a mesma aspiração, como o pobre rei Henrique VI:

> *Ó Deus! Eu creio que viveria dias felizes*
> *Se não passasse de um simples pastor.*
> *Sentar-me em qualquer monte, como faço aqui,*
> *A gravar mostradores ornamentados, bem-acabados,*
> *Nos quais pode-se ler o curso dos minutos,*
> *Ver quanto falta para que a hora passe,*
> *Quantas horas para que o dia termine,*
> *Quantos dias até que acabe o ano,*
> *Quantos anos um homem, um mortal pode sobreviver.*
> ....
> *Assim minutos, horas, dias, os meses e os anos*
> *Correriam a fazer aquilo para o que foram feitos,*
> *Guiando meus cabelos brancos até a paz da tumba.*[82]

O tempo, sempre o tempo. Para os epicuristas, é fonte de tristeza; para os que são tristes, fonte de consolo, como aqui: a felicidade, para um rei

---

81 Minois, *Histoire du mal de vivre*, p.125-8.
82 Shakespeare, *3 Henry VI*, II, 5.

decaído, é ver o tempo que passa e que porá fim às tristezas. A felicidade, para os que sofrem, seria não saber; assim como para Otelo, devorado pelo ciúme e pela ideia de sua Desdêmona nos braços de outro:

> *Como eu seria feliz se, o ano inteiro,*
> *Peões e os outros tivessem provado seu corpo,*
> *Sem que eu o soubesse! Agora, para sempre,*
> *Adeus tranquilidade de espírito...*[83]

Todo mundo aspira à felicidade no mundo shakespeariano, mas é somente nas comédias que *Tudo está bem quando acaba bem*, e as comédias são sonhos, o *Sonho de uma noite de verão*, onde, como para Teleme, vós podeis fazer *Como gostais*. A verdadeira vida são as tragédias, os dramas históricos. A felicidade, quase sempre, existe apenas para os outros, e "como é amargo ver a felicidade pelos olhos de outrem"![84] A felicidade (suposta) de uns é a tristeza dos outros. A verdadeira felicidade, se existe, é inexprimível: "O silêncio é o melhor arauto da alegria: minha felicidade seria bem escassa, se eu pudesse dizer quanto sou feliz".[85]

Por sua vez, Christophe Plantin, o impressor, se contentaria com uma pequena felicidade, com uma felicidade modesta, já que ele pode descrevê-la em um poema sobre "a felicidade deste mundo" que é como uma ode à mediocridade, ao senso de meio-termo, de epicurismo já pequeno-burguês, cujos ecos repercutem de século em século como uma aspiração ao repouso, sempre renovada e jamais satisfeita:

> *Ter uma casa cômoda, limpa e bela,*
> *Um jardim forrado de espaldeiras perfumadas,*
> *Frutas, vinhos excelentes, pouca coisa, poucos filhos,*
> *Possuir só e sem barulho uma mulher fiel,*
> *Não ter dívidas, amor, nem processos, nem disputa*
> *Nem partilha a fazer com seus parentes,*
> *Contentar-se com pouco, nada esperar dos grandes,*
> *Regular todos os seus intentos por um único modelo...*[86]

---

83 Shakespeare, *Othello*, III, 3.
84 Shakespeare, *Comme il vous plaira*, IV, 2.
85 Shakespeare, *Beaucoup de bruit pour rien*, I, 1.
86 Apud McMahon, op. cit., p.503.

Porém, mesmo uma felicidade tão modesta não está ao alcance de todos. A vida feliz continua inacessível à massa. Ela está reservada a uma pequena minoria, uma elite privilegiada. Todos os intelectuais da Renascença que abordaram o tema estão convencidos disso. Quando tratam do assunto, é para os "felizes eleitos", os *happy few* capazes de dominar seus instintos e paixões para levar uma vida feliz pela razão. Quanto ao povo, está aquartelado dentro dos limites dos prazeres grosseiros e efêmeros que nada têm a ver com a nobre "felicidade". O povo tem suas festas, que Bruegel representou magnificamente: danças, banquetes de bodas, carnavais. Mas não, a felicidade não está ali. Essa ruptura se inscreve no movimento cultural geral: o século XVI é o momento em que a cultura popular e a das elites se afastam decididamente uma da outra, como mostrou Robert Muchembeld.[87] A cultura das elites, livresca e esclarecida, já racional, visa o controle de si, do corpo social e do ambiente. Para ela, a felicidade é uma questão de equilíbrio, de raciocínio, de moderação. As loucuras e inversões carnavalescas começam a parecer-lhes desordens perigosas. Começa a luta contra a festa dos loucos e o carnaval. As festas populares são tumultos indecentes, pagãos, talvez até mesmo satânicos, que é preciso reprimir.[88]

PROTESTANTES E CATÓLICOS: A SANTA ALIANÇA CONTRA A FELICIDADE

Teólogos e intelectuais protestantes e católicos compartilham essa opinião. Sem dúvida, a posição de Lutero é muito ambígua a esse respeito. Para ele, é o diabo que nos faz tristes, que nos arrasta para o desespero e o suicídio. "Um cristão deveria ser alegre", escreve ele, "mas então o diabo lhe caga em cima."[89] Imagem tipicamente luterana: o mundo é uma cagada diabólica. Desde o pecado original, somos incapazes de fazer o bem e, portanto, condenados ao inferno, o que deveria tornar impossível qualquer ideia de felicidade. Mas, como São Pedro revela aos romanos, capítulo I, versículo 17, Deus, por sua graça, salva todos aqueles a quem Ele dá a fé, o que deve encher de felicidade os "felizes eleitos". Entretanto, como ter certeza absoluta

---

87 Muchenbled, *Culture populaire et culture des élites dans la France moderne (XVème-XVIIème siècles)*.
88 Bercé, *Fête et révolte. Des mentalités populaires du XVIème au XVIIème siècle*. Minois, *Histoire du rire et de la dérision*.
89 Apud Erikson, *Young Man Luther: a Study in Psychoanalysis and History*, p.245.

de fazer parte desse pequeno grupo? A felicidade e a alegria de viver são os sinais dessa preferência divina; toda alegria vem de Deus, "toda tristeza vem de Satã". A felicidade terrestre é tanto uma dádiva divina, garantia da felicidade futura, como o resultado de uma atitude voluntarista, pois o diabo busca sem cessar obscurecer essa felicidade para nos fazer duvidar e desesperar. O método de Lutero é um pouco autossugestão: devo ser feliz porque, se conseguir, é sinal de que estou salvo. Então, se somos tentados pela tristeza, todos os meios são bons para recuperar a alegria: o vinho, tanto quanto o sexo; não é preciso hesitar em cometer pequenos pecados para evitar o grande pecado do desespero. Lutero, com seu temperamento sanguíneo, dá o exemplo:

> Às vezes, é preciso beber um pouco mais, fazer exercício e nos divertir, e inclusive, sim, pecar um pouco para zombar do diabo, para que ele não consiga perturbar nossa consciência. [...] Por que vocês acham que eu bebo tanto álcool, que falo com tanta liberdade e que me divirto com tanta frequência, se não para caçoar e arreliar o diabo, que caçoa de mim e me arrelia?[90]

Então, faça como eu, aconselha ao jovem príncipe Joachim von Anhalt em uma carta de 1534:

> Aconselho Sua Graça, que é jovem, a ser alegre, cavalgar, caçar, frequentar boas companhias [...] A alegria e o bom humor, na honra e na decência, são os melhores remédios para um rapaz, na verdade para todos os homens. Eu, que até aqui passei minha vida no luto e na tristeza, procuro e aceito agora a alegria em qualquer lugar onde possa encontrá-la. Sabemos agora, graças a Deus, que podemos ser felizes de consciência limpa, e gozar das dádivas divinas com gratidão, pois ele no-la deu de presente e lhe faz prazer que nós aproveitemos.[91]

De certa forma, é uma reinterpretação do "comamos, bebamos e nos divirtamos, pois amanhã morreremos"... e iremos para o paraíso. Ser feliz aqui na terra é troçar do diabo, é confiar em Deus e se tranquilizar. É *preciso* ser feliz, não temos escolha. Senão, é o inferno. Será possível? Tão possível e tão improvável quanto dançar em cima do abismo e rir para se acalmar no escuro. Aliás, Lutero nunca se livrou completamente de sua angústia.

---

90 Carta de Lutero ao príncipe Joachim von Anhalt, 12 jun. 1534, em P. Smith, *The Life and Letters of Martin Luther*, p.324.
91 Ibid., p.322.

"Aquele que não conheceu a adversidade não entende a felicidade", diz, em um sermão de Páscoa. Para ele, a felicidade é indissociável do medo. Podemos ainda falar de felicidade, se ela constantemente está sob tensão, ameaçada pelo terror subjacente da danação, a ponto de ter de recorrer à embriaguez para dissipar a angústia que renasce? Sua atitude de *bon vivant* se sustenta mais em seu temperamento pessoal do que na solidez de sua doutrina sobre a alegria de viver. Seus discípulos guardarão muito mais o lado angustiado do que o feliz, como Melancton evocando por exemplo "o homem tolamente feliz", afetado por "essa espécie de delírio hílare", ao falar de Demócrito.[92] Em Calvino, desaparece qualquer ideia de felicidade terrestre. Apenas os loucos podem acreditar que são felizes; o homem consciente de sua condição miserável "é incapaz de conhecer a menor parcela de felicidade".[93] Basta olhar a galeria de retratos dos grandes reformadores para nos convencermos disso: vejam como têm o ar feliz Calvino, Farel, Bullinger, Knox, Viret, de Bèze, Zwínglio e outros. Pálidos, descarnados, terríveis, esses austeros teólogos vestidos de preto são a encarnação da tristeza de viver sob o jugo do pecado original.

O moral não é melhor do lado católico, onde se continua a repetir que, não importa nossa sorte na outra vida, estamos aqui para expiar e sofrer. Ao contrário de Lutero, esse lado pensa que quanto menos felizes formos na terra, mais o seremos no céu; aqui, neste mundo, vale então mais não ser feliz, o que não é muito grave, já que nossa estadia afinal é de curta duração. Isso a Igreja já repete há 1.500 anos e essa mensagem permanece atual. Mesmo os humanistas mais otimistas sofrem essa influência. Erasmo compõe um *De contemptu mundi* em 1488-1489, que publica no auge da fama, em 1521. No século XVI, esse desprezo do mundo na espiritualidade católica recebe o reforço prestigioso da mística espanhola, que confirma que a única felicidade verdadeira está na contemplação direta de Deus. Em pleno Século de Ouro, o agostiniano Luís de Leon (1528-1591), por exemplo, proclama que a felicidade terrestre é impossível, que mesmo "os ricos, os refinados, os gastadores, os grandes, confessam que sofrem miseravelmente".[94] Para o carmelita João de Ávila (1502-1569), se a felicidade está excluída, temos em compensação a alegria de sermos infelizes, já que graças a essas desgraças seremos felizes no céu: "É o que praticam aqueles que não deixam de ser contentes depois de perderem seus bens, porque têm uma firme esperança de um dia ser

---

92 Apud Klibansky, Panofsky, Saxl, *Saturne et la mélancolie*, op. cit., p.153.
93 Calvino, *Institution de la religion chrétienne*, livro III, cap.7.
94 Luís de León, *Obras*, VII, 1.

ricos no céu".⁹⁵ Inútil então procurar consolos com os "bem-aventurados": "Vós me pedis ter necessidade de consolação", escreve ele a um religioso.

> Eu não vo-la dei e mesmo assim não darei porque uma alma que tem amor por Jesus Cristo crucificado não apenas não procura consolações, mas foge delas, e deseja ao contrário, com ardor, sofrer.⁹⁶

"O fel é preferível ao mel [...] – é o meio de alcançar a famosa terra onde correm o leite e o mel e onde vemos Deus face a face",⁹⁷ diz ele para reconfortar uma dama. E a uma jovem: as tristezas são "como um preservativo para vossa alma"; elas permitirão gozar sem risco e ganhar a felicidade do sétimo céu, "a felicidade que Deus vos prepara no céu".⁹⁸

Mas os místicos têm o privilégio de gozar já neste mundo a felicidade perfeita, nos momentos de êxtase, amostra de delícias futuras. Teresa de Ávila conhecerá por vezes esses orgasmos espirituais que, diz ela, "duram só uma hora" (o que não é de todo mau...). A célebre estátua de Bernin a representou magnificamente em um desses momentos de gozo perturbador sobre os quais ela é prolixa:

> Quando esse esposo imortal quer com tal profusão enriquecer, e como que preencher uma alma com os tesouros de suas graças, une-a tão estreitamente a ele que, no exagero de sua felicidade, ela cai em seus braços como desmaiada. Tudo que ela pode fazer é apoiar-se nele e receber esse leite tão delicioso que a sustenta, que a alimenta, que a fortifica, e que a deixa em condições de ser honrada com novos favores que a tornam capaz de receber outros ainda maiores.⁹⁹

Então, Teresa: feliz? Certamente: "Creio", escreve ela,

> que quando uma alma chega a um grau tão alto de felicidade, ela não fala nem faz mais nada por si mesma, mas age apenas por intermédio desse soberano monarca, por quem ela se encontra, de modo tão feliz, subjugada. [...] É preciso tê-la provado para ter certeza de uma coisa tão maravilhosa.¹⁰⁰

---

95 João de Ávila, *Audi, filia, et vide*, cap.XXIII, em *Oeuvres*, p.447.
96 Ibid., carta XXIV, p.61.
97 Ibid., carta XXXI, 212.
98 Ibid., carta XXX, 167.
99 Ávila, *Sur l'amour de Dieu*, cap.IV, em *Oeuvres très complètes de sainte Thérèse*, t.II, p.25.
100 *La vie de sainte Thérèse écrite par elle-même*, ibid., t.I, p.241.

Julia Kristeva deu recentemente uma explicação brilhante dessa personalidade complexa, cujo talento literário soube relatar a felicidade ambígua do êxtase místico.[101] Felicidade alcançada ao preço do sacrifício de todas as alegrias terrestres, felicidade paradoxal, reservada a uma ínfima minoria por breves momentos.

Felicidade suspeita, acrescentam as autoridades religiosas que sempre estiveram pouco à vontade com esses não conformistas da fé, esses anarquistas do espírito, esses corsários da vida feliz, esses independentes que agem sozinhos, fora dos enquadres eclesiásticos, em contato direto com Deus, arrancando pedaços de felicidade com essa abordagem, cada um por si. O exemplo deles pode induzir os crentes a erro, como no caso dos iluminados, os *Alumbrados*, condenados pela Inquisição a partir de 1525. Sua espiritualidade de abandono (*dejamiento*) é acusada de levar ao amoralismo e, portanto, de fazer jogo duplo: o místico do puro amor, tendo alcançado a fusão com Deus, está acima de qualquer pecado; pode fornicar e gozar de todos os prazeres terrestres, que não podem mais manchar sua alma; ele aproveita da felicidade terrestre e da celeste ao mesmo tempo, o que é inadmissível. O jesuíta Baltazar Alvarez (1533-1580), confessor de Santa Teresa aos 26 anos, é condenado em 1575 por iluminismo; João da Cruz é suspeito. O movimento, que está na origem do quietismo, prossegue no início do século XVII. Pode ser considerada, de certa maneira, a busca da felicidade de repouso, assim como sugere a obra do capuchinho Paolo Manassei (1587-1620), *Le Paradis intérieur* [O paraíso interior]. Mais tarde, Pier Matteo Petrucci considera a prece "o serenamento do espírito". Nesse estado contemplativo, mesmo as blasfêmias não são mais pecados. É a quietude, que é uma forma de felicidade. As autoridades não podem tolerar essa permissividade.

A felicidade é então absolutamente proibida ao cristão nesta terra? Uma corrente o contesta no coração da Igreja: o humanismo devoto, cuja figura de proa é Francisco de Sales, bispo de Annecy (1567-1622), considera a tristeza um estado perigoso que pode levar ao desespero. Mas sua posição é delicada: de um lado, a consciência de nosso pecado nos impede de sermos felizes; de outro, devemos confiar; o meio-termo é uma "modesta alegria e animação". É o que ele aconselha em sua *Introdução à vida devota*: nossa consolação é pensar na felicidade dos eleitos:

> Oh! Como é feliz essa companhia! O menor de todos é mais belo de se ver que todo o mundo; que dirá então vê-los todos? Mas, meu Deus, como são

---

101 Kristeva, *Thérèse mon amour*.

felizes! Sempre cantam doces cantos de amor eterno; sempre gozam de uma alegria constante; propiciam-se mutuamente contentamentos indizíveis, e vivem na consolação de uma feliz e indissolúvel sociedade.[102]

Outros não se contentam com essa consolação um pouco teórica demais. O jesuíta Antoine Binet (1569-1639) recomenda mais o vinho de Borgonha: para ele, Deus é um grande galhofeiro que nos manda todo tipo de desgraça como cutucadas amistosas para nos fazer entrar mais rápido no paraíso. Binet, em sua *Consolation et réjouissance pour les malades et personnes affligées* [Consolação e regozijo para os doentes e pessoas aflitas], anuncia sua intenção de nos fazer "morrer de rir". Seu confrade Louis Richeome (1544-1625) também acha que Deus tem alma de palhaço, senão por que teria criado tantas coisas engraçadas, como os macacos, que existem apenas para nos fazer rir? Um terceiro jesuíta, Pierre-Juste Sautel, nascido em 1613, tem mais talento para os textos burlescos, como a *Marche funèbre d'une price* [Marcha fúnebre de uma pulga], do que para os sermões. Outro membro da Companhia – que é realmente uma alegre companhia –, o famoso padre François Garasse, reivindica para os cristãos o direito de rir. Ele ataca os austeros censores que queriam impedir a hilaridade: "Mas, meu Deus, o que quer essa gente de nós? Que estivéssemos sempre em lágrimas?" Isso mesmo! Não estamos em um vale de lágrimas? Garasse provoca contra ele um levante de escudos: é um "Rabelais", "um trocista de Deus e dos homens", "um mestre em palhaçadas", escreve em 1623 o padre François Ogier. Nada pode desenrugar as caras de quarta-feira de cinzas da hierarquia, nem o *Seringas místicas para as almas constipadas em devoção*, nem *A tabaqueira espiritual para fazer espirrar as almas devotas voltadas ao Senhor*, nem *O suave tutano ao molho apetitoso dos santos e saborosos ossos do Advento*.[103] Ao reprimirem o riso, as autoridades católicas da Contrarreforma querem sufocar essa manifestação incompatível que poderia levar a crer que podemos ser felizes neste mundo. A felicidade esperará.[104]

Em definitivo, e a despeito do retorno proclamado da idade de ouro, raros são aqueles que ousam se declarar felizes na Renascença. Mesmo em seus retratos, que os maiores artistas da época realizaram às centenas, todos aqueles ricos e poderosos personagens, soberanos, banqueiros, príncipes e princesas, permanecem em uma gravidade imperturbável. A felicidade não

---

102 Sales, *Introduction à la vie dévote*, oitava meditação.
103 Bremond, *Histoire littéraire du sentiment religieux en France*, t.I, p.321, nota 1.
104 Minois, *Histoire du rire et de la dérision*, op. cit., p.287-330.

convém à grandeza, ela fere a dignidade. É preciso ser sério solene, imponente. É com grande esforço que um fugaz e imperceptível sorriso ilumina alguns desses rostos. E tais sorrisos são bem misteriosos: feliz, a Gioconda? Gerações de críticos de arte, historiadores e psicólogos discutem a questão há quinhentos anos! Foi preciso, ainda, segundo Vasari, empregar os grandes meios para fazer brotar no modelo esse tímido esboço de meio sorriso:

> Leonardo utilizou esse procedimento: enquanto pintava *Mona Lisa*, que era uma belíssima mulher, empregou cantores e músicos ou malabaristas para provocar alegria e afastar a melancolia que os pintores dão em geral aos retratos. O resultado é que nesse quadro o sorriso é mais divino do que humano.[105]

É na Itália que vemos surgir os rostos mais sorridentes. O primeiro é o do *Retrato de um homem desconhecido sorrindo*, de Antonello da Messina, que data de 1470. Alguns sorrisos discretos são esboçados por Ticiano, Veronese, Bronzino, Bellini, entre os quais o do doge Leonardo Loredan (1501). Rafael, que teve fama de homem feliz, representou um Castiglione sereno e uma Fornarina de sorriso maroto e encantos promissores. Mas essas são exceções: a galeria de retratos do século XVI é povoada de rostos graves. Se são felizes, essas pessoas não o demonstram.

MONTAIGNE: PARA SERMOS FELIZES, VIVAMOS CONSCIENTES

Terminaremos com o caso de um homem que, mesmo certamente não sendo o mais representativo dessa época, é talvez o mais cativante: Michel de Montaigne. O interesse do personagem, além da qualidade de suas reflexões, é que ele não se contenta em fazer a teoria da felicidade, mas dá seu depoimento: "Sou eu mesmo a matéria de meu livro".

Sua posição sobre a felicidade é flexível e moderada. Ele pratica uma espécie de pragmatismo hedonista: "Eu, que não tenho outro fim a não ser viver e me regozijar", diz ele, desejando evidentemente a felicidade, como todo mundo. Todo mundo pode aproveitar a vida: "Os mendigos têm suas magnificências e suas volúpias, como os ricos [...] são os efeitos do costume".[106]

De novo, é preciso não visar muito alto, pois isso seria nos condenar a uma vida de frustrações e de amargura. É nossa natureza que deve decidir

---
105 Vasari, *Vie des artistes*, "Leonardo da Vinci".
106 Montaigne, *Ensaios*, III, 13.

o tamanho de nossa exigência. Assim, admiro os sábios da Antiguidade, diz, mas não tento imitá-los, pois eles "superam a força de minha ação". É preciso saber aceitar seus limites. Sejamos realistas: não somos anjos:

> É uma absoluta perfeição e, sendo divina, saber gozar lealmente de seu ser. [...] Pouco adianta subir em pernas de pau; pois sobre elas continuamos a andar com nossas pernas e, no mais alto trono do mundo, também estaremos sentados sobre nossas nádegas. As mais belas vidas são, a meu grado, as que se perfilam ao modelo comum e humano com ordem, mas sem milagre, sem extravagância.

Os que querem copiar os sábios antigos estão fadados ao fracasso:

> Querem sair de si e escapar ao homem: é loucura; em vez de se transformar em anjos, tornam-se animais; em vez de se elevar, tombam. Esses humores transcendentes me assustam, como lugares altos e inacessíveis; e nada é mais lamentável a digerir na vida de Sócrates do que seus êxtases e suas diabruras.[107]

Alguns filósofos disseram que para ser feliz é preciso se conhecer e conhecer o mundo, mas isso é impossível; não podemos conhecer senão as aparências, logo a felicidade está fora de nosso alcance; tudo que podemos fazer é aproveitar os prazeres naturais que a vida oferece, aceitando nossos limites. A felicidade não deve nem ser procurada nem encontrada; ela não depende de nós. De qualquer modo, sem saber, Montaigne concorda com Buda: não há caminho para a felicidade; a felicidade é o caminho: "A vida é para ela mesma seu próprio sentido, desde que estejamos felizes de viver".

Claro, a filosofia pode nos ajudar, ela "visa apenas o nosso contentamento, e todo o seu trabalho tende em suma a nos fazer viver bem, e à vontade".[108] É por isso que nunca é tarde demais para começar a filosofar: "Ensinam-nos a viver quando a vida já passou. Cem escolares pegaram gonorreia antes de chegarem a suas aulas de Aristóteles sobre temperança".[109] Porém mais do que a filosofia, é a experiência pessoal que nos ensina como aproveitar a vida:

> Da experiência que tenho de mim, encontro o bastante para me fazer sábio; [...] quem se lembra dos males que correu, dos que o ameaçaram, das leves

---

107 Ibid.
108 Ibid., I, 20.
109 Ibid., I, 25.

ocasiões que o fizeram passar de um estado a outro, prepara-se com isso para as mutações futuras e para o reconhecimento de sua condição.[110]

Aliás, todos os que nos vendem receitas de felicidade são charlatães, prometem mais do que podem cumprir: "Deles podemos dizer, para completar, que vendem drogas medicinais, mas que são médicos, isso não podemos dizer".

Aproveitemos os prazeres naturais, "a filosofia não luta contra as volúpias naturais, contanto que a ponderação esteja junto, e pregue a moderação, não a fuga".[111] Pessoalmente, diz Montaigne, é o que faço. "Quanto a mim, então, amo a vida, e a cultivo [...] Aceito de todo coração e agradecido o que a natureza fez por mim", e reconheço que fiquei um pouco mimado:

> Devo muito à Fortuna, pois até este momento ela nada fez contra mim de ultrajante, ao menos além do meu alcance. Tenho um temperamento mais para o feliz, e prefiro a atitude de Demócrito, o risonho, à de Heráclito, o chorão. Não sou feliz independentemente do que acontece; prefiro os momentos de prazer, e é preciso saboreá-los ao máximo, intensificá-los pela consciência que temos deles.[112]

Para Montaigne, escreve Marcel Conche,

> a felicidade preza uma avaliação. Não é o mínimo de sofrimento somado ao máximo de satisfação que, como tais, fazem a felicidade, mas a própria ideia de que somos felizes; só podemos ser felizes se julgarmos que o somos.[113]

Isso invalida completamente a opinião de Sólon ou de Platão, que julgavam a felicidade do exterior e pensavam que só poderíamos ser chamados de felizes após a morte, um pouco como se canonizam os santos.

Para Montaigne, é preciso explorar ao máximo todos os prazeres naturais tendo consciência, e assim torná-los mais densos, "saboreá-los", "ruminá-los". Ele de certa forma espiritualiza e intelectualiza seus prazeres, ao desdobrá-los. O insensato, o bruto e a besta gozam de maneira puramente física; eles ficam no nível do prazer. Tendo consciência do gozo, alcançamos

---
110 Ibid., III, 13.
111 Ibid., III, 5.
112 Ibid., III, 9.
113 Conche, *Montaigne ou la conscience heureuse*, p.97.

um nível superior, que se pode qualificar de felicidade: para ser feliz é preciso saber que o somos. Esse é o *cogito* eudemônico de Montaigne: "Penso ser feliz, logo sou".[114] O que ele exprime assim:

> Cada um está bem ou mal, conforme acredite que está. Não conforme quem o vê de fora, mas quem o crê de si é contente. E nisso apenas o crédito assume a essência de uma verdade.[115]

Quando vocês fazem amor, duplicam o prazer se representarem no espírito que estão fazendo amor; o bruto goza apenas em seu corpo; o hedonista goza a vida em ato e em pensamento: "Eu a gozo o dobro dos outros; pois a medida, no gozo, depende da maior ou menor aplicação que lhe dedicamos".[116] Conhecemos a anedota: Montaigne sendo despertado no meio da noite por um criado a fim de melhor apreciar o prazer do sono:

> Os outros sentem a suavidade de um contentamento e da prosperidade; eu a sinto como eles, mas não de passagem, deslizando. Assim, é preciso estudá-la, saboreá-la e ruminá-la, para render dignas graças àquele que no-la propicia. Eles gozam dos outros prazeres como fazem com o sono, sem os conhecer. A fim de que o dormir mesmo não me escapasse assim estupidamente, em outros tempos achei bom que mo perturbassem, para eu o entrevisse. [...] Encontrava-me em alguma posição tranquila? Há alguma volúpia que me impacienta? Não a deixo roubar os sentidos; a ela associo minha alma; não para engajar-se, mas para acolher, não para se perder, mas para se encontrar; e o uso, de sua parte, a se mirar nesse próspero estado, a pesar e estimar a felicidade e a amplificar.[117]

Outro refinamento: em vez de bestamente "passar o tempo", torná-lo mais denso nos bons momentos:

> Passo o tempo quando ele está ruim e incômodo; quando está bom, não o quero passar; eu o tateio, nele me seguro: é preciso fazer correr o mau e se fixar no bom. [...] Eu quero parar a prontidão de sua fuga pela prontidão de minha captura, e pelo vigor do uso compensar a vivacidade de seu escoamento.

---

114 Ibid., p.98.
115 Montaigne, *Essais*, I, 14.
116 Ibid., III, 13.
117 Ibid.

À medida que a posse do viver é mais curta, preciso torná-la mais profunda e mais plena.[118]

Tomemos o tempo de viver, como "Esopo, esse grande homem, [que] vê seu senhor urinar enquanto passeia: 'Então, o quê!, fez ele, devemos então evacuar correndo?'" E ocupemo-nos sobretudo de nossa felicidade particular; os assuntos públicos são fonte de aborrecimentos; certamente, "nós nos devemos em parte à sociedade, mas na melhor parte a nós".[119]

Sigamos as leis naturais, são elas que fazem a felicidade dos homens na idade de ouro:

> A natureza lhes dá sempre mais felizes do que aquelas que nós damos; testemunha a pintura da idade dourada dos poetas, e o estado em que vemos viver as nações que não têm outras.[120]

Montaigne é sem dúvida o que se pode fazer melhor em matéria de vida feliz. Proprietário rural, nobre, provido de domésticos e de boas rendas, sem obrigações profissionais, gozando de boa saúde, dividindo seu tempo entre conversações amigáveis, os passeios em seu Périgord e os prazeres intelectuais no pequeno paraíso de sua "livraria", dominando uma vasta cultura, inteligente, respeitado, de temperamento mais para alegre, sabendo manter distância com a vida em um ceticismo tingido de epicurismo, ele não está longe da felicidade da idade de ouro. Mas Montaigne é único. Se é notável, é justamente por ser exceção, um modelo, um ideal, que ilustra tanto as possibilidades como os limites da felicidade no século XVI. Em uma época que sonhou com o mito da idade de ouro, ele nos mostra que não devemos sonhar, mas agarrar os pequenos fragmentos de felicidade que se apresentam. Seu sucesso contrasta com o fracasso global da Renascença na busca da felicidade. Ela falou muito, mas não a alcançou, pois mirava muito alto. Os humanistas acreditam poder ressuscitar a idade de ouro; eles a encontraram somente na Utopia, em ilhas fantasmas, em uma América de fantasia, nos cenários das festas principescas, nas nostalgias poéticas. A felicidade humana ainda tem muitos inimigos. Os teólogos não querem ouvir falar dela. Mas seu principal obstáculo é ela mesma: a Renascença sonhou com uma felicidade perfeita, na linhagem dos filósofos antigos, uma felicidade

---
118 Ibid.
119 Ibid., II, 18.
120 Ibid., III, 13.

reservada a uma elite ideal, uma felicidade sem nuvens em um Éden privilegiado, uma felicidade angélica. Montaigne lembrou, bem antes de Pascal, que lhe "roubará" esse pensamento, que o homem não é anjo nem animal, e que quem deseja bancar o anjo acaba bancando o animal; quem quer a felicidade perfeita encontra a desgraça. É o que o século XVII confirma.

– 5 –

O GRANDE SÉCULO

Da idade de ouro ao século de ferro

Quem quiser que lamente o bom velho tempo
E a idade de ouro, e o reino de Astreia,
E os belos dias de Saturno e de Reia,
E o jardim de nossos pais primitivos;
Eu dou graças à natureza sábia
Que, para meu bem, me fez nascer nesta era [...]
Oh! Que bom tempo este século de ferro [...]
O paraíso terrestre fica onde eu estou.

Em alguns versos do *Mondain*, composto em 1736, o jovem Voltaire expressa a metamorfose da ideia de felicidade em curso no longo século XVII: a passagem do sonho da idade de ouro à realidade do século de ferro, da felicidade absoluta irrealizável à felicidade relativa concreta. Para isso, foi preciso atravessar um período de questionamentos, e até do processo da felicidade. No século XVII, o mito de uma idade de ouro se desagrega sob o bisturi de espíritos friamente racionais: os teólogos ganham o reforço de filósofos e de moralistas que, ao analisarem a ideia de felicidade, descobrem por trás dela uma realidade bem menos palpitante. Descartes, La Rochefoucauld, Hobbes, Pascal, Bossuet e alguns outros desmistificam a felicidade, e abrem assim caminho para uma busca mais realista da vida feliz, que será a marca do século XVII.

SOMBRIO SÉCULO XVII

A transição, como continua a ser o caso, é percebida como uma crise. O século XVII é pessimista. É o século do *Paraíso perdido*. A obra-prima de Milton é de 1667, e mais do que qualquer coisa, expressa o espírito do século. Deus adverte Adão e Eva: não procurem "um estado mais feliz"; não procurem "saber mais sobre isso". Ao contrário, diz Satã, vós não conheceis a verdadeira felicidade porque sua felicidade é inconsciente; seu paraíso é externo; se alcançarem o conhecimento,

> ... então, não tereis pena alguma
> Para deixar esse paraíso; vós possuireis
> Um paraíso em vós, e sereis felizes.

É essa passagem que o século XVII reencena, abandonando a ideia de uma felicidade perfeita, mas subtraída, em favor de uma felicidade imperfeita, mas que cada um pode construir. A passagem é difícil; é o episódio da expulsão do Jardim, o desamparo, o sentimento de perda diante de um futuro desconhecido. Século trágico, pessimista, jansenista, século "doloroso do paraíso perdido em uma ordem modesta, pueril mas habitual e tranquilizador".[1] Século de sombrios pensamentos, de visões infernais, século sem riso, ou quase. O riso é a prova de nossa decadência, de nossa tristeza, é a armadilha colocada por Satã, escreve o jesuíta Martin del Rio: "Satã se diverte em provocar os homens para rir, a fim de que joviais e cheios de alegria, eles se dobrem à impiedade".[2] "Infelizes vós que rides, mas desgraça e duplamente desgraça a vós que rides agora, que rides nesses infelizes dias em que o inferno inteiro está libertado",[3] troveja La Colombière. Em todas as igrejas e em todos os templos ergue-se o coro dos chorosos:

---

1 Chaunu, *La civilisation de l'Europe classique*, p.363.
2 Rio, *Les controverses et recherches magiques*, p.55.
3 La Colombière, em Migne, *Collection intégrale et universelle des orateurs sacrés*, t.VII, p.1005.

É preciso chorar sem descanso, é preciso jamais parar de chorar [...] é preciso chorar, cristãos que ouvem, para acalmar Deus; [...] é preciso chorar mais para satisfazer sua justiça; é preciso abominar a alegria criminosa, [...] é preciso ainda renunciar à alegria inocente.[4]

Tais exortações contam-se aos milhares, reiteradas a cada domingo durante um século.[5] E os pregadores não são os únicos a sustentar esse discurso. Moralistas e médicos unem-se a eles, como Cureau de La Chambre, primeiro médico ordinário do rei, que, em 1663, em *Charactères des passions* [Caracteres das paixões], declara que o riso é típico dos débeis, dos tolos, dos ignorantes, dos maus, das crianças, das mulheres, de todos os "bobos alegres" de alguma maneira.[6]

Pois aqueles que sabem, sabem que a situação é desesperada, e torna praticamente impossível qualquer felicidade. É o que sai dos debates iniciados em 1640 em torno do *Augustinus* de Jansenius. Para este como para seus partidários, o estado "normal" do homem é o que precedeu a Queda. O homem aspira a reencontrar sua natureza original, mas, corrompido pela concupiscência, consegue apenas acarretar sua infelicidade. O jansenista, desesperado por não conseguir alcançar o absoluto, rompe com o mundo e rejeita qualquer acordo. A seus olhos, a graça costumeira não permite aos homens fazer o bem; é preciso para isso uma graça excepcional, uma graça eficaz. O livre-arbítrio é uma ilusão: no bem, como no mal, não somos livres; nessas condições, a felicidade é impossível: "Temos uma ideia da felicidade e não podemos alcançá-la", escreve Pascal. Os jesuítas são um pouco menos pessimistas. Para eles, o estado de perfeição de que Adão gozava antes da Queda era um dom suplementar à natureza humana, a qual se encontra agora entregue a suas próprias forças. Deus poderia ter criado o homem como ele é hoje, o que explica que este ainda disponha de algum livre-arbítrio, e de alguma possibilidade de conhecer uma forma atenuada de felicidade. Aliás, o quadro esboçado por Suarez da vida que os homens teriam levado se não houvesse o pecado original não é afinal tão diferente da atual. Eles teriam conhecido a infância, a vida adulta, a velhice e a morte, em torno dos cem anos; teriam se casado e vivido numa sociedade organizada em total liberdade individual, sem escravidão nem domesticidade, e cada um seria guiado por sua razão. Os homens não estariam isentos do pecado,

---
4 Ibid., p.1000.
5 Minois, *Histoire du rire et de la dérision*, op. cit., p.307-11.
6 Chambre, *Les charactères des passions*, t.I, cap.IV, "Du ris".

mas esses pecados, puramente individuais, seriam punidos com um exílio temporário fora do paraíso terrestre, e os culpados seriam reintegrados após terem feito penitência.

O que não quer dizer que levamos uma vida paradisíaca. Pois, com o pecado original, o homem perdeu o controle de seu corpo e de suas paixões. A natureza se revoltou contra ele, e todos os elementos que estavam a seu serviço voltaram-se contra ele e tornaram-se motivos de tormento. Exemplo: Adão no paraíso terrestre estava infestado de piolhos, mas estes então lhe faziam um favor: "abriam e limpavam suavemente os poros da pele", explica Daniel Le Clerc em sábia obra latina de 1715.⁷ Adão tinha também a solitária, mas naquela época tais vermes,

> em uma calma amistosa, nutriam-se apenas do supérfluo dos ingredientes absorvidos, não saíam de seus limites, não se atreviam a atentar contra as veneráveis paredes do intestino [*quelle interne venerabile intestinali pareti*] onde se abrigavam, mas ao contrário, ao lambê-las e limpá-las suavemente [*lambendole, e soavemente nettendole*], reconheciam o benefício recebido, cheios de humilde respeito por seu benfeitor. [...] Mas durou pouco essa bem-aventurada felicidade para Adão. Ele se rebelou contra o Pai supremo pleno de benevolência, e os vermes se rebelaram contra ele,⁸

escreve Vallisneri.

E assim por diante. É dessa maneira que o paraíso se tornou um inferno e que, com o pecado original, Adão e Eva, diz o *Cathéchisme* [Catecismo] da La Chétardie, "perderam a inocência da justiça original e com ela sua felicidade, e o império que tinham sobre si mesmos e sobre os animais que se revoltaram ou fugiram".⁹ A felicidade não está mais na ordem do dia. Nem mesmo a felicidade eterna, eclipsada na pastoral do século XVII pelos temas do sofrimento e do inferno. As estatísticas são eloquentes: nos 99 volumes da coleção dos oradores cristãos dos séculos XVI ao XIX, publicados pelo abade Migne e seus sucessores, as categorias "inferno", "danação", "danados", chegam a 344 remissões contra 207 para "beatitude", "imortalidade", "paraíso". Jean Delumeau demonstrou amplamente a predominância de sermões de tendência "culpabilizante e 'dolorista'": 61% dos de François de Toulouse, 73% dos de P. de La Font, 84% dos de F. Fontana. Quase não se

---

7 Clerc, *Historia naturalis et medica latorum lumbricorum*, p.366.
8 Vallisneri, *Opere fisico-medice*, t.I, p.312.
9 Chétardie, *Catéchisme de Bourges*, p.211.

fala sobre o destino feliz dos eleitos. Louis Graveran, padre bretão, em um sermão sobre o julgamento final, consagra 24 linhas à sentença concernente aos bons, e 74 à que condena os maus. A felicidade aparece apenas como um suplício a mais que agrava o sofrimento dos condenados, quando pensam na bem-aventurança dos eleitos. Estes, aliás, não passam de uma ínfima minoria. Para Massillon, "os eleitos, comparados ao resto dos homens, formam um pequeno rebanho que quase não se pode ver". Afinal de contas, diz ele, de 600 mil hebreus, Deus salvou dois: Josué e Caleb; em Sodoma, salvou Lot; na época do dilúvio, Noé e sua família. Para Malebranche, "haverá vinte vezes, cem vezes mais condenados do que eleitos". De mil pessoas, não mais que umas vinte são de fato salvas. "Deus quer a salvação de todos os homens, mas não salva talvez nem a centésima parte." Como podemos ainda vislumbrar a felicidade na terra quando temos em mente a quase certeza, martelada por todos os pregadores, de estarmos fadados aos sofrimentos eternos?

Nem adianta sonhar, adverte o cardeal Bellarmin: "A felicidade temporal não é o fim último do homem; ele é ordenado à conquista eterna".[10] A felicidade está em sofrer por Deus, confirma Vicente de Paulo; aliás, Deus gosta de nos ver sofrer: "Ó, feliz estado o de sofrer por amor a Deus; como é agradável a Seus olhos, já que Seu próprio filho quis coroar as ações heroicas de sua santa vida com um excesso de dores que o fizeram morrer".[11] O poder político concorda: manter o medo do inferno é um meio excelente de manter o povo na obediência, e é bom lembrá-lo de que "a ordem estabelecida de Deus na terra é tal que todo o bem do homem e toda a sua felicidade consiste em observá-la",[12] declara o chanceler Marillac após a repressão do motim dos Lanturelus, em Dijon, em 1630.

SEJAMOS FELIZES, APESAR DE TUDO: LIBERTINOS, BURTON, SPINOZA...

Sombrio século XVII, dominado pela ideia da cólera divina. Isso quer dizer que qualquer ideia de felicidade está banida e que os europeus do Grande Século vivem na angústia, com frio na barriga, em uma prostração perpétua? Sem dúvida, não. Primeiro, há aqueles que não se sentem

---
10 Bellarmin, *Opera*, II, p.157.
11 Paul, Paroles, em *Entretiens spirituels de saint Vincent de Paul*, p.1000.
12 *Mercure françois*, t.XVI, p.146.

afetados e que vivem despreocupados: na corte do jovem Luís XIV, entre 1660 e 1670, não somos muito traumatizados pelos sermões terroristas: escutam-se educadamente as pregações de Quaresma de Bossuet, e depois cada um vai encontrar sua amante. *Plaisirs de l'île enchantée* [Dos Prazeres da ilha encantada], de 1664, ao "grande divertimento real", de 1668, corremos de um baile aos fogos de artifícios, de um festim a uma peça de teatro. Na corte, todos estão muito ocupados em se divertir para se questionar sobre a felicidade. E depois há aqueles que, de propósito, encaram as proibições da Igreja e buscam os prazeres terrestres: epicuristas, libertinos, eruditos ou não. Também eles são pessimistas, mas por outro motivo: céticos, descrentes, eles não esperam nada depois da morte; o inimigo é o tempo que passa. É preciso aproveitar todos os prazeres que se apresentam. Uns o fazem na devassidão e na algazarra; outros, com refinamento e discrição. Todos se dizem seguidores de Epicuro, que traem conscienciosamente: Teófilo de Viau (1590-1626) e seu naturalismo provocador; Saint-Évremond (1614-1703) e sua dose sábia de prazeres tranquilos em sua casa londrina, entre os animais domésticos. Esse admirador de Gassendi e de Hobbes pensa, como seu amigo Bernier, que "a abstinência dos prazeres é um grande pecado" e condena "os velhos sentimentos que um selvagem natural inspirou nos primeiros homens". O teórico desses epicuristas modernos é o cônego Pierre Gassendi (1592-1655), que empreende a arriscada tarefa de reconciliar Epicuro e Jesus Cristo, ao mostrar que vida moral e vida feliz são uma única e mesma coisa. Buscar a felicidade é buscar o bem; a dificuldade vem do fato de que não sabemos o que é a felicidade. Em compensação, buscamos todos os prazeres. O verdadeiro prazer é "honesto" e "honorável", e não tem nada a ver com a sensualidade e a depravação. A felicidade coincide com o bem, e o bem é aquilo que é agradável, o que nos propicia um prazer honesto.[13] Eis algo suscetível de muitas interpretações, dependendo do temperamento de cada um.

O epicurismo cristão *à la* Gassendi quase não tinha oportunidades de se impor em uma época em que está consumado o divórcio entre a moral cristã e a moral mundana. As últimas tentativas dos jesuítas para acomodá--las estão fadadas ao fracasso, como a do padre Charles de Saint-Paul, que publica em 1630 *O templo da felicidade, em que se veem dois quadros que representam tudo o que tem poder de tornar o homem contente e feliz nesta vida.* As primeiras

---

13 "Disso podemos então inferir que 'bom' e 'agradável' são apenas nomes diferentes para designar a mesma coisa." (Gassendi, *Three Discourses of Happiness, Virtue, and Liberty*, em Bernier, *Resumo da filosofia de Gassendi*, v.VII, p.91.)

décadas do século marcam, aliás, o apogeu da melancolia, que figura em um quadro simbólico de Abraham Janssens, de 1623, oposta à alegria.[14] De modo revelador, é nas obras consagradas à melancolia que encontramos as melhores receitas de felicidade. Abramos a monumental *Antonie de la mélancolie* [Anatomia da melancolia], de Robert Burton, publicada em 1621. Nessa enorme obra de duas mil páginas, o depressivo clérigo de Oxford nota a miserável condição humana:

> A vida é fastidiosa e dura mesmo para quem a vive melhor; é uma tristeza de nascer, uma dor de viver, uma pena de morrer [...] pois não existe prazer aqui no mundo ao qual não esteja misturado um pouco de tristeza; o arrependimento segue-o de perto. Se me alimento com abundância, quase sempre fico doente ou enjoado; se vivo frugalmente, minha fome e minha sede não se acalmam; não me sinto bem nem quando estou satisfeito nem quando estou em jejum; se vivo honestamente, ardo de concupiscência; se me entrego ao prazer, canso-me e maltrato minha alma, prejudico-a, assim como ao meu corpo. Para tão ínfima quantidade de alegria, quanta tristeza; após tão pouco prazer, tão grande miséria! É tão desagradável deitar quanto levantar, comer como ganhar meu pão; os problemas e os aborrecimentos me acompanham o dia todo, os temores e as suspeitas, toda a minha vida. Estou descontente, e por que tenho tanto que desejar viver?[15]

Eis um pascaliano precoce. Burton é até precursor de Schopenhauer. Ele nos detalha, de início, em 600 páginas, as calamidades que assolam nossa vida:

> Inúmeros flagelos podem atingir um mortal nesta vida: mulher, filhos, domésticos, senhores, colegas, vizinhos, nossos próprios defeitos, a ignorância, os erros, a intemperança, a indiscrição, as enfermidades etc.[16]

Porém, contrariamente a Pascal, ele pensa que é possível remediar a situação. E explica como em 1.400 páginas, que são uma espécie de manual da felicidade terrestre.

O ideal, escreve, é a beatitude do bobo alegre. Se somos infelizes, esse é o resgate de nossa inteligência, de nossa cultura.

---

14 Janssens, *L'Allégresse et la melancolie*, 1623, Dijon, Museu Magnin.
15 Burton, *Anatomie de la mélancolie*, 2, 3, 5, 1.
16 Ibid., 2, 3, 7, 1.

A ignorância é um remédio soberano contra todos os males, [...] os perfeitos idiotas se saem melhor, eles não são nem invadidos por problemas, nem atormentados pelo receio e a ansiedade como os homens informados.

Vejam os americanos: completamente idiotas, mas felizes: "Viveríamos sem dúvida melhor se possuíssemos a simplicidade iletrada e a grosseira ignorância dos habitantes da Virginia".[17] Para nós, europeus cultos, é tarde demais. Pensamos em excesso. Para sermos felizes, não devemos fazer perguntas sobre o sentido da existência. Para que serve se indagar:

O que fazia Deus, antes da criação do mundo? Por que o criou naquele momento e não antes? Se o criou do nada, ou com um intento particular, como Deus pode ser imutável, infinito? [...] Se Deus é infinita e unicamente bom, por que iria transformar ou destruir o mundo? Se ele perturba o que é bom, como pode ele mesmo permanecer bom? Se enfraquece o mundo por causa do mal, como pode estar livre do mal que tornou o mundo mau? Etc. [Todas essas] questões [são] cada qual uma mais absurda e louca do que a outra.[18]

Portanto, paremos de refletir e levemos uma vida equilibrada. Se querem ser felizes, construam uma bela casa, bem orientada, onde o ar seja puro. Tenham "rosas, violetas, flores de perfume agradável sob [suas] janelas, buquês entre as mãos". Instalem-se em uma região de clima agradável – na terra de Montaigne, por exemplo:

Em Périgord, na França, o ar é sutil e salubre, as epidemias ou as doenças contagiosas são raras, a região é montanhosa e árida: os homens ali têm boa saúde, são ágeis e vigorosos.

Assim instalados, levem uma vida agradável: escutem música, convidem os amigos, viajem, façam amor de vez em quando, durmam bem, sete ou oito horas por noite, de lado, às vezes também sobre o ventre, mas nunca sobre as costas. À noite, um copo de moscatel, em seguida "deitar-se em lençóis limpos e macios", escutar uma música suave antes de ir para a cama, ou assim que se deitar. Não é mau ter no jardim um espelho d'água com fonte, cujo "agradável murmúrio" adormecerá seus sentidos. Outro conselho:

---

17 Ibid., 2, 3, 8, 1.
18 Ibid., 2, 2, 3. 1.

É muito salutar lavar as mãos e o rosto com frequência, trocar de roupa, usar roupas íntimas limpas, estar vestido com decência e harmonia, pois a sujeira mancha e deprime as pessoas que são negligentes por vontade ou por necessidade; ela desmoraliza.

Em suma, cuidem do corpo e do espírito. E depois vão ao espetáculo! Certamente há na região

> uma procissão ou um desfile como se vê quando das coroações, dos casamentos e outras solenidades desse tipo, [...] a recepção de um embaixador ou de um príncipe, mascaradas, espetáculos, fogos de artifício etc.

E as batalhas! "Poder observar uma batalha no momento da ação, como as de Crécy, de Azincourt ou de Poitiers" – com vitórias, de preferência –, que chance! Claro, isso não acontece todos os dias, mas se vocês perderam essas grandes ocasiões, saibam que se organizam reconstituições.

Para as mulheres, há muitas ocupações fascinantes e para seu nível que podem tornar-lhes a vida agradável: o bordado, as geleias, a faxina, a jardinagem, os mexericos, a carolice:

> Quanto às mulheres, para substituir as ocupações de estudos, há seus curiosos trabalhos de agulha, seus bordados, sua tecelagem, sua renda de fuso e toda uma diversidade de belos objetos que elas mesmas fabricam para decorar a casa, as almofadas, os tapetes, as cadeiras, os banquinhos, [...] os doces, as conservas, os destilados etc. que elas mostram aos estrangeiros. [...] Tudo isso fazem-lhes as vezes de estudos laboriosos. Tais são suas ocupações, as tarefas domésticas etc., belos jardins cheios de flores exóticas. [...] É de propósito que não falarei de suas reuniões alegres e de suas frequentes visitas, de seus convites recíprocos nas boas cidades, a que elas costumam se entregar; as pessoas idosas têm seus terços, um derivativo excelente para aquelas cuja natureza melancólica levaria à ociosidade quando são velhas demais para serem ainda ativas; elas podem assim dizer muitos *Pater noster, Ave Maria, Credo*.[19]

Só de pensar, já nos sentimos melhor! Para resumir, Burton aconselha a cada um escapar em "divertimentos" no sentido pascaliano do termo, em cujas fileiras ele coloca a prece. Tudo é bom para fugir do pensamento de nossa miserável condição.

---
19   Ibid., 2, 2, 4, 1.

Enquanto Burton recomenda um epicurismo bem prosaico, seu compatriota e contemporâneo Herbert de Cherbury (1581-1648) está mais próximo da felicidade estoica. "Ninguém pode se impedir de desejar a felicidade eterna",[20] escreve ele, e esta é alcançada quando todas as nossas faculdades estão em perfeita harmonia com o objetivo que lhes foi atribuído por Deus. "A verdade está na conformidade de nossas faculdades com seu objeto", o que permite ao microcosmo individual atingir o mesmo grau de ordem que o macrocosmo universal. Para chegar lá, temos em nós ideias inatas, as "noções comuns", que devem nos servir de guias.

Enquanto tais concepções se inspiram na Antiguidade, as do bispo de Peterborough, Richard Cumberland (1631-1718), prefiguram o utilitarismo. Em seu tratado *De legibus naturae*, de 1672, ele escreve que devemos visar a maior felicidade possível do maior número de pessoas. Na verdade, a consonância moderna da fórmula encobre uma moral absolutamente tradicional: cada um deve se esforçar para tornar os outros felizes, e isso contribui para sua felicidade pessoal.

Atingir a felicidade pessoal fazendo a felicidade do outro é também o que preconiza Leibniz (1646-1716): "Amar nada mais é do que encontrar seu prazer (digo prazer e não utilidade ou interesse) no bem, na perfeição ou na felicidade de outrem", escreve ele a Bossuet, em 1698. Então a felicidade é possível, opinião que não nos surpreende, vinda desse grande otimista do século pessimista. Apenas os homens podem ser felizes, pois a felicidade exige a consciência de si; os animais podem sentir apenas prazer. "A felicidade é para as pessoas o que a perfeição é para os seres", diz ele, e é a consciência de coincidir com a perfeição de nosso ser que nos torna felizes.[21] É verdade que estamos apenas no melhor dos mundos possíveis, o que implica que tudo não é perfeito, mas as imperfeições detalhada contribuem para o bom funcionamento do conjunto, e no geral, a massa de felicidade no mundo excede a quantidade de desgraça, o que não consola muito os infelizes. Do mesmo modo, "pode ser que a glória dos bem-aventurados na visão divina seja tão grande que os males de todos os condenados não possam ser comparados a esse bem".

Outro defensor da felicidade: Spinoza (1632-1677). A *Ética* contém toda uma teoria da felicidade humana, que decorre da seguinte proposição: "O desejo de viver, de agir de modo feliz, isto é, a própria essência do homem,

---

20   Cherbury, *De veritate*, p.163.
21   Para a concepção da felicidade em Leibniz, ver Heinekamp, *Das Problem des Guten bei Leibniz*, e "Das Glück als hochstes Gut in Leibniz Philosophie", em *The Leibniz Renaissance*, p.99-125.

quer dizer o esforço pelo qual cada um se empenha em conservar seu ser".[22]
Esse desejo nasce da alegria de viver, que é sempre boa:

> A alegria não é diretamente má, mas boa; a tristeza, ao contrário, é diretamente ruim [...] a alegria não pode ser excessiva, mas é sempre boa; a melancolia, ao contrário, é sempre ruim.[23]

Essa alegria de viver nos empurra rumo à perfeição de nosso ser, que é a felicidade,

> pois quanto maior a alegria que nos afeta, maior a perfeição para a qual nos elevamos, e por conseguinte mais participamos da natureza divina; jamais a alegria que regula a verdadeira norma de nossa utilidade pode ser ruim.[24]

A alegria é nosso maior trunfo na vida. Graças a ela, podemos reprimir nossas inclinações. "Precisamos agir com alegria, pois é loucura querer reencontrar e reparar um bem perdido por um mal [a tristeza] que desejamos e mantemos em nós."[25]

O ponto culminante da felicidade é a beatitude. Ela "nada mais é do que a própria satisfação da alma, que nasce do conhecimento intuitivo de Deus". "Portanto, quanto mais somos capazes desse tipo de conhecimento, mais estamos conscientes de nós mesmos e de Deus, quer dizer, somos perfeitos e felizes."[26] Quer dizer que caímos de novo em uma concepção mística da felicidade? Não, pois é preciso lembrar a noção bem particular de Deus em Spinoza, noção tão particular que ainda hoje seus comentadores divergem completamente a respeito. É à luz de toda a vida e da obra de Spinoza que se deve interpretar essa declaração. Parece assim que, para ele, a felicidade é abordar pela razão o conhecimento perfeito do mundo, do bem e do mal; é de certa forma comer a maçã da árvore do conhecimento do bem e do mal. A felicidade pela Filosofia, pela vitória da razão sobre a paixão. Concepção que combina com o temperamento de Spinoza, que seu primeiro biógrafo, Jean Colerus, apresenta como um homem sereno: "Ele sabia admiravelmente bem ser o senhor de suas paixões. Nunca foi visto muito

---

22 Spinoza, *Éthique*, 4ª parte, proposição XXI, em *Oeuvres complètes*, p.563.
23 Ibid., p.581-2.
24 Ibid., p.617.
25 Spinoza, *Cout traité*, ibid., p.112.
26 Id., *Ética*, p.610, 642.

triste, nem muito alegre",[27] o que lhe permitiu suportar as constantes perseguições e calúnias de que foi objeto.

DESCARTES: A FELICIDADE NA ESTUFA

A felicidade pelo conhecimento intelectual é também o que caracteriza Descartes (1596-1650). Sem o calor humano. Descartes foi um homem feliz? Quem melhor pode responder é seu amigo e primeiro biógrafo, Adrien Baillet, que nos apresenta um homem mais para o alegre, de ordinário contente, de bom humor e animado, egocêntrico, tendendo à solidão e muito preocupado com seu equilíbrio.

> Era muito agradável e engraçado à mesa, [...] e carregou até o fundo de sua solidão o belo humor e a animação natural que notáramos nele, desde sua mais tenra juventude. A alegria que lhe era habitual fazia-o encarar tudo sem repugnância; e se acreditamos nisso, ela facilitava seu sucesso. Ela contribuía até mesmo para sua saúde. Sem ela, não teria suportado o peso da solidão com tanta perseverança. É ela que lhe converteu a inclinação para o isolamento em verdadeira paixão pela vida escondida.[28]

Para uma vida feliz, vivamos escondidos; para ele, a felicidade está na estufa, se assim podemos dizer: "Ele permanecia o dia inteiro fechado, sozinho em uma estufa, onde tinha o lazer de se entreter com seus pensamentos", escreve Baillet sobre o episódio que se tornou emblemático: jovem militar de 23 anos, durante uma campanha na Baviera, Descartes passa dias inteiros em uma "estufa", uma cabana aquecida, perto do Danúbio, onde tem, em outubro de 1619, uma verdadeira revelação sobre o método racional. Dali em diante, totalmente dedicado à busca da verdade, leva uma vida mais solitária, que corresponde a seu temperamento. O que ele preza antes de tudo é a tranquilidade, a paz, à qual está pronto a sacrificar glória e fama, ao desistir de algumas publicações que poderiam lhe atrair aborrecimentos. Prudente, sóbrio, casto, frugal, muito atento à saúde, "que ele via como o principal bem desta vida, depois da virtude", "tinha acostumado seu gosto a tudo que não fosse nocivo à saúde do corpo", levando uma existência que poderíamos comparar à do sábio estoico.

---

27   *La vie de B. de Spinoza par Jean Colerus*, em *Oeuvres complètes*, op. cit., p.1520.
28   Baillet, *Vie de M. Descartes, la table ronde*, 1946, p.281-2.

De fato, uma das principais máximas que se impusera para a conduta de sua vida era tentar vencer a si mesmo mais do que à fortuna, e a mudar seus desejos mais do que a ordem do mundo.

Ele desaprovava também qualquer uso de estimulantes e de drogas euforizantes como o álcool ou o tabaco, e escreveu à princesa Elizabeth:

> Se eu achasse que o bem supremo é a alegria não duvidaria que devêssemos tratar de nos tornar felizes, a qualquer preço, e aprovaria a brutalidade dos que afogam seus desprazeres no vinho, ou os tonteiam com petume.[29]

Resumindo, ele não bebe, não fuma, sem dúvida nada de sexo tampouco: ele pensa; logo, é feliz.

No entanto, Descartes não fala muito de felicidade em sua obra filosófica. O tratado *Les passions de l'âme* [Sobre as paixões da alma] interessa-se principalmente pela alegria, que "é uma agradável emoção da alma, na qual consiste o gozo que ela tem do bem que as impressões do cérebro lhe representam como seu".[30] Coerente com sua concepção dualista do ser humano, Descartes distingue a alegria intelectual da alegria paixão,

> pois, tão logo nosso entendimento percebe que possuímos algum bem, ainda que esse bem possa ser tão diferente de tudo o que pertence ao corpo que não seja nada imaginável, a imaginação não deixa de causar de pronto alguma impressão no cérebro, da qual segue o movimento dos espíritos que excita a paixão da alegria.[31]

A alegria paixão é um fenômeno mecânico que tem efeitos psicológicos: "O pulso é igual e mais rápido do que o habitual", os nervos dilatam os orifícios do coração, o que

> dá meios ao sangue para que os outros nervos busquem as veias próximas ao coração para nele entrar e dele sair em maior quantidade que de costume; e porque o sangue que então entra no coração já passou por ali várias vezes, vindo das artérias dentro das veias, ele se dilata com facilidade, e produz espíritos

---

29 Carta de 6 out. 1645, em *Descartes: oeuvres, lettres*, p.1209.
30 Descartes, *Les passions de l'âne*, art.91, ibid., p.738.
31 Ibid.

cujas partes, por serem iguais e sutis, são adequadas para formar e fortificar as impressões do cérebro que dão à alma pensamentos alegres e tranquilos.[32]

Essa alegria paixão pode ser desencadeada por estímulos puramente físicos,

> assim, quando estamos em plena forma e o tempo é mais sereno que de costume, sentimos em nós uma alegria que não vem de nenhuma função do entendimento, mas unicamente das impressões que os movimentos dos espíritos fazem no cérebro;

ou para pensamentos agradáveis, como "o contentamento dos velhos quando se lembram dos males sofridos, vem do que eles se representam que é um bem ter podido, não obstante isso, subsistir".[33]

Quanto à felicidade, é o sentimento que acompanha a possessão do bem supremo, que é a virtude:

> Quem quer que tenha vivido de tal sorte que sua consciência não lhe pode censurar por ter alguma vez deixado de fazer todas as coisas que julgou serem as melhores (que é o que eu chamo aqui de seguir a virtude), recebe uma satisfação que é tão poderosa para fazê-lo feliz que os mais violentos esforços da paixão jamais têm poder suficiente para perturbar a tranquilidade de sua alma.[34]

Descartes se vangloria assim de reconciliar estoicismo e epicurismo: como Zenon, ele pensa que a virtude é o bem supremo e, como Epicuro, que o contentamento, "ao qual ele dava o nome de prazer", tem um valor fundamental.

Porém, mais do que em suas obras filosóficas, é na correspondência que encontramos sua verdadeira teoria da felicidade. Em 1645, ele escreve várias cartas sobre o assunto à princesa Elizabeth, filha do rei da Boemia e conde palatino, Frederico. Como podemos ser felizes, pergunta-lhe a jovem. Descartes tem um método, ninguém duvida. Podemos partir, diz ele, do que nos disseram sobre isso os antigos, e completá-los.[35] Ele propõe basear-se no tratado *Da vida feliz*, de Sêneca. Como ele, Descartes observa que todo

---

32 Ibid., art. 104, p.743-4.
33 Ibid., art. 94-5. p.741-2.
34 Ibid., art. 148, p.767.
35 Carta de 21 jul. 1645, ibid., p.1191

mundo quer ser feliz sem saber exatamente o que é a felicidade. Esta deve ser diferenciada da beatitude. A felicidade prende-se a motivos externos, vindos do acaso, no sentido de sorte,

> ao passo que a beatitude consiste, parece-me, em um perfeito contentamento de espírito e em uma satisfação interna que não têm habitualmente aqueles mais favorecidos pela sorte, e que os sábios adquirem sem ela. Assim, *vivere beate*, viver em beatitude, nada mais é do que ter o espírito perfeitamente contente e satisfeito.[36]

Dois tipos de bens podem contribuir: os que dependem de nós, como virtude e sabedoria, e os que não dependem, como honrarias, riqueza, saúde. Admitamos:

> É certo que um homem bem-nascido, que não é doente, a quem não falta nada, e que com isso é também sábio e tão virtuoso como outro que é pobre, doentio e disforme, pode gozar de um contentamento mais perfeito do que ele.

No entanto,

> não duvido que os mais pobres e os mais desfavorecidos pela sorte ou pela natureza não possam ser tão contentes e satisfeitos quanto os outros, ainda que não gozem de tantos bens.[37]

Para isso, é preciso se conformar a três preceitos: servir-se o melhor possível de seu espírito para discernir o que deve ou não ser feito; seguir a razão, e não as paixões; não desejar o que está fora de nosso alcance. Isso pode, na verdade, se resumir assim: ter em tudo uma conduta racional.

> A maior felicidade do homem depende desse direito de uso da razão e, por conseguinte, que o estudo que serve para adquiri-la é a ocupação mais útil que se pode ter, como também sem dúvida a mais agradável e a mais aprazível.[38]

A razão pode com certeza se enganar, mas, se agimos ao mesmo tempo em conformidade com a virtude, não há de que nos arrepender.

---

36 Carta de 4 ago. 1645, ibid., p.1193.
37 Ibid.
38 Ibid., p.1195.

Como somos criaturas dualistas, corpo e alma, a interação dos dois pode ser fonte de complicações. O corpo é a fonte da imaginação, e esta perturba o entendimento: assim, alguém que tivesse "tudo para ser feliz", mas que se representaria sem cessar por objetos tristes,

> só isso bastaria para acostumar seu coração a se apertar e a lançar suspiros; em seguida, como a circulação do sangue estava atrasada e lenta, as partes mais grosseiras do sangue, ao se prenderem umas às outras, poderiam facilmente opilar o baço, embaraçando-se e parando em seus poros.

Ao contrário, alguém que teria reais motivos para ser feliz, mas que imaginava coisas alegres, poderia ser feliz: o sangue circularia mais rápido e isso poderia desopilar-lhe o baço.

O bom funcionamento da máquina é portanto essencial, pois, se o corpo vai mal, a razão e o livre-arbítrio são alterados:

> Há doenças que, tirando o poder de raciocinar, subtraem também o de gozar uma satisfação de espírito razoável. [...] Pois não há ninguém que não deseje ser feliz; mas vários não sabem o meio; e quase sempre a indisposição que está no corpo impede que a vontade seja livre.[39]

Zelar por sua saúde é fundamental, e Descartes é particularmente atento a esse ponto, o que não o impedirá de morrer aos 53 anos de uma pneumonia qualquer. Podemos dizer que a rainha Cristina, ao obrigá-lo a dar-lhe aulas de Filosofia às cinco horas da manhã no glacial palácio de Estocolmo em pleno inverno, tem sua morte pesando na consciência.

Cuidar da saúde é um ponto essencial da estratégia cartesiana da felicidade. Ser alegre é outro, pois

> logo que o espírito está pleno de alegria, isso serve para fazer o corpo se portar melhor e os objetos presentes parecerem mais agradáveis. E, mesmo assim, ouso acreditar que a alegria interna tem alguma força secreta para tornar a sorte menos favorável. [...] Assim, ouso exortar Vossa Alteza, já que ela se encontra em um local onde os objetos presentes lhe dão apenas satisfação,[40]

---

39 Carta de 1º set. 1645, ibid., p.1201.
40 Carta de nov. 1646, ibid., p.1244.

a pegar as coisas pelo lado bom. Considerem sempre o copo meio cheio mais do que meio vazio:

> Porque quase todas as coisas do mundo são tais que, não importa o lado que olhemos, elas parecem boas, e de qualquer outro que faz que notemos nossos defeitos, acredito que se devemos usar nossa habilidade em qualquer coisa, é principalmente podermos olhar o viés que o faz parecer mais vantajoso, contanto que seja sem nos enganar.[41]

Há, certamente, naturezas mais felizes que outras, mas todos os obstáculos podem ser superados se a razão estiver intacta. É ela que nos faz ponderar o justo valor dos bens cobiçados, pois a imaginação nos trai ao amplificar as vantagens esperadas, tão bem que não raro somos decepcionados pela posse do que desejávamos:

> Não existe nada que possa nos tirar totalmente o meio de nos tornarmos felizes, contanto que não perturbe nossa razão. [...] Há dois tipos de prazer: os que pertencem unicamente ao espírito, e os que pertencem ao homem, isto é, ao espírito unido ao corpo; e estes últimos, por se apresentarem de modo confuso à imaginação, parecem quase sempre muito maiores do que são, principalmente antes de os possuirmos, o que está na origem de todos os males e de todos os erros da vida. [...] É comum a paixão nos levar a crer algumas coisas muito melhores e mais desejáveis do que são; depois, quando já tivemos o maior trabalho para adquiri-las, e entretanto perdido a oportunidade de possuir outros bens mais verdadeiros, o proveito nos faz conhecer seus defeitos e daí vêm os desdéns, os arrependimentos, as lástimas.[42]

É o caso do desejo sexual: a imaginação nos faz entrever volúpias tais que a realidade é quase sempre decepcionante. A imaginação é um obstáculo à felicidade.

Há outros, como a vida na corte, ou simplesmente uma vida social excessiva, que nos impede de nos centrarmos sobre nós mesmos, e dispersa nossa atenção sobre futilidades mundanas. Para alcançar a beatitude, devemos procurar o bem supremo, que Zenão situa na virtude, Epicuro na volúpia e Aristóteles em um composto de todas as perfeições. Cada um deles tem razão apenas em parte.

---
41 Carta de 6 out. 1645, ibid., p.1210.
42 Carta de 1º set. 1645, ibid., p.1202.

É por isso que acredito poder aqui concluir que a beatitude consiste apenas no contentamento do espírito, quer dizer no contentamento em geral; pois, apesar de haver contentamentos que dependem do corpo, e outros que não, todavia não há nenhum senão no espírito; mas, para se ter um contentamento sólido, é necessário seguir a virtude.[43]

Para alcançar a felicidade, a opinião dos sábios é certamente útil, mas é preciso sobretudo utilizar seu próprio julgamento e seguir a natureza, isto é, a ordem das coisas determinada por Deus.

Poderíamos decididamente dizer que toda a vida de Descartes é guiada pela busca da felicidade pessoal pelo uso da razão. Uma felicidade de repouso, que se protege contra os acidentes da sorte: uma atitude prudente, talvez desconfiada, que o leva a recolher em suas caixas os manuscritos que poderiam lhe causar aborrecimentos com a Igreja após a condenação de Galileu; uma vida em retiro, semissolitária, uma preocupação constante com a saúde; a recusa de qualquer excesso, de qualquer paixão, fora a da verdade; o controle da imaginação. A felicidade cartesiana pode parecer seca, cerebral. Está perfeitamente adaptada ao ideal clássico do Grande Século.

HOBBES, DESTRUIDOR DE MITOS:
A FELICIDADE, O HOMEM SELVAGEM E A IDADE DE OURO

Ao ideal, sem dúvida. Mas e à realidade? É curioso constatar como esse homem do qual fizemos a encarnação do espírito do século é uma exceção nesse século. Ele encarna mais o que o século XVII queria ser do que foi de fato. Para nos atermos à questão da felicidade, seu otimismo racionalista é uma exceção. Sem falar ainda dos teólogos e moralistas cristãos, que contestam qualquer possibilidade de felicidade terrestre, os intelectuais mais seculares expressaram um ceticismo e um pessimismo muito mais representativos das mentalidades e da cultura da Europa absolutista.

A felicidade? Uma ilusão! Uma quimera!, pensa Thomas Hobbes (1588-1679), dez anos mais velho que Descartes. Pois o homem é um ser de desejo que não consegue se satisfazer com o que tem; sem cessar, corre de um desejo a outro, imaginando que será feliz quando tiver obtido o que quer. Mas "nada como o bem último ou o bem supremo de que falam os livros dos

---

[43] Carta de 18 ago. 1645, ibid., p.1119-200.

velhos filósofos moralistas". A vida é "um processo contínuo de desejo, de um objeto a outro, em que a satisfação do precedente nada mais é do que o caminho para o seguinte", "um desejo perpétuo e inquieto de poder após poder, que somente cessa na morte". O que os homens chamam de felicidade é o fato de poder satisfazer seus desejos uns após os outros, mas essa corrida desenfreada é mesclada de temor e não comporta nenhum repouso:

> O sucesso contínuo na obtenção dessas coisas que um homem deseja, essa contínua prosperidade é o que os homens chamam de felicidade; quero dizer, felicidade nesta vida. Pois não há, enquanto vivemos neste mundo, nada como a tranquilidade de espírito perpétua. Pois a vida é somente movimento, e não pode jamais ficar sem desejo nem sem receio, não menos do que sem sentimento.[44]

Em suma, o quase ateu Hobbes encontra a análise pascaliana. Sua concepção da felicidade é a clássica por excelência: um estado estável de satisfação, uma felicidade de repouso, de tranquilidade. Ora, esse gênero de felicidade não pode, é evidente, ser atingido nesta vida, que é movimento perpétuo, onde nada é jamais garantido.

Essa inquietude durável está ligada à natureza humana, ela não é própria ao homem civilizado. Hobbes se ergue contra a ideia de um bom selvagem que seria feliz. Esse mito, surgido com as viagens de descoberta do século XVI, se amplia de fato no século seguinte. Em 1612 é publicado em Londres o relato das expedições de Colombo pelo cronista italiano conhecido como Pierre Martyr: *De Novo Orbe, or the History of West Indies* [Sobre o novo mundo, ou a História das Índias Ocidentais]. Para ele, o Novo Mundo evoca irresistivelmente a idade de ouro. A simplicidade de vida dos índios da América, seu caráter pacífico, a generosidade da natureza e a comunhão dos bens criam um quadro idílico que faz deles pessoas felizes: "Eles vivem sem lugar de residência fixo, sem lavrar a terra e sem cultivar o solo, como o que lemos sobre os antigos tempos da idade de ouro". Cuba (já) é o paraíso do comunismo, onde "os indígenas conhecem a idade de ouro, pois não conhecem nem *meum*, nem *tuum*". Uma primavera eterna e frutas selvagens permanentes lhes garantem uma vida sem preocupação, uma felicidade com a qual se reconciliam liberdade e igualdade:

> Os habitantes dessas ilhas sempre foram tão habituados a viver em liberdade, no jogo e no lazer que não podem suportar o jugo da servidão. [...] E, sem

---

44 Hobbes, *Leviatã*, 1ª parte, cap.VI.

dúvida, se conhecessem nossa religião, estimo que sua vida seria mais feliz do que a nossa. [...] Satisfazem-se com um nada, pois não derivam nenhum prazer com essas superfluidades pelas quais os homens têm, aliás, tanto apego [...] um mínimo de trajes basta, eles não têm necessidade de pesos e medidas, pois não têm astúcia nem enganos, e não utilizam a maldita moeda. Tão bem que, para dizer a verdade sem vergonha, parecem viver nessa idade de ouro de que os antigos autores nos falam tanto, em que os homens viviam com simplicidade e inocência, sem leis, sem querelas, sem jugos, sem libelos, satisfeitos por seguirem a natureza, sem receio dos eventos por vir. [...] Sem dúvida alguma, esse povo seria o mais feliz do mundo, se somente conhecessem a Deus.[45]

O bom Pierre Martyr não se pergunta por que são justamente os que conhecem Deus que lhe trazem a infelicidade. Seu tradutor inglês, Richard Éden (que não podia ter nome melhor), extasia-se com o fato de que, para os índios, "o ouro não vale mais do que as pedras".

Os caraíbas e a América continental de antes da conquista como pátrias da idade de ouro é o que resulta da abundante literatura de viagem do século XVI. Geoffroy Atkinson catalogou mais de quinhentas obras desse tipo,[46] publicadas antes de 1610, cujos autores parecem fascinados pelo fato de que em um país feliz "tudo é comum para todos". Marc Lescarbot, em sua *Histoire de la nouvelle France* [História da nova França], escreve que os índios conheciam "a vida da antiga idade de ouro, que os santos apóstolos queriam restaurar". Jocodius Hondius afirma que eles "mantinham todas as coisas em comum entre eles, à maneira dos que viviam nos tempos da idade de ouro de que falam os poetas".[47] Tendo chegado à costa do que é hoje a Carolina do Norte, Philip Adamas e Arthur Barlow acham

> as gentes mais doces, mais amáveis e fiéis, desprovidas de malícias e de traição, tais como os que viviam na idade de ouro. A terra produz todas as coisas em abundância, como nos tempos da criação, sem esforço e sem trabalho.[48]

William Davenant atribui aos incas submetidos aos espanhóis este canto nostálgico:

---

45 Martyr, *De novo orbe, or the History of the West Indies*, p.140.
46 Atkinson, *Les nouveaux horizons de la Renaissance française*.
47 Apud Atkinson, p.142.
48 Hakluyt, *The Principal Navigations, Voyages, Traffiques and Discoveries of the English Nation*, VIII, p.305.

> *Quando nosso mundo era novo,*
> *Desconhecido pelo antigo,*
> *Nós dançávamos e cantávamos,*
> *E parecíamos sempre jovens,*
> *Éramos livres e sem laços,*
> *Como as ondas e o vento marinho.*[49]

Ronsard, desiludido com sua sorte e com as tribulações da vida civilizada, volta-se também com inveja para a vida feliz dos selvagens americanos. Ele convida seus amigos a partir com ele para *As Ilhas Afortunadas* onde reina a idade de ouro, e pede a Durand de Villegagnon, que queria criar uma colônia protestante na baía do Rio, que renuncie a seu projeto de civilizar aqueles índios, pois isso os faria passar da idade de ouro à idade de ferro. Aquela gente era feliz,

> *E, como a água de um rio, é comum todo seu bem,*
> *Sem processo engendrado desse termo Teu e Meu.*[50]

No México, o bispo de Michoacán, Vasco de Quiroga (1470-1565), também associa a vida dos *pueblos* à dos homens da idade de ouro,

> pois não é em vão, mas por boas razões, que esse mundo é chamado de Novo Mundo, não porque foi recentemente descoberto, mas porque, em quase tudo, ele é como nos tempos antigos da idade de ouro.[51]

Como discípulo de Thomas More, ele deseja criar entre os *pueblos* uma comunidade do tipo utopiano. Mas impor leis a gente cuja felicidade está justamente na ausência de leis é uma contradição insuperável com a qual se chocam os utopistas.

Já os puritanos não buscam a felicidade no modo de vida dos índios. Vão para a América para ali instalar seu próprio modelo de comunidade ideal, inspirado no milenarismo. Mas é ainda a imagem da idade de ouro que se impõe a Cotton Mather, quando anuncia: "A primeira era foi a idade de ouro; retomá-la faz de nós protestantes, e, atrevo-me a dizer, puritanos".[52]

---

49 Davenant, *Dramatic Works*, IV, 88.
50 Ronsard, *Discours contre fortune*.
51 Apud Levin, *The Myth of the Golden Age in the Renaissance*, 1972, p.93.
52 Ibid., p.67.

Em todo caso, quer seja entre os índios, quer seja entre os colonos, é na América que se encontra a felicidade. É o que escreve Daniel Denton em 1670:

> Podemos dizer que, se a felicidade terrestre pode ser alcançada por gente de todas as condições, e sobretudo pelos de nível inferior, é aqui que isso é possível; aqui, todo mundo pode encontrar terra, e viver sem pagar aluguel...

A natureza fornece todos os bens em abundância, os habitantes são simpáticos,

> vocês podem viajar de uma ponta a outra do país com tanta segurança como se estivessem em seu quarto, [...] mas o que acrescenta felicidade a todo o resto é a excelência das condições sanitárias desse lugar, onde muita gente em vinte anos nunca esteve doente, [...] onde, além da tepidez do ar, o país exala um odor delicioso que se sente do mar antes mesmo de se ver a terra. [...] O que mais dizer? [...] Que se existe um Canaã terrestre, é certamente nesse lugar, onde correm o leite e o mel.[53]

Thomas Hobbes não quer saber desses contos de fadas. Os índios não são mais felizes do que os outros, e a idade de ouro não passa de um mito poético que nada tem a ver com a realidade americana. O estado de natureza é a guerra de todos contra todos. O bom e feliz selvagem é só uma ilusão. Que o homem seja o lobo do homem, o terceiro capítulo da primeira parte do *Leviatã* obstina-se em demonstrar. No estado de natureza, cada um deve lutar para sobreviver, arrancando dos outros pela força aquilo que lhe é necessário; é a competição pela comida, pelas mulheres, pelo gado.

> Todo o tempo que os homens passam sem um poder comum para mantê--los em respeito, eles estão em situação de guerra – uma guerra de cada homem contra cada homem. [...] Os homens não têm prazer algum em estar juntos onde não houver poder capaz de mantê-los em respeito.

E, nessa situação, a vida econômica, cultural, artística é impossível; é "o medo contínuo, o risco de morte violenta, e a vida do homem é solitária, pobre, ruim, selvagem e curta". Como se pode pretender que os selvagens

---

53 Denton, *A Brief Description of New York*, 1670, apud Daniel e Deschamps, *L'Immigration aux États-Unis de 1607 à nos jours*, p.28.

sejam felizes? "Os povos selvagens da América, com exceção da família restrita, na qual a concórdia se baseia na satisfação dos instintos, não têm governo algum, e vivem como brutos, do modo que expliquei." Nesse estado de guerra de todos contra todos, não existe nenhuma noção de justiça ou de injustiça, e se não há propriedade privada, isso não é para fazer as pessoas felizes, como pretendem os utopistas, mas porque os bens são de quem deles se apoderar. Se não há "nem propriedade nem domínio, nem 'meu' nem 'teu' distintos", é porque "cada um pega o que puder e o guarda o maior tempo que conseguir". Essa situação, longe de garantir a felicidade, instaura o medo permanente, e é para sair desse medo que os homens se dotam de um poder político que, para ser eficaz, deve ser absoluto. O que não faz, apesar disso, as pessoas felizes: para o homem civilizado começa, então, a corrida sem fim da realização dos desejos.

O homem clássico aspira à ordem, à regularidade, à estabilidade. Traumatizado pelas guerras religiosas e civis, ele concebe a felicidade como um estado de repouso em uma harmoniosa hierarquia organizada pela razão. Mas como o pecado original perturbou essa hierarquia ao permitir a revolta dos sentidos, é preciso restabelecer a ordem multiplicando-se os regulamentos, as proibições, as sanções, as barreiras de proteção em todos os níveis e em todos os domínios. É a esse custo, pensamos, que se reencontrará talvez a felicidade da idade de ouro e a beatitude do paraíso terrestre. Hobbes, que fugira da guerra civil inglesa, e que defende um poder político autoritário, é a ilustração típica disso. Em todos os domínios, visamos o imutável, considerado a condição para a felicidade: a monarquia absoluta, com um ritual de corte meticuloso, uma religião única, oficial e obrigatória, artigos de fé definidos pelo catecismo, o controle minucioso da moral pública e privada por uma casuística fechada, tarifação estrita dos pecados, códigos econômicos rigorosos que proíbam a livre concorrência, língua depurada, estruturada, gramaticalmente fixada, instrumento rígido de um pensamento rigorosamente racional que exclui a fantasia, artes e literatura enquadradas pelas academias, de acordo com os cânones formais e a regra das três unidades, censura estrita, arquitetura geométrica: esse jugo é revelador do pessimismo clássico no que concerne à natureza humana. O homem, mau, está sob vigilância permanente, a fim de controlar pulsões e paixões, fatores de caos. Como nas utopias, a liberdade é inexistente, pois seria a liberdade de fazer o mal, o reinado da violência anárquica. Mas, contrariamente às utopias, também não existe igualdade: uma hierarquia rígida e imutável impõe a cada um seus deveres.

Nessa sociedade, a felicidade não consta da pauta. Nessa terra, trata-se apenas de limitar os males. Tudo que se possa conjeturar são alegrias e prazeres passageiros, não o estado permanente de felicidade que associamos à beatitude. A imutabilidade da sociedade clássica não é a imutabilidade feliz, mas a do prisioneiro; não engendra a felicidade, e sim o tédio. Não surpreende que seja um escritor clássico, La Motte-Houdar (1672-1731), que afirma que "o tédio nasceu um dia da uniformidade".

A felicidade: contentamo-nos em sonhar com ela. A felicidade como era antes ficará para mais tarde. Mas antes, apenas duas pessoas a conheceram, e, mesmo assim, por pouquíssimo tempo, e depois somente os eleitos, um punhado de privilegiados, a conhecerão. Entre esses dois momentos, milhões de miseráveis, durante milhares de anos, que não verão nem a cor da felicidade. Não nos fartamos de repisar o tempo maravilhoso que Adão e Eva conheceram antes do pecado, projetando neles todas as aspirações à felicidade. Coibido em sua busca da felicidade presente, o homem clássico liberta sua imaginação para atribuir aos nossos pais primitivos todas as felicidades que lhe são recusadas. A fusão entre idade de ouro e paraíso terrestre é comum, conforme escreve o poeta Henry Reynolds:

> O que significa idade de ouro [...] senão o estado do homem antes de seu pecado? E, por conseguinte, a idade de ferro é o mundo de desgraças e de miséria que se seguiu à falta. [...] O jardim de Adonis dos poetas nada mais é do que o Éden de Moisés, ou o paraíso terrestre...[54]

Se a idade de ouro e o Éden de antes da maçã são uma única e a mesma coisa, não podemos considerar que os felizes selvagens da América são pessoas que escaparam ao pecado original? É o que alguns afirmam. Outros indícios são propostos: por volta de 1650, Antonio de León Pinelo sugere que os curiosos "frutos da paixão" provêm da árvore do conhecimento do bem e do mal; os papagaios, esses "pássaros do paraíso", conservaram a capacidade de falar, como era o caso de todos os animais antes da Queda. Em 1655, Isaac de la Peyrère conclui em um livro famoso, o *Systema theologicum ex praedamitarum hypothesi* que havia homens antes de Adão e Eva, os pré-adamitas, que escaparam ao pecado original. Hipótese categoricamente rejeitada pelas autoridades eclesiásticas. Se os índios fossem os descendentes dos pré-adamitas, deveriam ser perfeitamente felizes e racionais; entretanto, esses brutos vivem como animais e dariam uma bem pálida ideia da obra-prima da criação. Somente Adão e Eva conheceram a felicidade.

---

54 Reynolds, Mythomystes, em Spingarm (Ed.) *Critical Essays of the Seventeen Century*, p.176.

A FELICIDADE, UM SONHO DE CAVOUQUEIRO: OS *DIGGERS* DE WINSTANLEY

A felicidade por vir, a dos eleitos, é muito hipotética, e a seleção será impiedosa. A imensa maioria dos homens, portanto, jamais será feliz. Para eles, será uma eternidade de sofrimentos, após uma vida de tristezas. Alguns audaciosos, no entanto, contestam essa desesperante certeza. São encontrados na Inglaterra em meados do século, nos meios milenaristas e revolucionários que agitam a guerra civil (1641-1649), e no protetorado de Cromwell e seu filho (1649-1660). Os primeiros apenas prolongam as especulações extravagantes baseadas no Apocalipse e no livro de Daniel para anunciar uma era de paz, de prosperidade e de felicidade, mais ou menos próxima, e em geral precedida por catástrofes. Gente como Thomas Brightman (1562-1607) e John Mede (1586-1638) apoiam suas previsões de felicidade em assombrosos cálculos, retomados e desenvolvidos por Thomas Goodwin (1600-1680) e John Owen (1616-1683), John Cotton (1584-1652), John Eliot (1604-1690). Durante a guerra civil, os *levellers* (niveladores), os *diggers* (escavadores ou cavouqueiros), os *rants* (divagadores), os homens da Quinta Monarquia, mesclando textos bíblicos e reivindicações sociais de base comunista, recursos à pregação e o uso da violência, buscam promover uma sociedade igualitária, reminiscência da idade de ouro.

O pensamento mais acabado é o do *digger* Gerard Winstanley, que seu biógrafo define como "místico e racional, comunista e reformador social".[55] Precisamos da felicidade de imediato, aqui e agora, proclama ele:

> Por que não poderíamos ter nosso céu aqui, quer dizer, um nível de vida mais confortável na terra, e mais tarde também? Enquanto os homens contemplam o céu, imaginando uma felicidade futura ou temendo um inferno após a morte, seus olhos são fechados para que não possam ver seu direito natural e o que devem fazer na terra durante a vida.[56]

Já é a ideia da religião como ópio do povo. Os padres e os príncipes confiscaram a felicidade terrestre em troca de uma promessa de felicidade futura. É preciso recuperar a posse desse bem comum que é a terra; ela é "a herança de todos"; ela deve ser "livre e comum para todos, para que

---

55 Berens, *The Digger Movement*.
56 Apud Hill, *The World Turned Upside Down: Radical Ideas During the English Revolution*, p.140-1.

juntos a trabalhemos, para que juntos nos alimentemos dela". Então, "a escravidão será abolida, todas as lágrimas serão enxugadas, todos os pobres serão socorridos e libertados da pobreza e do desamparo". Então, diz um poema dos *diggers*,

> Será a felicidade,
> Pois todos os desamparos
> Longe de nós desaparecem...
> Então poderemos ver
> O comunista poder
> Que durará para sempre...
> Da sublime idade de ouro
> De que vos faço o relato
> Nascerá bem-estar inédito...
> Exaltemos todos em coro
> Essa felicidade, oh, Senhor...[57]

"A felicidade jorrará de sob esse pó", diz ainda Winstanley. Aspiração retomada por vários outros textos dos *diggers* e dos *levellers*, como o panfleto intitulado *caminho da felicidade na terra*,[58] e o sermão de Thomas Coleman, *O caminho e a queixa cristãos, tanto na busca da felicidade desejada como para as vantagens decorrentes dessa busca*.[59] Nesse sermão, proferido diante do Parlamento em 30 de agosto de 1643, Coleman associa "a longa busca da felicidade" à marcha dos hebreus rumo à terra prometida, ideia que encontramos também em John Greene, que, em 1641, publica *Um breve chamado à felicidade em geral; como essa felicidade é manifestada por Jesus Cristo*,[60] este último classificado por Winstanley de "nivelador-chefe" antes de se tornar o hebertista "*sans-culotte* Jesus Cristo". O *ranter* Abiezer Coppe também faz do "Canaã espiritual [...] uma terra de grande liberdade, a casa da felicidade, onde correm o vinho suave, o leite e o mel".[61] Mesmo os inimigos dos Cabeças Redondas, os monarquistas, dizem lutar pela felicidade de todos. Um deles, o reverendo Richard Holdsworth, pronuncia em 1642, em Cambridge, um sermão sobre

---

57 Apud Delumeau, *Milles ans de bonheur*, op. cit., p.297.
58 Crofts, *The Way to Happiness on Earth concerning Riches, Honour, Conjugal Love, Eating, Drink*.
59 Coleman, *The Christian's Course and Complaint both in the Pursuit of Happiness Desired, and for the Advantages Slipped in that Pursuit*.
60 Greene, *A Brief Unveilling of God and Man's glory, in which is 1. A Brief Rehearsal of Happiness in General; 2. How this Happiness is Manifested by Jesus-Christ; 3. The Souls Song of Love*.
61 Apud Hill, op. cit., p.339.

o tema *Da felicidade do povo*: "Em todas as coisas devemos considerar a felicidade para todos", declara ele, antes de concluir: "A felicidade é a linguagem comum a todos".⁶²

"*Words, words, words...*", diria Hamlet. Palavras, nada mais do que palavras. Mas palavras reveladoras. A busca da felicidade continua sendo o grande assunto dos homens. No século XVII, todavia, é uma busca de classe, se podemos assim nos exprimir. Para as autoridades morais, religiosas, políticas, para as classes dominantes, a única felicidade a vislumbrar é a do além. Apenas espíritos audaciosos, contestatórios, revolucionários, ousam buscar a felicidade terrestre que só pode se realizar pela revolução social. A ditadura puritana de Cromwell e depois a restauração de Charles II porão fim a essa louca esperança.

LA ROCHEFOUCAULD E PASCAL:
A FELICIDADE OU A GRANDE ILUSÃO

Os moralistas, que na verdade são os psicólogos da época, confirmam essa visão pessimista. Tomados eles também pela ideia de corrupção da natureza humana, não veem quase nenhuma possibilidade de vida feliz aqui na terra. Para La Rochefoucauld (1613-1680), o mais feroz de todos, nossa felicidade não depende de nós, e também não gostamos da felicidade dos outros: "A felicidade e a desgraça dos homens não dependem nem de seu humor, nem da sorte" (máxima 61), e "nossa inveja dura sempre mais do que a felicidade daqueles a quem invejamos" (máxima 476). As relações humanas baseiam-se no amor-próprio, no orgulho e no ciúme. Nesse jogo de máscaras, parecer é mais importante do que ser, e "nós nos atormentamos menos para ser felizes do que para fazer crer sê-lo" (máxima póstuma). Na verdade, a imensa maioria se compõe de gente que não é nem feliz nem infeliz: "Não somos nunca tão felizes nem tão infelizes como imaginamos" (máxima 49), e não há realmente método para atingir a felicidade. Assim, a razão é totalmente incapaz de dominar as paixões: "Nunca desejamos com ardor o que desejamos apenas pela razão" (máxima 464), e estamos prontos a seguir o vício mais do que a virtude se ele nos trouxer mais satisfação: "As pessoas felizes mal se corrigem e creem ter sempre razão, quando a sorte sustenta sua má conduta" (máxima 227). Os conselhos de sabedoria

---

62 Holdsworth, *The Peoples Happiness*, 2, 5-6.

são inúteis, pois "poucas coisas são necessárias para tornar o sábio feliz e nada pode tornar feliz um louco; é por isso que quase todos os homens são miseráveis" (máxima 538). De resto, "a felicidade ou a infelicidade vão em geral àqueles que têm mais de uma ou da outra" (máxima 551). Nesse assunto, somos todos hipócritas:

> O primeiro movimento de alegria que temos diante da felicidade de nossos amigos não vem nem da bondade natural, nem da amizade que temos por eles: é um efeito do amor-próprio, que nos lisonjeia com a esperança de sermos felizes na nossa vez, ou de tirarmos algum proveito de sua boa sorte (máxima 582).

Para La Rochefoucauld – que diz de si mesmo em seu autorretrato de 1658: "Sou melancólico e a tal ponto que, em três ou quatro anos, viram-me rir apenas três ou quatro vezes" – a felicidade é a grande ilusão da vida humana, por razões psicológicas.

Pascal é tão pessimista quanto, por motivos que ele crê religiosos, mas que na verdade se baseiam em uma análise psicológica de grande fineza. Como podemos continuar a crer na possibilidade da felicidade depois de ter lido Pascal? Para sermos mais precisos: se fazemos questão absoluta de conservar essa palavra em nosso vocabulário, será preciso mudar-lhe radicalmente o sentido. Pois, como diz Pascal, imaginamos a felicidade como uma condição estável, quando somos seres em movimento perpétuo, sempre em transição, sempre desejando; o desejo é movimento rumo a qualquer coisa, rumo a um estado que não seja mais desejo, um estado de satisfação permanente; o desejo corre atrás de seu próprio enfraquecimento, e é sobre essa contradição que se baseia nossa vida:

> Nossos desejos representam para nós um estado feliz, porque juntam ao estado em que estamos os prazeres do estado em que não estamos; e, quando alcançássemos tais prazeres, não seríamos mais felizes por isso, porque teríamos outros desejos ligados a esse novo estado.[63]

Ou, de modo mais categórico: "Não vivemos nunca, mas esperamos viver: e, dispondo-nos sempre a ser felizes, é inevitável que não o sejamos jamais".[64]

---

63 Pascal, Pensées, em *Oeuvres complètes*, p.1131.
64 Ibid., p.1132.

Isso diz tudo. Mas detalhemos um pouco para os que não estiverem convencidos, os otimistas incuráveis. Somos seres temporais que sonham com a intemporalidade; seres de desejo que sonham não mais desejar, e que chamam de felicidade esse estado de beatitude satisfeita; seres de ação que sonham com o repouso. Imaginemos que nossos desejos todos sejam satisfeitos: seria isso então a felicidade? O caçador corre atrás da caça; tragam-lhe o cervo já assado: será que ele ficaria feliz?

> Aqueles que se fazem de filósofos sobre isso, e que acreditam que o mundo é bem pouco razoável por passar o dia todo correndo atrás de uma lebre que não gostariam de comprar, não conhecem muito nossa natureza.

Pois a satisfação dos desejos não desemboca na beatitude, mas no aborrecimento, ou, para ser mais exato, no pensamento de nossa condição miserável – digamos, em termos seculares, na questão insolúvel do sentido da existência; logo, de seu absurdo. Tudo é bom para escapar a essa visão assustadora do nada; é por isso que enchemos nossa vida de ocupações, de "divertimentos" que desviam nossa atenção. Imaginamos que a felicidade seria a satisfação de nossos desejos, quando na verdade o que procuramos é o tormento de perseguir a felicidade. O objetivo não é a felicidade, mas sim ir no seu encalço.

> Daí vem que o jogo e a conversação das mulheres, a guerra, os grandes empregos sejam tão procurados. Não é que ali haja de fato felicidade, nem que se imagine que a verdadeira beatitude seja ter o dinheiro que se pode ganhar no jogo, ou na lebre que perseguimos: não iríamos querer saber deles se nos fossem oferecidos. Não é esse uso mole e pacífico, e que nos deixa pensar em nossa infeliz condição, que buscamos, nem os perigos da guerra, nem a dureza dos empregos, mas é o tormento que nos desvia de pensar e nos diverte. Daí vem que os homens amem tanto o ruído e o movimento; daí vem que a prisão seja um suplício tão horrível; daí vem que o prazer da solidão seja algo incompreensível.[65]

O que chamamos de felicidade é portanto pura quimera, já que chamamos assim a satisfação dos desejos; quando ao contrário, se nossos desejos fossem satisfeitos, encontraríamos a infelicidade. Mas essa quimera

---

65 Ibid., p.1139-40.

é necessária para nos motivar. Temos necessidade de nela crer para agir com paixão:

> Esse homem passa sua vida sem aborrecimento, jogando pouca coisa todo dia. Deem-lhe todas as manhãs o dinheiro de cada dia, contanto que não jogue mais: vocês o tornarão infeliz. Diremos talvez que é porque ele busca a diversão do jogo, e não o ganho. Façam-no então jogar sem dinheiro, que ele não se animará e vai se aborrecer. Então não é só diversão que ele procura: uma diversão fraca e sem paixão o entediará. É preciso que ele se anime e trapaceie a si mesmo, imaginando como ficará feliz de ganhar o que não aceitou para não jogar, a fim de se formar um tema de paixão, de excitar com isso seu desejo, sua cólera, seu temor, pelo objeto formado, como crianças assustadas com o rosto que lambuzaram.[66]

Assim,

> o homem sem diversão, por mais feliz que o imaginemos, definhará de tristeza e de tédio. E o homem, por mais cheio de tristeza que esteja, se conseguirmos distraí-lo, ei-lo feliz.

Quaisquer que sejam nossas ocupações na vida, das mais "fúteis" às mais "sérias", elas são apenas passatempos para encher esse vazio que é uma existência humana. Que eu brinque de bolinhas de gude ou que escreva um livro, que passeie pelo campo ou me envolva em uma associação de caridade, nada faço se não passar o tempo, se não "matar" o tempo. Persigo metas e me motivo dizendo a mim mesmo que se as alcançar serei feliz, ao passo que, na verdade, o que busco não é atingir minhas metas, mas sim persegui-las. A felicidade não é um estado, é um processo. A felicidade está em sua busca; ela só existe enquanto não a encontramos; sua presença reside em sua ausência.

Esse paradoxo explica por que os filósofos não conseguem cercar o fenômeno da felicidade, defini-lo, dar receitas. Já que nossa condição é radicalmente infeliz, como poderíamos nela abrigar as condições da felicidade? E, no entanto, precisamos acreditar nessa ideia, nesse mito, para suportar a vida. E essa necessidade de crer na felicidade é a melhor prova de nossa infelicidade; é para esquecer a infelicidade que nós nos divertimos, isto é,

---

66 Ibid., p.1143.

procuramos satisfazer nossos desejos, desde o chefe de Estado que rubrica uma lei até o mendigo que vasculha sua lixeira:

> Se nossa condição fosse verdadeiramente de felicidade, não precisaríamos nos distrair de pensar nela para ficarmos felizes.
> Sem ter remédio para a morte, a miséria, a ignorância, os homens deram-se conta de não pensar nisso para serem felizes.
> Não obstante essas misérias, ele quer ser feliz, nada menos do que feliz, e não consegue não querer sê-lo; mas como conceber isso? Seria necessário, para fazê-lo bem, que se tornasse imortal; mas como ele não pode, decidiu impedir-se de pensar no assunto.
> Se o homem fosse feliz, ele o seria tanto mais quanto menos divertido fosse, como os santos e Deus. Sim, mas ser feliz não é poder se regozijar pelo divertimento? Não, pois este vem de outros lugares e de fora; e assim é dependente, sujeito a ser perturbado por mil acidentes, que tornam inevitáveis as aflições.[67]

TEOLOGIA DA FELICIDADE IMPOSSÍVEL

Coloquemos agora a questão a Bossuet: o que é a felicidade, monsenhor? Ele nos responde no *Traité de la connaissance de Dieu et de soi-même*:

> É preciso, para ser feliz, conhecer e amar o bem; e o bem da natureza inteligente é a verdade. [...] Mas como o homem não é uma natureza puramente inteligente, e é uma natureza inteligente unida a um corpo, [...] o bom estado desse corpo deve fazer parte dessa felicidade.[68]

Assim, podemos dizer que "para ser feliz é preciso não ser enganado, nem nada sofrer, nem nada temer".[69] Como já pudemos entender, essas condições são impossíveis de se atingir na terra para homens incessantemente ameaçados em sua situação, em sua saúde, e sujeitos ao erro. Bossuet tem essa concepção estática da felicidade como um estado permanente de ventura, e ele não tem portanto nenhuma dificuldade em demonstrar que isso está fora de nosso alcance. E pelo mesmo preço ele até faz uma "prova" da existência de Deus:

---

67 Ibid., p.1146-7.
68 Bossuet, *Traité de la connaissance de Dieu et de soi-même*, cap.IV, 1.
69 Bossuet, *Sermon pour la fête de tous les saints*, em *Oeuvres complètes*, t.I, p.20.

> A própria ideia da felicidade nos leva a Deus, pois, se temos a ideia da felicidade, já que não podemos ver sua verdade em nós mesmos, é preciso que ela nos venha de fora; é preciso, digo eu, que haja em algum lugar uma natureza realmente bem-aventurada; que, se ela é bem-aventurada, nada tem a desejar, é perfeita; e o que pode ser essa natureza bem-aventurada, perfeita, plena de todo bem, senão Deus?[70]

Não se enganem, diz aliás a Águia de Meaux: todos esses ricos e poderosos que parecem ter tudo que querem não são felizes. Sem dúvida, ele sabe muito bem do que fala, já que os conhece de tão perto:

> O mundo se engana, pois vendo um homem que tem tudo o que quer, grita com grande alarde: como ele é feliz! Como tem sorte! Ele tem o que quer; seria por isso feliz? É verdade, o mundo o diz, mas o Evangelho de Jesus Cristo se opõe. [...] Para compreender solidamente essa verdade, notem que a ventura é a saúde da alma. Nenhuma criatura é feliz se não for sadia; e é a mesma coisa em relação à alma, que ela seja feliz e que seja sadia; por que ela é sadia quando está em uma boa constituição, e isso mesmo a torna feliz. [...] E já que não há felicidade sem a saúde e o bom estado interior, segue-se que é mais infeliz aquele que ama sem uma justa razão do que aquele que ama sem um bom resultado. [...] Disso resulta bem evidentemente que a felicidade não consiste em obter o que se deseja.[71]

Passamos a vida a desejar sempre novos bens, a formar novos projetos cuja realização só nos traz aborrecimento e desgosto porque visamos falsos bens.

> Entretanto, jamais pode haver felicidade a não ser quando as coisas estão estabelecidas em sua constituição natural e em sua perfeição verdadeira; e é impossível que elas sejam estabelecidas pelo erro e pela ignorância.

Quanto a esses loucos que só pensam em se divertir, em festejar, em levar aos olhos de todos uma vida mais bestial do que animais brutos, quereis que eu diga que eles são realmente felizes, porque alardeiam sua comezaina, porque se gabam de seus bons quinhões, porque fazem ressoar por toda

---

70 Bossuet, *Traité de la connaissance de Dieu*, cap.IV, 7.
71 Bossuet, *Sermon sur la providence*, em *Oeuvres complètes*, t.I, p.624.

a vizinhança seus gritos desregrados e sua alegria dissoluta?[72] Trata-se de inconscientes para os quais cada prazer leva ao desgosto. Na terra, "será mais feliz aquele que tiver a esperança mais bela e mais assegurada".[73] Mas, para a felicidade perfeita, vai ser preciso esperar pelo além.

Nós ouvimos esse discurso em todos os sermões pregados na Europa do século XVII. Na teologia da Contrarreforma, a felicidade é associada à beatitude, concepção estática segundo a qual ser feliz é contemplar a verdade. É bastante evidente que essa definição da felicidade a põe fora do alcance dos homens. É que os teólogos da época clássica são na verdade cartesianos a contragosto. São cerebrais, intelectuais, que raciocinam no abstrato, partindo de conceitos e de princípios de base. Sua lógica é a do imutável; a perfeição exige a imobilidade, condição da plenitude. A evolução é a marca da imperfeição, já que é a perda de um estado em benefício de outro. Nessas condições, o homem, que vive na transição, não poderia atingir a felicidade neste mundo. No entanto, ele não cessa de procurá-la aqui, e os teólogos e pregadores utilizam essa obsessão para dela fazer um argumento pastoral. Massillon (1663-1742), por exemplo, consagra-lhe vários desenvolvimentos.

Sua imagem do desamparo humano é quase pascaliano. O homem, diz ele, é a mais infeliz de todas as criaturas:

> O homem não encontra em parte alguma sua felicidade. [...] Tudo é feliz, por assim dizer, tudo está em seu lugar na natureza; somente o homem é inquieto e descontente; somente o homem é presa de seus desejos, deixa-se dilacerar por temores, encontra seu suplício em suas esperanças, fica triste e infeliz no meio de seus prazeres; somente o homem não encontra nada neste mundo em que seu coração possa se fixar.[74]

Essa ideia, segundo a qual os animais são mais felizes do que os homens, fora muitas vezes formulada, especialmente em uma curiosa obra do humanista florentino Giovanni Battista Gelli, *Circe*, onde vemos Ulisses tentar convencer seus companheiros, transformados em porcos, da superioridade da condição humana. Muito esforço para nada. Cada animal vem explicar por que é feliz. Mesmo a ostra e a toupeira preferem sua sina à dos

---

72 Bossuet, *Sermon sur la loi de Dieu*, ibid., p.213.
73 Ibid., p.212.
74 Massillon, *Sermon du lundi de la Passion*, em *Oeuvres complètes*, t.XIV, p.241-2.

homens.⁷⁵ Massillon não chega a tanto, mas, em uma passagem pascaliana, explica por que o homem não é feliz:

> Para ser feliz, é preciso que o homem não pense; que ele se deixe conduzir, como os animais mudos, pela atração dos objetos presentes, e que apague e bestialize sua razão se quiser manter a tranquilidade; esse é seu destino. Não são a embriaguez, o excesso, a extinção de toda razão que o fazem feliz; e, como tal situação é apenas de momento, assim que o espírito se acalma e se reapruma, o encantamento cessa, a felicidade se vai, e o homem se encontra sozinho com suas paixões e suas inquietudes.⁷⁶

Paradoxo do pensamento clássico: a razão, que deveria fazer nossa felicidade, é na verdade instrumento de nossa infelicidade. Ela é ambivalente: mostra-nos o caminho da felicidade, e nos prova que ele é impraticável. Afinal de contas, o homem feliz é o sábio ou o imbecil? Questão ardilosa.

E Massillon prossegue:

> Nós nos cansamos de correr sem parar atrás de um fantasma de felicidade que, no momento em que acreditamos pegá-lo, nos escapa e se desvanece, deixando-nos apenas a vergonha e o desespero por sermos enganados tantas vezes, sem nunca nos emendar. Se obtemos o que desejamos com o maior ardor, a repulsa segue de perto o gozo, seja porque algum outro desejo se ergue em nosso coração, seja porque não encontramos o que esperávamos.⁷⁷

Pascaliano, Massillon tem também algumas ênfases que lembram La Rochefoucauld: não contemos com os outros para sermos felizes; aqui, é cada um por si. Como os homens

> nunca são mais do que meio felizes, não devemos esperar que tornem nossa condição melhor do que a deles, nem que façam por nós o que não podem fazer por si mesmos. Eles procuram com frequência nos prejudicar, fingindo nos ajudar; nós lhes somos caros enquanto formos úteis; e querem antes nos fazer servir à felicidade deles do que nos tornar felizes.⁷⁸

---

75 Gelli, *Circe*.
76 Massillon, *Sermon de la Toussaint*, em *Oeuvres complètes*, t.XV, p.246.
77 Massillon, *Paraphrase du psaume XXXI*, ibid., p.242.
78 Massillon, *Sermon de la purification*, ibid., p.247.

Hobbes não diria outra coisa. Os poderosos? "Tudo que cerca os grandes não os faz felizes." Poderíamos encher um livro com essas mensagens de desamparo. Sempre a mesma conclusão: a felicidade está em Deus, portanto ficará para mais tarde.

E nem pensar em procurar acordos ou atalhos que permitiriam atingir já nesta vida alguma forma de felicidade espiritual. É por isso que as correntes místicas são vistas com a maior suspeita. O caso quietista é a ilustração mais evidente disso. Em 1673, a publicação do *Guia espiritual* de Molinos, que faz a apologia do "puro amor" e do abandono total a Deus, para além de qualquer ideia de punição e de recompensa, o que permite alcançar um estado de quietude permanente, suscita uma onda de protestos entre os teólogos jesuítas. A obra é condenada, mas o processo repercute com o episódio de Madame Guyon, uma viúva que sofre de carência afetiva e sexual, e de seu conselheiro – não apenas espiritual –, o padre François de La Combe, um espírito exaltado e desequilibrado. O casal prega o casamento "místico", o abandono total em Deus, além do bem e do mal, e a maternidade espiritual. Fenelon se deixa envolver nesse processo, e sua correspondência com Madame Guyon revela uma espécie de vontade de regressão ao estado de infância e de inocência: "Felizes os loucos", diz um poema do futuro arcebispo de Cambrai. Bossuet não consegue suportar essas divagações, ainda mais porque elas servem como desculpa a alguns para justificar a procura de prazeres. Para o vigário de Seurre, na Borgonha, que dorme com suas paroquianas, tudo é permitido aos contemplativos; a felicidade mística e a felicidade erótica se encontram. O processo é de 1698. No ano seguinte, após sombrias tratativas, Bossuet obtém a condenação do quietismo pelo breve pontifical *Cum alias*. O documento condena, entre outras, a seguinte proposição: "Há, nesta vida, um estado de perfeição no qual não existe lugar nem para o desejo da recompensa, nem para o temor das penas". A beatitude terrestre está proibida. O jesuíta Couplet demonstra, aliás, que o quietismo sustenta mais ou menos a mesma posição que os pagãos taoístas:

> Quem quer se tornar feliz deve, segundo eles, tratar de ficar semelhante a seu princípio, domando suas paixões e sufocando seus afetos, de forma a não se inquietar com nada e não sentir nenhuma perturbação, a fim de, passando a um estado extático e estando tudo absorvido em uma contemplação sublime sem usar a razão nem a inteligência, atingir esse divino repouso que é a suprema beatitude.[79]

---

79 Apud Armogathe, *Le quiétisme*, p.119.

O INÍCIO DE UMA REABILITAÇÃO DA FELICIDADE: MALEBRANCHE E FENELON

Estamos no fim do século XVII. A felicidade é uma ideia subversiva na Europa cristã. A idade de ouro fora outrora, no paraíso terrestre. Agora, estamos no século de ferro, que não pretende ser uma época feliz. No entanto, a aspiração está ali, irreprimível, e a "crise da consciência europeia", a partir de 1685 aproximadamente, vê o início de uma evolução nas reflexões sobre a felicidade, até mesmo entre os filósofos mais impregnados de teologia. Esse ano é justamente a data da publicação do *Traité de la nature et de la grâce* [Tratado da natureza e da graça], de Malebranche, no qual ele afirma que, se todos os homens buscam a felicidade, é porque a felicidade terrestre é a antecâmara da eterna. É claro, diz ele, sem o pecado original, o homem teria sido feliz sem problema, mas teria sido um perpétuo assistido, um feliz por caridade, sua felicidade teria sido concedida. Com o pecado original e os sofrimentos que este provoca, o homem deverá merecer sua felicidade. É absolutamente natural que procure ser feliz: o erro de Adão não destruiu sua aptidão para o prazer, apenas confundiu seu discernimento: o homem só pode querer sua própria felicidade, mas ele se engana de objetivo ao buscá-la nas coisas sensíveis. Virtude e felicidade, contrariamente ao que diz a tradição filosófica, não estão ligadas; são inclusive opostas. Fazer o bem é quase sempre penoso, porque Deus fez o mundo imperfeito para que tenha necessidade da Encarnação, para que ele seja resgatado e atinja dessa forma a felicidade perfeita.

É notável constatar que nessa mesma época crescem as especulações sobre a felicidade de Adão e Eva. O bastão foi passado às discussões sobre o estado de natureza, e isso levará a Rousseau. A reflexão sobre a felicidade se seculariza. Ao mesmo tempo renascem as utopias que haviam praticamente desaparecido desde *Nova Atlântida*, de Bacon. É o sinal da renovação da esperança de uma felicidade possível na terra, impensável nos anos 1640-1690. Se nos dermos novamente ao trabalho de imaginar mundos felizes, é porque, de certa maneira, acreditamos que tais mundos seriam possíveis, se... Inventar a representação de um mundo feliz imaginário é sugerir que algumas melhorias do mundo real são possíveis.

Fenelon, em plena crise quietista, dá uma tímida imagem disso com *As aventuras de Telêmaco*, de 1699, que apresenta seu modelo de estado feliz. As palavras-chave são natureza, simplicidade, frugalidade, sobriedade, virtude. É instintivamente rumo à idade de ouro que ele se volta para descrever o país ideal que é a Betica. A economia é exclusivamente rural:

Eles são quase todos pastores e lavradores. Vemos nesse país poucos artesãos; pois não querem sofrer a não ser pelas artes úteis às verdadeiras necessidades dos homens. [...] Eles são todos livres e iguais. [...] Telêmaco se regozijava por ainda haver no mundo um povo que, seguindo a natureza, fosse tão sábio e tão feliz ao mesmo tempo.

Para chegar lá, entretanto, Fenelon sugere que fossem empregados meios coercitivos: "Transportamos da cidade para o campo os homens que faltavam no campo e que eram supérfluos na cidade". Os khmer vermelhos teriam sido discípulos do doce Fenelon? Esse grande salto adiante foi acompanhado por uma política de imigração em massa, e o bispo parece não suspeitar dos problemas que ela pode suscitar: "Atraímos para este país muitos povos estrangeiros; [...] essa multiplicação tão suave e tão tranquila aumenta mais seu reino do que uma conquista".[80] Estamos realmente na utopia!

O modelo feneloniano é uma volta à idade de ouro que mistura a pastoral, a Arcádia, o bom selvagem e o trabalhador imigrante em uma sociedade patriarcal dirigida por um Grande Monarca que é o homem mais sábio do reino. A austeridade dos costumes é garantida por leis suntuosas que expulsam o luxo e a riqueza. A economia é baseada em uma espécie de comunismo agrário combinado com a posse de uma parcela familiar. Um pequeno comércio é organizado com o estrangeiro. Os homens são iguais na frugalidade, ao mesmo tempo que mantêm relações hierárquicas, e no trabalho. Laboriosos, esses pequenos camponeses de costumes simples têm direito às alegrias campestres e bucólicas, aos prazeres simples e naturais, sem artifícios. Sonho típico de uma sociedade que atingiu um estado de desenvolvimento excessivo do luxo e das desigualdades. Para imaginar essa felicidade tranquila e natural, Fenelon sonha sem dúvida com seu Périgord natal, com a simplicidade do burgo de Carennac, onde teria escrito uma parte de *As aventuras de Telêmaco*.

As aventuras de Telêmaco é uma obra pedagógica, uma espécie de conto filosófico para educar o futuro rei da França. Ao apresentar o reino ideal, onde os súditos são felizes, Fenelon toma o contrapé do reino real, o de Luís XIV. Em um conjunto de *Fables et opuscules pédagogiques* [Fábulas e opúsculos pedagógicos], ele esboça outras utopias que abordam aspectos mais psicológicos de sua ideia de felicidade. Em *Voyage de l'île de plaisirs* [Viagem à ilha dos prazeres], um marinheiro alcança uma terra que é ao mesmo

---

80 Fenelon, *Télémaque*, livro VII.

tempo um país da Cocanha, com "florestas de alcaçuz", "grandes árvores de onde caíam *wafles*", "minas de presuntos, de linguiças e de ensopados apimentados", e um lugar de delícias que não deixa de se parecer com o *Le paradis de la reine Sibylle*: são as mulheres que governam; não é preciso fazer o mínimo de esforço; os desejos nem precisam ser formulados: mal foram pensados, já são satisfeitos.

> Não há domésticos nem operários; cada um se serve, ninguém é servido; há apenas desejos, pequenos duendes flutuantes que dão a cada um tudo que deseja, na hora. Ao chegar, recebi um desses espíritos que se agarrou a mim, e que não me deixou faltar nada: ele mal me deixava tempo para desejar.[81]

Os habitantes são "educados, doces, prestativos"; não têm nem necessidade de falar: "Leem nos olhos uns dos outros tudo o que pensam". Moram em uma grande cidade de mármore composta de uma única e gigantesca casa, na qual "todos os quartos são iguais". Lá, eles comem, escutam música, aspiram perfumes. A ilha dos prazeres seria uma ilha da felicidade? Não, claro. Muito rápido, conta o marinheiro, "comecei até mesmo a ficar cansado dos novos desejos que essa liberdade de me contentar excitava em mim sem cessar; e compreendi, por experiência própria, que é melhor abrir mão de coisas supérfluas do que estar sempre com novos desejos, sem jamais poder parar no gozo tranquilo e sem nenhum prazer". Então,

> cansado de tantos festins e divertimentos, concluo que os prazeres dos sentidos, por mais variados e fáceis que sejam, aviltam e não fazem ninguém feliz. Eu me afastava então dessas terras tão deliciosas na aparência; e, de volta em casa, encontrei uma vida sóbria, com trabalho moderado, em modos puros e na prática da virtude, a felicidade e a saúde que não puderam me proporcionar a continuidade da boa comilança e a variedade dos prazeres.[82]

Em *Voyage de l'île inconnue* [Viagem à ilha desconhecida], Fenelon imagina outra terra fabulosa, onde encontramos tudo que o homem pode desejar, inclusive uma caverna de rejuvenescimento, onde se recupera periodicamente a juventude. Não há nem mesmo necessidade de pensar: existem "pensadores de penhor". Os habitantes, no entanto, são selvagens intratáveis e repul-

---

81 Fenelon, Voyage dans l'île des plaisirs, em *Oeuvres*, p.203.
82 Ibid., p.204.

sivos, antípodas da imagem idílica do bom selvagem feliz. Eles comem as melecas do nariz, uivam cantos bárbaros, dançam "com os pés para dentro", e "fazem caretas que nunca vimos na Europa, nem na Ásia, nem mesmo na África, onde há tantos monstros".[83] É por isso, conta o navegador, que "passaríamos de bom grado nossa vida em uma terra tão feliz; mas o humor insuportável de seus habitantes nos fez desistir de tantas delícias". Para Fenelon, a felicidade não está nem na vida selvagem, nem nos refinamentos da civilização. Está em uma vida simples, frugal, natural e humanizada: a vida de um camponês que, com seu trabalho, se beneficia de rendimentos suficientes, e alia simplicidade de costumes a maneiras urbanas, satisfeito com sua condição e sem desejos imoderados. Será realizável? Este será um dos grandes debates do século XVIII, dos quais Fenelon é o arauto.

Sua obra mostra em todo caso que começamos a crer de novo na possibilidade de uma felicidade terrestre, cujas utopias indicam o caminho orientando-se rumo à crítica social. A nova utopia não é apenas um sonho de retorno à idade de ouro. Ela crê na ideia de progresso como fator de ventura terrestre, ao contrário do que pensava Pascal: "Tudo que se aperfeiçoa por um progresso perece também por um progresso". À geração seguinte, Leibniz será em geral mais otimista, sem deixar de notar que

> a felicidade suprema não pode nunca ser completa. [...] Nossa felicidade não consistirá jamais [...] em uma total fruição que não nos deixaria mais nada a desejar e tornaria nosso espírito estúpido. Ela deve, ao contrário, consistir em um perpétuo progresso rumo a novos prazeres e novas perfeições.[84]

O progresso rumo à felicidade: a geração dos anos 1680-1700 começa a crer nele, e sugere para isso reformas políticas destinadas a corrigir os abusos do absolutismo. O mentor de Fenelon arroga-se advogado de uma monarquia esclarecida. Já então Veiras, um protestante que emigrou para a Inglaterra, em sua *Histoire de Sévarambes* [História dos sevarambes], publicada em inglês em 1675, traduzida para o francês e reeditada em 1679, 1682, 1702, inventara um Estado de direito onde o soberano não podia nada decidir sem o acordo do Poder Legislativo, um Estado sem nobreza, sem propriedade privada, sem religião revelada, com sistema de ensino público e de trabalho obrigatório de oito horas por dia: progresso em direção a uma sociedade feliz, dizia ele.

---

83 Fenelon, Voyage de l'île inconnue, ibid., p.264.
84 Leibniz, *Principes de la nature et de la grâce fondés en raison*, t.I, p.396.

LOCKE E SHAFTESBURY: OS ARAUTOS INGLESES DA BUSCA DE UMA FELICIDADE ESCLARECIDA

Mas é da Inglaterra que chegam os primeiros sinais sérios de uma reflexão sobre a possibilidade da felicidade terrestre. A obra precursora é aqui a de um ministro anglicano, professor em Eton, Richard Allestree: *The Art of Contentment* [A arte do contentamento], publicada em 1675. A grande novidade é afirmar que o Evangelho contém as indicações necessárias para garantir não apenas a felicidade futura, mas também a presente: "É certamente o tratado mais excelente e o mais preciso da vida feliz", escreve ele com segurança. "Todas as indicações da felicidade terrestre ali estão concentradas."[85] Certamente, o leitor se desencanta um pouco à leitura dessas indicações: aceitem sua sorte, submetam-se às autoridades legítimas, sejam gratos por tudo que lhe acontece; eis velhas receitas de eficácia duvidosa. Mas o importante está em outro lugar: na afirmação de que a felicidade terrestre não apenas não é proibida pelo cristianismo, como se tornou possível graças a ele. Temos em nós mesmos a oportunidade de nos tornarmos felizes.

O livro de Allestree, vinte vezes reeditado em um século, é seguido por uma onda de obras hedonistas nos anos 1680-1700: *The Way to Health, Long Life and Happiness*, de Thomas Tryon (1691); *England's Happiness Improved, or an Infallible Way to Get Riches, Increase Plenty and Promote Pleasure* (1697); *A Persuasive to a Holy Life from Happiness that Attends it Both in this World and in the World to Come*, de John Ray (1700). Claro que há resistências, como a de Edmund Calamy, que louva *The Happiness of Those Who Sleep in Jesus*, mas no geral a aspiração à felicidade terrestre é uma tendência fundamental dessa época na Inglaterra, a ponto de alguns não hesitarem em modificar as tragédias shakespearianas para lhes dar um *happy end*, o que é definitivamente uma façanha: em 1681, por exemplo, Nahum Tate, em uma adaptação de *Rei Lear*, transforma a hecatombe em história água com açúcar, que termina com o casamento de Cordelia e Edgar, após o qual eles viveram felizes e tiveram muitos filhos... Dois anos depois, Henry Purcell apresenta sua famosa ode:

> *Welcome to all the pleasures that delight*
> *Of every sense de grateful appetite.*
> *[Bem-vindos a todos os prazeres que satisfazem*
> *Os desejos agradecidos de todos nossos sentidos.]*

---

85 Allestree, *The Art of Contentment*, p.2-3.

Sim, alguma coisa mudou de verdade. A era inglesa da felicidade tem dois arautos: o conde de Shaftesbury (1671-1713) e John Locke (1632-1704). Anthony Ashley Cooper, conde de Shaftesbury, é um homem feliz. Que mérito há nisso, podemos perguntar: nobre, rico, inteligente, culto, mecenas esclarecido! É, mas também tuberculoso e morto aos 42 anos, "de modo que ele tinha muitas razões para ser otimista, e apenas uma para maldizer a vida",[86] diz Paul Hazard. Ele acha a vida bela e boa, e a passa alegremente graças a um ingrediente indispensável à felicidade: o humor. Em qualquer circunstância, ele sabe ver o lado risível das coisas, e ri dos que levam tudo a sério, como os entusiastas devotos, os *camisards*, refugiados em Londres. Deus é bom, quer nossa felicidade; então, aproveitemos com bom humor todos os bens que ele previu para nós. Advogado de uma religião sorridente, Shaftesbury rima humor com amor.

Seu mestre foi John Locke, do qual foi também o protetor. Em 1689, em seu *Ensaio sobre o entendimento humano*, o filósofo dá uma base empírica à ideia de felicidade: retomando a constatação do bom senso de Epicuro, ele escreve que nossas ideias são todas moldadas pela experiência; que o que nos impulsiona a agir é a "inquietude" (*uneasiness*), quer dizer a necessidade de passar de um estado a outro. Essa necessidade é o que chamamos desejo.

> E se perguntarmos o que produz o desejo, responderei que é a felicidade, e somente ela. A felicidade e a infelicidade são os nomes dos dois extremos, cujos limites não conhecemos. [...] Mas temos impressões vivíssimas de alguns graus de cada uma, produzidas por certas experiências de prazer e de alegria, por um lado, de tormento e de dor, por outro, às quais, para me expressar suscintamente, chamarei de prazer e dor tanto do espírito como do corpo. [...] A felicidade, em sua extensão completa, é o maior prazer que somos capazes de experimentar, e a infelicidade, a maior dor. [...][87]

O espírito humano é uma *tabula rasa* ao nascer, e nossa conduta é ditada por nossas experiências: desejamos o que nos traz prazer e fugimos do que nos causa a dor. Não há ideias inatas, e o que chamamos de felicidade é o maior prazer possível. Buscamos essa felicidade sem saber no que ela consiste. A felicidade suprema é Deus, mas ela tem a mesma natureza dos prazeres terrestres, e é portanto legítimo procurá-los; eles nos dão um antegozo da felicidade completa.

---

86 Hazard, *La Crise de la conscience européenne, 1680-1715*, p.277.
87 Locke, *An Essay Concerning Human Understanding*, p.258.

Ainda é preciso escolher os *verdadeiros* prazeres, aqueles que levam a Deus. No "encalço prudente e constante da felicidade verdadeira e sólida", é essencial "não confundir a felicidade imaginária e a real". O mais seguro e mais razoável é, portanto, apostar na verdade do cristianismo, é "visivelmente a aquisição mais válida e de longe o melhor negócio", escreve ele em 1695, em *Le Christianisme raisonnable* [O cristianismo razoável]. Eis uma síntese de Epicuro, de Gassendi e de Pascal digna do pragmatismo britânico: a escolha do cristianismo é "um bom negócio", ainda mais porque podemos negociar. A aposta de Locke é nitidamente mais vantajosa que a de Pascal. Para este, se perdemos a aposta (se não houver nada depois da morte), perdemos "apenas" a vida, vivida com austeridade; para Locke, ganhamos dos dois lados, já que seu "cristianismo razoável" legitima a busca da felicidade terrestre, mas de uma felicidade conforme a virtude, bem entendido:

> O negócio dos homens é ser feliz neste mundo, gozando coisas que beneficiam a vida, a saúde, o bem-estar e o prazer, e mantendo a esperança reconfortante de uma outra vida quando esta terminar.

A felicidade terrestre é da mesma ordem que a celeste, a quem ela nos conduz. Mas com uma condição: escolher corretamente os prazeres, o que supõe a liberdade individual. A concepção da felicidade segundo Locke tem incidências políticas: ela exige a tolerância. Não cabe ao Estado determinar o caminho da felicidade; seu papel é garantir as condições para a livre escolha de cada um. Os homens, diz Locke, buscam sua felicidade por caminhos diferentes;

> um só dentre eles conduz à felicidade eterna. Nessa grande variedade de caminhos que os homens tomam, não sabemos na verdade qual é o bom. O cuidado da comunidade, a força da lei, não são mais capazes que o magistrado de descobrir o caminho que leva ao céu; é o estudo e o assunto privado de cada homem descobri-lo em si mesmo.[88]

No século de ferro que se inicia, está reaberta a caça à felicidade terrestre. Esta será o grande tema das Luzes.

---

88 Locke, A Letter Concernign Toleration, em *Political Writings of John Locke*, p.407.

– 6 –

O SÉCULO XVIII OU
O CULTO DA FELICIDADE

Oh, felicidade! Objetivo e fim de nosso ser,
Não importa teu nome: bem, alegria, bem-estar ou prazer,
És tu que produzes esse eterno suspirar,
Por ti queremos viver e ousamos expirar.[1]

Quando publica esses versos, em 1733, no *Ensaio sobre o homem*, Alexander Pope (1688-1744) exprime a nova fé da cultura europeia no Século das Luzes: a felicidade é o novo deus, e a nova moral é ser feliz. Essa nova religião tem inúmeros adeptos, quer se chamem Casanova – "a vida é uma felicidade" –, d'Holbach – "o homem é feito para a felicidade" –, Montesquieu – "seria preciso convencer os homens da felicidade que eles ignoram" –, Bufon – "a terra é uma temporada de delícias" – ou, mais modestamente, Louis de Beausobre que, em 1758, escreve em seu *Essai sur le bonheur* [Ensaio sobre a felicidade]: "Vós todos que viveis, vós sois felizes, e espero fazê-los convir".

---

1 Pope, *Essai sur l'homme*, epístola IV, 1.

UMA NOVA RELIGIÃO

A nova teologia está justamente nesses ensaios, tratados e reflexões sobre a felicidade. Robert Mauzi catalogou mais de cinquenta deles, apenas na França.[2] Como toda religião, o culto da felicidade tem seus céticos, a exemplo de Johnson, seus heréticos, seus cismáticos. Ele evolui com a sensibilidade: otimista no início, quando afirma, até 1760, que a felicidade está ao alcance de todos; mais tarde, insistindo na necessidade de conquistá-la pela virtude. Mas acreditamos nela; mesmo as catástrofes naturais confirmam a fé: o famoso terremoto de Lisboa leva a dúvida apenas aos espíritos mais desconfiados; para os outros, aparece como um escândalo, uma anomalia em um mundo feito para a felicidade. Nenhum obstáculo é grande o bastante para nos impedir de sermos felizes, se quisermos. É o que pretende mostrar Alexandre Savérien (1720-1805) em sua peça de 1754, *L'Heureux* [O feliz]. O herói, Félix – é claro –, é prostrado pelos golpes do destino: está arruinado, sua mulher é assassinada, ele é acusado de homicídio, preso, condenado à morte, e consegue encontrar um jeito de experimentar felicidade em todas essas provações: "Que felicidade! Meu amor-próprio está tocado, e me sinto lisonjeado no seio da dor" (II, VI). Estoicismo? Caricatura? Masoquismo? Inconsciência? Não. O próprio Savérien, que morreu pobre e desconhecido depois de uma vida infeliz, é pura e simplesmente um crente fanático da nova fé, um desses crentes cuja fé não pode ser abalada por objeção alguma.

Se falamos de uma religião da felicidade, é porque achamos nessa extraordinária fé na possibilidade de uma vida feliz muitos traços em comum com a antiga fé, da qual é uma espécie de substituta. Se o tema da felicidade tem todo esse sucesso, isso se deve em parte ao recuo do cristianismo, que deixa um vazio angustiante: quando o deus tradicional se apaga, a condição humana se torna um enigma, e se apresenta desesperadamente a questão do sentido da existência. Em um primeiro momento, entretanto, predomina o sentimento de liberação; o homem é uma alegria só, por estar livre do jugo da austera moral cristã, da espada de Dâmocles que é a ameaça do inferno. A felicidade terrestre toma o lugar do antigo deus; ela é tão imprecisa e misteriosa quanto a outra, mas no começo não se procura muito aprofundar sua natureza. Ela é celebrada, festejada, sem questionamentos demais: "Tratem de não refletir, vocês serão menos infelizes", diz em 1757 um personagem

---

2 Mauzi, *L'Idée de bonheur dans la littérature et la pensée françaises au XVIIIème siècle*. Utilizamos a edição Albin Michel de 1994.

de *Spleen* [Melancolia] de Bésenval. Veremos mais tarde, sobretudo após 1760, os aprofundamentos e as dúvidas.

Por ora, aproveitemos a nova liberdade. A euforia é tamanha que se apodera até dos espíritos cristãos que começam a admitir que o cristianismo pode tolerar alguma felicidade terrestre e talvez até favorecê-la. Em 1758, na *Revue des principales questions et difficultés de la morale* [Revista das principais questões e dificuldades da moral], Richard Price (1723-1791) lembra que a Providência quer nossa felicidade: "A felicidade é o fim e o único fim concebível para nós, da Providência e do governo divinos".[3] E se essa felicidade, sob forma completa, é para a outra vida, podemos esperar para esta, seguindo nossa consciência, alguma dose de alegria. No ano seguinte, podemos ler em um livro chamado *A teoria dos sentimentos morais*:

> O objetivo inicial do Autor da natureza parece ter sido a felicidade da humanidade e de todas as outras criaturas racionais. [...] Mas, ao agir segundo os imperativos de nossas faculdades morais, perseguimos necessariamente o meio mais eficaz de promover a felicidade da humanidade, e podemos dizer que, de certo modo, cooperamos com a divindade...[4]

O autor dessas linhas é ninguém menos do que Adam Smith, o pai do liberalismo econômico, ele também convencido de que a moral cristã é fonte de felicidade terrestre. Em todo caso, não se opõe à prosperidade econômica nem à livre concorrência, de que se tornará o chantre em 1776, em *A riqueza das nações*. Deus nos fez para a felicidade, e pela moral nós colaboramos para essa obra; ao trabalhar para o bem dos outros, trabalhamos igualmente para nossa própria felicidade. É também o que diz William Paley.[5]

Os eclesiásticos se esforçam para mostrar a compatibilidade entre felicidade futura e felicidade terrestre, como o abade Charles Robin, em *De l'influence du christianisme sur le bonheur des peuples* [Da influência do cristianismo sobre a felicidade dos povos] (1785), ou o abade Lamourette, em *Les Délices de la religion, ou Le pouvoir de l'Ëvangile pour nous rendre heureux* [As delícias da religião, ou o poder do Evangelho para nos fazer felizes] (1788). Nas bibliotecas dos vigários, os livros sobre a felicidade estão lado a lado com os textos dos Pais da Igreja. Na casa do abade Lacroix encontramos

---

3 Price, *A Review of the Principal Question and Difficulties in Morals*, p.250.
4 Smith, *The Theory of Moral Sentiments*, p.236.
5 Paley, *Principals of Moral and Political Philosophy*.

os dois volumes do *Traité sur le bonheur publique* [Tratado sobre a felicidade pública] de Muratori (1772) e os quatro volumes do *Temple du bonheur, ou Recueil des plus excellents traités sur le bonheur* [Templo da felicidade, ou Coletânea dos mais excelentes tratados sobre a felicidade] (1770). Na América do Norte, pastores como Charles Chauncy apresentam em torno de 1750 "a religião como um código de moral essencialmente destinado a promover a felicidade humana".[6]

O *Dictionnaire de Trévoux* [Dicionário de Trévoux] lembra apesar de tudo a diferença entre a felicidade terrestre, estado precário e fortuito, a ventura e a beatitude: a felicidade, conforme a edição de 1771, é um

> [...] estado vantajoso que chega por acaso, que é capaz de fornecer a matéria dos prazeres e de deixá-las ao nosso alcance. As coisas estrangeiras servem à felicidade do homem; mas é preciso que ele mesmo faça sua ventura e que peça a Deus a beatitude. Nossa felicidade brilha aos olhos do público, e nos expõe com frequência à inveja. Ficamos algumas vezes nesse estado de felicidade, sem estar em ventura. A posse dos bens, das honrarias, dos amigos e da saúde faz a felicidade da vida, mas quem faz a ventura é o uso, o gozo, o sentimento e o gosto de todas essas coisas.

Não notamos, no entanto, nenhuma hostilidade em relação à felicidade terrestre e nenhuma dúvida quanto à possibilidade de alcançá-la, nem que seja por obra do acaso.

Mas é verdade que nem todo mundo está convencido. Entre a religião do deus severo e a da felicidade, as relações continuam tensas, com uma alternância de guerras frias, de abertura e de guerras abertas. Nesse domínio, é impossível estabelecer uma cronologia rígida, pois os temas se sobrepõem e se dispersam. Apesar de tudo, podemos dizer que o primeiro século XVIII, com seu clima otimista, vê efetuar-se uma aproximação muito nítida, no rastro do *Traité de la nature et de la Grace* de Malebranche, publicado em 1685.

Por servir de anúncio à felicidade celeste, a terrestre é da mesma natureza e nada tem portanto de censurável. Essa afirmação provoca, é claro, um turbilhão no microcosmo teológico, já que os "duros", como Arnauld, não estão dispostos a conceder a possibilidade de um prazer legítimo ao homem corrompido. Os autores cristãos se dividem em relação aos prazeres, como mostra Baudot de Juilly, em 1701, em seus *Dialogues entre messieurs Patru et*

---

6 Devèze, *L'Europe et le monde à la fin du XVIIème siècle*, p.333.

d'Ablancourt sur les plaisirs [Diálogos entre os senhores Patru e d'Ablancourt sobre os prazeres]. Bayle acentua a divisão ao praticar a política do pior: a felicidade terrestre é a verdadeira, mas Deus nos proíbe de experimentá-la, diz ele. Uma espécie de consenso hedonista-cristão parece no entanto se esboçar e se exprime, em 1727, no *Méthode facile pour être heureux en cette vie et assurer son bonheur éternel* [Método fácil para ser feliz nesta vida e garantir sua felicidade eterna], do padre Calmel; em 1730, em *Les charmes de la societé du chrétien* [Os encantos da sociedade do cristão], de Madame Aubert, e que culmina em 1734 no *Traité du vrai mérite de l'homme* [Tratado do verdadeiro merecimento do homem], do Mestre de Claville. Este último leva o acordo a ponto de dizer que a virtude é o maior refinamento da volúpia, e vice-versa. Que felicidade, por exemplo, a de dar uma esmola: "Não há satisfação mais fácil, todo mundo concorda". As provações são também ocasiões para se regozijar, quando terminam; e as alegrias da família, a ternura conjugal: "Ali, tudo é prazer, todos os corações são um só...". E nem é proibido, desde que guardada a ponderação, ter outras relações; o homem virtuoso e bom cristão deve apenas evitar os extremos, quer dizer "o abuso das mulheres, doença do coração; a renúncia às mulheres, doença do espírito". É o que ele diz ser "voluptuoso de modo cristão" Citemos ainda a *Théorie des sentiments agréables* [Teoria dos sentimentos agradáveis], de Lévesque de Pouilly, em 1747, que diferencia uma felicidade natural, absolutamente lícita, e uma espiritual; o bom cristão deve atender a esta última, mas nem por isso é obrigado a renunciar à primeira. Esse espírito de conciliação se encontra em Stanislas Leszczynski, para quem o exercício da virtude cristã conduz aos prazeres:

> Falo desses prazeres que ela sabe tornar mais deliciosos, mais agradáveis... vocês se tornariam realmente filósofos cristãos com essa virtude, gozariam ampla e solidamente dessa felicidade que procuram, sem abrir mão nem da condição em que a Providência os colocou, nem do comércio do mundo, nem das doçuras da vida.[7]

O orador Louis-Antoine Caraccioli (1721-1803) não vê contradição entre o espírito cristão e o do mundo; o abade de Gourcy estima que "o espírito de devoção faz feliz", e o abade Trublet proclama a grande aliança entre Epicuro e Jesus:

---

7 Leszczynski, Le philosophe chrétien, em *Oeuvres du philosophe bienfaisant*, t.III, p.370.

A moral epicurista concorda com a moral cristã quanto à moderação no uso dos prazeres. Essa moderação que a religião severa ordena, a filosofia mais voluptuosa aconselha. O cristão encerra o uso dos prazeres nos limites do necessário. O epicurista que entende bem seus interesses passa muito pouco desses limites. Mais além, diz o cristão, o prazer não é mais legítimo; adiante, diz o epicurista, o prazer não é mais saboroso.[8]

E inclusive, explica ele, "há muitos pequenos prazeres na devoção ordinária", as práticas devotas são "o melhor meio de evitar o aborrecimento".

Para Robert Mauzi, esse "pacto equívoco" entre cristianismo e felicidade mundana deve-se tanto a uma evolução cultural profunda – a racionalização crescente da religião das Luzes torna insustentável uma ruptura completa entre Deus e o mundo –, quanto a motivações psicológicas – como ao fato de Deus não estar absolutamente morto, o mundano guarda certa preocupação em manter uma boa consciência, com fins oportunistas: "Não se pode deixar que os mundanos escapem: como há pouca esperança de torná-los cristãos, cabe ao cristianismo fazer-se discretamente mundano".[9] Há ainda menos mal em fazer isso já que o século é abundante em abades de corte, em bispos mundanos, em vigários revolucionários e em párocos ateus que não têm nenhuma dificuldade para harmonizar prazer e religião. O modo de recrutamento sacerdotal no século XVIII, que ordena clérigos carreiristas sem nenhuma vocação religiosa, é uma explicação sociológica importante dessa grande aproximação entre felicidade e cristianismo.

No entanto, há reticências dos dois lados, as quais se exprimem principalmente a partir do meio do século. Para o jesuíta Croiset, autor em 1743 de um *Parallèle des moeurs de ce siècle et de la morale de Jésus-Christ* [Paralelo dos modos deste século e da moral de Jesus Cristo], a felicidade do mundo não passa de um engodo que desvia a busca da verdadeira felicidade, a salvação:

> Nos mais de seis mil anos em que os homens vêm trabalhando para se tornar felizes, nenhum ainda conseguiu encontrar uma alegria pura... [o homem] tem um fim mais nobre que é o único a fazê-lo feliz.[10]

No outro campo, muitos filósofos continuam a considerar a religião inimiga da felicidade humana. Para o erudito Nicolas Fréret (1688-1749),

---

8 Trublet, *Essais sur divers sujets de littérature et de morale*, t.III, p.342.
9 Mauzi, op. cit., p.198.
10 Croiset, *Parallèle des moeurs de ce siècle...*, p.293.

o devoto é uma espécie de misantropo, obcecado por sua salvação, que se impõe uma moral bárbara e quer estendê-la a seus próximos, alguém que não consegue tolerar a alegria dos outros.

> Concluamos que a religião cristã não é feita para este mundo; ela não convém para fazer a felicidade nem das sociedades, nem dos indivíduos; os preceitos e os conselhos de um Deus são impraticáveis e servem mais para desencorajar os homens e jogá-los no desespero e na apatia do que para torná-los felizes, ativos e virtuosos.[11]

Apenas pela imaginação a religião pode nos fazer felizes. No fim do século, entretanto, resultado talvez de uma evolução da sensibilidade, uma nova reaproximação acontecerá, sob a égide da nova divindade, a Natureza, concebida tanto como o universo criado quanto como o grande todo no qual mergulhamos com felicidade. Mas trata-se antes de panteísmo que de cristianismo.

O NOVO ÉDEN HEDONISTA E SEU GRANDE SACERDOTE, CASANOVA

Em todo caso, concordam todos em um ponto: o grande negócio do homem, o único que merece sua atenção, é a felicidade. Para o abade André-François Pluquet, que em 1767 publica *De la sociabilité* [Da sociabilidade], a linha-mestra da história humana é a irresistível ascensão para a felicidade, que atinge sua plenitude no século XVIII. Vivemos, diz ele, uma autêntica revolução cultural; todas as atividades humanas têm um só objetivo dali em diante:

> Essa união da filosofia, do método das ciências exatas e da literatura é uma revolução do espírito humano. Os homens de letras formam uma só família: seus trabalhos e sua glória são comuns; a felicidade da humanidade é seu objeto.[12]

E esse objetivo não é facultativo: tudo fazer para ser feliz é um dever, uma obrigação imposta por nossa natureza:

> Não digamos aos homens que ajam apenas por sua felicidade; mas ensinemos a eles que a natureza, que lhes incutiu um amor invencível pela felicidade,

---

11 Fréret, *Lettres à Eugénie, au préservatif contre les préjugés*, p.65.
12 Pluquet, *De la sociabilité*, t.I, p.VIII.

não os faz felizes ao acaso nem conforme sua vontade, e que o amor da felicidade tem leis que são apenas as necessidades e as inclinações da natureza.¹³

Esse caráter obrigatório reforça a atmosfera religiosa da busca da felicidade, e a nova religião se expande rápido e para longe: em 1778, Catarina II manda erguer um templo da felicidade em São Petersburgo, e, durante as magníficas festas de inauguração, a deusa Ventura chega em uma carruagem puxada por quatro touros brancos.¹⁴ Em Varsóvia, organizam-se no colégio da nobreza palestras sobre a "felicidade do homem neste mundo". Na França, sociedades de sábios e academias de província incluem a felicidade no programa dos concursos. Na Academia Real de Pau, em 1724, o tema proposto é: "A felicidade do homem não consiste em ser desprovido de paixões, mas em conseguir dominá-las"; na de Lyon, em 1788, reflete-se sobre a influência da descoberta da América para a felicidade humana; o colégio dos Filaletes de Lille fixa-se como meta garantir a felicidade de todos. A Academia de Berlim, em 1755, convida a discutir a fórmula "Tudo é bem". A nova Boa-Nova é difundida entre o povo pelos almanaques e nas histórias para crianças: a felicidade é possível, dizem os catecismos da vida feliz. O almanaque de 1766 formula o seguinte voto:

> Possam o novo ano e os seguintes trazer a felicidade e a paz ao coração de todos os homens. Podemos ter certeza dessa felicidade se a filosofia continuar a esclarecer o mundo, e se os homens de todas as nações, unidos pelo talento, cultivarem sempre mais as artes e a humanidade.¹⁵

Belo otimismo, que também se baseia – outra semelhança com a religião – em ilusões, como escreve uma das mais agudas observadoras da felicidade, Madame du Châtelet: "É preciso ser sensível às ilusões, pois é a elas que devemos a maioria de nossos prazeres. Infeliz é aquele que as perdeu".¹⁶ A marquesa, em seus *Discours sur le bonheur* [Discursos sobre a felicidade], escritos em 1747 e publicados em 1779, faz-se a apóstola da felicidade passional temperada pela razão. Muito lúcida, ela tem consciência dos limites da felicidade terrestre, mas a considera a única motivação válida nesta vida. Pela primeira vez, talvez, a maioria dos europeus passa a crer que a felicidade

---

13 Ibid., p.131.
14 Pochet, *Programme d'une fête allégorique représentée par le corps des nobles cadets de terre de Saint-Pétersbourg à l'occasion de la paix de 1775 avec la cour ottomane.*
15 Apud McMahon, *Happiness. A History*, op. cit., p.248.
16 Châtelet, *Discours sur le bonheur*, p.32.

é possível, pelo menos nas classes favorecidas: os progressos científicos, técnicos e econômicos, modestos em relação ao mundo atual, mas reais se comparados à longa estagnação do mundo clássico, dão aos contemporâneos uma impressão de decolagem, com as primícias da revolução agrícola e industrial; o desenvolvimento do conforto e do luxo alimenta a ideia de progresso. As pessoas, "por assim dizer, compram e vendem felicidade", diz Turgot. A normalidade não é mais o vale de lágrimas, a resignação aos flagelos naturais, é a busca do prazer, a fuga dos sofrimentos. Em 1782, Joseph de La Fond publica *L'École du bonheur* [A escola da felicidade]; no mesmo ano sai em Paris *Je veux être heureux* [Eu quero ser feliz], de A. J. Durand, seguido em 1787 por *La Religion considérée comme l'unique base du bonheur et de la véritable philosophie* [A religião considerada a única base da felicidade e da verdadeira filosofia], da marquesa de Genlis; em 1801, é publicada *La théorie du bonheur, ou l'art de se rendre heureux* [Teoria da felicidade, ou a arte de se tornar feliz], de Philippe-Louis Gérard. Os artistas fornecem o cenário dessa felicidade: após os grosseiros prazeres da quermesse e da taverna celebrados pelos holandeses no século XVII, eis aqui os prazeres refinados e sempre matizados de erotismo de Boucher, Watteau, Fragonard.

Outra transferência: em vez de procurar seus traços arqueológicos, recria-se o jardim do Éden. Em 1736, em *Le Mondain* [O mundano], Voltaire escarnece dos trabalhos de Calmet e do bispo Pierre-Daniel Huet, que, em 1691, em seu *Traité de la position du paradis terrestre* [Tratado da posição do paraíso terrestre], acreditara conseguir localizar o mítico lugar da criação do homem:

É mesmo em vão que, pelo orgulho seduzidos,
Huet, Calmet, em sua sábia audácia,
Do paraíso procuraram o lugar.
O paraíso terrestre está onde eu estou.

Os novos jardins de Éden são os do Palais-Royal, onde se fazem os encontros mais agradáveis, ou os do Ranelagh e de Vauxhall, em Londres, os de Sans-Souci, em Potsdam. Em uma natureza domesticada, pastores e pastoras entregam-se aos jogos do amor e do acaso. Mas a felicidade é também uma cidade: Veneza, a Veneza de Tiepolo, Guardi, Canaletto, Goldoni, Vivaldi, a Veneza do carnaval, da festa perpétua, dos teatros da ópera, dos cafés, das dez mil prostitutas, das casas de jogo como o Ridotto, a Veneza de todos os prazeres, ponto de encontro de aristocratas desocupados é o teatro da felicidade, a ilha dos prazeres, celebrada por seu mais ilustre filho, o papa da alegria de viver, Jean-Jacques Casanova (1725-1778): "A glória desta cidade e desta época", escreve em suas *Memórias*,

> é ter recolhido toda a felicidade que existe na terra, ter amado essa felicidade com toda a sua alma, tê-la temperado com todo o seu espírito, ter-lhe consagrado todo o seu ser e ter-se dedicado a saboreá-la até o fim, sem falha nem remorsos, com o resíduo de todas as suas energias.

Casanova é um ícone, um mito, um símbolo, a encarnação da busca da felicidade sem entraves, que sabe encontrar o prazer até na sífilis, como escreve Alain Buisine:

> Esse é mesmo o segredo da felicidade casanoviana: nunca dramatizar nada, a ponto de a sífilis poder tornar-se uma auxiliar da felicidade. Quando vós não conseguirdes alcançar vossos fins com uma mulher rígida e resistente demais, quando vos sentis ligado e alienado por uma paixão que vos invade, jogai-vos nos braços da primeira prostituta, que infalivelmente vos infectará, e, posto na obrigação de vos tratar e renunciar a vosso flerte da beleza inacessível, recuperareis vossa disponibilidade de libertino.[17]

Mas que ninguém se engane: Casanova é um metódico, um técnico da felicidade, e nisso justamente é representativo de seu século. A felicidade é um assunto sério que se decompõe em dois tempos: o gozo bruto, imediato, digamos, animal, e em seguida a reflexão sobre esse gozo, que, ao intelectualizá-lo, permite saboreá-lo; um pouco como rever de todos os ângulos e em câmera lenta uma bela ação esportiva:

> Ao aplicar após cada prazer a calma que deve suceder o gozo, nós nos proporcionamos o tempo de reconhecer o estado feliz em sua realidade; ou, em outros termos, esses instantes de repouso necessários são uma autêntica fonte de gozo, pois por eles saboreamos as delícias da lembrança que duplica a realidade. O homem só pode ser feliz quando em sua reflexão ele se julga como tal, e só pode refletir na calma; assim, realmente, sem a calma, ele jamais seria exatamente feliz. É preciso portanto que o prazer, para o ser, cesse de ser ação.[18]

---

17 Buisine, "Casanova: bonheurs de la vérole", em *Magazine littéraire*, jul.-ago. 2000, p.38.
18 Casanova, *Mémoires*, Garnier, t.II, p.213.

A felicidade, portanto, mesmo tão brilhante, é apenas uma face da vida: Casanova sabe-o bem; atrás das fachadas dos palácios venezianos, erguem-se paredes leprosas; atrás das máscaras inquietantes do carnaval esconde-se muito desamparo e feiura; e o velho sedutor vai morrer, pobre e desprezado, em uma obscura localidade tcheca. Toda divindade tem seu lado sombrio.

INDIVÍDUOS E POVOS FELIZES: DE MADAME DE CHOISEUL AO TAITI

Mas o século XVIII guardou um lado luminoso. A felicidade existe, diz ele; podemos até vê-la. Há pessoas felizes ou que têm a reputação de sê-lo. Para começar, há os felizes autoproclamados, como o príncipe de Ligne, que afirma: "Não conheço carreira mais feliz do que a minha". É um verdadeiro asceta da felicidade, que pratica um treinamento intensivo para felizes de alto nível, faz dosagens, cálculos, equilíbrios, previsões. Cada manhã, escreve ele,

> é preciso se perguntar, ao despertar: 1. Posso dar prazer a alguém hoje? 2. Como poderei me divertir? 3. O que terei para o jantar? 4. Poderei ver um homem amável ou interessante? 5. Irei me apresentar à senhora Fulana, que me agrada muito? 6. Antes de sair, lerei ou escreverei alguma verdade nova, picante, útil ou agradável? E depois completar esses seis pontos, se possível.[19]

Sem esquecer de fazer um balanço duas vezes por semana:

> Examinemos nossa existência. Eu me porto bastante bem. [...] Sou rico. Desempenho um papel, sou objeto de estima e consideração, amam-me. [...] Sem essa recapitulação, nos enfadamos de nossa feliz posição.[20]

Para esse profissional do hedonismo, esse atleta da ventura, a felicidade é um ofício, ela se aprende: "Por que não existe uma escola de felicidade?", pergunta-se.

O cardeal de Bernis, por sua vez, não necessita de método: é um superdotado, feliz por natureza, assim como o presidente de Brosses, que não leva nada para o trágico, nem mesmo a morte de um filho, pois "é uma perda que se pode reparar em dois minutos". Montesquieu é menos despreocupado,

---

19 Prince de Ligne, *Mélanges militaires, littéraires et sentimentaires*, t.XX, p.120.
20 Ibid., t.XIII, p.136.

mas tão feliz quanto, pois sabe se adaptar a tudo: "Sou quase tão contente com os tolos como com as pessoas de espírito". Watelet é, segundo Marmontel, "um dos homens de nosso século que melhor arranjou sua vida para ser feliz". Ele construiu para si um pequeno mundo, em equilíbrio entre egoísmo e altruísmo, gozo e virtude. Do marquês de Saint-Georges, escreve Mirabeau com inveja: "Ele é feliz!". E depois há esse refúgio de felicidade tranquilo e inofensivo, o domínio de Chanteloup, onde vive o casal Choiseul, depois da queda do duque, em 1770. Ali se caça, se joga, há diversão por um nada:

> Levamos aqui uma vida encantadora. Só nos reunimos às seis da tarde: fazemos um jantar-ceia; ficamos em companhia até as duas da manhã; jogamos, lemos, e principalmente rimos. Temos as longas manhãs para dormir, se quisermos, ou cuidar dos próprios negócios,[21]

escreve o abade Barthélemy. Mas não contem para ninguém: "A propósito da felicidade, não me falem demais do que provamos aqui, pois me parece que a inveja está sempre à escuta". Madame de Choiseul é autenticamente feliz, e sobretudo não quer saber por quê: "Sem saber nem por que nem como, sou feliz, muito feliz. [...] Em caso de felicidade, não devemos procurar o porquê, nem olhar como".[22] É uma pessoa simples, espontânea que não se questiona, e que recomenda à infeliz Madame du Deffand fazer o mesmo: "Viva o dia a dia, tome o tempo como ele vem, aproveite todos os momentos".[23] Madame du Deffand, depressiva, é bem incapaz de aproveitar desse chamado ao *carpe diem*. "Chanteloup", escreve ela, "encerra não somente tudo que eu amo e estimo, mas tudo que pode contribuir para a felicidade e o contentamento da vida."

Portanto, há pessoas felizes. E até mesmo povos felizes, como os franceses, notam alguns viajantes ingleses que efetuam sua Grande Volta. Em 1739, S. Stevens, que vai de Paris a Lyon, atravessa "várias cidades e povoados, que tinham grande aparência de pobreza, mas apesar de tudo os habitantes estavam plenos de vida e alegria".[24] Sua felicidade é ainda mais surpreendente, porque eles vivem sob um governo arbitrário, observa ele, o que já havia intrigado Hume em 1714. É porque há povos que são felizes

---

21 Correspondance de Mme. du Deffand, carta de 7 jan. 1770.
22 Ibid., carta da duquesa de Choiseul, 5 jun. 1775.
23 Ibid., carta de 14 out. 1764.
24 Apud Black, *The Grand Tour*, 1992; ed. 2003, p.243.

apenas se acorrentados, explica J. Shaw em 1709: o absolutismo é "o que convém mais aos franceses, cuja natureza é malvada demais e insolente demais para que lhe seja concedida a liberdade".²⁵

> *O francês, fácil, bondoso e vivo,*
> *Se tem uma jovem, um violino e souber dançar,*
> *Estará sempre feliz, pouco importa quem reina;*
> *Ele caça a miséria com uma gargalhada.*

É o que escreve William Cowper (1731-1800) em seus *Propos de table* [Propósitos de mesa]. Haveria então povos de natureza feliz, ao passo que os ingleses passam na mesma época por seres melancólicos e inclinados ao suicídio. Entretanto é esse povo "feliz" que fará a revolução.

Isso é outra história que teremos que examinar. Notemos por enquanto que o século XVIII afirma sua fé na possibilidade da felicidade, do que ele acredita ter encontrado depoimentos vivos. Como no cristianismo, os santos são os modelos que ilustram o ideal de perfeição ao qual todos devem tender; na religião da felicidade, as pessoas felizes são provas concretas da possibilidade de alcançar a ventura nesta vida. Os santos são os arautos do paraíso, as pessoas felizes anunciam o retorno da idade de ouro. O século XVIII evocou muito esse mito. É verdade que não se crê de fato em sua historicidade. As últimas tentativas para situá-lo cronologicamente remontam ao falsário Johannes Annius, de Viterbo, que, no século XVI, tentava encontrar-lhe um lugar nos arredores do Déluge, sem saber bem se ele se situava antes ou depois. Em 1684 ainda, Thomas Burnet, em sua *The Sacred Theory of the Earth* [Teoria sagrada da terra], declara que certamente existe uma idade de ouro comum a toda a terra, onde certos lugares eram "mais dourados, se ouso dizer, que o resto".²⁶ No início do século XVIII, o poeta Jean-Baptiste Rousseau evoca esse tempos quando os homens eram

> *Ricos sem bens, pobres sem indigência,*
> *Viviam todos igualmente felizes,*
> *E a natureza era rica para eles,*
> *Toda a terra era sua herança,*
> *A igualdade tornava tudo sua partilha.*

---

25 Ibid.
26 Burnet, *The Sacred Theory of the Earth*, p.197.

E quando fala de um homem bom, generoso, de humor igual, diz: "É um homem digno da idade de ouro".[27] Mas, dali em diante, é apenas uma expressão, uma imagem evocadora da felicidade, que Segrais (1624-1701) associa a uma fábula:

> Mas o que entendemos por aquilo a que chamamos Século de Ouro? Queremos falar do século de Saturno? Isso é nos levar de volta ao tempo que um homem com alguma instrução verá sempre como fabuloso.

Para Pierre-Sylvain Maréchal, "a infância é a idade de ouro da vida do homem", e em seu *Temple de l'hymen* [Templo do hímen], em 1771, expressa certa nostalgia:

> Idade de ouro da França, tu passas, agora, como a outra, por aquela das quimeras. [...] Poderíamos viver ainda no meio dessas quimeras! Elas nos tornavam sábios e felizes.[28]

A idade de ouro não passa de um mito, declara Hume, e, para Thomas Fuller, "a idade de ouro nunca foi o tempo presente", o que remete a dizer que ela jamais existiu. É uma ilusão comum a todos os povos, escreve em 1787 François Hemsterhuis:

> É conhecida a tradição universal, para quase todos os povos do mundo, de uma idade de ouro, de um paraíso, de uma vida feliz não interrompida por doenças, guerras, dilúvios ou outros flagelos.[29]

É uma imagem cômoda, amplamente utilizada pelos autores de pastorais, na qual cada um coloca suas fantasias: idade erótica, de amor livre e de abundância para os voluptuosos, de simplicidade e frugalidade para os virtuosos. Podemos assim fazer dela um tema de lisonja, como em *Le Retour de l'âge d'or, ou Le Règne de Louis XVI* [A volta da idade de ouro, ou o reinado de Luís XVI], poema dedicado a Maria Antonieta em 1774 por Jean-Antoine Gauvin. Um deslize é perceptível: a idade de ouro estava no passado; com Gauvin, ei-la no presente; e já alguns a anunciam no futuro, como as

---

27 Carta de 12 jun. 1729, apud Delaporte, *Bergers d'Arcadie. Le mythe de l'âge d'or dans littérature française du XVIIIème siècle*.
28 Maréchal, *Le temple de l'hymen*, p.36.
29 Hemsterhuis, *Alexis ou de l'âge d'or*, p.172.

lojas maçônicas iluministas, que dizem querer "trazer a idade de ouro e o reino da pura inocência para essa terra corrompida",[30] enquanto Court de Gébelin chama-a com seus votos:

> Como a humanidade será feliz! Como teremos orgulho de sermos homens, quando essa ordem for restabelecida. [...] Possa minha pátria, possa o império magnânimo da flor de lis ao qual esse alto desígnio parece estar reservado, ser essa feliz nação!... Que tudo volte à ordem: a paz, a abundância, a justiça, a felicidade retornarão para consolar e alegrar o universo...[31]

Conhecemos os sarcasmos de Voltaire contra a idade de ouro "e todos esses contos de velhas". Para ele, os homens, abalados pelos males do presente, têm a tendência de sempre idealizar o passado. Sua controvérsia com Rousseau a respeito do estado de natureza e do bom selvagem gira em torno deste ponto: os homens eram puros antigamente, quando viviam em simbiose com a natureza, antes da propriedade privada e dos refinamentos da civilização? Responder a essa questão é tomar partido sobre o caminho da felicidade. A idade de ouro foi no início da humanidade, ou é a de hoje? Dessa resposta depende, na verdade, a atitude a se adotar para garantir a felicidade futura. É essa aposta que explica os debates acalorados em torno do tema do bom selvagem.

O problema fora levantado na Renascença com a descoberta da América, como vimos. Ele repercutiu com a exploração do Pacífico. Em 1768, Bougainville faz uma curta estadia no Taiti e a descrição feita por ele, em 1771, em sua *Voyage* tem um efeito bombástico: descobriu-se a terra da felicidade:

> Não poderia deixar essa ilha afortunada sem renovar meus elogios sobre o assunto. A natureza a embelezou com os mais risonhos aspectos, enriqueceu com todos os dons, cobriu de habitantes belos, grandes e fortes. Ela lhes ditou até mesmo leis. Eles as obedecem em paz e formam talvez a mais feliz sociedade que existe neste globo. Legisladores e filósofos, venham ver aqui, tudo estabelecido, o que sua imaginação não pode nem mesmo sonhar. Um povo numeroso, composto de belos homens e bonitas mulheres, vivendo juntos na abundância e na saúde, com todas as marcas da maior união, conhecendo o suficiente sobre o teu e o meu para terem essa distinção nos níveis necessários à boa ordem, mantendo os estabelecimentos de primeira necessidade, como os

---

30 Apud Delaporte, op. cit., p.42.
31 Court de Gébellin, *Le monde primitif*, t.VII, p.6.

grandes caminhos, as balizas para os recifes, faróis sobre as ilhotas, à noite, que servem para a pesca e a navegação, plantações de árvores frutíferas, tendo das artes esses conhecimentos elementares que bastam ao homem ainda próximo do estado de natureza (tecidos, encordoamentos, redes, tranças, pinturas), que trabalham pouco, gozando todos os prazeres da sociedade, da dança, da música, da conversa, do amor enfim, o único deus ao qual creio que o povo ofereça sacrifícios... Os homens ali têm várias mulheres e as moças, todos os homens que elas querem. A maior pureza enfeita os costumes dessa nação. [...] Terão eles uma religião? Não teriam? Não vi nenhum templo, nenhuma prática exterior de adoração.[32]

Um novo mito nasceu: o do paraíso polinésio. Alguns anos depois, James Cook confirma: habitantes belos e sadios, pacíficos, que vivem sem trabalhar e em uma natureza de sonho, praticam o amor livre, com moças que se oferecem a todos, sem proibições morais. Não há dúvida: aqueles selvagens conhecem a idade de ouro. Joubert, em seus *Pensées* [Pensamentos], está em êxtase:

> Oh, Taiti, lugar de repouso para a imaginação cansada [...] Oh, Taiti, como tuas mulheres são belas e como teus homens são suaves [...] A idade de ouro está em teu arvoredo [...] Agora, há na vida uma alegria a mais [...] e nossos poentes e o crepúsculo de nossos dias é mais belo em nossa Europa.[33]

Madame de Montbar desfalece em suas *Lettres tahitiennes* [Cartas taitianas] de 1786, e o abade Delille celebra "os campos do Taiti, onde o amor sem pudor não deixa de ter inocência". Alguns espécimes são trazidos para provar a todos que não se trata de um sonho: Aotorou na França, Omai na Inglaterra. As mulheres da Corte se impressionam; em Covent Garden, é encenada, em 1785, *Omai, ou Un voyage autour du monde* [Omai, ou Uma viagem de volta ao mundo]. É decretado que eles são "os homens mais perfeitos da natureza". O Taiti é batizado "a nova Citera". Em um artigo do *Mercure de France* de novembro de 1769, o naturalista Commerson, um companheiro de Bougainville, escreve: "É o único canto da terra onde habitam homens sem deformações, sem preconceitos, sem necessidades, sem dissensões"; eles "nasceram sob o céu mais bonito, alimentam-se dos frutos de uma terra fecunda sem cultura, são dirigidos por pais de família, e não por

---

32 Bougainville, *Voyage autour du monde*, 10-18, p.110.
33 Apud Devèze, *L'Europe et le monde à la fin du XVIIIème siècle*, op. cit., p.520.

reis".³⁴ Esses são mesmo aspectos da idade de ouro. É preciso proteger os felizes selvagens, mantê-los afastados de nossa civilização corrompida, declaram os entusiastas que, na época como hoje, pensam que podem impedir o inevitável: a partir do fim do século, a Europa envia ao Taiti seus dois flagelos: a sífilis e os missionários.

Entretanto, desde o início, o paraíso taitiano provoca polêmicas. Um debate se forma em torno da qualidade de vida dos indígenas. Felizes, os taitianos? Nada certo, como se pode ler já em 1771 no *Journal d'agriculture*:

> Fico sabendo que nos jornais franceses pinta-se a ilha de Taiti como a morada da paz, da concórdia, da felicidade e da virtude simples e natural: se for a mesma de que falo, como não há lugar para dúvida, os costumes desses insulares degeneraram bastante em um espaço de tempo bem curto. [...] Esses relatos confirmam as conjecturas que publicamos no ano passado sobre essa terra, em um de nossos jornais [o *Journal des savants*], contra as afirmativas de uma testemunha ocular [Commerson] inseridas em outro periódico.³⁵

Por sua vez, Diderot se mostra um pouco irônico em seu *Complemento à viagem de Bougainville*.

NÃO HÁ SELVAGENS FELIZES

Poderíamos dizer que a discussão sobre a felicidade dos taitianos é apenas um episódio na guerra das felicidades. Ele se inscreve em uma problemática mais ampla: os selvagens, quer sejam americanos, africanos ou polinésios, seriam felizes? E a própria questão se insere em uma controvérsia maior: a felicidade estaria na natureza ou no progresso, em uma vida simples e natural, ou na busca de inovações tecnológicas, fatores de conforto e de facilidade? Examinemos esses dois níveis.

Os selvagens são felizes? A questão incomoda e divide os dois campos, mas globalmente a resposta é mais negativa. O naturalista Adanson é mesmo o único a falar, em sua *Histoire naturelle du Sénégal* [História natural do Senegal], em 1757, de uma "África feliz, ativa e civilizada". Explorando a floresta da África ocidental entre 1749 e 1754, ele viu uma "risonha esta-

---

34 Commerson, "Post-scriptum sur l'île de Tahiti ou nouvelle Cythère", *Mercure de France*, nov. 1769.
35 "Relation abrégée du voyage de la frégate l'Endeavour", *Journal d'agriculture*, p.37.

dia", uma "agradável solidão cercada por todos os lados por uma paisagem encantadora", e se enterneceu com a "situação campestre das cabanas entre as árvores". Felicidade idílica um pouquinho só perturbada pela caça aos escravos. Por sua vez, Parny, de origem crioula, escreve em 1775 sobre a ilha Bourbon:

> A infância dessa colônia foi semelhante à idade de ouro. [...] O comércio dos europeus estragou tudo. O crioulo desnaturalizou-se insensivelmente; ele substituiu seus costumes simples e virtuosos por modos polidos e corrompidos [...] estamos agora no século de bronze.[36]

Essa imagem do homem primitivo feliz, cuja felicidade é destruída pela chegada dos europeus, não convence muita gente. Da parte dos filósofos, se as virtudes naturais desses povos são reconhecidas, no geral, recusamo-nos a considerá-los felizes, e a descoberta do Taiti nada muda. Para Diderot,

> se considerarmos o ódio que os selvagens carregam de uma horda contra outra, sua vida dura e famélica, a constância de suas guerras, as ciladas incontáveis que não paramos de lhes armar, não podemos nos impedir de prever que em menos de três séculos terão desaparecido da terra.[37]

Previsão realizada. Isso é inevitável, pensa Diderot, que não pode se convencer de que a felicidade existe na "estupidez feroz sob a pele de animal, [...] a miséria pálida, suja e medonha estendida sobre a terra úmida e insalubre, e escondida com o temor no fundo de um antro selvagem".

Seriam felizes esses selvagens da Terra do Fogo que Cook descreve como "as mais miseráveis e mais estúpidas das criaturas humanas, refugos da natureza, nascidos para consumir sua vida em desertos medonhos"? Felizes os selvagens da Guiana entre os quais encontramos, segundo o abade Raynal, a opressão das mulheres, superstições que impedem a multiplicação dos homens, ódios que só se extinguem com a destruição das famílias e dos povoados, o abandono revoltante dos anciãos e dos doentes, o uso habitual dos venenos mais variados e mais sutis?[38]

Para Diderot,

---

36 Apud Delaporte, op. cit., p.35.
37 Apud Duchet, *Anthropologie et histoire au siècle des Lumières*, p.17.
38 Abade Raynal, *Histoire philosophique et politique des établissements et du commerce des Européens dans les deux Indes*, t.IV, p.143.

todos os povos civilizados foram selvagens, e todos os povos selvagens, abandonados aos impulsos naturais, estavam destinados a se tornar civilizados. A família foi a primeira sociedade; e o primeiro governo foi o patriarcal. [...] A família se amplia e se divide. [...] Um povo salta, armas à mão, sobre outro. O vencido torna-se escravo do vencedor. [...] Nessa anarquia, misturada com ciúme e ferocidade, a paz logo é perturbada. [...] Eles se exterminam.[39]

Até mesmo os taitianos têm suas guerras internas. Quanto aos negros, não esqueçamos que os mercadores de escravos são outros negros que vendem aos brancos seus prisioneiros de guerra. Na história de todos os povos, há um momento de equilíbrio a que podemos chamar "estado de felicidade", mas que não dura: "A história do homem civilizado é apenas a história de sua miséria". E, com os refinamentos da civilização, os crimes e os vícios se multiplicam. Será preciso, por isso, lamentar os bons velhos tempos primitivos? De jeito nenhum, pois hoje "não basta me demonstrar que há mais crimes; é preciso me provar também que há menos felicidade".

Helvétius concorda: não há felicidade no estado de natureza, que é uma situação de guerra perpétua de todos contra todos: "Assim, em proporção ao número de habitantes, cometem-se mais crueldades e crimes no norte da América do que na Europa inteira".[40] Para Buffon, não há sombra de dúvida: o civilizado é mais feliz do que o primitivo:

> Um povo civilizado que vive com certo conforto, que está habituado a uma vida regrada, suave e tranquila, que, graças aos cuidados de um bom governo, está protegido de uma certa miséria, e a quem não faltam as coisas de primeira necessidade, será por essa única razão composto de homens mais fortes, mais belos e mais benfeitos do que uma nação selvagem e independente, em que cada indivíduo, sem obter nenhum auxílio da sociedade, é obrigado a prover a sua subsistência, a sofrer em alternância a fome ou os excessos de uma alimentação quase sempre ruim, de se esgotar em trabalhos ou na lassidão, de se atribular com os rigores do clima sem poder se assegurar, de agir, em suma, mais como animal do que como homem.[41]

Isso vale também para os negros, "grosseiros, supersticiosos, estúpidos", para o índio da América, "cretino" cujo pênis pequeno é sinal de falta de calor humano:

---
39 Apud Duchet, op. cit., p.432.
40 Helvétius, *De l'homme*, seção V, cap.VIII, IV.
41 Buffon, *Les époques de la nature*, t.IX, p.219.

Fraco e pequeno pelos órgãos da geração, não tem pelo nem barba, e nenhum ardor por sua fêmea [...] o físico do amor faz neles a moral dos costumes; seu coração é gelado; sua sociedade, fria, e seu império, duro.⁴²

Voltaire é igualmente categórico: como seres brutos, quase não humanos, poderiam ser felizes? Do hotentote, que está no "primeiro estágio de estupidez", ao brasileiro, "animal que ainda não alcançou o complemento de sua espécie", do cafre e do lapão, "imersos na mesma estupidez", ao índio "mal saído da imbecilidade", nenhum traço de felicidade. "O que seria o homem no estado que chamamos de pura natureza? Um animal bem abaixo dos primeiros iroqueses". Sem dúvida, Voltaire evoluiu desde os versos agressivos do *Mondain*, em que associava a felicidade ao luxo. Seu pensamento é mais matizado em *Essai sur les mœurs* [Ensaio sobre os costumes] e em sua *Histoire universelle* [História universal]; ele percebe que a felicidade é um assunto mais complexo e que não depende apenas do grau de civilização, que é "um bem que a natureza nos vende", e se mostra bem hesitante sobre isso, como veremos. Mas está certo de uma coisa: se o civilizado não é necessariamente feliz, o selvagem é com certeza infeliz.

Mesmo que se possa evocar alguma felicidade, escreve Jean-Pierre de Crousaz, essa só pode ser uma felicidade negativa, durante os períodos de ausência de dor, ao passo que o civilizado pode atingir uma felicidade positiva ao satisfazer seus desejos:

> Duas pessoas que nada desejam além do que possuem são também felizes [sic], mas em um sentido negativo; e de duas pessoas cujos desejos são realizados, aquele [sic] que experimenta as suavidades em maior quantidade, ou uma maior vivacidade, é o mais feliz, e isso em um sentido positivo, pois caso contrário um boi seria tão feliz quanto um homem.⁴³

Para o holandês Cornelius de Pauw, que publica em 1769, em Berlim, os dois volumes de suas *Recherches philosophiques sur les Américains* [Pesquisas filosóficas sobre os americanos], os índios, preguiçosos, amorais, estúpidos, sem pelos e pouco interessados no sexo, que têm bem pequenos, aliás, vivem na precariedade, no medo, na crueldade. Impressão confirmada pelo seriíssimo Volnay quando de sua viagem à América, em 1795.⁴⁴ De passagem,

---

42   Ibid., t.XI, p.371.
43   *Divers ouvrages de M. de Crousaz*, t.I, p.202.
44   Volney, *Tableau du climat et du sol des États-Unis*.

ele escarnece de Rousseau, "que só conhece os selvagens por comparação, tirados da floresta de Montmorency". Já Chateaubriand, que também faz a viagem em 1791, tira conclusões mitigadas.

No geral, o balanço, aos olhos dos filósofos, é largamente negativo. Esses povos sem moral, estúpidos e brutais, não são felizes. Não é rumo ao homem primitivo que devemos nos voltar para encontrar a felicidade. Será, apesar disso, que devemos civilizá-los? Não há certeza, pois também se expressam muitas reservas sobre a felicidade dos civilizados. Uma controvérsia sobre o assunto se instala próximo ao fim do século, quando o barão de Bessner propõe, em 1783, um plano para civilizar os índios da Guiana.[45] Pierre-Victor Malouet responde em uma carta de 1786: se os civilizarmos, será para integrá-los às classes mais infelizes de nossa sociedade, para deles fazermos trabalhadores subqualificados que exploraremos como se fossem escravos. Deixemo-los como são,

> felizes pela liberdade, pela ausência dos sofrimentos, pela facilidade de se alimentar sem muitos cuidados. [...] A partir do momento em que quisermos colocar uma enxada na mão desses índios, que os fizermos vigiar nossos rebanhos, não os encontraremos então idênticos aos nossos escravos? Com certeza seria menos difícil comprometê-los a se tornarem burgueses ou rendeiros.[46]

De qualquer modo, terminarão passando por isso, é inevitável, como já o mostrara Diderot. O mundo selvagem não pode escapar à destruição.

No campo dos adversários das Luzes, estamos igualmente divididos: esses selvagens próximos à natureza não foram corrompidos pelos vícios da civilização; eles gozam de uma forma de felicidade inocente que será preciso proteger, mas falta-lhes algo essencial: a verdadeira fé. Há nesse discurso uma contradição interna de que o clero parece não ter consciência: os que conhecem a verdadeira fé — os cristãos, portanto — construíram uma civilização defeituosa e corrompida; os que nunca ouviram falar da verdadeira fé são naturalmente virtuosos e inocentes. Não seria a moral cristã quem engendra a corrupção? Onde não há proibições, não há pecados. Então, por que converter esses selvagens? De um lado porque, não sendo batizados, irão para o inferno, e de outro porque os jesuítas da América do Sul mantêm a esperança de recriar em suas "missões" o paraíso terrestre, a idade de ouro.

---

45 Bessner, *Mémoire relatif aux limites et à la colonisation de la Guyane Française*.
46 Lettre de M. *Malouet sur la proposition des adminsitrateurs de Cayenne relativement à la civilisation des Indiens*, Toulon, 16 jul. 1786.

Na verdade, os índios guarani do Paraguai já formavam uma sociedade muito organizada, que vivia em autarquia, em um sistema destinado a garantir a felicidade da comunidade na terra do "Grande Ancestral". Os jesuítas apenas substituem uma utopia por outra ao organizar, já em 1607, uma *reduccion*, cidade geométrica onde os habitantes estão submetidos a regulamentos comunitários bem precisos. Nada de propriedade privada, nada de herança, trabalho obrigatório de 6 horas por dia, 8 em épocas de pico, observação estrita da religião católica. Mesmo Voltaire tira o chapéu para esse "triunfo da humanidade", e Montesquieu declara que "será sempre bonito governar os homens fazendo-os felizes". Os guarani parecem de fato ter sido felizes, já que preferiram ser massacrados a renunciar a sua comunidade. No entanto, falta-lhes algo que os intelectuais da felicidade julgam indispensável: a liberdade. Michelet e Quinet acusarão os jesuítas de ter mantido os guarani "em uma república de crianças onde se mostrou uma arte soberana em tudo lhes dar, exceto o que poderia desenvolver o homem no recém-nascido".

Podemos ser felizes sem liberdade? A questão é de peso, sem dúvida. Para a maioria dos filósofos, a felicidade só pode resultar de boas leis. Mas as boas leis permanecem leis, isto é, limites à liberdade individual. Até onde se pode ir na regulamentação da vida social para garantir a felicidade? Os utopistas, desde o começo, não hesitam em sacrificar completamente a liberdade, pois são pessimistas, quer dizer, realistas, o que é paradoxal: eles não têm nenhuma confiança na natureza humana, a qual deve ser portanto freada ao máximo por algum jugo. A felicidade custa isso.

A FELICIDADE EXISTE... EM UTOPIA

O século XVIII, obcecado pela ideia de felicidade, praticou muito a utopia, solução imaginária dos problemas do presente. Cerca de 70 títulos, mil edições, com dois grandes impulsos, entre 1720 e 1730 e entre 1750 e 1760. Fazem-se coleções, como os 39 volumes de *Voyages imaginaires* [Viagens imaginárias] publicados em Paris por Garnier, de 1787 a 1789. Há muitos padres e burgueses deístas entre os autores, e cada qual imagina o Estado mais totalitário para impor a felicidade. Eles partem de uma constatação: tudo está em harmonia no universo natural, tudo está em desordem no universo social. É preciso portanto voltar à natureza e a suas leis, fazer da sociedade uma mecânica de precisão em que cada engrenagem trabalhe para o bem-estar do conjunto. Nem pensar em deixar a mínima autonomia a essas engrenagens.

O livre arbítrio, eis o inimigo. Se quisermos uma sociedade feliz, é preciso que os indivíduos sejam submetidos a leis justas e meticulosas sem poder contestá-las. Esse modelo "oferece os remédios mais felizes e também os mais nobres para os males das sociedades atuais que sacrificam à riqueza a salvação tanto física quanto moral de seus membros",[47] escreve em 1791 Robert Wallace, para quem Platão e More são exemplos a ser seguidos.

E aqui temos o abade Morelly, autor em 1753 de *La Basiliade* [A Basiliada], e em 1755 do *Code de la nature* [Código da natureza]. Em seu estado ideal, a população é organizada em famílias, tribos e cidades sobre uma base decimal; o casamento é obrigatório, assim como a educação nas escolas públicas; o abastecimento é feito em lojas do Estado, pois a economia é comunista. Proibição de pensar: isso é contrário à felicidade:

> Haverá uma espécie de código público de todas as ciências, no qual nada será jamais acrescentado à metafísica nem à moral além dos limites prescritos pelas leis; juntar-se-ão apenas as descobertas físicas, matemáticas ou mecânicas confirmadas pela experiência e o raciocínio.[48]

Graças a essa organização, a humanidade atingirá a felicidade, a felicidade da colmeia, do formigueiro:

> Sê agora livre [!], doce e tranquila humanidade, forme apenas um corpo organizado pelos acordos de uma unanimidade perfeita; que a variedade infinita de desejos e de inclinações se reúna em uma só vontade; que mova os homens somente para um objetivo comum; que, à semelhança da luz, essa felicidade estende-se igualmente a todos. Sê a mãe comum de uma família feliz.[49]

Vamos agora a um novo abade, Deschamps, beneditino ateu, protegido do marquês de Voyer d'Argenson, morto em 1774. Em *Le Vrai systéme* [O verdadeiro sistema], inspirado em Joaquim de Fiore, ele imagina a história do mundo em três etapas: estado selvagem, em que os homens agem segundo seus instintos; estado de leis, o presente, no qual tudo repousa sobre a desigualdade e a opressão; e depois o estado de costumes, em que reinarão "a igualdade moral e a comunhão dos bens". Tudo será guiado pela estrita razão; tudo vai funcionar como uma mecânica, sem surpresas, "todos os

---
47 Apud Servier, *Histoire de l'utopie*, p.193.
48 Ibid., p.200.
49 Morelly, *Naufrage des isles flottantes*, ou *Basiliade du célèbre Pilpaï*, p.292.

dias vão se parecer". Essa é "a única via que existe para distinguir nosso paraíso no único lugar onde podemos fazê-lo, quero dizer, neste mundo".[50]

Eis agora Louis-Sébastien Mercier, que publica em Londres, em 1722, *L'An 2440* [O ano 2440], obra imediatamente proibida pela censura real, e que lhe assegura um imenso sucesso: 24 reedições entre 1772 e 1789! Nós nos transportamos sete séculos à frente, para o reinado de Luís XXXIV. A França é finalmente feliz, a ordem impera: censores, vigias, espiões emboscam eventuais perturbadores, denunciam os maus súditos, podem até mesmo ler pensamentos; não há mais mendigos, nem bandidos; os recalcitrantes são reeducados; os irrecuperáveis vão para as prisões; o conformismo é a regra; os valores "cidadãos" ensinados na escola pública, gratuita e obrigatória, são respeitados por todos; para maior segurança, todos os livros foram queimados e somente as ciências e a moral são ensinadas; uma religião deísta é obrigatória, e quem for tentado pelo ateísmo logo é curado por "um curso assíduo de Física experimental". Os habitantes, vacinados, sadios, marcham no mesmo passo em cidades uniformes. "Como é infeliz um século no qual se argumenta!" Nesse século XXV, o flagelo do pensamento livre foi eliminado.

Já em 1749, o oficial da polícia Guillaute havia esboçado as grandes linhas de um Estado securitário feliz, em uma *Mémoire sur la réformation de la police en France* [Dissertação sobre a reforma da polícia na França]: a população toda é fichada e todos carregam consigo seus documentos de identidade, cuja apresentação pode ser exigida a qualquer momento; charretes e carroças têm uma placa e são cadastradas; o trajeto de qualquer deslocamento deve ser indicado previamente e seguido à risca; os operários têm uma caderneta e qualquer movimento de resistência lhes é proibido; um estado civil rigoroso é mantido em dia; a França inteira é dividida em bairros, cada um submetido a uma patrulha de policiais. Alguns traços dessa sociedade feliz parecem um tanto familiares; a felicidade que supostamente os acompanha, bem menos.

Poderíamos ainda citar um livreto anônimo de 1787, *Changement du monde entier* [Mudança do mundo inteiro], que preconiza garantir a felicidade por uma reorganização racional rígida da França em 15 mil vilarejos e 330 mil fazendas. Mas encerremos com os estatutos do burgo de Oudun, apresentados por Restif de La Bretonne como apêndice a seu *Paysan perverti* [Camponês pervertido] de 1776. Nessa feliz cidadezinha de cem casas, todas parecidas, vivem cem famílias rigorosamente idênticas, que se trajam do mesmo modo, possuem os mesmos bens, praticam as mesmas atividades ao mesmo tempo: "Todos farão as mesmas coisas ao mesmo tempo, e no

---

50 Deschamps, Le vrai système ou *Le mot de l'énigme métaphysique et morale*, p.153.

tempo mais favorável para a coisa. [...] Não haverá um único dia em que alguém seja inútil". Um regulamento tão rígido governa até mesmo os atos da vida privada. Assim, para o casamento, a cada ano são designadas as moças a serem casadas, e os rapazes escolhem, "por ordem de antiguidade" e de mérito. Até nas sociedades perfeitas, o homem mantém seus privilégios.

FELICIDADE PÚBLICA OU FELICIDADE PRIVADA?

Tirando essa exceção, a igualdade é o traço dominante de todas as utopias, em detrimento da liberdade. Nisso, os utopistas são mais realistas do que os revolucionários de 1789, que imaginavam ser possível conciliar esses dois valores contraditórios. O lema dos utopistas, sua receita de felicidade, não é "liberdade, igualdade, fraternidade", mas "uniformidade, igualdade, racionalidade". A oposição das duas fórmulas evidencia um dos problemas principais da concretização da vida feliz, um tema central da reflexão dos filósofos: a felicidade é um assunto público ou privado? Coletivo ou individual? Político ou psicológico? Objetivo ou subjetivo? "Quero que a sociedade seja feliz, mas eu também quero ser", escreve Diderot, e aí está toda a dificuldade. De um lado, "desejo de aproveitar, liberdade de aproveitar, não há senão essas duas motivações para a ação, esses dois princípios de sociabilidade entre os homens". Ou a vida em sociedade exige que limitemos nossos desejos, e isso traz o risco de levar "à insensibilidade mais do que à felicidade", ao manter "o homem em uma espécie de embotamento, e em uma mediocridade de gozo e de ventura".[51]

A solução ideal, que alguns julgam possível, é dizer que o homem é um animal sociável e que, por esse motivo, é naturalmente inclinado a viver com os outros e a procurar torná-los felizes pela virtude; o homem é feliz ao procurar a felicidade dos outros e, de modo inverso, a sociedade trabalha para a felicidade de cada um. "Um por todos, todos por um", diriam os mosqueteiros. Diderot não acredita muito nisso:

> Estou convencido de que só pode haver felicidade para a espécie humana em um estado social em que não haja rei, nem juiz, nem sacerdotes, nem leis, nem teu, nem meu, nem propriedade imobiliária, nem propriedade rural, nem vícios, nem virtudes; e esse estado social é ideal até demais.[52]

---

51 Diderot, *Oeuvres politiques*, p.404.
52 Apud Duchet, op. cit., p.451.

Tão ideal que é irrealizável.

O abade Prévost dá um exemplo disso em um episódio de *Cleveland*, em 1739. Em uma ilha feliz vive uma colônia de protestantes regida por um código "natural" que, para melhor garantir a igualdade, atribui as mulheres por sorteio. Prática contra a qual se revolta um grupo de rapazes, pois contraria o sentimento igualmente "natural" do amor: ver aquela a quem se ama ser atribuída a outro por sorteio não é muito favorável à felicidade individual. A revolta se instala em nome da liberdade:

> Nós nascemos livres, diz o chefe dos revoltosos, [...] fizemos valer nossos direitos ao escolhermos nós mesmos nossas queridas e amáveis metades, que partilharão de agora em diante nossas dores e nossos prazeres e que nos apresentarão novas satisfações nessa estadia da paz e da inocência. Era-nos impossível vivermos felizes aqui sem elas; e, como nos foi prometida a felicidade a que nos conduziram, nós nos jactamos de nos deixarem gozar com tranquilidade do único bem ao qual nós a associamos.[53]

A igualdade é derrubada em nome da liberdade e, em consequência, as rivalidades dividem a sociedade; a felicidade individual destrói a coletiva.

É desse mesmo problema que John Brown se ocupa em 1751, em seus três *Essays on the characteristics* [Ensaios sobre as características]. A única razão que pode nos incitar à virtude, escreve ele, é "o sentimento imediato, ou a perspectiva de uma felicidade privada futura". Ninguém é virtuoso de graça. É por isso, segundo ele, que a única maneira de garantir "uma total e universal coincidência entre a felicidade pública e a privada"[54] é convencer as pessoas de que Deus fará felizes os virtuosos, no céu. Mas, justamente, é na terra que se deseja a felicidade. Aí está colocado, portanto, o problema da virtude. Será que a virtude traz a felicidade? Alguns o afirmam, outros o contestam, dado que ser virtuoso quase sempre quer dizer sacrificar-se pelos outros.

Os otimistas acham a solução na sociabilidade, que garante tanto a felicidade pessoal como a do grupo. Seja sociável, dirija-se aos outros, educado e sorridente, e será bem recebido, em uma atmosfera ao mesmo tempo descontraída, refinada e agradável; todo mundo ficará contente. É a sociabilidade de salão, tão apreciada no século XVIII, e teorizada em inúmeros manuais que são igualmente artes para se viver feliz: o *Traité de la*

---

53 Abade A.-F. Prévost, *Le philosophe anglais, ou histoire de M. Cleveland, fils naturel de Cromwell*, t.II, p.212.
54 Brown, *Essays on the characteristics*, p.209.

societé civile [Tratado da sociedade civil], de Buffier (1726), a *Instruction d'un père à son fils sur la manière de se conduire dans le monde* [Instrução de um pai a seu filho sobre a maneira de se portar em sociedade], de Dupuy (1730), os *Essais sur la nécessité et sur les moyens de plaire* [Ensaios sobre a necessidade e sobre os meios de agradar], de Paradis de Moncrif – nome bem apropriado –, que crê que "as virtudes sociais são a fonte da verdadeira felicidade". Se acreditarmos nessas obras, tudo é fácil: a felicidade depende das boas maneiras e da arte da conversação. É preciso, entretanto, dar de si, escreve em 1751 François-Louis Marini, vulgo Marini, em *L'Homme aimable* [O homem amável]: para que os outros nos julguem amáveis, é preciso que nós mesmos sejamos – ou pareçamos – felizes; o mundo não gosta de rostos tristes, taciturnos; sejam alegres e serão recebidos de braços abertos em toda parte:

> O principal cuidado de um homem educado será contribuir, na medida de suas capacidades, à felicidade daqueles com quem ele vive. Mas é raro encontrar pessoas que levem a delicadeza dos sentimentos ao ponto de se ocuparem da ventura alheia, enquanto elas próprias estão sofrendo. Assim, convém que um homem amável esteja em estado feliz.[55]

O século XVIII não gosta dos misantropos, dos solitários. Para sermos felizes, vivamos juntos; é o que repetem o abade Desfourneaux em *Essai d'une philosophie naturelle* [Ensaio de uma filosofia natural] (1724), o abade Marquet em *Discours sur l'esprit de societé* [Discurso sobre o espírito de sociedade] (1735), o marquês d'Argens em seu ensaio *Sur la vie heureuse* [Sobre a vida feliz] (1755), Mirabeau em *L'Ami des hommes* [O amigo dos homens] (1756). Até mesmo Jean-Jacques Rousseau, o caminhante solitário e selvagem, faz uma concessão em suas *Lettres sur la vertu et le bonheur* [Cartas sobre a virtude e a felicidade]:

> Queremos tentar agora procurar o que pode nos fazer felizes neste mundo? Mergulhemos em nós mesmos e consultemos nosso coração. Cada um sentirá que sua felicidade não está em si, mas depende de tudo que o rodeia.[56]

Alguns pensam que é preciso até mesmo ultrapassar a sociabilidade para atingir a caridade: "A verdadeira felicidade consiste em fazer gente feliz", declara Stanislas Leszczynski nas *Oeuvres du philosophe bienfaisant* [Obras

---

55 Marini, dito Marin, *L'Homme aimable*, p.72.
56 Rousseau, *Oeuvres et correspondances inédites*, p.140.

do filósofo caridoso]. É também o que pensam os maçons: pela bondade reencontramos os tempos felizes da idade de ouro. "A fraternidade que reina entre os maçons me representa os tempos primitivos em que os homens estavam sempre prontos a se curvar às necessidades dos outros."[57]

Para essa corrente otimista e irenista, tudo parece fácil: a virtude é natural e nos impulsiona a ir rumo aos outros, a ser amáveis e a fazer-lhes o bem, e em retribuição os outros gostam de nós e nos ajudam. Seja natural e você será virtuoso; seja virtuoso e você será feliz. Simples assim. É essa mentira que Voltaire denuncia no verbete "Bem" do *Dictionaire philosophique* [Dicionário filosófico]:

> O homem virtuoso com a pedra e a gota, sem apoio, sem amigos, privado do necessário, perseguido, acorrentado por um tirano voluptuoso que se comporta muito bem, é infeliz; e o perseguidor impertinente que acaricia uma nova amante sobre um leito de púrpura é muito feliz. Digam que o sábio perseguido é preferível a seu insolente perseguidor; digam que gostam de um e abominam o outro; mas confessem que o sábio posto a ferros enfurece. Se o sábio não reconhece, concorda, ele os engana, é um charlatão.

Não, a virtude não traz a felicidade, pois "é, de qualquer ângulo que a consideramos, um sacrifício de si", escreve Diderot em *Éloge de Richardson* [Elogio a Richardson]. É também a conclusão do *Neveau de Rameau* [Sobrinho de Rameau]: cada um pega sua felicidade onde a encontra, e não há nenhum vínculo necessário com a virtude.

É isso que Rousseau também admite. A virtude não é nem um pouco "natural"; o homem original não era virtuoso, ele era "inocente"; não havia nenhum problema moral. A virtude nasceu com a vida social, e é uma fissura, necessita um combate contra si mesma: como poderia nos tornar imediatamente felizes? Em *La Recherche du bonheur* [A procura da felicidade], obra anônima de 1776, de inspiração rousseauniana, o autor louva em consequência uma virtude reconduzida à ausência de todo mal: centre-se em você, e não incomode seus vizinhos; aproveite de si mesmo, e não se ocupe dos negócios alheios – eis a "verdadeira felicidade". Outros vão mais longe: não é a virtude que traz felicidade, e sim o vício. Essa é a ideia central da famosa *Fable des abeilles, ou Vices privés, prospérité publique* [Fábula das abelhas, ou Vícios privados, prosperidade pública], do médico holandês Bernard Mandeville (1729). Ele retoma a parábola que publicara em 1705 e

---

57 *Lettre écrite par un maçon à un de ses amis en province.*

que fizera escândalo: *The Grumbling Hive, or Knaves Turned Honest* [A colmeia resmungona, ou os bandidos tornados honestos]. Vemos aqui uma colmeia onde todos perseguem a satisfação de seus desejos egoístas, trapaceando, enganando, corrompendo, fornicando, para a maior glória da sociedade, cuja atividade se baseia na satisfação dos vícios pessoais: "O vício era para cada um; o paraíso, para todos". Um dia, pedem a Júpiter que imponha a virtude; todo mundo se torna honesto e frugal, mas isso acarreta a catástrofe econômica. Parábola ainda mais eloquente em nossos dias, em uma sociedade de consumo em que a felicidade global se baseia sobre o "moral dos lares", isto é, sobre a propensão a se proporcionar os bens mais supérfluos. Um mundo virtuoso seria um mundo de miséria, não de felicidade.

A FELICIDADE: UM ASSUNTO FÍSICO

No outro extremo do século, o marquês de Sade exibe *Os infortúnios da virtude* sob o olhar horrorizado dos bem-pensantes. Para ser feliz, seja mau: não é isso que a natureza nos diz? "Nunca a encontrarão que não seja voraz, destrutiva e má; nunca, que não inconsequente, contrariante e devastadora." A natureza é o forte que devora o fraco, é

> a criança que quebra seu chocalho, morde o seio de sua ama de leite, estrangula seu passarinho [...] a crueldade está na natureza [...] ela é portanto uma virtude, não um vício.[58]

Certamente Sade não é boa companhia. O que não quer dizer que ele esteja sempre errado. "Não é do gozo que consiste a felicidade", escreve nos *Cento e vinte dias de Sodoma*, "mas do desejo de romper os freios que se opõem a esse desejo", e "uma coisa essencial para nossa felicidade é o prazer da comparação, que só pode nascer do espetáculo dos infelizes": esse prazer "sádico" não é um dos componentes da felicidade dos eleitos, que escarnecem dos condenados, segundo certos teólogos?

Sem chegar à posição extrema de Sade, muitos pensam que a virtude nada tem de natural, e que certamente não é um agente de felicidade. Muito mais natural é a busca do prazer bruto, animal: a felicidade está no porco, o porco que está em nós, diz em resumo La Mettrie. E azar dos espíritos delicados. É a felicidade do *L'Homme machine* [Homem máquina], montagem de

---

58 Marquês de Sade, *La nouvelle Justine*, cap.IX.

órgãos plenamente satisfeitos pelos prazeres dos sentidos. Julien Offray de La Mettrie (1709-1751) é, para início de conversa, um hedonista completo: "Quem encontrou a felicidade encontrou tudo". E a felicidade não está nem na virtude, nem na razão, nem na verdade; está no ventre e no baixo ventre. Em seu *Anti-Sénèque ou le souverain bien* [Anti-Sêneca, ou O supremo bem], em 1750, ele nos revela sua arte de viver feliz:

> Que a poluição e o gozo, lúbricos rivais, se sucedam a cada vez, e fazendo-te noite e dia se desfazer em volúpia, tornem tua alma, se possível, tão viscosa e lasciva quanto teu corpo. Finalmente, já que não tens outros recursos, tira partido disso: bebe, come, dorme, sonha, e se pensas de vez em quando, que seja entre dois vinhos e sempre sobre o prazer do momento presente ou sobre o desejo preparado para a hora seguinte. Ou se não contente de sobressair na grande arte das volúpias, a libertinagem e a devassidão não são fortes demais para ti, se a sordidez e a infâmia são tua partilha, chafurda-te como fazem os porcos, e serás feliz à maneira deles.[59]

Que horror! E cada qual esconde seu rosto diante desse porco de Epicuro, todos menos Casanova e Sade. No entanto, o que diz La Mettrie é apenas a versão baixo nível do *carpe diem*. Em latim, claro: é mais chique, mais mundano, mais respeitável. Além disso, La Mettrie gosta de provocar: "Que não se diga que convido ao crime, pois convido apenas ao repouso no crime", acrescenta. Na realidade, ele nada tem de devasso. Morto ou não de indigestão, ele sustenta que "a volúpia é talvez tão diferente da devassidão quanto a virtude é do crime", e que "o sentimento do prazer filtrado pela delicadeza da virtude longe de excluir a volúpia, só faz aumentá-la". Na verdade, ele simplesmente nota as consequências do materialismo, que é uma posição filosófica perfeitamente razoável: se tudo é matéria, somos máquinas complexas, dirigidas por nossas sensações de prazer e de dor. Dependemos delas, sem liberdade alguma: "Já que faço o bem e o mal, que, virtuoso pela manhã, sou depravado à noite, é meu sangue a causa disso". O determinismo é absoluto; a impressão de liberdade se deve apenas à nossa incapacidade de apreender a multiplicidade dos fatores que nos determinam.

> Nossos órgãos são suscetíveis de um sentimento ou de uma modificação que nos agrada e nos faz amar a vida. Se a impressão é curta, trata-se do prazer;

---

59 Mettrie, *Anti-Sénèque ou le souverain bien*, p.88.

quando mais longa, é a volúpia; permanente, temos a felicidade: é sempre a mesma sensação, que difere somente pela duração e a variedade.⁶⁰

A felicidade é uma questão de sensação. É também o que dizem muitos autores que nada têm de sádico ou de bestial: o espetáculo de um belo jardim, com sua harmonia de cores, nos proporciona um indizível prazer; a arte dos jardins é "uma arte encantadora, que não é indiferente à nossa felicidade", escreve Pierre Étienne em *Le bonheur rural* [A felicidade rural] (1788); a água que flui, que corre sobre os cascalhos, tem um efeito apaziguador, diz Morel em *Théorie des jardins* [Teoria dos jardins]; as estações afetam nosso moral, a primavera traz "novos gozos, os perfumes, a beleza das flores, o canto dos pássaros e por toda parte o espetáculo do prazer", segundo Saint-Lambert em *Les saisons* [As estações]; na montanha, "encontramos mais que em qualquer outro lugar a felicidade intacta", escreve o suíço Jean-André de Luc (1729-1817), amigo de Rousseau, em suas *Lettres physiques et morales sur les montagnes* [Cartas físicas e morais sobre as montanhas] (1778), o que Ramond de Carbonnières confirma em *Voyage das les Pyrénées* [Viagem ao Pireneus] (1789). Para a sensibilidade pré-romântica, a felicidade está associada ao *frisson* causado em nós pelo espetáculo da natureza.

É mesmo por isso que, para ser feliz, é preciso cuidar do corpo: nossas sensações dependem disso. O segredo da felicidade está na fisiologia. É o que afirma categoricamente o médico Louis de La Caze (1703-1765) em suas *Réflexions sur le bonheur* [Reflexões sobre a felicidade] e em seus *Dialogues sur les causes et les effets de l'état de sécurité nécessaire au bonheur* [Diálogos sobre as causas e os efeitos do estado de segurança necessário à felicidade] (1763). A felicidade está no diafragma, "principal ponto de apoio e de determinação de todo o jogo da economia animal". No nível do diafragma, os órgãos exercem um empuxo que transforma as impressões do mundo externo em sentimentos; quando há equilíbrio entre esse empuxo e a energia sentimental liberada, temos a felicidade. Uma saúde excelente é indispensável para esse equilíbrio. Outro médico, Claude-Nicolas Lecat (1700-1768), também associa a felicidade ao bom funcionamento da máquina corporal:

> A disposição da máquina que faz o prazer é certo estado de saúde, certo tônus dos plexos pré-cordiais e dos nervos, que dão uma grande liberdade de movimento aos fluidos, movimento que produz nos plexos pré-cordiais uma

---

60 Ibid., p.4.

espécie de formigamento leve e vago, mais fácil de sentir do que de definir. Parece que as pessoas se sentem viver e que são titiladas interiormente pelo movimento harmonioso dos fluidos, como o ouvido está acostumado a sê-lo pelas cadências peroladas de um excelente violino. Esse formigamento vago ou esse bem-estar que não se consegue determinar é oposto àquele mal-estar que sentem os melancólicos, e o bem-estar que produz a alegria de temperamento, como o mal-estar que lhe é contrário, determina o homem mal-humorado por temperamento.[61]

Conservar-se em boa saúde, ter uma boa higiene de vida é portanto a condição necessária para ser feliz, tanto para os materialistas como para os adeptos da união íntima entre alma e corpo (este último com influência decisiva sobre nosso estado de espírito). Sem surpresa, são os médicos que defendem esse ponto de vista: La Caze, Lecat, Le Bègue de Presle, George Cheyne, o escocês Jean Gregory, autor (1775) de *Essais sur les moyens de rendre les facultés de l'homme plus utiles à notre bonheur* [Ensaio sobre os meios de tornar as faculdades do homem mais úteis para nossa felicidade]. Todos recomendam a sobriedade. Em *L'Heureux Citoyen* [O feliz cidadão], de 1759, Guillard de Beaurieu dá incontáveis conselhos para conservar a saúde e a felicidade: banhos frequentes, massagens com óleo, comer mel, não usar chapéu, não chegar muito perto do fogo... O abade de Saint-Pierre, por sua vez, inventa uma máquina de tornar a pessoa alegre: uma poltrona mecânica que desfecha solavancos parecidos com os de uma diligência; isso ativa a digestão e é um "excelente remédio contra muitos males atribuídos à melancolia"; à razão de uma sessão de três horas, três vezes por semana, se você não estiver completamente desmantelado, estará de "bom humor", o que é "uma imensa vantagem para a felicidade do todo da vida".[62] Ser sacudido, isso é saúde! E esta, combinada com a sobriedade, é um modo de prolongar a vida.[63]

Se a felicidade está tão ligada à psicologia, os homens não são iguais nesse aspecto. Alguns são beneficiados e possuem um temperamento feliz, enquanto outros nunca chegarão a ser felizes, apesar de todos os esforços.

---

61 Lecat, *Traité des sensations et passions*, p.168.
62 Saint-Pierre, *Observations sur la sobriété*, p.24.
63 La Bonodière, *De la sobriété et de ses avantages, ou Le Vrai Moyen de se conserver dans une santé parfaite jusqu'à l'âge le plus avancé*; Préville, *Méthode aisée pour conserver sa santé jusqu'à une extrême vieillesse*; Maupertuis, *Lettre sur l'art de protéger la vie*.

É o que já havia sugerido a velha teoria grega dos humores. Montesquieu renova a constatação: há pessoas inaptas para a felicidade, e há gente, como ele mesmo, presenteada pela natureza:

> Minha máquina é construída de modo tão feliz que sou tocado por todos os objetos com intensidade suficiente para que possam me dar prazer, e não o bastante para me causar sofrimento.[64]

Entretanto, se as "máquinas" têm desempenho melhor ou pior, é possível a cada um melhorar seu rendimento hedonista. Montesquieu dá alguns conselhos em seus *Pensées* [Pensamentos]: usar a imaginação com discernimento para manter a esperança; é uma ilusão, mas "são também quartos de hora felizes ganhos"; sobretudo, sirvamo-nos de nossa razão para avaliar os riscos, nos consolar dos males e moderar nossas ambições, que são a principal causa de frustração: "Procuremos nos acomodar a essa vida; não cabe à vida se acomodar a nós".[65] Há um pouco de estoicismo em Montesquieu, um estoicismo moderado, de bom gosto. Seus trogloditas são laboriosos, virtuosos, econômicos, e respeitam a hierarquia social. Algum grau de luxo é tolerado, "um luxo sólido, baseado não no refinamento da vaidade, mas no das necessidades reais".[66] O ideal é a sociedade inglesa, na qual as distâncias entre os níveis são menos marcadas, pensa – erradamente – Montesquieu. Seu ideal social apenas confirma a desigualdade natural diante da felicidade. É também a posição defendida em 1736 por Jean-Louis Lévesque de Pouilly (1691-1750), em sua *Théorie des sentiments agréables* [Teoria dos sentimentos agradáveis], obra irenista e portanto ambígua, que hesita entre a concepção de uma felicidade oferecida pela natureza, que basta receber e cultivar, e a de uma felicidade a ser construída e defendida como uma fortaleza sempre ameaçada pelos imprevistos da existência:

> São felizes apenas aqueles que, possuindo os favores da fortuna, poderiam sê-lo sem os possuir. Na verdade, não há felicidade sólida senão para quem, limitando seus desejos à esfera das necessidades reais e dos bens ao seu alcance, faz dessa muralha uma trincheira contra a inquietude e a tristeza. Assim que o coração transpõe essa linha traçada pela natureza, perde-se em um campo

---

64 Montesquieu, *Pensées*, 213.
65 Ibid., 1675.
66 Montesquieu, *L'Esprit des lois*, XIX, 27.

imenso, onde busca em vão os limites que impedem e que fixam a violência de seus movimentos.⁶⁷

Adaptar seus desejos a suas capacidades: eis a regra de ouro. Cada indivíduo tem alguma aptidão para a felicidade, uma faculdade natural que, como a inteligência, é repartida com muita desigualdade. Todos os homens não podem atingir o mesmo grau de felicidade, mas podem – e devem – cultivar o potencial que está neles. Para isso há um método, uma arte, a arte por excelência: "De todas as artes, nenhuma é mais importante do que a de se tornar feliz". Ela consiste em desenvolver harmoniosamente as satisfações do corpo, do espírito e do coração. O método Lévesque de Pouilly na verdade é bem banal e conformista: ação, moderação, variação das atividades, isso para o corpo e o espírito; para o coração – o mais importante –, a felicidade é alcançada na prática da virtude:

> Não pode haver na terra situação mais deliciosa do que a de um homem que, encontrando na virtude uma felicidade real e presente, ainda vê na ideia da morte a perspectiva de uma ventura perfeita.⁶⁸

Trata-se, nem mais, nem menos, de uma secularização da moral cristã.

Montesquieu e Lévesque de Pouilly lançam a questão da igualdade das oportunidades diante da felicidade. Em uma sociedade de ordens como a do Antigo Regime, o direito de todos à felicidade não é evidente. Para muitos, permanece um privilégio de ordem ligado ao nascimento, privilégio do sangue; para outros, é um privilégio de classe, ligado à fortuna e ao estilo de vida, ou um privilégio natural, ligado à capacidade intelectual e à cultura. A expressão mais brutal dessa concepção é a do doutor Samuel Johnson, que declara com a arrogância costumeira:

> Senhor, é falso dizer que todos os que são felizes são igualmente felizes. A felicidade está na diversidade da consciência agradável. Um camponês não tem uma capacidade de ser feliz igual à de um filósofo.⁶⁹

Aliás, isso nem é desejável: "É preferível alguns serem infelizes a ninguém ser feliz, o que seria o caso em uma situação de total igualdade".

---

67 Pouilly, *Théorie des sentiments agréables*, cap.XIII, p.196.
68 Ibid., p.223.
69 Boswell, *The Life of Samuel Johnson*, t.I, p.314.

Johnson defende o contrário dos utopistas: a igualdade, longe de estabelecer a felicidade, a destrói. Opinião menos escandalosa do que parece, se pensarmos na experiência comunista.

O amigo de Johnson, James Boswell, compartilha dessa ideia. A desigualdade das felicidades está inscrita na natureza:

> Não devemos esperar ser felizes no mesmo grau. Basta ser feliz segundo nossas capacidades. Um cocheiro merecedor irá para o céu tanto quanto *sir* Isaac Newton. Entretanto, apesar de igualmente bons, não terão o mesmo nível de felicidade.[70]

Isso o reverendo Brown ilustra com uma imagem: "Um pequeno copo e um grande copo podem estar igualmente cheios, mas o grande contém mais do que o pequeno".

SOBRE A FELICIDADE DOS POBRES

Essa opinião, no entanto, é minoritária. Há um consenso bastante amplo no século XVIII de que a felicidade é possível em todas as condições sociais, com a mesma intensidade. "A infelicidade está em toda parte, a felicidade também", diz Voltaire. Em 1706, Formentin, em seu *Traité du bonheur* [Tratado da felicidade], afirma que encontramos "a felicidade no exercício da magistratura; na profissão das armas; no comércio; na profissão do advogado; na profissão das belas-artes; na vida rústica".[71] D'Holbach concorda:

> Há uma felicidade para todos os estados. A vida mais infeliz de todas tem seus momentos felizes. [...] Ao longo da vida, nós gozamos de uma infinidade de prazeres de varejo, aos quais o hábito impede que prestemos atenção; somos felizes sem termos consciência disso.[72]

Em 1786, William Paley, em *Principles de philosophie morale et politique* [Princípios de filosofia moral e política], afirma que "a felicidade é repartida de modo igual nas diferentes ordens da sociedade civil", e Hector d'Estaing, em *Le Plaisir* [O prazer] (1755), acreditava encontrá-lo tanto no "artesão

---

70 Ibid., t.II, p.295.
71 Formentin, *Traité du bonheur*, IVª parte, cap.I a VI.
72 Holbach, *Système social*, t.I, p.187.

ressecado" quanto no lavrador, na mão de obra, no autor, no indigente, no ancião, "no negro que enriquece seu senhor impiedoso", "no enfermo perto do túmulo"; em suma, ele via "prazeres em todos os tempos e gostos, para todas as idades". Delisle de Sales, em *Philosophie du bonheur* [Filosofia da felicidade], declara, ao contrário de Johnson e Boswell,

> que há um modo de felicidade para todo indivíduo da espécie humana, pouco importa [sic] sua idade, seu sexo ou seu nível; quer cultive seu jardim como Cândido ou faça gravitar com Newton os mundos no espaço.

Até mesmo Napoleão declara:

> Nos tempos regulares e tranquilos, cada um tem sua felicidade, e o sapateiro está tão feliz em sua loja quanto eu no trono.

É verdade que, com ele, "os tempos regulares e tranquilos costumam ser raros."[73]

Portanto, todo mundo pode ser feliz. Aí está algo reconfortante. Mas essa afirmação contém uma armadilha dupla. Ela significa, para começar, que nossa felicidade independe de nossa situação e de nossa vontade: é uma questão de temperamento, opinião bastante difundida, como já vimos, e que é bem desesperante. O abade Trublet o declara, sem meias palavras

> Qualquer que seja o estado, não se é feliz por ele, mas pela relação e a conveniência desse estado com nosso caráter e nossas disposições naturais ou adquiridas. Há inclusive homens de um caráter tão adequado à felicidade que eles a encontrariam em qualquer condição que o acaso ou sua própria escolha os situasse. Um grande ou um rico feliz, cuja felicidade atribuiríamos à grandeza ou à riqueza, teria sido um feliz artesão, um feliz camponês, um feliz pobre. Do mesmo modo, aquele homem que imputa sua infelicidade a seu estado seria igualmente infeliz em qualquer outra condição. A felicidade é, portanto, quase sempre efeito unicamente do temperamento. Algumas vezes também é obra da razão unida ao temperamento. O estado contribui menos do que pensamos normalmente. Resumindo, a felicidade e a infelicidade vêm muito mais do físico do que do moral.[74]

---

73 Cases, *Mémorial de Sainte-Hélène*, t.II, cap.IX.
74 Trublet, *Essais sur divers sujets de littérature et de morale*, t.I, p.310.

Segunda armadilha: se podemos alcançar a felicidade em qualquer situação social, não há razão para se pôr fim às desigualdades de condições. Este é um poderoso argumento em favor dos conservadores. De todo modo, a desigualdade é natural; para os crentes, é a vontade de Deus; para os filósofos, é útil e contribui para a harmonia do conjunto. Para Voltaire, em *Le Mondain*,

> O rico nasceu para muito gastar,
> O pobre é feito para muito amontoar.

Aliás, o dinheiro não traz felicidade, isso é bem conhecido. Ele permite, é verdade, propiciar prazeres e bens, mas para que isso leve à felicidade é preciso ser homem de bom gosto e de cultura, diz Helvétius em seu poema *Le bonheur* [A felicidade]. Alguns vão além: a riqueza impede a pessoa de ser feliz. Pobres ricos! Pensa Guillaume Dubois de Rochefort: empanturrados, apáticos, perdem a aptidão para a felicidade, temem perder seus bens, são angustiados, deprimidos pelo sentimento de sua própria incapacidade de aproveitar da vida.[75] A riqueza decuplica os desejos e a ambição, fontes de tormentos; o rico só consegue ser feliz se for ao mesmo tempo filósofo e virtuoso. É o que pensa Trublet. Se, além disso, ele é poderoso, a vida não passa de "um vazio medonho", de um tédio mortal. Louis-Sébastien Mercier se diz enojado por "essas pessoas desocupadas que têm muita dificuldade para matar suas vinte e quatro horas e que empregam todos os artifícios imagináveis para consegui-lo".[76] Opinião compartilhada por d'Argens em seu ensaio *Sur la vie heureuse* [Sobre a vida feliz].

Em compensação, que sejam felizes os pobres! Eles se contentam com quase nada, se maravilham com tudo, pois "tudo é bom aos olhos daquele para quem tudo falta, [...] todas as sensações nele são vívidas e fortes, a necessidade as aguça e a falta de um objeto os faz mais felizes", escreve o anônimo autor de *La Recherche du bonheur* [A procura da felicidade], em 1776. E ele dá este conselho de amigo aos pobres: principalmente, continuem pobres; vocês não sabem quanto são felizes..., e como sua submissão nos permite dormir em paz.

> Ah, não mudem sua preferência pela indigência que põe todo o seu ser em ação passando a preferir essa suficiência tediosa que embota suas faculdades

---

75 Dubois de Rochefort, *Histoire critique des opinions des anciens et des systèmes de philosophie sur le bonheur*.
76 Mercier, *Tableau de Paris*, t.I, p.88.

[do homem rico]; e, se a miséria os torna tão amáveis, protejam-se contra o desejo de uma opulência que os faria talvez temer. [...] É preciso mais força para o gozo do que para a privação; esta nos faz entrar no dever; o outro nos afasta dele, quase sempre.[77]

Os mais felizes de todos são, é claro, os camponeses:

> A maioria dessa gente é mais feliz do que os senhores e os burgueses que, de tanto filosofar demais ou quase nada sobre os meios de atingir o prazer, o descarnam ou o engrossam,

diz o abade Jean-Baptiste Hennenbert em 1764, em seu tratado *Du plaisir, ou du moyen de se rendre heureux* [Do prazer, ou do meio para se tornar feliz]. Ele nos mostra o lavrador "cantarolando alguma pastoral", gozando dos "prazeres inocentes da vida campestre"; ao amanhecer, saboreia "o momento agradável de voltar aos trabalhos de Ceres"; sim, é verdade, ele "conta mais momentos felizes do que um grande que fica deitado doze horas sem poder digerir nem dormir e que, ao levantar, não sabe como será seu dia". "Se a felicidade perfeita existisse, é nos campos que eu iria procurá-la", escreve Feucher, evocando a sorte do "feliz diarista".

O cúmulo é que esses rústicos nem percebem sua felicidade. São de tal forma embotados que não sabem que são felizes. É Jean Blondel quem o afirma em uma obra de 1758, *Des hommes tels qu'ils sont et doivent être* [Os homens como são e devem ser]. É preciso convencê-los disso. Falando aos camponeses imaginários, Blondel lhes declara:

> Em vossos eremitérios, onde vos falta quase o necessário, sois em certo sentido mil vezes mais felizes do que os poderosos do mundo, cuja alma insaciável acha sempre algo para desejar. Oh, meu amigo! Feliz aqueles que, como vós, não têm por assim dizer, outro sentimento além do instinto natural. [...] É verdade que muitas coisas vos faltam: mas, por não as conhecerem, é impossível que as desejeis, e, por conseguinte, sua privação vos é absolutamente indiferente.[78]

Raramente se levou o cinismo tão longe. E Blondel ainda acrescenta, em suas *Loisirs philosophiques* [Distrações filosóficas]: essa gente vive em

---

77 *La recherche du bonheur en quatre divisions, tendant au même but*, por M. T. D. M., advogado no Parlamento, p.2.
78 Blondel, *Des hommes tels qu'ils sont et doivent être*, p.132.

condição assustadora, é verdade, mas para eles isso é natural; muito cuidado para não lhes abrir os olhos:

> Deixem-me revistar essa gente grosseira e sem esclarecimentos, nascida na condição mais abjeta. Apresentem-me alguns desses homens a quem chamam infelizes vítimas dos caprichos do destino e que conheceram a miséria, uma vez que tenham aberto os olhos. Como eles passam a vida? A comer, trabalhar, dormir e gerar outros infelizes. Estejam certos de que nossa piedade é muito maior do que o horror que eles têm de sua condição. Eles têm menos paixões, pois pensam menos. Isso é evidente. O costume de sofrer os faz perder a ideia de acreditar que sofrem. É uma espécie de desconhecimento da miséria; e, se sabem que são infelizes, é mais ou menos como nossa noção de que vamos morrer. Eis aqui por parte da natureza uma conduta muito admirável. Ao fazer nascer gente miserável, ela lhe dá um caráter próprio para aguentar e até mesmo esquecer [...] se esses homens, feitos para servir os outros, descobrirem o horrível nada em que estão mergulhados, é certo que abominarão a vida, tentarão escapar pela morte ou a fuga desse estado de miséria e destruirão assim a harmonia da sociedade.[79]

Os argumentos de Blondel têm o mérito da franqueza: é preciso persuadir que os pobres são felizes para evitar que eles se revoltem; simples assim. Sem dúvida, alguns filósofos, nobres e burgueses, conseguem se convencer disso, e brincam de pastor e pastora. No entanto, muitos duvidam. Como seres mal saídos da animalidade poderiam ter a mínima consciência do que é felicidade, pergunta-se Madame Thiroux d'Arconville; de qualquer modo, "o povo é raramente feliz, porque confunde os instrumentos da felicidade com a própria felicidade", constata Delisle de Sales. O abade Trublet, por sua vez, se questiona:

> O número de felizes supera o de infelizes? Acredito que sim, porque sou levado a pensar que há mais felizes do que infelizes nas condições inferiores, entre o povo, os artesãos, os camponeses, os domésticos etc. Ora, tais condições encerram o maior número de homens. Se o senhor não é feliz, seus valetes são, e há mais valetes do que senhores.[80]

Mas Trublet não está convencido por seu próprio raciocínio, pois finalmente, diz ele, quando os vejo "submetidos aos trabalhos mais rudes",

---

79 Id., *Loisirs philosophiques*, p.38 et seq.
80 Trublet, op. cit., p.255.

tenho dificuldade para acreditar que sejam felizes, mesmo que cantem. "Se os conhecesse melhor", descobriria com certeza que "eles não cantam porque estão contentes, mas para se alegrar um pouco, se é que isso é possível, ao menos para não se deixar abater completamente".

Louis-Sébastien Mercier não tem dúvida: basta ver o artesão parisiense, "mole, pálido, pequeno, mirrado", para entender que ele é infeliz, e que "é quase impossível ser feliz em Paris, porque os gozos altivos dos ricos ali perseguem de muito perto os olhares do indigente".[81] É a mesma conclusão do abade Raynal. Os filósofos estão portanto divididos a respeito dessa questão e muitas outras. As polêmicas entre Helvétius e Diderot sobre a felicidade dos operários resumem o debate. Helvétius, rico *fermier général*[82] compara a sorte do operário, que trabalha duro mas é ocupado e se alegra com o próximo salário, à do rico cortesão, prostrado de tédio e preocupado com os trâmites de seus pedidos de favores reais.[83] Diderot não precisa fazer grandes demonstrações para provar a má-fé desse discurso:

> Finalmente, Helvétius, qual dos dois preferiria ser, cortador de pedras ou cortesão? Cortador de pedras, me dirá. Entretanto, antes do anoitecer, terá aversão à serra que deverá retomar no dia seguinte; e logo teria mandado pastar o rei e seu ministro e toda a Corte, se seu papel de cortesão o desagradasse.[84]

Não cabe ao intelectual, ao *fermier général*, decretar que o artesão é feliz:

> Eu teria mais confiança nas delícias da jornada de um carpinteiro, se fosse o carpinteiro quem me falasse, e não um *fermier général*, cujos braços nunca sentiram a dureza da madeira, nem o peso do machado. Esse bem-aventurado carpinteiro eu vejo enxugar o suor de sua testa, levar as mãos aos quadris e aliviar com esse repouso o cansaço de seus rins, ofegar a cada instante, medir com seu compasso a espessura da viga. Talvez seja muito belo ser carpinteiro ou cortador de pedras, mas, francamente, não quero esse tipo de felicidade, mesmo com a agradável lembrança, a cada golpe da cunha ou do serrote, do pagamento que me espera ao fim da jornada.[85]

---

81 Mercier, op. cit. t.I, p.XV.
82 No Antigo Regime, coletor de impostos que fazia o levantamento da maior parte dos impostos reais indiretos. O fermier général arrendava esse direito por um período determinado (seis anos, na época de Helvétius), mediante pagamento de uma única soma fixa ao Tesouro Real. (N. T.)
83 Helvétius, *De l'homme*, VIII, cap.2.
84 Diderot, *Oeuvres complètes*, t.II, p.XV.
85 Ibid., p.427.

A FELICIDADE TRANQUILA E SUAS ARMADILHAS

Se os ricos não são felizes, se os pobres tampouco, quem sabe encontremos a felicidade em situações intermediárias? André-Michel de Ramsay, um discípulo de Fenelon, dá exemplos históricos da frugalidade, da vida de labor e de parcimônia dos antigos persas e egípcios, e também dos espartanos, ainda que estes tivessem uma tendência um tanto forte para a guerra.[86] Em nossa época, escreve Diderot, que aqui consegue chegar a um meio-termo com Helvétius, o modelo do homem feliz não é o do burguês, homem tranquilo e modesto, como o senhor Baliveau, esse medíocre, que vive tranquilamente, sem paixões, sem excessos, sem loucura? Sim, de fato,

> feliz, cem vezes feliz, o senhor Baliveau, capitulador de Toulouse! É ele que bebe bem, que come bem, que digere bem, que dorme bem. É ele que toma seu café pela manhã, que patrulha o mercado, que perora sua pequena família, que aufere sua fortuna, que prega a seus filhos a fortuna; que vende em tempo sua aveia e seu trigo; que armazena no celeiro seus vinhos, até que a geada nas vinhas aumente os preços; que sabe investir seus fundos; que se orgulha de nunca ter se envolvido em nenhuma falência; que é ignorado [...] e para quem a felicidade inutilmente invejada de Horácio, a felicidade de morrer ignorado, foi feita.[87]

A ironia de Diderot é explícita. O senhor Baliveau é um "pequeno" burguês, pequeno em tudo; se lhe falta algo, é de fato o brilho. Mas podemos viver felizes sem brilho, clamam em uníssono Beausobre – "Ah! mediocridade feliz demais!" –, Mably – "é no estado feliz da mediocridade que podemos, sem muito esforço, nos formar em Filosofia" –, d'Argens – "a mediocridade é uma das maiores [dádivas do céu]" –, Lévesque de Pouilly – "as condições medianas são mais favoráveis à felicidade do que os lugares mais brilhantes" –, e até Montesquieu – "a felicidade dos particulares consiste muito na mediocridade de seus talentos e de sua fortuna". Essa aspiração à mediocridade é encontrada até mesmo na religião: nada é mais estranho ao século XVIII do que o entusiasmo religioso e o ascetismo. O eremita moderno não se retira ao deserto; ele investe seus bens em renda vitalícia e garante um valor confortável que lhe permita viver à vontade se moderar suas necessidades, como o solitário de que Labarre de Beaumarchais fala em *La retraite*

---

86 Ramsay, *Les voyages de Cyrus*.
87 Diderot, *Oeuvres complètes*, op. cit., t.XI, p.126.

de la marquise de Gozanne [O retiro da marquesa de Gozanne], em 1734: "O conforto que tenho é o principal atrativo de minha aposentadoria; satisfaço assim todos os meus desejos, que trato de moderar".[88]

Materialmente, basta ter um nível de vida que garanta "o necessário anual às exigências físicas do homem", diz Voltaire, que estima esse montante em 40 escudos.[89] Paradis de Raymondis, em seu *Traité de morale et de bonheur* [Tratado de moral e de felicidade], estudou seriamente a questão: é claro que podemos nos contentar com o mínimo necessário, mas, se quisermos acrescentar algumas pequenas riquezas bem agradáveis para viver "com conforto", é preciso contar 200 libras.[90]

> Com essa renda, um homem sensato, que viva em locais onde os alimentos tenham um preço mediano, como na maior parte das províncias deste reino, pode se oferecer o necessário para as exigências reais e para as comodidades que lhe digam respeito.[91]

Quando sabemos que na época em que Paradis vivia a côngrua de um pároco – espécie de salário mínimo eclesiástico garantido – era de 500 libras anuais, percebemos apesar de tudo que com 200 libras o "conforto" beira a austeridade.

O burguês mediano está bem acima desse nível. Sua segurança material está garantida e sua felicidade se constrói sobre um modo de vida regrado, que associa trabalho, família e – dentro em pouco – pátria, quando o burguês se tornará patriota. Até a década de 1770, ele é, na maioria dos casos, devoto e virtuoso. Que felicidade essa vida burguesa, como descreve Bégnine Lordelot em *Les devoirs de la vie domestique* [Os deveres da vida doméstica]:

> Todo mundo quer ser feliz e pouca gente procura os meios para tal. Se quiser viver em paz e ser feliz na vida doméstica, torne-a cômoda e confortável, trabalhe, trate de estar em paz com aquela com quem deverá viver para sempre, senão será infeliz; pois, quando está bem com todo mundo e mal em casa, ficará sempre perturbado e em desordem contínua; ao contrário, se viver em boa harmonia com a esposa e por infelicidade tiver brigado com todo mundo,

---

88 Beaumarchais, *La retraite de la marquise de Gozanne*, t.I, p.297.
89 Moeda de prata pura, cujo peso era de 25 g. Os 40 escudos equivaleriam a cerca de 2.400 euros (N. T.)
90 Cerca de 4.000 euros (N. T.)
91 Raymondis, *Traité élémentaire de morale et du bonheur*, t.I, p.25.

basta ficar em casa para ali ser feliz. É uma beatitude antecipada um casal bem unido; e um inferno aquele que não o é.[92]

Bom pai, bom marido, bom negociante; o burguês é feliz, faz a felicidade de sua família e a prosperidade de seu país.

O burguês, na óptica do século XVIII, é o homem tranquilo por excelência. E a tranquilidade não seria a felicidade? São muitos os que pensam assim, principalmente mulheres e eclesiásticos. Para Madame d'Épinay em *Mes moments heureux* [Meus momentos felizes], assim como para Madame de Bénouville em *Pensées errantes* [Pensamentos errantes], o ideal é alcançar uma espécie de indiferença geral:

> A felicidade não consiste na realização de todos os nossos desejos, mas em um desapego real e perfeito de todas as coisas, de tal modo que um homem que não temesse nada, não desejasse nada, que visse tudo por um prisma igual e indiferente estaria com justiça nesse degrau de ventura que todo mundo busca e que ninguém encontra.[93]

Para Madame de Lambert, "é preciso repouso para a felicidade", e para Madame de Puisieux, é preciso temer "os extremos", e preferir o convento às aventuras extraconjugais: "Aqui, uma mulher não presta contas de suas ações a ninguém e, por pouco que cuide de não ferir em nada as regras, pode viver feliz e principalmente tranquila".[94] Madame de Choiseul jamais foi tão feliz como depois que seu marido foi degradado: "Ele passa aqui dias tranquilos, isentos de remorsos e de temor; eu compartilho deles". "Imagine de preferência compartilhar minha felicidade", escreve ela a *lady* Chattam. É claro que essas damas escrevem numa idade em que já passaram das grandes paixões, e nessa apologia da tranquilidade há um quê de resignação. Madame du Châtelet é mais franca, ou antes, tem mais consciência da complexidade da situação. Em seu *Discours sur le bonheur* [Discursos sobre a felicidade], escreve que "uma pessoa razoável coraria se não tivesse sempre as rédeas da felicidade", e que a razão deve sempre controlar nossos desejos. É no entanto a mesma pessoa que declara que somente uma grande paixão pode dar valor à vida:

---

92 Lordelot, *Les devoirs de la vie domestique*, p.51.
93 Bénouville, *Les pensées errantes*, p.80.
94 Puisieux, *Conseils à une amie*, p.126.

Nossa alma quer ser remexida pela esperança ou pelo temor; ela só está feliz graças às coisas que a fazem sentir sua existência. [...] Só vale a pena viver para ter sentimentos e sensações agradáveis, e quanto mais os sentimentos agradáveis são intensos, mais somos felizes.[95]

La Rochefoucauld já dissera: a razão é incapaz de controlar os sentimentos, e Madame du Châtelet se joga de corpo e alma em seus romances com Voltaire, com Saint-Lambert, mesmo sabendo que vai ao encontro de grandes sofrimentos.

Também os abades veem a felicidade na tranquilidade. "O repouso sobretudo é o objeto de todos os mortais que o veem como a base da felicidade", escreve o abade de Gourcy em seu *Essai sur le bonheur* [Ensaio sobre a felicidade]; para o abade Jacquin, em *Lettres parisiennes sur le désir d'être heureux* [Cartas parisienses sobre o desejo de ser feliz], "a verdadeira ventura consiste na moderação e na tranquilidade de uma alma inocente"; para o abade Trublet, a felicidade se alcança quando a alma "retoma sua alegria e sua tranquilidade de costume". Mas, aqui novamente, a felicidade pelo repouso é mais um lindo sonho que realidade. Por mais que alguém seja abade, nem por isso deixa de ser homem, e os abades do século XVIII têm muita dificuldade para se manter calmos. Com maior razão ainda quando são cardeais, dotados de forte temperamento e cercados de lindas mulheres, como Bernis, cujas *Réflexions sur le goût de la campagne* [Reflexões sobre o gosto do campo] (1741) são um divertido exemplo de palinódia.

Eis então nosso gordo cardeal que decidiu se mudar para o campo a fim de reencontrar "essa paz, companheira da inocência, cuja lembrança começava a perder". Ali, ele experimenta uma felicidade pastoral idílica, em meio a flores, pássaros, e, apesar de tudo, "gentis pastoras", uma das quais lhe faz "uma reverência tão natural e tão profunda" que chega a emocioná-lo. Mas ele não poderia ficar por muito tempo "amante da simples natureza": basta a bela Thémire aparecer para que ele corra rumo a uma felicidade mais consistente:

> É Thémire, sim, Thémire, a mais amável de todas as mulheres; é ela, ela me reconhece, ela me chama. Que jantar teremos juntos hoje à noite em Paris! Adeus, meu rochedo! Adeus, minha pastora! Adeus, minhas pradarias, minhas fontes! Vocês podem comover um coração que não tem mais paixões; mas prefiro

---

95 Châtelet, *Discours sur le bonheur*, p.26 e 6.

renunciar a suas delícias a sufocar o anseio que me arrasta. E, aliás, acho que a vida rural, se dura mais de oito dias, só é bonita em pinturas.[96]

A felicidade de repouso é antes uma felicidade à revelia, quando não se pode agir de outro modo. Essa felicidade é de uma fragilidade extrema, sempre ameaçada pela tentação dos prazeres, da paixão, ou pelo tédio. Em 1773, Parny chega à ilha do Repouso, perto do Rio de Janeiro: "Felicidade, amável tranquilidade"; mas, depois de alguns dias, como escreve ao irmão, "a ilha do Repouso me parece mais a ilha do tédio; meu coração me avisa que a felicidade não está na solidão".[97] André Chénier constata a mesma coisa, ele que sonhara se isolar

> ... um dia, em bordos retirados,
> Sobre uma rica encosta cingida de bosques e de prados...

Os filósofos, no entanto, persistem em louvar a felicidade de repouso. Porém, olhando mais de perto, percebemos que esse sonho se baseia em ambiguidades. São os sonhos de gente que não consegue parar quieta. Podemos, por exemplo, imaginar Frederico II inativo, ele que afirma que a felicidade está "na tranquilidade da alma"? Para Buffon, o homem feliz é o sábio que dedica sua vida ao estudo: "Ele goza de tudo gozando de si mesmo. Um homem assim é sem dúvida o ser mais feliz da natureza".[98] Mas a paixão vem logo perturbá-lo. Para Louis-François Ladvocat, que publica também em 1721 uma *Recherche de la vie heureuse selon les lumières naturelles* [Busca da vida feliz segundo as luzes naturais], a felicidade é "a saúde do corpo e a tranquilidade do espírito". Para preencher o vazio que seria uma vida perfeitamente tranquila, muitos preconizam a prática de atividades de lazer, versão suave e secularizada do divertimento pascaliano. É preciso que sejam "diversões tranquilas", sem paixão, declara Antoine Pecquet em 1739, em *Discours sur l'emploi du loisir* [Discurso sobre o uso do lazer], senão recaímos nos tormentos do desejo. O estudo é a distração ideal, principalmente o de uma matéria bem complexa, que nos impeça de pensar e nos torne sábios, como a Física. E, além disso, há os encantos da amizade e do amor conjugal, o próprio tipo de amor sem paixão que satisfaz as

---

96 Pierre, cardeal de Bernis, *Réflexion sur les passions et sur les goûts*, em *Oeuvres complètes*, t.II, p.102.
97 Parry, *Oeuvres complètes*, p.208.
98 Buffon, *Discours sur la nature des animaux*, em *Oeuvres complètes*, t.XXI, p.292.

necessidades básicas e evita os cansaços, os perigos, as complicações do adultério. Toda uma literatura sentimental louva as alegrias inocentes da vida em família, radiante de felicidade em meio às brincadeiras infantis.[99] Se também houver um jardim, é o paraíso terrestre, declara Pierre Étienne em *Le bonheur rural* [A felicidade rural]. Cultivar seu jardim, ou melhor, supervisionar seus jardineiros, é saborear sua posição de proprietário, dominar a natureza com toda segurança, a salvo dos grandes muros cobertos de musgo que o protegem do vento e dos ladrões. Ali, atinge-se "a volúpia pura, a tocante inocência e toda a ventura do paraíso terrestre", segundo *La nouvelle Héloïse* [A nova Heloísa].

Eis-nos assim de volta à pastoral. Do jardim ao campo, é só um passo, só um muro a transpor, e atingimos *Le bonheur das les campagnes* [A felicidade nos campos], título da obra publicada por Claude Lezay-Marnesia, em 1785:

> Que quadro! Uma esposa impregnada de estima e de ternura por seu esposo; um marido terno e feliz com as virtudes de sua mulher; muitos filhos educados em seu seio e formados pelo exemplo dos pais; uma família sempre ocupada com objetos úteis e em que a ordem traz a fartura, a alegria jamais a abandona, e a piedade e a benevolência a animam sempre! Desse castelo habitado pela felicidade, ela se espalha pelos vilarejos que o cercam.[100]

Tiramos novamente as velhas imagens do baú: se o jardim é o Éden, a vida no campo é a idade de ouro:

> A idade de ouro, Alexis, é um termo figurado, por meio do qual você entende comigo, espero, o estado de um ser qualquer que goza de toda a felicidade de que sua natureza e sua maneira de ser são suscetíveis.[101]

Assim se exprime François Hemsterhuis (1720-1790), em *Alexis, ou De l'âge d'or* [Alexis, ou Da idade de ouro]. O campo idílico que descrevem romancistas como Léonard, tanto em *Le bonheur* [A felicidade] como em *Alexis*, poetas como Parny, Florian, Ducis e tantos outros, é ao mesmo tempo o repouso, a calma, a comunhão com a natureza, a virtude e a inocência, tantas coisas que ocultam, segundo Robert Mauzi, a má consciência e a frustração do burguês e do nobre:

---

99 Mauzi, op. cit., p.350-9.
100 Lezay-Marnesia, *Le bonheur dans les campagnes*, p.55.
101 Hemsterhuis, op. cit., p.134.

Não há dúvida de que essas ficções e esses estados de espírito são a expressão desviada de uma má consciência social. Ao longo de todo o século XVIII, o pensamento político emite, de modo mais ou menos claro, o escândalo da desigualdade. Mas ela busca dissimular ao mesmo tempo que a revela.[102]

A idealização da vida campestre é uma maneira de negar simbolicamente as desigualdades ao inverter os papéis: a verdadeira felicidade é a da gente do campo.

É inevitável que cheguemos a Jean-Jacques Rousseau, cuja obra inteira pode ser considerada uma reflexão sobre a felicidade, sobre as razões de seu desaparecimento, e sobre os meios de retomá-la. "Onde está a felicidade? Quem a conhece? Todos a procuram e ninguém a encontra", diz em *Emílio*. Todas as suas obras sobre educação, política, sociedade, sentimentos são variações em torno dessas questões. Rousseau aborda todos esses aspectos da felicidade, coletivos e individuais, objetivos e subjetivos, e o principal resultado é extrair deles todas as contradições. Jean-Jacques Rousseau não é um homem feliz, sabemos, e é por isso que fala tão bem da felicidade, de que tem uma ideia muito elevada. A felicidade nada tem a ver com o prazer, esse "estado efêmero que deixa nossos corações sempre vazios e ansiosos, seja lamentando algo que passou, seja desejando algo por vir". A felicidade é um estado permanente, estável, de plenitude, de satisfação, próximo da beatitude. É um estado de equilíbrio entre nossos desejos e nossa capacidade de satisfazê-los. Talvez os primeiros homens, aqueles da mítica idade de ouro, tenham-no conhecido. Mas aqueles bem-aventurados não tinham a consciência disso. Apenas ao perder a felicidade os homens perceberam que a tinham possuído. Tarde demais: essas duas palavras resumem a miséria da condição humana. Em seu *Discurso sobre a origem da desigualdade*, Rousseau esboça a imagem dessa situação idílica em que o homem vivia em total harmonia com a natureza. Ali, ele apenas retoma as descrições poéticas da idade de ouro. Como o homem perdeu esse estado de natureza? Dando início ao progresso, esse processo inevitável e ambivalente pelo qual buscamos satisfações suplementares, rompendo o equilíbrio entre nossos desejos e nossa capacidade de satisfazê-los, início de uma corrida sem fim na criação de necessidades; sempre mais, e a cada nova necessidade artificial nos afastamos ainda mais da natureza. É um ciclo infernal que se estabelece, em que cada necessidade satisfeita faz nascer um novo desejo.

---

102 Mauzi, op. cit., p.367.

Podemos reencontrar a felicidade? Talvez, se reformarmos a sociedade por um *Do contrato social* que ligará todos os cidadãos para garantir, pela vontade geral, o bem-estar comum. Mas, tirando o fato de que isso supõe uma severa limitação da liberdade, uma submissão da minoria à maioria, não se resolvem as dores psicológicas: na melhor democracia do mundo, o apaixonado dispensado será infeliz. Rousseau ilustra isso sem querer ao imaginar, em *La nouvelle Héloïse* [A nova Heloísa], uma pequena sociedade ideal, em Clarens, às margens do lago de Genebra:

> Um pequeno número de pessoas meigas e tranquilas, unidas por necessidades mútuas e por uma benevolência recíproca, ali contribuem com cuidados diversos para um fim comum.

Virtuosos, inocentes, simples, praticando a agricultura, são "gente feliz de uma felicidade em comum", que encontraram "os encantos da idade de ouro". Nada de luxo; um regulamento livremente aceito, em suma, um "sonho de felicidade". Felicidade de paz e de tranquilidade, de serenidade, de que goza Julie ao lado de seu marido e de seus dois filhos. Até o dia em que chega à comunidade seu ex-namorado Saint-Preux; a paixão mútua revive, e para eles o paraíso torna-se inferno. "Nada pode desviar de meu coração mil reflexões dolorosas", escreve Saint-Preux.

> Todos os acontecimentos de nossa juventude, [...] nossos encontros, nossos prazeres, essa quantidade de pequenos objetos que me traziam a imagem de minha felicidade passada, tudo voltava para aumentar minha infelicidade presente.

Não há nada pior, sabemos, que a lembrança da felicidade passada. E nenhuma organização social, por mais perfeita que seja, poderia curar as feridas passionais. "Todos os nossos planos de felicidade nesta vida são, portanto, sonhos ocos": tal é a lição que o velho Jean-Jacques tira de sua vida em *Os devaneios do caminhante solitário*. Fechado em si mesmo, ele revê todos os momentos felizes de sua vida, mas isso só faz entristecê-lo: percebemos sempre tarde demais que éramos felizes, e por isso não o somos nunca. Acreditamos tê-lo sido:

> Eu me levantava com o sol, e era feliz; passeava, e era feliz; via mamãe [Madame de Warens] e era feliz; deixava-a, e era feliz; percorria os bosques, as encostas, perambulava pelos vales, lia, era ocioso; trabalhava no jardim, [...] e

a felicidade me seguia por toda parte: não estava em nada que se assinalasse, ela estava inteira em mim mesmo, e não conseguia me deixar um só instante.

Esse trecho de *Confissões* é uma nova prova: a felicidade se conjuga sempre no passado ou no futuro; é um sonho, uma ilusão. Tem, portanto, tudo de uma religião.

A PLURALIDADE DAS FELICIDADES

A felicidade no século XVIII tem em definitivo todos os traços da divindade. Todo mundo fala nela, mas ninguém a viu. Não existe prova alguma de sua existência, e no entanto todos a buscam. Cada um a imagina em função de seus desejos; entre os adoradores, há os ativos e os contemplativos, os moderados e os entusiastas que desejam impô-la a todos. Sobre sua própria definição reina a maior confusão, o que é muito incômodo, pois disso depende o caminho a seguir para alcançá-la. Aliás, não são só os filósofos que não concordam sobre o assunto, mas, além disso, eles se contradizem muitas vezes, inclusive os maiores, como Diderot, que ora liga a felicidade à natureza e ora à virtude, ora ao sentimento e ora à razão, ora à ação e ora ao repouso. Voltaire também não é muito mais coerente. Em 1736, em *Le Mondain*, ele defende a felicidade pelo luxo e os prazeres; insistindo nisso, assina *La défense du mondain* [A defesa do mundano], em 1737, mas admite em 1748 que se tratava de uma "brincadeira", certamente "muito útil"; vinte anos depois, em uma peça "sobre o desgaste da vida", mostra-se bem mais moderado. Já em 1738, em *Discours sur l'homme* [Discursos sobre o homem], opondo-se a Pascal e a seus mistérios insondáveis sobre a condição humana, ele ressitua o problema em uma perspectiva mais terra a terra: o homem é simplesmente um animal social e razoável que pode ser feliz "tanto quanto a natureza humana o permite", em uma situação mediana como a sua:

> Gozando de uma saúde perfeita, tendo de tudo o que torna a vida agradável sem amor, sem avareza, sem ambição e sem inveja; e enquanto isso durar, eu me chamarei corajosamente de um homem feliz.

A diversão não é um comportamento de fuga, é "o instrumento de nossa felicidade". Mostra-se mais hesitante em *Zadig* (1747), em que levanta a questão crucial das relações entre o homem e seus próximos, entre felicidade individual e coletiva. Por mais que sejamos, como Zadig, jovens, belos, ricos e cultos, se o destino estiver contra nós, se o mundo em volta for mau, não haverá felicidade possível. A felicidade não depende apenas de nós, longe disso, e em *Cândido* (1759), o negócio está resolvido: já que o mal está presente por toda parte, a única forma de felicidade está no retiro, na abstenção. O homem, "nascido para viver nas convulsões da inquietude ou na letargia do tédio", nada mais tem a fazer senão cultivar seu jardim, que com certeza não é um jardim do Éden. Podemos certamente acusar Voltaire de ter caricaturado Leibniz, para quem não é verdade que tudo seja para o melhor no melhor dos mundos possíveis, e que pensa que em tudo há um elemento bom e positivo que lhe permite chegar à existência, mas Voltaire nota o que vê ao redor, e o espetáculo nada tem de regozijador. O episódio do Eldorado faz supor que mesmo em um mundo perfeito não seremos mais felizes porque a inquietude e a paixão sempre nos impulsionarão para o além. Cândido e Cocambo decidem deixar esse paraíso: "Os dois felizes resolveram não mais sê-lo", apesar da advertência do rei de Eldorado: "Quando se está razoavelmente em algum lugar, é preciso ficar ali".

É no entanto o mesmo Voltaire que tenta consolar sua amiga Madame du Deffand, para quem "há uma só desgraça na vida: ter nascido". Ora! Ora! Tudo não é tão negro; "se tudo não está bem, tudo é tolerável", escrevera em *Le monde comme il va* [O mundo como ele está], em 1746, e, para nós, intelectuais, apesar de tudo, ainda há consolações, cara amiga:

> A coragem, a resignação às leis da natureza, o profundo desprezo por todas as superstições, o prazer nobre de se sentir de uma outra natureza que não a dos tolos, o exercício da faculdade de pensar, estas são consolações genuínas.[103]

"Não, senhor, [...] todas as minhas observações me levam a julgar que quanto menos pensamos, menos refletimos e mais felizes somos". Quebremos aqui: "Não falemos mais da felicidade; é a pedra filosofal que arruína os que a procuram".[104]

Entre a concepção minimalista da felicidade, reduzida à simples consciência de existir, que encontramos por exemplo em Madame de Graffigny – "Essa felicidade tão pura, eu sou, eu vivo, eu existo, poderia sozinha nos tornar felizes, se nos lembrássemos disso"[105] –, e uma concepção maximalista, como a de Robert-Martin Lesuire, que conjetura, em *Le secret d'être*

---

103 Voltaire, *Correspondance*, 24 mar. 1764.
104 Deffand, *Correspondance*, 17 jun. 1764.
105 Graffigny, *Lettres d'une péruvienne*, t.I, p.84.

hereux ou Mémoire d'un philosophe qui cherche le bonheur [O segredo de ser feliz ou Memória de um filósofo que busca a felicidade], criar um "clube dos felizes", equipado com autômatos destinados a favorecer as volúpias, mas também com salas de concerto e de esporte, bibliotecas e gabinetes de História e de Física, todas as nuanças e todos os tipos de felicidade são vislumbrados, discutidos, controvertidos. Há os partidários das felicidades artificiais, como o abade Galiani, que faz o elogio do ópio, do vinho e do tabaco em uma carta de 1777 a Madame d'Épinay: são os "contravenenos" de uma vida que não passa de "um monte de males, de sofrimentos[106] e de tristezas". Para La Mettrie, o ópio "torna o homem feliz. [...] Que doce letargia! A alma não quer mais sair dali". Para outros, a felicidade é a glória, que remedia a dúvida, a inquietude, e dá acesso a toda sorte de prazeres pelas recompensas que proporciona. É a opinião de Vauvenargues. Diderot chega a ter uma concepção mais sutil: ele visa não a glória presente, que é um obstáculo ao repouso, mas a glória póstuma, que nos faz felizes pelo simples fato de pensarmos nisso, pois a felicidade é um estado mental que depende mais do sonho, da ilusão e da imaginação que da realidade:

> Quantas vezes o sonho matinal não me foi mais doce do que o gozo da tarde? Não me separem da melhor parte de minha felicidade. A que me prometo é quase maior do que aquela de que gozo. Não é em minha casa, mas em meu sonho mirabolante que estou plenamente satisfeito.[107]

Mais numerosos são os que colocam a felicidade na paixão, isto é, o impulso para o outro, que é movimento, ação. A paixão é a própria vida e só ela pode nos fazer felizes, dizem os mais exaltados. Delisle de Sales, em sua *Philosophie du bonheur* [Filosofia da felicidade], qualifica de "frias estátuas" os que vivem sem paixões. A paixão nos engrandece, nos leva a fazer grandes coisas, e é nesse engrandecimento que reside a felicidade, diz. Ele distingue as "paixões suaves", como a piedade, o reconhecimento, a esperança, que propiciam uma felicidade imediata, e as "paixões violentas", como a ambição e o amor, que devem ser controladas pela razão, pois sua própria violência pode provocar catástrofes e acabar em infelicidade. É por isso que muitos desconfiam delas e pregam um equilíbrio entre as paixões. Os romances multiplicam em profusão os exemplos de destruição provocados por estas últimas. No fim do século, Madame de Staël tira daí uma lição em seu livro

---

106 Galiani, *Correspondance*, t.II, p.267.
107 Diderot, *Oeuvres*, op. cit., t.XVIII, p.96.

De l'influence des passions sur le bonheur des individus et des nations [Da influência das paixões sobre a felicidade dos indivíduos e das nações] (1796): a paixão aumenta nossas capacidades, nos evita o tédio, mas não nos faz felizes; ao mesmo tempo, a razão é totalmente incapaz de controlá-la. Essa constatação abre a porta para a melancolia romântica.

O século XVIII acreditara ter resolvido o problema, substituindo "paixão" por "sentimento", uma versão suave da relação com o outro. E o sentimento por excelência é o amor. O amor traz felicidade? Eis uma questão velha como o mundo, e que produziu ao longo dos séculos respostas das mais variadas. As do século XVIII são particularmente ambíguas. De um lado, ligações felizes e declarações entusiásticas; de outro, ligações perigosas e declarações desencantadas que nos deixam perplexos.

Comecemos por esta evidência do marquês d'Argens: "A escolha de uma mulher ou de uma amante influencia todas as nossas ações e, por conseguinte, nossa felicidade"; e aqui estão os entusiastas: "Encontrei a verdadeira felicidade, o único modo de ser feliz: [...] está inteiramente nos encantos do amor" (Nougaret); "Não há estado em que, mesmo matematicamente, a felicidade seja mais real" (Grandvoinet de Verrière); "Um homem que é amado por uma mulher que ele ama goza do que há de mais feliz neste mundo" (marquês de Lassay). Inútil prolongar a ladainha. Mas também há algo mais problemático; esse amor só nos traz felicidade sob algumas condições: o direito ao engano, por exemplo, levado até o elogio da inconstância: "Por que se diz em geral que só se pode amar uma vez?", pergunta-se Blondel. A fidelidade obrigatória mata a felicidade: "A inconstância, pela agitação que produz, é o suplemento da felicidade" (Rémond de Saint-Mard); "O inconstante que muda com frequência de gosto é sempre feliz" (Trublet). Marmontel, Madame de Puisieux – que escreve *La nécessité d'être inconstant* [A necessidade de ser inconstante], em 1762 –, e, claro, Marivaux concordam nesse ponto. Este último, vítima do sistema de Law, fecha-se sobre as felicidades simples, leves e individuais, para não dizer individualistas. Todos esses autores parecem esquecer que o amor concerne a duas pessoas, e que o(a) inconstante persegue sua felicidade ao preço do sofrimento do outro, deixando atrás de si corações partidos. Nos romances, como no teatro, o amor do século XVIII nunca está muito longe da manipulação.

Nunca muito longe do sexo, tampouco. Não há verdadeira felicidade amorosa sem prazeres sexuais, diz o abade Pernetti: "Esse amor puro, metafísico, de que estão cheios os romances, parece-me uma quimera. [...] A atração mútua dos sexos é a base do amor". E Maupertuis, em sua *Vénus physique* [Vênus física], lamenta todos os castrados da terra, esses "infelizes que uma faca mortal privou de conhecer esse estado [...] o último de nossos escravos que pode experimentar esses prazeres é mais feliz do que vós".

É que, para muitos, a felicidade é um simples assunto de prazer. É novamente um abade, Jean-Baptiste Hennebert, que o afirma em 1764 em seu tratado *Du plaisir ou du moyen de se rendre heureux* [Do prazer ou do meio de se tornar feliz]. Ele é seguido por uma coorte de autores, Helvétius, Restif de la Bretonne, o marquês de Lassay, Voltaire, Dupuy, Madame de Puisieux e muitos outros. Coalizão heteróclita todavia, na qual devassos e libertinos são minoria. A libertinagem tem na verdade poucos defensores. Mesmo o *Traité mathématique sur le bonheur* [Tratado matemático sobre a felicidade] do inglês Benjamin Stillingfleet (1702-1771), traduzido para o francês em 1741, que exibe conselhos de prazeres sensuais agressivos – "quanto mais um homem tem prazer em beber e em comer, mais sábio ele é"; "um homem sábio deve sempre se manter em um quarto onde haja uma cama" –, não é sério, e é desmentido pela vida do autor, regrada e estudiosa. Também são poucos os que defendem a frivolidade. Apenas Bourdieu de Villemert, em sua *Apologie de la frivolité* [Apologia da frivolidade], em 1750, vê aqui um caminho para a felicidade adaptado à condição humana, a suas capacidades limitadas de compreender o mundo. O século XVIII reabilita sem complexo o prazer, mas lhe impõe tantas restrições, condições e nuanças que esse caminho para a felicidade parece bem estreito. Para começar, escreve Hennebert, "se o prazer é a base da felicidade, a felicidade não está em todos os prazeres"; existem os verdadeiros e os falsos, estes sendo os imaginários, artificiais, que conduzem ao remorso e ao sofrimento físico. O abade Trublet distingue também *o* prazer, estado permanente que se confunde com a felicidade, e *os* prazeres, sucessão desorganizada de gozos que não conseguem satisfazer a alma. O prazer deve ser moderado, adaptado a nossa capacidade de gozo, e é por isso que nossa imaginação quase sempre estraga esta última, pois ela nos faz entrever prazeres fora do alcance:

> Nossa imaginação supõe sempre prazeres maiores do que os que gozamos, e isso nos impede de senti-los ao máximo; não somos felizes pelo próprio fato de sempre desejarmos sê-lo,

diz Delisle de Sales. Ao mesmo tempo, o verdadeiro prazer deve ser consciente. Ele atinge então o nível da volúpia, que Santo Jacinto definiu como "a arte de usar os prazeres com delicadeza e prová-los com sentimento". Para ele, "a volúpia é um sentimento de perfeição". Mesmo La Mettrie traça a diferença: "Confundimos facilmente demais o prazer com a volúpia e a volúpia com a devassidão". A felicidade pelo prazer é um exercício delicado, dependente de cálculos sutis e da busca de equilíbrio.

DA BUSCA À EXIGÊNCIA DE FELICIDADE

O século XVIII praticou a religião da felicidade. Uma religião aberta, sem papa, sem bíblia, sem dogmas, donde essa abundância extraordinária de tratados que deixa uma impressão tanto de riqueza como de confusão. Em centenas de volumes, defende-se a fé na felicidade, na possibilidade de levar uma vida feliz, e ao mesmo tempo esses textos revelam a impotência em atingir essa felicidade. Todos esses métodos seriam inúteis se houvesse o sentimento de já ser feliz. As receitas para o sucesso são feitas por quem ainda não o alcançaram. Sua proliferação é o sinal de uma falta, de uma ausência, de uma aspiração, de um desejo, portanto de uma frustração.

Frustração ainda maior quando não se sabe de verdade o que se procura, nem onde buscar. Há os que se contentariam com pouco, em aprender *L'art de ne point s'ennuyer* [A arte de não se entediar], como ensina Boureau--Deslandes em uma obra de 1715, ou os que são de tal forma deprimidos que pedem apenas "a isenção de dois males: as dores do corpo e o tédio da alma", como clama Madame du Deffand. Até Voltaire se contentaria de vez em quando "em ter seus cinco sentidos em bom estado e, para nossa alma, em ter um amigo". Os mais modestos pregam o encolhimento do eu, a limitação dos desejos, a simples satisfação das necessidades naturais, o repouso. Porém, mesmo um objetivo tão limitado é bem difícil de se atingir em um mundo em pleno impulso econômico, onde já se multiplicam tentações e oportunidades. Um só homem parece ter realizado esse ideal de felicidade modesta: Bernard Le Bovier de Fontenelle, que oferece durante um século (1657-1757) o insolente espetáculo de uma vida feliz.

Como de costume, ele escreveu um pequeno tratado, *Du bonheur* [Da felicidade], em 1724, que é talvez o mais confiável de todos os escritos sobre o tema, pois emana de um homem autenticamente feliz, rico de 67 anos de felicidade. Creiamos nele, portanto, de olhos fechados: para ser feliz, é preciso banir o imaginário, o sonho, fonte de dolorosas ilusões. O real já não é rico o bastante? Por que inventar todas essas ficções, esses romances, que só servem para suscitar desejos artificiais, inacessíveis? Até parece que o homem gosta de ser infeliz: para isso, ele se inventa histórias imaginárias que agravam seus males. É preciso adaptar nossos desejos a nossa condição: "Aquele que quer ser feliz se reduz e se fecha tanto quanto possível. Ele tem estas duas características: muda pouco de lugar e se apega pouco". Essa é a regra de ouro da felicidade. Oh, claro, "concordo que falta a essa felicidade uma coisa que, segundo os modos comuns de pensar, seria entretanto bem necessária: ela não tem nenhum brilho".[108] Uma felicidade terra a terra, realista, sem envergadura, uma felicidade de moderação: evitem as grandes paixões, principalmente o amor, evitem os riscos, não visem alto demais, não busquem a companhia dos poderosos. Então os que procuram a glória, a aventura, os grandes sentimentos desprezam Fontenelle. Delisle de Sales condena sua "fria apatia"; Trublet o resume assim:

> Pouca imaginação, pouca vivacidade, pouco sentimento. Eis as qualidades do verdadeiro filósofo, mais feliz que qualquer outro homem, simplesmente porque ele é mais senhor de si, menos vulnerável à infelicidade. É menos o efeito de suas luzes que daquilo que só tem luzes. Eis o senhor M. de Fontenelle.

E mesmo o melhor historiador da felicidade no século XVIII, Robert Mauzi, escreve:

> Felicidade sem generosidade, sem dúvida. Mas também felicidade sem cor nem superfície, que não visa possuir o mundo, mas fazer-se esquecer. Felicidade clandestina e estofada, refugiada em uma consciência alimentada por prazeres simples e tranquilos. Felicidade construída contra o sonho, inimigo de todos os mitos, sobretudo dos que consolam. Felicidade de avaliação, de julgamento e de medida. Felicidade imóvel e muda. Falando abertamente, o próprio contrário da vida. Mas não há certeza se Fontenelle gosta da vida.[109]

Mas como? É obrigatório amar a vida? Já que ninguém a pediu, já que ela nos foi imposta, é preciso saber o que queremos: o amor, a paixão, a glória, o poder, a ação... ou a felicidade. Fontenelle foi feliz por cem anos a olhar o outro viver... e sofrer.

No outro extremo, alguns, como Sade, escolhem o superfaturamento dos prazeres. Além disso, entre os dois, há gente razoável e sentenciosa que prega um justo equilíbrio entre repouso e movimento, coração e razão, natureza e cultura, gente como o abade de Gourcy, para quem "a felicidade é um estado de paz e de contentamento, entremeado de prazeres sem amargura e sem

---

108 Fontenelle, *Entretiens sur la pluralité des mondes*, seguidos de obras diversas, entre as quais *Discours sur le bonheur*, p.416.
109 Mauzi, op. cit., p.226-7.

remorsos, que alegra o fundo".[110] Bela definição, mas esse equilíbrio será realizável nos fatos? Não, sem dúvida, ou então seriam necessárias tantas precauções e medidas de vigilância que a felicidade não estará presente.

Os racionais sempre se surpreenderão com a imprudência dos sentimentais, como o jovem Mirabeau, em 1738, que censura Vauvenargues por não ter planificado sua felicidade:

> Não cabe a um filósofo, caro amigo, viver sua jornada a cada dia. [...] Eh, o quê! Meu caro, [...] você não imagina um só momento fazer um plano fixo rumo àquilo que deve ser nosso único assunto: a felicidade?

Eh, não!

> Concordo, meu caro Mirabeau, que sou um homem fraco, que se guia por sentimentos; [...] minha razão é inútil; ela é como um espelho no qual vejo minhas fraquezas, mas ele não as corrige.[111]

Mirabeau envia-lhe então um método de planejamento, o que Vauvenargues agradece, dando a entender que não tem a menor intenção de seguir seus objetivos.

Cada um tem então seu caminho para a felicidade, os metódicos, os intuitivos, os sentimentais, os voluptuosos. A religião da felicidade e seus ascetas, seus místicos, seus devotos constantes, seus fiéis e seus praticantes ocasionais. Como na religião cristã, são muitos os chamados e poucos os eleitos. Todos desejam a felicidade; repete-se-lhes que isso é possível. Então, como ela não chega, a busca obsessiva da vida feliz torna mais aguda a consciência da infelicidade. É assim que a busca se torna pouco a pouco exigência, e que a ideia de felicidade passa a ser uma força revolucionária.

---

110 Gourcy, *Essai sur le bonheur*, p.61.
111 Vauvenargues, *Oeuvres*, t.III, p.122.

− 7 −

A FELICIDADE DAS LUZES
Uma ideia revolucionária?

"A felicidade é uma ideia nova na Europa": a famosa declaração de Saint-Just, em 3 de março de 1794, pode parecer surpreendente depois do que acabamos de ver. Uma ideia nova, quando na verdade se trata do lugar-comum mais repisado do século? Saint-Just sabe disso muito bem, é claro. O que é novo é o governo revolucionário proclamar que todos têm direito à felicidade e que vamos coletivamente, pela primeira vez, de fato, atingir esse objetivo tão desejado. A felicidade não é mais um simples assunto de discussão filosófica: é uma exigência do povo. Como chegamos a isso?

CETICISMO QUANTO À FELICIDADE INDIVIDUAL

Para começar, convencendo-se, contra tudo e contra todos, de que a felicidade é possível. É verdade que há céticos; todos ingleses, aliás. A começar por Jonathan Swift, cujo pessimismo radical se exprime em *As viagens de Gulliver*. O homem é "o mais odioso pequeno verme a quem a natureza jamais permitiu rastejar na superfície da terra", e não é de surpreender que a felicidade lhe seja inacessível, pouco importa o tipo de organização que adote. Gulliver toma consciência em suas viagens. A cidade mais organizada na ilha de Laputa, onde tudo é minuciosamente regulado com uma precisão matemática, é um caos absurdo. Os únicos que são mais ou menos razoáveis são os Houyhnhnms, sem amor e sem ódio, sem instintos e sem sentimentos. Mas são cavalos. Que, aliás, escravizaram os últimos homens, completamente degenerados, os Yahoos.

O doutor Samuel Johnson é igualmente categórico:

> Que o homem nunca seja feliz no presente é tão verdadeiro que ele só consegue aliviar sua infelicidade esquecendo-se de si por um momento. A vida é uma progressão de necessidade em necessidade, e não de gozo em gozo,[1]

declara a James Boswell. E quando este lhe pergunta se apesar de tudo "o homem pode às vezes ter um momento de felicidade", responde: "Nunca, exceto quando está embriagado. – Ou quando ele corre a toda velocidade em uma diligência? – Não, senhor, pois ele corre a toda velocidade *de algo rumo a algo*". O homem não pode ser feliz porque está sempre em movimento, porque sempre persegue um objetivo, porque vai de desejo em desejo. É o que Johnson ilustra em um romance filosófico de 1759, *História de Rasselas, príncipe da Abissínia*. Rasselas tem tudo que é necessário em seu reino, o "vale feliz", mas pensa que seria mais feliz se tivesse um objetivo a alcançar. Ele ouve falar da Europa e de sua civilização avançada: "Devem ser felizes os que têm todas essas facilidades". Seu amigo africano esclarece: "Os europeus são menos infelizes do que nós, mas eles não são felizes". Rasselas não encontrará a felicidade, mas ele percebe as primeiras afirmações do direito natural a uma vida feliz: "Chegou a hora em que ninguém será miserável senão por sua própria culpa". Johnson tem aqui uma intuição notável: em pleno período de uma busca obsessiva da felicidade, ele contesta a própria base da nova religião: nada prova, diz, que o homem seja feito para a felicidade e, ao se obstinar em sua busca, acaba causando sua infelicidade. O dever de alcançar a felicidade é o meio mais certo de ser infeliz. E não é o tipo de regime político que mudará alguma coisa: "Não daria meio guinéu para viver sob uma forma de governo mais do que sob outra. Isso não tem nenhuma consequência para a felicidade individual", escreve a Joshua Reynolds, em 1772.

---

1 Boswell, *The Life of Samuel Johnson*, t.II, p.132.

No mesmo ano da publicação de *Rasselas* (1759), Adam Smith, em sua *Teoria dos sentimentos morais*, exprime também seu ceticismo: o homem acredita poder atingir a felicidade pela riqueza, a qual permite que ele se proporcione prazeres. Está aí o motor do desenvolvimento econômico, que fará a prosperidade das nações, mas a felicidade individual se baseia mais no repouso e na virtude. Aqui também há uma contradição; busca-se a felicidade coletiva no movimento perpétuo rumo ao enriquecimento, e a felicidade individual, no repouso. Preso nessas duas correntes contrárias, pode o homem ser feliz?

É também o que se pergunta o amigo de Adam Smith, David Hume. "O homem é feito para a felicidade?" Ele não consegue responder, fica girando em círculos; então, diz em seu *Tratado da natureza humana*,

> janto, jogo uma partida de gamão, converso e me alegro com meus amigos; e quando, após três ou quatro horas de diversão, volto a essas especulações, elas me parecem tão frias, tão artificiais e ridículas que não consigo continuar.

Trata-se de passar o tempo, de preenchê-lo de qualquer maneira; é preciso simplesmente crer um mínimo no que fazemos. Mas quanto à Felicidade, com F maiúsculo, é uma ilusão: "Quando consideramos a brevidade e a incerteza da vida, qualquer busca da felicidade parece ridícula".

Emmanuel Kant também sondou em profundidade o mistério da felicidade, e é ainda mais cético. "A felicidade é a satisfação de todas as nossas inclinações, tanto extensa em relação à variedade, quanto intensa em relação ao grau, como protensiva em relação à duração", escreve na *Crítica da razão pura*. E confirma na *Crítica da razão prática*:

> A felicidade é o estado no mundo de um ser razoável a quem, no curso de sua existência, tudo acontece segundo seu desejo e sua vontade; ela se baseia portanto no acordo da natureza com o objetivo inteiro que ele persegue.[2]

Dito de outra forma, é um ideal impossível de se atingir, e um ideal "não da razão, mas da imaginação". Só podemos sonhar com isso, nem mesmo pensar. É uma vaga aspiração, sem conteúdo preciso. Nessas condições, como poderíamos buscar o meio de sermos felizes se não sabemos sequer o que significa concretamente ser feliz? Kant critica os estoicos por terem associado a felicidade à virtude, quando na verdade a experiência nos

---

2 Kant, *Critique de la raison pratique*, p.134.

mostra o contrário. A felicidade implica uma harmonia entre a natureza e os desejos do sujeito; ora, os dois não coincidem. O bem completo a que o homem deve visar é a virtude *e* a felicidade, o que só será possível no além.

Os próprios filósofos franceses, que raciocinam tanto sobre a felicidade, têm seus momentos de dúvida. A felicidade exige uma dose tão sutil de desejo, de esperança e de posse que mal conseguimos alcançá-la, diz Trublet. De qualquer modo, isso depende do temperamento da cada um: há gente que é feita para ser feliz, outros, para serem infelizes, e todos os discursos nada podem contra isso: "A felicidade seria mais do campo da medicina que da moral, se houvesse uma medicina", diz ainda o bom abade. Ou então tudo depende da sorte, do destino, do acaso: "Não depende de nós sermos verdadeiramente felizes", escreve d'Argens. E, além disso, é algo inteiramente subjetivo e pessoal. Diderot conta que, todo feliz por estar no campo, ele recebeu o abade Galiani, que na mesma noite se apressa a levantar acampamento:

> Como, caro abade, será que você já vai embora? – Se vou embora? Tenho ódio mortal ao campo, e me jogaria no canal se fosse condenado a passar aqui quinze minutos mais". Não foi preciso mais para que eu sentisse como a felicidade de um homem diferia da de outro.[3]

A felicidade é uma noção relativa que existe apenas por comparação, com os outros e com o próprio passado. Alguém que não tivesse conhecido senão instantes felizes sem interrupção não teria nem mesmo consciência de sua felicidade, diz Condillac. E, além disso, acrescenta Voltaire,

> Se damos o nome de felicidade a alguns prazeres espalhados nesta vida, existe felicidade de fato; e se damos esse nome apenas a um prazer permanente ou a uma fila contínua e variada de sensações deliciosas, a felicidade não é feita para este globo terráqueo: procurem em outro lugar. Se chamamos felicidade uma situação do homem, como riquezas, poder, reputação, não nos enganamos menos. Há carvoeiros mais felizes do que soberanos.[4]

E há o escândalo que choca o filósofo de Ferney: como pode ser que, com muita frequência, os imbecis sejam mais felizes do que as pessoas razoáveis? A grande inspiradora das Luzes, a razão, seria então incapaz de nos

---

3 Diderot, *Oeuvres complètes*, op. cit., 7, t.VI, p.438.
4 Voltaire, *Dictionnaire philosophique*, art. "Bien".

fazer felizes? Esse ponto é muito discutido. A maioria, entretanto, admite como Trublet que, no combate entre o coração e a razão, esta é quase sempre vencida. O espírito "pode mostrar o ridículo dos tristes pensamentos, mas não consegue impedir que eles nasçam. [...] A razão tem ainda menos poder sobre as paixões tristes do que sobre as alegres". Bem-aventurados os tolos, "mais apropriados para a felicidade do que os loucos e as pessoas de espírito, porque não têm nem as reflexões destas, nem os desvios daqueles"; felizes os cretinos, capazes "de assistir a uma partida de trique-traque durante horas, sem entender o jogo".[5] Como destacam Vauvenargues e o abade Barthélemy, as mentiras, as ilusões, os prejulgamentos com frequência nos fazem mais felizes do que a contemplação da triste verdade desvendada pela razão.

Mas não haveria meio de reconciliar coração e razão na ideia de natureza, caso em que viver de modo "natural" garantiria a felicidade? Solução sedutora em tese, mas cujas contradições os mais lúcidos discernem bem, pois a "natureza" é um mito que pode servir para justificar tudo. A natureza é na verdade outro nome para o universo, o mundo, o ser; o homem é parte integrante dela, e a "natureza humana" é dotada de razão, o que permite progredir pelo domínio de seu ambiente. Como faz parte da natureza, tudo o que o homem faz é natural, e assim nos encontramos diante dos mesmos problemas. Viver seguindo sua natureza é uma tautologia: como poderíamos fazer de outro modo? O que não é natural é o sobrenatural, que faz parte dos sonhos humanos.

A felicidade pela natureza é portanto uma fórmula oca que não resolve nada. E, além disso, a natureza é o imutável, é a estabilidade, pelo menos é o que se acredita naqueles tempos pré-darwinianos, ao passo que o homem razoável só pode evoluir, melhorando sua sorte pelo progresso, e o progresso é a "civilização", fonte de todos os males, no dizer de alguns. Esse é o impasse. Nessas condições, exclui-se encontrar o caminho da felicidade. Todos os métodos, todos os tratados são inúteis. Um tratado da felicidade escrito por um homem feliz não passa do relato de sua experiência pessoal, sem valor para os outros: "Fontenelle nos diz apenas como Fontenelle era feliz", escreve Saint-Lambert. "Quando ele escreve sobre a felicidade, não ensina nada a seus contemporâneos exceto como, com sua fria apatia, conseguiu ser feliz",[6] acrescenta Delisle de Sales, para quem *Le bonheur* [A felicidade] de Helvétius também não é mais confiável: como confiar nas receitas de felicidade defendidas por um homem "favorecido pela natureza

---

5 Trublet, *Essais sur divers sujets de littérature et de morale*, t.III, p.243.
6 Sales, *Philosophie du bonheur*, t.I, p.54.

e pela ordem social, belo, rico, sensível e sempre amado"? Para Diderot, esses tratados "nunca são mais do que as histórias da felicidade dos que os escreveram". Já os tratados de felicidade escritos por pessoas tristes têm tanto valor quanto receitas para enriquecer elaboradas por mendigos. Assim Maupertuis, "sombrio, melancólico, [que] morria de pesar a cada minuto", permite-se dar conselhos para uma vida feliz. Montesquieu ironiza: "O senhor de Maupertuis, que durante toda a vida acreditou – e talvez até tenha provado – que não era feliz, acaba de publicar um texto sobre a felicidade".[7]

O PROGRESSO: UMA UTOPIA?

Há, portanto, no século XVIII uma forte corrente de ceticismo a respeito da busca da felicidade. Para alguns, ela não existe; para outros, se existe, nenhum método permite alcançá-la. E, no entanto, não paramos de sonhar com ela. Notemos, entretanto, que esse ceticismo concerne apenas à felicidade individual, que é assunto de cada um, um assunto subjetivo. Em compensação, mesmo os mais céticos, exceto Johnson, acreditam ser possível melhorar as condições objetivas da felicidade coletiva pelo progresso científico, econômico, social e político. Uma sociedade mais justa, mais livre, mais igualitária é indispensável para uma vida feliz; é uma condição não suficiente, mas necessária, e dessa vez trabalha-se em um terreno mais firme.

E reencontramos a ideia de progresso, que seduz até mesmo os mais indiferentes: Hume, que reconhece que "os costumes dos homens se suavizam e [que] seus conhecimentos se estendem"; Kant, que admite que tudo "se desenvolve lentamente para o melhor, segundo um progresso para o qual cada um em sua parte e na medida de suas forças é chamado a contribuir"; Adam Smith, que vê no liberalismo uma melhoria da prosperidade das nações; Turgot, que faz um discurso na Sorbonne *Sobre os progressos sucessivos do espírito humano*, e conclui: "Possam os homens [...] se tornar incessantemente melhores e mais felizes"; o médico Verdier que, em 1722, em sua *Recueil de mémoires et d'observations sur la perfectibilité de l'homme* [Coletânea de memórias e de observações sobre a perfectibilidade do homem], vislumbra "aperfeiçoar a espécie humana".

Essa confiança em uma marcha ilimitada está magnificamente expressa em 1793 no *Esboço de um quadro histórico dos progressos do espírito humano*, de

---

7 Montesquieu, *Correspondance*, t.II, p.235, carta 480.

Condorcet. Ele conjectura, confiante, que um dia a guerra desaparecerá, que por toda parte "chamaremos estrangeiros para uma partilha mais igual dos bens", que graças à medicina "a duração média da vida se aproximará gradualmente de uma duração ilimitada", que o erro se tornará "quase impossível", pois a razão reinará por toda parte. Condorcet, cujas tocantes e ingênuas ilusões comoveram gerações, é um profeta da felicidade da humanidade, condenado à morte por outros profetas da felicidade da humanidade por ter recusado a condenação do rei à morte. Além disso, a felicidade que ele acredita estar chegando é puramente coletiva, e não podemos deixar de concordar com o julgamento de Robert Mauzi:

> Podemos achar a imagem ao mesmo tempo utópica e incompleta. Parece que Condorcet definiu bem menos a felicidade e separou os obstáculos que atrapalham seu caminho. O quadro que escolheu para seu sistema impede as necessidades da alma, o sentimento de fazerem sua parte. Podemos recear que ele não tenha pensado muito nisso. Quando ele evoca o homem futuro e sua vida feliz, esquece todas as felicidades da intimidade.[8]

Mas ele é otimista, então, o estimamos. Otimistas, os economistas também são, quer mercantilistas, fisiocratas ou que preconizem já o liberalismo. Estes últimos, em particular, começam, na sequência de Adam Smith, a entrever o paraíso da livre concorrência e da desregulamentação, no qual, em um mundo sem corporações, cada um poderá enriquecer pelo próprio trabalho e por sua iniciativa. Em 1798, Jean-Baptiste Say esboça o que virá a ser a nova idade de ouro em uma utopia econômica: *Olbie, ou Essai sur les moyens d'améliorer les moeurs d'une nation* [Olbie, ou Ensaio sobre os meios de melhorar os costumes de uma nação]. Se o povo seguisse esse modelo, "sua ventura seria a infalível recompensa", escreve ele com segurança. Na verdade, escreve Jean Servier, sua sociedade ideal "é um fosco apadrinhamento operário congelado no respeito da ordem estabelecida":[9] todo mundo ao trabalho, animado pela preocupação de ser útil à comunidade, estabilidade familiar, recusa ao ganho fácil, como as loterias, que leva ao desdém pelo trabalho e pelo dinheiro ("o operário que se gaba da esperança de ganhar 30 ou 40 mil francos em alguns minutos trabalha de má vontade para ganhar 30 ou 40 tostões por dia"). Estamos no caminho do socialismo utopista.

---

8   Mauzi, *L'Idée de bonheur...*, op. cit., p.578.
9   Servier, *Histoire de l'utopie*, p.233.

A BUSCA DA FÓRMULA MATEMÁTICA DA FELICIDADE

Esses primeiros esboços de um progresso rumo à felicidade pela economia política revelam uma confiança nova na ciência e na técnica, no quantitativo, no mensurável, no metódico, no matemático. Tudo é questão de números, a própria felicidade é quantificável. Ser feliz é uma questão de aritmética, explica Maupertuis já em 1749, em seu *Essai de philosophie morale* [Ensaio de filosofia moral]: "A felicidade é a soma dos bens que restam depois de todos os males terem sido deduzidos".[10] O peso desses bens e desses males pode ser calculado multiplicando-se a intensidade pela duração: "A avaliação dos momentos felizes ou infelizes é o produto da intensidade do prazer ou da pena pela duração".[11] E não há lugar para inserir coeficientes que privilegiem os prazeres morais ou físicos: "Os prazeres mais nobres são os que forem maiores". Mas podemos ficar tranquilos: a moral tira vantagem, pois a intensidade dos prazeres físicos diminui com a duração, ao passo que a dos prazeres morais aumenta com o tempo.

O ponto de vista de Maupertuis é retomado em 1786 pelo inglês William Paley, em seus *Principes de philosophie morale et politique* [Princípios de filosofia moral e política], onde declara que o que chamamos de felicidade é apenas "a maior quantidade de excedente de prazer sobre a dor que se pode obter na vida humana";[12] todos os prazeres são da mesma ordem, tanto os de origem espiritual como os físicos. Como a felicidade é quantificável, podemos determinar quais são os indivíduos e os povos mais felizes de todos: é exatamente o que fazem as pesquisas do início do século XXI, como veremos.

E já é isso que tenta fazer em 1772 o marquês de Chastellux, em seu livro *De la félicité publique, ou Considérations sur le sort des hommes dans les différentes époques de l'histoire* [Da felicidade pública, ou Considerações sobre a sorte dos homens em diferentes épocas da história]. Trata-se na verdade da primeira história da felicidade. O objetivo é pesquisar quais foram os povos mais felizes e, em particular, comparar os antigos aos modernos. Para isso, é preciso critérios "objetivos" e quantificáveis que permitam medir "a maior felicidade do maior número". Chastellux estabelece uma lista de obstáculos à felicidade coletiva, como a guerra, a escravidão, as superstições religiosas, e de elementos positivos, como a produção agrícola, o nível da

---

10 Maupertuis, *Essai de philosophie morale*, p.8.
11 Ibid., p.5.
12 Paley, *Principles of Moral and Political Philosophy*, I, 6.

população. Ele nos avisa que seria preciso também levar em conta o nível dos impostos, do tempo de lazer e de trabalho, mas que na ausência desses dados é possível apesar de tudo atingir uma estimativa: os povos mais felizes são os da Europa contemporânea, o que confirma a ideia de progresso. Suas conclusões são confirmadas pelas do economista italiano Pietro Verri em *Meditazioni sulla felicità* [Meditações sobre a felicidade], de 1763, e por Helvétius, para quem o século XVIII é "o século da felicidade".

O ideal seria encontrar a fórmula matemática da felicidade social. É o que tenta em 1725 o escocês Francis Hutcheson, em *Enquête sur l'origine de nos idées de beauté et de vertu* [Investigação sobre a origem de nossas ideias de beleza e de virtude], onde afirma pela primeira vez sem dúvida o axioma que se tornará a base do utilitarismo: "A melhor ação é a que proporciona o maior prazer para o maior número de pessoas". De acordo com seus cálculos, $BA = M + SA = M + I$, em que A é a capacidade; B, a benevolência; M, os momentos felizes; I, o interesse; e S, o amor-próprio. Em 1738, Benjamin Stillingfleet, em *Some Thoughts Concerning Happiness* [Alguns pensamentos sobre a felicidade], ridiculariza essas tentativas de matematização, mostrando que elas chegam – após cálculos complexos – à seguinte conclusão: "Um homem sábio deve se afastar quando vê uma viga prestes a lhe cair sobre a cabeça".[13] Em outros termos, Hutcheson chove no molhado.

É com Jeremy Bentham (1748-1832) que o princípio do utilitarismo é levado mais longe no fim do século. Desde 1776, em *Fragment sur le gouvernement* [Fragmento sobre o governo], ele afirma que "é a maior felicidade para o maior número que dá a medida do bem e do mal"; é "a única coisa que interessa aos homens".[14] E em 1789, em *Principles of Morals and Legislation* [Princípios de moral e de legislação], deixa claro que

> a natureza colocou a humanidade sob a égide de dois supremos mestres, a dor e o prazer. É apenas a eles que cabe mostrar o que deveríamos fazer, e determinar o que faremos. [...] O princípio de utilidade reconhece essa sujeição, e a assume como fundamento desse sistema, cujo objeto é tecer a trama da ventura pelas mãos da razão e da lei.[15]

Bentham, que no mesmo ano qualifica a *Declaração dos direitos do homem e do cidadão* de "simples absurdo, absurdo teórico, absurdo sobre pernas de

---

13 Stillingfleet, *Some Thougts Concerning Happiness*, 5, 11.
14 Bentham, *A Fragment on Government*, prefácio à primeira edição, p.51.
15 Id., *An Introduction to the Principles of Morals and Legislation*, p.11.

pau", pensa que a felicidade é o resultado de uma simples subtração – a soma dos prazeres menos a soma das dores – e que a tarefa do legislador, em vez de fazer grandes declarações de princípio, é garantir concretamente o maior bem do maior número de pessoas, medindo o bem de cada decisão em função de seis critérios: intensidade, duração, certeza, proximidade, fecundidade, pureza; ciframos esses fatores, calculamos o total, e podemos assim medir a "tendência geral ao bem" de uma lei.

Ele realizou o mesmo esforço de precisão a propósito do sentimento de felicidade individual recenseando 54 termos sinônimos de "prazer" e "aplicando o cálculo aritmético aos elementos de felicidade", com resultados nem sempre felizes, como ele mesmo reconhece em seus momentos de dúvida: ele constata então que é inútil associar todos os prazeres e avaliar-lhes a intensidade, dado seu caráter heterogêneo – "tanto quanto tentar somar vinte peras e vinte maçãs".[16] Podemos qualificar de fúteis os trabalhos de Bentham sobre a quantificação da felicidade. Eles não revelam menos do que os outros uma aspiração geral do século XVIII: o dever dos poderes públicos é promover a felicidade dos povos. Os franceses o exprimem em grandes declarações de princípio; os ingleses, em tentativas práticas: idealismo de um lado, pragmatismo de outro, fracasso nos dois. Mas o que conta é verificar que a exigência de felicidade torna-se urgente.

Exigência de felicidade pública por uma legislação apropriada e exigência de felicidade privada pela aplicação metódica de algumas receitas. A felicidade ser arte ou ciência depende, de qualquer modo, de um método, que cada um pode aprender. Ela responde a leis, a condições objetivas, válidas para todos; não é mais um simples estilo de vida reservado a uma elite, é uma técnica que se ensina: crença amplamente espalhada a partir dos anos 1770. Trublet está certo disso:

> Há uma arte de ser feliz, e é a primeira das artes. [...] Essa arte tem seus preceitos e suas máximas. [...] Assim, o mais importante de todos os livros seria aquele que trataria solidamente da grande arte de ser feliz.[17]

Está certo, amplifica em 1778 Guillaume de Rochefort (1731-1788), em *Histoire critique des opinions des philosophes sur le bonheur* [História crítica das opiniões dos filósofos sobre a felicidade]:

---

16 Steintrager, *Bentham*, p.30.
17 Trublet, *Essays...*, op. cit., t.III, p.228.

Que obrigação não teríamos para com o escritor que, mostrando-nos que nossos falsos julgamentos causam quase todas as nossas infelicidades, nos ensinaria a arte de ser feliz como se ensina a arte de domar um cavalo ou de tirar sons harmoniosos de um instrumento![18]

Deve existir uma fórmula da felicidade; é preciso encontrá-la a qualquer custo, diz Edward Young (1683-1765): "Jamais um mortal encontrou por acaso o segredo da felicidade. É uma arte que deve ser aprendida. É o prêmio de um estudo contínuo".[19] Élie Luzac, em *Le bonheur ou nouveau système de jurisprudence naturelle* [Felicidade, ou novo sistema de jurisprudência natural], é taxativo:

> Para viver feliz, para gozar de uma vida feliz, é preciso portanto conhecer quais são os estados felizes e quais são os infelizes. Somos obrigatoriamente determinados para nossa felicidade: esse conhecimento nos levará a ela necessariamente. Então, basta conhecer a felicidade para gozá-la. É nesse conhecimento que consiste a jurisprudência natural.[20]

"Depende apenas de nós sermos felizes, qualquer que seja a posição a que estejamos reduzidos",[21] basta seguir o bom método, diz Montenault; ninguém é infeliz voluntariamente, acrescenta Pluquet: "Não é de propósito que o homem se afasta do caminho que leva à felicidade e, para que o retome, basta iluminá-lo".[22] Para isso, existem manuais, como o *Traité élémentaire de morale et du bonheur* [Tratado elementar de moral e da felicidade], de Paradis de Raymondis, ou como ser feliz em algumas lições. É muito fácil, ao alcance inclusive "de crianças da mais tenra idade";[23] primeiro, esqueçam seus sonhos, quimeras e fantasias, e garantam estes quatro bens básicos: a saúde, fruto de uma boa higiene de vida; o conforto financeiro, fruto do trabalho e da economia; a liberdade, renunciando às paixões que escravizam, como o amor e o jogo; e por fim a tranquilidade. Para evitar o tédio, estudem durante seu lazer, e coroem tudo levando uma vida de moral exemplar. Simples assim. Só de pensar, já nos sentimos melhor!

---

18 Rochefort, *Histoire critique des opinions des philosophes sur le bonheur*, Discurso preliminar, p.11.
19 Young, *Les nuits*, t.II, p.70.
20 Luzac, *Le bonheur ou nouveau système de jurisprudence naturelle*, p.61.
21 Montenault, *Essai sur les passions et sur leurs caractères*, t.I, p.368.
22 Pluquet, *De la sociabilité*, t.II, p.142.
23 Paradis de Raymondis, *Traité élémentaire de morale et du bonheur*, cap.I.

Tudo não pode ser tão fácil quando examinamos os problemas concretos. Obras de casuística da felicidade dão uma ideia disso. Um exemplo, apenas, bastante eloquente: como ser feliz conciliando estudos e amor? É o problema de Cleveland no romance do abade Prévost. Primeira solução: ele se fecha para estudar durante horas, e depois encontra sua mulher Fanny; é pouco eficaz, pois não para de pensar nela enquanto estuda, e Fanny está frustrada. Segunda solução: ele a deixa entrar em seu escritório; é pior ainda, pois eles conversam, brincam e se beijam sobre os livros. Voltamos ao primeiro caso; Fanny está triste, Cleveland sente remorsos. Tentamos um acordo: Fanny decidirá sozinha os momentos em que virá "misturar um pouco de amor a suas ocupações sérias".[24] Novo fracasso: Fanny o interrompe sem parar. Não há solução: o coração e a razão são definitivamente incompatíveis, e o coração tem quase sempre a última palavra, o que não favorece muito uma vida feliz.

O século XVIII buscou por toda parte a fórmula da felicidade. Experimentou todas as soluções, todas as dosagens, todos os equilíbrios, todos os acordos, todas as combinações, entre coração, razão, natureza, virtude, repouso, movimento, prazeres, estudos, mas atolou nesse terreno movediço. Os filósofos só podem constatar seu fracasso na busca da felicidade individual, que é um assunto decididamente complexo demais. E os romancistas nada mais fazem do que ilustrar esse fracasso. Paul e Virginie[25] só podem ser felizes em uma ilha. Após montanhas de textos sobre a felicidade, não se sabe mais sobre ela em 1780 do que em 1700. Isso terá duas consequências. De um lado, a incapacidade dos filósofos em concordar sobre a felicidade individual levará ao romantismo, que cultiva a melancolia do homem condenado a uma busca sem fim e sem esperança da felicidade, antes que as Ciências Humanas tragam um novo impulso a essa busca. De outro, a constatação de fracasso da via individual rumo à felicidade reforça a convicção de que somente o caminho público é eficaz, logo político, econômico e social. Cada vez mais, a tônica recai sobre a necessidade de reformar: cabe ao Estado garantir a felicidade dos cidadãos; se ele se mostra incapaz, temos o direito de nos revoltar em nome do direito à felicidade. Esse é um direito natural, agora estamos persuadidos disso. Nós o exigimos.

---

24 Prévost, *Le philosophe anglais...*, op. cit., t.IV, p.127-9.
25 Personagens do romance pastoral homônimo, de Bernardin de Saint-Pierre, publicado em 1788. Adolescentes criados em uma ilha paradisíaca (atual Ilha Maurício), vivem em uma comunidade utópica. (N. T.)

A AMÉRICA, TERRA DA FELICIDADE

É na América que essa exigência se exprime primeiro com mais força. Isso não surpreende. Desde o século XVI, os colonos ingleses da América do Norte mantêm uma ideia dupla: esse território quase virgem é uma espécie de paraíso, é o lugar ideal para recriar uma humanidade edênica; é ao mesmo tempo o paraíso terrestre perdido e o (futuro) paraíso reencontrado: "paraíso do mundo", para Thomas Harriot, "terra tal como Deus a fez", para John Smith, "jardim onde correm o leite e o mel", para Daniel Price; a Nova Inglaterra é "a nova terra de Canaã" segundo Thomas Morton; Maryland é "o paraíso terrestre" (George Aslop), e a Geórgia, "o futuro Éden".

Sobre os índios, as opiniões são contrastantes. Em 1613, Alexandre Whitaker fala da "condição miserável desses escravos desnudos", e em 1634 John Winthrop julga o indígena "mau", "bestial", "selvagem e desumano", "perverso", "preguiçoso", "infeliz" e "demoníaco". Felizmente, diz, "os indígenas morreram todos de varíola; é assim que o Senhor nos provou nossos direitos sobre o que possuímos".[26] Essa visão negativa se atenua no século XVIII em proveito da imagem do índio feliz, cuja felicidade será associada à da nova nação. Em 1789, o *American Museum* [Museu americano] atribui ficticiamente essas palavras a um deles: nós, os selvagens, somos felizes, pois

> nos Estados que vocês chamam civilizados a felicidade do povo é constantemente sacrificada à glória do império. [...] A civilização gera milhares de necessidades imaginárias que afligem continuamente a alma humana.

Em 1792, a *American Magazine* [Revista americana] apresenta o índio como "alegre, vivaz e corajoso por natureza. Ele aproveita a vida e morre sem arrependimento, pois pensa que renascerá logo". E lemos em 1797 no *South Carolina Weekly Museum* [Semanal Museu Carolina do Sul]: "Como nenhum infortúnio é capaz de afligir o índio, ele deve ser mais feliz do que o homem civilizado".[27]

Duas correntes se unem para afirmar que a América é e será a terra da felicidade. A corrente puritana, por um lado, fortemente tingida de milenarismo, que faz Jonathan Edwards (1703-1758) dizer que "no momento em que Deus está prestes a transformar a terra em paraíso, ele não começa

---

26 Apud Marienstras, *Les mythes fondateurs de la nation américaine*, p.161.
27 Ibid.

seu trabalho onde o crescimento já é importante, mas em um deserto onde nada brota",[28] o que contradiz a imagem da América como terra onde correm o leite e o mel, mas a lógica não é a qualidade maior dos fanáticos. Aliás, Isaías não teria dito que fez "jorrar água no deserto" (43:20)? Em 1771, Timothée Dwight (1757-1821), que tem 14 anos – a profecia não fala da –, anuncia que a América será "a terra da luz e da alegria" que estenderá sobre o mundo "uma paz sem fim". Em 1785, ele associa os *Insurgents* aos soldados hebreus de Josué; eles farão triunfar, como Israel, um império "de paz, de justiça e de liberdade".[29] No mesmo ano, o pastor unitarista inglês Richard Price, mais ponderado, dá uma explicação secular da felicidade americana:

> O estado em que o homem é mais feliz é o estado intermediário entre o primitivo e o refinado, ou entre a selvageria e o luxo. Esse é o estado da sociedade de Connecticut e de algumas outras províncias americanas onde os habitantes são, se estou bem informado, pequenos fazendeiros independentes e cheios de resistência.[30]

Richard Price representa a segunda tradição, a da análise socioeconômica que dá à felicidade americana bases geográficas e científicas, sempre mescladas de elementos políticos reminiscentes da idade de ouro: "Vejam, ingleses, a idade de ferro passou, uma idade de ouro se erguerá e dará ao mundo felicidade, liberdade e sabedoria",[31] proclama, ainda em 1785, um panfleto anônimo sob o pseudônimo revelador de Celadon;[32] *The Golden Age*. A atmosfera pastoral domina também as *Letters from an American Farmer* [Cartas de um fazendeiro americano], que Michel de Crèvecoeur publica em Londres em 1782; a natureza benevolente, o bom selvagem testemunha da humanidade de antes da queda, garantem à América a marca registrada de Jardim do Éden, protegido da depravação europeia por seu isolamento entre dois imensos oceanos. O próprio Jefferson, em suas *Notes sur la Virginie* [Notas sobre a Virgínia], sintetiza essas correntes evocando a riqueza paradisíaca da fauna e da flora, sobre uma terra "felizmente separada pela

---

28 Edwards, *Works*, t.IV, p.356.
29 Apud Delumeau, *Mille ans de bonheur*, op. cit., p.287.
30 Price, *Observations on the importance of the American Revolution*, 1795, apud Marienstras, op. cit., p.79.
31 Ibid., p.80.
32 Personagem do monumental romance pastoral *Astrea e Celadon*, de Honoré d'Urfé, escrito no início do século XVII, e passado na Gália dos druidas. A pastora Astrea e o pastor Celadon vivem uma série de intrigas e peripécias antes de finalmente se unirem. (N. T.)

natureza e por um vasto oceano da destruição exterminadora que um quarto do globo sofre". Ali, uma nação de cidadãos-camponeses, "que trabalham a terra, são o povo eleito de Deus. [...] É o lar no qual Ele conserva o fogo sagrado que, de outro modo, poderia desaparecer da superfície da terra".[33] Para John Adams, os Estados Unidos são obra da Providência, que garante a seus habitantes "a ciência, a virtude, a liberdade, a felicidade e a glória".[34]

O americano é um homem novo, regenerado, feliz; todos os estrangeiros vão para lá buscar a felicidade, principalmente esses pobres europeus tiranizados, escreve Michel de Crèvecoeur em *What is an American?* [O que é um americano?] "O americano é um homem novo que age seguindo novos princípios; ele deve então manter pensamentos novos e formar novas opiniões."[35] Ele deve também levar a felicidade aos outros, "a felicidade da humanidade, em outros tempos e em outras partes do mundo", escreve Noah Webster em 1798.

A felicidade americana é também o que comemora o primeiro grande poeta daquele país, Philip Freneau que, no *Jersey Chronicle* de 18 de julho de 1795, publica um poema, *Tomo Cheeki*, que celebra esse paraíso povoado de tranquilos e felizes índios. A América,

> *Nova Jerusalém enviada a este mundo pela Providência*
> *Fará a beleza e a felicidade de nossa terra...*
> *... o paraíso de novo florescerá,*
> *Nenhum novo Adão o perderá,*
> *Nenhuma árvore perigosa ali apresentará um fruto mortal.*[36]

Em *The pictures of Columbus* [Os quadros de Colombo], o poeta imagina Cristóvão Colombo que descobre o Éden e exclama:

> *Doces quadros silvestres de inocência e de ventura,*
> *Como as estações aqui são calmas e alegres!...*
> *Todos, todos são livres! Aqui reinam Deus e a Natureza;*
> *A mão do homem não conspurcou sua obra.*
> *Terra feliz, onde não há "cidade orgulhosa, alta torre"!*[37]

---

33 Ibid., p.82.
34 Adams, *Diary*, I, p.282.
35 Apud Marienstras, op. cit., p.102.
36 Freneau, *The Rising Glory of America*, apud Marienstras, op. cit., p.86.
37 Ibid., p.84.

Benjamin Franklin é bem menos lírico, mas igualmente persuadido de que a América está trilhando *The Path to Riches and Happiness* [O caminho das riquezas e da felicidade], como proclama o título de um pequeno panfleto póstumo publicado em Dublin em 1800. Franklin é um homem feliz, e convencido de que todo mundo pode sê-lo: "Podemos todos ser felizes", escreve; aliás, o milagre de Caná "é a prova viva de que Deus nos ama e quer que sejamos felizes".[38] Mas o que é ser feliz? "Ter um espírito são, um corpo são, um nível de vida aceitável, o favor divino e o amor dos homens", o que ainda assim é muito. Nenhuma necessidade de ser rico: "Não é a grande fortuna, rara, que propicia a felicidade humana, mas os pequenos prazeres cotidianos". Aliás, "quem é rico"? "Aquele que está satisfeito", e principalmente aquele que é virtuoso e bom crente: Deus enriquece seus fiéis, é até por isso que a nota verde diz "Em Deus nós acreditamos" (*In God we trust*). É por isso também que a América é a terra mais propícia à felicidade.

1776: A BUSCA DA FELICIDADE TORNA-SE UM DIREITO INALIENÁVEL

É em um clima carregado dessa certeza que a Declaração de Independência dos Estados Unidos é elaborada, contendo a frase que fez correr rios de tinta:

> Tomamos como evidentes por si estas verdades: todos os homens foram criados iguais; eles foram dotados por seu Criador de direitos inalienáveis; entre estes estão a vida, a liberdade e a busca da felicidade.

Aplausos unânimes: a felicidade se torna um direito inalienável; é inclusive uma "evidência" que ninguém sonharia contestar. Quando Thomas Jefferson apresentou seu texto, cada termo foi esquadrinhado e avaliado; modificações, precisões, supressões foram feitas pelo grupo dos "pais fundadores", mas diante da expressão "busca da felicidade" ninguém se furtou, todos os documentos o provam.[39]

Se o texto dissesse "direito à felicidade", compreenderíamos o entusiasmo. Mas "direito à *busca* da felicidade"! Não é absurdo transformar em

---
[38] Franklin, *Autobiography and Other Writings*, p.163-5.
[39] Eckardt, *The Pursuit of Happiness in the Democratic Creed: an Analysis of Political Ethics*.

"direito" um estado que na verdade é universal? Todo mundo *busca* a felicidade! Repetimos isso há séculos, e esperamos que um punhado de americanos legitimem essa procura. É como se concedêssemos a cada um o direito de buscar a saúde, ou a riqueza. Mesmo nos Estados mais totalitários, cada um tem o direito de buscar a felicidade; quanto a encontrá-la, já é outra história. Então, o que quiseram dizer Jefferson e seus companheiros? Pois, afinal, eles não são estúpidos a ponto de misturar direito e fato. Inúmeros especialistas pensam então que a expressão utilizada é uma cortina de fumaça destinada a dissimular algo menos exaltante, o direito à propriedade, seguindo assim a lista dos direitos fundamentais de Locke. Explicação pouco convincente: os americanos jamais tiveram vergonha da propriedade privada, que é afirmada como direito fundamental nas constituições da Virgínia (1776), da Pensilvânia (1776), de Massachusetts (1780), de New Hampshire (1784). A da Virgínia, por exemplo, obra de George Mason, amigo de Jefferson, a quem ele mostrou seu texto, é bem explícita: ela declara que "a vida, a liberdade, os meios de adquirir e possuir uma propriedade, a busca *e a obtenção* da felicidade e da segurança" são direitos fundamentais inalienáveis.

Então, por que essa expressão geral, banal, evidente de Jefferson? Questionado alguns anos depois sobre o assunto, ele dá uma resposta que é uma obra-prima da embromação:

> A intenção era exprimir o espírito americano, e dar a essa expressão o tom e o espírito que convêm à situação. Toda sua autoridade se baseia, portanto, na harmonização dos sentimentos do dia, quer eles se exprimam na conversação, nas cartas, nos ensaios, ou nos livros fundamentais de direito público, como os de Aristóteles, de Locke, de Sidney etc.[40]

É evidente que ele não quer responder. Alguns pensam então que a explicação está na palavra "busca" (*pursuit*), empregada no lugar de "procura", e que significa na época, segundo o *Dictionnaire* de Johnson, a ação de seguir, de ir no encalço, com uma intenção hostil, e sem verdadeira esperança de sucesso. "A busca da felicidade" teria então uma conotação religiosa, coerente com a alusão ao Criador. Busca infernal se jamais existisse: seria o direito de procurar o bem supremo, a felicidade eterna.

É essa imagem piedosa que queria impor a corrente puritana, tão poderosa nos Estados Unidos, onde Deus está presente em todos os atos da

---

40 *The Basic Writings of Thomas Jefferson*, p.802.

vida pública. Para todos os conservadores, a Declaração de Independência seria assim uma espécie de evangelho redigido por um cenáculo de piedosos personagens que só pensavam, ao falar de felicidade, naquela que nos valeria uma vida cristã. Aí está uma falsificação flagrante, pois em matéria de santinhos, os "pais fundadores" (*Founding Fathers*) são um grupo de deístas, agnósticos, céticos, ateus e livres-pensadores. A imagem oficial de Jefferson e seus companheiros é pura invenção dos meios puritanos, evangélicos e outros. Thomas Jefferson é provavelmente ateu, como mostra sua biografia.[41] Ele afirma em particular que "o cristianismo é o sistema mais perverso que jamais brilhou sobre a humanidade", e aconselha seu amigo Robert Carr: "Ponha em dúvida com audácia a própria existência de Deus, pois se existe um, ele deve aprovar bem mais o uso da razão do que o temor cego". Benjamin Franklin pensa, por sua vez, que "os faróis são mais úteis do que as igrejas"; James Madison traça o balanço do cristianismo: "Por toda parte orgulho e indolência do clero, ignorância e servilismo dos leigos e, em todos, superstições, carolice e perseguição". John Adams escreve que o cristianismo é "a religião mais sangrenta que jamais existiu". Os americanos não gostam que essas verdades iconoclastas lhes sejam lembradas. E, no entanto, é aí que reside sem dúvida a explicação desse direito "à busca da felicidade" de que tanto se orgulham. Por essa expressão, Jefferson quer significar o direito à busca dos prazeres, o direito de aproveitar da vida. Em uma carta de 1819, ele se define aliás como "epicurista". Lascivo, libertino, apreciador de bons vinhos e de belas mulheres, ele pensa, como Hutcheson e o suíço Burlamaqui, em quem se inspira bastante, que a felicidade terrestre individual contribui para a geral.[42] É para não chocar a opinião tradicional de um povo profundamente religioso que ele emprega essa expressão vaga e banal de "busca da felicidade". Como bem destacou recentemente um historiador americano da felicidade,

> nessas condições, é absolutamente legítimo falar, se não de uma cobertura, ao menos do que um contemporâneo descrevia como "artifício", e um outro, mais audaciosamente, como uma "enganação".[43]

Os dois contemporâneos são David Hume e Adam Smith.

---

41 Hitchens, *Thomas Jefferson: Author of America*.
42 Wills, *Inventing America: Jefferson's Declaration of Independence*; White, *The Philosophy of American Revolution*.
43 McMahon, *Happiness. A History*, p.327.

A FELICIDADE NA ORDEM DO DIA DA REVOLUÇÃO FRANCESA

Na Europa, também queremos a felicidade. Mas não queremos apenas buscá-la, e sim obtê-la, e queremos a verdadeira felicidade, a terrestre. A diferença essencial com os Estados Unidos nesse domínio é que aqui consideramos que a religião é um obstáculo à vida feliz na terra, ao passo que, na América, felicidade terrestre e mentalidade religiosa estão associadas. É que, desse lado do Atlântico, a Igreja Católica está ligada há séculos a um poder político autoritário e a uma organização social de desigualdade, duplo obstáculo à felicidade geral, como os filósofos repetem há sessenta anos. Associamos portanto a luta contra a Igreja ao combate pela felicidade, assim como sugerem inúmeros livretos do fim do Antigo Regime. Em 1770, o do marquês de Puységur chama-se *Du droit du souverain sur les biens-fonds du clergé et des moines et de l'usage qu'il peut faire de ces biens pour le bonheur* [Do direito do soberano sobre os fundos do clero e dos monges e do uso que ele pode fazer desses bens para a felicidade].

Essa aspiração a uma vida feliz pelas reformas políticas, econômicas e sociais é expressa pelos *cahiers de doléances* [cadernos de queixas] de 1789. Mencionam a felicidade 20,8% das comunidades rurais, ou seja, 215 cadernos, sobretudo no Sudoeste, no Centro e na Champagne, poucos na Bretanha, o que confirmaria que a atração pela felicidade terrestre é mais marcada nas regiões descristianizadas.[44] Outra correlação: a felicidade é mencionada somente nos cadernos redigidos pelos notáveis, leitores dos filósofos; para o povo comum, isso continua uma questão abstrata.

Em 44% dos casos, o rei é considerado a fonte de felicidade. Em sua carta de 24 de janeiro de 1789, Luís XVI desejava, aliás, estabelecer "uma ordem constante em todas as partes do governo que interessam à felicidade de seus súditos e à prosperidade de seu reino". Ele é levado a sério:

> *Sire*, a felicidade que deve ser resultado de toda sociedade bem combinada, a ventura que cada indivíduo tem o direito de esperar, na sociedade, do império das leis, *Sire*, essa felicidade que é a base de nossas esperanças, de nossos suspiros, de nosso suor, fugiu de nós [segue uma lista de calamidades]. Como, nesse estado de opressão, provar a felicidade? A felicidade pela qual suspiramos não consiste em viver na independência, no fausto, no luxo, no desejo de acumular riquezas para viver na ostentação e na prodigalidade e nos fartar de paixões desmesuradas! Não, *Sire*, nós não fazemos consistir nossa felicidade

---

44 Grateau, *Les cahiers de doléances: une relecture culturelle*.

senão em ter em nossa propriedade e, para nossa subsistência, um pouco de pão regado com nossas lágrimas e nosso suor; mas há muito tempo não gozamos mais dessa felicidade..."[45]

O texto foi redigido pelos notáveis de Montat, no Lot. A felicidade está em medidas concretas: fim das corveias, dos pombais, redução das taxas. "A felicidade é frustrada por uma porção de abusos" (caderno de Lillemer, Ille-et-Vilaine); ela será alcançada por uma ação coletiva, pelo esquecimento dos egoísmos e pelo fim dos privilégios: "Ninguém pode estabelecer sua felicidade pessoal sobre a infelicidade pública" (caderno de Suresnes), e o *Avis des bons Normands à leurs frères* [Conselho dos bons normandos a seus irmãos] proclama: "A felicidade é possível em uma nação unida, onde cada um esquece seu próprio interesse para sonhar com o interesse geral".

Em 34% dos casos, confiava-se nos estados gerais para instaurar uma felicidade comum e solidária. O caderno de Saint-Méloir-des-Ondes, em Ille-et-Villaine, faz alusão à "prosperidade do Estado, à união e à paz que, levadas pelos estados gerais, tornarão para sempre o reino florescente e farão a felicidade do povo francês".[46] Queremos acreditar nisso: a idade de ouro vai voltar, "o tempo feliz finalmente chegou" (Néfiac, Pireneus Orientais); temos a "agradável perspectiva de um futuro feliz" (Catus, Lot); "esperamos dias felizes" (Boult-sur-Suippe, Marne); o imaginário dos "felizes tempos passados" volta espontaneamente.

Um século de discussões sobre a felicidade conseguiu então persuadir os franceses de que a vida feliz é possível na terra, e essa convicção tornou-se, em 1789, uma poderosa alavanca revolucionária. Como sempre, não são os mais miseráveis os que mais exigem; é preciso ter atingido certo grau de consciência política e de conforto material para exigir a felicidade. A França está madura para ser feliz. O abade Trublet notava já que os franceses tinham um dom natural para a felicidade: "Os franceses são o povo mais adequado para a felicidade, porque é o mais alegre e o mais sociável". A etapa seguinte consiste em proclamar oficialmente que a felicidade é um direito natural.

Isso é discutido durante uma semana, de 20 a 26 de agosto de 1789, pelas comissões encarregadas de preparar o texto da *Declaração dos direitos do homem e do cidadão*. São apresentados e discutidos 27 projetos. A maior parte contém referências à felicidade, mas de modo bastante nuançado.

---

45   Ibid., p.161.
46   Ibid., p.158.

Raros são aqueles que, como Arnaud Gouges-Cartou, deputado do terceiro estado do Quercy, propõem inscrever que

> cada homem herda da natureza o direito de zelar por sua conservação e o de ser feliz. Para garantir sua conservação e sua felicidade, ela lhe deu uma vontade e qualidades físicas e morais.[47]

A maioria dos projetos é mais prudente: "Cada homem recebe da natureza o direito de zelar por sua conservação e o desejo de ser feliz",[48] o que não compromete em nada, não mais do que a proposição de Jean-Paul Rabaut Saint-Étienne, deputado do terceiro estado de Nîmes: "Todo homem tem o direito de existir, de conservar sua existência, e de torná-la tão feliz quanto possível".[49] Jean-Joseph Terme, deputado do terceiro de Agen, contenta-se em dizer que "a natureza coloca a existência do homem sob a proteção do prazer e da dor",[50] e Jean-Baptiste Crénière, deputado do terceiro de Vendôme, afirma que o primeiro desejo do povo é "o bem-estar",[51] o que é também a proposição de Sieyès: "O bem-estar é o objetivo do homem. O objeto de união social é a felicidade dos associados".[52] Pétion de Villeneuve, deputado de Chartres, sugere que se escreva: "O objetivo de toda associação deve ser proporcionar aos indivíduos que a compõem a maior quantidade de felicidade, liberdade e segurança",[53] e o marquês de Sillery, deputado da nobreza de Reims: "Os habitantes dos campos [...] são dentre todos os cidadãos aqueles cuja felicidade nos é particularmente confiada".[54] Charles-François Bouche, deputado do terceiro de Aix, propõe: "Procurar apoios, fazer felizes os outros, não os prejudicar jamais em suas propriedades, suas pessoas e sua liberdade foi o vínculo dessas sociedades".[55] Para Jean-Joseph Mounier, deputado do terceiro do Dauphiné, "todos os homens têm uma tendência invencível para a busca da felicidade; [...] todo governo deve portanto ter por objetivo a ventura pública"; seu artigo IV começa por:

---

47 Les déclarations des droits de l'homme de 1789, textos reunidos e apresentados por C. Fauré, p.206.
48 Ibid., projeto discutido pelo 6º bureau, p.231.
49 Ibid., p.256.
50 Ibid., p.53.
51 Ibid., p.128.
52 Ibid., p.94.
53 Ibid., p.89.
54 Ibid., p.184.
55 Ibid., p.192.

"Os homens, para serem felizes, [...]", e seu artigo IX: "O governo, para proporcionar a felicidade geral [...]".[56]

Jean-Louis Seconds, deputado do terceiro de Rodez, enviou à comissão um ensaio sobre os direitos do homem, no qual a ideia de felicidade está onipresente como objetivo a perseguir:

> Uma voz se fez ouvir do alto do trono que convida todos os franceses [...] a formular votos por sua felicidade. [...] Esse povo é o primeiro, o mais esclarecido do universo, e sua regeneração não apenas deve decidir sobre sua felicidade, mas pode ainda influenciar a da espécie humana. O grande meio de governar os homens e torná-los felizes. A felicidade do homem considera tantas coisas que os princípios dessa arte consideram tudo. [...] É preciso preparar de longe a ventura do gênero humano. [...] É nessa fonte [a natureza] que se deve ir buscar para tornar os homens felizes. [...] O maior meio de tornar os homens felizes é portanto a liberdade da imprensa. [...] Esses são os princípios que acreditamos dever estabelecer para a felicidade dos povos e dos reis.[57]

É preciso distinguir os gozos físicos, que são exclusivos e egoístas, diz ainda, e os prazeres morais, altruístas, que é preciso favorecer.

O receio de ver a busca da felicidade pessoal superar a da felicidade coletiva está expresso em vários projetos que expressam sensibilidades as mais opostas. É assim que o patriota Marat encontra o aristocrático André-Louis-Esprit, conde de Sinety, deputado da nobreza de Marselha. Para o Amigo do povo,

> cada homem traz ao mundo, ao nascer, necessidades, a faculdade de prover, a de se reproduzir, o desejo constante de ser feliz, e um amor sem limites por si mesmo: sentimento imperial, ao qual está ligada a conservação do gênero humano; mas também fonte fecunda das querelas, dos combates, da violência, das humilhações, dos assassinatos, resumindo, de todas as desordens que parecem perturbar a ordem da natureza, e que perturbam, de fato, a ordem da sociedade. [...] Assim, o objetivo legítimo de qualquer associação política é a felicidade de seus membros. Mas como cada um poderia levar suas pretensões longe demais, cabe à sociedade regular seus direitos respectivos.[58]

---

56 Ibid., p.109-10.
57 Ibid., p.60-80
58 Ibid., p.274-6.

Para o conde de Sinety, a única maneira de resolver os conflitos entre felicidade privada e coletiva é "reunir na Declaração dos direitos do homem a dos deveres do cidadão". Se dermos apenas direitos, será impossível segurar o povo.

> De fato, a inclinação natural do homem ao egoísmo dirige-o sempre ao seu bem-estar e à sua vantagem pessoal, sem considerar suas relações com seus semelhantes. A felicidade de seus concidadãos e o bem da sociedade são realmente apenas motivos secundários, ignorados pela classe mais numerosa, e pouco sentidos pelos homens que precisam de mais instrução. É preciso ser dotado das virtudes patrióticas para ser impregnado pelos princípios do bem público e por sentimentos que podem determinar sacrifícios individuais úteis para a felicidade da sociedade.

É preciso, portanto, "que uma justa reciprocidade de necessidades e de socorro limite, para a felicidade de todos, os direitos do homem". Em consequência, ele propõe a seguinte formulação para o primeiro artigo:

> Direitos do homem: cada homem recebe da natureza o direito de cuidar de sua conservação, e o desejo de ser feliz. Deveres do cidadão: a verdadeira felicidade do homem só pode existir pelo conhecimento íntimo do Ser supremo, que o criou, o protege, esclarece, consola e lhe garante a recompensa de suas virtudes.[59]

A impressão geral que advém desses debates é a timidez, e mesmo a apatia dos participantes em relação à ideia de felicidade. Digamos antes o embaraço diante desse termo que faz a unanimidade quando brandido como uma abstração, mas que se torna ameaçador quando tentamos dar-lhe um conteúdo concreto. Nessas condições, ninguém propõe fazer dela um direito natural: é um "desejo", uma "inclinação", uma "vontade", não um direito. Torná-la um direito natural seria encorajar cada um a exigir a satisfação de seus desejos pessoais, em detrimento dos outros, isto é, correr o risco do caos. Todos têm o direito de buscar a felicidade, e o Estado tem o dever de zelar para que cada um possa ser o mais feliz possível, no limite dos direitos dos outros. É aqui que começam as dificuldades.

Assim o texto final é bastante decepcionante. O preâmbulo da Declaração dos direitos, adotada em 26 de agosto de 1789, contenta-se em dizer

---

59 Ibid., p.175-8.

que o objetivo do texto é garantir "que as reclamações dos cidadãos [...] voltem-se sempre para a manutenção da Constituição e a felicidade de todos". É a única menção da felicidade, que não faz parte dos "direitos naturais e imprescritíveis do homem", enumerados no artigo I: "Esses direitos são a liberdade, a propriedade, a segurança e a resistência à opressão".

"É PARA SEREM FELIZES QUE OS *SANS-CULOTTES* FIZERAM A REVOLUÇÃO" (HÉBERT)

Isso não satisfaria os *sans-culottes* e seus representantes jacobinos, que exigem uma felicidade real, concreta e imediata: afinal, "é para serem felizes que os *sans-culottes* fizeram a Revolução", escreve Hébert no nº 263 do *Père Duchesne*. Caramba! "Irmãos, juremos no primeiro templo do Império, sob esse vasto dossel de estandartes consagrados à religião pela liberdade, juremos que seremos felizes", grita Claude Fauchet diante da catedral de Notre-Dame em Paris. A felicidade ou a morte! Em 1793-1794, as petições afluem à Convenção, exigindo "igualdade de proventos" e o fim dos "intervalos [desigualdades] de felicidade"; em 25 de junho de 1793, Jacques Roux, o pároco enfurecido, redige uma petição nesse sentido para a seção dos Gravilliers; em 20 de agosto, Félix Lepeletier pede, na tribuna da Convenção, que se faça "desaparecer a desigualdade das fruições [...] para que uma existência feliz seja garantida a todos os franceses"; em 16 de novembro, a comissão temporária de vigilância republicana da Commune-Afranchie (Lyon) redige uma Instrução declarando que

> teria sido uma ironia ofensiva para a humanidade reivindicar sem cessar o nome da igualdade, quando intervalos imensos de felicidade tivessem sempre separado o homem do homem, e víssemos sufocada sob as distinções da opulência e da pobreza, da ventura e da miséria, da opulência e da pobreza, a Declaração dos direitos que não reconhece outras distinções senão as dos talentos e das virtudes.

O texto, que reclama o estabelecimento de um máximo das fortunas, deplora que a felicidade seja ainda tão mal compartilhada: "Se uma igualdade perfeita de felicidade fosse infelizmente impossível entre os homens, era no mínimo possível aproximar mais os intervalos".

Na mesma época (novembro de 1793), o representante em missão Joseph-Marie Lequinio, em uma igreja de Rochefort, proclama para uma plateia de jacobinos:

Irmãos e amigos, vou falar hoje de algo que os interessa a todos, um objeto ao qual aspirais e que desejais, e para o qual direcionam todas as suas ações. O que querem vocês todos? O que queremos nós todos? O que buscamos desde o momento em que somos capazes de desejar até o momento em que o sangue esfria em nossas veias e que nossas necessidades são enfraquecidas? Todos, em uma palavra, quem quer que sejamos, grandes ou pequenos, fortes ou fracos, jovens ou velhos, todos nós sonhamos com a felicidade. Examinemos, portanto, se há meios que nos permitam alcançar esse objetivo, e estudemos o que eles podem ser.[60]

O que queremos, prossegue ele, é uma felicidade "verdadeira e absoluta", aqui e agora. Não é retornando ao "estado selvagem" que alcançaremos essa felicidade; tampouco nos prazeres, nos "gozos pessoais"; o homem de prazeres termina sua vida "tendo imaginado sempre que seria feliz, quando na realidade conheceu apenas uma tumultuada sucessão de prazeres e aversões, de desejos e remorsos". Primeiro, é preciso pôr fim à desigualdade das riquezas, e em seguida é preciso efetuar uma "revolução moral" nos "corações e nos espíritos" do povo. "Onde devemos procurar a felicidade? Onde, cidadãos? Em nós mesmos, no fundo de nosso coração, na abnegação, no trabalho, no amor pelos outros". Pelo trabalho, nós nos tornamos úteis, independentes e ganhamos a estima de todos. O homem virtuoso "vive inteiramente para a felicidade dos outros, e encontra sua ventura na ventura pública". Aqui estão proposições que poderiam muito bem ter sido defendidas por um vigário.

Robespierre está geralmente convencido disso: a felicidade é o objetivo, e o meio é a virtude, que encontra sua fonte no "amor sagrado da pátria": "Ocupem-se apenas da felicidade de um grande povo, e da felicidade da humanidade", declara em 25 de setembro de 1792. E, em 10 de maio de 1793, ele expõe à Convenção a meta final de sua política: felicidade e liberdade para todos:

> O homem nasceu para a felicidade e para a liberdade, e por toda parte é escravo e infeliz! A sociedade tem por fim a conservação de seus direitos e a perfeição de seu ser; e por toda parte a sociedade o degrada e oprime! É chegado o tempo de chamá-lo a seu verdadeiro destino: os progressos da razão humana prepararam esta grande revolução e é a vocês que está especialmente

---

60 Arquivos nacionais, F17 A 1003, plaq.3, n.1263, "Du bonheur", por Lequinio.

imposto o dever de acelerar. [...] Os reis e os aristocratas fizeram muito bem o serviço deles: cabe a vocês agora fazer o seu, isto é, fazer os homens felizes e livres pelas leis.[61]

Outro entusiasta da felicidade: Saint-Just, que, em seu relatório de 13 ventoso do ano I (3 de março de 1794), lança sua famosa proclamação: "A felicidade é uma ideia nova na Europa". Dois dias depois, em outro relatório, ele detalha o que entende por felicidade:

> Nós oferecemos a felicidade de Esparta e a de Atenas em seus belos dias; nós oferecemos a felicidade da virtude, a do conforto e a da mediocridade; oferecemos a felicidade que nasce do gozo do necessário sem superfluidade; oferecemos a felicidade do ódio aos tiranos, das delícias de uma cabana e de um campo lavrado por suas mãos. Oferecemos ao povo a felicidade da tranquilidade e da liberdade.[62]

É, portanto, a panóplia completa do homem feliz que Saint-Just oferece: a felicidade pela ação, o trabalho, o repouso, o conforto médio, a liberdade e a igualdade.

Ele volta com frequência a este último ponto: "Não deve haver ricos nem pobres! [...] a opulência é uma infâmia!". Um país feliz é um país de pequenos proprietários; o nível de riqueza deve ser estritamente limitado:

> Que a Europa aprenda que vocês não querem mais um infeliz ou um opressor sobre o território francês; que esse exemplo dê frutos sobre a terra, que propague o amor das virtudes e a felicidade,

lançara em seu famoso relatório de 13 ventoso. A liberdade é igualmente essencial; ela está ligada ao amor pela pátria: "Um povo que não é feliz não tem pátria. [...] vocês podem dar [ao povo francês] uma pátria [ligando], estreitamente felicidade e liberdade". A felicidade segundo Saint-Just é evidentemente uma visão do espírito; ela mistura tantos elementos contraditórios que só um povo extremamente virtuoso poderia atingir esse ideal. Os chefes jacobinos têm bastante consciência disso, e é por esse motivo que tanto insistem na virtude; a felicidade que oferecem está, na verdade,

---

61 Robespierre, *Textes choisis*, discurso de 10 maio 1793.
62 Saint-Just, *Oeuvres complètes*, "Rapport au Comité de Salut Public sur les factions de l'étranger", 23 ventoso ano II, p.729-30.

inteiramente baseada na abnegação, na autolimitação das necessidades. Uma sociedade de pequenos proprietários só pode tolerar uma falsa liberdade, que nada mais é senão a interiorização das restrições.

Na realidade, isso necessita de uma verdadeira revolução cultural, a modelagem de um homem novo, de um novo Adão que terá recuperado sua inocência. Alguns acreditam nisso, anunciam até que vai haver uma regeneração física: as enfermeiras desaparecerão, o homem será mais vigoroso, "resumindo, uma raça nova, enérgica e frugal" aparecerá.[63] Basta desejá-lo em toda liberdade: "Ela já não teria feito bastante milagres para que abandonemos a seu gênio o cuidado de instruir os homens e torná-los felizes?", pergunta Thibaudeau em um discurso para a Convenção. Será assim a tarefa da educação, de que se encarregam os representantes em missão. Assim, Claude Guérin, "missionário patriótico" em Auray, envia guardas nacionais às paróquias refratárias para reeducar o povo e contribuir, diz ele com a "felicidade geral". Assim que os liceus forem criados, atribuiremos a eles a missão de inculcar "os princípios e as lições de civismo que influenciarão a felicidade e a tranquilidade de sua terra natal, e que, por contragolpe, contribuirão para a felicidade e a tranquilidade de toda a República".[64] Não se constrói o novo com o antigo, não se pode fazer um mundo feliz com homens que apenas conseguiram, durante séculos, fazê-lo infeliz. É preciso mudar e regenerar o homem. Os chefes *montagnards* sentem-no, dizem-no, mas não têm os meios de fazê-lo.

A felicidade está em toda parte na pauta, mas continua a ser uma palavra, uma ideia, um símbolo, como o Ser supremo dos deístas ou o deposto Deus dos cristãos, celebrado por toda parte, e não encontrado em parte nenhuma: o decreto de 7 de maio de 1794 decide criar a "festa da felicidade", que marcará as *sans-culottides* do novo calendário. O abade Grégoire propõe criar a partir da Praça da Revolução (Concórdia) uma grande avenida que leva à Praça da Felicidade (Étoile) pelos Champs-Elysées.[65] O arquiteto Pochet, que realizara os planos de um templo da Felicidade para Catarina I, oferece ao Ministério do Interior construir um em Paris; nem lhe respondem: há necessidade de todo dinheiro disponível para a guerra; a felicidade pode esperar.

---

63 Ozouf, *L'Homme régénéré. Essais sur la Révolution Française*, p.129.
64 Lycée de Lille, 1802. Apud Trénard, "Pour une histoire sociale de l'idée du bonheur au XVIIIème siècle", *Annales historiques de la Révolution Française*, n.171, jan.-mar. 1963, p.309 e 428.
65 Baczko, "From the Place de la Révolution to the Place du Bonheur: the imaginary Paris of the Revolution", em *Utopian Lights: the Evolution of the Idea of Social Progress*, p.280-365.

Em 24 de junho de 1793 é adotada uma nova *Declaração dos direitos do homem e do cidadão*. Muito mais ambiciosa do que a de 1789, ela revela a que ponto os jacobinos, discípulos de Rousseau, são obcecados pela ideia de felicidade. "A fim de que o povo tenha sempre diante dos olhos as bases de sua liberdade e de sua felicidade", diz o preâmbulo, proclamamos que: "Artigo 1: A meta da sociedade é a felicidade comum". A felicidade, que nem mesmo era reconhecida como direito natural em 1789, torna-se a prioridade da organização social. Mas se trata realmente da "felicidade comum", expressão que provocou muitos comentários e controvérsias. Sobretudo porque vem de Gracchus Babeuf, que, em *Le tribun du peuple*, já havia enunciado palavra por palavra o Artigo 1 da Declaração. Ora, para ele, a felicidade comum só pode ser garantida pela comunhão dos bens, o comunismo. Aí está a "santa, primeira, eterna e incontestável máxima social das nações", dizia, no *Manifesto dos plebeus*. Seu comunismo conserva aspectos das antigas utopias, com seu antiurbanismo, seu espírito de frugalidade. É a única maneira, garante, de instaurar a real igualdade e a felicidade: não haverá nem mesmo necessidade de colocar fechaduras nas portas.

Uma felicidade sem fechaduras e sem chaves: não é nada disso que vislumbram os jacobinos, para quem a vida feliz é a do pequeno proprietário independente; nem, com maior razão, os burgueses termidorianos, novos--ricos cuja felicidade é inseparável do cofre forte. E, como os termidorianos tomam o poder em 1794, a expressão "felicidade comum" é imediatamente banida. A felicidade não se compartilha. É um privilégio, não um direito. O termo desaparece, portanto, da nova Declaração dos direitos e dos deveres do homem e do cidadão de 5 frutidor do ano III (22 da agosto de 1795). Ele não reaparecerá jamais. A felicidade não está mais na pauta do dia.

O novo senhor, Bonaparte, sabe-o bem. Filho de seu século, ele também refletiu sobre a questão, desde o início de sua carreira, e a recolocou entre os problemas insolúveis. Em 1791, aos 25 anos, participa de um concurso literário organizado pela Academia de Lyon, cujo tema é: "Quais são as verdades e os sentimentos mais importantes para conduzir os homens à felicidade?". A dissertação do rapaz está marcada por uma melancolia difusa que não se esperaria do futuro imperador. O sentimento dominante, ou antes o pressentimento, é que, ao contrário da ideia difundida na época, o homem não é feito para a felicidade. Há um pouco de Pascal em Bonaparte, quando escreve:

> Quando [um homem] se pergunta: "Por que fui criado?", então creio que ele é o mais infeliz dos homens [...] Como esse coração vazio pode continuar a

existir? Como pode viver sua vida animal com as faculdades morais próprias à nossa natureza? Ele seria feliz se não possuísse essas faculdades! Esse homem afunda no desespero por nada. O menor revés parece-lhe uma calamidade intolerável. [...] No vazio da solidão, uma paixão interna não lhe diz: "Não, eu não sou feliz"?[66]

Se o jovem Bonaparte é tentado pelo suicídio – quem nunca o foi, de perto ou de longe? –, ele rapidamente encontrou não a resposta ao problema insolúvel da felicidade, mas a escapatória: a ação que lhe permite se afastar do mais terrível inimigo da felicidade, o tédio: "Quando o tédio toma posse do coração do homem, a tristeza, o negro melancólico e o desespero se seguirão. Se esse estado persiste, ele se matará".[67] Apanhado no turbilhão da Revolução, e depois no de sua própria ambição, Napoleão não terá tempo para se aborrecer, mas sempre terá consciência de perseguir uma felicidade impossível, para ele como para os outros: "[...] Eu queria fazer a França feliz, não consegui. Os acontecimentos estavam contra mim", diz ao abdicar. Ele sabe que é falso. Pouco importam os acontecimentos; a felicidade é aquilo para o qual o homem tende irresistivelmente, ao mesmo tempo que está persuadido de que não a atingirá jamais. Essa tomada de consciência anuncia o romantismo, de que Napoleão é um precursor.

DA FELICIDADE PENSADA À FELICIDADE POR CONSTRUIR

Nenhum século refletiu tanto sobre a ideia de felicidade terrestre como o século XVIII. Procuraram-se todas as definições, exploraram-se todos os caminhos suscetíveis de levar a ela: o repouso, a ação, os prazeres, a virtude, a razão, a paixão, a natureza, até mesmo a crueldade e a mediocridade. Pela quantidade de escritos sobre o assunto, podemos falar de obsessão. A única explicação seria o vazio relativo, o desconforto e o mal-estar provocados pelo retraimento religioso. É verdade que a religião não trazia a felicidade, mas ocupava as mentes mantendo-as sob tensão pela grande ameaça do inferno e a grande promessa do paraíso. O relaxamento dessa tensão sob o efeito do deísmo provoca o aumento insidioso do tédio, e portanto da insatisfação. A procura da felicidade terrestre é uma religião substituta, é o sintoma da

---
66 Apud Martin, "Napoléon on Happiness", em Raritan, p.96.
67 Bonaparte, *Discours de Napoléon sur les vérités et les sentiments qu'il importe le plus d'inculquer aux hommes pour leur bonheur*, p.42-3.

angústia de uma sociedade cujas certezas se dissipam e para a qual o sentido da existência está embaçado. Uma sociedade segura de seus valores não busca a felicidade: ela sabe onde encontrar, ou acredita saber, o que dá na mesma. A busca obsessiva da felicidade é um caso de hipocondria espiritual.

De tanto falar no assunto, o século XVIII acabou acreditando que a felicidade existia, que era até mesmo um direito natural inalienável e que, se não era alcançada, a causa tinha de ser a má organização política, econômica e social que só uma revolução poderia derrubar. Fizemos então essa revolução, e ela não trouxe a felicidade. Porque, para uns, a felicidade é a liberdade, e para outros, a igualdade; a ilusão foi acreditar que as duas eram compatíveis, quando na verdade destroem-se mutuamente. Os intelectuais burgueses, que dirigem o movimento, logo perceberam que a felicidade é uma ideia perigosa, suscetível de destruir sua posição dominante. Eles a mencionaram só para constar na Declaração dos direitos do homem de 1789 e a riscaram definitivamente da de 1795. Não, a felicidade não é para todos; não queremos esse deus novo, como também não queríamos o antigo. A tentativa de estabelecer a felicidade gerada por medidas públicas fracassou. A felicidade não depende da esfera pública; como a religião tradicional, é um assunto privado. Que cada um a busque por sua própria conta, mercadores de felicidade não faltam: aos charlatães das ciências ocultas vão justamente se juntar os gurus das ciências humanas e os mascates da sociedade de consumo. E, além disso, para os que ainda acreditam na possibilidade da felicidade coletiva, vejam os profetas das ideologias nascentes, o liberalismo, o socialismo, o nacionalismo.

Quanto aos que não acreditam mais, os êmulos de Sísifo, de Tântalo ou de Narciso vão formar a grande confraria melancólica dos românticos. Para eles, a felicidade é um sonho, como o representaram os pintores do início do século XIX, Pierre-Paul Prud'hon e Constance Mayer-Lamartinière. Mas o futuro não é para os românticos. O século que termina falou muito da felicidade sem encontrar sua fórmula. O que começa é menos especulativo e mais prático: pelas ciências humanas e físicas, pela economia política, quer construir a felicidade – é a melhor maneira de mostrar que ela existe. Mas, para a humanidade, construir a felicidade não é construir uma torre de Babel?

– 8 –

O SÉCULO XIX

A felicidade burguesa, denegrida e cobiçada

No século XIX, a burguesia triunfa na Europa ocidental. É portanto ela que assume a bandeira da felicidade, com meios novos e poderosos: capitais, a revolução científica, técnica, industrial e comercial, o poder político. Segura de si, ela encara o futuro, como Monsieur Bertin, cuja atitude de desafio Ingres captou tão bem.[1] Mas Monsieur Bertin, assim como seus congêneres, não é um intelectual, e sim um homem de negócios. Portanto, apressado. A felicidade é algo sobre o qual ele não tem tempo para pensar, nem falar. A burguesia do século XIX é extremamente discreta sobre a vida feliz. Não é essa sua preocupação. A palavra de ordem é "Enriqueçam!" e não "Sejam felizes!". É claro que ela subentende que o desenvolvimento econômico é a via para uma certa felicidade, mas deixa aos intelectuais a tarefa de teorizar sobre o assunto.

---

1 Retrato realizado pelo pintor Jean-Auguste-Dominique Ingres em 1832, e que representa Louis-François Bertin, diretor do *Journal des Débats*. O quadro inaugura um modo de retratar a burguesia e vai influenciar o trabalho de pintores clássicos e mesmo de alguns modernos. (N. T.)

Ora, os intelectuais são insatisfeitos por natureza, tirando alguns entusiastas. E o que constatam é que a felicidade nem sempre está presente. Então, naturalmente, atribuem a responsabilidade, em parte, à nova classe dirigente. Os teóricos da felicidade, como de costume, vão portanto se guiar para a crítica da ordem em vigor. Também tiram as lições do fracasso do século XVIII e da Revolução Francesa nessa área. Porém os ensinamentos diferem. A jovem geração de poetas, artistas, literatos, decepcionada com o mundo industrial que lhe é preparado, entrincheira-se no desprezo romântico: a felicidade é um assunto de burgueses com o pé no chão. Para os reacionários e os católicos intransigentes, a história recente mostrou que a felicidade não estava absolutamente neste mundo. Para os filósofos, a própria ideia de felicidade torna-se incongruente. Para os utopistas, socialistas em sua maioria, a felicidade só será possível em pequenas comunidades muitíssimo regulamentadas. Para os construtores de ideologias, a felicidade deverá passar por uma revolução, nacional ou proletária. Em suma, o discurso sobre a felicidade é monopólio dos insatisfeitos, seja por não acreditarem de jeito nenhum, seja por a vislumbrarem em um futuro bastante incerto. A felicidade é algo de que se fala sempre como de algo ausente.

No entanto, o século XIX difere de modo considerável dos precedentes pela conscientização de que meios novos, talvez decisivos, estão disponíveis para os homens melhorarem sua sorte. Ele não se resigna, exceto os filósofos e os homens de letras em geral: ele prega a ação. Mesmo os utopistas experimentam suas ideias, criam comunidades "felizes". Os ideólogos participam da ação política. A ciência e a economia fornecem novas armas para promover a felicidade, e muitos acreditam nisso, a ponto de fazerem ressurgir a idade de ouro. Em vez de vê-la distanciar-se na popa do navio, veem-na da proa, que se aproxima, bem à frente.

A IDADE DE OURO, BEM EM FRENTE!

A sentinela, o descobridor, o Cristóvão Colombo da nova idade de ouro é Saint-Simon (1760-1825). Ele escreve em 1814:

> A imaginação dos poetas colocou a idade de ouro no berço da espécie humana, em meio à ignorância e à rusticidade dos tempos primitivos; aquilo era muito mais a idade de ferro. A idade de ouro do gênero humano não ficou

atrás de nós, mas à frente, está na perfeição da ordem social; nossos pais não a viram, nossos filhos conseguirão um dia; cabe a nós traçar-lhes o caminho.²

De que modo? Reorganizando toda a sociedade, em escala planetária. O progresso está em andamento, "mas qual é o mais digno da prudência do homem, arrastar-se ou correr para ele?" Atitude voluntarista: é preciso agir para acelerar a marcha rumo à felicidade. Para tanto, é necessário confiar o poder não aos sábios, que se tornariam um novo clero, "metafísico, astucioso e déspota", mas aos chefes de empresa, aos grandes patrões:

> Na sociedade que está chegando, os condes e os barões da indústria, organizados hierarquicamente segundo os méritos, serão os juízes naturais dos interesses materiais dessa sociedade como os senhores na Idade Média eram os juízes naturais na sociedade militar.

Esses novos senhores do mundo agirão de acordo com as forças espirituais, pois

> os momentos mais felizes para a espécie humana foram aqueles em que os poderes espirituais e os temporais se equilibraram melhor. Tal equilíbrio é sobretudo necessário no caso de uma sociedade política composta de vários povos, tal como a europeia.³

A nova religião será um "novo Cristianismo [que] considera o paraíso terrestre não atrás de nós ou na vida celestial, mas em nossa vida futura e terrestre". Será uma espécie de religião totalmente urbanizada e industrializada. A idade de ouro será uma Europa unida, dirigida pelos grandes capitalistas com a bênção da Igreja. Saint-Simon nos garante.

Edgar Quinet (1803-1875) também vê a idade de ouro despontar bem à frente:

> Outrora, o gênero humano, curvado sobre a gleba, sentia, por intervalos, um sopro passar sobre sua fronte, como o fresco alento dos séculos por vir; ele se divertia em imaginar uma idade de ouro; e depois, no instante seguinte, dizia a si mesmo: é um sonho! Hoje, ao contrário, [...] ele chega a pensar que esse devaneio do céu poderia descer já amanhã à terra.⁴

---

2 Saint-Simon, *De la réorganisation de la société européenne*, em *Oeuvres*, p.248.
3 Id., *Mémoire sur la science de l'homme*, em *Oeuvres choisis*, t.II, p.207.
4 Quinet, *Le Christianisme et la Révolution Française*, 1845.

A idade de ouro chega, proclama Paul Bert (1833-1886), em um discurso de 1882:

> Eis o início do ensinamento da História. O que sairá dele é a ideia de que a idade de ouro não ficou para trás [...] e que está talvez mais à frente. O que se depreenderá é o sentimento do progresso, o respeito e o amor dos que tanto combateram e tanto sofreram para conseguir constituir os primeiros traços de um estado social, e preparar para a sociedade humana esse capital de conhecimentos e de forças de que hoje aproveitamos.[5]

Em 1878, Georges Pellerin anuncia: "a idade de ouro está no caminho de volta". É verdade que ainda está bem longe, pois será n'*O mundo daqui a dois mil anos* que a Sociedade das Nações terá conseguido finalmente eliminar a guerra, que as doenças terão desaparecido e que viveremos cem anos.[6] A idade de ouro? "Nossos filhos a verão certamente, e talvez mesmo nós também, que já somos homens e mulheres feitos, se o merecermos por nossa fé e nossas obras",[7] escreve Edward Bellamy. Em 1849, um artigo da *Scientific American* a vê inclusive no presente, e o poeta americano Whittier a situa "diante de nós, e não atrás".

Os pensadores das mais variadas correntes, em seus momentos de otimismo, exprimiram essa crença, mas não é a mesma idade de ouro que eles vislumbram. Há na verdade pouca coisa em comum entre o saint-simoniano Pierre Leroux (1797-1871), que declara que "o paraíso deve vir à terra", e Ernest Renan (1823-1892), que conjectura que

> um dia a humanidade chegará a tal estado de perfeição intelectual, a uma síntese tão completa, que todos se situem no ponto mais legitimamente obtido pelos tempos anteriores e que todos partam dali em um esforço comum para se lançar rumo ao futuro;[8]

a ciência realizará o milagre.

Félicité de Lamennais (1782-1854) pretende-se visionário assim que anuncia:

> Entrevimos no longínquo das eras a época feliz em que o mundo formará apenas uma mesma cidade regida pela mesma lei, a lei da justiça, da igualdade

---

5 Bert, *Le cléricalisme*, p.121.
6 Pellerin, *Le monde dans deux mille ans*.
7 Bellamy, *Looking Backward, 2000-1887*, p.314
8 Renan, *L'Avenir de la science*, em *Oeuvres complètes*, p.1018.

e da fraternidade, religião futura da raça humana inteira, que saudará no Cristo seu legislador supremo e último.⁹

Também Victor Hugo tem visões:

Oh, o futuro é magnífico!
Jovens franceses, jovens amigos,
Um século puro e pacífico,
Abre-se a seus passos reforçados.

Todo mundo pode se enganar, sobretudo ao predizer a felicidade. É em 1830, em *Os cantos do crepúsculo*, que Hugo escreve esses versos. Ele tem uma recaída em 1859, em *A lenda dos séculos*, quando descreve a humanidade como um navio que vai

Ao porvir divino e puro, à virtude,
À ciência que vemos luzir,
À morte dos flagelos, ao esquecimento generoso,
À abundância, à calma, ao riso, ao homem venturoso!

O grande homem está aqui menos inspirado que o obscuro Albert Quantin, que imagina a idade de ouro para 2001: "A evolução se fará no sentido do progresso e da felicidade". Os homens dessa época feliz, o início do século XXI, vão se apiedar da infelicidade de seus antepassados:

> Eles estremeciam à ideia dos antigos grilhões, e se exaltavam por sua independência. Apiedavam-se das misérias passadas e saboreavam sua ventura. Como os milhões de seres nascidos antes deles, teriam talvez feito parte de uma sociedade dolente; e eis que se encontravam jovens, vigorosos e belos, sem entraves e sem defeitos. Ao redor, o mesmo espetáculo. Sua felicidade própria se expandia sem egoísmo; nenhuma dor alheia vinha entristecê-la.¹⁰

William Morris (1834-1896) recua um pouco o advento da idade de ouro: não antes do século XXII, mas vale a pena esperar. Será a felicidade perfeita, escreve em *Notícias de lugar nenhum* de 1891:

---

9   Lamennais, *Le livre du peuple*, 1838, em *Oeuvres complètes*, t.X, p.16.
10 Quantin, *En plein vol*, p.7.

Quanto mais nos virem, mais lhes parecerá que somos felizes, que vivemos em meio à beleza, sem temor algum de nos tornarmos efeminados; que temos muita coisa a fazer, e, em suma, temos prazer em fazê-lo. O que mais podemos pedir à vida? [...] Hoje, qual dificuldade haverá em aceitar a religião da humanidade, quando os homens e as mulheres que constituem essa humanidade são livres, felizes, ao menos enérgicos, e quase sempre belos de corpo e cercados de belas coisas que eles mesmos fizeram, e de uma natureza embelezada e não estragada pelo contato com os homens? Eis o que, nessa época do mundo, nos foi reservado.[11]

A idade de ouro é profetizada igualmente bem por espíritos perturbados, como Charles Taze Russell (1852-1916), na origem das Testemunhas de Jeová, que o anuncia para 1914 (!), e por autores de ficção científica, como Neulif, que, em *Le progrès technique* [O progresso técnico], descreve um mundo onde, em enormes cidades, deslocamentos rápidos serão possíveis, sempre conservando uma grande pureza do ar, onde os ganhos de produtividade permitem liberar muitas horas de lazer, e onde os policiais, "sempre benevolentes e educados, informam quem está perdido, protegem os fracos, [...] pacificam discussões entre cidadãos".[12]

Mas, infelizmente, a felicidade não está nem nas trincheiras (Russell), nem nas cidades (Neulif): vocês sonham, dizem em uníssono incontáveis filósofos, historiadores, intelectuais de todas as disciplinas. A idade de ouro é "uma doença moderna", diz Friedrich Schlegel. Para Edmund Burke,

> queixar-se da época em que se vive, murmurar contra os que estão no poder, conceber esperanças extravagantes para o futuro são disposições comuns à maioria da humanidade, e os efeitos obrigatórios da ignorância e da leviandade do vulgar.[13]

Para lorde Macaulay, "aqueles que comparam a época em que o destino os fez viver a uma idade de ouro que só existe em sua imaginação falam de degeneração e de declínio",[14] e aqueles que a vislumbram no futuro não são mais razoáveis. Para Dostoiévski, a idade de ouro é "um sonho maravilhoso, a maior ilusão da humanidade! A idade de ouro, o mais improvável de todos os sonhos que já existiram".[15]

---

11 Morris, *Nouvelles de nulle part*, p.215.
12 Neulif, *L'Utopie contemporaine*, p.121.
13 Burke, *Select Works*, I, 3.
14 Macaulay, *A History of England*, I, 3.
15 Apud Levin, *The Myth of the Golden Age*, p.162.

Um sonho: é assim mesmo que a idade de ouro aparece nas obras dos artistas do século XIX. Ingres jamais concluiu o grande afresco com esse título que lhe fora encomendado pelo duque de Luynes para o castelo de Dampierre. Vemos ali, em uma paisagem de montanhas, famílias agrupadas em volta de Saturno. O conjunto está mais para o petrificado, e é totalmente irreal. De qualquer modo, essa idade de ouro é mesmo a dos poetas, a de Ovídio, situada no passado. Já o futuro pertence à técnica, e os novos profetas da felicidade são os autores de ficção científica, cujos sonhos não são menos malucos do que os dos poetas: não previam eles que os progressos tecnológicos tornarão impossível a guerra? É o que afirma Alfred Nobel, com todo o peso da ciência e de sua dinamite:

> O dia em que dois corpos de exército forem capazes de se destruir mutuamente em um segundo, todas as nações civilizadas recuarão de horror e dispensarão suas tropas.[16]

Para Julio Verne,

> será que a guerra é possível com as invenções modernas, esses obuses asfixiantes que enviamos a distâncias de 100 km, essas fagulhas elétricas com mais de vinte de comprimento, que podem aniquilar de um só golpe todo um corpo de exército?[17]

S. Berthoud, em 1865, é mais moderado no otimismo: será no museu que se encontrarão "todos os instrumentos de guerra dos séculos passados, tornados inúteis por causa de sua terrível perfeição e de sua infalibilidade fatal"...[18] em 2685. O progresso graças à ciência fará a felicidade da humanidade: é o que lemos no seriíssimo *Larousse* do fim do século:

> O progresso científico e industrial é tão irresistível quanto o movimento que arrasta os cometas em sua órbita e tão radiante quanto a luz do sol. [...] A ideia de que a humanidade se torna melhor a cada dia e mais feliz é particularmente cara a nosso século. A fé na lei do progresso é a verdadeira felicidade de nossa época. Aí está uma crença que encontrou poucos incrédulos.

---

16 Apud *Times Literary Supplement*, 27 jan. 1984.
17 Verne, "La journée d'un journaliste américain en 2889", em *Hier et demain*.
18 Berthoud, *L'Homme depuis 5.000 ans*, p.523.

A felicidade é para amanhã, dizem em coro e por razões diferentes Schlegel – "não haverá mais do que um rebanho e do que um pastor" –, George Sand, Frédéric de Rougemont, Auguste Siguier – será em breve o advento do "homem povo, [...] alfa do verdadeiro, do belo, o grande distribuidor eleito da providência" –, Herder – "a razão e a equidade devem necessariamente com o tempo ocupar mais lugar entre os homens e fazer progredir uma humanidade ideal e mais durável" –, Theodor Herzl – pela criação do Estado de Israel, "o mundo será liberado, [...] tudo que tentaremos agirá de modo poderoso e feliz, externamente, para o bem de todos os homens".[19] Mesmo Anatole France anuncia, dez anos antes da Primeira Guerra Mundial, que "os progressos da civilização humana serão doravante harmoniosos e pacíficos".[20] A felicidade será para 2270, escreve ainda: não haverá mais pobres, nem guerras, nem propriedade privada, e a vida será fácil para todos, graças à técnica em uma Europa fraterna.

A MAIOR FELICIDADE DO MAIOR NÚMERO: O UTILITARISMO

Existe portanto, durante todo o século XIX, uma inegável corrente otimista, baseada essencialmente na crença na capacidade do progresso técnico em garantir a felicidade dos homens. Essa corrente entretanto não é maioria, e se fundamenta mais em fé do que em fatos. Esses visionários modernos acreditam na ciência e na razão, mas seu otimismo não é muito realista. São sonhadores. Menos resplandecentes, menos delirantes, menos líricos, muito mais pé no chão, são os representantes dessa nova ciência da qual se alimenta a burguesia de negócios: a economia política. Eles também anunciam um mundo mais feliz, em todo caso mais próspero, se seguirmos seus conselhos. E ainda têm argumentos impressionantes: a estatística, a matemática.

Já no fim do século XVIII, os economistas mostraram quanto sua disciplina era necessária à felicidade da humanidade. Vimos isso com Adam Smith. Em 1798, Thomas Malthus intitula sua grande obra *Ensaio sobre o princípio da população, ou Exposição dos efeitos passados e presentes da ação desta causa sobre a felicidade do gênero humano*.[21] No prefácio, ele insiste no fato de

---

19 Herzl, *L'État juif*, p.139.
20 France, *Sur la pierre blanche*, em *Oeuvres complètes*, t.X, p.169.
21 Título da primeira tradução francesa por Prévost, P. Paris, 1809.

que sua demonstração é "um assunto intimamente ligado à felicidade da sociedade".²² Esta necessita de uma redução drástica da natalidade, pois se, como garantia Malthus, a população aumenta em progressão geométrica, e os recursos alimentares, em progressão aritmética, logo haverá a fome para todos, a começar pelos mais miseráveis. Os fatos o desaprovaram em um primeiro momento, mas ele está prestes a ter razão, com dois séculos de atraso. Como já perguntava John Stuart Mill, será realmente uma boa coisa destruir a terra "somente para alimentar uma população maior, mas que não seria nem melhor, nem mais feliz"?

No mesmo ano, 1800, Jean-Baptiste Say pública *Olbie, ou Essai sur les moyens d'améliorer les moeurs d'une nation* [Olbie, ou Ensaio sobre os meios de melhorar os costumes de uma nação]. Sua visão, muito otimista, faz da economia de mercado o fator da felicidade futura da humanidade. As leis econômicas naturais, diz ele, se as deixamos funcionar sem entraves, chegam a uma sociedade em que todo mundo trabalha, em que os ganhos rápidos e não merecidos foram eliminados, em que os lares são estáveis. A prosperidade, prossegue ele, dá origem a necessidades novas que estimulam a atividade e aumentam ainda mais a prosperidade. Ao mesmo tempo, o imperialismo e a guerra desaparecem, pois as nações percebem que a paz é mais rentável. Assim, a ventura é a "infalível recompensa" da aplicação das leis econômicas. O racionalista Godwin (1766-1834), contemporâneo de Say, também crê em um progresso sem limites graças à técnica e ao desaparecimento do luxo inútil. A população, crescente, viverá na prosperidade e na justiça; a propriedade e a pobreza desaparecerão, e uma ordem natural reinará, sem administração nem governo.

Mas a doutrina econômica ligada mais diretamente à ideia de felicidade é, na primeira metade do século XIX, o utilitarismo, que, segundo a célebre fórmula de Jeremy Bentham, visa garantir "a maior felicidade ao maior número de pessoas". Essa expressão, que Bentham encontrou na tradução inglesa de *Dos delitos e das penas*, de Cesare Beccaria, em 1776, é primeiro destinada a fundar novamente uma moral secular, como vimos, baseada no princípio segundo o qual bem é o que nos proporciona prazer, e mal, o que causa dor. A legislação deveria ser reformada em um objetivo utilitário, para garantir a maior felicidade para o maior número. E Bentham, até sua morte, em 1832, esforça-se para quantificar o prazer e a dor gerados por sentimentos e ações, o que lhe vale os sarcasmos de Helen Bevington:

---

22 Ibid., p.21.

Dizem que prezava os homens
E sua felicidade, e, além disso, também
Que ele garantia que era possível
Achar remédios para o bem deles,
Por acreditar os homens todos semelhantes,
Tendo a felicidade como única meta.
Avaliando o bem e o mal,
A ventura de uma vida,
Por um cálculo sem artifício,
Como uma quantidade de prazeres.
E esse absurdo velho cavalheiro
Tinha um plano para a dor.[23]

John Stuart Mill (1806-1873) retoma a ideia básica de Bentham. A felicidade é a ideia central de toda a sua obra. Ele a desenvolve em seu principal trabalho, *O utilitarismo* (1861):

> Segundo a doutrina utilitarista, a felicidade é desejável, e até mesmo a única coisa desejável como fim, e todas as outras coisas não são desejáveis senão como meios que visam esse fim. [...] Não se pode dar nenhuma razão para explicar que a felicidade é desejável, se não que cada um, na medida em que a crê realizável, deseja sua própria felicidade. [...] A felicidade não é uma ideia abstrata, é um conjunto bem concreto. [...] A vida seria bem triste, pouco propícia à felicidade, se a natureza não tivesse feito que coisas indiferentes em si, mas conduzindo – ou associadas – à satisfação de nossos desejos fundamentais não se tornassem em si fontes de prazer mais válidas do que os prazeres de origem, tanto em duração [...] como em intensidade.[24]

Entre as coisas que são componentes da felicidade figura a virtude, que em si mesma se baseia no princípio do prazer:

> Resulta das considerações precedentes que o único objeto de nossos desejos é a felicidade. Tudo que é desejado para outra coisa que não um meio que visa seu próprio fim, e a felicidade, é desejado em si mesmo como uma parte da felicidade, e só pode ser desejado em si quando assim se tornou. Os que

---

23 Apud Lekachman, *A History of Economic Ideas*, p.104.
24 Mill, Utilitarianism, em *On Liberty and Other Essays*, p.168-9, 172.

desejam a virtude por si mesma, desejam-na seja porque têm consciência de que ela é um prazer, ou de que sua ausência é uma dor, ou pelas duas razões simultaneamente.[25]

Assim, "a felicidade é o único fim das ações humanas, e sua promoção é o teste pelo qual julgamos a conduta dos homens; daí decorre necessariamente que ela deve ser o critério da moral...", e "um sacrifício que não aumenta, ou que não tende a aumentar, a soma global da felicidade é desperdício".[26]

Definitivamente, as noções de bem e de mal, portanto a moral, baseiam-se na capacidade de proporcionar felicidade, isto é, o maior prazer para o maior número:

> A fé que toma a utilidade como fundamento da moral, ou o princípio da Maior Felicidade, afirma que as ações são boas na medida em que tendem a promover a felicidade, e más se tendem a produzir seu contrário. Por felicidade entendemos o prazer e a ausência de dor; por infelicidade, a dor e a ausência de prazer.

Ah, mas é claro, prossegue Mill, uma teoria como essa é malvista pelos idealistas de toda espécie, que nos desprezam:

> Supor que a vida, como eles dizem, não tem outra meta que não o prazer, nenhum objeto do desejo ou de busca melhor nem mais nobre, é algo de mesquinho e baixo, uma doutrina para porcos, como eram os discípulos de Epicuro...[27]

Também nos criticam por estabelecer uma doutrina sem Deus; mas se Deus existe, ele quer nossa felicidade; Deus então é utilitarista. Dizem-nos também que com tal doutrina todos podem trapacear, fingir que agem para a felicidade de todos, quando na verdade fazem-no para sua felicidade pessoal, particular. É o velho problema, a velha pedra no sapato: a felicidade privada e a geral são compatíveis? Mill tem consciência da dificuldade, mas, diz ele, isso não é exclusivo do utilitarismo, é causado pela "natureza complicada dos negócios humanos", com a qual toda doutrina moral é confrontada. Entretanto,

---

25 Ibid., p.148.
26 Ibid., p.137.
27 Ibid.

a moral utilitarista reconhece aos seres humanos a capacidade de sacrificar seu próprio bem pelo dos outros. Ela apenas se recusa a admitir que o próprio sacrifício é um bem [...] o único sacrifício que ela aprova é o devotamento à felicidade, ou a um dos meios de propiciar a dos outros; seja de toda a humanidade, seja de algumas pessoas, dentro de limites impostos pelos interesses coletivos da humanidade.[28]

Na verdade, Mill está emaranhado nas contradições que não consegue resolver. Elas aparecem quando passamos da teoria à prática, e da moral à economia política. Em 1835, ele lê na *London Review* uma resenha de *Da democracia na América*, de Tocqueville. Os americanos teriam realizado, graças à democracia, o princípio da maior felicidade para o maior número? Em um comentário sobre a obra, Mill parece acreditar nisso. A liberdade é uma ideia particularmente sedutora, "um dos principais ingredientes da felicidade". Mas logo surgem os problemas: nessa sociedade, estaríamos caminhando rumo a "uma insignificância crescente dos indivíduos em relação às massas" e "à busca mesquinha de mesquinhos proveitos"? A estrada que leva à sociedade de consumo de massa é escorregadia e perigosa para a moral, mesmo a utilitarista. De fato, a felicidade máxima do maior número se baseia na satisfação dos desejos que propicia prazeres, e alguns prazeres são superiores a outros; "vale mais ser um humano insatisfeito do que um porco satisfeito, um Sócrates descontente do que um louco contente". Mas a maioria, na sociedade de consumo, ao mesmo tempo livre e manipulada, não prefere a sorte do porco à de Sócrates? Com a liberdade, a maior quantidade de felicidade do maior número não se arriscaria a ser traduzida pelo mais baixo nível moral, espiritual e cultural da massa?[29]

Em uma obra de 1848, os *Princípios de economia política*, Mill tenta se tranquilizar. Estamos, escreve ele, em um "estado progressivo", no centro do qual as forças econômicas estão em expansão. Mas estas vão logo conhecer uma decadência; os lucros da indústria vão diminuir em razão dos custos crescentes; a massa dos capitais produtivos vai parar de aumentar; a produção também vai estagnar, o que obrigará a população a pôr fim a seu crescimento; estaremos então no "estado estacionário", que é o ideal. Pois, no estado progressivo, a moral se degrada por causa da corrida para o lucro; a pressão demográfica se torna excessiva, o que acarreta promiscuidade, impossibilidade de isolamento; finalmente, o crescimento causa

---

28 Ibid., p.148.
29 Mill, "De Tocqueville on Democracy in America", em *Collected Works*, t.XVIII, p.54-7.

uma degradação do meio. Que um defensor da economia liberal venha a fazer a apologia do crescimento zero em nome da felicidade é algo bastante paradoxal.

Paradoxal também é o caso pessoal de John Stuart Mill. Esse homem, para quem "o único objeto de nossos desejos é a felicidade", não acredita na felicidade, pelo menos desde 1826. Ele tem, então, vinte anos. Em sua *Autobiografia*, escreve:

> Eu decidira me perguntar diretamente: "Supõe que todos os objetivos de tua vida sejam cumpridos; que todas as reformas das instituições e das opiniões que desejavas possam se realizar instantaneamente: será que isso te traria uma grande alegria, a felicidade?" E em mim uma voz irreprimível respondeu: "Não!" Então meu coração soçobrou: todas as bases sobre as quais fundara minha vida desabaram. Toda a minha felicidade residia na procura desse objetivo. E o objetivo perdera seu encanto: como poderia me interessar pelos meios de alcançá-lo? Parecia-me que não havia mais nenhuma razão de viver.[30]

Ele busca um pouco de consolo em seus livros favoritos, mas nunca mais reencontrará sua fé na felicidade individual, e a razão, segundo ele, é justamente sua obsessão pela vontade de ser feliz.

> São felizes somente os que fixam seu espírito em outro objeto que não sua própria felicidade; na felicidade dos outros, na melhoria da humanidade, até mesmo em uma arte ou uma pesquisa, procurado não como um meio mas como o próprio objetivo ideal. Buscando outra coisa, eles encontram a felicidade no caminho. *Perguntem-se se são felizes, e deixarão de sê-lo.*[31]

O SONHO AMERICANO: IDADE DE OURO OU DE "FOLHEADO A OURO" (MARK TWAIN)?

O caso individual de John Stuart Mill é particular. O homem é um romântico de temperamento, perdido no pensamento econômico. Seu poema favorito é *Melancolia: uma ode* (*Dejection*), de Coleridge, o que não é muito bom para o moral da Bolsa. Os teóricos do liberalismo econômico não têm esses estados de espírito. Estão convencidos de que seu sistema garantirá

---
30 Id., *Autobiography*, p.112.
31 Ibid., p.117.

a felicidade do maior número, e acreditam ter a prova disso em tamanho natural, com os Estado Unidos da América em plena ascensão.

A América, terra de felicidade, mais uma vez. O mito é tenaz. Dessa vez, não são nem os costumes inocentes dos índios – que serão confinados em reservas – nem a natureza luxuriante que atraem os olhares, mas as possibilidades de enriquecimento oferecidas pelo desenvolvimento econômico de um país imenso no âmbito de uma legislação ultraliberal. Dezenas de milhões de europeus acorrem ao novo Éden, onde vão procurar a felicidade: "A salvação dos povos explorados encontra-se lá, em uma terra além dos mares, onde não há nenhuma distinção de raça ou de fé, que é a mãe do judeu como do gentio",[32] escreve em 1898 um estudante judeu de Kiev, Abraham Cahan. A felicidade está no cadinho, é também o que o romancista britânico Israel Zangwill (1864-1926) faz dizer a seu herói, David, que conta sua chegada a Vera, na peça *The melting-pot* [O caldeirão]:

> *Vera*: Estavas feliz? *David*: Era o paraíso... Durante toda a minha vida a América me esperara, fazendo sinais, faiscante, o lugar onde Deus apagaria todas as lágrimas de todos os rostos.[33]

A América é a felicidade pela liberdade. É até mesmo o sentido que queremos dar à estátua da Liberdade, na qual são gravadas, em 1903, as palavras da poeta judia Emma Lazarus (1849-1887): "Ergo minha tocha junto à porta de ouro" (*I lift my lamp beside the golden door*). A porta da idade de ouro, do Éden, que acaba de reabrir nessa América abençoada. O sonho americano começa, com seus mitos, seus *self-made men*, os Carnegie, os Rockfeller, os Morgan, os Van der Bildt, novos deuses autoerigidos, centavo após centavo, dólar após dólar.

Pois a nova idade de ouro na verdade é o inverso da primeira, quando não havia nem meu nem teu, quando se desprezavam os metais preciosos. Na idade de ouro arcaica, éramos felizes porque não possuíamos nada; na idade de ouro americana, somos felizes porque somos miliardários e os outros, não. A felicidade era antigamente a igualdade; agora é a liberdade, quer dizer, a desigualdade. É uma felicidade que se ganha com um trabalho encarniçado e pela livre concorrência. Não é a felicidade garantida para todos, é a felicidade possível para todos, em tese.

---

32 *The Atlantic Monthly*, jul. 1898.
33 Apud Daniel e Deschamps, *L'Immigration aux États-Unis de 1607 à nos jours*, p.69.

A América conhece realmente a idade de ouro (*Golden Age*), ou apenas a "idade dourada" (*Gilded Age*), a idade do folheado a ouro? É Mark Twain (1835-1910) quem pergunta no romance de 1873, *The Gilded Age*. A América faz sonhar, mas ela não mantém suas promessas, sua felicidade é falsificada, não passa de uma fachada que esconde – mal – a sorte dos negros, dos índios, de milhões de imigrantes que jamais farão fortuna, um mundo onde os grandes só são grandes por estarem empoleirados sobre uma pirâmide de vítimas da livre concorrência.

Sonho ou pesadelo? Alexis de Tocqueville foi verificar, de maio de 1831 a fevereiro de 1832. Sua análise, consignada nos dois volumes de sua *A democracia na América*, publicados em 1835 e 1840, é uma obra-prima de lucidez. Ele estava pronto, como todo visitante que entra no novo Éden, para encontrar pessoas felizes. Ora, escreve ele,

> na América vi os homens mais livres e mais cultos [?], no ambiente mais favorável que se pode encontrar no mundo. Entretanto parecia-me que uma nuvem obscurecia continuamente sua fronte, e eles pareciam sérios e quase tristes em meio a seus prazeres.

Em última instância, os camponeses mais subdesenvolvidos e os menos livres dos regimes despóticos da Europa oriental parecem mais felizes:

> Os habitantes são em sua maioria muito ignorantes e pobres; não participam dos assuntos do governo, e com frequência os governos os oprimem. No entanto, parecem serenos e quase sempre têm um temperamento jovial.

Explicação: "Eles nunca pensam nos sofrimentos que padecem", ao passo que os americanos "não param de pensar em todos os bens que não possuem".

Tocqueville está impressionado pela atmosfera de colmeia, a atividade intensa, o clima de liberdade, as aparências de igualdade. Ele reconhece que, para o momento, "a doutrina do interesse pessoal bem entendido" e "o espírito religioso" dos americanos mantêm certo equilíbrio e impedem a situação de degenerar. Comparada à religião dos europeus, orientada para um além etéreo, ele nota que a americana é muito mais dirigida para objetivos terrestres, encorajando o trabalho, "tanto em vista da felicidade neste mundo como da ventura no próximo", o que favorece a atividade econômica.

Apesar de tudo, os americanos não lhe parecem estar no caminho da felicidade. "Ninguém poderia trabalhar mais duro para ser feliz", e é isso que os impede de sê-lo: transportados em uma corrida frenética rumo a sempre mais bens, conforto, riqueza, desejo após desejo, estão perpetuamente insatisfeitos. Livres, querem também a igualdade, e "quanto mais os homens são iguais, mais seu desejo de igualdade é insaciável". A felicidade lhes parece estar sempre ao alcance,

> a cada instante, pensam que vão apanhá-la, e a cada vez ela lhes escorrega entre os dedos. Eles a veem de perto o bastante para conhecer seus encantos, mas não o suficiente para gozá-los, e morrerão antes de ter provado plenamente suas delícias.

É essa a causa da

> estranha melancolia que assombra com frequência os habitantes das democracias em meio à abundância, e desse desagrado com a vida que os assalta às vezes em uma situação de calma e de facilidade.

E Tocqueville pressente o que ameaça acontecer: essa corrida para a felicidade, orientada para o culto da prosperidade e para a busca dos bens materiais, vai se tornar o motor de uma sociedade dominada pelos fornecedores desses bens, que controlarão o poder político e cuidarão da renovação constante dos desejos, criando novas necessidades, promessas de prazeres que mantêm a massa em suspense. O liberalismo econômico vai se apoiar sobre o liberalismo político e utilizar a promessa de felicidade para favorecer a concentração da riqueza e do poder nas mãos de alguns, com a cooperação entusiástica de todos. A busca da felicidade como instrumento de dominação:

> Vejo uma multidão incontável de homens parecidos e iguais que se agitam sem repouso para se propiciar pequenos e banais prazeres, com os quais preenchem sua alma. Cada um deles, afastado, é como estranho ao destino de todos os outros: filhos e amigos formam para ele toda a espécie humana; quanto à residência de seus concidadãos, fica ao lado, mas ele não os vê; ele os toca e não os sente; ele existe apenas para si mesmo e, se lhe resta ainda uma família, podemos dizer no mínimo que ele não tem pátria.
> Acima desses, eleva-se um poder imenso e tutelar, que se encarrega sozinho de garantir o prazer e de zelar sobre a sorte. É absoluto, detalhado, regular, previdente e suave. Seria parecido com o poder paterno se, como tal, tivesse por objeto preparar os homens para a idade viril; mas só procura, ao contrário, fixá-los de modo irrevogável na infância; gosta que os cidadãos se regozijem,

conquanto sonhem apenas em aproveitar. Trabalha de bom grado para a felicidade, mas quer ser o único agente e o único árbitro; provê segurança, prevê e garante as necessidades, facilita os prazeres, conduz os principais negócios, dirige a indústria, regula sucessões, divide heranças: o que não pode eliminar inteiramente a perturbação de pensar e a pena de viver?[34]

Essas linhas, escritas há quase dois séculos, são surpreendentemente proféticas para o conjunto do mundo desenvolvido: uma busca perpétua da felicidade que deve ser mantida, mas nunca satisfeita, uma massa de cidadãos médios, réplicas do mesmo modelo, atarefados sem meta, ocupados com seus pequenos prazeres, que a sociedade de consumo multiplica, mantidos na infância por um Estado onipresente que deles se encarrega da gravidez ao túmulo, do salário-maternidade à pensão por aposentadoria, em troca de sua autonomia espiritual. A democracia alcança a dominação de alguns sobre uma massa estúpida, satisfeita por um falso igualitarismo pela garantia de "pão e circo". É igualmente o que via tão bem Benjamin Constant a partir de 1819, sem nem mesmo ter de viajar para os Estados Unidos. O Estado democrático moderno utiliza em seu proveito o sonho de felicidade. "Eles nos dirão: qual é, afinal, o objetivo de seus esforços, o motivo de seus labores, o objeto de todas as esperanças? Não é o melhor? Ora, descarregue essa felicidade em nós, e nós lha daremos."[35] A felicidade? Nós nos encarregamos disso; enquanto esperam, divirtam-se com seus pequenos bombons, o Estado prevê igualmente os *gadgets* que proporcionam pequenos prazeres. Ocupe-se também de suas pequenas felicidade particulares, que o Estado provê a felicidade coletiva, regulamentando todas as áreas; poderíamos até imaginar um Ministério da Cultura para orientar os gostos. Para quando será o da Felicidade Pública? Denunciando tais distorções, Benjamin Constant indaga: "Será evidente que a felicidade, qualquer que seja, é o único objetivo da humanidade?" A grandeza da liberdade não deveria nos conduzir a "essa nobre inquietude que nos persegue e nos atormenta"?

Setenta anos depois de Tocqueville, outro europeu viajou aos Estados Unidos e fez comentários sobre a felicidade do *American way of life*: o alemão Max Weber. Em 1904, em seu retorno da América, escreve *A ética protestante e o espírito do capitalismo*, cuja tese tornou-se clássica – a prosperidade do mundo capitalista anglo-saxão decorre da mentalidade calvinista: o crente,

---

34 Tocqueville, *De la démocratie en Amerique*, t.II, p.265.
35 Constant, La liberté des anciens comparée à celle des modernes, em *Political Writings*, p.326.

para merecer a salvação, deve trabalhar muito sempre levando uma vida austera; vai, portanto, ganhar muito e gastar pouco, acumular e investir capitais. Hoje, se a motivação espiritual quase desapareceu, restam um estilo de vida e um objetivo, que passou a ser o bem supremo, o *summum bonum*: ganhar dinheiro. Mas, para Weber, esse objetivo, que se tornou fim em si mesmo, deixou de ter em vista a obtenção da felicidade:

> Essa ética é inteiramente desprovida de qualquer caráter eudemonista, ou mesmo hedonista. Aqui, o *summum bonum* pode se expressar assim: ganhar dinheiro, sempre mais dinheiro, mas se guardando dos gozos espontâneos da vida. O dinheiro é a tal ponto considerado um fim em si que parece totalmente transcendente e irracional, de modo absoluto, em relação à "felicidade" do indivíduo ou à "vantagem" que este pode sentir por possuí-lo. O ganho tornou-se o fim que o homem se propõe; ele não lhe é mais subordinado como meio de satisfazer suas necessidades materiais.[36]

Weber não quer ver que o verdadeiro motor da economia capitalista continua a ser, apesar de tudo, a procura da felicidade. Não quer ver porque, para ele, isso é uma falsa direção. Em um discurso de 1894, escarnece dos "sonhos otimistas de felicidade", e declara:

> Creio que devemos renunciar à felicidade humana como objetivo de nossa legislação social. Queremos outra coisa, e não podemos senão querer outra coisa. Queremos cultivar e apoiar o que nos parece ser os verdadeiros valores humanos: a responsabilidade pessoal, o impulso para as coisas mais elevadas, para os valores espirituais e morais da humanidade.[37]

Para Weber como para Constant, a busca da felicidade como motor do desenvolvimento econômico e social é uma pista falsa.

Não é a opinião de dezena de milhões de imigrantes que desembarcam nos Estados Unidos. Eles estão de tal maneira persuadidos de ali encontrar a felicidade que, se tal não for o caso, sentem-se enganados e se voltam contra as autoridades, começando uma quantidade de processos nos tribunais federais por desrespeito ao direito sagrado à busca da felicidade, esquecendo o que Benjamin Franklin declarara: "A Constituição garante

---

36 Weber, *L'Éthique protestante et l'esprit du capitalisme*, p.68.
37 Id., "Die deutschen Landarbeiter" (1894), em *Gesamtausgabe*, 1, Schriften und Reden, p.339.

apenas o direito de *buscar* a felicidade. Cabe a vocês pegá-la". O historiador americano Howard Mumford Jones estudou centenas desses processos do século XIX.[38] Uma "cultura da queixa" se desenvolve, decorrente da imprudente afirmação constitucional que faz da busca da felicidade um direito natural. A partir do momento em que se considera que há um obstáculo a essa busca, é que o direito natural foi violado. A busca da felicidade levou a uma jurisprudência da vida pública e da vida privada, que hoje assumiu uma proporção sem precedentes.

FRACASSO DAS EXPERIÊNCIAS DE COMUNIDADES FELIZES

A América do século XIX é também uma terra de experiências de felicidade em pequenas comunidades utópicas implantadas em seus grandes espaços como ilhotas de vida feliz. Pois a utopia muda de rosto depois da Revolução Francesa. Ela se pretende "realista" e não se contenta mais com discursos: ela passa à ação, ao estágio prático. Os novos utopistas desassociam sua imagem da dos antigos. Assim, Fourier faz troça dos "retrocessores inaptos", adeptos da "ventura calma", como o velho Telêmaco. Mas nem por isso são revolucionários. Recusam a violência, e o que conservam da Revolução Francesa é a ideia de passar à ação, é que a felicidade pode ter um conteúdo, válido para todos. Porém o ideal de felicidade universal ainda não é realizável; primeiro, é preciso experimentá-la em pequena escala, nas comunidades isoladas que serão como vitrines do mundo futuro, paraíso em isolamento. De certa maneira, Icária, Harmonia e Falanstério anunciam as *gated communities* tanto quanto os clubes, *nature-parks* e centros de férias contemporâneos que organizam uma vida feliz na redoma, com a única diferença que, para os utopistas, aquelas ilhas felizes prefiguravam o futuro da humanidade. Sempre há entre eles uma dimensão religiosa, mesmo que sejam ateus: o mundo tem um sentido, caminha para a felicidade. Será um mundo de abundância, porém sem luxo. Um mundo igualmente sem liberdade. Como seus predecessores, os socialistas utópicos sabem que a liberdade individual é o maior obstáculo à felicidade de todos – "um erro, um defeito, um mal grave", diz Cabet, que só admite em sua Icária um jornal oficial. Nada de liberdade de imprensa. A liberdade é a negação do social, do sentido comunitário. É também por isso que eles são hostis a qualquer

---

38 Jones, *The Pursuit of Happiness*.

declaração dos direitos do homem, que só fazem encorajar o individualismo. Quanto à igualdade, exige disciplina, hierarquia das funções, autoridade.

A partir dessas bases comuns, cada qual elabora seu pequeno mundo de felicidade, o que não deixa de incluir um quê de loucura. O conde de Saint-Simon, após especular sobre os bens nacionais durante a Revolução, tenta o suicídio, passa algum tempo em um asilo de loucos, é visitado várias vezes pelo fantasma de seu antepassado Carlos Magno, pretende mostrar a todos como trabalhar "por sua própria felicidade, a de sua família e a da humanidade".[39] Com Charles Fourier (1772-1837), o "Messias da Razão", como ele se autointitula, não é um quê de loucura, mas sim o delírio total. O mundo, desde a época do Éden, atravessou períodos de selvageria, patriarcado, barbárie; atualmente, está no da civilização, marcado por seis mil anos de infelicidade; mas vem aí a era da felicidade absoluta, que durará 70 mil anos; então, o eixo do mundo vai se endireitar em 7,5 graus e nós viveremos uma eterna primavera; nos oceanos, que terão gosto de limonada, novas criaturas marinhas surgirão; a costa norte da Sibéria terá um clima mediterrâneo; nós teremos um sexto sentido e, graças ao antileão, poderemos, confortavelmente instalados "sobre seu dorso flexível e elástico", ir de Paris a Marselha em um dia; teremos muita energia, "o cio terá mais atividade", "conheceremos o excesso de felicidade que nos está reservado". Tudo isso está explicado em *Esquisse de la note E sur la cosmogonie appliquée, sur les créatures scissionnaires et contremoulées* [Esboço da nota E sobre a cosmogonia aplicada, sobre as criaturas secessionistas e contramoldadas]. De imediato, podemos antecipar essa felicidade criando pequenas sociedades de 1.500 a 1.600 pessoas, fundadas sobre a "atração passional"; nesses "falanstérios", os trabalhadores são agrupados em função de sua paixão dominante, jogando com suas complementaridades. São cooperativas cujos membros são coproprietários acionistas. Convencido de que "o homem é feito para a felicidade", e que "o mundo seria incompreensível se a felicidade do homem não devesse ser realizada um dia pela providência divina", Fourier promete que

> a felicidade universal e a alegria reinarão. Uma unidade de interesses e de vistas surgirá. Não haverá nenhuma dependência individual, nada de servidores particulares [...]. A elegância e o luxo estarão ao alcance de todos. O falanstério se dedicará ao serviço do trabalho útil, das ciências, das artes, da cozinha...[40]

---

39 Saint-Simon, "Le nouveau christianisme", em *Le nouveau Christianisme et les écrits sur la religion*, p.81.
40 Fourier, *Théorie de l'organisation sociale*.

Charles Fourier espera todos os dias, em casa, ao meio-dia, os generosos doadores que vão querer participar da construção dessa obra de felicidade. Em vão. Nós nos perguntamos por quê. Cerca de trinta falanstérios, no entanto, são criados por seus discípulos nos Estados Unidos; outros nascem na Romênia, na Rússia, no Brasil, na Inglaterra. Eles adaptam com bastante liberdade as ideias de Fourier. Nos Estados Unidos, Brook Farm é mais uma herdeira do utilitarismo. Em 1853, Victor Considérant funda um falanstério no Texas; ele se apagará suavemente como os outros, mas as comunidades dos Santos do Último Dia – os mórmons – vão se inspirar nessas experiências. Na França, comunidades fourieristas fracassam em 1831 em Condé-sur-Vesgres, e depois em Sedan. Somente o falanstério de Guise, dirigido por Godin, tem algum sucesso até seu desaparecimento em 1968. Trata-se de uma cooperativa de produção de objetos de ferro e de metais fundidos; os operários dividem entre si os lucros e são alojados na área do estabelecimento. A felicidade, meta inicial da empresa, teria sido atingida? Ninguém sabe.

Mais dramática é a história de Étienne Cabet (1788-1856). Esse filho de um tanoeiro de Dijon, que se formou advogado, se apieda da sorte da classe operária e torna-se comunista ao ler Babeuf, que, no *Manifeste des Égaux* [Manifesto dos iguais], escrevia: "Hein? A felicidade comum dependia de tão pouco? Bastava querer. Ah, por que não a quisemos antes? Seria preciso que nos dissessem tantas vezes?". Em 1842, Cabet pública sua *Voyage en Icarie* [Viagem a Icária], que contém sua profissão de fé: o que faz a felicidade?

> Todos os que a humanidade consulta como seus oráculos respondem que é a igualdade, e quase todos acrescentam que é a comunidade. [...] Sim, a comunidade é o último aperfeiçoamento social e político, e o fim para onde caminha a humanidade.[41]

No futuro Estado perfeito, a Icária,

> não mais pobres, nem ricos, nem domésticos; não mais exploradores nem explorados; não mais preocupações nem angústias; não mais ciúmes nem ódio; não mais cupidez nem ambição; não ou quase não mais ociosos, nem preguiçosos, nem bêbados, nem ladrões. A educação e o conforto destruirão com o passar do tempo todos os crimes e até mesmo as depravações. Não haverá mais necessidade

---

41 Cabet, *Voyage en Icarie*, t.I, p.528.

de leis criminais, nem de tribunais, nem de policiais, nem de guardas, nem de prisões, nem de cadafalsos etc.

A família, que não engendrará mais nenhuma rivalidade, será fonte da felicidade mais pura. O casamento não terá nenhum inconveniente quando não houver mais dote e o divórcio permitirá sua dissolução. Cada um poderá e deverá se casar, e se casará. A mulher, devolvida a seu destino natural, será para o homem o objeto de uma espécie de culto.

A comunidade buscará primeiro o necessário, depois o útil, depois o agradável, sem outro limite exceto a razão e a lei, sempre na condição de que todos terão tanto o agradável quanto o necessário. As belas-artes poderão ser desenvolvidas sem limite para o prazer de todos.[42]

Eis algo que evoca diretamente a idade de ouro. Cabet faz uma descrição detalhada, ao mesmo tempo cansativa e regozijante, do funcionamento de sua Icária. O Estado possui e controla tudo; não existe propriedade privada; os indivíduos são remunerados *in natura*, e cada qual recebe de acordo com suas necessidades; o trabalho é obrigatório, mas leve:

> Tudo contribui para tornar o trabalho agradável: a educação que, desde a infância, ensina a amá-lo e a estimá-lo, a limpeza e a comodidade das oficinas, o canto que anima e rejubila as massas de trabalhadores, a igualdade de todos os trabalhos para todos, sua duração moderada, e a honra de que todos os trabalhos são cercados na opinião pública.

As mulheres, iguais aos homens, trabalham como eles. As crianças são criadas em comum a partir dos 5 anos. Todo mundo usa uniforme, determinado por decreto. Uma censura draconiana libera apenas textos virtuosos, e há somente um jornal nacional. As cidades são de uma perfeita regularidade geométrica. Tudo é limpo, imaculado, virtuoso; os adolescentes não fazem mais pichações e não se masturbam mais. A Assembleia nacional, eleita pelo sistema de partido único, pode se dedicar a votar leis de utilidade pública, como a organização "de experiências para a implantação de um protetor de granizo", ou a "inscrição de um novo legume na lista dos alimentos". A Icária é a prefiguração das comunas populares da China comunista.

Falta pôr em prática o que Cabet está mesmo decidido a fazer, não pela revolução, pois ele é pacifista, mas recorrendo a voluntários. Não nos

---

42 Cabet, *Comment je suis communiste*, apud Delumeau, *Mille ans de bonheur*, op. cit., p.169-70.

surpreendamos por ele conseguir: imaginemos a condição operária sob a Monarquia de Julho. Para aqueles proletários, o delírio icariano é o paraíso! Assim, quando o jornal *Le Populaire*, em maio de 1847, lança o apelo: "Vamos para Icária!" várias centenas de pessoas embarcam no Havre, cantando:

> *De pé, operários curvados sob a poeira,*
> *A hora do despertar já soou...*
> *Não mais defeitos, não mais sofrimentos,*
> *Não mais crimes, não mais dores,*
> *A Augusta Igualdade se aproxima:*
> *Proletário, seca tuas lágrimas,*
> *Soldados da Fraternidade,*
> *Vamos fundar em Icária*
> *A felicidade da humanidade.*[43]

Mas onde? No Texas. Infelizmente, nada foi preparado. As promessas de felicidade se esvanecem; a revolta brame contra Cabet. Por sorte, um local acaba de se liberar no Illinois: Navuoo, "A Bela". Os mórmons, que ali estavam desde 1840, mudam-se para Salt Lake City. Eles deixam um templo e vários prédios: será a Nova Icária. Mas o que deveria ser a cidade da felicidade torna-se logo um inferno: tornados, incêndios, epidemias de cólera, má administração, disputas, autoritarismo de Cabet. Em 1856, este, expulso de Icária, queimado em efígie, morre desesperado em Saint Louis. É uma aventura delicada, querer fazer a felicidade dos homens! Já em 1850, Proudhon, baseado no relato de uma dúzia de trânsfugas icarianos, denunciara, em *La voix du peuple*, os abusos da comunidade estabelecida por Cabet:

> Uma concentração dos poderes, a supressão das liberdades, a intolerância das opiniões, o desarmamento dos cidadãos, a violação do domicílio, as mentiras oficiais, as mexidas administrativas, a delação alçada à posição de sistema, a censura imposta à correspondência privada, às comunicações domésticas, às afeições familiares, a inquisição, por fim a exploração governamental no que elas têm de mais ultrajante, de mais imoral, e, para completar, a distinção das classes, a divisão do povo em maioria e minoria, uma maioria que se diz satisfeita e uma minoria a quem se oprime.[44]

---

43 Apud Sutton, *Les Icariens: the Utopian Dream in Europe and America*, p.50.
44 Apud Servier, op. cit., p.269.

No entanto, alguns insistem em acreditar que a fórmula da felicidade está nessas pequenas comunidades hiperorganizadas, pois, para eles, é antes de tudo uma questão de organização coletiva. Em 1825, o industrial galês Robert Owen (1771-1858) compra a localidade de Harmony, no Illinois, onde o padre Rapp dirigia uma seita protestante, e ali funda New Harmony, em Indiana, onde assenta 800 colonos, pioneiros de uma cidade feliz segundo seus princípios. Robert Owen é um filantropo. Em sua fábrica modelo em New Lanark, no sul de Glasgow, ele desenvolveu um sistema paternalista que atribui muita importância à educação. Uma classe operária feliz é mais produtiva: todo mundo sai ganhando, e vem gente de toda a Europa admirar seu estabelecimento. Os visitantes ficam impressionados pelo fato de os operários de New Lanark parecerem de fato felizes e, em sua autobiografia, Owen se vangloria de ter formado "homens e mulheres inteligentes, unidos, duradouramente prósperos e felizes, superiores em todas as qualidades físicas e mentais".[45] Tudo isso graças à redução das causas de sofrimento: "Como empregador e patrão manufatureiro, [...] fiz tudo que podia para reduzir os males daqueles que eu empregava". Discípulo de Bentham, Owen pensa que a felicidade se obtém primeiro ao diminuir as causas da infelicidade, o que vai provocar posteriormente uma observação sarcástica de George Orwell: "Quase todos os criadores de utopias parecem um homem que tem dor de dente, e que pensa portanto que a felicidade consiste em não ter dor de dente".

Robert Owen crê na possibilidade da felicidade na terra pela organização social:

> Eu sei que a sociedade poderia existir sem crimes, sem pobreza, em um estado sanitário bem melhorado, sem ser infeliz ou muito pouco, e em uma felicidade cem vezes maior; e que nenhum obstáculo se interpõe atualmente, a não ser a ignorância, para impedir um estado social como esse de se tornar universal. [...] Assim, na ordem justa da natureza, a verdade, ou puro cristianismo, reconciliará os homens entre si, vencerá o mal, estabelecerá o reino da paz e da harmonia, e a felicidade reinará para sempre sobre a terra. Não digam que essa realização celeste é inacessível na terra. Só o seria em um regime satânico de egoísmo individual, de desprezo às leis da humanidade...[46]

A experiência de New Harmony, entretanto, não durará dois anos. Sua implantação, organizadíssima, geométrica, visava no entanto criar um

---

45 Owen, *The Life of Robert Owen Written by Himself*, p.113.
46 Id., *New Lanarck*, p.116.

ambiente favorável a uma vida feliz até os mínimos detalhes. Assim, não há nenhuma rua, pois estas criam "circunstâncias ruins e desfavoráveis, prejudiciais demais à felicidade para serem admitidas no estado de sociedade".[47] A despeito do fracasso, Robert Owen continua convencido até o fim de que logo

> a terra estará disposta de tal maneira que formará sobre toda a sua extensão uma só cidade, composta de comunas distintas, [...] e cada uma será uma comuna paradisíaca, ligada a todas as outras comunas do globo, até que toda a terra pouco a pouco forme apenas essa grande cidade única que poderá ser chamada de a Nova Jerusalém ou o paraíso terrestre unificado. [...] A cidade, que conterá todos os habitantes da terra, será habitada por uma raça absolutamente desenvolvida e regenerada de seres humanos, governados somente pelas leis de Deus, falando a mesma língua, isto é a língua da verdade única, tendo um só interesse e um só sentimento, o de aumentar mutuamente sua felicidade.[48]

A busca da felicidade para Owen sempre tem um aspecto ambíguo. Ele próprio, aliás, é inquietante, talvez desequilibrado, como mostra seu retrato de 1834 por Ebenezer Morley. Se ele atribui uma grande importância à educação das crianças pequenas, que devem ser criadas em uma atmosfera serena, amigável, pacífica – "eles devem sempre fazer o possível para tornar felizes seus colegas" –, é que, para ele, um operário feliz é um operário dócil. São essas segundas intenções que denuncia o poeta romântico Robert Southey, um amigo de Wordsworth e de Coleridge. Em 1819, em seu *Journal of a Tour of Scotland* [Diário de uma viagem pela Escócia], ele escreve que Owen dirige sua empresa como se seus operários fossem escravos, "máquinas humanas", e que "ele faz alarde da felicidade deles" para melhor vangloriar seu sistema, que, "em vez de visar a liberdade, só pode funcionar com o poder absoluto".[49] Em vez de formar sua personalidade, faz deles instrumentos. Essa oposição entre o industrial paternalista e o poeta romântico ilustra duas concepções antagônicas de felicidade: a global e organizadora do utopista, e a individualista do poeta.

Em 1821, o debate ganha proporções nacionais quando Owen vai a Londres apresentar uma petição para a votação de uma lei que estenda seu sistema a todo o país. No Parlamento, o deputado de Londonderry declara que

---

47 Apud Donnachie, *Robert Owen*, p.257.
48 Owen, *Gazette millénaire*, p.185-6.
49 Southey, *Journal of a Tour of Scotland*, p.265.

o nível de disciplina recomendado pelo senhor Owen pode ser válido para as *poor houses* [lugares de confinamento de pobres, submetidos a trabalhos obrigatórios], mas não satisfaz de forma alguma os sentimentos de uma nação livre,

e James Mill, deputado de Aberdeen Burghs, pai de John Stuart Mill, condena taxativamente essa felicidade enquadrada:

> Se o sistema do senhor Owen produzisse tanta felicidade com tão poucos meios, sua adoção faria de nós uma raça de seres pouco diferentes das bestas, enfileirados como paralelogramos em vez de ter a riqueza e a diversidade de uma floresta.

Outros deputados escarnecem dos "paraísos quadrangulares" de Robert Owen, cujo projeto é rejeitado.[50]

O IMPASSE UTÓPICO

O século XIX deu origem a muitas outras utopias, do mundo hiperdisciplinado de Bellamy ao mundo hiperdescontraído de William Morris, cujas *Notícias de lugar nenhum*, em 1890, são uma prefiguração das comunidades *hippies*: uma sociedade de jovens bonitos, generosos, casuais, nus e peludos, em um contexto colorido e natural, um pouco nublado pela fumaça do ópio. Trabalha-se quando se tem vontade, em pequenas oficinas artesanais, e os trabalhos pesados são feitos por máquinas. Sociedade libertária que é o contraexemplo da utopia tradicional do mundo industrial. Mas assim que se passa do sonho à realização, é a catástrofe. A felicidade se quebra no contato com o real. Fracasso das Novas Icárias, das Novas Harmonias, dos Falanstérios; fracasso da comunidade saint-simoniana de Ménilmontant em 1832; fracasso em 1894 da Cecília, comunidade anarquista fundada em 1890 no Brasil por Giovanni Rossi. Este último caso prova que a utopia libertária não é mais viável do que a comunista. Na Cecília, pratica-se o amor livre, e qualquer intimidade é impossível, o que significa desconhecer a força dos sentimentos: ciúmes e rivalidades amorosas logo derrotaram os ideais libertários do início.

A utopia se destina a permanecer utópica. Pois, a despeito de suas afirmações, ela é totalmente antinatural. Em nome da natureza, ela impõe

---

50 Apud Donnachie, op. cit., p.187.

ao homem um modo de vida artificial que contradiz demais suas aspirações fundamentais para poder durar. Ela é uma soma de impossibilidades. Ela anula o tempo, a individualidade, os instintos, as paixões, a liberdade: se for a esse preço, melhor dizer que a felicidade é impossível. Mesmo as utopias libertárias são autoritárias, pois impõem um modo de vida pré-refletido. A leitura psicanalítica da utopia confirma seu caráter irrealizável: tratar-se-ia de um sonho de volta ao seio materno, na Terra-Mãe, que representaria a cidade ideal, protetora e maternal, que satisfaz todos os desejos básicos. Desejo também de retorno à pureza original, à união assexuada; o sexo, na maioria delas, não é praticado pelo prazer, mas apenas para a perpetuação da espécie. A agressividade, outro instinto primário, também é negada por um desejo de volta à paz original. São muitas as impossibilidades e contradições que a utopia busca resolver para atingir a felicidade.

Poderíamos nos perguntar por que as comunidades utópicas fracassam e desaparecem, enquanto as das seitas religiosas conseguem se perpetuar. A felicidade é seu objetivo comum e, ao final de tudo, o modo de vida de muitas seitas norte-americanas não é muito diferente daqueles dos icarianos, por exemplo. A diferença essencial está no fato de as seitas prometerem a felicidade no além, ao passo que os utopistas visam uma felicidade terrestre. Todos enganam a si mesmos e aos outros, mas os membros das seitas não terão nunca a oportunidade de verificar, enquanto os das comunidades utopistas não demoram para constatar que as promessas eram falsas: a felicidade não está lá. Os primeiros não são mais felizes do que os segundos, à imagem daquele alegre casal de fazendeiros do famoso quadro de Grant Wood, *American Gothic*, mas aceitam a vida austera porque ela promete uma felicidade futura.

É também por isso que, a partir do fim do século XIX, as utopias mudam radicalmente de direção, mostrando que a felicidade só é possível se puder mudar a natureza humana: o homem feliz tem de ser um homem desumanizado. Será que é preciso lamentar isso? É preciso saber o que se deseja: se o objetivo último é a felicidade, e se o homem em seu estado presente não pode alcançá-la, por que não mudar o homem? Seria ele tão perfeito a ponto de não devermos modificá-lo geneticamente? Curiosa contradição do mundo contemporâneo, tão ligado à ideia de felicidade, e que sacraliza seus genes quando estes são um obstáculo à sua felicidade. É o problema que levantarão autores como Wells, Huxley, Zamiatine, entre outros.

A partir de 1871, Edward Bulwer-Lytton, em *La race qui vient* [A raça do futuro], declara que "não somos capazes de gozar por muito tempo a felicidade com a qual sonhamos", e mostra que a corrida para a felicidade levará à desumanização, quando os progressos tecnológicos forem tamanhos que satisfarão nossos desejos antes mesmo de estes aparecerem. E ainda bem antes, Émile Souvestre, em 1846, em *Le monde tel qu'il sera* [O mundo como ele será], prevê uma planificação geral da reprodução da espécie pela utilização da genética, o que permitirá a obtenção exata dos tipos humanos de que necessitamos; entre outros, o problema do desemprego seria assim resolvido, pensa ele. Caberá ao século XX dar mais precisão a esses projetos de felicidade – e ao século XXI de os realizar? –, enquanto o século XIX que termina se contenta em quebrar as esperanças utópicas. *L'An 330 de la republique* [O ano 330 da república] é publicado por Maurice Spronk em 1894; nessa época abençoada, não há guerra, nem doença, nem perigo amarelo, nem ameaça islâmica, pois as tarefas ingratas são feitas por escravos chineses dirigidos por capatazes muçulmanos. Resultado: o vazio, o tédio, o suicídio. Daniel Halévy, em 1903, na *L'Histoire de quatre ans (1997-2001)* [História de quatro anos (1997-2001)], vislumbra uma Europa do ano 2000 em que a semana de trabalho caiu para dez horas e os cidadãos ocupam seu interminável tempo de lazer com drogas e pornografia, e são dizimados por uma doença desconhecida (a aids?). Edward Morgan Forster prevê, em 1912, que logo o mundo só girará graças à Máquina, o novo deus do qual depende toda a vida da humanidade, e no qual se pode ver a prefiguração da internet: "A Máquina é todo-poderosa, eterna. Bendita seja a Máquina!". Mas um belo dia *The Machine Stops* [A máquina para], título do romance de Forster), e a humanidade morre. Terminemos por um autor injustamente esquecido, Albert Robida (1848-1926), cronista em vários jornais parisienses, e que em 1833, com *Le XXe Sciècle* [O século XX], imagina a sociedade feliz de 1965: as mulheres votam, têm acesso a todos os empregos, os trens correm a 400 quilômetros por hora, as televisões exibem continuamente notícias insignificantes, os campos de batalha não são mais frequentados por hordas de turistas, os urbanos estressados fazem filas intermináveis para procurar relaxar nas regiões rurais transformadas em parques nacionais, como o parque nacional da Armórica, onde se vê em uma caricatura a chegada dos "parisienses irritados":

> No parque nacional onde se perpetua a imensa calma da vida provinciana de antigamente, todos os irritados, todos os estressados, todos os cerebrais esgotados vêm buscar o repouso reparador, sem televisão, sem telefone.

Onde ele foi procurar tudo isso? Em todo caso, Robida não tem inveja de nossa felicidade. Para ele, a idade de ouro certamente não está no futuro:

Vejam, eu não invejo os que viverão em 1965. Eles serão presos nas engrenagens da sociedade mecanizada, a tal ponto que eu me pergunto onde encontrarão as alegrias que nos eram oferecidas antigamente, as de perambular pelas ruas ou perto da água, as do silêncio, da calma, da solidão.

AS PROMESSAS REVOLUCIONÁRIAS

A utopia e a ficção científica abandonam a ideia dos amanhãs que cantam. Socialistas e comunistas assumem o posto. Com a revolução industrial, a questão da felicidade se torna na verdade um problema social muito concreto: as condições de vida horríveis de milhões de proletários interpelam diretamente os intelectuais; como, diante desses condenados da terra, não se indagar sobre a felicidade? E como não questionar o sistema econômico responsável por tais sofrimentos? Adam Smith tinha plena consciência disso: o liberalismo econômico engendraria uma classe de sub-homens:

> O homem que passa toda a sua vida fazendo algumas operações simples, cujos efeitos também são sempre os mesmos, ou quase os mesmos, não tem oportunidade de exercer sua inteligência. [...] Ele portanto perde naturalmente o hábito de tal exercício, e em geral se torna tão estúpido e ignorante quanto isso é possível em uma criatura humana.

Entorpecido mentalmente, quebrado fisicamente, é incapaz de ter uma vida social normal. "Em uma sociedade avançada e civilizada, esse é o estado no qual os trabalhadores pobres, isto é, a maioria do povo deve cair."[51] A confissão é brutal, mas queremos crer que Smith não imaginava a extensão dos desgastes humanos que o capitalismo causaria. Quanto a ele, propunha remediá-los pela educação. Mas, para isso, seria preciso mandar as crianças para a escola em vez de para a mina.

Utopistas e utilitaristas sugerem soluções, ineficazes. Já em 1843, Thomas Carlyle atacava utilitaristas e economistas liberais no capítulo "Felizes" de seu livro *Past and Present* [Passado e presente]:

> Cada deplorável pequena criatura que tem uma pele tem a cabeça cheia dessa ideia de que é, será, ou – de acordo com todas as leis humanas e divinas – deveria ser "feliz". Seus votos, os da deplorável criatura, serão atendidos; seus

---

51 Smith, *An Inquiry into the Nature and Causes of Wealth of Nations*, t.II, p.781-2.

dias, os da deplorável criatura, correrão em uma torrente de alegrias desconhecidas até mesmo dos deuses. Os profetas nos treinam: tu serás feliz, tu gostarás das coisas agradáveis e tu as encontrarás. Então o povo grita: por que não encontramos as coisas agradáveis?[52]

Vocês prometeram a maior felicidade para o maior número: onde está ela? E a felicidade que prometeram é uma falsa felicidade, baseada no prazer animal, em um "frio e universal *laissez-faire*" que consegue apenas enriquecer uma minoria. A felicidade que queremos baseia-se no sentido da comunidade, em um trabalho que tenha um sentido. Crítica romântica, mas que prenuncia os movimentos socialistas.

Quando é publicado o livro de Carlyle, Karl Marx (1818-1883) tem 25 anos. Ele observa, ele nota, ele classifica, ele elabora um pensamento, e sobretudo uma ação, uma práxis. Pois agir já é ser feliz. "A felicidade: lutar" – é o que ele responde a um jornalista. Marx fala pouco da felicidade em seus escritos, porque ele considera uma evidência "que não requer prova" que "cada indivíduo se esforce para ser feliz", e que "a felicidade do indivíduo é inseparável da de todos",[53] conforme seu camarada Engels declara em 1857. Que a concepção de Marx tem um aspecto quase religioso é o que denunciava Max Stirner; Marx se defende em *A ideologia alemã*, no qual desenvolve seu conceito de materialismo dialético. Mas a questão é secundária. O importante é que Marx luta pela libertação do proletariado e para que ele possa ter acesso a uma vida feliz. Para isso, Marx sacrifica sua felicidade individual, essa bondade familiar confortável que ele conhece com sua mulher, Jenny, e que ele qualifica – com precisão – como felicidade burguesa. Sua concepção da felicidade, que encontraremos em *A grande enciclopédia soviética*, é "a consciência que o espírito humano tem desse estado de coisas que corresponde à maior satisfação interior combinada com sua condição de existência, com uma vida plena e sensata, e à realização do seu objetivo de vida". Mas a classe dominante sempre privou a classe explorada dessa consciência. Trata-se de restituí-la, de devolver a felicidade a seu proprietário.

Marx visa instalar a idade de ouro, é evidente. Essa idade de ouro será o comunismo, cuja chegada é inevitável, mas da qual podemos precipitar a vinda pela revolução proletária. O terceiro livro do *Capital* evoca essa época feliz:

---

52 Carlyle, *Past and Present*, p.157.
53 Engels, "Draft of a communist confession of faith", em Marx e Engels, *Collected Works*, t.VI, p.96.

A necessidade ocuparia, na cidade nova, apenas um mínimo campo de ação, quer dizer que haveria uma mínima quantidade de trabalho obrigatório. [...] Os produtores realizariam sua tarefa com a maior energia e nas melhores condições dignas da natureza humana. [...] Depois, começa em seguida o desenvolvimento das forças humanas, que é um fim por si só e o verdadeiro reino da liberdade, um reino que, para se expandir, deve estar baseado no campo da necessidade. Sua primeira realização será encurtar a jornada de trabalho.

Além disso, o próprio Estado desaparecerá, e isso será o fim da sociedade da felicidade: "De cada um segundo suas capacidades, a cada qual segundo suas necessidades".

Essa perspectiva faz estremecer de entusiasmo Jean Allemane, quase transfigurado durante o discurso de 1903 que evoca o futuro da sociedade comunista:

> De repente, ele mudou de rosto, suas palavras transpiraram uma fé serena e simples, e fiquei impressionado pelo entusiasmo que ali reinava. [...] Então, é a igualdade perfeita, é a felicidade. Todas as engrenagens do mundo capitalista são destruídas: o exército, a magistratura, o clero. Basta de proprietários! Basta de arrendatários! Basta de papéis fiduciários! Basta de moedas, execrável intenção que alumia as cobiças.[54]

Muitos outros estremecem com a ideia da felicidade futura; nossos netos a verão, afirma Eugène Fournier; é para "depois de amanhã", deixa claro Auguste Chirac, em 1893; em todo caso, para o século XX, garante Georges Dazet, ou talvez 2001, segundo Le Drimeur.

Marx imaginava até que a sociedade comunista transformaria a natureza humana: "A revolução produzirá uma mudança nas condições e nas relações humanas, uma transformação da personalidade". Será o homem socialista, regenerado, e esse homem novo encontrará sua felicidade individual na coletiva:

> O homem novo adere, em princípio, totalmente à cultura política que lhe é proposta. Ele trabalha menos por dever do que por querer. Ele é honesto e

---

54 Apud Rebérioux, "La littérature socialisante et la répresentation du futur en France au tournant du siècle", em *Histoire sociale, sensibilités collectives et mentalités. Mélanges Robert Mandrou*, p.407-21.

moral. Quer ser útil e participa de todos os meios na obra comum de construção do socialismo e de defesa da pátria. A felicidade individual se funde na coletiva, e a comunidade, encarnada pelo Partido, representa cada indivíduo e os interesses de todos.[55]

Ali está sem dúvida o maior erro de Marx: ter acreditado que a felicidade transformaria o homem, quando na verdade o homem deve primeiro se transformar para conhecer a felicidade. O comunismo deveria transformar os homens em anjos, quando seriam necessários anjos para realizar o comunismo. É um novo caminho para o futuro radiante que se fecha.

Outros mercadores de felicidade socialista apresentam sua receita: a liberdade, a recusa a qualquer restrição. Para os anarquistas, a felicidade não poderia resultar de medidas de igualitarismo autoritário impostas por uma minoria ativa, o partido. Ela virá de baixo, de uma livre associação dos trabalhadores. É o que pensa Proudhon (1809-1865), que se torna lírico ao evocar esse mundo libertário, sem Estado, onde os trabalhadores, movidos pelo amor ao seu ofício e pela solidariedade humana,

> mais bonitos e mais livres como jamais o foram os gregos, sem nobres e sem escravos, sem magistrados e sem sacerdotes, formarão todos juntos, na terra cultivada, uma família de heróis, de sábios e de artistas.[56]

Quanto a Michel Bakunin (1814-1876), persegue a realização da "felicidade geral", a reconciliação da felicidade privada e da coletiva pela revolução anarquista, a supressão da Igreja e do Estado. O homem, sem deus nem mestre, será enfim feliz:

> A futura organização social deve ser feita apenas de baixo para cima pela livre associação e federação dos trabalhadores, primeiro nas associações, em seguida nas comunas, nas regiões, nas nações e, por fim, em uma grande federação internacional e universal. É somente então que se realizará a verdadeira e vivificante ordem da liberdade e da felicidade geral, essa ordem que, longe de renegar, ao contrário afirma e concilia os interesses dos indivíduos e da sociedade.[57]

---

55 Carrière d'Encausse, *Le pouvoir confisqué*, p.116.
56 Proudhon, *La philosophie du progrès*, em *Oeuvres complètes*, p.96.
57 Bakhtin, "La Commune de Paris et la notion d'État", em *De la guerre à la Commune*, p.417.

Para Bakunin, é de Moscou que partirá "a constelação da revolução acima de um mar de sangue e de fogo, e ela se tornará a estrela que guiará para a felicidade toda a humanidade liberada".

O CORO DOS FILÓSOFOS: A FELICIDADE? UMA QUIMERA!

Vocês estão sonhando, dizem em uníssono os filósofos a todos esses revolucionários. A revolução não levará à felicidade porque a felicidade não é humana, pelo menos essa felicidade concebida como o bem supremo. Se a filosofia do século XIX despreza a felicidade, é porque faz dela uma imagem negativa. A partir de Hegel, para quem "a história não é o solo onde brota a felicidade. Os períodos de felicidade são as páginas brancas da história", até Nietzsche, que esmaga com seu desdém a pequena felicidade do pequeno último homem, os principais filósofos se obstinam contra essa noção. Alguns por motivos ligados ao seu próprio temperamento, sem dúvida, mas, no todo, o que surge de sua meditação é que a felicidade é uma falsa evidência, uma ideia vaga que ninguém consegue delimitar, uma expressão desperdiçada que, na prática, se limita a designar pequenos prazeres corriqueiros ou uma simples ausência de dor. Irritados pela proliferação dos mercadores de felicidade, os filósofos relativizam.

A começar por Hegel, visivelmente constrangido por essa ideia que ele tem dificuldade em inserir na sua grande mecânica dialética da história. Resumindo: no início, diz ele, havia o "estado de inocência", uma "inocência melancólica, sem consciência nem vontade"; o Éden não era mais do que um "jardim zoológico".[58] A felicidade, que exige a consciência de si, não existia. Em seguida, emerge a consciência, mas é uma "consciência infeliz" (*unglückliches Bewusstsein*): a de um rompimento entre bem e mal, entre profano e sagrado, de uma alienação do homem em relação ao seu ambiente social e natural; finalmente vem a síntese: o homem alcança a liberdade racional, a liberdade de um ser que age de fato com conhecimento de causa, e de acordo com a sociedade em geral. Nesse estágio, os desejos individuais coincidem com a vontade geral, e se estabelece

> um sistema de interdependência completa pelo qual os meios de existência, a felicidade e o estatuto legal de um homem estão ligados aos meios de existên-

---

58 Hegel, *Leçons sur la philosophie de la religion*, p.26.

cia, à felicidade e aos direitos de todos. A felicidade individual depende desse sistema, e apenas por ele é atualizada e garantida.[59]

O que devemos entender com isso? De concreto, significa que com a sociedade liberal avançada as três necessidades fundamentais do homem estão satisfeitas: o desejo, a razão e o reconhecimento; liberdade, igualdade e racionalidade são finalmente reconhecidas no interior do Estado burocrático, e isso graças à Revolução Francesa e a Napoleão. A história se interrompe em Iéna, em 1806. Desde então, trata-se apenas de peripécias, de atualizações, de "alinhamentos de província", como confirma o hegeliano Alexandre Kojève: "A partir dessa data, o que aconteceu? Nada, o alinhamento das províncias. A revolução chinesa é somente a introdução do código napoleônico na China".[60] Francis Fukuyama repete em 1992: é *O fim da história*.[61] Não cabe discutir propósitos tão extravagantes. O que nos importa aqui é constatar que, para Hegel, o mundo – em todo caso a Europa – atingiu no início do século XIX um novo equilíbrio que tem toda possibilidade de ser definitivo. Será isso a felicidade? É evidente que Hegel não gosta do termo. Ele tende mais a acreditar que tudo o que é grande é infeliz, a começar por ele mesmo e por Napoleão: "Não é a felicidade que eles escolheram, mas a dor, a luta e o trabalho para seu objetivo [...]; eles não foram felizes", diz sobre os grandes homens. Em suma, a grande mecânica dialética da História nada tem a ver com a ideia mesquinha de felicidade: "Há momentos de satisfação na história do mundo, mas essa satisfação não é em absoluto a felicidade".

A felicidade tampouco é a preocupação principal de Auguste Comte quando ele imagina a terceira e última fase da história humana, a fase positivista, de que só a descrição já dá um frio na espinha. E não vamos encontrar muito conforto junto dos filósofos mais intimistas. Peguem Soren Kierkegaard (1813-1855). O autor de *Conceito de angústia*, *Temor e tremor*, *Évangile des Souffrances* [Evangelho dos sofrimentos], *O desespero humano*, *Concept de peur* [Conceito de medo], não é exatamente um hedonista. Ele crê na felicidade, no entanto, mas não nesta vida. Aqui, existem prazeres, que são como a busca da felicidade perdida, e que terminam em melancolia, constatação do fracasso do prazer para atingir a felicidade. O prazer busca a satisfação no egoísmo e nas coisas que passam, enquanto a felicidade está no esquecimento de si mesmo e na permanência. Somente o amor pode nos

---

59 Id., *Philosophie du droit*, 3ª parte, 2ª seção, parág. 183.
60 *La Quinzaine littéraire*, jun. 1968, p.83.
61 Fukuyama, *The End of History and the Last Man*.

dar uma ideia, pois o apaixonado se esquece de si mesmo pelo outro. Mas esse outro por sua vez é apenas um ser limitado, que não pode matar nossa sede de plenitude. A felicidade não é deste mundo.[62]

Para Arthur Schopenhauer (1788-1860), o termo "felicidade" é quase um palavrão, em todo caso uma incongruência, e "feliz", um insulto ao bom senso. Em uma vida que "oscila, como um pêndulo, da direita para a esquerda, do sofrimento ao tédio", onde situaríamos a felicidade? Esta não tem nenhum conteúdo positivo. É uma concha vazia. A prova: romances, contos, peças de teatro, todos terminam assim que os protagonistas são felizes: fechem-se as cortinas! Não há nada mais para ver! "Eles foram felizes e (eventualmente) tiveram muitos filhos."

> Um poema épico ou dramático sempre tem o mesmo assunto: uma disputa, um esforço, um combate cujo prêmio é a felicidade; mas quanto à felicidade em si, à felicidade alcançada, esta jamais nos é representada. Através de mil dificuldades, mil perigos, ela conduz seus heróis ao objetivo; mal eles a alcançam, e rápido, fechem-se as cortinas! E o que restaria a fazer, a não ser mostrar que o próprio objetivo, tão luminoso, e no qual o herói acreditava encontrar a felicidade, era pura enganação.[63]

Outra prova: artistas e escritores, tão prolixos quando se trata de descrever os sofrimentos do inferno – basta tomar emprestados da vida –, não sabem o que dizer ou representar para ilustrar a felicidade do céu, a não ser um meloso concerto de anjos trompetistas que corre o risco de se tornar o próprio inferno passadas algumas horas. "Depois de colocarem todas as dores, todos os sofrimentos no inferno, os homens só acharam o tédio para preencher o céu."[64]

A vida humana é uma alternância entre desejos e tédio. O desejo é um sofrimento, pois é uma falta, uma privação de gozo. Satisfazer o desejo é o que se chama felicidade; consiste portanto em terminar um sofrimento: "A satisfação, a felicidade, como a chamam os homens, é na verdade, em sua essência, algo de negativo; nela, nada há de positivo".[65] Em seguida vem o tédio, sobretudo para aqueles que têm condições de satisfazer facilmente seus desejos: "Como a necessidade para o povo, o tédio é o tormento das classes superiores. Há na vida social sua representação, o domingo; e a

---

62 Ver as análises de Ferguson, *Melancholy and the Critique of Modernity. Soren Kierkegaard's Religious Psychology.*
63 Schopenhauer, *Le monde comme volonté et comme représentation*, p.405.
64 Ibid., p.394.
65 Ibid., p.403.

necessidade, os seis dias da semana".⁶⁶ Depois o desejo reaparece, e assim por diante. Dessa forma corre a vida, que não passa de

> uma espera tola, de sofrimentos inaptos, de uma caminhada titubeante através das quatro épocas da vida, até aquele termo, a morte, em companhia de uma procissão de ideias triviais. Eis os homens: relógios; uma vez postos para funcionar, andam sem saber por quê...⁶⁷

"O que é a vida, se não a fuga diante da morte?" Empurrados por um estúpido e invencível desejo de viver, não sabemos o que fazer desta vida. Passamos o tempo – ou melhor, o "matamos" –, tratando de preencher o vazio com ocupações variadas, todas tão fúteis umas como as outras, e sempre perseguindo a felicidade, essa ilusão, essa "quimera". Fugimos do tédio lançando-nos nos aborrecimentos. Há alguns consolos, é verdade, com a arte, e principalmente a música; existem os que conseguem se bastar a si mesmos:

> Quanto mais um homem possui nele próprio, menos necessita do mundo exterior e menos os outros podem lhe ser úteis. Também a superioridade da inteligência conduz à insociabilidade.

Além disso, há temperamentos mais felizes do que outros: cada um de nós tem um ponto de equilíbrio, ao qual voltamos rapidamente após os abalos das infelicidades e das felicidades, como um sismógrafo que registra as variações em torno de um eixo fixo:

> Quando uma grande infelicidade, daquelas cuja simples ideia nos aterroriza, se abate sobre nós, nosso humor, uma vez passado o primeiro acesso de sofrimento, volta sensivelmente ao estado anterior; no sentido inverso, quando uma felicidade desejada por muito tempo nos é finalmente concedida, não ficamos sensivelmente melhores, nem mais satisfeitos do que antes.⁶⁸

Alguns têm um ponto de equilíbrio situado mais alto do que os outros, o que subentende que nossa capacidade de ser feliz tem raízes biológicas. Porém,

---

66 Ibid., p.396.
67 Ibid., p.406.
68 Ibid., p.399.

o que o mundo pode nos oferecer de melhor é uma existência sem dor, tranquila, suportável, e é a uma vida como essa que limitamos nossas exigências, a fim de poder aproveitá-la com mais certeza. Pois para não se tornar muito infeliz, o meio mais certo é não pedir para ser muito feliz.

Na verdade, o ideal seria extirpar de nosso espírito essa noção de felicidade, essa ideia segundo a qual somos feitos para ser felizes, que devemos sê-lo: não há fonte maior de frustração e de infelicidade:

> Não há senão um único erro inato, e é a ideia de que existimos para sermos felizes. [...] Enquanto persistimos nesse erro [...] o mundo nos parece cheio de contradições. Pois a cada passo, nas grandes como nas pequenas coisas, somos obrigados a constatar que o mundo e a vida com certeza não são propícios a uma existência feliz. [...] É por isso que o rosto de quase todas as pessoas de idade exprime o que chamamos de desapontamento. [...] O que perturba a juventude e a faz infeliz é essa procura da felicidade baseada na convicção de que *é preciso* encontrá-la na vida. Disso resulta uma esperança constantemente decepcionada e portanto um profundo descontentamento. Imagens enganosas de vaga felicidade saídas de nossos sonhos flutuam em nosso espírito com formas caprichosas, e procuramos em vão o original. [...] Haveria muito a ganhar se pudéssemos, graças a um ensino e a conselhos oportunos, extirpar da mente dos jovens a ideia errônea de que o mundo tem muito a nos oferecer.

Os otimistas são perigosos mentirosos:

> O otimismo não apenas é uma doutrina falsa, como também é perniciosa, pois apresenta a vida como desejável e a felicidade do homem como seu objetivo e seu objeto. A partir daí, todos creem ter o mais legítimo direito à felicidade e ao prazer. Se, como geralmente é o caso, não os atingem, acreditam que são vítimas de uma injustiça; na verdade, que desperdiçou toda a sua vida. Quando de fato é muito mais justo entender o trabalho, a privação, a miséria, o sofrimento, coroado pela morte, como o verdadeiro fim e objeto da vida.[69]

A solução, já que vivemos no "pior dos mundos possíveis", é acabar com a vontade de viver, impondo-nos uma existência ascética, freando todos os nossos instintos e desejos, tornando nossa vida "tão pobre, dura e

---

69 Ibid., p.209.

miserável quanto possível", uma vida semelhante à de um sábio brâmane, de um monge budista, de um asceta cristão.

Que triste vida deve ter levado o pobre homem, poderíamos pensar. Pois bem, nada disso. Instalado confortavelmente como um burguês de Frankfurt, graças aos rendimentos de uma boa herança, Schopenhauer "mata o tempo" de modo relativamente agradável: escreve pela manhã, passeia à tarde, vai ao clube, janta na cidade, conversa com amigos, vai à ópera e ao teatro de vez em quando, tem romances com algumas mulheres, curtos e sem compromisso, e, quando a fama enfim chega, nos anos 1850, gaba-se um pouco disso, empregando uma equipe encarregada de recortar os artigos da imprensa sobre ele em toda a Europa. Negar a felicidade pode trazer felicidade, ou pelo menos tornar a vida suportável, e reconfortar os outros: "Os pensadores mais pessimistas podem ser, paradoxalmente, os mais consoladores",[70] escreve Alain de Botton em *Les consolations de la philosophie* [As consolações da filosofia]. Os otimistas beatos é que são desalentadores. Ao nos mostrar que estamos todos na mesma desventura, Schopenhauer relativiza os males individuais e traz o conforto da solidariedade. Aliás, ele tem consciência disso:

> Essas reflexões, se passassem a ser um pensamento realmente vivo em nós, levar-nos-iam bastante longe na serenidade estoica, e aliviariam em muito o cuidado que tomamos com nossa felicidade pessoal.[71]

A FELICIDADE DO ÚLTIMO HOMEM

É assim que a leitura de Nietzsche (1844-1900) pode ser das mais revigorantes, quando na verdade raramente alguém foi mais severo do que ele em relação à felicidade. Desde Sócrates, escreve ele, os homens se perdem em sua procura da vida feliz:

> A pior doença dos homens vem da maneira pela qual combateram seus males. Os pseudorremédios produziram com o passar do tempo algo pior do que o que deveriam curar. As coisas que agiam de imediato, anestesiando e inebriando, as supostas consolações, por ignorância foram tomadas pelos verdadeiros remédios. Não percebíamos [...] que os alívios instantâneos quase sempre deviam ser pagos por um forte agravamento geral do mal.

---

70 Botton, *Les consolations de la philosophie*, p.207.
71 Schopenhauer, op. cit., p.399.

Ele confessa ter se enganado também quando em sua juventude acreditou encontrar a felicidade na arte, e sobretudo na música de Wagner. Em Bayreuth, ele havia declarado, encontramos "o ardor das pessoas que estão no zênite da felicidade, que as fortifica para outras aspirações mais elevadas".[72] Bem rápido, ele descobre que, na verdade, Bayreuth é apenas uma fachada mundana compassada, e que a felicidade está em outro lugar.

Seria na virtude e na razão, como pretende Sócrates, cuja doutrina Nietzsche assim resume:

> O que querem os homens? – A felicidade. – Por que o homem não alcança a felicidade? – Porque ele se engana nos meios. – Qual é o caminho infalível para a felicidade? – A virtude. – Por que a virtude? – Porque ela é essencialmente racional, e a racionalidade torna o erro impossível na escolha dos meios: é na qualidade de razão que a virtude é o caminho da felicidade.[73]

O que a experiência desmente.

A felicidade tampouco está apenas na razão, ou nos prazeres, como queriam fazer crer os utilitaristas: é a "felicidade inglesa", alojada "no conforto e na moda". De fato, "além dos ingleses, o homem não tende ao prazer", que somente consegue fazer gordos porcos. A felicidade prometida pelos socialistas também não é o bom caminho: é "a felicidade do rebanho, com a segurança, a ausência de perigo, o conforto, e um caminho fácil para todo mundo"; de certa maneira, promete-se aos proletários a felicidade burguesa.

E, além disso, há a felicidade cristã, uma felicidade toda de promessas: uma vida de sacrifícios "que serão um dia recompensados e reembolsados com grandes juros em ouro, não! em felicidade", uma felicidade que será aumentada pelo gozo do espetáculo dos sofrimentos dos condenados. Quanta hipocrisia nessa felicidade, como exprime com ironia mordaz Heinrich Heine, o poeta preferido de Nietzsche:

> Tenho um temperamento dos mais suaves. Minhas necessidades são modestas: uma cabana, um teto de palha, uma boa cama, algo para comer, leite e manteiga, bem frescos; flores à janela. E, se o Senhor misericordioso quiser tornar minha felicidade perfeita, ele me proporcionará o prazer de ver seis ou sete de meus inimigos enforcados nessas árvores. Eu os perdoaria de todo coração, antes que morressem, por todo o mal que me fizeram enquanto

---

72 Apud Safranski, *Nietzsche: a Philosophical Biography*, p.20.
73 Nietzsche, *The Will to Power*, p.236.

eram vivos. Sim, devemos sempre perdoar os inimigos, mas não antes que eles sejam enforcados.[74]

A felicidade do cristão é uma felicidade de vingança, a desforra dos fracos que virão a ser os fortes, os últimos que aspiram a se tornar os primeiros. Em si, diz Nietzsche, essa vontade de poder é louvável, mas ela se concretiza ao custo de um aniquilamento dos valores vitais: carregado pelo peso da culpa, desesperançado da vida, o cristão, em resumo, envergonha-se de "ser um homem" e passa a ser menos adaptado à vida do que os animais.

Ora, é justamente ao liberar o animal que está em nós que encontraremos a felicidade, a verdadeira,

> uma felicidade que a humanidade ainda não conheceu, a felicidade de um deus pleno de poder e de amor, pleno de lágrimas e de risos, uma felicidade que, tal o sol poente, espalha suas riquezas inesgotáveis. [...] Esse sentimento divino se chamaria a humanidade.[75]

Que o homem se torne o que ele é, pela "confiança em si mesmo", rejeitando todas essas correntes socráticas e cristãs que, ao "civilizá-lo", fizeram dele um ser fraco e envergonhado, um animal doméstico. Que o homem se torne super-homem, que não tenha mais que "duvidar de seu direito à felicidade", que não se "envergonhe mais de sua felicidade", que não diga mais: "é uma desgraça ser feliz, pois há miséria demais", que seja como os míticos hiperbóreos, proclamando:

> Descobrimos a felicidade, conhecemos o caminho, encontramos a saída do labirinto de milhares de anos. Mais alguém a encontrou? O homem moderno, talvez? "Eu me perdi", suspira o homem moderno. Essa modernidade foi nossa doença.[76]

Mas, além do apelo retórico à vontade de poder, à liberação dos instintos, além da exaltante poesia dos aforismos, de concreto, o que pode o homem fazer para ser feliz? Que grande motivação pode alimentar seu entusiasmo? Nietzsche confessa que nesse mundo moderno em fim de linha, onde "Deus está morto", ele não sabe nada. É preciso que o homem reinvente um sentido da existência, um fim, uma motivação.

---

74 Heine, *Gedänke und Einfallen*.
75 Nietzsche, *Le gai savoir*, p.268.
76 Id., *L'Antéchrist*, parág. 1.

Será que ainda pode? Pois ele é triste, o homem, e

> os homens profundamente tristes se traem quando estão felizes: têm um modo de pegar a felicidade, como se quisessem esmagá-la contra o peito e sufocá-la de ciúme. Sabem bem demais, infelizmente, que ela vai lhes escapar.[77]

Para curar em definitivo a vergonha de ser um homem e recuperar a confiança em si, não são as velhas receitas as melhores? "Para a doença masculina do desprezo de si, o melhor remédio é ser amado por uma mulher inteligente." Se bem que é preciso ter uma à mão, e conseguir que ela o ame.

A felicidade nietzschiana pelo desafio, a autossuperação, a liberação das energias animais e a vontade de poder amoral concerne somente a uma elite de super-homens autoproclamados. Apesar de ele ser bem pouco convincente: mesmo que alguns tivessem a força de Zaratustra, seriam logo sufocados pela sociedade civilizada hiper-regulamentada, lisa, que corta a cabeça de tudo que se sobressai. É tarde demais, e Nietzsche sabe: "O eterno e doloroso 'tarde demais', a melancolia de tudo que está acabado".[78] A única felicidade que tem futuro é a que ele abomina, a pequena felicidade da pequena semana do pequeno-burguês, a felicidade de pacotilha do "último homem" que nós somos:

> Ainda trabalharemos, pois o trabalho distrai, mas cuidaremos para que essa distração nunca se torne cansativa. [...] Seremos espertos, saberemos tudo o que se passou antigamente; assim, teremos do que caçoar sem parar. Vamos discutir, mas logo nos reconciliaremos, por medo de perturbar a digestão. Teremos nosso pequeno prazer para o dia e o pequeno prazer para a noite; mas veneraremos a saúde. "Inventamos a felicidade", dirão os Últimos Homens, com uma piscadela de olho.[79]

O CORO DOS TEÓLOGOS: A FELICIDADE? NEM PENSEM NISSO!

Volta às aulas de 1896. Um bispo, Monsenhor Baunard, recebe os novos alunos:

---

77 Id., *Par-delà le bien et le mal*, p.279.
78 Ibid., p.277.
79 Nietzsche, *Ainsi parlait Zarathoustra*, p.61-3.

Meus caros filhos, vocês chorarão. Por mais que eu queira o contrário e lhes deseje dias sem nuvens, mesmo assim, vocês vão chorar. Vocês chorarão, vocês sofrerão, porque é a condição de nossa natureza decaída, pecadora, e consequentemente de nossa natureza punida. Vocês chorarão porque é a lei de nossa natureza resgatada, mas resgatada pela cruz. Vocês chorarão porque é a lei pronunciada pelo Espírito Santo em cada página dos livros sagrados, porque é a promessa de Jesus Cristo a todos os seus discípulos do porvir.[80]

E agora, bom ano letivo!

Lágrimas, torrentes de lágrimas, é o que promete a Igreja do século XIX. Jamais ela havia atingido tal ódio pela felicidade terrestre, acuando qualquer traço de regozijo, como o cura d'Ars amedrontando sua paróquia durante quarenta anos, banindo todas as situações de diversão, toda manifestação de alegria. No dia de Saint-Sixte de 1830, dançaram e tocaram música na praça da cidadezinha; o vigário desaba:

> Na oração da noite, [...] ele chora. Choram com ele. E vários de nossos jovens desmiolados compreenderam sua tolice ao verem suas mães e irmãs voltarem da oração com os olhos vermelhos de lágrimas,[81]

declara uma testemunha do processo de canonização. Sim, porque vão canonizar esse inimigo mortal da alegria, é claro.

Paróquia de Taulé, baixa Bretanha, 1833. O padre Kervennic assinala para sua diocese a conduta suspeita de seu vigário, o abade Bramoullé: ele tem o ar feliz! "Creio ter percebido", escreve o padre ao bispo de Quimper, "que quanto mais exijo dele [...] mais ele estava alegre e parecia contente, [...] ele está sempre contente de pregar...".[82] Isso escandalizou os bons cristãos, ele prossegue, que se queixaram; eu o adverti: "Pessoas que amam a religião me disseram que as maneiras do senhor são escandalosas, e tão escandalosas que o senhor chega a rir algumas vezes, dando a comunhão". Controle-se! Seja triste! O alegre vigário, que tem 30 anos e manifesta uma felicidade de viver de má qualidade, é transferido para outra paróquia. Ele deverá, em uma carta de 2 de julho, desculpar-se com seus colegas: se "tive a infelicidade de entristecê-los [com minha felicidade!]...", isso se deve "a

---

80 Baunard, *Le collège chrétien, Instructions dominicales*, t.II, p.504.
81 Trochu, *Le curé d'Ars, d'après toutes les pièces du procès de canonisation*, p.186.
82 Arquivos da diocese de Quimper, carta de 17 jul. 1833.

meu caráter, que, como os senhores sabem, é muito alegre". Desculpem-me por ser feliz. Mas a Igreja do século XIX não aceita essa felicidade.

Uma quantidade de anedotas o prova, e a única visão dos retratos desses terríveis eclesiásticos basta para nos convencer disso. A jovialidade trai a felicidade, e a felicidade é uma quase heresia. É o que mostra o teólogo P. Scudo, em sua *Philosophie du rire* [Filosofia do rir], em 1840. É o que repetem sem cessar os pregadores. A cátedra é triste nesse século XIX. Escutemos o padre Millet, que prega em junho de 1858 sobre o tema "A felicidade não está neste mundo":

> A vida do homem não é uma aspiração incessante à felicidade? Escapar a todos os males, gozar de todos os bens, não é essa a ideia fixa de todo homem neste mundo [...]? O homem só pode viver à condição de ser feliz. Terá perdido toda esperança de sê-lo, rejeita o fardo da existência, e o próprio suicídio novamente é um impulso desesperado para a felicidade. [...] Queremos portanto todos ser felizes, e já que esse desejo é universal e invencível, ele vem de Deus.[83]

Inúmeros mestres de pensamento ensinaram os caminhos da felicidade, prossegue, mas não são os caminhos do Senhor:

> Todas essas teorias da felicidade ensinadas pelos homens reduzem-se obrigatoriamente a duas. Uns colocam a felicidade no prazer dos sentidos, os outros, no proveito do espírito [...] ora, há seis mil anos [!] que os homens se agitam em todos os sentidos nos seus dois mundos; vários ali encontraram riquezas, honrarias, prazeres; ninguém encontrou a felicidade.[84]

A razão, os sentidos: nada pode nos tornar felizes. Só os crentes conseguem ser felizes, pois seus bens estão no céu. Eles podem ver os outros se debaterem:

> Eles veem as tempestades da terra rosnar a seus pés; que os homens se agitem, que os elementos se confundam, que o céu desabe sobre sua cabeça, que a terra falte sob seus passos, eles não têm nada a temer, pois todos os seus bens estão em segurança e repousam no seio Daquele que não poderiam alcançar nem as paixões dos homens, nem a revolução dos impérios.

---

83 *La tribune sacrée*, 13º ano, 1857-1858, p.408.
84 Ibid., p.409.

Se, por causa do pecado original, a felicidade perfeita é impossível na terra, o crente pode apesar de tudo imaginar alguma forma de felicidade atenuada. Escutemos agora uma das estrelas do púlpito, o padre Janvier, em uma palestra de Quaresma em Notre-Dame, em 1903:

> Jamais, senhores, nem o Cristo, nem o Evangelho nos prometeram para a vida presente a felicidade perfeita. Eles protestaram, ao contrário, que era preciso passar pelo esforço doloroso, pelas tristezas do exílio, as sombras da morte, antes de entrar na plenitude do ser e do corpo. Eles nos ensinaram a não crer em sedutores e em exploradores de nossa impaciência, que nos anunciam uma beatitude imediata, que eles jamais deram, que eles não darão jamais.[85]

Portanto, nem pensem nisso; esse "bem supremo", ao qual "as línguas humanas deram nomes famosos de ventura, felicidade, beatitude, paraíso", está fora de alcance. Aqui neste mundo, "o homem não é o náufrago da felicidade? Preso à terra árida da miséria, não lhe faltam sempre a barca e as velas que o levaria à pátria da perfeição e da ventura?".

O orador passa então a destruir todas as ilusões: o dinheiro, a saúde, a liberdade, os lazeres, a volúpia, a ciência, a glória, por fim nada pode nos propiciar a felicidade perfeita que nos desejamos todos. Sísifo e Tântalo são as margens de nossa condição. Todavia, nesses tempos de combate contra a laicidade, contra o cientismo, a ação pode nos trazer um pouco de felicidade. O pregador tem apenas desprezo por aquilo que chama de "a passividade mística", "doutrina vaga e incompreensível"; a felicidade, é a disputa com Darwin, contra a incredulidade: "Em que consiste a perfeição das coisas? Na ação. Essa é a exaltação do ser que desabrocha...". Vejam um homem em plena ação:

> Quanta majestade! Então o homem não é apenas sublime e poderoso, ele é feliz. [...] Do ser que não faz nada, que não produz nada, jamais dirão que ele é grande, que é perfeito, nem que é feliz.

A felicidade está na ação, pois,

> para ser feliz, o homem deve se abrir até o fundo para o objeto de sua felicidade, estreitá-lo de certa forma, assimilá-lo e proporcionar a si mesmo sua ventura, como

---

85 Janvier, *Exposition de la morale catholique I: La béatitude. Carême 1903*, p.165.

ele se faz sua carne e seu sangue, como faz sua sensação, sua paixão, seu pensamento, seu amor, tantas coisas que não podem se realizar senão pela ação pessoal.

A ação pela boa causa, evidentemente, o combate por Deus. Por que há tanta insatisfação em nossos dias? Porque a fé recua. E o pregador, após ter mostrado que o crente não pode ser perfeitamente feliz na terra, mostra-nos agora que, se os homens não são perfeitamente felizes, é porque não são crentes, o que revela definitivamente uma bela virtuosidade dialética!

Se nossas sociedades sofrem tanto mal-estar que se traduz por recriminações, ódios, revoluções, perturbações, é que, ao diminuir o sentimento da existência de Deus nos espíritos, não apenas lhes foi tirada a esperança da felicidade eterna, mas ainda o mais eficaz consolo da vida atual e a melhor parte da felicidade terrestre. E quando queremos tranquilizar as multidões, acalmá-las e desenvolvê-las, saibam, é preciso lhes afirmar e provar a existência de Deus...[86]

É o que não cansaram de lembrar os intelectuais da reação, desde Joseph de Maistre e Louis de Bonald. O homem não pode ser feliz porque, desde o pecado original, é um monstro, "um centauro pavoroso; ele sente que é o resultado de um acidente desconhecido".[87] Vejam o selvagem, o homem natural, o índio, o africano, escreve Joseph de Maistre, é um ser "disforme, robusto e feroz, [...] ele é ladrão, cruel e dissoluto, [...] ele tem o apetite do crime"; somente o cristianismo pode civilizar esse degenerado e suavizar seu sofrimento. As sociedades não cristãs são caóticas, confirma Bonald: "O árabe do deserto e o selvagem da floresta, durante tanto tempo objeto da admiração imbecil de alguns dementes, [...] são os mais brutais, ladrões absurdos, gente cruel...".[88] O cristianismo traz um pouco de consolo aos homens. Mas a Revolução quis ir mais longe: trazer-lhes a felicidade, derrubando o cristianismo. Por trás das ideias de liberdade, igualdade, justiça e democracia escondem-se a soberba e a concupiscência. A Revolução prometera a felicidade; ela provocou o caos. Todas as ideias de felicidade pelo progresso são enganos, mentiras.

"Ah, pereça para sempre a doutrina do progresso fatal!", exclama o padre Félix em suas palestras da quaresma de 1856. Essa filosofia, que levou a história

---
86 Ibid., p.145.
87 Maistre, *Les soirées de Saint-Pétersbourg*, p.80.
88 Bonald, *Théorie du pouvoir*, em *Le siècle des Lumières et la Bible*, p.25.

a consagrar todas as perturbações e a divinizar todos os sucessos, o dogma da queda feriu-a de morte e ela se reerguerá de século em século apenas para logo voltar a cair sob o peso da verdade e sob o anátema dos povos.[89]

O progresso promete felicidade na terra, os fatos provam que isso é uma mentira; a Igreja promete a felicidade no céu, e nenhum fato a desmentiu! É claro que a felicidade eterna tem um preço: para merecê-la, é preciso renunciar a toda felicidade terrestre. Ora, em nossos dias – lamenta-se em 1880 o jornal religioso *L'Ami du clergé*,

> Querem aproveitar, e aproveitar a qualquer preço; e, se for preciso pisotear a justiça, a honra, a santidade do lar, não hesitarão. [...] Querem um cristianismo fácil, em que não se sofra; não querem mais ouvir falar de renúncia, de penitência, de mortificação das paixões. [...] Quem poderia se surpreender de ver em nosso século a saúde se alterar, as raças minguarem, a guerra torturar com furor, incontáveis vítimas caírem sob o golpe de pestes inexplicadas, fomes assustadoras e revoluções fratricidas?[90]

A Igreja do século XIX condena sem apelação qualquer procura de felicidade terrestre. Aqueles que, em seu seio, dão prova de otimismo e preveem um mundo feliz pela aliança entre fé, ciência e liberdade são excluídos, excomungados, anatemizados, como Félicité de Lamennais (1782-1854), culpado de ter "uma fé imensa no futuro da sociedade", culpado de entrever "no longínquo dos tempos a época feliz em que o mundo formará uma só cidade regida pela mesma lei, a lei da justiça, igualdade e fraternidade"...[91] Os raros cristãos que imaginam a felicidade terrestre são marginais, heterodoxos, como Pierre-Simon Ballanche, Pierre Leroux, o protestante suíço Frédéric de Rougemont, o unitarista Joseph Priestley.

A felicidade que Igreja e Estado lhes recusam, muitos vão buscar nas cartomantes, provedoras de sonhos. Algumas se tornam celebridades e têm consciência do papel de consoladoras dos aflitos. Madame Lacombe, que exerce em Paris, no número 1 da rue des Bouchers, diz-se "amiga, mãe, conselheira, confidente", e insiste na importância do calor humano nas consultas. Mademoiselle Lelièvre, que pôs por escrito a teoria de seu ofício em 1847, analisa de modo notável a função terapêutica da arte divinatória.

---

89 *La tribune sacré écho du monde catholique*, p.315.
90 *L'Ami du clergé*, n.48, 25 nov. 1880, p.566.
91 Lamennais, *Le livre du peuple*, 1838, em *Oeuvres complètes*, t.VII, p.205.

alvo da mira de todos os que sofrem; é [o gabinete de consultas], para o fraco, que acha o presente um fardo pesado demais, a estrela da esperança. Em geral, gostam de levar seus olhares para o futuro porque esperam conseguir transpassar a obscuridade, e fixar, em seu favor, o que ele poderia oferecer de feliz. Quando esperamos, trocamos os males reais e suas dores agudas por ilusões, o passado pelo futuro; não haveria felicidade se não houvesse ilusões.[92]

O CORO DOS POETAS E ARTISTAS: A FELICIDADE? UMA TRAGÉDIA!

É isso mesmo que pensa toda a geração romântica, essas jovens vítimas do "mal do século", cuja infância fora embalada pelos ecos da epopeia napoleônica, os cantos de liberdade e de igualdade, e que se veem, aos vinte anos, sob a cobertura de chumbo da Santa Aliança, tendo como único porvir o ideal burguês dos Laffitte e dos Guizot: "Enriqueçam!" Para esses jovens que se entediam, a única fuga possível é o sonho melancólico, os sentimentos, o deleite taciturno. Já que a felicidade lhes é proibida, eles descontam nos prazeres imediatos e efêmeros, nas alegrias passageiras do amor e da ação. De certo modo, os românticos farão da melancolia uma arte de viver e gozarão da certeza de que a felicidade é impossível.

Se a felicidade é um sonho, não poderia o sonho ser uma felicidade? É o que sugerem os pintores, como Prud'hon, que apresenta no Salão de 1819 seu *Sonho de felicidade*, realizado em colaboração com Constance Mayer. Visão idílica e alegórica: "Dois jovens esposos em um barco, com o filho, são levados sobre o rio da vida pelo Amor e a Fortuna",[93] quer dizer, um menino alado e uma mulher que rema. Sem dúvida, está remando contra a corrente, pois, mais do que um barco de felicidade, a vida de Prud'hon foi uma sucessão de sofrimentos privados, o que o leva a escrever, em 15 de agosto de 1822: "Só me resta, de uma felicidade aniquilada, um inútil sonho, recordação dolorosa, e amargos arrependimentos". E, em 2 de janeiro de 1823, evoca "a felicidade com que toda a minha vida sonhei e que tive apenas por um momento".

Outro *Sonho de felicidade* é exibido no Salão de 1843. É um quadro de Dominique Papety, aluno de Ingres, e fourierista ardoroso. O sonho de Prud'hon era de ordem privada, familiar; o de Papety é de natureza social.

---

92 Lelièvre, *Justification des sciences divinatoires, précédée du récit des circonstances de sa vie qui ont décidé de sa vocation pour l'étude de ces sciences et leur application*, p.6.
93 Laveissière, *Prud'hon ou le rêve du bonheur*, catálogo da exposição do Grand Palais, Paris, 1997. O quadro está no museu do Louvre.

Ele apresenta, como se pode ler no jornal fourierista *La phalange*, "o ideal da felicidade sob todas as faces em que se manifesta, em todos os acordos em que se produz" (14 de maio de 1843). É uma ilustração dessa arte social que Condorcet chamava de seus votos no *Journal de la société de 1789*, uma arte "que garante a maior felicidade possível ao maior número". A alegoria mostra, em um cenário semipastoral, uma espécie de idade de ouro: casais tranquilos, um nobre ancião, crianças em volta da estátua de um sátiro. Mas a felicidade, mesmo em sonho, presta-se mal à representação. O quadro, acadêmico, didático demais, é recebido com zombarias. Em plena monarquia de Julho, enquanto triunfam os banqueiros, a evocação de uma idade de ouro comunitária é julgada inconveniente:

> As reações quase sempre sarcásticas ao *Sonho de felicidade* e à lareira de Ottin revelam não somente desconfiança em relação à doutrina fourierista, mas também desprezo pelo projeto de uma arte "humanitária". [...] A maioria dos comentaristas considera a intrusão de conteúdo fourierista no Salão politicamente desagradável e esteticamente estéril.[94]

Preferem-se os quadros mais "realistas", que mostram a felicidade dos humildes, visão tranquilizadora para os conservadores: se os pobres são felizes? O que o povo pede? As cenas de felicidade natural proliferam, desde *The Happy Cottagers*, de Georges Morland, em 1792 (Museu da Filadélfia), até *Temperança, trabalho e felicidade*, de Paul Frenzenzy, em 1874 (Museu de São Francisco). O *Ângelus* de Millet é o ícone da felicidade campestre: o trabalho nos campos, em uma natureza tranquila, "a paz do anoitecer nos campos adormecidos", sob a proteção divina. Essa visão ideal não seria antes, também ela, um "sonho de felicidade"?

Os impressionistas também participam dessa realização. Das margens do Marne às praias da Normandia, dos bailes populares aos almoços sobre a relva, a felicidade está em toda parte. Felicidade dos operários endomingados e das classes médias, que Auguste Renoir representa tanto no *Baile do moinho de la Galette* (1876), como no *Almoço dos canoeiros* (1881). Em 1893, Paul Signac dá uma versão moderna da idade de ouro: *No tempo da harmonia*. Em uma natureza ensolarada, à beira-mar, homens, mulheres, crianças brincam, trabalham, leem, pintam, amam-se com toda liberdade.

---

[94] McWilliam, *Rêves de bonheur. L'Art social et la gauche française (1830-1850)*, p.335. O quadro está no museu de Compiègne.

A apoteose desses sonhos iconográficos de felicidade está em Viena, onde, em 1902, Gustav Klimt pinta o grande afresco da *Frisa Beethoven*, que representa em três painéis *A aspiração à felicidade*, confrontada com as *Potências inimigas* (doença, loucura, morte, desejo, luxúria, excesso, dor) e termina na alegria pela arte e no famoso *Beijo ao mundo inteiro*. A ambiguidade da obra é reveladora do lugar discutível que a felicidade ocupa no século XIX. Além das características intrínsecas do estilo de Klimt, cujos personagens são de uma estranheza de dar medo, além igualmente da inquietante arquitetura do local da exposição, o Pavilhão da Secessão, realizado por Josef Hoffmann, que lembra mais o interior de uma tumba egípcia do que um templo da felicidade, é toda a história em torno dessa frisa que é desconcertante. Ela deveria ilustrar o "hino à alegria", escrito por Schiller, um homem que declarara a um amigo: "Nada no mundo tem encanto para mim, [...] lamento não ter morrido em minha infância" (15 de junho de 1780); o texto é musicado por um ser atormentado e sofrido, Beethoven, que, por sua vez, exprimia em 1802 seu desespero:

> Oh, Providência, concede-me ao menos um dia cheio de alegria; há tanto tempo que a alegria não ressa em mim. Quando, oh, quando, divino mestre, a encontrarei de novo no templo da natureza e dos homens? Jamais? Não, isso seria duro demais.[95]

Transformado no último movimento de sua *Nona Sinfonia*, o hino à alegria, considerado bem triste por August Strindberg – que confessava: "A alegria nunca foi meu negócio, então eu acho sua *Ode à alegria* bastante banal, o que acontece quando Beethoven tenta ser feliz" –, e apreciado por Richard Wagner, que nele vê uma luta desesperada, "um combate [...] da alma que luta pela alegria contra a opressão dessa potência inimiga que se interpõe entre nós e a felicidade terrestre". Klimt se apodera portanto do tema – ele, de quem tampouco se pode dizer que respira a alegria de viver. A morte está onipresente em sua obra, e assim também em sua frisa, entre *A aspiração à felicidade*, onde vemos a Compaixão e a Ambição implorarem ao homem forte, em armadura, que inicie a luta pela felicidade, e o *Beijo ao mundo inteiro*, onde o homem, visto de costas, nu e impotente, está como que preso por uma mulher misteriosa cujo rosto não se vê. Estranha maneira de evocar a felicidade. Rodin, cuja *Porta do inferno* Klimt admirava, ficou, aliás, entusiasmado

---

95 Beethoven, *Briefweschel Gesamtausgabe*, t.I, p.123.

pela alegre frisa, que ele acha "tão trágica!" O papel principal ali, na verdade, é sustentado pelo monstro Tufão, cercado de males que atacam os homens, e não vemos como os desejos e os votos, que flutuam sobre as Górgonas, poderiam superá-los. Ao descobrir a obra, o público teve um compreensível movimento de recuo. Apenas os amigos e admiradores de Klimt, os pintores Egon Schiele e Oskar Kokoschka apreciam-na. Nas mãos dessa alegre equipe, a felicidade não é nem mesmo um sonho, mas um fenômeno inquietante.

Os poetas, aliás, têm em geral tendência a fugir da felicidade. Os românticos, que assombram as ruínas dos cemitérios, nada esperam de bom do futuro, e sobretudo nada de felicidade, que de todo modo é impossível: se o tempo suspendesse seu voo, talvez... Mas, na falta da felicidade, existe a alegria, essa alegria celebrada por Schiller, "alegria, bela centelha divina, filha do Elíseo, [...] sob tuas asas, todos os homens tornam-se irmãos"; "a alegria, virtuosa dama, a alegria que só é dada aos puros, em seus momentos da maior pureza", canta Coleridge, acompanhado por Shelley, Byron, Keats, Wordsworth, Carlyle, Blake. A alegria é um sentimento íntimo, subjetivo, que nos faz renascer; ela é como a juventude, e é preciso capturá-la no ar. Nós a procuramos na paixão, no amor, na ação, nas viagens, nas grandes planícies americanas, com Chateaubriand, nas acrópoles gregas, com Byron.

Procuramos por ela também no ópio, no qual Thomas de Quincey acredita ter encontrado "o segredo da felicidade que os filósofos procuraram por tanto tempo". Mas esses paraísos artificiais logo se tornam infernos, como ele reconhece em 1822, nas *Confissões de um comedor de ópio*. Baudelaire e os "poetas malditos" também virão a experimentá-lo.

Eles não querem felicidade, querem uma alegria intensa. Viver rápido, provar de todos os prazeres, e desaparecer; ser jovem e morrer: essa parece ser sua divisa. A tuberculose, a droga, a guerra e os comportamentos de risco se encarregam de cumpri-la. Sua passagem pela terra é breve: se Chateaubriand tem a infelicidade de ter de suportar a vida, que sua mãe lhe "infligiu", até a decrepitude completa de seus 80 anos (1768-1848), a maioria dos românticos não dura tanto: 26 anos para Keats, 30 para Shelley, 33 para Byron, 23 para Büchner, 29 para Novalis, 35 para Grabbe, 24, 30 e 39 para as irmãs Brontë. Aos 22 anos, Leopardi escreve: "É hora de morrer". Em 1806, Fichte, testemunha dessas hecatombes, conclui que

> quando eles tinham passado os 30 anos, fora necessário desejar-lhes para sua felicidade e para o bem do mundo que morressem, pois, a partir daquele momento, viviam apenas para se corromper cada vez mais, a eles mesmos e aos seus próximos.

Essa observação se justifica ao menos para Rimbaud, que morre aos 37 anos, drogado, depois de envenenar a vida de todas as pessoas com quem conviveu, de ter vendido armas, odioso com todo mundo, mas convencido de que era um gênio. Sua vida se resume a "uma estadia no inferno", e no poema *Idade de ouro*, ele rejeita qualquer recurso à razão:

Essas mil questões
Que se ramificam
Não levam no fundo,
Senão à embriaguez e à loucura.

Esse anti-intelectualismo já caracterizava o pré-romântico Thomas Grey:

Por que conhecer nosso destino?
Já que a dor nunca vem tarde demais
E que a felicidade vai embora tão cedo.
O pensamento destruiria nosso paraíso.
Basta. Já que a ignorância é uma delícia,
É loucura ser sábio.

A felicidade é para os inocentes, os simples de espírito, as pessoas terra a terra. Em *Siebenkäs*, Johann Richter (1763-1825) põe em cena um herói romântico, atormentado pelas grandes questões sobre o sentido do mundo, enquanto sua mulher, Lenette, simples, só se preocupa como o cotidiano imediato; todos os seus esforços para tornar o marido feliz são inúteis, pois não é possível ser feliz quando se reflete.

Tampouco se pode sê-lo ao antecipá-lo:

Na felicidade, olhar mais além de nossos limites,
É carregar o luto em um céu de verão,
É arruinar o canto do rouxinol,

escreve John Keats (1795-1821), aprovado tanto por Coleridge como por Chateaubriand. A felicidade é para os simples; e também para os burgueses, o que é motivo suficiente para rejeitá-los com desdém, como faz Baudelaire em uma carta a Jules Janin: "O senhor é feliz. Lamento, senhor, que seja tão facilmente feliz. Será preciso que um homem caia tão baixo para se acreditar feliz!" Para o poeta, a felicidade torna o homem apático, egoísta, incapaz de pensar e de criar. Vale mais o prazer, principalmente quando se é um dândi: "Nunca busquei a felicidade", escreve Oscar Wilde. "Quem deseja a felicidade? Eu encontrei o prazer". Por trás dessas fórmulas desenvoltas que não passam de jogos espirituosos, encontramos entretanto a constatação de Schopenhauer: "A vida oscila entre o sofrimento e o tédio", sofrimento do desejo, tédio da satisfação do desejo; pesada constatação que Oscar Wilde traduz com mais leveza: "Há apenas duas tragédias na vida: uma, não saber o que se deseja; a outra, obtê-lo".

O CORO DOS ROMANCISTAS: A FELICIDADE? UMA HISTÓRIA DE LOUCOS!

Se os poetas desprezam a felicidade, os romancistas a detestam. Obrigação profissional: gente feliz não tem história e, onde há felicidade, não há nada para contar. Todos os romances são construídos sobre a infelicidade, mesmo quando o título é *Le bonheur* [A felicidade], como a novela de Maupassant. E mesmo quando preveem progressos, os autores permanecem céticos, como Anatole France, que põe na boca de um de seus personagens em *Sur la pierre blanche* [Sobre a pedra branca]:

> Finalmente, perguntava, o senhor é feliz? Morin balança a cabeça: – "Não faz parte da natureza humana provar a felicidade completa. Não se pode ser feliz sem esforço, e todo esforço comporta o cansaço e o sofrimento".

Quando representam a felicidade, é para caricaturá-la, como Charles Dickens, em *Mr. Micawber*: "Renda anual: 20 libras; despesa anual: 19 libras 16; resultado: felicidade. Renda anual: 20 libras; despesa anual: 20 libras e migalhas; resultado: sofrimento". Eis a felicidade contábil do comerciante. "Se construíssemos a casa da felicidade, o maior cômodo seria a sala de espera": eis a felicidade humorística de Jules Renard. E no entanto, escreve Stendhal, todos os homens praticam a "caça à felicidade", o que significa que é na caça em si que está a felicidade, a qual não tem existência independente. Quanto a Flaubert, ele não caça, mas acua. A felicidade é sua inimiga pessoal e mortal, sua besta negra, engendrada pela tolice humana: "Ser tolo, egoísta e ter boa saúde: eis as três condições para ser feliz. Mas se lhe faltar a primeira, tudo está perdido"; "Convençamo-nos de que a felicidade é um mito inventado pelo diabo para nos desesperar"; "Felicidade: você já refletiu sobre quanto essa palavra horrível fez correr lágrimas? Sem essa palavra, dormiríamos mais tranquilos e viveríamos à vontade". Esse ódio da felicidade é algo que Gustave Flaubert sentiu muito cedo:

É estranho como nasci com pouca fé na felicidade. Muito jovem, tive um pressentimento completo da vida. Era como um cheiro de cozinha repulsivo, que escapa por um tubo de ventilação.

Instalado em uma propriedade perto de Rouen, em uma Normandia de céu cinzento, sem precisar ganhar a vida – a fortuna da família o priva da diversão do trabalho obrigatório –, ele observa a futilidade das coisas, a imensa tolice de todas essas pessoas felizes que acreditam haver um sentido em tudo aquilo: "Sofremos de uma única coisa: a tolice, mas ela é formidável e universal". Durante anos, Flaubert dissecou a sociedade para escrever seus romances, e encontrou apenas o tédio, que transpira de toda parte. Tédio que o acompanha até no Egito: "O vestido de Dejanira não estava mais bem colado às costas de Hércules do que o tédio à vida, à minha vida", escreve a Maxime Du Camp. Este reage naturalmente como os espíritos simples, com incompreensão: "Você tem perto, à mão, todos os elementos da felicidade, e não é feliz!". Daí a dizer "você não é normal", ou "você deve se tratar", é um passo.

É preciso portanto também tratar Dostoiévski. Se esse homem tivesse sido "feliz", a literatura mundial estaria amputada de algumas obras-primas, e poderíamos dizer o mesmo para a maior parte das grandes obras literárias e artísticas. No centro dos romances de Dostoiévski está o dilema fundamental: a liberdade ou a felicidade? É preciso escolher, como Eugène Zamiatine escreverá em 1920 em *Nós*:

> Vocês sabem, a velha lenda do paraíso, somos nós, é absolutamente atual. Os dois habitantes do paraíso viram-se diante da escolha: a felicidade sem liberdade ou a liberdade sem felicidade, não há outra solução. Aqueles idiotas escolheram a liberdade e, naturalmente, ansiaram por correntes durante séculos. Nós acabamos de encontrar a maneira de devolver a felicidade ao mundo.

Simplesmente suprimindo a liberdade. E é também o que proclama orgulhosamente o Grande Inquisidor da Espanha, cuja história Ivan Karamazov conta ao irmão Aliocha em *Os irmãos Karamazov*. Ele se vangloria de ter, ele e os seus, suprimido a liberdade no projeto de tornar os homens felizes. Pois é agora pela primeira vez (ele fala da Inquisição, é claro) que se pode sonhar com a felicidade dos homens.

> Tu não quiseste privar o homem da liberdade, lança o Grande Inquisidor ao Cristo. Esqueceste que o homem prefere a paz, e mesmo a morte à liberdade de discernir o bem e o mal? Não há nada mais sedutor para o homem do que o

livre-arbítrio, mas também nada mais doloroso. Tu te orgulhas de teus êmulos, mas não passam de uma elite, ao passo que nós, nós daremos o repouso a todos [...] nós tornaremos todos os homens felizes, as revoltas e os massacres, inseparáveis de tua liberdade, cessarão. [...] Certamente, organizaremos sua vida como uma brincadeira de crianças, com os coros, as danças inocentes. Os felizes se contarão aos bilhões. [...] Eles morrerão em paz, se apagarão suavemente em teu nome e, no outro mundo, só encontrarão a morte. Mas guardaremos o segredo.

Não é exatamente a felicidade do último homem que prevê Nietzsche e que a sociedade "liberal avançada" está em vias de realizar – na verdade asséptica, regulamentada, uniformizada, segura?

A mesma ideia é retomada em *Les Possédés* [Os possuídos], onde o utopista Chigalev propõe estabelecer a felicidade da humanidade pela tirania de um pequeno número sobre a massa aquiescente, empanturrada de pequenos prazeres. Como escreve Gilles Lapouge,

> Dostoiévski reconhecera as duas figuras da tragédia. Ele se apresenta como um homem dilacerado entre suas fascinações opostas: a felicidade transparente e perfeita do formigueiro contra as embriaguezes ensanguentadas da liberdade.[96]

Se bem que é preciso que as formigas estejam ocupadas, pois, como escreve Dostoiévski,

> os homens perceberão que não há felicidade na inação, que o pensamento se apaga quando não se trabalha, que é odioso viver favorecido, e que a felicidade não está em si mesma, mas em sua busca.[97]

Então, vamos lançá-los em pistas, falsas pistas: procure a felicidade, procure. A sociedade de consumo será fabulosamente criativa para fornecer as armadilhas.

JACK FELIZ E A FELICIDADE BURGUESA

Assim, nesse século XIX, nem os filósofos, nem os teólogos, nem os poetas, nem os romancistas acreditam na felicidade; os utopistas e os socia-

---

96 Lapouge, *Utopie et civilisations*, p.289.
97 Dostoiévski, *Journal d'un écrivain*, p.377.

listas a prometem, para depois; os proletários e os camponeses nem pensam nela. Não existe ninguém feliz nessa época? Claro que sim! No sábado, 7 de agosto de 1869, um jornalista da revista inglesa *All the Year Round*, dirigida por Charles Dickens, descobriu a maravilha, em algum lugar do Kent: um pequeno homem vigoroso, de 60 anos, que os vizinhos apelidaram de Happy Jack (Jack Feliz). Ele é botânico; encontra sua felicidade nos prados. Sua especialidade: os simples; isso não se inventa. A entrevista começa, sem preâmbulos, pela questão crucial: "Por que o chamam de Jack Feliz?". O homem não tem pressa, tira uma baforada de seu cachimbo.

> Quando as pessoas me chamam Jack Feliz, suponho que seja para eles um cumprimento. E, considerando os prós e os contras, sou relativamente feliz. [...] Os segredos de minha felicidade são uma boa mulher, um bom apetite, uma boa consciência, e uma ocupação de que gosto e que prezo...

E é dada a largada para oito colunas in-oitavo de lugares-comuns sobre a felicidade da vida campestre, quinhentas linhas sobre a vida feliz das pessoas simples e honestas. A riqueza? Para fazer o quê? "Se eu fosse rico, será que jantaria com mais apetite? Será que dormiria melhor? Será que teria mais prazer em meus longos passeios?"[98]

Jack Feliz é um estereótipo. É o modelo-padrão da felicidade modesta tal como a imagina a sociedade burguesa sobre as classes inferiores: saber se contentar com pouco, respeitar a moral e a ordem social. O que é a felicidade? "Pão e lei moral", escreve em 1877, em *Ouvriers européens* [Operários europeus], Frédéric Le Play, um autêntico amigo dos operários. Na Inglaterra, William Cobbett, um dos fundadores do movimento radical dos anos 1820, insiste na importância do âmbito familiar: o homem feliz é o homem virtuoso, de rendimentos suficientes, de boa saúde, chefe de uma família obediente. A felicidade familiar depende muito da submissão da mulher, o que evita discussões e rancores. É a natureza que assim o quer: se a mulher é mais fraca, é porque está destinada a obedecer, "porque a própria natureza de seu sexo torna o exercício desse direito [a independência] incompatível com a harmonia e a felicidade da sociedade".[99] A mulher feliz é a mulher submissa.

A felicidade, para todos, e sobretudo para a burguesia dominante, é a ordem moral, a virtude. É por isso mesmo que isso é ensinado desde a escola

---

98 *All the year round*, n.36, 7 ago. 1869, p.231.
99 Cobbett, *Advice to Young Men, and Incidentally to Young Women in the Middle and Higher Ranks of Life*, p.317.

primária, até a laica e obrigatória. O vínculo é estabelecido implicitamente nos manuais destinados aos professores primários: "Nossa razão quer ver a felicidade ligada à virtude, ao sofrimento da devassidão; o contrário não nos parece de acordo com a ordem", podemos ler em *Morale à l'usage du cours des écoles primaires* [Moral para uso do curso superior das escolas primárias], publicado por Cazes em 1909. "O objetivo de nossa vida é chegar à felicidade", e para isso é preciso "praticar a virtude", diz um dever de 1893. A virtude proporciona uma felicidade moral, "alegria tranquila, isenta de inquietude e amargura", "paz da alma", "tranquilidade interior", "prazer puro", e se manifesta por "calma, serenidade do rosto, dignidade na atitude"; então, "para ser feliz, esteja sem remorsos", dizem os cadernos dos professores.[100] "A consciência moral exige o acordo absoluto entre a virtude e a felicidade", declara um ditado do curso superior em 1900.

Sejam virtuosos e sereis felizes, ensina-se na escola. Mas não prometemos nada: a felicidade brilha por sua ausência em todas as Constituições do século XIX. Não se trata mais de fazer dela um direito natural. A burguesia no poder faz-se discreta sobre o assunto, que poderia novamente dar ideias ao povo; nada nas Constituições de 1795, a do ano VIII, a do ano X, a do ano XII, nas Cartas de 1814, de 1830. Em 1848, no ambiente eufórico da efêmera "primavera dos povos", o preâmbulo da Constituição exibe como objetivos do novo regime

> marchar mais livremente no caminho do progresso e da civilização, [...] aumentar o conforto de todos, [...] fazer todos os cidadãos chegarem a um grau sempre mais elevado de moralidade, de luz e de bem-estar.

O "bem-estar", versão burguesa da felicidade; mas essa palavra é deliberadamente omitida. Luís Napoleão, em sua proclamação de 14 de janeiro de 1852, promete a "prosperidade" e a "grandeza". Nada de felicidade. As leis constitucionais de 1875 não prometem absolutamente nada. Isso evitará as decepções. Desde então, é o silêncio.

Os burgueses não falam da felicidade. Eles preferem colocar o trabalho, a seriedade, a economia, a austeridade, as virtudes domésticas na frente. Protegem sua felicidade dissimulando-a atrás das pesadas cores de seus salões. Pois é uma felicidade privada, familiar. Podemos adivinhá-la pelos inícios da publicidade, ou folheando as primeiras revistas destinadas aos

---

100 Exemplos citados por Baubérot, *La morale laïque contre l'ordre moral*, p.163-4.

lares ricos, como *The Home Circle* na Inglaterra. Ali, dão-se conselhos sobre a vida material, a mobília, os contratos de casamento, os domésticos, as recepções. *Home, sweet home; An Englishman's home is his castle*: essas expressões novas evocam a ligação com o calor do "ninho", aconchegante, *smug, cosy*. A felicidade, os burgueses a confiam a seus diários íntimos. Um exemplo, o do joalheiro James Luckcock, de Birmingham, aposentado aos 59 anos, em 1820, em sua casa de Lime Groove, onde conhece, diz ele, "o apogeu da felicidade", com sua mulher e seus dois filhos; ele se diz plenamente feliz, "abençoado pela posse de um pequeno paraíso".[101] Ele fala de suas flores, de seus legumes, de seus passeios, de suas visitas. E garante que sua mulher é tão feliz quanto ele: como não seria, com um marido tão maravilhoso? É o que a faz dizer em um pequeno poema de autossatisfação que começa assim:

> *Quem fez nascer em meu seio virginal*
> *Uma perturbação deliciosa, inexprimível,*
> *Deu à vida um brilho admirável?*
> *Meu marido!*
> *Quem me protegeu dos tumultos urbanos,*
> *Partilhou os trabalhos no jardim,*
> *Uniu a alegria ao labor cotidiano?*
> *Meu marido!*

Segue-se a ladainha de seus próprios méritos, que ele coloca na boca de sua mulher. James Luckcock é com certeza um homem feliz. Essa felicidade burguesa, fechada no ninho familiar, suscita as zombarias dos jornais satíricos, como o famoso *Punch*, que publica em 1849 uma caricatura de Richard Doyle intitulada *Rien ne vaut le foyer* [Nada vale tanto quanto o lar], que mostra um casal de grandes e gordos burgueses, o rosto iluminado por um largo sorriso pateta, confortavelmente instalado em suas poltronas, cercado pelos filhos comportados e submissos, enquanto em volta a Europa está a ferro e fogo. Na França, Daumier caricaturou de modo genial a suficiência burguesa. Os retratos, cada vez mais comuns, e depois as fotos, individuais ou de grupo, são por si sós caricaturas involuntárias nas quais, por meio de poses cuidadosamente estudadas, por trás de rostos sérios, graves, lê--se a autossatisfação de pessoas convencidas de sua importância, de sua

---

101 Luckcock, "My house and garden: Lime Grove, Edgbaston", Birmingham Reference Library, 375/948.

respeitabilidade, de sua superioridade, em famílias impecáveis, dominadas pela imponência do chefe: o marido e o pai. Se são felizes, não deixam transparecer. Eles escondem bem sua felicidade. A vida de família acontece no segredo dos apartamentos, atrás dos "lares fechados; portas fechadas; posses ciumentas da felicidade", que André Gide evocará um pouco mais tarde e que lhe inspirará seu grito de repulsa: "Famílias, eu as odeio!". Marido austero numa pose severa, mulher enclausurada, crianças privadas de sua espontaneidade: podemos realmente falar de felicidade burguesa nessa atmosfera sufocante da sociedade vitoriana e de seus êmulos continentais? Sociedade do recalque e da hipocrisia, terreno de predileção das neuroses, ela fará pelo menos alguns felizes: os psicanalistas.

UMA SELEÇÃO NATURAL DOS FELIZES?

Em 1838, dois anos após sua viagem de volta ao mundo no *Beagle*, Charles Darwin escreve em seu caderno de notas: "Começada uma discussão, dizendo o que é a felicidade". Em outra página: "Definição da felicidade: o número de ideias agradáveis que vêm à mente em um dado tempo..." e ainda:

> Felicidade simples como a de uma criança é a proporção de sensações mentais agradáveis em relação a um momento dado. [...] Mas a sensação pode ser mais ou menos agradável ou desagradável ao mesmo tempo [...] portanto, graus de felicidade. [...] Felicidade total não tão desejável como felicidade intensa, mesmo com algumas dores...[102]

Visivelmente, Darwin se questiona sobre o lugar da felicidade e sobre seu papel possível no processo da evolução e da seleção natural. Ele não teve tempo para tratar sistematicamente do problema, então ficamos restritos a conjecturas, fundadas sobre anotações isoladas em suas obras.

De modo bastante esquemático, entrevemos o processo: entre os primeiros homens, como entre os animais, existem instintos que favorecem a preservação e a perpetuação do indivíduo, e que são portanto fatores de prazer: sexo, ciúme, cólera, agressividade, vingança etc. Aos poucos, com a socialização, o homem, animal social, desenvolve um "instinto social", isto é, um instinto favorável à sobrevida do grupo. Esse instinto é quase

---

[102] Darwin, "Notebook M." (1838), em *Charles Darwin's Notebooks 1836-1844: Geology, Transmutation of Species, Metaphysical Enquiries*, p.539, 550. Outras alusões p.546, 548, 549.

sempre oposto ao individual, que deve dali em diante ser controlado, se não recalcado, para a sobrevivência grupal. É ao instinto social que ligamos a ideia de felicidade. Aqueles em quem ele está mais desenvolvido são mais bem armados na luta pela sobrevivência:

> Com os animais que se beneficiam de uma existência em estreita associação, os indivíduos que experimentam mais prazer na sociedade são mais bem protegidos contra os perigos, ao passo que os que se preocupam menos com os companheiros, e vivem solitários, perecem em maior número.[103]

Assim, a evolução favoreceria a sobrevida dos povos mais felizes e mais virtuosos, já que a virtude consiste em dominar os instintos individuais em benefício do instinto social.

Essa conclusão significaria, por um lado, que "todos os seres sensíveis foram formados para aproveitar, de maneira geral, a felicidade" e, de outro, que aumentaria a proporção de pessoas felizes e de felicidade no mundo, pois os menos bem adaptados à felicidade desapareceriam mais rapidamente. O próprio Darwin hesita: "A meu ver, a felicidade ganha, se bem que isso seja muito difícil de provar."[104] De fato. Os infelizes não parecem ser uma espécie em extinção. Qualquer que seja a conclusão, as visões darwinianas sobre a felicidade são muito discutidas. Muitos observam que, no homem, a felicidade é sempre um processo, e não um estado; o que faz progredir o homem é que ele visa sempre um prazer ligeiramente superior a suas capacidades. Isso mantém uma tensão e um estímulo. O animal saciado digere e adormece; o homem nunca está saciado: ele persegue sem fim a felicidade, é isso que o faz avançar. Não é a felicidade, é sua busca que o faz feliz. Nesse sentido, o século XIX, marcado por tantas revoluções e contrarrevoluções, todas visando a felicidade e sempre declarando-a impossível, foi feliz.

É o que exprime – com felicidade – o quadro de Edmund Youngbauer, *Die Jagd nach dem Glück* (A caça à felicidade),[105] realizado nos últimos anos do século. Um cavaleiro é lançado a grande galope em perseguição a uma rechonchuda deusa, nua, que o atrai em sua esteira com um largo sorriso promissor, segurando uma coroa em uma mão, espalhando moedas de ouro com a outra. Aérea, a despeito das formas generosas, ela parece rumar para uma cidade maravilhosa. O cavaleiro, fascinado por essa alegoria da felici-

---

103 Id., *L'Origine de l'homme (Descent of Man)*, em *The Works of Charles Darwin*, t.21, p.109.
104 Id., *The autobiography of Charles Darwin, 1809-1882*, p.88.
105 Smithsonian American Art Museum, Washington.

dade, estende para ela uma mão que não alcançará jamais essa sereia, essa quimera que promete glória, poder, riqueza, prazer sexual. Mas ele está feliz, a ponto de esquecer todo o resto: uma mulher, pisoteada por seu cavalo, e a morte, bem atrás. O quadro é ao mesmo tempo sério e caricatural, como a ilustração de um conto de fadas; há um quê de Dom Quixote e de Capitão Gancho nesse cavaleiro inconsciente meio louco, imagem da irrisória e obsessiva perseguição a uma felicidade inalcançável por uma humanidade para a qual ela é a única razão de viver. A deusa é um sonho que se desvaneceria se o homem a alcançasse. O século XIX correu muito atrás desse sonho, como seus predecessores, e não o alcançou. A perseguição infernal continua.

O SÉCULO XX

A felicidade, assunto de Estado, e seus detratores

Os homens do século XX, como seus antepassados, correm atrás da felicidade. Correm mesmo cada vez mais rápido, com meios cada vez mais potentes e cada vez mais sofisticados. A revolução tecnológica dá origem a novas esperanças, e os Estados se apossam das coisas, uns seguindo o caminho da igualdade, outros, o da liberdade. Mas nos dois casos podemos dizer que a felicidade se tornou, no século XX, um assunto de Estado. Essa evolução na organização da busca também tem consequências sobre a própria noção de felicidade, que se materializa, torna-se quantificável e mensurável: é o bem-estar. O Estado, que compromete grandes recursos na busca da felicidade, quer poder medir os progressos realizados; portanto, privilegia o aspecto econômico da felicidade, redutível a estatísticas e gráficos. A felicidade de Estado, no século XX, é associável à curva do PNB e à dos índices da Bolsa. Os resultados, como sabemos, são pouco comprovadores.

O outro aspecto, individual e sentimental ou "espiritual", da felicidade, é deixado para os intelectuais das Ciências Humanas, psicólogos, psicanalistas, filósofos, médicos, cuja abordagem é mais sutil. Poderíamos dizer que o Estado tenta a abordagem com a ajuda da Economia, enquanto psicólogos e filósofos utilizam a astúcia para investir discretamente na vida feliz. Em suma, todos os meios se conjugam nessa luta final pela felicidade, com resultados sempre indefinidos.

FRACASSO DAS TENTATIVAS DE FELICIDADE COMUNISTA

O ataque mais brutal é conduzido pelos regimes comunistas, que tentam impor a felicidade pela igualdade. Ataque rechaçado com enormes perdas. A esperança, no entanto, era imensa. A ideologia marxista, apoiada na ciência e na técnica, devia remodelar a natureza, recriar o Éden, a idade de ouro, na Rússia e depois no mundo inteiro, onde viveria uma humanidade regenerada. Os revolucionários russos "reatam de fato com o romantismo europeu, [...] eles defendem com nostalgia sua visão de um paraíso perdido",[1] escreve Hélène Carrière d'Encausse. Românticos, os bolcheviques? Inegavelmente. Escutemos Leon Trotsky evocando os futuros que cantam:

> Não se duvida de que no futuro, e sobretudo em um futuro distante, tarefas monumentais [...] interessarão, além de arquitetos e engenheiros, a largas massas de populares. A acumulação imperceptível, à maneira das formigas, de bairros e ruas, tijolo por tijolo, de geração em geração, dará lugar a uma titânica construção de cidades e mapas, bússolas à mão. É com essa bússola que se constituirão os elementos do porvir. [...] A humanidade fará sua educação plástica, se habituará a olhar o mundo como uma argila dócil que permite esculpir as formas de vida mais perfeitas. [...] O homem se ocupará em redistribuir as montanhas e os rios [...], em reconstruir o mundo e talvez sua imagem, no mínimo a seu gosto. [...] O homem socialista dominará a natureza inteira, incluindo seus faisões e esturjões, por meio da máquina. Ele designará os locais onde as montanhas devem ser abatidas.[2]

Sem dúvida, isso não é muito ecológico, mas não sejamos anacrônicos. O homem dominará a natureza pela máquina e pelo trabalho, instrumento de liberação. E dessa forma o próprio homem será transformado. Em *Que fazer?*, Lênin esboça o nascimento do homem novo, que chegará a uma consciência superior sob a condução do Partido e pela educação. Esse *Homo communismus*

---

1 Carrière d'Encausse, *Lénine*, p.59.
2 Trotski, *Litérrature et révolution*.

será bom, desenvolvido, virtuoso, feliz, trabalhando sem restrições pelo bem da sociedade. A vanguarda, o protótipo dessa humanidade regenerada, é o proletário, homem providencial, que possui qualidades inatas.

E mãos à obra. O balanço muito negativo de setenta anos de comunismo na URSS não deve fazer esquecer o imenso esforço realizado para instaurar a felicidade na terra e os inegáveis sucessos – a gratuidade de todos os serviços sociais, do ensino, a alfabetização, uma relativa igualdade de tratamento. Ehrenbourg, em *Le dernier jour de la création* [O último dia da criação], exaltou as proezas científicas e técnicas, as centrais e *kombinats*³ gigantes, o cultivo de terras virgens. É de bom-tom condenar hoje essa violência contra a natureza, mas quando Lyssenko, presidente da Academia Lênin de Ciências Agronômicas, declara em 1948:

> O colcoz é um homem novo na história da agricultura. Esse homem entrou na luta com a natureza, armado com uma técnica maravilhosa, e agindo sobre ela com a visão de um reorganizador,

não está anunciando a agricultura produtivista de que se glorificarão mais tarde os ocidentais? E quando o agrônomo Mitchourin escreve que,

> graças à intervenção humana, parece possível obrigar cada variedade de animal ou de vegetais a se desenvolver e a se modificar mais rapidamente e no sentido desejável ao homem,

não prevê os OGMs, indispensáveis atualmente para a alimentação do planeta? Apesar do que queriam fazer crer as reabilitações atuais, a Rússia czarista era um inferno para dezenas de milhões de camponeses. Os bolcheviques acreditaram que podiam acabar com aquilo usando métodos brutais.

Mas logo o que era promessa de paraíso passa a ser pura propaganda, pois a realidade não evolui com a rapidez que se desejava. Os homens e as coisas resistem, enquanto é preciso convencer o povo de que a felicidade prometida está efetivamente ali. Todo o aparelho de Estado é requisitado para convencer os soviéticos de que eles são felizes. O *Pravda*, os *Izvestia* e *Troud*, órgão dos sindicatos, o afirmam, e ninguém pode dizer o contrário. Só existem boas notícias; catástrofes naturais e acidentes diversos desaparecem; a produção dá um salto, o desemprego é desconhecido, a criminalidade

---

3 Um grande complexo industrial habitualmente combinando vários entrepostos, cada qual responsável por uma ação no processo de produção. (N. T.)

desaba. Todas as forças intelectuais obedecem às recomendações de Jdanov: "Nossa literatura soviética não teme ser chamada de tendenciosa, porque ela *é* tendenciosa. Ela é otimista, porque é a literatura da classe ascendente, o proletariado". O herói positivo triunfa no cinema; a abundância reina nos cartazes, a prosperidade ecoa nas salas de concerto, onde Chostakovitch rege *O sol brilha sobre a pátria*; a escultura de Moukhina, *O operário e a colcoz*, em 1937, evoca o novo Adão e a nova Eva; a pintura difunde a imagem da nova idade de ouro, como na *Festa colcoz* de Guerassimov, realizada no mesmo ano, e que mostra um banquete rural em um país de Cocanha. As mulheres não são esquecidas: "As mulheres são uma grande força nos colcozes", diz um cartaz de 1947, mostrando duas camponesas sorridentes em meio a um campo de trigo. E isso não é tudo: o XXII Congresso do Partido Comunista da União Soviética, em 1956, anuncia que se passará do princípio "a cada um conforme seu trabalho" à fase seguinte: "A cada um segundo suas necessidades". Em vinte anos, será atingido "o nível de vida mais elevado em relação a qualquer sociedade capitalista". Convidam-se até mesmo intelectuais ocidentais para virem visitar aquele paraíso.

Sabemos agora o que escondia essa fachada de felicidade e como o cenário acabou por desmoronar. O que se deve perceber é que o fim da URSS é o fim do sonho de uma vida feliz pela igualdade para centenas de milhões de seres humanos no mundo inteiro. É portanto um acontecimento de significado ambivalente, que revela ao mundo que a maior tentativa histórica para restabelecer uma sociedade igualitária feliz culminou em um sistema monstruoso. É ao mesmo tempo o fim de um monstro e o fim de um sonho de paraíso.

O sonho chinês, igualmente ambicioso, também se dissipou. O Grande Timoneiro havia mirado a felicidade: "Devemos ir às massas [...] para resolver seus problemas, de modo que elas se liberem e conquistem a felicidade", podemos ler no *Pequeno livro vermelho*, o manual da felicidade popular. Os comunistas "farão florescer sua maravilhosa primavera"; seu ideal é "infinitamente belo e radioso", "o mundo progride, o futuro é radioso, luminoso",

> quando a sociedade humana alcançar a supressão das classes, a supressão do Estado, não haverá mais guerras, nem contrarrevolucionários, nem revolucionários, nem injustos, nem justos. Será a era da paz perpétua para a humanidade.[4]

---

4 *Citations du Président Mao Tsé-Toung*, p.146, 26-8, 80, 73-4.

Alguns milhões de mortos mais tarde, o Estado chinês continua a visar a felicidade, mas os ventos contrários o obrigam a tergiversar. Se a felicidade for atingida um dia, não será pela via da igualdade.

A experiência dos Khmer Vermelhos é outra ilustração, particularmente trágica. Trata-se da tentativa mais radical jamais conduzida por um Estado de instaurar a felicidade mudando a natureza humana. Fundamentalmente, reconhece que o homem, em seu estado natural, não pode atingir a felicidade. É preciso mudá-lo, "até a emergência de um homem novo que encarna a lealdade em relação ao Angkar, a dedicação e a ausência de reflexão".[5] O objetivo é realizar "o mundo como deveria ser, lugar de alegria e de entusiasmo, onde todos lutam constantemente para construir uma vida melhor".[6] Para isso, é preciso destruir o indivíduo, a personalidade, "essa carapaça dura, agressiva, tenaz, que é, por essência, contrarrevolucionária", declara uma autoridade do khmer vermelho. A personalidade é uma

> propriedade da burguesia para se impor aos outros e esmagar as massas. [...] Ter personalidade é arquear o dorso, manter a cabeça erguida [...], é assim que se formam os imperialistas.

A partir de 1975, portanto, o "povo de base" agrupa as categorias dos "plenos direitos" (camponeses pobres) e dos "candidatos", enquanto os "depostos" formam o "povo novo", deportado das cidades para o campo. É preciso erradicar totalmente a ideia de propriedade privada, não somente material, mas também mental, como declara um quadro em um seminário de formação:

> É proibido pensar em termos de "mim" e de "meu". Se vocês dizem "minha mulher", é mau. É preciso dizer "nossa família". [...] Eis por que vocês foram separados: os homens com os homens, as mulheres com as mulheres, as crianças com as crianças. [...] Cada um entre nós, homem, mulher e criança, é um elemento da nação. [...] Os conhecimentos que vocês têm na cabeça, suas ideias, são também uma propriedade privada mental. Para tornar-se um verdadeiro revolucionário, é preciso limpar seu espírito. [...] Se conseguirmos destruir toda a propriedade privada material e mental, as pessoas serão iguais. A partir do instante em que vocês autorizam a propriedade privada, uma pessoa terá

---

5 Short, Pol Pot, p.410.
6 Ibid., p.418.

um pouco mais, outra, um pouco menos, e elas não serão mais iguais. Mas se vocês não têm nada – zero para ele e zero para você –, é a verdadeira igualdade.[7]

Uniformização absoluta, proibição de atar laços afetivos ou sentimentais, separação dos sexos, escolha do cônjuge decidida pelo Partido, supressão de todos os termos que evocam a propriedade privada, vida em comum, na alegria, e trabalho ao som de música difundida pelos alto-falantes. Como destacou muito bem Philip Short em sua biografia de Pol Pot, esse estado de espírito se inspira mais no budismo do que no marxismo, uma constatação politicamente incorreta no momento em que o mundo ocidental queria ver nos monges budistas pacíficos defensores da liberdade, e no Dalai Lama e seu imutável sorriso, a encarnação da felicidade.

> A ideia de que a propriedade é funesta está enraizada no mito da criação budista, que descreve uma idade de ouro em que o arroz crescia em abundância e onde os homens comiam à vontade, antes que a sede por posses privadas viesse perverter a comunidade primitiva,[8]

escreve Philip Short, que lembra que o Buda conclama a uma desapropriação total, ao desapego dos laços afetivos, de sua mulher, de seus filhos, de seu lar, para realizar uma sociedade "sem desejo, sem competição por um pouco mais de vaidade, sem angústia sobre o futuro". A felicidade passa pelo sofrimento, entre os budistas como entre os khmer vermelhos:

> A vida era sombria e sem alegria, sem dúvida, mas essa era a intenção dos dirigentes. O budismo Teravada ensinava que o nirvana, o domínio da abnegação, só podia ser atingido após o desaparecimento total da "sede de existência", feita de ligações materiais e afetivas. [...] Em certas regiões do país, era inclusive proibido cantar ou rir [...] o caminho da iluminação passava pelo sofrimento.[9]

A RENÚNCIA DOS UTOPISTAS

É também desconcertante constatar quanto os ideais do Khmer Vermelho lembram alguns traços das utopias clássicas, daquelas sociedades-

---

7 Ibid., p.408-9.
8 Ibid., p.409.
9 Ibid., p.423-4.

-formigueiro à moda de Platão. Os utopistas do século XX renunciaram, aliás, a esses modelos, e, se ainda os descrevem, seu objetivo é o contrário do de seus predecessores: mostrar o horror. Herbert George Wells (1866-1946) volta constantemente ao tema, até *L'Esprit au bout du rouleau* [O espírito no fim da linha], título evocador, escrito logo após Hiroshima (1945). Zamiatine (1884-1937), já mencionado, descreve, em *Nós* (1920), um mundo perfeitamente feliz porque a ciência conseguiu extirpar do cérebro humano os dois obstáculos à felicidade: a liberdade e a consciência individual. Não há mais escolhas martirizantes entre o bem e o mal, não há mais hesitação dolorosa entre este e aquele bem, não há mais luta interior entre o egoísmo e o altruísmo, não há mais debates cornelianos: a conduta individual, como tudo nessa cidade, é regida pela Matemática, que oferece um modelo de verdade único e incontestável.

O individualismo dissolvente do "eu" se funde na ordem coletiva do "nós"; os nomes pessoais desapareceram; cada qual é um número; todo mundo usa um uniforme idêntico; os prédios, todos semelhantes, retilíneos, são de vidro, para que ninguém possa se esconder do olhar dos outros; as relações sexuais acontecem em momentos determinados; a agenda é absolutamente idêntica para todos:

> Todas as manhãs, com exatidão de máquinas, à mesma hora e no mesmo minuto, nós nos levantamos como um só número. À mesma hora, milhões de vezes, começaremos nosso trabalho e o terminaremos juntos.

Às 22 horas, todo mundo está deitado. É a felicidade! Assim, a procura desenfreada de liberdade e o individualismo poderiam ter sido uma falsa pista, um enorme erro de percurso, enquanto o futuro reside não no "meu", mas na coletividade, não no "eu", mas no "nós".

Impressão confirmada por Aldous Huxley em seu *Admirável mundo novo*, em 1932. No ano 632 da era mecânica, que começa com o lançamento do Ford T em 1908 da era cristã, a humanidade atingiu finalmente a felicidade, por meios inversos aos que imaginamos hoje: ditadura absoluta e condicionamento integral do espírito humano, que não tem mais nem liberdade nem consciência individual, e que vai infinitamente melhor. Ordem e estabilidade reinam enfim, todos estão satisfeitos com sua sorte: o que podemos desejar de melhor? O espetáculo das desordens e misérias de toda sorte de nosso mundo atual merece no mínimo que a questão seja levantada: o melhor dos mundos não seria na verdade um mundo melhor do que o nosso? A resposta talvez não seja tão evidente quanto parece.

Isso porque os habitantes do admirável mundo novo são felizes, enquanto muitos de nossos contemporâneos não podem dizer o mesmo. Produzidos sob medida por fecundação artificial, são perfeitamente programados para gostar de sua sorte. Repartidos em cinco classes – Alfas e Betas, grupos superiores dirigentes; Gamas, Deltas e Ípsilons, grupos inferiores que realizam tarefas básicas – eles não sentem nenhum ciúme, nem ódio de classe uns pelos outros e, se por acaso sentem algum mal-estar, como uma vontade de pensar, um gole do remédio milagroso, o *soma*, restabelece de imediato sua euforia. Não há mais doentes, doenças congênitas, desemprego, miséria, guerras. O condicionamento é integral; cada um consome, em função dos programas, de modo a garantir a estabilidade absoluta do conjunto e a felicidade coletiva:

> Felicidade automática, obtida pela supressão de qualquer obstáculo entre o desejo e sua realização. Nem mundo, nem valores, nem Deus; juventude artificial, instintos condicionados, ciência restrita a um conjunto de receitas: a felicidade obrigatória.

O poder, totalitário, é exercido pelo todo-poderoso Comitê Executivo: os "cidadãos" não têm nenhum direito político, mas para que ele serviria? O objetivo da organização política não é garantir a felicidade da coletividade? Ora, essa felicidade está assegurada, pois cada um é condicionado para ser feliz. É fácil ironizar ou se escandalizar com essa eventualidade. Para bilhões de humanos atualmente reduzidos à miséria e à subumanidade pelo culto da liberdade, o *Admirável mundo novo* seria de fato um paraíso.

Em compensação, o mundo de George Orwell em *1984* é um verdadeiro inferno, porque o Big Brother não visa à felicidade dos indivíduos, mas sua submissão. Ele não erradicou o desejo de liberdade e a consciência individual; contenta-se em vigiá-los, noite e dia, por câmeras. Todos devem exibir um otimismo tranquilo. A massa é deliberadamente embrutecida pela difusão de uma cultura de baixo nível, com "jornais grosseiros que contêm apenas as notícias esportivas, crimes, astrologia, romances baratos, filmes pornográficos, canções sentimentais". Assim,

> o nível de educação popular declina. O que pensam ou não pensam as massas não tem importância alguma. Não podemos conceder-lhes a liberdade individual, pois não têm mais intelecto.

Terríveis observações, visando os apóstolos atuais da permissividade geral, da liberdade total e do ensinamento com desconto: para que serve a liberdade de pensar, sem a faculdade de pensar? A nova linguagem, a *novilíngua*, reduz essa faculdade mutilando o vocabulário; as nuances desaparecem, acrescentando-se "plus", "dupliplus", equivalentes dos "super", "hiper", e "mega", precursores da linguagem eletrônica. Por uma manipulação constante, inspira-se no povo um "entusiasmo imbecil" por uma causa ou outra; o resto do tempo, "os cuidados com a casa e com os filhos, os pequenos aborrecimentos com os vizinhos, os filmes, o futebol, a cerveja e acima de tudo o jogo, preenchem o horizonte de seus espíritos". O que preferimos? O mundo de Huxley ou o de Orwell? De qualquer modo, não temos escolha: já estamos em *1984*. Sejamos otimistas, porém: graças ao progresso científico, talvez um dia atingiremos o *Admirável mundo novo*.

Um livro menos famoso, *A Case of Conscience* [Um caso de consciência], de James Blish, publicado em 1953, apresenta a questão da felicidade do ângulo da teologia-ficção: o jesuíta Ruiz Sanchez chega ao planeta Lítia, onde vivem criaturas perfeitamente felizes – livres, racionais, sem nenhum traço de mal. Os litianos não descendem de Adão e Eva: eles escaparam do pecado original. Pena! Trata-se de uma armadilha de Satã para seduzir os homens. Moral da história: um mundo feliz é impossível e, se existisse, seria diabólico.

Voltemos à terra, onde, após o fracasso dos regimes comunistas, os Estados parecem ter renunciado a instaurar a felicidade administrativamente. Em toda parte? Não. No pequeno reino himalaico do Butão, de 700 mil habitantes, a felicidade é o objetivo oficial, desde que em 1972 o rei Jigme Singye Wangchuck declarou que "a FNB (Felicidade Nacional Bruta) é mais importante do que o PNB". Essa FNB, indicador ao qual se tenta dar uma base em cifras, leva em conta quatro critérios: o desenvolvimento econômico, a promoção das tradições, a preservação ambiental, a boa governança. Após a abdicação de Jigme, em 2006, seu filho introduziu a democracia, em 2008. Educação e cuidados à saúde são gratuitos; um quarto do território é de parques naturais; taxas exorbitantes mantêm a distância o turismo de massa. O Butão é oficialmente o reino da felicidade. Por quanto tempo? A televisão e a internet, autorizadas desde 1999, e a imprensa privada a partir de 2006, logo derrotarão esse paraíso, que abrigava 0,01% da população mundial. Paraíso, além disso, muito relativo, com seus 40% de analfabetos e seu nível de vida que é um dos mais baixos do planeta. É verdade que podemos ser felizes sem saber ler e vivendo com pouco, e o Butão não faz questão de dividir sua felicidade: cem mil nepaleses já foram expulsos do paraíso terrestre. Mas o que são 700 mil "felizes" espremidos entre 1,4 bilhão de chineses e 1,1 bilhão de indianos?

Assim, o século XX foi o das grandes tentativas para instaurar uma felicidade de Estado baseada no igualitarismo. Essas tentativas só tiveram sucesso na ficção científica. Todas desabaram depois de provocar hecatombes. Hoje em dia ninguém mais acredita na possibilidade de fazer feliz um povo impondo a igualdade com medidas autoritárias. O sonho comunista se desfez.

NO OCIDENTE: O ESTADO LIBERAL E A FELICIDADE

Resta o sonho liberal. A felicidade na e pela liberdade. Muitos ainda acreditam, e não conseguem imaginar que se possa ser feliz sem ser livre. O problema é mais complexo. O Estado pode ter algum papel nesse processo? A Europa ocidental acreditou nisso em 1945, quando o Estado-providência, o *Welfare State*, pôs-se em prática, com seu arsenal de auxílios financeiros, garantias, seguros, indenizações, gratuidade, sempre protegendo as liberdades fundamentais. É inegável que o Estado-providência contribuiu para o reerguimento e o progresso do nível de vida.

Mas a felicidade não depende apenas do nível de vida. Sobretudo, a liberdade mostrou pouco a pouco seus limites, seus efeitos perversos e suas contradições em escala nacional e internacional. De modo muito esquemático, as coisas transcorreram assim desde 1945: o Estado liberal, coerente consigo mesmo, limitou seu papel à defesa das liberdades, deixando ao setor privado o domínio econômico. A conjunção da livre concorrência com a inovação tecnológica, a elevação do nível de vida e a liberdade política permitiu a instalação da sociedade de consumo, e depois de hiperconsumo, sob a vigilância benevolente de um Estado que garante a ordem pública. Esse foi o período eufórico dos Trinta Gloriosos,[10] o suposto retorno da idade de ouro. Durante esse intervalo faustoso, aliás, não se discute felicidade. Cada um cuida de seus negócios; a educação e os benefícios permitem o bom funcionamento do elevador social; a inflação dos desejos não gera frustrações demais, pois há grandes chances de satisfazê-los; a máquina econômica está adiantada às aspirações que no conjunto continuam razoáveis. Os Estados não têm nem mesmo necessidade de prometer a felicidade. Na França, o projeto de Constituição de 1946 é precedido por uma *Declaração dos direitos do homem* que faz uma alusão mínima ao "bem comum", nada mais. O termo "felicidade"

---

10 Período de grande crescimento econômico entre o fim da Segunda Guerra Mundial e a primeira crise do petróleo (1945-1973), vivido pelos países da Europa ocidental. (N. T.)

está ausente de maneira notável da *Declaração universal dos direitos do homem* de 1948. O poder político enumera os direitos concretos, mas deixa ao setor privado a noção de felicidade. Todo mundo não é feliz durante os Trinta Gloriosos, mas o contexto global faz acreditar que é possível vir a ser. A busca da felicidade continua animada porque pensamos estar quase alcançando-a.

Em seguida as coisas se complicam, sutilmente. Os desejos dos consumidores, estimulados incessantemente por métodos cada vez mais sofisticados dos produtores-comerciantes, exacerbam-se. A máquina econômica, que se apoia somente sobre o consumo, deve manter o "moral das famílias". Para isso, não basta mais prometer uma felicidade que sempre se esquiva: é preciso persuadir que a alcançamos de verdade. Passamos da ideia de *poder* ser à de *dever* ser feliz. Apenas as pessoas felizes compram, porque sua felicidade inspira-lhes confiança; e elas devem comprar, porque ser feliz é um dever e, ao comprar, serão ainda mais felizes.

Ao mesmo tempo, os produtos colocados à disposição são cada vez mais sofisticados, e decuplicam as possibilidades de ação dos indivíduos e portanto as potencialidades de prejuízo causados por mentes mal-intencionadas, principalmente os objetos eletrônicos do setor de comunicação. A ordem pública está ameaçada. E o Estado deve então intervir, por meio de uma regulamentação cada vez mais meticulosa. O exercício é delicado: em um Estado liberal, a felicidade da população depende ao mesmo tempo da marcha da economia – pelo consumo –, do exercício da liberdade e da segurança. Para preencher essas condições, o Estado, que tinha se mantido discreto durante os Trinta Gloriosos, foi levado a intervir maciçamente. Portanto, podemos de novo falar em felicidade de Estado. Mas aqui se procede com mais discrição do que nos regimes igualitaristas. O objetivo é realizar uma sociedade lisa, sem arestas, uma sociedade de consenso e de serenidade, uma sociedade de risco zero, eliminando todos os fatores potenciais de perturbação, tanto naturais como humanos: prevenir os riscos – de tempestade, de ondas de calor excessivo, de inundação, de engarrafamentos rodoviários, de epidemias – por um sistema de alertas e de princípios de precaução; evitar os choques proibindo a expressão de tudo que possa ofender um grupo sensível da população – os judeus, os árabes, os imigrantes, os homossexuais, os negros, os cristãos, os muçulmanos, os deficientes, os caçadores etc.; vigiar de perto os fatos, os gestos e as palavras de cada cidadão, gravando, filmando, escutando, espionando, fichando. Em suma, realizar uma sociedade asséptica, uniformizada, formatada, sem riscos, sem uma cabeça que ultrapasse as outras, onde a língua é a da embromação e onde cada grupo pode conservar sua originalidade desde que não se exprima com arrogância. O Estado liberal é assim levado a exercer um poder quase totalitário, e isso com mais facilidade, e ainda porque o cidadão-consumidor está perfeitamente de acordo: seu cartão bancário, seu telefone celular e seu computador são para ele os instrumentos de liberdade, quando na realidade são correntes. Os mínimos deslocamentos, as conversas, as despesas, as curiosidades são detectáveis. Quanto mais ele crê que pode adquirir liberdade, mais se acorrenta. O setor econômico e o Estado se completam assim admiravelmente, o primeiro vendendo as ferramentas "libertadoras" que permitem ao segundo vigiar cada um. Todo mundo está contente: o cidadão-consumidor e o Estado *voyeur*.

A FELICIDADE EM EQUAÇÃO: UM ERRO DE CÁLCULO

É então a felicidade? O Estado liberal conseguiu, pela astúcia, fazer os homens felizes? Poderíamos acreditar nisso, lendo os resultados de estudos e pesquisas. A multiplicação destes já revela em si várias tendências. De início, uma vontade de objetivar a felicidade ao restringi-la a um dado quantificável; contabilizar os felizes, como se faz com os desempregados ou os bacharéis. Em seguida, uma vontade de instrumentalizar a felicidade, estabelecendo comparações que permitiriam classificar os Estados em função de seu sucesso hedonista: é o velho sonho utilitarista. Por fim, uma louvável vontade prática: avaliar os graus de satisfação no intuito de melhorar a situação. Trata-se em todo caso de uma desvalorização da ideia de felicidade, reduzida ao *status* de uma estatística entre outras. O "bem supremo" dos antigos filósofos, absorvido pelo computador, surge como porcentagem de cidadãos satisfeitos, tabelas e gráficos. A felicidade se burocratiza. E a União Europeia está na ponta desse hedonismo tecnocrático, o que não surpreenderá ninguém. Se ainda não há uma regulamentação da felicidade, já existe uma espécie de comissão: é a European Foundation for the Improvement of Living and Working Conditions [Fundação Europeia para a Melhoria das Condições de Vida e de Trabalho], motivada pelas melhores intenções do mundo.

Em 2003, ela organizou uma grande pesquisa nos 27 países da União Europeia, mais a Turquia, sobre o grau de satisfação dos cidadãos, sua felicidade e seu sentimento de pertencimento. Os resultados foram publicados em 2005.[11] Levavam em conta quatro critérios: *having* (ter: o nível de vida);

---

11 *First European Quality of Life Survey: Life Satisfaction, Happiness and Sense of Belonging*, Luxemburgo, 2005.

loving (amar: a qualidade dos laços sociais); *being* (ser; o reconhecimento social); *doing* (fazer: repartição das atividades, principalmente os compromissos na vida coletiva). Desses quatro critérios surge a ideia do "bem-estar subjetivo", definido como

> ... o equilíbrio entre suas aspirações e sua situação. [...] Assim, a felicidade não é o resultado da riqueza; é uma consequência temporária do fato de se tornar recentemente mais rico.[12]

O mesmo vale para outras áreas. Um dos objetivos reconhecidos da pesquisa é "identificar os conflitos potenciais e prevenir as formas extremas de contestação que poderiam, no longo prazo, ameaçar a democracia".[13] Medir a felicidade para evitar a revolução.

A conclusão do estudo pode não parecer surpreendente:

> Quanto mais um país é rico e mais sua cultura política é de qualidade, mais a população é satisfeita. A análise em âmbito nacional mostra que, em quase todos os países europeus estudados, um nível de vida decente é o fator decisivo do sentimento de bem-estar.[14]

Se dinheiro não traz felicidade, pelo menos contribui seriamente: uma evidência que essa pesquisa tem o mérito de lembrar. Mas será que é preciso perguntar a 20 mil pessoas para chegar a essa conclusão?

Em fevereiro de 2007, foi publicado um relatório intitulado *European Social Reality*, ou *Eurobarômetro*, dedicado ao moral dos europeus. Em geral, o estudo conclui que os europeus se julgam felizes:

> No total, os cidadãos da União Europeia são felizes a respeito de sua vida pessoal, e relativamente satisfeitos com seu ambiente cotidiano, em particular no que concerne à qualidade de vida na região onde moram (86%), seu nível de vida (83%), as facilidades de deslocamento (78%), os serviços médicos (77%), as escolas na região (71%), [...] o nível de satisfação no trabalho é relativamente alto na Europa [mas] os cidadãos europeus estão preocupados com o desemprego (36%), [...] o custo de vida (35%), a aposentadoria (30%).[15]

---

12 Inglehart, *Cultural Shift in Advanced Industrial Society*, p.212.
13 *First European...*, op. cit., p.5.
14 Ibid., p.95.
15 *European Social Reality*, "Special Eurobarometer", fev. 2007, p.83-4.

Guardemos ainda a classificação geral estabelecida pelo Eurobarômetro para 2007. À pergunta "Considerando o todo, você diria que é muito feliz?", 26% dos europeus respondem "sim", com, no topo, quatro países com mais de 40% de muito felizes: Dinamarca (49%), Irlanda (46%), Holanda (43%), Bélgica (40%), e, na parte de baixo da escala, com menos de 15% de muito felizes, a Lituânia (3%), a Romênia (9%), a Estônia (12%), a Letônia (12%), a Eslováquia (12%). Os pesos-pesados da Europa – a França (31%), o Reino Unido (39%), a Alemanha (29%) – estão em uma situação intermediária. Um quarto dos europeus, portanto, estima viver na idade de ouro.

Mais modestos, quantos podem se dizer "felizes"? Um índice de 87% para o conjunto da Europa, o que é considerável (a cifra engloba, evidentemente, "feliz" e "muito feliz"). Aqui, novamente, a Dinamarca se destaca como um verdadeiro paraíso terrestre, já que ali 97% dos cidadãos declaram-se felizes.

Outra constatação:

> Os níveis de felicidade permaneceram virtualmente os mesmos nos países industrializados desde a Segunda Guerra Mundial, apesar de o nível de vida ter melhorado consideravelmente.

O fenômeno é confirmado por todas as pesquisas, e foi até colocado em gráfico pelo sociólogo norte-americano Ronald Inglehart: o sentimento subjetivo de felicidade aumenta com o nível de vida até certo ponto, a partir do qual a correlação cessa. Esse nível situa-se em um PNB por habitante de cerca de 15 mil dólares.[16] Acima desse piso, o sentimento de felicidade está ligado à situação material, e aumenta com os rendimentos. Uma vez transposto o piso, a felicidade não depende mais do nível de riqueza: o miliardário não é necessariamente mais feliz do que o executivo médio; são os elementos afetivos, o estilo de vida, a psicologia que fazem a diferença.

A tradução da felicidade em estatística responde cada vez mais explicitamente a imperativos sociopolíticos: o professor Ruut Veenhoven, da Universidade Erasmus de Roterdã, acaba justamente de elaborar, como no Butão, um índice de FNB que leva em conta os níveis subjetivos de satisfação dos cidadãos em vários domínios, destacando a qualidade de vida.[17] Esse FNB, calculado para 95 países em uma escala de 1 a 10, dá os seguintes

---

16 Inglehart, "Globalization and postmodern values", em *Washington Quarterly*, n.23, inverno 2000.
17 Veenhoven, *World Database of Happiness in Nations*, Erasmus University Rotterdam.

resultados: 8,2 para a Dinamarca; 7,7 para a Suécia; 7,4 para os Estados Unidos; 7,2 para a Alemanha; 6,5 para a França; 6,4 para as Filipinas; 6,2 para o Japão; 5,2 para a Turquia; 4,4 para a Rússia; 3,3 para o Zimbábue. A conclusão é original: "Os países felizes são aqueles que são ricos, cuja economia é competitiva, democráticos e bem governados", onde existem "a igualdade dos sexos e a tolerância, e a possibilidade de procurar o modo de vida que mais lhe convém". De certa forma, os países felizes são aqueles onde tudo anda bem. Uma vez mais: seria preciso fazer equações tão complexas para chegar a essa conclusão?

É verdade que as evidências têm mais peso quando são expressas em termos matemáticos. Mas é inútil querer reduzir a felicidade a uma equação e estabelecer comparações, dado que os critérios são diferentes segundo as culturas. No entanto, a tentação é muito forte para os Estados – e ainda mais quando são Estados democráticos, mais à mercê da opinião pública do que os totalitários. Conhecer o grau de satisfação do conjunto de eleitores é essencial. Uma população infeliz é perigosa, sobretudo se ela puder manifestar sua insatisfação nas urnas. O Estado democrático liberal deve, portanto, responsabilizar-se pela felicidade dos cidadãos.

Entretanto, ele só pode agir sobre os fatores externos da felicidade, garantindo serviços públicos de qualidade e favorecendo o crescimento econômico. O componente íntimo, privado, sentimental, foge de seu controle. Esse componente depende do psicólogo, do médico, do psicanalista, do conselheiro espiritual. Ora, é essa dualidade que está em vias de mudar, pois de agora em diante a sociedade de hiperconsumo, totalmente absorvida pela economia, dispõe de meios poderosos e sofisticados suficientes para controlar tanto os fatores externos como os internos da felicidade, criando um ambiente, um contexto, uma cultura que fixam as regras da felicidade para torná-la acessível a todos. As técnicas modernas de comunicação e o poder das mídias e da publicidade são capazes de influenciar as próprias concepções da felicidade para adaptá-la às necessidades do Leviatã moderno – o mercado. O próprio Estado não passa de uma engrenagem nessa gigantesca mutação. É verdade, há resistências, mas por quanto tempo?

O DISTANCIAMENTO DOS INTELECTUAIS (1900-1980)

O movimento começou nos anos 1980. Até então, a busca da felicidade seguia seu ritmo habitual, no embalo do impulso do século XIX. Com a multiplicação dos acidentes de percurso, a ênfase é colocada principalmente nos fatores individuais: que cada um encontre em si a felicidade, pois na escala coletiva isso se torna muito aleatório – será possível ser feliz após 1914-1918? Depois de 1939-1945? Depois do Holocausto, dos gulags, da bomba e dos genocídios variados? Estamos cada vez mais céticos. Os intelectuais estão desiludidos e se erguem contra a própria ideia de felicidade: "Sou um homem feliz, pois renunciei à felicidade",[18] escreve Jules Renard, a quem Bernard Shaw faz eco. Para André Gide, "uma soma de felicidade é devida a cada criatura, de acordo com o que seus sentidos e seu coração suportam. Por menos que me privem, sou roubado",[19] e ele se julga assaltado. "Os verdadeiros paraísos são os paraísos perdidos", diz Proust, e mesmo esses são ilusórios, diz Cesare Pavese: "Seu pior inimigo é a crença em um tempo pré-histórico feliz, em um Éden, em uma idade de ouro...".[20] O homem não é feito para a felicidade, diz Aragon; "quando ele acredita estreitar sua felicidade, ele a esmigalha". E de todo modo, para que serviria ser feliz, pergunta Beckett: "Somos felizes (*silêncio*). O que fazemos agora, agora que somos felizes? – Esperamos Godot". Para Maeterlinck, "ser feliz é superar a inquietação da felicidade", mas de qualquer modo, diz Primo Levi, "cedo ou tarde na vida todos descobrem que a felicidade perfeita é inacessível". A felicidade é um assunto de burguês, escreve Simone de Beauvoir. É uma noção conformista em nome da qual priva-se a mulher de sua independência, pois ela deve encontrar a felicidade na submissão ao marido, no cuidado do lar e dos filhos. Em um nível mais filosófico, Sartre e os existencialistas não veem felicidade possível para o homem, jogado na existência sem razão e sem objetivo, gozando de uma liberdade totalmente geradora de angústia: "Eles são livres, e a vida humana começa do outro lado do desespero", diz Orestes em *As moscas*. É verdade que Albert Camus encontra um meio de fazer surgir a felicidade do nada, nesse mundo absurdo, ao fazer de Sísifo um homem feliz:

> Não se descobre o absurdo sem ser tentado a escrever algum manual de felicidade. [...] A felicidade e o absurdo são dois filhos da mesma terra. São inseparáveis. O erro seria dizer que a felicidade nasce obrigatoriamente da descoberta absurda. Pode acontecer tão bem que o sentimento do absurdo nasça da felicidade. [...] Toda a alegria silenciosa de Sísifo está aí. Seu destino lhe pertence. Seu rochedo é sua coisa. [...] Esse universo doravante sem dono

---

18 Renard, *Journal*, 9 abr. 1895.
19 Gide, *Les nouvelles nourritures*.
20 Pavese, *Il mestiere di vivere*, p.249.

não lhe parece nem estéril nem fútil. Cada partícula dessa pedra, cada estado mineral dessa montanha cheia de noite, forma por si só um mundo. A própria luta rumo aos picos basta para encher um coração humano. Deve-se imaginar Sísifo feliz.[21]

Com todo o respeito a Camus, é difícil acreditar nisso...

Cioran, em todo caso, não acredita. Se essa existência absurda pode produzir algo, certamente não será a felicidade, mas o desespero, cujos picos ele escalou em 1933, aos 22 anos de idade. Em sua primeira obra, ele constata sobretudo que o que chamamos de felicidade não se transmite: "Minha existência é a única real". Os esforços e sacrifícios aceitos por uma geração para a felicidade da seguinte são totalmente inúteis:

> O mundo não merece que nos sacrifiquemos por uma ideia ou uma crença. Somos mais felizes hoje porque outros fizeram isso para o nosso bem? Que bem? Se alguém se sacrificou mesmo para que eu seja feliz agora, sou, na verdade, ainda mais infeliz do que ele, pois não aspiro a construir minha existência sobre um cemitério. Há momentos em que me sinto responsável por toda a miséria da História, em que não entendo por que alguns derramaram o sangue por nós. A suprema ironia seria perceber que aqueles foram mais felizes do que nós hoje. Maldita seja a História![22]

A própria alegria não é comunicável:

> Oferecem-nos essa alegria, mas como querem que a aceitemos vinda de fora? [...] Como é fácil recomendar a alegria a quem não pode se rejubilar! [...] As portas do paraíso são estreitas demais para os que perderam a esperança.[23]

Quanto à felicidade prometida pelas religiões, é evidentemente pura ilusão. Esse é o tema central de um livro de 1969, *Le mauvais démiurge* [O demiurgo ruim], em que Cioran escreve:

> Fomos felizes apenas nas épocas em que, ávidos por nos eclipsarmos, aceitávamos nossa nulidade com entusiasmo. O sentimento religioso não emana da constatação, mas do desejo de nossa insignificância, da necessidade de nos

---

21 Camus, *Le mythe de Sisyphe*, p.167-8.
22 Cioran, *Sur les cîmes du désespoir*, p.41-2.
23 Ibid., p.78-9.

chafurdar nela. Essa necessidade, inerente à nossa natureza, como poderá se satisfazer agora que não podemos mais viver a reboque dos deuses?[24]

A única maneira de tornar a vida suportável é rejeitar as ideias de felicidade e de infelicidade, desapegar-se de tudo, ser indiferente: "O único meio de evitar a felicidade ou a infelicidade, como males quase da mesma natureza, é tornar-se exterior a tudo".[25] É o que ele repete em *De l'inconvénient d'être né* [Do inconveniente de ter nascido]:

> O paraíso não era suportável, senão o primeiro homem teria se acomodado; este mundo tampouco, já que aqui lamentamos o paraíso ou temos a esperança de outro. O que fazer? Aonde ir? Nada façamos e não andemos a parte alguma, simplesmente.[26]

FREUD, OU A FELICIDADE IMPOSSÍVEL

A melhor análise dessa desconfiança generalizada em relação à felicidade no século XX é provavelmente a que desenvolve Sigmund Freud a partir de 1930 em *O mal-estar na civilização*.[27] O ponto de partida é clássico: os homens "aspiram à felicidade, eles querem se tornar felizes e assim permanecer". Isso comporta um aspecto negativo – evitar o sofrimento – e um positivo – viver sentimentos de prazer. Seus atos são guiados por esse "princípio de prazer". Mas a condição humana é tal que tudo contraria esse princípio: "Ele não é realizável, todos os dispositivos do Todo são-lhe contrários; a intenção de que o homem seja 'feliz' não está incluída no plano da 'criação'".[28] Para começar, nossa natureza é tal que só podemos ter prazer de modo episódico:

> Toda persistência de uma situação desejada pelo princípio de prazer não proporciona senão um sentimento de conforto bastante débil; nossos dispositivos são tais que só podemos usufruir intensamente de um prazer dentro de um

---

24 Cioran, *Le Mauvais démiurge*, p.24.
25 Ibid., p.172.
26 Cioran, *De l'incovénient d'être né*, p.20-1.
27 Freud, Das *Unbehagen in der Kultur*, 1930; utilizamos a trad. franc. *Le malaise dans la culture*, em *Oeuvres complètes*, t.XVIII.
28 Ibid., p.262.

contraste, e muito pouco daquele que é um estado. Assim, nossas possibilidades de felicidade sempre são restringidas por nossa própria constituição.[29]

Sob a pressão do "princípio da realidade", os homens devem então "moderar sua pretensão à felicidade". A felicidade estaria em poder ter prazer sem interrupção e sem obstáculos:

> Uma satisfação irrestrita de todas as necessidades se apresenta como o modo mais tentador de conduzir a vida; isso, porém, significa colocar o gozo antes da cautela, acarretando o seu castigo logo após uma breve prática.

Os filósofos, os sábios, os moralistas, os mentores indicaram portanto os caminhos que, segundo eles, permitem chegar mais perto da felicidade. Mas nenhuma dessas vias atinge realmente o objetivo.

A conclusão a tirar desses impasses é evidente:

> O programa de tornar-se feliz, que o princípio de prazer nos impõe, não pode ser realizado; no entanto, não é permitido – na verdade, não é possível – abandonar nossos esforços de aproximá-lo da concretização, de uma maneira ou de outra.[30]

Aqui reencontramos Sísifo, porém um Sísifo infeliz: se ele não consegue alcançar a felicidade, tampouco pode renunciar a ela, então empurra seu rochedo eternamente. Há um Sísifo do temperamento erótico, que privilegia as relações sentimentais, um Sísifo narcísico, que busca a felicidade na autossuficiência, um Sísifo ativo, que a busca na atuação no mundo, mas cada comportamento hedonista contém sua própria punição. E, para aqueles que têm "uma constituição pulsional particularmente desfavorável", a punição é a neurose.

Essa análise de Freud encontra uma continuação interessante nos trabalhos de Bruno Bettelheim, em particular em *A psicanálise dos contos de fadas*. A função do conto é tranquilizar a criança, mostrando-lhe que a felicidade é possível na terra por uma reconciliação entre os princípios de prazer e de realidade. O mal não é negado, mas é sempre destruído, e tão bem que a consciência moral e a pulsão de prazer acabam por coincidir. Essa felicidade é simbolizada por um casamento e pela autoridade sobre um reino, o que

---

29 Ibid., p.263.
30 Ibid., p.270.

significa o cumprimento de um desejo de independência total; a princesa se casa com seu príncipe encantado, e é o início de um reinado feliz de duração indefinida – "eles viveram felizes para sempre".

> É assim que os contos de fadas apresentam como uma existência feliz e banal o resultado das provas e das tribulações implicadas em qualquer processo normal de crescimento.[31]

Pois foi preciso superar provações: a felicidade se merece, ela chega no fim. Todos os lugares e os personagens são arquétipos, anônimos:

> Nessa idade, dos 4 anos à puberdade, a criança necessita principalmente conhecer imagens simbólicas que a tranquilizem, mostrando-lhe que uma solução feliz espera seus problemas edípicos – ainda que ela ache difícil de crer – desde que consiga sair aos poucos da situação. Mas ela deve ser antes assegurada sobre a conclusão feliz; só então ela terá coragem para trabalhar com confiança para se arrancar de sua condição edípica.[32]

O conto é otimista e o desenlace, sempre feliz.

Mas podemos também observar que essa felicidade não tem nenhum conteúdo. O rei e a rainha, que não têm nome, reinam sobre um reino sem nome, e nada sabemos de suas ocupações. A felicidade é o fim da história. Ela ocupa somente a última linha; os heróis poderiam da mesma maneira ser mortos; e, aliás, correm o risco de morrer de tédio, agora que não há mais feiticeira, nem ogro, nem dragão. A verdadeira vida, a vida interessante, era o combate, a busca da felicidade. O conto de fadas talvez não seja tão utopista e otimista como parece. A felicidade se autodestrói.

É nos períodos mais fastidiosos do desenvolvimento econômico que os intelectuais e os especialistas das ciências humanas se mostram mais céticos em relação à felicidade. Freud escreve *O mal-estar na civilização* na época dos anos loucos, logo antes do desencadeamento da crise de 1929. Os existencialistas escrevem no início dos Trinta Gloriosos, um período em que se fala relativamente pouco da felicidade, a não ser para dizer que ela é impossível. Essa felicidade oferecida pelo Estado-providência e pelo crescimento econômico entedia. Como de costume, só veremos o paraíso quando o tivermos perdido, tarde demais. A felicidade deve se encontrar

---

31 Bettelheim, *Psychanalyse des contes de fées*, p.63-4.
32 Ibid., p.63.

em outro lugar, sob os paralelepípedos,[33] talvez, ou no Larzac, ou em São Francisco, enfim, em toda parte onde não estamos. O gramado do vizinho é sempre mais verde.

A FELICIDADE ESTÁ NO LARZAC

É preciso portanto mudar o mundo para torná-lo feliz. Podemos sempre tentar. Maio de 1968. Essa agitação é mais uma fronde do que uma revolução de verdade. Na falta de uma Bastilha, toma-se o Odéon. Naquele momento, a rebelião não provoca a queda de nenhum regime. Entretanto, ela é o ponto de partida de uma onda de reivindicação da felicidade individual. Em profundidade, maio de 1968 marca a derrocada da felicidade de Estado, baseada no crescimento econômico, no progresso técnico e na prosperidade material. É a ilustração d'*O mal-estar na civilização* freudiano: os progressos da civilização material ocasionam um desejo aumentado de gozo, já que agora temos os meios de nos proporcionar os prazeres, mas as rígidas estruturas morais e institucionais herdadas do passado vitoriano opõem-se a esses desejos. Trata-se de romper com esses obstáculos, para que coincidam os princípios de prazer e de realidade. Gozar sem entraves, aqui e agora. Não podemos chamar a isso de felicidade, porque o termo é burguês, conformista e gasto demais, mas é ela mesmo que se busca por trás da utopia da liberdade total e do gozo perpétuo. Com os *hippies, beatniks* e outros *flower people*, são todos os velhos estereótipos da felicidade natural e do bom selvagem que ressurgem. O movimento do New Age ressuscita os delírios do milenarismo:

> Esta era paradisíaca de 2160 anos que o Sol levará para percorrer a parte do zodíaco dominada pelo signo de Aquário concentrará todas as aspirações positivas com as quais os humanos sonham desde tempos imemoriais.[34]

Em seus delírios, Paco Rabanne vê voltar "uma luminosa idade de ouro", quando a natureza, reconciliada com uma ciência respeitosa do ambiente, dará origem a uma "civilização muito evoluída":

---

33 Referência aos paralelepípedos atirados pelos estudantes na polícia durante as manifestações de maio de 1968, em Paris. (N. T.)
34 Vernette, *Le New Age*, p.4.

Eu vi monumentos de mármore branco, eu vi ruas calçadas de ouro – pois o ouro não terá mais valor comercial –, eu vi pessoas, homens e mulheres, vestidos com as mesmas túnicas simples e confortáveis. Imagens edênicas parnasianas, que encontramos em todas as ciclologias e que evocam em particular a Nova Jerusalém do Apocalipse de João.[35]

Esses sonhos têm origem em um desejo de felicidade individual sem entraves. Se alguns a esperam na era de Aquário, outros, os mais numerosos, querem-na imediatamente. E para isso, bem antes de 1968, eles se puseram a caminho, fugindo da civilização ocidental sufocante, rumo à Índia, ao Nepal, à procura de uma nova comunicação entre os homens, facilitada pela absorção de drogas:

> Maconha e LSD deram a ilusão de que, graças à sua absorção, poderia ser atingido esse frágil lampejo de felicidade, essa vertigem psicodélica do ser e das aparências que permitiria coincidir novamente consigo liberando-se, em um quarto pulguento de Katmandu, da opressão ocidental,[36]

escreve Michel Faucheux. Mas a felicidade não estava tampouco no fim desse caminho: "Inclinado na direção de uma felicidade devastadora, o movimento *hippie* acabou consumido pela droga e pela recuperação de uma sociedade comercial". A *beat generation*, revoltada contra a sociedade de consumo, chegou a um consumismo desenfreado. A utopia do prazer perpétuo, o epicurismo mal-entendido, levará ao enjoo, no modelo do inglês Andrew Park, que decidira festejar o Natal todos os dias.

Partir, partir: entre os *beatniks* há uma espécie de mística da estrada, ilustrada pelo livro de Jack Kerouac, *On the Road*, publicado em 1960. Na França, é o êxodo para Larzac,[37] onde se criam cabras e ovelhas em comunidade e se pratica o amor livre.

Outros ainda, animados pela mesma intenção libertária, tentam fazer penetrar seu ideal no próprio seio da sociedade capitalista, criando escolas nas quais a pedagogia é fundamentada no desabrochar do indivíduo. O grau extremo é Summerhill, na Inglaterra, uma escola autogerida por crianças e adultos, para a maior felicidade de todos, segundo seu fundador, A. S. Neill, que escreve:

---

35 Rabanne, *La fin des temps*, p.232
36 Faucheux, *Histoire du bonheur*, p.149-50.
37 Platô calcário situado no sudoeste da França. (N. T.)

As crianças livres têm rostos abertos nos quais não se vê nenhum medo; as crianças disciplinadas têm o ar tímido, deplorável e temeroso. A felicidade pode se definir como um estado de mínimo recalque. A família feliz vive em uma casa onde mora o amor, a família infeliz vive em um lar tenso. Dou à felicidade o primeiro lugar, porque a felicidade é o crescimento. Vale mais ser livre, satisfeito e ignorante das frações complexas do que fazer provas e ter o rosto coberto de acne. Nunca vi acne no rosto feliz de um adolescente livre.[38]

Summerhill será então a escola da felicidade. O estabelecimento, criado em 1921, desperta um renovado interesse na opinião pública durante os anos 1960. Os resultados estão longe de ser comprovadores, como mostra um livro de balanço de 1978, *Summerhill: For and Against*, baseado nos depoimentos de ex-alunos. Saem de lá sem acne e sem cultura, com uma exigência de liberdade total, completamente inadaptada à vida em sociedade. Os egressos de Summerhill não são mais felizes do que os outros, e a escola não atrai senão um número ínfimo de pais.[39]

A explosão de 1968 contribuiu para romper certo número de ferrolhos institucionais, certos comportamentos sociais, e certas proibições morais tradicionais que entravavam a livre expressão do princípio do prazer, sobretudo no domínio sexual. Poderíamos então considerar que se trata de um passo rumo à felicidade. Isso é talvez verdade em alguns casos individuais. Porém, globalmente, as mudanças, recuperadas pelo setor econômico, vão sobretudo acelerar a instalação da sociedade falsamente hedonista do hiperconsumo, totalmente obcecada pela ideia de felicidade, visto que esta se esquiva sempre mais. É a partir dos anos 1980 que entramos na última fase, que examinaremos no próximo capítulo.

TEILHARD DE CHARDIN, ALAIN, BERTRAND RUSSELL: TRÊS ADVOGADOS DA FELICIDADE

A maior parte do século XX, portanto, de 1900 a 1980 aproximadamente, caracteriza-se pelas tentativas do Estado para estabelecer a felicidade, e pelo ceticismo crescente dos intelectuais e pesquisadores em Ciências Humanas a respeito da possibilidade de o indivíduo conhecer uma vida feliz. Essa atmosfera é ilustrada pelos artistas, que, dos expressionistas aos neor-

---

38 Neill, *Libres enfants de Summerhill*, apud Faucheux, op. cit., p.172.
39 Minois, *Les grands pédagogues*, p.305-7.

realistas, cultivaram sobretudo o lado sombrio do ser humano. Certamente há exceções, como *A alegria de viver*, de Henri Matisse, cujos casais nus em uma natureza tranquila evocam *A idade de ouro* de Cranach, assim como sua *Dança*. Mas estamos então apenas na aurora de um século do qual ainda não se suspeita que será monstruoso. Do mesmo modo, quando Fernand Léger pinta *A felicidade*, por volta de 1950, representando uma mulher com duas crianças que brincam, flores de cores vivas, acompanhado deste comentário: "Vejam como nosso mundo é belo. A arte nova traz a paz e a felicidade", o século passa por uma segunda partida, ele se dá uma segunda chance, depois dos horrores da primeira metade. São principalmente as artes decorativas que, por sua própria natureza, são levadas a criar um clima de felicidade, pela aliança entre o conforto e a funcionalidade, no espírito da Bauhaus, realizando no mundo da arte a impossível fusão entre os princípios de prazer e de realidade. Porém trata-se apenas de um cenário.[40] E quando Le Corbusier imagina uma Cidade radiosa na África do Norte, "em um local admirável" – céu, mar, Atlas e monte de Cabília –, "uma cidade de 500 mil habitantes dos quais todos tirariam proveito de uma vista magnífica",[41] não é nem mais um cenário, é um sonho. A realidade – estamos em 1964 – são os conjuntos habitacionais que brotam por toda parte.

Entre os escritores também há exceções durante esse período taciturno. Em 1966, o jesuíta Pierre Teilhard de Chardin publica um livreto, *Sobre a felicidade*, no qual rejeita o ceticismo de seus contemporâneos e proclama que a "direção geral da felicidade não está absolutamente tão equivocada quanto se diz".[42] Ele distingue três atitudes em relação à vida: os pessimistas (de que vale?), os aproveitadores (*carpe diem!*), os ardorosos (em frente!). A essas três atitudes correspondem três ideias de felicidade: a de tranquilidade, ou procura do mínimo esforço; a felicidade de prazer, ou a busca dos prazeres oferecidos pela sociedade de consumo; a felicidade de crescimento e de movimento, ou a procura da ação convenientemente dirigida.

Somente a felicidade do terceiro tipo está de acordo com a natureza, a evolução biológica e física, pois caminha sempre rumo a mais consciência e de ser:

> Científica e objetivamente, a única resposta exequível aos apelos da vida é a marcha do progresso. E, na sequência, também científica e objetivamente,

---

40 Ver sobre o assunto "Le bonheur dans l'art", *Beaux-Arts magazine*, n.188, jan. 2000.
41 Le Corbusier, *La ville radieuse*, p.13.
42 Teilhard de Chardin, *Sur le bonheur*, p.11.

a única verdadeira felicidade é a que chamamos de felicidade de crescimento e de movimento.[43]

Teilhard não fica nessas considerações teóricas. Concretamente, escreve ele, isso implica três atitudes:

> Para ser feliz, é preciso, primeiro, reagir contra a tendência do mínimo esforço. [...] É no trabalho de nossa perfeição interior, intelectual, artística, moral que, para terminar, a felicidade nos aguarda. [...] Para ser feliz, em segundo lugar, é preciso reagir contra o egoísmo que nos empurra, ou a nos fecharmos em nós mesmos, ou a reduzir os outros sob nosso controle. Existe uma maneira de amar, má, estéril, pela qual buscamos ter em vez de nos dar. [...] Para ser feliz, totalmente feliz, em terceiro lugar, é preciso, de um modo ou de outro, diretamente ou graças a intermediários gradualmente ampliados (uma pesquisa, uma ideia, uma causa...), transportar o interesse final de nossas existências para a marcha e o sucesso do mundo à nossa volta.[44]

Isto é, engajar-nos em uma grande causa que acompanhe o sentido da vida.

Mas Teilhard está consciente do fato de que o devotamento a uma realidade abstrata como a humanidade é pouco motivador:

> Como gostar de uma realidade coletiva, impessoal, monstruosa, como o Mundo, ou mesmo a Humanidade!... Em torno de nós, a mística da Procura, os místicos sociais, lançam-se com uma fé admirável à conquista do futuro. Mas nenhum cume preciso e, o que é mais grave, nenhum objeto que possamos amar se apresenta à adoração. E eis por que, no fundo, o entusiasmo e os devotamentos que essa realidade suscita são duros, secos, frios, tristes, quer dizer inquietantes para quem os observa, e enfim, para os que ali se erguem, incompletamente beatificantes.[45]

Acreditar que essa humanidade encontra sua plenitude em um Deus pessoal e amoroso é a solução e a fonte da verdadeira felicidade, conclui Teilhard. Mas a questão crucial continua em suspenso: como acreditar, sem a menor prova?

---

43 Ibid., p.19.
44 Ibid., p.30-1.
45 Ibid., p.33.

E, se não acreditarmos, não estaremos reduzidos a nos compensar com os pequenos prazeres do último homem de Nietzsche, com as pequenas felicidades do pequeno-burguês Alain, por exemplo? Este queria ensinar "a arte de ser feliz quando as circunstâncias são passáveis e todo o azedume da vida se limita a pequenos aborrecimentos e pequenos mal-estares".

> A primeira regra seria nunca falar aos outros sobre suas próprias infelicidades, presentes ou passadas. Deveríamos tomar por falta de educação descrever aos outros uma dor de cabeça, uma náusea, uma azia, uma cólica, mesmo em termos delicados. O mesmo para as injustiças e as decepções...
> Nessa arte de ser feliz na qual eu penso, incluiria também conselhos úteis sobre o bom uso do mau tempo. Enquanto escrevo, a chuva cai; o telhado ressoa; mil pequenas calhas tagarelam; o ar está lavado e como que filtrado; as nuvens parecem farrapos magníficos. É preciso aprender a captar essas belezas. [...] É sobretudo em tempos de chuva que queremos rostos alegres. Portanto, boa cara para o mau tempo.[46]

Saibamos aproveitar os pequenos prazeres: "A vida está cheia desses pequenos prazeres vivos, que não custam nada, e de que não aproveitamos o bastante"; tenhamos bom humor; procuremos agradar; sejamos alegres durante as refeições; cantemos sob a chuva, virtude que o clima normando lhe permitiu exercer muitas vezes.

Mas não desdenhemos Alain. Se ele jamais escreveu especificamente *Propos sur le bonheur* [Propósitos sobre a felicidade], título dado pelos críticos a seus textos sobre o assunto, o tema da vida feliz volta constantemente em sua obra, sobretudo entre 1906 e 1924. E suas observações são pertinentes, na maior parte das vezes. Sua atitude é muito voluntarista; para ser feliz, é preciso querer, e a felicidade é algo que se aprende:

> É preciso aprender a ser feliz. Dizem que a felicidade nos escapa sempre. Isso é verdade para a felicidade recebida, porque não há felicidade recebida. Mas a felicidade que nos damos não engana.[47]

É o paradoxo da felicidade: ela nasce do esforço, portanto, do sofrimento. Pois

---

46 Alain, *Propos*, Gallimard, p.83-5.
47 Ibid., p.634, 15 set. 1924.

não é difícil ser infeliz ou descontente: basta sentar-se [...] eu sei, é sempre mais difícil ser feliz. [...] E, sobretudo, o que me parece evidente, é que é impossível sermos felizes se não o queremos; é preciso portanto querer sua felicidade e fazê-la. O que não foi bastante dito é que ser feliz é um dever também em relação aos outros. Dizem mesmo que não há amado senão o que é feliz. [...] Chegaria inclusive a propor alguma medalha cívica para recompensar os homens que tomassem o partido de ser felizes.⁴⁸

A felicidade é uma verdadeira obrigação moral, é "o que podemos fazer de melhor para os que nos amam". A felicidade é uma virtude. Alain ataca os

> Sábios de hoje [que] concordam em ensinar que a felicidade própria não é uma coisa nobre a procurar, uns empenhando-se em dizer que a virtude despreza a felicidade, e isso não é difícil de dizer; outros ensinando que a felicidade comum é a verdadeira fonte da felicidade pessoal, o que é sem dúvida a opinião mais vazia de todas, pois não há ocupação mais inútil do que despejar felicidade nas pessoas ao redor como em vasilhas furadas. [...] Quem é poderoso e feliz por si será então ainda mais feliz e poderoso para os outros. Sim, os felizes farão um belo comércio e uma bela troca; mas será preciso que tenham neles a felicidade para poder dá-la aos outros. [...] Quer-me parecer portanto que a felicidade íntima e pessoal não é contrária à virtude, mas antes é em si mesma a virtude.⁴⁹

Bertrand Russell (1872-1970) também acredita na felicidade pela ação. Com ele, não se trata de perseguição, mas francamente de assalto, *A conquista da felicidade*, título que dá a um livro publicado em 1962. Filósofo, matemático, Prêmio Nobel de Literatura, livre-pensador militante, durante uma vida longa e agitada mostrou sempre um temperamento combativo – ele, um pacifista. Seu livro é uma espécie de manual prático da luta por uma vida feliz. Nada de grandes princípios; conselhos concretos, tirados de sua experiência.

Na primeira parte, ele examina os obstáculos à felicidade e indica os meios para eliminá-los. Inicialmente, há as preocupações egocêntricas: os que se culpabilizam são egocêntricos ou megalomaníacos, não conseguem ser felizes porque estão centrados demais em si próprios. Esses devem se convencer de que a felicidade é desejável. Além disso, há os que sofrem do "mal byroniano", os intelectuais que cultivam a melancolia por pensarem

---
48 Ibid., p.472-3, 16 mar. 1923, "Devoir d'être hereux".
49 Ibid., p.442-3, 6 nov. 1922, "Bonheur et vertu".

que, tendo descoberto a inutilidade do mundo, devem obrigatoriamente ser infelizes. Para esses, o remédio é a ação. Há aqueles obcecados pelo espírito de competição que causa esgotamento nervoso; pois que se acalmem. Existem os que se entediam, ou têm medo de se entediar, um problema muito recorrente em nossa época, pensa Russell, pois as crianças estão sobrecarregadas de jogos e atividades extraescolares. É preciso reaprender as virtudes da vida pacata. Há aqueles ameaçados por algum perigo ou uma desgraça definida; é preciso relativizar:

> Quando uma infelicidade o ameaça, considere com atenção e objetividade o pior que poderia acontecer. Após olhar nos olhos essa possível desgraça, dê a si mesmo boas razões para pensar que, afinal de contas, tudo isso não é tão assustador assim.[50]

Existem os invejosos: a inveja os torna infelizes; sejam felizes, e serão vocês que causarão inveja! Há os que têm um peso na consciência: examinem as causas dos remorsos para ver se têm razão de ser. Há aqueles que sofrem do sentimento de perseguição: estejam convencidos de que os outros não os consideram importantes o suficiente a ponto de desejarem prejudicá-los. Existem os que temem a opinião pública: o remédio é aumentar a tolerância.

Na segunda parte, Russell examina o aspecto positivo: como tornar-se feliz? A constatação inicial vai ao encontro do que fizemos ao longo deste capítulo: "Se eu leio livros de meus amigos ou escuto suas conversas, sou quase levado a concluir que a felicidade é impossível no mundo moderno".[51] Na verdade, há dois grandes tipos de felicidade: a dos simples e a dos intelectuais. Os primeiros são felizes quando estão totalmente imersos em uma paixão, um ofício, como o jardineiro que "trava uma guerra incessante contra os coelhos sobre os quais fala nos mesmos termos que a Scotland Yard usa para se referir aos bolcheviques". Entre os intelectuais, os cientistas são os mais felizes:

> Todas as condições para a felicidade estão concretizadas na vida do homem de ciência. Sua atividade permite-lhe utilizar plenamente suas capacidades e ele alcança resultados que parecem importantes não apenas para ele, mas também para o grande público, mesmo que este não possa apreciá-los de modo algum.[52]

---

50 Russell, *La conquête du bonheur*, p.72.
51 Ibid., p.131.
52 Ibid., p.134.

Entretanto, os cientistas não são a maioria. Para o simples mortal, a felicidade depende de atitudes mais comuns: ter uma pequena mania, ampliar seus centros de interesse, ter um trabalho e procurar fazê-lo bem, o que é uma satisfação em si e permite a ascensão social, sem se esquecer de ter atividades paralelas. Uma vida familiar equilibrada é essencial, mas o mundo moderno está destruindo essa fonte de felicidade: "Os pais não estão mais muito seguros de seus direitos sobre os filhos; os filhos não têm mais o sentimento de respeito aos pais", os casamentos se desfazem. Há um déficit de afeto. De modo geral, a vida no mundo de hoje não está fácil, e é por isso que a felicidade só pode ser obtida pela luta:

> A felicidade não é, exceto em casos raríssimos, algo que caia na boca como uma fruta madura, por um simples fato de circunstâncias favoráveis; é por isso que chamei meu livro de *A conquista da felicidade*. Em um mundo tão rico em desgraças evitáveis e inevitáveis, em doenças e complicações psicológicas, em lutas, em penúrias e em má vontade, o homem ou a mulher que quiser ser feliz deve encontrar os meios para lutar contra as múltiplas causas de miséria às quais todo indivíduo é exposto.[53]

Em outro livro, mais antigo, de 1925, *No que acredito*, o filósofo abordava um ponto mais preciso: a ciência pode contribuir para a felicidade. Ele lembra esta verdade fundamental: "O homem é uma parte da natureza, e não algo destacado dela".[54] Opor o homem à natureza é absurdo por duas razões: o homem é natural, e o que nós chamamos de "natural" quase sempre não passa do que é antigo: usar uma roupa não é mais "natural" do que tomar remédios; é uma prática mais antiga, só isso: "Os que exaltam a natureza são inconsequentes". E colocam obstáculos à progressão da felicidade; o homem faz parte da natureza e deve utilizá-la para sua felicidade.

> Respeitar a natureza é ridículo: ela deve ser estudada com vistas a fazê-la servir aos projetos dos homens tanto quanto possível, mas no plano ético ela não é boa nem ruim. [...] A natureza, mesmo a humana, será cada vez menos um dado; ela se transformará gradativamente no que as manipulações científicas dela fizerem. A ciência pode, se quiser, fazer nossos netos alcançarem uma vida equilibrada, dando-lhes o saber, o sangue-frio, e os elementos que geram a harmonia mais do que a luta.[55]

---

53 Ibid., p.211-2.
54 Russell, Ce que je crois, em *Le mariage et la morale*, p.259.
55 Ibid., p.302-3.

É verdade que não há "atalhos para a idade de ouro. Não existe atalho para alcançar a vida bem-aventurada, no plano individual ou social". Mas a ciência bem empregada pode ter um papel essencial:

> O que a ciência pode fazer para aumentar a felicidade humana não se limita a atenuar os aspectos da natureza humana que trabalham para um fracasso recíproco, aos quais por isso chamamos de maus. Sem dúvida, não há limites ao que a ciência pode no domínio do crescimento da fisiologia positiva. [...] No futuro, é plausível que a Fisiologia e a Psicologia tenham um poder superior. Quando descobrirmos em que medida o caráter depende do estado fisiológico, poderemos, se quisermos, produzir muito mais seres humanos em conformidade com o tipo que admiramos.[56]

Eis algo que vai bem mais longe e que é sem dúvida mais eficaz do que as pequenas receitas de felicidade. Mas, nesse século XX, o homem perdeu a fé na ciência, cujos efeitos negativos e perversos lhes são mais visíveis. Ele tem medo de suas próprias invenções. Continua a inventar, é claro, mas com peso na consciência e de má-fé. Ele decidiu que a felicidade era uma ideia em desuso e utópica, e se compraz em seu ceticismo, pelo menos suas elites se comprazem. Continua a procurar a felicidade, mas sem o confessar. Fazer de conta que se desdenha algo que se cobiça não é uma estrátegia? Nesse contexto, as defesas de Alain, de Teilhard, de Russell em favor da felicidade soam ingênuas, puerilidades de outra época. Mas, quando a felicidade, que os Estados e a conjuntura econômica favorável encheram nossa cabeça como algo possível, parece fugir de verdade, tudo muda: como a criança mimada que finge recusar o brinquedo que lhe ofereciam e que berra a plenos pulmões quando o retiram dela, a sociedade contemporânea arranca sua máscara *blasé* e deixa explodir novamente sua exigência de felicidade. É no decorrer dos anos 1980 que ocorre a mudança. O mundo teme ver a felicidade escapar em definitivo, e retoma cada vez mais a busca em um contexto difícil.

---

56 Ibid., p.298-9.

10

AMANHÃ: A FELICIDADE?

A procura da idade de ouro a partir dos anos 1980

Uma das grandes características do mundo atual é a onipresença – poderíamos dizer a obsessão – da felicidade. Está certo que a felicidade não é mais "uma ideia nova na Europa", nem em outros lugares, mas nunca antes ela fascinou tanto. Claro, o poder fenomenal dos meios de comunicação amplia desmedidamente todos os fenômenos culturais, e de certo modo também os cria. Mas somente as ideias que ecoam profundamente nas mentalidades conseguem manter-se em evidência por mais de dez anos. A onda de procura da felicidade agita-se a partir do início dos anos 1980. Em 1983, em *Bonheur privé, action publique* [Felicidade privada, ação pública], Albert Hirschman mostrava que no curso da História alternam-se períodos que privilegiam a procura da felicidade particular e outros que insistem na ação coletiva. Após um século XX durante o qual o Estado pensou poder garantir a vida feliz dos cidadãos, assistimos de fato a uma interiorização do indivíduo quanto a sua felicidade pessoal. Mas a novidade é que daqui em diante todas as aspirações individuais são recuperadas pela mídia a serviço do mercado de hiperconsumo, e se tornam assim, ao mesmo tempo, apostas de massa. Os dois aspectos, público e privado, são doravante inseparáveis, e o mercado da felicidade passou a ser um setor econômico criador de milhões de empregos.

O MAREMOTO EUDEMONISTA

A partir de 1980, contam-se às dezenas de milhares os livros de Psicologia, Sociologia e Filosofia, assim como artigos em revistas especializadas ou destinadas ao grande público, sites e programas de televisão dedicados à felicidade e à maneira de ser feliz. Os maiores sucessos evidentemente alcançam os livros de receitas que, sob títulos variados, pretendem ser métodos infalíveis para alcançar a felicidade. Todas as escolas de pensamento convergem para esse objetivo, todos os caminhos levam à felicidade, mesmo os mais tortuosos, como o budismo, cuja afirmação inicial é, não obstante, a constatação de um sofrimento universal inevitável. Os calvinistas não ficam atrás: à *Arte da felicidade* do Dalai Lama Billy Graham responde com *Le Secret du bonheur* [O segredo da felicidade]. Não há um só gênero literário que não esteja contaminado, nem mesmo o romance, ao passo que tradicionalmente se considera que a felicidade, que elimina as diferenças entre indivíduos, não é boa fonte de inspiração.

A felicidade é o novo deus, do qual todo mundo fala, que todo mundo busca e que ninguém é capaz de definir. É isso o que sugere o quadro de Robert Rauschenberg, *Happiness* [Felicidade], de 1994:[1] um caos superposto a um nevoeiro de formas confusas e a fachada de um edifício luxuoso, que pode sugerir ao espectador tudo e qualquer coisa.

Um clima de hedonismo forçado abateu-se sobre o mundo ocidental a partir dos anos 1980. A sociedade capitalista liberal avançada deve se sentir feliz. Ela não tem escolha, pois passou a ser o modelo universal. Se todos os outros rivais desabaram, é que o modelo econômico liberal está mais apto a fazer as pessoas felizes. A felicidade é portanto a norma, e tende mesmo a se tornar uma obrigação moral. Não somos o mundo da abundância e da liberdade? Os infelizes são os outros. Os ocidentais são felizes, como vimos: 87% dos europeus e 85% dos americanos pensam assim.

E como não pensariam? Isso lhes é repetido com bastante frequência: eles têm tudo para serem felizes, logo eles o são, eles devem sê-lo. É quase um dever cívico. Ousar dizer que não se é feliz é tão vergonhoso quanto

---

1 São Francisco, museu de Arte Moderna.

confessar ser desonesto. Os tristes, os deprimidos, os melancólicos são excluídos dessa sociedade humorística e *cool* que é a nossa. É preciso tratá-los; o Prozac foi feito para isso. Até os velhos são felizes. Aliás, não há mais velhos: a medicina, a cirurgia plástica e as revistas para a terceira idade acabaram com esse flagelo. Agora, o que há são indivíduos sêniores em plena forma e cheios de projetos. A idade de ouro é a terceira idade, e azar de Hesíodo! Mesmo os estudos psicológicos sérios declaram: nos idosos, as emoções se estabilizam, a experiência permite evitar os erros.[2] É a felicidade até a morte, pois doravante morremos felizes, graças aos cuidados paliativos. Pascal Bruckner estigmatizou com razão essa hipocrisia:

> Encontramos em alguns dos que propalam os cuidados paliativos uma espécie de embriaguez que os leva a eufemizar tudo, a pintar de rosa um acontecimento dramático. Esses proselitistas da agonia bem-humorada manifestam às vezes, por trás de sua gentileza, um fanatismo que amedronta, principalmente quando os incita a recusar o apressamento do fim aos que o pedem, sob a alegação de que a agonia é o momento da verdade do qual não se deve privar ninguém.[3]

"Não creio muito nas vantagens da velhice", escreve por sua vez André Comte-Sponville. "Ser velho, não, nada mais é do que o tempo que falta e a vida que se vai..." O salão de uma casa de repouso por acaso tem ares de paraíso terrestre? Quem tem pressa de envelhecer? Pintar a velhice de rosa, obstinar-se em prolongar a vida quando na verdade cada vez mais velhos se suicidam, são simulacros odiosos da sociedade contemporânea, e o exemplo flagrante do novo totalitarismo do deus Felicidade. Mas estamos autorizados a dizê-lo?

A boa notícia dessa religião é que não somente somos felizes, mas amanhã o seremos ainda mais, graças a nossas compras, pois a felicidade é o nome nobre do consumo; seu termômetro, o "moral das famílias". Que isso nos alegre ou que o deploremos, tudo se baseia de agora em diante nessas noções. Durante os Trinta Gloriosos, o consumo cresceu sem esforços; o moral não necessitava estímulos. Desde os anos 1980, a situação é mais complexa: fraco crescimento, desemprego, degradação do contexto de vida, incertezas sobre o futuro, crise financeira, mundo caótico, perda das

---

2 Resultado de um estudo estatístico longitudinal com 80 mulheres: Helson, Lohnen, "Affective Coloring of Personality from Young Adulthood to Midlife", *Personality and Social Psychology Bulletin*, 1998, 24.
3 Bruckner, *L'Euphorie perpetuélle. Essai sur le devoir de bonheur*, p.257.

referências tradicionais e do sentido global da existência. Esse novo contexto exige a adoção de uma política voluntarista de suporte do moral dos lares. Apenas os indivíduos confiantes, otimistas e satisfeitos compram. É preciso criar um clima social favorável, e formar indivíduos felizes. O Estado e a iniciativa privada são solidários nessa empreitada e seus esforços se completam: ao Estado, pela legislação, cabe promover uma sociedade lisa, harmoniosa, sem conflitos, sem traumas, a golpes de regulamentos, de células psicológicas, de sistemas de alerta e de princípios de precaução; ao setor privado cabe modelar um estado de espírito eufórico, pela publicidade, o cenário, as festas, os serviços médicos e psicológicos. A finalidade é formar um cidadão feliz o bastante para comprar e convencido de que será ainda mais feliz graças a suas compras.

A FELICIDADE FAZ VENDER

A publicidade tem um papel essencial na criação de um ambiente feliz. Ela cria um mundo paralelo de prazer e harmonia onde tudo é possível, um mundo sorridente, livre dos confrontos e das contradições, um mundo ideal, utópico, que reconcilia a tecnologia mais avançada com a natureza mais intacta. O paraíso, a idade de ouro, nós os vemos todos os dias nos cartazes publicitários e nas telas. Em 1999, a propaganda da água Évian sobre o tema "Emoção pura, 45 segundos de felicidade", que mostrava bebês na água, sorridentes, evocando natureza, inocência, líquido amniótico, teve um enorme sucesso. Ela sugeria a felicidade absoluta.

Segundo Frédéric Beigbeder, "não há certeza de que na publicidade a felicidade faça vender"; o que vende é aquilo que agrada. Mas o que agrada não é o que traz felicidade, como sugere a famosa Smiley Face, inventada por Harvey Ball em 1963 para a State Mutual Life Insurance Company, de Worcester, Massachusetts? O mundo paralelo da publicidade é o mundo da felicidade, e ele nos acompanha por toda parte.

Certamente não é por motivos filantrópicos nem por acaso que – de acordo com os filósofos, os psicólogos e os sociólogos – os economistas hoje se interessam muito pela felicidade que *a priori* não faz parte de suas competências. O inglês Adrian White realiza em 2006 o mapa mundial da felicidade, utilizando simultaneamente dados estatísticos clássicos, como o PIB por habitante, e critérios mais subjetivos como a beleza das paisagens e o nível de "satisfação com a vida". Seus conterrâneos Andrew Clark e Andrew Oswald estudam a relação entre dinheiro e felicidade. Nessa área, constata-se que o sentimento de "bem-estar subjetivo" aumenta com os rendimentos até um teto, em seguida fica estacionário, o que não significa que se é obrigatoriamente feliz atingindo esse ponto, mas que é difícil sê-lo quando se está abaixo dele.[4] Por outro lado, constata-se que o crescimento da renda média dos norte-americanos entre 1960 e 1990 não provoca o aumento da porcentagem das pessoas que se dizem felizes, sem dúvida porque ao mesmo tempo outras necessidades foram suscitadas, o que traz o problema do poder de compra.[5] Por fim, as pesquisas mostram que um aumento brutal e inesperado da fortuna não é um fator de felicidade: os "felizes ganhadores" das loterias não são mais felizes depois de seu golpe de sorte.[6] Outro inglês, Richard Layard, tenta aperfeiçoar um indicador de felicidade, com o fim de criar uma política de "paternalismo libertário" de orientação muito conservadora, e de "fazer da maior felicidade de todos o objetivo principal de qualquer política econômica e social". David Cameron é evidentemente ainda mais conservador, ao se inspirar no princípio da "economia da felicidade" para estabelecer um "bem-estar geral" limitando a redistribuição de riquezas.

Todos esses estudos, e muitos outros, são na verdade ditados por uma lógica puramente econômica que visa reconciliar as aspirações à felicidade individual e as exigências da vida em sociedade, reduzindo a felicidade à noção de "bem-estar", mais fácil de delimitar e de medir, e cujo sucesso pode ser garantido pelo consumo. É a constatação que surge da *Critique du bonheur* [Crítica da felicidade] publicada em 1989 por Miguel Benasayag e Edith Charlton:

> A sociedade mercantil aplica-se a preencher o vazio da noção de felicidade por imagens identitárias da felicidade. [...] Ela não pode impedir as pessoas de a desejarem, mas aliena suas preocupações e seus desejos, voltando-os para o lucro comercial.

Trata-se de embutir a felicidade individual na coletiva, modelando a própria imagem da felicidade. Fabricar uma imagem acessível a todos, ou antes, que possa inspirar em cada um a ilusão de que essa felicidade é

---

4 Ver também sobre o tema Diener, "The Relationship between Income and Subjective Well-being: Relative or Absolute?" *Social Indicators Research*, 1993, 28.
5 Lecomte, "Le bien-être au quotidien", *Sciences humaines*, 1997, n.75.
6 Brickman, "Lottery Winners and Accident Victims: is Happiness Relative?", *Journal of Personality and Social Psychology*, 1978, p.36.

acessível, que está apenas em suas mãos obtê-la, pois ela é composta de "bens" materiais e culturais, e os bens se compram, inclusive a crédito: a felicidade está no empréstimo. As mídias modernas têm os meios técnicos de difundir esse modelo, que se fundamenta em algumas bases simples: juventude, saúde, beleza, sexualidade. Já em 1966, Jean Cazeneuve podia escrever em *Bonheur et civilisation* [Felicidade e civilização]:

> O homem feliz no mito da cultura de massa é sempre jovem e a mulher permanece bonita. É uma juventude sem idade, que combina os atrativos da infância e da maturidade. [...] Ao mesmo tempo, a época moderna honra os valores juvenis. Rejuvenescemos os executivos.

Tais linhas não ganharam uma só ruga. Trinta anos depois, a tecnologia a serviço das mídias permitiu impor esse modelo, de modo cada vez mais sutil, sem deixar de manter a ilusão da liberdade de escolha, condição essencial para que brote o sentimento de felicidade. Cada um deve se acreditar único e livre em um mundo onde todos são semelhantes e vigiados.

Enquanto o homem não sabe definir a felicidade, é difícil satisfazê-lo. A ideia é então a seguinte: mostramos o que é ser feliz e disponibilizamos os meios de comprar essa felicidade, com toda liberdade. O *nec plus ultra* desse princípio é a internet, a tal ponto que alguns sociólogos falam agora de "ciberbeatitude", de "Eldorado substituto", de nova utopia. Essa técnica, que permite ao indivíduo ser ao mesmo tempo sozinho e em comunidade, livre e solidário, em ligação imediata com todos, oferece virtualmente todos os prazeres: ali se encontram moças (ou rapazes), música, filmes, cultura, jogos, dinheiro (pela especulação *on-line*); transgridem-se todos os tabus; é possível sentir-se livre, inteligente, competente e poderoso. Os limites da condição humana são empurrados, e por essa "cultura de internet", escreve Philippe Breton,[7] vemos preparar-se uma humanidade nova, o homem da comunicação, o homem digital. O *Homo sapiens* procurava tateante a felicidade natural; o *Homo numericus* atinge a ciberfelicidade pelas teclas de seu computador. A internet realizou o milagre de associar a liberdade e a igualdade; o internauta tem infinitas opções, e a tela é a mesma para todos. Somente a competência faz a diferença; o computador também permite ser simultaneamente anônimo e público, indivíduo e membro de uma rede.

Isso é uma ilusão, claro, denunciada por alguns: a ciberbeatitude é pior do que uma miragem, é uma cilada; não é o paraíso que se esconde atrás da

---

7 Breton, *Le culte d'internet*.

tela, mas o inferno: "A felicidade individual está tanto na ponta do teclado quanto a sociedade de amanhã está no extremo das redes".[8] Bem longe de nós ajudar a redescobrir um sentido da existência, pois a internet torna o mundo cada vez mais inteligível:

> Cada conexão suplementar acrescenta novamente heterogeneidade, novas fontes de informação, novas rotas de fuga, tanto que o sentido global é cada vez menos legível e mais difícil de delimitar, fechar, dominar,[9]

escreve Pierre Lévy. Por fim, e talvez sobretudo, a internet é a maior ameaça que pesa sobre as liberdades individuais. A web é uma verdadeira teia de aranha, na qual se lançam alegremente como moscas centenas de milhões de internautas cujas mínimas ações e declarações podem ser espionadas. E, como se isso não bastasse, todo mundo tem um telefone celular, autêntico bracelete eletrônico que permite localizá-los a qualquer momento. Mas o que podem as cassandras contra as multinacionais da comunicação?

A própria noção de felicidade está prestes a escapar ao indivíduo. A velha ideia segundo a qual cada um encontra sua felicidade onde bem entende está em vias de terminar. A felicidade, na sociedade de consumo de massa, é definida pelas forças econômicas, graças às pesquisas de opinião, aos estudos e à publicidade. A Economia define as normas da felicidade em acordo com os Estados, eles mesmos dependentes da Economia para orientar o consumo.

O PSICÓLOGO: A FELICIDADE COMO OBRIGAÇÃO MORAL

A felicidade seria portanto refém dos interesses financeiros? Isso é cada vez mais evidente, e provoca algumas reações de rejeição, como veremos. Examinemos primeiro as opiniões de sociólogos, psicólogos, filósofos e ensaístas que, a partir de 1980, multiplicaram os estudos sobre esse assunto. A massa de publicações torna impossível qualquer estudo exaustivo, assim, vamos nos contentar com alguns exemplos significativos. Comecemos com o *Traité du bonheur* [Tratado da felicidade] de Robert Misrahi, cujos dois volumes foram editados em 1981 e em 1983: tratado de psicologia? De

---

8 D. Wolton, *Libération*, 2 abr. 1999.
9 Lévy, *La cyberculture*.

sociologia? De filosofia? Manual de moral? A felicidade, diz Misrahi, tem três componentes: a reflexão sobre si que permite ser a fonte de nossas decisões, pela autonomia; uma relação positiva com o outro, percebido como sujeito, é o amor; o gozo do mundo e de sua beleza. Cabe a cada indivíduo construir sua felicidade, mas é preciso para tanto um contexto sociopolítico favorável: a democracia, que garante a liberdade. Concepção bem clássica, porém mais normativa do que objetiva.[10]

Depois, é a cascata dos tratados sobre a felicidade na Europa e nos Estados Unidos. Certo número de constatações pode ser retirado deles. A importância dos laços sociais, por exemplo, e sobretudo do casal: enquanto 40% das pessoas casadas declaram-se muito felizes, essa porcentagem cai para 20% entre os solteiros do sexo masculino, e para 18% entre os separados, e para 16% entre os divorciados.

Os diplomas e a inteligência não são garantias de felicidade, e só têm efeito a partir de determinado nível. Quanto à beleza, é inegavelmente um fator favorável: ela atrai a simpatia dos outros, e facilita a autoestima.[11] O dinheiro tem um papel positivo até certo nível, como já vimos. E a juventude? Ela é um elemento de felicidade apenas para os velhos, ao passo que os jovens tendem a considerar a felicidade uma ideia de velho. É o que Jean Anouilh já colocava na boca de sua Antígona:

> Vocês me causam asco, todos, com sua felicidade! Com sua vida que é preciso amar, custe o que custar [...] e essa pequena sorte para todos os dias, se não são muito exigentes. Quanto a mim, quero tudo, e já.

As relações entre trabalho e felicidade são há muito tempo objeto de um debate acalorado por meio do cristianismo, de Voltaire, do marxismo. Porém os argumentos eram mais ideológicos do que objetivos. Psicólogos de Chicago, em particular Mihaly Csikszentmihalyi, avançaram mais em 2002 com a noção de *flow*, definido como o

> estado de concentração e de controle jubiloso de uma atividade que nos apaixone, na qual estamos profundamente absorvidos até esquecer o tempo que passa e que nos alimenta e nos satisfaz totalmente.[12]

---

10 Misrahi, *Traité du bonheur*.
11 Amadieu, *Le poids des apparences*.
12 André, *Vivre heureux. Psychologie du bonheur*, p.124.

Distinguimos quatro casos: a prática de uma atividade fácil e que dominamos bem gera o tédio; uma atividade fácil que dominamos mal gera apatia; uma atividade exigente e que dominamos mal gera estresse; uma atividade exigente que dominamos bem gera a felicidade.[13]

O psiquiatra Christophe André chamou atenção para outros componentes da felicidade.[14] Há dois aspectos: uma emoção – eu me sinto feliz – e uma convicção – eu me acho feliz –, que não coincidem necessariamente. É, aliás, por isso que as respostas às pesquisas dão uma tal proporção de "felizes": as pessoas respondem segundo sua convicção, um julgamento de ordem intelectual em que entram considerações externas, como a comparação com os outros – não me sinto no direito de dizer que não sou feliz, sabendo que há tanto sofrimento no mundo, mas nem por isso tenho o sentimento de ser feliz. As respostas dependem também do ambiente cultural, e são mais uma recitação da aula de moral, estereotipada, do que uma profunda convicção pessoal: tendemos a responder que somos felizes porque sabemos que em nossa sociedade é preciso ser feliz, é a normalidade. Responder à pergunta "Você é feliz?" é um pouco como responder à indagação: "Você é honesto?".

A felicidade é extremamente frágil, pois teve sempre consciência de seu caráter efêmero, o que a torna mais intensa para uns, mas a destrói em outros. É o que constata Andrew Solomon em um notável estudo sobre a depressão:

> Uma característica frequente demais da felicidade é que você sente a cada momento sua fragilidade, ao passo que, quando você está em depressão, ela parece ser um estado que não passará nunca. [...] Você não pode descansar na felicidade como na tristeza. [...] Quando estou feliz, sinto-me levemente estranho à felicidade, como se ela não conseguisse estimular certas partes de meu cérebro.[15]

Algumas pessoas têm um temperamento pouco apto à felicidade, da qual desconfiam. As estatísticas confirmam a intuição de Schopenhauer, mostrando que cada indivíduo tem um ponto de estabilidade, situado mais ou menos alto, em torno do qual oscilam suas emoções.[16] O uso de drogas

---

13 Nakamura e Nakamura, "The Concept of Flow", em Snyder e Lopez (Ed.), *Handbook of Positive Psychology*.
14 André, op. cit.
15 Solomon, *The Noonday Demon. An Anatomy of Depression*, p.24.
16 Watson, *Mood and Temperament*.

e de medicamentos não pode mudar profundamente esse estado de coisa. O Prozac é eficaz contra a depressão, mas ele não pode fazer feliz.

O SOCIÓLOGO: A FELICIDADE PARADOXAL

Os sociólogos demonstram mais comedimento, pois são menos arrastados que os psicólogos ora pela pesquisa ora pela terapia. Em *Le bonheur paradoxal* [A felicidade paradoxal], Gilles Lipovetsky analisou, em 2006, as consequências da sociedade de hiperconsumo sobre a felicidade dos indivíduos. Foi por volta de 1980 que começou essa fase, a terceira etapa do capitalismo de consumo. Ela corresponde ao advento do que o mesmo autor chamou, em *L'Ère du vide* [A era do vazio], de "sociedade humorística", uma sociedade hedonista e individualista, *cool* e *soft*:

> Um novo estilo descontraído e inofensivo, sem negação nem mensagem, apareceu, caracterizando o humor da moda, da escrita jornalística, dos jogos radiofônicos, da propaganda, de numerosos gibis. O cômico, longe de ser a festa do povo ou do espírito, tornou-se um imperativo social generalizado, uma atmosfera *cool*, um ambiente permanente que o indivíduo sofre, mesmo em seu cotidiano.[17]

Uma fachada de leveza e de despreocupação, de sociabilidade e de alegria de viver, que cria um ambiente favorável ao consumo, então se estabeleceu. Mas essa fachada é exigente, e requer de todos um esforço permanente para se mostrar à altura e não ser excluído. É por isso que Gilles Lipovetsky qualifica essa felicidade de paradoxal, citando as palavras de Aragon: "Quem fala de felicidade quase sempre tem os olhos tristes". Cada aspecto positivo dessa sociedade repousa sobre uma restrição ou sobre um reverso negativo:

> Jamais os pais estiveram tão presos a satisfazer os desejos dos filhos, jamais o "problema de conduta" (entre 5% e 9% dos jovens de 15 anos) e as doenças mentais destes foram tão disseminadas; [...] se o PIB dobrou desde 1975, o número de desempregados quadruplicou. Nossas sociedades são cada vez mais ricas: e no entanto um número crescente de pessoas vive em condições precárias e deve economizar em todos os itens de seu orçamento. [...] Somos tratados cada vez melhor, o que não impede que os indivíduos se tornem espécies de

---

17 Lipovetsky, *L'Ère du vide. Essai sur l'individualisme contemporain*, p.196.

hipocondríacos crônicos. Os corpos são livres, a miséria sexual é persistente. As solicitações hedonistas são onipresentes: as inquietudes, as decepções, as inseguranças sociais e pessoais aumentam. Inúmeros aspectos que fazem da sociedade de hiperconsumo a civilização da *felicidade paradoxal*.[18]

Essa sociedade é fundada sobre o individualismo e sobre o conformismo que apenas reforçam, a despeito das aparências, as novas ferramentas de comunicação, o telefone celular e a internet. O indivíduo, sozinho e falsamente livre, é muito mais vulnerável: para não se sentir excluído, deve conformar sua conduta e suas compras às exigências do grupo. A inovação permanente e a falsa diversificação dos produtos passam a impressão de uma liberdade de escolha, da capacidade de afirmar sua individualidade, enquanto apenas copiam o modelo ambiente, ao mesmo tempo diferente e semelhante. Todos possuem as mesmas ferramentas, que diferem apenas no detalhe; todos leem e ouvem a mesma coisa, em uma expressão diferente; todos têm o mesmo comportamento, sob uma originalidade de fachada. É o "individualismo de massa".

A atitude consumista generalizada baseia-se numa dupla exigência de felicidade: sentir-se feliz, agora graças a todos os objetos e serviços disponíveis e que permitem ser como os outros, descontando a felicidade de amanhã numa renovação incessante de objetos e serviços. É a promessa de felicidade que entrega o cidadão-cliente à solicitação do mercado, pois tudo é acessível, já que tudo se reduz a seu valor de mercado; portanto, tudo se pode comprar.

Vamos resumir. Para o sociólogo,

> é em nome da felicidade que se expande a sociedade de hiperconsumo. A produção de bens e serviços, as mídias, as distrações, a educação, a reorganização urbana, tudo se pensa, tudo se agencia em princípio tendo em vista nosso maior prazer. Nesse contexto, fervilham guias e métodos para viver melhor, a televisão e os jornais destilam conselhos de saúde e de boa forma, os psicólogos ajudam os casais e os pais em dificuldade, os gurus se multiplicam, prometendo a plenitude. Comer, dormir, seduzir, descontrair-se, fazer amor, comunicar-se com os filhos, manter o tônus: que esfera ainda consegue escapar às receitas de felicidade? Passamos do mundo fechado ao universo infinito das chaves da felicidade: eis o tempo do *coaching* generalizado e da felicidade/modo de usar para todos.[19]

---

18 Id., *Le bonheur paradoxal. Essai sur la société d'hyperconsommation*, p.14.
19 Ibid., p.306.

No entanto, Gilles Lipovetsky recusa-se a falar, como Pascal Bruckner, de um "despotismo da felicidade" que seria sua própria destruição. Para ele, trata-se apenas do desenvolvimento natural do processo de individualização, processo que é inevitável, no qual a procura da felicidade é indispensável. A felicidade é sem dúvida uma ilusão, porém uma ilusão "sábia" e necessária. Existe "uma sabedoria de ilusão" da felicidade. O erro não é perseguir a felicidade, mas ter dela uma ideia falsa. A sociedade de hiperconsumo quer uma sabedoria *"light"*, uma felicidade barata, não muito cansativa e ao alcance de todos. Ora,

> como não ficar imobilizado diante dessa cascata de programas de bem-aventurança veiculando tanto singelezas como falsas promessas? Pois se há uma coisa que ensina a experiência da vida, é que somos mesmo incapazes de nos tornar senhores da felicidade.[20]

Fazer acreditar que todo mundo pode atingir a felicidade por seus próprios meios, quando se depende largamente dos outros e de circunstâncias externas é uma enganação. "Resta-nos viver com a consciência de que a felicidade é o indomável, o fugidio, o imprevisível, o intransponível enigma de hoje e sem dúvida de amanhã."[21] Mas Gilles Lipovetsky pretende ser também otimista: "A felicidade por vir não se confunde com uma ventura ilusória, pois ela é também o que permite ter confiança na vida, projetar-nos no futuro com algum otimismo".[22]

O FILÓSOFO: DA GRANDE ÀS PEQUENAS FELICIDADES

Os filósofos são mais desconfiados. André Comte-Sponville salienta inclusive que na segunda metade do século XX eles "tinham mais ou menos abandonado"[23] o assunto da felicidade, que lhes parecia obsoleto. Os filósofos clássicos desde Platão, diz ele, deram definições abstratas e dogmáticas demais da felicidade; fizeram dela um ideal fora do alcance dos mortais, como os estoicos, os epicuristas e até mesmo os aristotélicos. Ao fazerem dela a satisfação de um desejo, conceberam uma felicidade autodestrutível: quando

---

20 Ibid., p.320-1.
21 Ibid., p.322.
22 Ibid., p.328.
23 Comte-Sponville, *Le bonheur, désespérément*, p.10.

o desejo existe, a felicidade ainda não está ali, pois há uma falta, e quando o desejo, satisfeito, não está mais presente, a felicidade também não, e surge o tédio. E as estratégias inventadas para escapar ao dilema desejo-tédio são pouco convincentes: é a diversão, a fuga para frente, de desejo em desejo, o salto em uma esperança totalmente irracional, a religião. Alguns chegaram a concluir que a felicidade era impossível.

O erro seria ter confundido desejo e esperança. Esperar é desejar sem gozo, sem saber, sem poder. "A esperança é um desejo cuja satisfação não depende de nós", e é indissociável do temor, claro. Se espero a realização de algo, é porque receio que esse algo não se realize, ou não seria uma esperança, mas uma certeza. Aquele que espera não é feliz, portanto. Para sê-lo, é preciso por conseguinte perder qualquer esperança, *des-esperar*, no sentido etimológico, daí o título paradoxal do pequeno tratado de Comte-Sponville: *A felicidade, desesperadamente*. É, diz ele, na entrada do paraíso que deveria ser colocado o famoso cartaz que Dante situava na porta do inferno: "Deixai toda esperança, vós que aqui entrais".

A verdadeira sabedoria, a que conduz à felicidade, consiste em não esperar mais nada, e

> o contrário de esperar é conhecer, agir e amar. É a única felicidade que não falta. [...] O conhecimento do que é, a vontade do que se pode, por fim o amor do que passa e que não temos nem mesmo necessidade, desde já, de possuir.[24]

Isso, diz o filósofo, vai ao encontro das sabedorias orientais, em especial o hinduísmo, entre cujas máximas temos: "Só é feliz aquele que perdeu toda esperança, pois a esperança é a maior tortura que existe, e o desespero, a maior ventura".[25]

Assim, escalando "os cimos do desespero", Cioran encontrava a infelicidade, e Comte-Sponville, a felicidade. Questão de palavras, evidentemente: tudo depende do que chamamos desespero. Será que é mesmo necessário empregar essas grandes palavras?

> Não somos felizes, ou não o bastante, ou muito raramente. Se não somos felizes, isso nem sempre é porque tudo vai mal. Acontece também, e com mais frequência, que não sejamos felizes quando na verdade tudo vai mais ou menos

---

24 Ibid., p.55.
25 *Sûmkhya-Sûtra*, IV, 11, apud p.48.

bem, ao menos para nós. [...] O que nos falta, então, para sermos felizes, quando temos tudo para isso e não o somos? Falta-nos a sabedoria.²⁶

Uma sabedoria de vida cotidiana, um saber viver: amar o que se tem, querer o que se pode. Objetivo modesto: o que conta é ser "mais ou menos feliz, isto é, feliz".²⁷ Ou ainda: "A felicidade é quando não se é infeliz, mas é também, e sobretudo, quando a alegria parece imediatamente possível, *a fortiori* quando é real".²⁸ É preciso renunciar à felicidade concebida como ventura, isto é, imutável e constante, e à felicidade de beatitude, para contentar-se com uma felicidade relativa: "Ser mais ou menos feliz já é uma felicidade", e "nossos momentos de maior felicidade são aqueles em que a questão do sentido da vida não se coloca mais [...], porque a vida basta para nos preencher".²⁹ De certa forma, sejamos menos ambiciosos: se queremos uma proporção maior de felizes, baixemos o nível da felicidade, como se reduzem as exigências do vestibular para ter 80% de aprovação.

No início de seu livro, Comte-Sponville levanta outra questão filosófica: se a ciência aperfeiçoasse uma pílula da felicidade "que bastaria tomar uma cada manhã" para ficar permanentemente (sem nenhum efeito secundário, sem dependência) em um estado de completa felicidade, será que nós a tomaríamos? "Não", responde o filósofo,

> porque a felicidade que queremos, a felicidade que os gregos chamavam de sabedoria, a que é o alvo da Filosofia, é uma felicidade que não se obtém à custa de drogas, mentiras, ilusões, diversões, no sentido pascaliano do termo; seria obtida em certa relação com a verdade: uma verdadeira felicidade ou uma felicidade verdadeira.³⁰

O que é quase tão sábio quanto um estropiado que tivesse desenvolvido próteses de alta qualidade e se recusasse a usá-las.

Na verdade, a tendência predominante entre os filósofos contemporâneos é preconizar um abandono na perseguição à felicidade. "Sou feliz porque renunciei à felicidade",³¹ já dizia Jules Renard, um pouco como seu homônimo da fábula, que desiste das uvas:

---

26 Comte-Sponville, op. cit., p.19.
27 Ibid., p.83.
28 Comte-Sponville, Delumeau, Farge, *La plus belle histoire du bonheur*, p.60.
29 Ibid., p.62.
30 Comte-Sponville, *Le bonheur, désespérément*, op. cit., p.14.
31 Renard, *Journal*, 9 abr. 1895.

Elas estão verdes demais, e boas para a ralé.
Não fez ela melhor do que se lamentar?

A felicidade, como a definiam os grandes filósofos do passado, é totalmente ilusória.

Ao lado desses grandes sonhos, há os pequenos sonhos, os de Amélie Poulain, o retorno às pequenas felicidades do dia a dia, a arte de saborear os pequenos nadas da existência e de tornar os outros felizes com seu sorriso. O sucesso do filme em 2001 mostra que a aspiração à felicidade continua igualmente forte na opinião pública, a despeito do ceticismo dos intelectuais. A moda das "pequenas felicidades" é apenas a adaptação da aspiração a uma vida feliz em uma época de desencanto. Ela se funde, aliás, com frequência à nostalgia da infância, à recordação idealizada de um passado que certamente nada tinha de feliz quando era presente. Quando Bernard Clavel, em *Les Petits Bonheurs* [As pequenas felicidades], evoca com emoção a vida difícil na modesta casa da família, escreve: "Não me teria sido concedido ser igualmente feliz em uma casa mais ampla"[32] e mais confortável. É evidente que ele embeleza uma realidade que, naquela época, com certeza não foi tão agradável. É toda a dialética da "memória feliz" que, segundo Paul Ricoeur,

> se expande ao longo das linhas de atribuição da lembrança a temas múltiplos de memória: a feliz, a tranquilizada, a reconciliada, tais seriam as figuras da felicidade que nossa memória promete para nós mesmos e para nossos próximos.[33]

Na promoção das pequenas felicidades, o livro de Philippe Delerm, *La Première Georgée de bière et autres plaisirs minuscules* [O primeiro gole da cerveja e outros minúsculos prazeres], em 2001, ocupa um lugar importante, a tal ponto que, lamenta o escritor, o resto de sua obra seja esquecido.[34] Ele deixa claro, aliás, que em sua opinião a felicidade não está "na soma de pequenos prazeres separados uns dos outros", esses "momentos de suspensão do tempo [...] que encontram sua intensidade nos momentos da infância e na nostalgia das coisas mais fortes que gostaríamos de fazer voltar ou parar". O que dá valor à felicidade é sua fragilidade:

---

32 Clavel, *Les petits bonheurs*.
33 Ricoeur, *La mémoire, l'histoire, l'oubli*, p.646.
34 Delerm, "Le bonheur, loin de la morale épicurienne", em *Le Magazine Littéraire*, n.425, nov. 2003, p.50.

A felicidade pode sempre acabar, basta uma chance, longe da moral e do voluntarismo epicuristas. É meu terceiro livro, *Le bonheur. Tableaux et bavardages* [A felicidade. Quadros e falatórios], que melhor revela minha concepção. A felicidade é ter alguém a perder. Nesse sentido, como diz Camus, não há nada mais trágico do que a vida de um homem feliz. É reconhecer uma nudez absoluta: posso ser aniquilado no instante seguinte. O que faz a beleza da felicidade é sua perda possível e irremediável, o ato de que ela não possa mais ser reproduzida como na filosofia epicurista.[35]

A felicidade é frágil como a vida.

O ATRATIVO DA FELICIDADE À MANEIRA ORIENTAL

As hesitações dos intelectuais ocidentais contemporâneos diante da felicidade levam um número crescente de pessoas a se voltar para as sabedorias e as religiões orientais. Será que elas teriam mais a nos dizer do que as nossas próprias tradições sobre a vida feliz? Todas as religiões trazem, de uma maneira ou de outra, uma promessa de libertação a respeito do mal que reina sobre a terra. É essa sua principal função, e é por isso que têm adeptos: vocês serão felizes se seguirem esses preceitos.

É curioso que os ocidentais sejam muito mais atraídos pelas sabedorias da Índia. Curioso, de fato, pois tanto o hinduísmo como o budismo se baseiam em uma constatação desesperante e pessimista: a vida é sofrimento e dor, e o ideal é desapegar-se dela o mais possível para cessar o ciclo infernal de reencarnações. *A priori*, aqui não há nada que evoque a felicidade. A beatitude procurada é uma libertação que permite escapar ao mundo. Os *Yoga Sutras* hinduístas distinguem cinco causas da infelicidade humana: a ignorância, o sentimento da existência pessoal, a paixão sob a forma de atração, a paixão sob a forma de aversão e, por fim, o cego querer viver. Quanto ao budismo, a palavra-chave é a dor universal. Isso é o que exprimem as "quatro santas verdades" do Buda:

> Eis, oh monges, a Verdade santa sobre a dor: o nascimento é dor, a velhice é dor, a doença é dor, a morte é dor, a união com quem não amamos é dor, a separação de quem amamos é dor, não realizar seu desejo é dor, em resumo, as

---

35 Ibid.

cinco espécies de objetos de apego (isto é, os cinco elementos que constituem o Eu: o corpo, as sensações, as representações, as formações e o conhecimento) são dor.³⁶

O que torna a vida intolerável é o caráter transitório de todas as coisas: nascer, envelhecer, morrer... e recomeçar. A infelicidade vem de nosso querer viver, que devemos nos aplicar em suprimir, pela meditação pura e pela bondade para com todos os homens. Porém, escreve Henri Arvon,

> ao tirar das coisas terrestres toda a realidade, e ao fazer apenas da contemplação interior a condição essencial para uma evasão libertadora, o budismo só pode recomendar uma ética passiva. Sua ética compõe-se de defesas, mas não de mandamentos. Ele prescreve muito mais aos homens não fazer o mal do que lhes ordena fazer o bem. O resultado é uma serenidade profunda e admirável, mas que surpreende com frequência por uma fria impassibilidade que beira a indiferença quanto às desgraças alheias.³⁷

O homem libertado de sua condição terrestre atinge o nirvana, que significa "extinção", e que parece na verdade bem próximo do nada. Quando se pergunta ao monge Sariputta, grande discípulo de Buda: "Pode haver ventura onde não há sensações?", ele responde: "A ventura, amigo, consiste justamente na ausência de toda sensação". Fazer dessa doutrina profundamente pessimista – que, aliás, havia seduzido Schopenhauer – uma escola de felicidade beira a impostura, a menos que se admita que de fato a felicidade está na impassibilidade de um nirvana terrestre. Para Solange Thierry, no budismo há

> três níveis de espera da felicidade: a longo prazo, um estado ideal de imutabilidade absoluta; a médio prazo, um renascimento mais feliz do que a existência atual; de imediato, condições excelentes de saúde, felicidade e longevidade. Da concepção da esperança como caminhada de muitos trajetos de existência rumo à evasão definitiva do mundo percebido por nossos sentidos, os budistas envolvidos com as duras realidades passaram voluntariamente à concepção de expectativas positivas e próximas.³⁸

---

36 Apud Arvon, *Le bouddhisme*, p.35-6.
37 Ibid., p.42-3.
38 Thierry, "Le nirvana", *Encyclopédie des religions*, t.II, p.1767-8.

É ao custo dessa reviravolta que o Dalai Lama pode se apresentar como um professor de felicidade a ocidentais arrebatados de exotismo e cheios de simpatia pela causa tibetana a ponto de esquecer o ideal teocrático dos monges budistas. Em 1998, o Dalai Lama publica com Howard Cutler *A arte da felicidade em um mundo conturbado*, que logo se tornou um dos *best-sellers* das receitas da vida feliz. Alinhando afirmações gratuitas, historietas edificantes, evidências e puerilidades sorridentes, o manual declara que "a gentileza e a compaixão levam sem dúvida alguma a um melhor equilíbrio psicológico e à felicidade",[39] e que "a bondade é o fundamento da natureza humana. É ela que confere todo seu valor a uma existência mais de acordo com a natureza de nosso ser, a saber, a bondade elementar".[40]

Para Pascal Bruckner, "o surpreendente é que essa doutrina que faz do eu uma ilusão funesta encontre tamanho eco em nosso Ocidente hedonista".[41] Trata-se de uma manifestação da globalização que favorece o sincretismo filosófico-religioso sem a menor preocupação com a coerência. Para o autor de *A euforia perpétua*, o Dalai Lama é um "profeta cabotino", um "guru mundano",

> uma espécie de camelô especializado na sabedoria e na serenidade, pontuando cada uma de suas intervenções com uma gargalhada lendária, [...] ele desfia amáveis superficialidades muito bem calibradas ao gosto dos públicos europeu e norte-americano. Seu próprio talento terá sido o de inventar [...] um esperanto espiritual mundial acessível a todos sem barreiras nem restrições, um discurso de camaleão adaptado a qualquer tipo de audiência. Esse campeão do ideal monástico é o objeto de um culto que beira a idolatria, principalmente entre seus discípulos ocidentais. [...] Ele sucumbe a esse sucesso com júbilo quase infantil, ávido de sempre mais publicidade, palanques, entrevistas.[42]

Ocidentais convertidos ao budismo tentam adaptar essa sabedoria de modo mais elaborado, para fazer dela um método mais confiável de vida feliz. Em 2003, o geneticista Matthieu Ricard lembra, em seu *Plaidoyer pour le bonheur* [Felicidade, a prática do bem-estar], que os ocidentais privilegiam as condições externas da felicidade e percebem qualquer sofrimento como uma anomalia, uma injustiça que deve ser eliminada, ao passo que o budismo está centrado nas condições internas da felicidade; sua visão mais global do

---

39 Dalai Lama e Cutler, *L'Art du bonheur*, p.49.
40 Ibid., p.59.
41 Bruckner, op. cit., p.262.
42 Ibid., p.82.

mundo leva-o a relativizar os sofrimentos e a crer que cada um tem em si os recursos necessários para dominá-los. A felicidade é "um estado adquirido de plenitude subjacente a cada instante de existência e que perdura através dos inevitáveis riscos que a balizam".⁴³

O BIÓLOGO: A FELICIDADE ESTÁ NO GENE

Na busca à felicidade do século XXI, o budismo e todas as sabedorias tradicionais correm de verdade o risco de serem superadas pelas ciências biológicas, principalmente as neurociências. Retorno ao fundamental, ao substrato de base: a matéria. Matthieu Ricard, na qualidade de budista geneticista, tenta encontrar o meio-termo: nossa aptidão para a felicidade seria 50% decorrente de nossos genes; de 10% a 15% dependeriam de fatores externos, e 35%, no mínimo, de nosso modo de pensar. Enquanto o impacto da emotividade positiva dependeria 55% dos genes, para a emotividade negativa, esse valor seria de apenas 40%. O papel dos genes é confirmado pelos estudos com gêmeos idênticos. Em 1996, os geneticistas behavioristas David Lykken e Auke Tellegen analisaram por um longo período o comportamento de três mil gêmeos, e constataram uma notável semelhança de humor e de sentimento de bem-estar, tivessem ou não sido criados juntos. Os pesquisadores concluem daí que "o ponto de equilíbrio do humor" (set point of mood) é 80% hereditário, e que por isso "tentar ser mais feliz é como tentar ser mais alto".⁴⁴

A conscientização de que nosso sentimento de felicidade depende de nossa fisiologia abre caminho para o uso de meios clínicos, na terapia da depressão em um primeiro momento, em seguida como medicamento de alívio e pílula de felicidade: "As drogas tornaram-se produtos capilares e cosméticos", pode-se ler na revista *New York* em 2003:

> Quando você abandona a ideia de que seus humores e suas esquisitices são um dado sobre o qual não pode interferir, qualquer sensação desagradável torna-se objeto de um tratamento com uma pitada disso e um miligrama daquilo. E uma vez que você tenha começado a remexer no que se encontra entre as duas orelhas, descobre que cada vez mais regiões podem ser melhoradas.⁴⁵

---

43 Ricard, *Plaidoyer pour le bonheur*, p.16.
44 Lykken e Tellegen, "Happiness is a Stochastic Phenomenon", *Psychological Science*, 7, n.3, mai. 1996, p.188.
45 Ariel Levy, "Pill Culture Pops", *New York*, 9 jun. 2003.

"Qual é o limite entre curar-se e dar-se prazer?", indaga a revista. A questão é mais filosófica do que parece, pois retoma as duas concepções clássicas da felicidade: a negativa (ausência de sofrimento: a cura) e a positiva: (sentimento de bem-estar: dar-se prazer). Isso se torna um assunto de dosagem de remédios. O problema é considerado grave o bastante para que uma comissão governamental norte-americana de bioética se interesse pelo assunto e publique em 2003 um relatório de título sugestivo: *Au-delà de la thérapie: la biotechnologie et la poursuite du bonheur* [Além da terapia: a biotecnologia e a busca da felicidade]. A constatação é que já entramos na era da felicidade química, com a bênção da indústria farmacêutica que ali vê abrir-se um mercado de perspectivas infinitas. O esconderijo da felicidade foi localizado: ele se oculta nos meandros do córtex pré-frontal esquerdo do cérebro, e utiliza veículos de transporte pesado de serotonina, os genes de tipo 5-HTT Long. Expressa em termos tão crus, a notícia tem motivo para causar sobressalto. Boris Cyrulnik escreve:

> A primeira vez que um neurologista sustentou esse tipo de raciocínio provocou tanto incredulidade como ironia. Em um contexto cultural onde se contava que a felicidade ou a infelicidade se explicavam somente por causas reais externas ao sujeito, os grandes fundadores da Neurologia provocaram estupefação quando declararam que uma lesão situada em determinada zona do cérebro direito provocava uma tendência à felicidade.[46]

É no início do século XX que os neurologistas começaram a suspeitar que as sensações de felicidade e de infelicidade deviam muito à química do cérebro. Essa ideia, que podia ser considerada um argumento a favor do materialismo, provocou evidentemente fortes resistências. No momento atual, esforçamo-nos sempre para reduzir seu impacto equilibrando o determinismo biológico com o cultural: o ambiente familiar e social combina-se com as aptidões genéticas para formar nossa representação do mundo:

> A sensação de ser feliz ou infeliz vem talvez da conotação afetiva que nosso aparelho de perceber o mundo lhe atribui. A aptidão para a felicidade ou a infelicidade seria resultado de uma aquisição precoce, de uma memória viva que explicaria nossa tendência a conotar os eventos de um sentimento feliz ou infeliz? As palavras "felicidade" e "infelicidade" não são os equivalentes de realidades físicas, são sua representação. Esse recorte verbal é abusivo. Acreditamos que, ao viver em uma situação em que tudo nos torna felizes, não podemos ser

---

46 Cyrulnik, *De chair et d'âme*, p.55-6.

infelizes. Porém, a Neurologia nos sugere que é quase sempre nossa maneira de perceber o mundo que lhe dá um gosto de felicidade ou de infelicidade.[47]

As perspectivas abertas pelas neurociências e a genética são vertiginosas e, no século XXI, o homem se encontra sem dúvida no cruzamento de dois caminhos: perseguindo a felicidade, irá continuar na rota que seguiu até aqui, que privilegia os elementos externos – nível de vida, ambiente social, familiar e cultural –, ou vai seguir por um atalho mais audacioso ao tratar o problema a partir do interior, por manipulações genéticas? Ousará assumir o próprio destino, buscando melhorar a espécie humana? Deverá resignar-se aos seus limites e seus males, em razão de uma espécie de maldição original, ou assumirá o comando de sua evolução para impor-lhe a direção que deseja? Inúmeras vozes se erguem contra essa tentação prometêica, acenando com o espectro do aprendiz de feiticeiro e sacralizando a "natureza humana", como se esta fosse perfeita e intocável. Outros pensam que justamente a verdadeira natureza humana e sua dignidade estão em recusar a fatalidade dos acasos genéticos para reduzir os males que atacam a espécie, e favorecer assim sua felicidade. O genoma não é sagrado e não existe gene ético. Em um artigo da *Concilium* em 1998, Marciano Vidal escreve:

> Qualquer ato que vise a construção de uma humanidade melhor é digno de elogios; não se pode condenar, em princípio, o desejo de conseguir melhorar a espécie humana, mesmo no domínio tão importante da Genética. [...] Será que é um ponto importante da evolução humana o direito ao "acaso", à "diversidade genética", à "diferença" pessoal? [...] Se, para a "decolagem" do homem do Neolítico, eram necessárias manipulações de espécies vegetais e animais, por que não aceitar outras manipulações para a decolagem da nova era que alguns vislumbram e à qual chamam de neogênica?[48]

PARA TERMINAR COM A FELICIDADE

Se o homem quer de fato atingir a felicidade, ele deve se dispor a isso. Mas será que o deseja de verdade? Após milhares de anos, ele parece se comprazer mais com um jogo de gato e rato em relação a essa ideia, exaltando a nobreza das grandes dores, o valor redentor do sofrimento, a profundidade

---
47 Ibid., p.58-9.
48 Vidal, "Le clonage: réalité technique et valeur éthique", *Concilium*, 275, p.140-1.

de espírito dos melancólicos, o romantismo da mágoa de amor, a importância da alternância prazer-dor. Será verdadeiramente sincero quando afirma que todo mundo quer ser feliz?

Vemos desenhar-se no início do século XXI uma reação contra a ideia de felicidade, contra a Euforia perpétua denunciada por Pascal Bruckner em 2000. A obsessão da vida feliz tornou-se a tal ponto invasiva que provoca náuseas e, em 2008, o norte-americano Eric Wilson publica um panfleto *Against Happiness* [Contra a felicidade], denunciando esse "desespero tranquilo da vida americana perfeitamente feliz", essa hipocrisia que faz que "muitos se escondam atrás do sorriso porque têm medo de encarar a complexidade do mundo". E acrescenta: "A felicidade de nossa nação, sua autossatisfação vulgar, seu contentamento estúpido não seriam em parte responsáveis por uma guerra recente que jamais deveria ter acontecido?"[49]

Pascal Bruckner se enfurece contra o sufocante dever de felicidade que só contribui para nos deixar infelizes ao culpabilizar os que não conseguem atingir essa bem-aventurança. Somos assediados por essa exigência. Isso começa com a pequena fórmula de saudação aparentemente banal – "Tudo bem?" –, que é na verdade uma das mais temíveis questões que existem. Como responder de modo simples a uma questão de tal complexidade?

> O "tudo bem?" solícito de quem quer desnudar você, constrangê-lo a um balanço moral. [...] Para responder com exatidão, seria preciso fazer um inventário escrupuloso de seu psiquismo, nos menores detalhes.[50]

Em 90% dos casos, para cortar o assunto, respondemos "sim", mas não é o que pensamos. O par felicidade-infelicidade se aloja nos domínios mais improváveis. As notícias hoje são sempre boas ou más; os índices da Bolsa evoluem como a temperatura de um doente, e até a meteorologia é triste ou alegre, ela responde a uma

> dupla obrigação de exatidão e euforia. Uma perturbação deve ser de preferência breve e anunciar uma melhoria, o sol, para acompanhar os veranistas desde que não se transforme em calor escaldante ou em seca. O tempo ideal deve combinar constância e moderação. Daí a careta do "homem do tempo" quando dominam o frio e a chuva... e seu ar de alegria quando o bom tempo volta.[51]

---

49 Wilson, *Against Happiness*.
50 Bruckner, op. cit., p.33-4.
51 Ibid., p.116. Ver também La Soudière, *Au bonheur des saisons*.

A exigência de felicidade atinge um nível tal nos países desenvolvidos que qualquer acidente, mesmo natural, é considerado um escândalo cujos responsáveis devem ser encontrados, os quais deveriam ter previsto, antecipado, tomado todas as medidas preventivas. A própria doença, que antigamente era o quinhão comum, passou a ser inadmissível, e pode dar margem a relatos autobiográficos. A depressão, sobretudo, porque é justamente a doença anormal para uma época em que todo mundo deveria ser feliz. Hoje é possível fazer um *best-seller* apenas contando sua doença.[52]

As contradições da sociedade a respeito da felicidade são carregadas de consequências psicológicas negativas. As revistas para o grande público, ao divulgarem modelos de pessoas felizes, sorridentes, descontraídas, recomendam, para que se atinjam os cânones do hedonismo e do narcisismo ambientes, práticas e regimes de ferro, uma disciplina draconiana, responsável por não poucas anorexias. Os tratados e os métodos que deveriam levar à felicidade baseiam-se em um paradoxo: estimulam a ambição, a autoafirmação, a busca da promoção e da ascensão, e ao mesmo tempo repetem que é preciso contentar-se com o que se tem.

É o que leva Pascal Bruckner a escrever que "não é verdade que procurávamos todos a felicidade", e que esta só pode ser encontrada se não a buscarmos: "A maior ventura é talvez a que apresenta um grau elevado de arbitrário, não é objeto de nenhuma expectativa, cai sobre nós como uma dádiva do céu".[53] Nada vale mais do que a boa surpresa, o inesperado, quando a realidade supera a imaginação:

> Nada mais triste do que o futuro quando ele se parece com o que imagináramos. Decepção quando os votos coincidem com o que vivemos, ao passo que há uma emoção particular em ver nossas expectativas desviadas por incidentes particulares. [...] Às felicidades sem história não será preferível uma história sem felicidade, mas plena de reviravoltas?[54]

Como conclusão,

> o segredo de uma boa vida é fazer troça da felicidade; jamais procurá-la como tal, acolhê-la sem se perguntar se é merecida ou se contribui para a edificação do gênero humano; não retê-la, não lamentar sua perda.[55]

---

52 Assim Labro, *Tomber sept fois, se relever huit*.
53 Bruckner, op. cit., p.150.
54 Ibid., p.182.
55 Ibid., p.270.

Em suma, fazer como se a felicidade não existisse. Mas não estaria aí novamente uma astúcia, a velha astúcia clássica: bancar o indiferente para melhor seduzir? Se não vou à felicidade, a felicidade virá a mim. Fingir abandonar a perseguição para que o perseguido se torne o perseguidor. Seja lá o que se disser, nós não terminamos com a felicidade. O homem do início do século XXI sabe que ela não será para amanhã, mas não está perto de abandonar a busca. Quanto mais a felicidade se esquiva, mais o desejo se exacerba, pois não há nada que persigamos com mais obstinação do que uma ilusão, um sonho, um mito, um fantasma, uma quimera.

CONCLUSÃO

A idade de ouro não desponta no horizonte. Aliás, o horizonte está completamente encoberto por grandes nuvens negras: um aquecimento climático portador de cataclismos meteorológicos, uma poluição generalizada, uma escassez de matérias-primas e de fontes de energia assim como de água potável, fatores de conflitos, fome e inflação, um terrorismo endêmico que provoca o caos, uma competição internacional exacerbada entre o Ocidente e o Extremo-Oriente, novas pandemias incontroláveis, um nível de vida global em baixa, uma ameaça direta de fome para um bilhão de homens e mulheres, uma crise financeira e uma economia em recessão duradoura... Até os otimistas preferem se calar:

> Pela primeira vez em três mil anos de civilização ocidental tomada globalmente [...] não há praticamente nenhuma imagem construtiva e geralmente aceita do futuro. [...] Nosso século perdeu a capacidade de se corrigir e de renovar em tempo as imagens do futuro,

escrevia F. L. Pollack. Boas-vindas à nova geração, e coragem!

Mas, consolem-se olhando para trás: a idade de ouro também não se encontra lá. Ela jamais existiu, a não ser nos quadros dos pintores e na imaginação dos poetas. Todos os lugares e todos os mitos da felicidade se desfizeram uns após os outros. E isso não nos impede de estar aqui, sete bilhões de insetos sobre uma terra em perdição, e de continuar a perseguir a felicidade. Perseguição infernal, irrisória e sem fim, de um estado que ninguém ainda conseguiu definir, mas do qual todo mundo fala. Ao longo dos séculos a felicidade tomou formas e conteúdos variados, mas a ideia em si jamais desapareceu, a despeito de uma realidade quase sempre sombria. Essa obstinação em crer em qualquer coisa que jamais se alcança é na verdade o instinto vital, que empurra o ser consciente a querer sempre mais, e para isso eliminar tudo que ameace a integridade desse ser. A felicidade não tem conteúdo intrínseco: ela é simplesmente a imagem invertida das desgraças do tempo, e é por isso que muda com as épocas. Será a abundância em período de penúria, a paz em tempo de guerra, a liberdade em regimes autoritários, a igualdade em uma sociedade desigual – quer dizer, quase sempre –, a permanência quando a História se acelera e sofremos com o efêmero. É também por isso que jamais podemos atingi-la: ela está sempre do outro lado da medalha, o lado brilhante, o reverso do real. E quando o real é rejeitado em bloco, quando o conjunto da vida terrestre é considerado ruim, como na Idade Média, a felicidade só pode ser concebida em outro mundo. Em compensação, desde que a vida terrestre é globalmente aceita, a felicidade está nas modificações de detalhes, na substituição dos males que nos afetam pelo contrário deles. Nos períodos favoráveis, a questão da felicidade é bem menos evocada, como durante os Trinta Gloriosos. Ao contrário, em tempos difíceis, o atrativo da felicidade se reforça, os tratados e os métodos de vida feliz se multiplicam, como anticorpos em um organismo atacado. O discurso sobre a felicidade é uma espécie de antídoto contra as dificuldades do tempo. A atitude humorística de nossa época é uma camuflagem da angústia de viver gerada pela perda do sentido da existência. Cantamos no escuro para nos acalmar e bancamos os despreocupados quando perdemos nossas referências. Quanto mais as coisas vão mal, mais é preciso representar a comédia da vida feliz. Visto o prenúncio do que nos aguarda, logo estaremos nadando em felicidade...

O desejo de acreditar na felicidade em nossa época é tamanho que não nos perdoariam por concluir uma história da idade de ouro de maneira pessimista. Será que nos deixarão mesmo publicar? Cassandra nunca facilitou ganhar dinheiro. Mesmo de uma obra de História espera-se uma conclusão otimista – exige-se. Sem chegar a tanto, vamos nos contentar com um balanço neutro. É o mínimo da parte de um historiador, dirão. Lembremos de fato que nosso objetivo não era contar como se chega à felicidade, mas como os europeus, através das épocas, imaginaram a procura, a perseguição dessa felicidade, dessa idade de ouro tão cobiçada. O mais chocante é que não chegaram nunca a uma definição unânime de vida feliz, que continua a ser uma noção exclusivamente privada, individual, subjetiva. Os Estados e os organismos coletivos privados podem promover algum bem-estar social, mas não a felicidade, que permanece no âmbito de cada um. A palavra "felicidade" designa uma maneira harmoniosa de ser e de se sentir, equilibrada e totalmente integrada ao ambiente. Tudo é uma questão de integração da consciência individual em seu meio; é um problema de relação, de adaptação. É por isso que é teoricamente possível encontrar a felicidade em quase todas as circunstâncias. Mas isso não depende absolutamente de uma livre decisão. Múltiplos fatores materiais, físicos, biológicos, psíquicos entram em jogo e nos determinam inconscientemente, no nível de cada ato, de cada palavra, de cada pensamento. Claro, o homem não gosta quando lhe dizem que ele é determinado; ele prefere acreditar-se livre, e finge que o é de fato.

A felicidade tem duas dimensões: uma psicológica e uma coletiva. Como estado psicológico, depende mais de fatores privados que de coletivos, mas a vida privada depende em larga medida dos modelos difundidos pela sociedade. O indivíduo, para sentir-se feliz, deve ter consciência de estar conforme às normas fixadas pelo grupo. É este que cria e impõe o modelo de felicidade até em seus aspectos mais íntimos. E, a menos que seja totalmente indiferente a seu entorno, o homem sente-se infeliz quando não consegue coincidir com o modelo de felicidade ambiente. É por isso que há proporcionalmente mais gente "feliz" quando o modelo é pouco exigente, como nas sociedades tradicionais, em que os indivíduos são ensinados a se satisfazer com pouco. A proporção maior de pessoas que se declaram felizes nas pesquisas atuais deve-se muito a um mal-entendido, à vontade de dissimular os problemas pessoais em uma sociedade que exige leveza, humor, despreocupação, otimismo, e que exclui quem é triste. As respostas à questão ampla "Você se julga feliz?" e às pesquisas sobre pontos mais específicos referentes ao moral dos indivíduos a respeito de perspectivas de curto e de médio prazos são, aliás, contraditórias. Somos felizes em bloco e infelizes no varejo: esta é a constatação atual.

A história da felicidade é, na verdade, a história dos modelos humanos que as sociedades elaboram. Esses modelos evoluem em função do contexto cultural. Este se caracteriza hoje pela perda de referências, pela ausência de perspectivas de longo prazo, pela mudança permanente, pela desvalorização da razão e pelo domínio do consumismo; o modelo do homem feliz é portanto o consumidor que vive o cotidiano, adapta-se facilmente, segue todas as modas e possui todas as engenhocas indispensáveis, sem levá-las muito a sério. Será que devemos nos alegrar com a constatação de que 87% dos europeus consideram-se à altura desse ideal?

REFERÊNCIAS

ABÉLARD ET HELOÏSE. In: *Correspondance*. Paris: Gallimard-Folio, 2000.
ADAMS, J. *Diary*. [S.l.: s.n., s.d.]
AILLY, P.; BURON, E. J.-P.; COLUMBUS, C. *Imago mundi*. Paris: Maisonneuve fréres, 1930.
ALAIN. *Propos*. Paris: Gallimard, 1956. (Col. Bibliothèque de la Pléiade)
ALBERTO, O GRANDE. *De animalibus libri*. XXV. v.II. Münster: Ed. H. Stadler, 1916-21.
_____. *Des plantes*. VI, 401. [S.l.: s.n., s.d.]
ALCRIPE, P. d'. *Nouvelles Fabriques des excellents traits de vérité, suivies des Nouvelles de la terre du Prestre Jehan*. Paris, 1853.
ALEXANDRIA, C. de. *Stromates*. II, 138. [S.l.: s.n., s.d.]
ALL THE YEAR ROUND. n.36, 7 ago. 1869.
ALLEN, P. S. *Opus epistolarum Desiderii Erasmi Roteradami*. Oxford, 1906-58. 12v.
AMADIEU, J.-F. *Le poids des apparences*. Paris: Odile Jacob, 2002.
ANDRÉ, C. *Vivre heureux. Psychologie du bonheur*. Paris: Odile Jacob, 2003.
ANTHOLOGIA LATINA. n.914, v.69-70. [S.l.: s.n., s.d.]
AQUINO, T. *Contre les gentils*, III. [S.l.: s.n., s.d.]
_____. *Supplément à La somme*. [S.l.: s.n., s.d.]
_____. *Somme théologique*. [S.l.: s.n., s.d.]
ARISTÓTELES. *Éthique*. I, VIII, 16. [S.l.: s.n., s.d.]
_____. *Éthique à Nicomaque*. I, VII, 5. [Ed. bras.: *Ética a Nicômaco*. São Paulo: Atlas, 2009.]
_____. *Rhétorique*. I, 5. [S.l.: s.n., s.d.]. [Ed. bras.: *Retórica da paixões*. São Paulo: Martins Fontes, 2000.]
ARMOGATHE, J.-R. *Le Quiétisme*. Paris: PUF, 1973.
ARQUIVOS NACIONAIS. F17 A 1003, plaq. 3, n.1.263. "Du bonheur", por Lequinio.
ARVON, H. *Le Bouddhisme*. 8.ed. Paris: PUF, 1976.
ATHÉNÉE. *Les Deipnosophistes*. XII, 548c-d. [S.l.: s.n., s.d.]
ATKINSON, G. *Les nouveaux horizons de la Renaissance Française*. Paris: E. Droz, 1935.
AUCASSIN ET NICOLETTE. *Poètes et romanciers du Moyen Âge*. Paris: Gallimard, 1952. (Col. Bibliothèque de la Pléiade).
AULO GÉLIO. *Nuits attiques*. XVIII, 7, 4. [S.l.: s.n., s.d.]. [Ed. bras.: *Noites Áticas*. Londrina: Eduel, 2010.]
ÁVILA, J. de. *Audi, filia, et vide*. Ed. Migne. In: _____. *Oeuvres*. Paris: 1863.
ÁVILA, T. de. *Sur l'amour de Dieu*. Ed. Migne. In: _____. *Oeuvres très complètes de sainte Thérèse*. Paris: 1863.
BACON, F. *La nouvelle Atlantide*. Paris: Garnier-Flammarion, 1995. [Ed. port.: *A nova Atlântida – A grande instauração*. Coimbra: Ed. 70, 2009.]

BACZKO, B. From the Place de la Révolution to the Place du Bonheur: the imaginary Paris of the Revolution. In: _____. *Utopian Lights*: the Evolution of the Idea of Social Progress. New York: Paragon House, 1989.
BAILLET, A. *Vie de M. Descartes*. Paris: La Table Ronde, 1946.
BAKHTIN, M. La Commune de Paris et la notion d'État. In: RUDE, F. (Ed.). *De la guerre à la Commune*. Paris: Anthropos, 1972.
_____. *L'Oeuvre de François Rabelais et la culture populaire au Moyen Âge*. Paris: Gallimard, 1970.
BARCLAY, A. *The Ship of Fools*. Edinbourgh, II, 103, 1874.
BAUBÉROT, J. *La morale laïque contre l'ordre moral*. Paris: Persée, 1997.
BAUNARD, Mgr. *Le Collège chrétien, Instructions dominicales*. Paris, 1896.
BEAUMARCHAIS, A. de Labarre. *La retraite de la marquise de Gozanne*. Paris, 1734.
BEETHOVEN, L. van. *Briefweschel Gesamtausgabe*. Münich, Ed. Sieghard Brandenburg, 1996. 7v.
BELLAMY, E. *Looking Backward, 2000-1887*. Ed. J. L. Thomas. Cambridge (MA): Harvard University Press, 1967.
BELLARMIN. *Opera*. II, Namur. Ed. D. Pezzoli, 1960.
BEMBO, P. *Histoire du Nouveau Monde*. Lyon, 1556.
BÉNOUVILLE, Mme. de. *Les pensées errantes*. London, 1758.
BENTHAM, J. *A Fragment on Government*. [S.l.: s.n.], 1776.
_____. *Principles of Morals and Legislation*. London, 1789. Oxford: Oxford University Press, 1996.
BERCÉ, Y.-M. *Fête et révolte. Des mentalités populaires du XVIème au XVIIème siècle*. Paris: Hachette, 1976.
BERENS, L. H. *The Digger Movement*. London, 1906.
BERNIS, F.-J. de Pierre. *Réflexion sur les passions et sur les goûts*. In: _____. *Oeuvres complètes*. Paris, 1741.
BERT, P. *Le cléricalisme*. Ed. A. Aulard. Paris, 1900.
BERTHOLET, D. *Claude Lévi-Strauss*. Paris: Plon, 2003.
BERTHOUD, S. *L'Homme depuis 5.000 ans*. 1865.
BESSNER, F.-A. *Mémoire relatif aux limites et à la colonisation de la Guyane Française*. 1783.
BETTELHEIM, B. *Psychanalyse des contes de fées*. Paris: Pocket, 1999. [Ed. bras.: *A psicanálise dos contos de fadas*. 21.ed. São Paulo: Paz e Terra, 2007.
BÍBLIA de Jerusalém. São Paulo: Paulus, 2002.
BINGEN, H. *Causae et curae*. Ed. P. Kaiser. Leipzig, 1903.
BLACK, J. *The Grand Tour*. 1992; ed.2003.
BLONDEL, J. *Des hommes tels qu'ils sont et doivent être*. London, 1758.
_____. *Loisirs philosophiques*. London, 1756.
BOCAGE. *Décaméron*. 8.dia, 3.novela. [Ed. bras.: *Decamerão*. Belo Horizonte: Itatiaia, 2002.]
BODIN, J. *Corpus général des philosophes français*. Ed. P. Mesnard. Paris: PUF, 1951.
BONALD, L. de. *Théorie du pouvoir*. In: BELAVAL, d'Y; BOUREL, D. (Org.). *Le siècle des Lumières et la Bible*. Paris: Beauschesne, 1986.
BONAPARTE, N. *Discours de Napoléon sur les vérités et les sentiments qu'il importe le plus d'inculquer aux hommes pour leur bonheur*. Paris, 1826.
BONODIÈRE, La. *De la sobriété et de ses avantages, ou Le Vrai Moyen de se conserver dans une santé parfaite jusqu'à l'âge le plus avancé*. [S.l.: s.n.], 1701.
BOSSUET, J.-B. *Sermon pour la fête de tous les saints*. Ed. Outhenin-Chalandre. In: _____. *Oeuvres complètes*. Besançon, 1836.
_____. *Sermon sur la loi de Dieu*. [S.l.: s.n., s.d.]
_____. *Sermon sur la Providence*. In: _____. *Oeuvres complètes* [S.l.: s.n., s.d.].
_____. *Traité de la connaissance de Dieu*. [S.l.: s.n., s.d.]

_____. *Traité de la connaissance de Dieu et de soi-même*. [S.l.: s.n., s.d.]
BOSWELL, J. *The Life of Samuel Johnson*. Ed. P. Fitzgerald. London: 1924. 3v.
BOTTON, A. de. *Les consolations de la philosophie*. Paris: Mercure de France, 2001.
BRADLEY, D. J. M. *Aquinas on the Twofold Human Good*: Reason and Human Happiness in Aquina's Moral Science. Washington D. C.: Catholic University Press, 1997.
BRANT, S. *La nef des fous*. Trad. M. Horst. Strasbourg: La Nuée bleue, 1977.
BREMOND, H. *Histoire littéraire du sentiment religieux en France*. Paris: 1929.
BRETON, P. *Le Culte d'Internet*. Paris: La Découverte, 2000.
BRICKMAN, P. Lottery Winners and Accident Victims: is Happiness Relative? *Journal of Personality and Social Psychology*, 1978.
BROWN, J. *Essays on the Characteristics*. London, 1751.
BRUCKNER, P. *L'Euphorie perpetuélle. Essai sur le devoir de bonheur*. Paris: Bernard Grasset, 2000. [Ed. bras.: *A euforia perpétua*. Ensaio sobre o dever da felicidade. Difel, 2002].
BRUNI, L. L'Isagogue de la philosophie morale e The Humanism of Leonardo Bruni. In: GRIFFITHS, G.; HANKINS, J.; D. THOMPSON. *Selected Texts*. Binghamton: 1987.
BUFFON, G. L. *Discours sur la nature des animaux*. In: _____. *Oeuvres complètes*. Paris: Ed. Sonnini, 1808.
_____. *Les Époques de la nature*. Ed. J. Roger. Paris: Museum National de Histoire Naturelle, 1962.
BUISINE, A. Casanova: bonheurs de la vérole. *Magazine littéraire*, jul.-ago. 2000.
BURKE, E. *Select Works*. Ed. E. J. Payne. Oxford, 1874.
BURNET, Th. *The Sacred Theory of the Earth*. London: 1684.
BURTON, R. *Anatomie de la mélancolie*. Na trad. francesa B. Hoepffner e C. Goffaux. Paris: José Corti, 2000. 3v.
CABET, E. *Voyage en Icarie*. Anthropos, 1970.
CALAMY, E. *The Happiness of Those who Sleep in Jesus*. London: 1662.
CALVINO, J. *Institution de la religion chrétienne*. Livro III, cap.7. [Ed. bras.: *A instituição da religião cristã*. Tomos 1 e 2. São Paulo: Unesp: 2009.]
CAMUS, A. *Le mythe de Sisyphe*. Paris: Folio-Essais, 1993. [Ed. bras.: *O mito de Sísifo*. Rio de Janeiro: Record, 2004.]
CAMPANELLA, T. *La prima e la secunda resurrezione*. In: DELUMEAU, J. *Mille ans de bonheur*. Paris: Fayard, 1995.
CARDINALIS, L. *De liseria humanae conditionis*. Livro I, cap.XIII-XIV. Ed. M. Maccarone. Verona: 1955.
CARRIÈRE D'ENCAUSSE, H. *Lénine*. Paris: Fayard, 1998.
_____. *Le Pouvoir confisqué*. Paris: Flamarion, 1980.
CARLYLE, Th. *Past and Present*. Ed. R. D. Altick. New York: 1965.
CASANOVA. *Mémoires*. Garnier. t.II. [S.l.: s.n., s.d.]. [Ed. bras.: *Memórias*. Rio de Janeiro: José Olympio, 1945.]
CASES, E. de las. *Mémorial de Sainte-Hélène*. t.II. [S.l.: s.n., s.d.]
CERVANTES, Miguel de. *Dom Quixote*. 1ª parte, cap.II. [S.l.: s.n., s.d.]. [Ed. bras.: *Dom Quixote*. São Paulo: Ed. 34, 2010. 2v.]
CESAREIA, B. de. *Petites règles*. 21.
CESAREIA, E. de. *Histoire ecclésiastique*. VII, cap.xxv.
CHAMBRE, C. de La. *Les charactères des passions*. Paris: 1663. 2v.
CHÂTELET, M. do. *Discours sur le bonheur*. Paris: Payot et Rivages, 1997.
CHAUNU, P. *La civilisation de l'Europe classique*. Paris: [s.d.], 1984.
CHERBURY, H. *De veritate*. Trad. ingl. M. H. Carré. Bristol. [S.l.: s.n., s.d.]
CHÉTARDIE, La. *Catéchisme de Bourges*. [S.l.: s.n.], 1737.

CÍCERO. *De la vieillesse*. XIX. [S.l.: s.n., s.d.]. [Ed. port. *Da velhice*. Lisboa: Cotovia, 1997.]
_____. *Tusculanes*. V, XXXIX, 114. [S.l.: s.n., s.d.]
_____. *De finibus Bonorum et Malorum*, V, XXIX, 87. [S.l.: s.n., s.d.]. [Ed. bras.: *Do sumo bem e do sumo mal*. São Paulo, Martins Fontes, 2005.]
CIORAN, E. M. *De l'incovénient d'être né*. Paris: Gallimard, 1973.
_____. *Le Mauvais démiurge*. Paris: Gallimard, 1969.
_____. *Sur les cîmes du désespoir*. Paris: Le Livre de Poche, 1990.
CIPRIANO. *Ad Demetrianum*. 23-4. [S.l.: s.n., s.d.]
_____. *De mortalitate*. 14, carta VI, 3. [S.l.: s.n., s.d.]
CLAVEL, B. *Les petits bonheurs*. Paris: Albin Michel, 1999.
CLERC, D. Le. *Historia naturalis et médica latorum lumbricorum*. Genève: 1715.
COBBETT, W. *Advice to Young Men, and Incidentally to Young Women in the Middle and Higher Ranks of Life*. New York: Oxford University Press, 1980.
COLEMAN, Th. *The Christian's Course and Complaint both in the Pursuit of Happiness Desired, and for the Advantages Slipped in that Pursuit*. London, 1643.
COMMERSON, P. Post-scriptum sur l'île de Tahiti ou nouvelle Cythère. *Mercure de France*, nov. 1769.
COMTE-SPONVILLE, A.; DELUMEAU, J.; FARGE, A. *La plus belle Histoire du bonheur*. Paris: Seuil, 2004. [Ed. bras.: *A mais bela história da felicidade*. Bertrand Brasil, 2006.]
COMTE-SPONVILLE, A. *Le bonheur, désespérément*. Paris: Éditions Pleins Feux, 2000. [Ed. bras.: *A felicidade, desesperadamente*. São Paulo: Martins Editora, 2005.]
COLONNA, F. *L'Hypnérotomachie ou Songe de Poliphile*. Paris: Le Club Français du Livre, 1963.
CONCHE, M. *Montaigne ou la conscience heureuse*. Paris: PUF, 2002.
CONSTANT, B. La liberté des anciens comparée à celle des modernes. In: _____. *Political Writings*. Cambridge: Cambridge University Press, 1998.
CORBUSIER, Le. *La Ville radieuse*. Paris, 1964.
CORRESPONDENCE DE MME. DU DEFFAND. [S.l.: s.n., s.d.]
COURT DE GÉBELLIN, A. *Le monde primitif*. t.VII. [S.l.: s.n.], 1784.
CRISÓSTOMO, J. Commentaire sur l'Épître aux Philippiens. Ed. M. Jeannin. In: _____. *Oeuvres complètes*. Paris, 1865.
CROFTS, R. *The Way to Happiness on Earth concerning Riches, Honour, Conjugal Love, Eating, Drink*. London, 1641.
CROISET, P. *Parallèle des moeurs de ce siècle...* Paris, 1743.
CROUZET-PAVAN, E. *Renaissances italiennes, 1380-1500*. Paris: Albin Michel, 2007.
CURTIUS, E. R. *European Literature and the Latin Middle Ages*. New York: Pantheon Books, 1953.
CYRULNIK, B. *De chair et d'âme*. Paris: Odile Jacob, 2006.
D'ANGHIERA, P. M. *De Orbe Novo*. Alcala, 1531, livro X, década III, cap.IX. [S.l.: s.n., s.d.]
DALAI-LAMA; CUTLER, H. *L'Art du bonheur*. Paris: Robert Laffont, 1999.
DANIEL, D.; DESCHAMPS, B. *L'Immigration aux États-Unis de 1607 à nos jours*. Paris: Ellipses, 1998.
DANTE. *Purgatoire*. XXII, 148; XXVIII, 139-141. [S.l.: s.n., s.d.]
DARWIN, C. L'Origine de l'homme (Descent of Man). In: BARRETT, P. H.; FREEMAN, R. B. (Ed.). *The Works of Charles Darwin*. London: [s.n.], 1989. 29v.
_____. Notebook M. (1838). In: BARRETT, P. H. (Ed.) et al. *Charles Darwin's Notebooks 1836-1844*: Geology, Transmutation of Species, Metaphysical Enquiries. New York: Cornell University Press; London: British Museum (Natural History), 1987.
_____. *The autobiography of Charles Darwin, 1809-1882*. Ed. Nora Barlow. New York: Norton, 1969.

DAVENANT, W. *Dramatic Works*. Ed. W. H. Logan e Y. Maidment. Edinburgh: 1873, IV, 88.
DEFFAND, Mme. du. *Correspondance*. 17 jun. 1764.
DELAPORTE, A. *Bergers d'Arcadie. Le mythe de l'âge d'or dans littérature française du XVIIIème siècle*. Puiseaux: Pardes, 1988.
DELERM, P. Le bonheur, loin de la morale épicurienne. *Le Magazine Littéraire*, n.425, nov. 2003.
DELUMEAU, J. *Campanella*. Paris: Fayard, 2008. [Ed. bras.: *O mistério Campanella*. São Paulo: Madras, 2011.]
_____. (Org.). *La mort des pays de Cocagne*. Paris: Publications de la Sorbonne, 1976.
_____. *Le Péché et la peur*. Paris: Fayard, 1983. [Ed. bras.: *O pecado e o medo*. Bauru: Edusc, 2003. 2v.]
_____. *Mille ans de bonheur*. Paris: Fayard, 1995. [Ed. bras.: *Mil anos de felicidade*. São Paulo: Companhia das Letras, 1997.]
_____. *Une histoire du paradis*. Paris: Fayard, 1992. [Ed. port.: *Uma história do Paraíso*: jardim das delícias. Portugal: Terramar, 1994.]
DENTON, D. *A Brief Description of New York, 1670*. In: DANIEL, D.; DESCHAMPS, B. *L'Immigration aux États-Unis de 1607 à nos jours*. Paris: Ellipses, 1998.
DESCHAMPS, D. *Le vrai système ou Le mot de l'énigme métaphysique et morale*. Genève: Librairie Droz, 1939.
DESCARTES. *Oeuvres, Lettres*. Paris: Gallimard, 1953. (Col. Bibliothèque de la Pléiade).
DEVÈZE, M. *L'Europe et le monde à la fin du XVIIème siècle*. Paris: Albin Michel, 1970.
DIDEROT, D. *Oeuvres complètes*. Ed. J. Assézat e M. Tourneux. Paris: 1875-1877. 20v.
_____. *Oeuvres politiques*. Ed. Vernière. Paris: Garnier, 1963.
DIENER, E. The Relationship between Income and Subjective Well-being: Relative or Absolute? *Social Indicators Research*, 28, 1993.
DIVERS OUVRAGES DE M. DE CROUSAZ. Amsterdam: t.I, 1737. 2v.
DONNACHIE, I. *Robert Owen*. East Linton: Tuckwell Press, 2000.
DOSTOIEVSKI, F. *Journal d'un écrivain*. Paris: Gallimard, 1972. (Col. Bibliothèque de la Pléiade).
DRACÔNCIO. *Carmen de Deo*. Patrologie latine, t.LX, c.704.
DRAYTON, M. *The Sheperds Garland*. Ed. J. W. Hebel. In: _____. *Works*. Oxford: Blackwell, 1931.
DUBOIS DE ROCHEFORT, G. *Histoire critique des opinions des anciens et des systèmes de philosophie sur le bonheur*. Paris, 1778.
DUBY, G. *Le temps des cathédrales*. Paris: Le Seuil, 1976. [Ed. port. *O tempo das catedrais*. Estampa, 1978].
DUCHET, M. *Anthropologie et histoire au siècle des Lumières*. Paris: Albin Michel, 1995.
ECKARDT. U. M. von. *The Pursuit of Happiness in the Democratic Creed*: an Analysis of Political Ethics. New York: Praeger, 1959.
EDWARDS, J. *Works*. Ed. C. C. Goen. New Haven: Yale University Press, 1972.
ELIADE, M. La nostalgie du paradis. In: _____. *Mythes, rêves et mystères*. Paris: Gallimard, 1957.
ELIADE, M. *Traité d'histoire des religions*. Paris: Payot, 1975. [Ed. bras.: *Tratado da história das religiões*. São Paulo: Martins Fontes, 2010.]
ENGELS, F. Draft of a communist confession of faith. In: KARL, M.; ENGELS, F. *Collected Works*. Moscou. 49v.
ENGLISH PASTORAL POETRY. Ed. F. Kermode. London: Harrap, 1952.
EPICURO. Lettre à Ménécée. In: _____. *Lettres et maximes*. Paris: PUF, 2005. [Ed. bras.: *Carta sobre a felicidade*. São Paulo: Unesp, 1999.]
EPICURO. *Sentences vaticanes*. 33. [S.l.: s.n., s.d.]

EURÍPEDES. *Le cyclope*. [S.l.: s.n., s.d.]. [Ed. bras.: *O ciclope um drama satírico; As rãs e as vespas: duas comédias*. Rio de janeiro: Espaço e tempo, 1986.]
EUROPEAN SOCIAL REALITY. Special Eurobarometer. Fev. 2007.
FAURÉ, C. (Org.). *Les Déclarations des droits de l'homme de 1789*. Paris: Payot, 1988.
FELIX, Minucius. *Octavius*. Paris: Les Belles Lettres, 1964.
FENELON, F. de. *Télémaque*. Livro VII. [S.l.: s.n., s.d.]. [Ed. bras.: *As aventuras de Telêmaco*. São Paulo, Madras, 2006.]
_____. *Voyage dans l'île des plaisirs*. In: _____. *Oeuvres*. Paris: Gallimard, 1983. (Col. Bibliothèque de la Pléiade).
_____. *Voyage de l'île inconnue*. In: _____. *Oeuvres*. Paris: Gallimard, 1983. (Col. Bibliothèque de la Pléiade).
ERASMO. *Éloge de la folie*. [S.l.: s.n., s.d.]. [Ed. bras.: *Elogio da loucura*. São Paulo: L&PM, 2003.]
ERIKSON, E. *Young Man Luther*: a Study in Psychoanalysis and History. London: Peter Smith Publisher, 1958.
FERGUSON, H. *Melancholy and the Critique of Modernity. Soren Kierkegaard's Religious Psychology*. New York: Routledge, 1995.
FÍLON. *Oeuvres*. Paris: Éditions du Cerf, 1963.
FIRST EUROPEAN QUALITY OF LIFE SURVEY: Satisfaction, Happiness and Sense of Belonging. Luxemburgo, 2005.
FOURIER, Ch. *Théorie de l'organisation sociale*. [S.l.: s.n.], 1820.
FRANCE, A. Sur la pierre blanche. In: _____. *Oeuvres complètes*. Paris, 1969.
FRANCISCO DE ASSIS. Écrits. In: DESBONNETS, T.; GODET, J.-F.; MATURA, T.; VOURREUX, D. (Ed.). *Écrits*. Paris: Éditions du Cerf, 1981. (Col. Sources chrétiennes).
FONTENELLE, B. de. *Entretiens sur la pluralité des mondes*. Paris, 1724.
FORMENTIN. *Traité du bonheur*. Paris, 1706.
FRANKLIN, B. *Autobiography and Other Writings*. Boston: Ed. Russell B. Nye, 1949.
FRÉRET, N. *Lettres à Eugénie, au préservatif contre les préjugés*. London, 1768.
FREUD, S. Le malaise dans la culture. In: _____. *Oeuvres complètes*. Paris: PUF, 1994. [Ed. bras.: *O mal-estar na civilização*. Rio de Janeiro: Civilização Brasileira, 2011.]
FUKUYAMA, F. *The End of History and the Last Man*. New York: Free Press, 1992. [Ed. bras.: *O fim da história e o último homem*. Rio de Janeiro: Rocco, 1992.]
GALIANI, A. *Correspondance*. Paris: 1881. 2v.
GASSENDI. *Three Discourses of Happiness, Virtue, and Liberty*. Trad. anônima de Bernier. London, 1699.
GIDE, A. *Les Nouvelles Nourritures*. Paris: Gallimard, 1935.
GELLI, G. B. *Circe*. Ed. R. Adams. Ithaca (NY): Cornell University Press, 1963.
GILBERT, A. H. *The Symbolic Persons in the Masques of Ben Jonson*. Durham (NC), 1948.
GOURCY, Abade de. *Essai sur le bonheur*. Viena, 1777.
GRAFFIGNY, Mme. de. *Lettres d'une Péruvienne*. Paris, 1752.
GRATEAU, P. *Les Cahiers de doléances*: une relecture culturelle. Rennes: Presses Universitaires de Rennes, 2001.
GREENE, J. *A Brief Unveilling of God and Man's glory, in which is 1. A Brief Rehearsal of Happiness in General; 2. How this Happiness is Manifested by Jesus-Christ; 3. The Souls Song of Love*. London, 1641.
GUEVARA, A. de. *L'Horloge des princes*. Paris, 1550.
GUSDORF, G. *Mythe et métaphysique*. Paris: Champs, 1984.
HAKLUYT, R. *The Principal Navigations, Voyages, Traffiques and Discoveries of the English Nation*. London, 1927.
HALL, J. *Works*. [S.l., s.n] 1863.
HAZARD, P. *La Crise de la conscience européenne, 1680-1715*. Paris: Arthème Fayard, 1961.

HEGEL, F. *Philosophie du droit*. [S.l.: s.n., s.d.]. [Ed. bras.: *Filosofia do direito*. São Paulo: Loyola, 2010.]
_____. *Leçons sur la philosophie de la religion*. Paris: Vrin, 1959.
HEINE, H. *Gedänke und Einfallen.*
HEINEKAMP, A. *Das Problem des Guten bei Leibniz*. Bonn: H. Bouvier, 1969.
_____. Das Glück als hochstes Gut in Leibniz Philosophie. In: *The Leibniz Renaissance*. Florence: Olschki, 1989.
HELSON, R.; LOHNEN, E. C. Affective Coloring of Personality from Young Adulthood to Midlife. *Personality and Social Psychology Bulletin*, 1998, 24.
HELVÉTIUS, C. A. *De l'homme*. [S.l.: s.n.], 1774.
HEMSTERHUIS, F. *Alexis ou de l'âge d'or*. Riga: 1787.
HENNING, R. *Terrae Incognita*. Leyde: 1936-1938. 4v.
HERNANDEZ, F. *Antiguedades de la Nueva España*. México: Editorial P. Robredo, 1945.
HERZL, T. *L'État juif*. Paris: Stock, 1981.
HERÓDOTO. *Histoires*. VI, 46. [S.l.: s.n., s.d.].
HESÍODO. *Les travaux et les jours*. Trad. de P. Brunet. Paris: *Le Livre de poche classique*, 1999. [Ed. port. *Teogonia trabalhos e dias*. Portugal: I.N. – C.M., 2006]
HILL, Ch. *The World Turned Upside Down*: Radical Ideas During the English Revolution. London: [s.n.], 1999.
HITCHENS, C. *Thomas Jefferson*: Author of America. New York: Atlas Books/Harper Collins, 2005.
HOBBES, T. *Leviatã*. [S.l.: s.n., s.d.]. [Ed. bras.: *Leviatã, ou a matéria, forma e poder de um estado*. São Paulo: Ícone Editora, 2008.]
HOLBACH, P. H. d'. *Système social*. t.I. [S.l.: s.n., s.d.]
HOLDSWORTH, R. *The Peoples Happiness*. London, 1642.
HOMERO. *L'Odyssée*, VII. [S.l.: s.n., s.d.] [Ed. bras. *Odisseia*. Ed. bilíngue. São Paulo: Editora 34, 2011.]
HORÁCIO. *Epodes*. [S.l.: s.n., s.d.]
HORÁCIO. *Odes*. [S.l.: s.n., s.d.]
HORÁCIO. *Satires*. [S.l.: s.n., s.d.]
HORÁCIO. *Épîtres*. [S.l.: s.n., s.d.]
HORTOLÀ, C. D. *In Canticum canticorum Salomonis Explanatio*. Veneza, 1585.
HUDSON, D. W. *Happiness and the Limits of Satisfaction*. Lanham (MD): Rowman, 1996.
HUNDERSMARCK, L. F. Thomas Aquinas on Beatitude. In: EMERSON, J. S.; FEISS, H. *Imagining Heaven in Middle Ages*: a Book of Essays. New York: Garland Publ., 2000.
INGLEHART, R. *Cultural Shift in Advanced Industrial Society*. Princeton (NJ): Princeton University Press, 1990.
_____. Globalization and postmodern values. *Washington Quarterly*, n.23, inverno 2000.
ISÓCRATES. *Sur l'échange*. 155-156. [S.l.: s.n., s.d.]
INVEGES, A. *Historia sacra paradise terrestris*. Palermo, 1649.
JANVIER, M. A. *Exposition de la morale catholique I*: La béatitude. Carême 1903, Paris, 1912.
JEFFERSON, T. *The Basic Writings of Thomas Jefferson*. Ed. P. S. Foner. New York, 1950.
JOURNAL D'AGRICULTURE. Relation abrégée du voyage de la frégate l'Endeavour. out. 1771.
JURIEU, P. *L'Accomplissement des prophéties*. (Rotterdam, 1686). Ed. J. Delumeau. Imprimerie Nationale, 1994.
JUSTINO. *Dialogue avec Tryphon*. i. [S.l.: s.n., s.d.]
KANT, E. *Critique de la raison pratique*. Ed. F. Picavet. Paris: PUF, 1965. [Ed. bras.: *Crítica da razão prática*. São Paulo: Martins Fontes, 2011.]
KENNEDY, C. W. *Early Christian Poetry*. London, 1952.
KLIBANSKY, R; PANOFSKY, E.; SAXL, F. *Saturne et la mélancolie*. Paris: Gallimard, 1989.

KRAMER, S. N. *History Begins at Summer*. New York: University of Pennsylvania Press, 1959.
KRISTELLER, O. (Ed.) *The Letters of Marsilio Ficino*. London: Shepheard-Walwyn, 1975. 6v.
KRISTEVA, J. *Thérèse mon amour*. Paris: Fayard, 2008.
LABRO, Ph. *Tomber sept fois, se relever huit*. Paris: Albin Michel, 2003.
LACTÂNCIO, *Institutions divines*. [S.l.: s.n., s.d.]
LA DISPUTE d'Homère et d'Hésiode. Trad. P. Brunet. Paris: Le Livre de poche classique, 1999.
L'AMI DU CLERGÉ. n.48, 25 nov. 1880.
LA QUINZAINE LITTÉRAIRE. Jun. 1968.
LA TRIBUNE SACRÉE. 13° ano, 1857-1858. Paris: 1886.
LA TRIBUNE SACRÉ ÉCHO DU MONDE CATHOLIQUE. Paris: 1886.
LACTÂNCIO. *Institutions divines*, livro VII. In: *Bibliothèque choisie des Pères de l'Église grecque et latine*. Paris: Ed. M. Guillon, 1824.
LAERCIO, D. *Vie, doctrine et sentences des philosophes illustres*. Paris: Garnier-Flammarion, 1965. t.I, "Aristippe".
LAMENNAIS, F. de *Le livre du peuple* (1838). In: _____. *Oeuvres complètes*. Ed. L. Le Guillou. Genève: Slatkine, 1981.
LAS CASAS, B. de. *Colección de tratados*. In: HANKES, L. *Colonisation et conscience chrétienne*. Paris: Plon, 1957.
LAPOUGE, G. *Utopie et civilisations*. Paris: Flammarion, 1978.
LE PARADIS DE LA REINE SYBILLE. In: *Poètes et romanciers du Moyen Âge*. Paris: Gallimard, 1952. (Col. Bibliothèque de la Pléiade).
LECAT, Cl.-N. *Traité des sensations et passions*. [S.l: s.n.], 1767.
LECOMTE, J. Le bien-être au quotidien. *Sciences humaines*, 1997, n.75.
LEIBNIZ, W. G. *Principes de la nature et de la grâce fondés en raison*. In: _____. *Oeuvres*. Paris: Aubier Montaigne, 1972.
LEKACHMAN, R. *A History of Economic Ideas*. New York: [s.n.], 1964.
LELIÈVRE, A. *Justification des sciences divinatoires, précédée du récit des circonstances de sa vie qui ont décidé de sa vocation pour l'étude de ces sciences et leur application*. Paris, 1847.
LÉON, Luís de. *Obras*. VII, 1. [S.l.: s.n., s.d.]
LESCARBOT, M. *Histoire de la Nouvelle France*. Paris, 1609.
LESZCZYNSKI, S. *Le philosophe chrétien*. In: _____. *Oeuvres du philosophe bienfaisant*. Paris, 1763. t.III.
LETTRE DE M. MALOUET sur la proposition des adminsitrateurs de Cayenne relativement à la civilisation des Indiens. Toulon, 16 jul. 1786.
LETTS, M. *Mandeville's Travels*. London: Hakluyt Society, 1953. 2v. [Ed. bras.: *Viagens de Jean de Mandeville*. Bauru: Edusc, 2008.]
LÉVI-STRAUSS, C. *Anthropologie structurale*. Paris: Plon, 1958. [Ed. bras.: *Antropologia estrutural*. São Paulo: Cosac Naify, 2008.]
_____. *Tristes tropiques*. Paris: Plon, 1955. [Ed. bras.: *Tristes trópicos*. São Paulo: Companhia das Letras, 1996.]
LEVIN, H. *The Myth of the Golden Age in the Renaissance*. Bloomington (IN): Indiana University Press, 1969.
LEVY, A. Pill Culture Pops. *New York*, 9 jun. 2003.
LÉVY, P. *La Cyberculture*. Paris: Odile Jacob, 1997. [Ed. bras.: *A cibercultura*. São Paulo: Editora 34, 1999.]
LEZAY-MARSENIA, Cl. *Le bonheur dans les campagnes*. Neufchâtel: 1785.
LIGNE, Prince. *Mélanges militaires, littéraires et sentimentaires*. t.XX, 1795-1811. 34v.
LIMET, H. Dilmun et la mythologie sumérienne des pays lointains. In: JOUAN, F.; DEFORGE, B. *Peuples et pays mythiques*. Paris: Les Belles Lettres, 1988.
LINFERT, C. *Jérôme Bosch*. Paris: Cercle d'Art, 1988.

LIPOVETSKY, G. *L'Ère du vide. Essai sur l'individualisme contemporain*. Paris: Gallimard, 1993. (Col. Folio)
_____. *Le bonheur paradoxal. Essai sur la société d'hyperconsommation*. Paris: Gallimard, 2006.
LOCKE, J. A Letter Concerning Toleration. In: WOOTTON, D. (Ed.). *Political Writings of John Locke*. New York: Penguin Books, 1993.
_____. *An Essay Concerning Human Understanding*. Ed. P. H. Nidditch. Oxford: 1991. [Ed. port.: *Ensaio sobre o entendimento humano*. Lisboa: Calouste Gulbekian, 2010.]
LORDELOT, B. *Les devoirs de la vie doméstique*. Paris, 1706.
LORRIS, G. *Roman de la Rose*. Paris: Gallimard-Folio, 1984.
LOVELACE, R. *Poems*. Ed. C. H. Wilkinson. Oxford, 1925.
LUCKCOCK, J. My house and garden: Lime Grove, Edgbaston. *Birmingham Reference Library*, 375/948.
LUTERO, M. *Propos de table*. Ed. G. Brunot. Paris: [s.n.], 1844.
LUZAC, E. *Le bonheur ou nouveau système de jurisprudence naturelle*. Berlin, 1754.
LYKKEN, D. T.; TELLEGEN, A. Happiness is a Stochastic Phenomenon. *Psychological Science*, 7, n.3, maio 1996.
MACAULAY, T. B. *A History of England*. London: Heron Books, 1967.
MACEK, J. *Jean Huss et les traditions hussites*. Paris: Plon, 1973.
MAHON, D. Mc. *Happiness, a History*. New York: Atlantic Monthly Press, 2006.
MAISTRE, J. de. *Les soirées de Saint-Pétersbourg*. 5.ed. Lyon, 1845.
MALVENDA, T. *De paradiso voluptatis*. Roma, 1605.
MAROT, C. *Oeuvres complètes*. Paris: Garnier, 1951.
MARCO AURÉLIO. *Pensées pour moi-même*. V, 36. [S.l.: s.n., s.d.]
MARCO POLO. *La description du monde*. Ed. L. Hambis. Paris: Librairie. C. Klincksieck, 1955.
MARÉCHAL, P.-S. *Le Temple de l'hymen*. Paris, 1959.
MARIENSTRAS, E. *Les mythes fondateurs de la nation américaine*. Paris: Maspero, 1992.
MARINI, F. L. Cl. (dito Marin). *L'Homme aimable*. Paris, 1751.
MARTIN, A. Napoléon on Happiness. *Raritan*, 19, n.4, 2000.
MARTIN, H. *Mentalités médiévales*. Paris: PUF, 1996.
MARTYR, Peter. *De novo orbe, or the History of the West Indies*. Trad. R. Éden e M. Lok. London, 1612.
MASSILLON, J.-B. Paraphrase du psaume XXXI. In: _____. *Oeuvres complètes*. Paris, 1822
_____. Sermon de la purification. In: _____. *Oeuvres complètes*. Paris, 1822.
_____. Sermon de la Toussaint. In: _____. *Oeuvres complètes*. Paris, 1822.
_____. Sermon du lundi de la Passion. In: _____. *Oeuvres complètes*. Paris, 1822.
MAUPERTIUS, P. L. de. *Essai de philosophie morale*. Berlin, 1749.
_____. *Lettre sur l'art de protéger la vie*. [S.l.: s.n.], 1756.
MAUZI, R. *L'Idée de bonheur dans la littérature et la pensée françaises au XVIIIème siècle*. Paris: Albin Michel, 1994.
MC MAHON, D. *Happiness. A History*. New York: Atlantic Monthly Press, 2005.
MEAD, M. *Growing-up in New Guinea*. London: Penguin Books, 1963.
MENDIETA. *Historia ecclesiastica indiana*. [S.l.: s.n.], 1596.
MERCIER, L.-S. *Tableau de Paris*. Amsterdam: 1782-1788. 12v. [S.l.: s.n., s.d.]
MERCURE FRANÇAIS. 1630, t.XVI. [S.l.: s.n., s.d.]
METTRIE, J. de La. *Anti-Sénèque ou le souverain bien*. Potsdam: [s.n.], 1750.
MIGNE. *Collection intégrale et universelle des orateurs sacrés*. t.VII. [S.l.: s.n., s.d.]
MIKALSON, J. D. *Ancient Greek Religion*. Oxford: Blackwell Publishing, 2005.
MILL, J. S. *Autobiography*. Ed. J. M. Robson. London: Penguin Books, 1989. [Ed. bras.: *Autobiografia*. São Paulo:Iluminuras, 2007.]
_____. De Tocqueville on Democracy in America. In: _____. *Collected Works*. Toronto: University of Toronto Press, 1963. 33v.

_____. *Utilitarianism.* In: _____. *On Liberty and Other Essays.* Oxford: Oxford University Press, 1998. [Ed. bras.: *O utilitarismo.* São Paulo: Iluminuras, 2000.]
MINOIS, G. *Histoire de l'athéisme.* Paris: Fayard, 1998.
_____. *Histoire de la vieillesse.* Paris: Fayard, 1987.
_____. *Histoire du mal de vivre, de la mélancolie à la dépression.* Paris: La Martinière, 2003.
_____. *Histoire du rire et de la dérision.* Paris: Fayard 2000. [Ed. bras.: *História do riso e do escárnio.* São Paulo: Unesp, 2003.]
_____. *Les Grands Pédagogues.* Paris: Audibert, 2006.
_____. *Les origines du mal.* Paris: Fayard, 2002.
MIRANDOLA, Pico della. *Heptatus.* Trad. ing. Douglas Carmichael. In: MILLER, P. (Ed.). *On the Dignity of Man.* Indianapolis: Hackett Publishing, 1998.
MISRAHI, R. *Traité du bonheur.* Paris: Seuil, 1981 e 1983. 2v.
MONTENAULT. *Essai sur les passions et sur leurs caractères.* Haia: 1748. 2v.
MONTESQUIEU, Ch. de. *Correspondance.* Carta 480. [S.l.: s.n., s.d.]
MOSER, M.; TEYSSOT, G. *Histoire des jardins de la Renaissance à nos jours.* Paris: Flammarion, 1990.
MOFFITT WATTS, P. Prophecy and Discovery: on the Spiritual Origins of Christpher Columbu's Enterprise of the Indies. *American Historical Review,* 90, fev. 1985, n.1.
MONTAIGNE, M. de. *Essais.* I. [S.l.: s.n., s.d.]
MONTESQUIEU. Ch. L. de. *L'Esprit des lois.* XIX, 27. [S.l.: s.n., s.d.]
_____. *Pensées.* 213. [S.l.: s.n., s.d.]
MORE, T. *L'Utopie.* Paris: Garnier-Flammarion, 1987. [Ed. bras.: *Utopia.* São Paulo: Martins Fontes, 2009.]
MORELLY. *Naufrage des Isles flottantes, ou Basiliade du célèbre Pilpaï.* [S.l.: s.n.], 1753.
MORRIS, W. *Nouvelles de nulle part.* Paris: [s.n.], 1902. [Ed. bras.: *Notícias de lugar nenhum.* São Paulo: Perseu Abramo, 2002.]
M. T. D. M., Advogado no Parlamento. *La recherche du bonheur en quatre divisions, tendant au même but.* Amsterdam e Paris: [s.n.], 1776.
MUCHENBLED, R. *Culture populaire et culture des élites dans la France moderne (XVème-XVIIème siècles).* Paris: Flammarion, 1978.
NAGLER, A. M. *Theater Festivals of the Medici.* New Haven: Yale University Press, 1964.
NAKAMURA, M. C.; NAKAMURA, J. The Concept of Flow. In: SNYDER, C. R.; LOPEZ, S. J. (Ed.). *Handbook of Positive Psychology.* Oxford: Oxford University Press, 2002.
NEULIF. *L'Utopie contemporaine.* Paris, 888.
NIETZSCHE, F. *Ainsi, parlait Zarathoustra.* Trad. G. Bianquis. Paris: Flammarion, 1969. [Ed. bras.: *Assim falava Zaratrustra.* Petrópolis: Vozes, 2008.]
_____. *L'Antéchrist.* [S.l.: s.n., s.d.]. [Ed. bras.: *O anticristo e ditirambos de Dionísio.* São Paulo: Companhia das Letras, 2007.]
_____. *Le Gai savoir.* Ed. W. Kaufmann. New York: Vintage Books Editions, 1974. [Ed. bras.: *A ciência Gaia.* São Paulo: Companhia das Letras, 2001.]
_____. *Par-delà le bien et le mal.* [S.l.: s.n., s.d.]. [Ed. bras.: *Além do bem e do mal.* Petrópolis: Vozes, 2009.]
_____. *The Will to Power.* Trad. W. Kaufmann e R. J. Hollingdale. New York: Vintage Books Editions, 1968. [Ed. bras.: *Vontade de potência.* Petrópolis: Vozes, 2011.]
OVÍDIO. *Les métamorphoses,* Livre I, III. [S.l.: s.n., s.d.]. [Ed. bras.: *As metamorfoses.* Rio de Janeiro, Record, 2002.]
OWEN, R. *Gazette millénaire.* [S.l.: s.n.], 1855.
_____. *New Lanarck.* [S.l.: s.n.], 1817.
_____. *The Life of Robert Owen Written by Himself.* London: [s.n.], 1857.
OZOUF, M. *L'Homme régénéré. Essais sur la Révolution Française.* Paris: Gallimard, 1989.
PALEY, W. *Principals of Moral and Political Philosophy.* London, 1786.

PARADIS DE RAYMONDIS, J. Z. *Traité élémentaire de morale et du bonheur*. Lyon, 1784.
PARRY, E. *Oeuvres complètes*. [S.l.: s.n.], 1808.
PASCAL, B. *Pensées*. In: _____. *Oeuvres complètes*. Paris: Gallimard, 1954. (Col. Bibliothèque de la Pléiade)
PATROLOGIE LATINE. XL, col.917. [S.l.: s.n., s.d.]
PAUL, V. *Paroles*. In: _____. *Entretiens spirituels de saint Vincent de Paulo*. Paris: Seuil, 1960.
PAVESE, C. *Il Mestiere di vivere*. Torino: Giulio Einaudi Editori, 1952.
PALEY, W. *Principles of Moral and Political Philosophy*. [S.l.: s.n.], 1786.
PELLERIN, G. *Le monde dans deux mille ans*. Paris, 1878.
PLATÃO. *Euthydème*. [S.l.: s.n.], 278. [Ed. bras.: *Eutidemo*. Brasília: Imprensa Nacional, 1999.]
_____. *Le Banquet*. 180b. [S.l.: s.n., s.d.]. [Ed. bras.: *O banquete*. Rio de Janeiro: Difel, 2006.]
_____. *Les lois*. 644e. [S.l.: s.n., s.d.]. [Ed. bras.: *As leis*. São Paulo: Edipro, 2010.]
PLUQUET, Abade. *De la sociabilité*. Paris: 1767. 2v.
PLUTARCO. *Consolation à Apollonius sur la mort de son fils*. In: _____. *Oeuvres Morales*. Paris, 1784.
POCHET, A. P. *Programme d'une fête allégorique représentée par le corps des nobles cadets de terre de Saint-Pétersbourg à l'occasion de la paix de 1775 avec la cour ottomane*. [S.l.: s.n], 1778.
POPE, A. *Essai sur l'homme*. Épître IV, 1. [S.l.: s.n., s.d.]
POUILLY, J.-L. L. de. *Théorie des sentiments agréables*. [S.l.: s.n.], 1736.
PRÉVILLE. *Méthode aisée pour conserver sa santé jusqu'à une extrême vieillesse*. [S.l.: s.n.], 1752.
PRÉVOST, Abade A.-F. *Le philosophe anglais, ou histoire de M. Cleveland, fils naturel de Cromwell*. Utrecht, 1732-1739. 4v.
PRICE, R. *A Review of the Principal Question and Difficulties in Morals*. London, 1758.
_____. *Observations on the Importance of the American Revolution*. [S.l.: s.n.], 1795.
PSEUDO-BASÍLIO. *Patrologie grecque*. t.xxx, col.63-6. [S.l.: s.n., s.d.].
PSEUDO-DIONÍSIO. *The Complete Works*. New York: Paulist Press, 1987.
PSEUDO-HIPÓCRATES. *Lettres*. IV, XVII, 25. [S.l.: s.n., s.d.]
PRITCHARD, J. B (Ed.). *Ancient Near Eastern Texts Related to the Old Testament*. Princeton (NJ): Princeton University Press, 1955.
PROUDHON, P.-J. *La philosophie du progrès*. In: _____. *Oeuvres complètes*. Paris: Rivière, 1946.
PUECH, H.-C. *En quête de la gnose*. Paris: Gallimard, 1978.
PUISIEUX, Mme. de. *Conseils à une amie*. [S.l.: s.n.], 1749.
QUINET, E. *Le Christianisme et la Révolution Française*. Paris, 1845.
RABANNE, P. *La fin des temps*. Paris: Michel Laffont, 1993.
RALEIGH, W. *The History of the World*. London, 1614.
RAMSAY, A.-M. de. *Les voyages de Cyrus*. Paris, 1727.
RAY, J. *A Persuasive to a Holy Life from Happiness that Attends it Both in this World, and in the World to Come*. London, 1700.
RAYMONDIS, J. Z. Paradis de. *Traité élémentaire de morale et du bonheur*. Paris, 1795.
RAYNAL, Abade. *Histoire philosophique et politique des établissements et du commerce des Européens dans les deux Indes*. Neuchâtel e Genève, 1783. 10v.
REBÉRIOUX, M. La littérature socialisante et la répresentation du futur en France au tournant du siècle. In: _____. *Histoire sociale, sensibilités collectives et mentalités. Mélanges Robert Mandrou*. Paris: PUF, 1985.
RENAN, E. *L'Avenir de la science*. In: _____. *Oeuvres complètes*. Ed. H. Psichari. Paris: Éditions Calmann-Lévy, 1949.
RENARD, J. *Journal*. 9 abr. 1895.

REYNOLDS, H. *Mythomystes*. In: SPINGARM, J. E. (Ed.). *Critical Essays of the Seventeen Century*. Oxford: Clarendon Press, 1908.
RICARD, M. *Plaidoyer pour le bonheur*. Paris: Nil Éditions, 2003.
RICOEUR, P. *La mémoire, l'histoire, l'oubli*. Paris: Seuil, 2000.
RIO, M. de. *Les controverses et recherches magiques*. Trad. A. Duchesne. Paris: 1611.
ROBESPIERRE. Robespierre. *Textes choisis*. Paris: Éditions sociales, 1957.
ROCHEFORT, G. de. *Histoire critique des opinions des philosophes sur le bonheur*. Paris, 1778.
RONSARD, P. de. *Discours contre fortune*. [S.l.: s.n., s.d.]
_____. *Le mari de Rhée*. [S.l.: s.n., s.d.]
_____. *Oeuvres complètes*. Ed. G. Cohen. Paris: Gallimard, 1966. (Col. Bibliothèque de la Pléiade).
ROUSSEAU, J.-J. *Oeuvres et correspondances inédites*. Paris: [s.n.], 1861.
RUSSELL, B. *La conquête du bonheur*. Paris: Payot, 2001.
_____. *Ce que je crois*. 1925, 10/18. In: _____. *Le mariage et la morale*. Paris: Robert Laffon, 1970
SADE, M. *La nouvelle Justine*. Cap.IX. [S.l.: s.n., s.d.]. [Ed. bras.: *Os infortúnios da virtude*. São Paulo: Iluminuras, 2009.]
SAFRANSKI, R. *Nietzsche*: a Philosophical Biography. New York: Norton, 2003.
SAINT-JUST. Rapport au Comité de Salut Public sur les factions de l'étranger, 23 ventoso ano II. In: _____. *Oeuvres complètes*. [S.l.: s.n., s.d.]
SAINT-PIERRE, Abade de. *Observations sur la sobriété*. [S.l.: s.n.], 1735.
SAINT-SIMON, H. de. *De la réorganisation de la société européenne*. In: _____. *Oeuvres*. Paris: Anthropos, 1966.
_____. *Mémoire sur la science de l'homme*. In: _____. *Oeuvres choisis*. Paris: PUF, 1965.
SALES, D. de. *Philosophie du bonheur*. [S.l.: s.n., s.d.]
SALES, F. de. *Introduction à la vie devote*. Oitava meditação. [S.l.: s.n., s.d.]. [Ed. bras.: *Filoteia*, ou Introdução à vida devota. Petrópolis: Vozes, 2010.]
SALKED, J. *A Treatise of Paradise*. London, 1617.
SALUTATI, C. *Epistolario*. Roma, 1891-1911.
_____. Apud TRINKAUS, Ch. The Happy Humanist, a Modern Creation. In: _____. *Adversity's Noblemen*: the Italian Humanists on Happiness. New York: Columbia University Press, 1940.
SANTO AGOSTINHO. *Confessions*. X, 20. [S.l.: s.n., s.d.]. [Ed. bras.: *Confissões*. Petrópolis: Vozes, 2011.]
_____. *De la Trinité*. XIII, 8, 11. [S.l.: s.n., s.d.]
_____. *De nuptiis et concupiscentia*. [S.l.: s.n., s.d.]
_____. *La cité de Dieu*. XIV, título do cap.XXV. [S.l.: s.n., s.d.]. [Ed. bras.: *A cidade de Deus*. Petrópolis: Vozes, 2009.]
_____. *Le livre de la vie heureuse*. In: _____. *Oeuvres complètes*. Paris, 1870.
_____. *Sermon CLXXV e Discours sur le psaume LI*. In: _____. *Oeuvres complètes*. [S.l.]: Ed. Péronne, 1872.
SANTO AMBRÓSIO. *De officiis*. I, 23. [S.l.: s.n., s.d.]
SAVONAROLA. *Prediche italiane ai Fiorentini*. Florença, 1933-5.
SCHOPENHAUER, A. *Le monde comme volonté et comme représentation*. Paris, 1966. [Ed. bras.: *O mundo como vontade e como representação*. São Paulo: Unesp, 2007]
SEGNI, L. dei. *De miseria conditionis humane*. Athens: University of Georgia Press, 1978.
SÊNECA. *Oeuvres complètes*. Paris: [s.n.], 1834.
SEVILHA, I. de. Étymologie. In: *Patrologie latine*. t.LXXXII, 2, col.496. [S.l.: s.n., s.d.].
SERVIER, J. *Histoire de l'utopie*. Paris: Gallimard, 1991. (Col. Folio)
SHAKESPEARE, W. *Comme Il vous plaira*, IV, 2. [S.l.: s.n., s.d.]. [Ed. bras.: *Como gostais/Conto de inverno*. São Paulo: L&PM Editores, 2009.]

_____. *Henry IV*, V, 3. [S.l.: s.n., s.d.]. [Ed. bras.: *Henrique IV*. Lacerda, 2000. 2v.]
_____. *3 Henry VI*, II, 5. [S.l.: s.n., s.d.]
_____. *Beaucoup de bruit pouir rien*, I, 1. [S.l.: s.n., s.d.]. [Ed. bras.: *Muito barulho por nada*. São Paulo: L&PM, 2005.]
_____. *Othello*, III, 3. [S.l.: s.n., s.d.]. [Ed. bras.: *Otelo*. São Paulo: L&PM, 1999.]
_____. *Richard II*. II, 1. [S.l.: s.n., s.d.].
SHORT, P. *Pol Pot*. Trad. franc. Paris: Denoël, 2004.
SMITH, A. *An Inquiry into the Nature and Causes of Wealth of Nations*. Indianapolis: Liberty Fund, 1981. 2v.
SMITH, A. *The Theory of Moral Sentiments*. London: [s.n.], 1759. [Ed. bras.: *Teoria dos sentimentos morais*. São Paulo: Martins Fontes, s.d.].
SMITH, P. (Org.). *The Life and Letters of Martin Luther*. Carta de Lutero ao príncipe Joachim d'Anhalt, 12 jun. 1534. Boston, 1911.
SOLOMON, A. *The Noonday Demon. An Anatomy of Depression*. London: Chatto & Windus, 2001.
SOUDIÈRE, M. de la. *Au bonheur des saisons*. Paris: Grasset, 1999.
SOUTHEY, R. *Journal of a Tour of Scotland*. [S.l.: s.n.], 1819.
SPINOZA, B. *Oeuvres complètes*. Paris: Gallimard, 1954. (Col. Bibliotèque de la Pléiade)
STEINTRAGER, J. *Bentham*. New York: Cornell University Press, 1977.
STILLINGFLEET, B. *Some Thoughts Concerning Happiness*. London, 1738.
STOBÉE, J. *Florilège*. III, I, 176.
STUPPERICH, R. *Die Schriften Bernard Rothmanns*. Münster: Aschendorff, 1970.
SUAREZ, F. *Opera omnia*. Paris: Ed. Vivès, 1856, III.
SÛMKHYA-SÛTRA. IV, 11. [S.l.: s.n., s.d.]
SUTTON, R. *Les Icariens*: the Utopian Dream in Europe and America. Urbana: University of Illinois Press, 1994.
SWAN, J. *Speculum mundi*. 3.ed. London, 1665.
TEILHARD DE CHARDIN, P. *Sur le bonheur*. Paris: Seuil, 1997. (Col. Points Sagesses). [Ed. bras.: *Sobre a felicidade/Sobre o amor*. Rio de Janeiro: Verus Editora, 2005.]
TERTULIANO. *Apologétiques*. 46. [S.l.: s.n., s.d.]
_____. *De spectaculis*. 30. [S.l.: s.n., s.d.]
THEOLOGIA ECLOGA. Linz, Ed. J. Oesternacher. 1902.
THEOLOGICAL DICTIONARY OF THE OLD TESTAMENT. Artigo "'ashrê". Grand Rapids. Michigan: Grands Rapids, 1974.
THIERRY, S. *Le Nirvana. Encyclopédie des religions*. Paris, 1997.
THOMAS, K. *Man and the Natural World*. London: Penguin Press History, 1983.
THURMOND, D. L. *Felicitas*: Public Rites of Human Fecundity in Ancient Rome. Chapel Hill: University of North Carolina, 1992.
TIMES LITERARY SUPPLEMENT. 27 jan. 1984.
TOCQUEVILLE, A. *De la démocratie en Amérique*. Paris: Vrin, 1990. [Ed. bras.: *A democracia na América*. Belo Horizonte: Itatiaia, 1962.]
_____. *Supplément à la Somme*. q.98, art.9. [S.l.: s.n., s.d.].
TRADUCTION OECUMÉNIQUE DE LA BIBLE. Paris: Éditions Du Cerf, 1975.
TRÉNARD, L. Pour une histoire sociale de l'idée du bonheur au XVIIIème siècle. *Annales historiques de la Révolution Française*, Paris, n.171, jan.-mar. 1963.
TREVOR-ROPER, H. Nicholas Hill, the English Atomist. In: _____. *Catholics, Anglicans and Puritans*. Chicago: University of Chicago Press, 1987.
TROCHU, F. *Le Curé d'Ars, d'après toutes les pièces du procès de canonisation*. Lyon-Paris: 1929.
TROTSKI, L. *Littérature et révolution*. [S.l.: s.n.], 1924.

TRUBLET, Abade. *Essais sur divers sujets de littérature et de morale.* [S.l.: s.n.], 1768.
_____. *Essais sur divers sujets de littérature et de morale.* Paris: 1735; 6.ed., 1768.
TSÉ-TOUNG, Mao. *Citations du Président Mao Tsé-Toung.* Ed. francesa. Pequim: [s.n.], 1967.
TRYON, T. *England's Happiness Improved, or an Infallible Way to Get Riches, Increase Plenty and Promote Pleasure.* London, 1697.
_____. *The Way to Health, Long Life and Happiness.* London, 1691.
TUCÍDIDES. *La guerre du Péloponnèse.* II, 41. [S.l.: s.n., s.d.]. [Ed. bras.: *História da Guerra do Peloponeso*. São Paulo: Martins Fontes, 2008.]
VALLA, L. *De voluptate, On Pleasure.* Trad. ing. A. Kent Hieatt e M. Lorch. New York: Abaris Books, 1977.
VALLISNERI, A. *Opere fisico-medice.* Veneza, 1733, t.I.
VAN DER LEEUW,G. *L'Homme primitif et la religion.* Paris: Alcan, 1940.
VASARI. *Vie des artistes.* "Leonardo da Vinci". [S.l.: s.n., s.d.]
_____. *Vie des artistes.* "Pontorno", VI, 153. [S.l.: s.n., s.d.]
VAUVENARGUES, L. de. *Oeuvres.* Ed. P. Varillon. Paris: 1929. 3v.
VEGA, L. de. *La Vega del Parnaso.* Madri: 1637, "El siglo de oro", f° 3.
VEENHOVEN, R. *World Database of Happiness in Nations.* Rotterdam: Erasmus University Rotterdam, 2007.
VERNE, J. La journée d'un journaliste américain en 2889. In: _____. *Hier et demain.* Paris: Le Livre de Poche, 1967.
VERNETTE, J. *Le New Age.* Paris: PUF, 1992.
VEYNE, P. *Le pain et le cirque.* Paris: Le Seuil, 1976.
VIDAL, M. Le clonage: réalité technique et valeur éthique. *Concilium*, 275. [S.l.: s.n., s.d.]
VIGNAUD, H. *Americ Vespuce.* Paris: [s.n.], 1917.
VIRGÍLIO. *Les Géorgiques.* Livro II. [S.l.: s.n., s.d.]
VOLNEY, C. F. de. *Tableau du climat et du sol des États-Unis.* Paris, 1803.
VOLTAIRE. *Correspondance.* 24 mar. 1764.
_____. *Dictionnaire philosophique.* [S.l.: s.n., s.d.]
VORAGINE, J. *La legende dorée.* Paris: Garnier-Flammarion, 1967.
YOUNG, E. *Les nuits.* Trad. Le Tourneux. Paris, 1783. 2v.
WATERS, E. G. R. *The Anglo-Norman Voyage of Saint Brendan by Benedict.* Oxford, 1928.
WATSON, D. *Mood and Temperament.* New York: Guilford, 2000.
WEBER, M. *L'Éthique protestante et l'esprit du capitalisme.* Paris: France Loisirs, 1990. [Ed. bras. *Ética protestante e o espírito do capitalismo.* São Paulo: Companhia das Letras, 2004.]
_____. "Die deutschen Landarbeiter" (1894). In: _____. *Gesamtausgabe.* Ed. W. J. Mommsen e R. Aldenhoff. 1, Schriften und Reden, 1892-1899, Tübingen.
WHITE, M. *The Philosophy of American Revolution.* New York: Oxford University Press, 1978.
WILLIAMS, A. *The Common Exposition*: an Account of the Commentaries on Genesis. Chapel Hill: 1948.
WILLS, G. *Inventing America*: Jefferson's Declaration of Independence. New York: Vintage Books, 1979.
WILSON, E. G. *Against Happiness.* New York: Sarah Crichton Books, 2008.
XENOFONTE. *Les Mémorables.* I, I, 22-25. [S.l.: s.n., s.d.]. [Ed. port.: *Memoráveis.* Trad. Ana Elias Pinheiro. Centro de Estudos Clássicos e Humanísticos. Coimbra: Universidade de Coimbra, 2009.]
ZARNCKE, F. Der Priester Johannes. *Abhandlungen der Sächsischen Kön. Gesellschaft der Wissenschaften*, n.7 e 8, 1879 e 1883.

ÍNDICE ONOMÁSTICO

A
Acosta, Joseph de, 149
Adam de la Halle, 120
Adamas, Philip, 204
Adams, John, 297, 297 n.34, 300
Adanson, 243
Adão, 3, 20-3, 84, 87, 89, 97, 105, 107-9, 124, 132-3, 149-53, 186-8, 208, 220, 297, 309, 376, 381
Afrodite, 13, 42
Agaton, 43
Agostinho, Santo, 88, 88 n.19, 90, 90 n.29, 92, 92 n.32, 93, 93 n.34-6, 94-8, 103, 108, 109, 109 n.67, 110, 152
Agripina, 64
Ailly, Pierre d', 113 n.77, 163-4
Alain, 395, 398, 398 n.46, 399, 402
Alberto, o Grande, 31, 31 n.49, 87, 87 n.16
Allemane, Jean, 343
Allestree, Richard, 224, 224 n.85
Alvarez, Baltazar, 177
Amauri de Bennes, 104
Ambrósio, Santo, 88, 88 n.18
Amós, 102
Anaxágoras, 31
André, Christophe, 411
Anghiera, Pierre d', 164, 164 n.66
Aníceris, 53
Anouilh, Jean, 410
Antístenes, 54
Antonello da Messina, 179
Antonio, 71
Ares, 10
Areteu, 78
Argens (marquês d'), 253, 263, 267, 278, 286

Aristipo, 52
Aristófanes, 40, 42-3, 47
Aristóteles, 47, 48 n.11-3, 49, 49 n.14, 50-2, 62, 64, 74, 79, 80, 80 n.83, 91, 97, 98, 101, 169, 180, 201, 299
Arquigenes de Apameia, 78
Arriano, Flávio, 62
Artabano, 27
Artur, 114
Ashmore, John, 171
Aslop, Georgs, 165, 295
Atena, 9, 76
Aulo Gélio, 37, 37 n.66, 79-80
Avitus, 107

B
Babeuf, Gracchus, 310, 333
Baco, 75-6
Bacon, Francis, 162, 163 n.59
Bader, Agostinho, 105
Baillet, Adrien, 196
Bakhtin, Mikhail, 127, 127 n.92, 344 n.57
Bakunin, Michel, 344-5
Ball, John, 105
Ballanche, Pierre-Simon, 358
Bandale, Jan Van, 110
Bandinelli, Baccio, 140
Barlow, Arthur, 204
Bartas, Guillaume Du, 148
Barthélémy (abade), 238, 287
Baruque, 110
Basílio de Cesareia, 87 n.17, 88
Basset, Robert, 157
Baudelaire, Charles, 362-3
Baunard, Monsenhor, 353, 354 n.80
Bayle, Pierre, 231

Beaumarchais, Pierre-Augustin de, 267, 268 n.88
Beaurieu, Gaillard de, 258
Beausobre, Louis de, 227, 267
Beccaria, Cesare, 321
Beda, o venerável, 79, 88
Beethoven, Ludwig van, 361, 361 n.95
Beigbeder, Frédéric, 406
Bellamy, Edward, 316, 338
Bellarmin (cardeal), 189, 189 n.10
Bembo, Pietro, 164, 164 n.63
Benasayag, Miguel, 407
Benincasa, Grazioso, 115
Bénouville, Madame de, 269, 269 n.93
Bentham, Jeremy, 291, 291 n.14, 292, 321-2, 336
Benvenuto d'Imola, 120
Bernardo, São, 89
Bernis, Cardeal de, 237, 270, 271 n.96
Beroaldo, Filippo, 169
Bert, Paul, 316
Bertholet, Denis, 26, 26 n.41
Berthoud, S., 319, 319 n.18
Bésenval, Pierre Victor de, 229
Bessner, barão de, 247, 247 n.45
Betsabé, 116
Bettelheim, Bruno, 391, 392 n.31
Bevington, Helen, 321
Bèze, Teodoro de, 175
Binet, Antoine de, 178
Biton, 28-9
Blondel, Jean, 264, 264 n.78, 265, 278
Boaventura, São, 112
Bocage, 135, 137, 137 n.4
Bodin, Jean, 147, 148 n.30
Boécio, 71, 73-4, 83
Böhm, Hans, 105
Bonald, Louis de, 357, 357 n.88
Bonaparte, Napoleão, 310, 311 n.67
Bosch, Hieronymus, 134, 136-7
Bossuet, Jacques Bénigne, 186, 190, 194, 215, 215 n.68, 215 n.69, 216 n.70, 216 n.71, 217 n.72, 219
Boswell, James, 260 n.69, 261-2, 284 n.1
Botton, Alain de, 350, 350 n.70
Bouche, Charles-François, 303
Bougainville, Louis Antoine de, 241, 242, 242 n.32, 243
Bourdieu de Villemert, 279

Boureau-Deslandes, André François, 280
Brandão, São, 115, 163
Brant, Sébastien, 144, 144 n.22
Breton, Philippe, 408, 408 n.7
Brezova, Laurent de, 105
Brightman, Thomas, 209
Brontë (irmãs), 362
Brown, John, 252
Bruckner, Pascal, 1, 405, 405 n.3, 414, 420, 420 n.41, 424, 424 n.50, 425, 425 n.53
Bruegel, Pierre, 135, 138, 173
Bruni, Leonardo, 169
Bruno, Giordano, 136
Büchner, Georg, 362
Buffier, Claude, 253
Buffon, Georges de, 245, 245 n.41, 271, 271 n.98
Buisine, Alain, 236, 236 n.17
Bulwer-Lytton, Edward, 339
Burke, Edmund, 318, 318 n.13
Burlamaqui, Jean-Jacques, 300
Burton, Robert, 189, 191, 191 n.15, 193-4
Bustamante, Jorge de, 146
Byron, Lorde George, 362

C

Cabet, Etienne, 331, 333, 333 n.41, 334, 334 n.42, 335
Cajetan (cardeal), 148, 150
Calamy, Edmund, 224
Cálicles, 41
Calmel (padre), 231
Calvino, João, 148, 175, 175 n.93
Cameron, David, 407
Campanella, Tommaso, 161, 162, 162 n.58
Camus, Albert, 388-9, 389 n.21, 418
Capito, Wolfgang Fabricius, 129
Caraccioli, Louis-Antoine, 231
Carbonnières, Ramond de, 257
Carlos V, 114-5
Carlyle, Thomas, 341-2, 342 n.52, 362
Carr, Robert, 300
Carrère d'Encausse, Helène, 344 n.55, 374, 374 n.1
Carver, Marmaduke, 148-9
Casale, Ubertino de, 104

Casanova, Jean-Jacques, 227, 233, 236, 236 n.18, 237, 256
Cases, E., 262 n.73
Castiglione, Balthazar, 179
Catarina de Médicis, 141
Catarina II, 234
Catilina, 71
Cecílio, 85
Cerinto, 103
Cervantes, Miguel de, 135, 135 n.25, 146
César, Júlio, 77
Charlton, Edith, 407
Charpy, Nicolas, 154
Chastellain, Georges, 126
Chastellux, marquês de, 290
Chateaubriand, François-René de, 247, 362, 363
Châtelet, Madame du, 234, 234 n.16, 269, 270, 270 n.95
Chauncy, Charles, 230
Chénier, André, 271
Cherbury, Herbert de, 194, 194 n.20
Cheyne, George, 258
Chirac, Auguste, 343
Choiseul, madame de, 237-8, 269
Chostakovitch, Dimitri, 376
Cícero, 34, 34 n.56, 37, 37 n.67, 58, 71-2, 72 n.69, 73, 91-2
Cioran, Emil, 389, 389 n.22, 390 n.24-6, 415
Cipriano, São, 88, 88 n.23
Clark, Andrew, 406
Clavel, Bernard, 417, 417 n.32
Cleantes, 40
Clearco, 31
Clemente de Alexandria, 34 n.57, 89
Cléobis, 28-9
Clínias, 40
Coleman, Thomas, 210, 210 n.59
Colombo, Cristovão, 163-4, 203, 297, 314
Colonna, Francesco, 157, 157 n.49
Commerson, Philibert, 242, 243, 243 n.34
Comte, Auguste, 346
Condillac, Étienne de, 286
Condorcet, Nicolas de, 289, 360
Constant, Benjamin, 329
Cook, James, 242, 244

Coppe, Abiezer, 210
Cortona, Pietro da, 133
Cosme I de Médici, 134, 140
Cosme Indicopleustes, 111
Court de Gébellin, François, 241 n.31
Cowley, Abraham, 142, 171
Cowper, William, 239
Cranach, Lucas, 4, 132-3, 396
Crantor, 71
Crénière, Jean-Baptiste, 303
Creso, 28-30, 33
Crèvecoeur, Michel de, 296-7
Croiset (padre), 232, 232 n.10
Cromwell, Olivier, 209, 211
Cronos, 7-10, 13, 76, 113, 133
Crousaz, Jean-Pierre de, 246, 246 n.43
Cruz, Francisco de la, 168
Csikszentmihaly, Mihaly, 410
Cumberland, Richard, 194
Cureau de La Chambre, Marin, 187
Cutler, Howard, 420, 420 n.39
Cyrulnik, Boris, 422, 422 n.46

D

Da Estrela, Eudes, 104
Dalai Lama, 378, 404, 420, 420 n.39
Damien, Pierre, 84
Daniel, 102, 209
Dante, 108, 108 n.65, 415
Darwin, Charles, 356, 370, 370 n.102, 371
Daumier, Honoré, 369
Davenant, William, 204, 205 n.49
Dazet, Georges, 343
De Pauw, Cornelius, 246
Deffand, Madame du, 238, 276, 276 n.104, 280
Delerm, Philippe, 417, 417 n.34
Delille (abade), 242
Delisle de Sales, Jean-Baptiste, 262, 265, 277, 279, 281, 287
Delumeau, Jean, 3, 85 n.7, 102 n.54, 104 n.58, 109, 110 n.69-71, 138 n.5, 149, 149 n.32, 33, 161 n.57, 162 n.58, 165 n.69, 167, 167 n.73, 188, 210 n.57, 296 n.29, 334 n.42, 416 n.28
Demócrito, 33, 37, 39, 56, 175, 181
Denton, Daniel, 206
Descartes, René, 186, 196-7, 197 n.30, 198, 200, 202

Deschamps (abade), 249, 250 n.50
Deschamps, Eustáquio, 124, 126, 129, 206 n.53, 249, 326 n.33
Desfourneaux (abade), 253
Dickens, Charles, 364, 367
Diderot, Denis, 243, 244, 147, 251, 251 n.51, 254, 266, 266 n.84, 267, 267 n.87, 275, 277, 277 n.107, 286, 286 n.3, 288
Dídimo, 111
Diógenes Laércio, 31, 52, 52 n.22, 54, 61
Diógenes, 54, 62, 64
Dionísio Areopagita (pseudo), 83
Dionísio de Siracusa, 44
Dostoiévski, Fiódor, 318, 365-6, 366 n.97
Doyle, Richard, 369
Dracôncio, Emílio, 108, 108 n.66
Drayton, Michael, 141, 142 n.15
Drictelmo (monge), 88
Druso, 72
Du Bellay, Joachim, 141
Du Camp, Maxime, 365
Du Fail, Noël, 141
Du Laurens, André, 171
Dubois de Rochefort, Guillaume, 263, 263 n.75
Duby, Georges, 120, 120 n.86
Dupuy, 253, 279
Durand, A. J., 235
Dürer, Albrecht, 171
Dwight, Timotée, 296

E
Éden, Richard, 204
Edwards, Jonathan, 295, 296 n.28
Efrém (santo), 107, 109, 111
Efrém, o siríaco, 111
Ehrenbourg, Ilya, 375
Eliade, Mircea, 24, 24 n.32,
Eliot, John, 209
Eliú, 17
Elizabeth (princesa), 197-8
Elizabeth I, 141, 142
Empédocles, 13, 79
Encina, Juan de, 146
Engels, Friedrich, 342, 342 n.53
Enki, 5
Enoch, 110, 112
Epicteto, 61, 64

Epicuro, 36, 54, 54 n.27, 55-6, 56 n.28, 57-8, 61, 66, 69, 71, 120, 190, 198, 201, 225-6, 231, 256, 323
Epifânio, 111
Erasmo de Roterdã, 129, 131, 140, 143, 144, 144 n.20, 160, 170, 175
Erígera, João Escoto, 83
Erixímaco, 41
Esdras, 110
Ésquilo, 30
Estaing, Hector d', 261
Estobeu, 31, 36
Étienne, Pierre, 257, 272
Étienne, Tempier, 124
Eurípedes, 30, 75, 75 n.72
Eva, 3, 20-2, 25, 84, 87, 89, 97, 105, 107-9, 132, 133, 149, 150-3, 165, 186, 188, 208, 216, 220, 376, 381
Eyck, Jean Van, 129
Ezequiel, 102, 162

F
Farel, Guillaume, 175
Farinata degli Uberti, 120
Fauchet, Claude, 306
Fedro, 41
Felicidade (santa), 82
Félix (padre), 357
Fénélon, François de, 219-21, 221 n.80, 222, 222 n.81, 223, 223 n.83, 267
Fichte, Johann, 362
Ficin, Marsile, 139, 139 n.7, 169
Filodemos de Gadara, 57
Fílon, 107, 107 n.63
Filostorgios, 111
Flaubert, Gustave, 364-5
Fletcher, John, 135, 142
Fontana, F., 188
Fontenelle, Bernard le Bouvier de, 280-1, 281 n.108, 287
Forster, Edward Morgan, 340
Fourier, Charles, 331-2, 332 n.40, 333
Fournier, Eugène, 343
France (Anatole), 320, 320 n.20, 364
Francisco de Assis, 89, 89 n.26
François de Toulouse, 188
François I, 141
Franklin, Benjamin, 298, 298 n.38, 300, 330

Frederico II, 271
Freneau, Philip, 297, 297 n.36
Frenzenzy, Paul, 360
Fréret, Nicolas, 232, 233 n.11
Freud, Sigmund, 61, 390, 390 n.27, 391-2
Fukuyama, Francis, 346, 346 n.61
Fuller, Thomas, 240

G

Galba, 77
Galeno, 79
Galiani (abade), 277, 277 n.106, 286
Garasse, François, 178
Gassendi, Pierre, 190, 190 n.13, 226
Gautier de Metz, 110
Gauvin, Jean Antoine, 240
Genlis, marquesa de, 235
Geoffroy de Monmouth, 114
Gervásio de Tilbury, 112-3
Gide, André, 377, 388, 388 n.19
Gilgamesh, 6
Godwin, William, 369
Gomara, Francisco Lopez de, 149
Goodwin, Thomas, 209
Górgias, 31, 41, 41 n.3
Gotfredo de Viterbo, 110, 239
Gouges-Cartou, Arnaud, 303
Gourcy (abade de), 231, 270, 271, 282 n.110, 270, 311, 325
Grabbe, Christian Dietrich, 362
Graffigny (madame de), 319
Graham, Billy, 404
Grandvoinet de Verrière, Claude, 278
Graveran, Louis, 189
Greene, John, 210, 210 n.60
Grégoire (abade), 309
Gregório de Nysse, 107, 111
Gregory, Jean, 258
Grotius, Hugo, 148
Guarini, Battista, 135
Guérin, Claude, 309
Guevara, Antonio de, 146, 146 n.27
Guillaume d'Auvergne, 87
Guillaume de Conches, 87
Guillaume de Lorris, 121
Guillaute, 250
Gusdorf, Georges, 22, 22 n.28, 23 n.31, 27 n.42
Guyon, madame, 219

H

Hades, 12, 27
Halévy, Daniel, 340
Hall, Joseph, 152, 152 n.42, 171
Harriot, Thomas, 165, 295
Hawkins, Thomas, 171
Hazard, Paul, 225, 225 n.86
Hébert, Jacques René, IX, 306
Hefesto, 9
Hegel, Friedrich, 345, 345 n.58, 346
Hegésias, 53
Heine, Heinrich, 351, 352 n.74
Heloísa, 119, 119 n.85, 272, 274
Helvétius (Claude Adrien), 245, 245 n.40, 263, 266, 266 n.82, 83, 267, 279, 287, 291
Hélvia, 72
Hemsterhuis, François, 240, 240 n.29, 272, 272 n.101
Hennebert, Jean-Baptiste, 279
Henri II, 141
Henri III, 141
Henri IV, 141
Henri V, 143
Hera, 28
Heráclides, 40
Heráclito, 31, 181
Hércules, 32, 365
Herder, Johann Gottfried, 320
Hermes, 9
Hernandez, Francesco, 164, 165 n.67
Heródoto, 27, 27 n.44, 28, 30
Herrera, Antonio de, 149
Herrick, Robert, 171
Herzl, Theodor, 320, 320 n.19
Hesíodo, 3, 7, 7 n.6, 8-10, 10 n.10, 11-4, 27, 30, 39, 113, 121, 405
Higiden, 114
Hildegarde de Bingen, 87, 87n.14, 89, 89 n.25
Hill, Christopher, 157, 157 n.48, 209, 209 n.56, 210 n.61
Hiparco, 33
Hipócrates, 79, 87
Hipódamo de Mileto, 45
Hipólito, 103
Hobbes (Thomas), 186, 190, 202-3, 203 n.44, 206-7, 219

Holbach, Paul Henri d', 227, 261, 261 n.72
Holdsworth, Richard, 210, 211 n.62
Homero, 11, 11 n.15, 12, 18, 27, 113
Hondius, Jocondius, 204
Honorius d'Autun, 112
Horácio, 58, 58 n.30, 59, 59 n.31-2, 60, 60 n.36, 61, 61 n.37, 62, 64, 69, 77, 170, 267
Hortolà, Cosme Damien, 154, 154 n.46
Houellebecq, Michel, 3
Huet, Pierre-Daniel, 235
Hugo de Saint-Victor, 111
Hugo, Victor, 45, 111, 317
Hume, David, 238, 240, 285, 288, 300
Hùska, Martin, 105
Hutcheson, Francis, 291, 300
Hutt, Hans, 105
Hutten, Ulrich de, 147
Huxley, Aldous, 339, 379, 381

I
Inglehart, Ronald, 386
Ingres, Dominique, 313, 313 n.1, 319, 359
Inocêncio III, 89, 119
Inveges (Agostino), 149, 150, 150 n.37, 151 n.39, 153, 153 n.44
Irineu (santo), 103
Isidoro de Sevilha, 79, 83, 111-2, 112 n.73, 113, 113 n.76, 114
Isócrates, 32, 32 n.52
Isolda, 119

J
Jacinto (Santo), 279
Jacques I, 143
Janos, 77, 133-4
Jansenius, 187
Janssens, Abraham, 191, 191 n.14
Janvier (padre), 356, 356 n.85
Jean de Fécamp, 84-5
Jean de Leyde, 105-6, 154
Jean de Meung, 121, 124
Jean de Montreuil, 126
Jefferson, Thomas, 298, 300
Jesus, 87, 176, 190, 210, 216, 224, 231-2, 354
Jó, 17-8

Joachim de Flore, 162
João Crisóstomo, 88, 88 n.21, 111
João da Cruz, 177
João Damasceno, 111
João de Ávila, 175, 176 n.95
João de Parma, 104
João, Preste, 113, 115-6, 129, 166, 175
Johnson, Samuel, 228, 260-2, 284, 288, 299
Jonson, Ben, 135, 143, 171
Joris, David, 154
Joubert, Joseph, 242
Juilly, Baudot de, 230
Julia (filha de Agripina), 64
Julio II, 157
Jurieu, Pierre, 155, 155 n.47
Justino, 103, 103 n.56, 197

K
Kant, Emmanuel, 285, 285 n.2, 288
Keats, John, 362-3
Kerouac, Jack, 394
Kierkegaard, Soeren, 346
Kipling, Rudyard, 63
Klimt, Gustav, 361, 362
Knox, John, 175
Kojève, Alexandre, 346
Kokoschka, Oskar, 362
Kramer, P., 5 n.1
Kristeva, Julia, 177, 177 n.101

L
La Caze, Louis de, 257-8
La Chétardie, Jacques Joachim, 188
La Colombière, 186, 186 n.3
La Combe, François de la, 219
La Fond, Joseph de, 235
La Font, P. de, 188
La Mettrie, Julien Offroy de, 255-6, 277, 279
La Motte-Houdar, Antoine de, 208
La Peyrère, Isaac de, 208
La Rochefoucauld, François de, 73, 74, 186, 211-2, 218, 270
Lacombe (madame), 358
Lactâncio, 86, 86 n.11, 103, 103 n.57, 107
Ladvocat, Louis-François, 271
Lamartine, Alphonse de, 45

Lambert (madame de), 269
Lamennais, Félicité de, 316, 358
Lapide, Cornelius a, 148
Lapouge, Gilles, 366, 366 n.96
Las Casas, Bartolomeu de, 166, 167 n.72
Lassay (marquês de), 278-9
Latini, Brunetto, 112
Layard, Richard, 407
Lazarus, Emma, 326
Le Bègue de Presles, 258
Le Clerc, Daniel, 188
Le Corbusier, 396, 396 n.41
Le Drimeur, 343
Le Play, Frédéric, 367
Leão X, 140, 143
Lecat, Nicolas, 257-8, 258 n.61
Leeuw, Gabriel Van der, 23 n.30
Léger, Fernand, 396
Leibniz, Wilhelm Gottfried, 194, 194 n.21, 223, 223 n.84, 276
Lelièvre (senhorita), 358, 359 n.92
Lênin, 374-5
Leon, Luís de, 175, 175 n.94
Leopardi, Giacomo, 362
Lepeletier, Félix, 306
Lequinio, Joseph-Marie, 306, 307 n.60
Leroux, Pierre, 316, 358
Léry, Jean de, 165
Lesuire, Robert-Martin, 276
Leszczynski, Stanislas, 231, 253
Levesque de Pouilly, Jean-Louis, 231, 259, 260, 267
Lévi-Strauss, Claude, 25, 25 n.36, 26 n.41
Lévy, Pierre, 409
Lezay-Marnesia, Claude, 272, 272 n.100
Ligne (príncipe de), 237, 237 n.19
Lipovetsky, Gilles, 412, 412 n.17, 414
Lívia, 72
Locke, John, 224-5, 224 n.87, 226, 226 n.88, 299
Lombardo, Pedro, 112
Lope de Veja, Félix, 146
Lordelot, Bénigne, 268, 269 n.92
Loredan, Leonardo, 179
Lourenço de Médici (o Magnífico), 139-40, 157, 169-70
Lovelace, Richard de, 135, 135 n.2
Luc, Jean-André de, 257
Lucas de Leyde, 137

Lucílio, 69, 70
Luckcock, James, 369, 369 n.101
Lucrécio, 52
Lúculo, Licínio, 77
Luís XIII, 162
Luís XIV, 2, 162, 190, 221
Lutero, Martinho, 138, 138 n.6, 145, 151, 151 n.41, 173, 174, 174 n.90, 175
Luynes (duque de), 319
Lykken, David, 421, 421 n.44
Lyssenko, Trofime, 375

M
Macaulay, Lord Thomas, 318, 318 n.14
Madison, James, 300
Maerlant, Jacob Van, 110
Maeterlinck, Maurice, 388
Maistre, Joseph de, 357, 357 n.87
Malebranche, Nicolas, 189, 220
Malouet, Pierre Victor, 247
Malthus, Thomas Robert, 320-1
Manassei, Paolo, 177
Mandeville, Jehan de, 111-2, 112 n.75, 117
Mani, 90
Manuel I, 115
Mao Tsé-tung (o Grande Timoneiro), 376 n.4
Marcia, 71
Marco Aurélio, 62, 62 n.40, 63
Marco Polo, 117, 117 n.82, 118
Maréchal, Pierre Sylvain, 240, 240 n.28
Marillac, Michel de, 189
Marini, Marino, 253, 253 n.55
Marivaux, Pierre de, 278
Marmontel, Jean-François, 238, 278
Marot, Clément, 144, 144 n.23
Marquês de Sade, 255-6, 281
Marquet (abade), 253
Marston, John, 135
Martin, Hervé, 118, 119 n.83
Martyr, Pierre, 203, 204, 204 n.45
Marx, Karl, 342-4
Massard, Jacques, 155
Massillon, Jean-Baptiste, 217, 271 n.74, 218, 218 n.76-8, 189
Matisse, Henri, 396
Matthys, Jean, 106
Maupassant, Guy de, 364

Maupertuis, Pierre Louis de, 278, 288, 288 n.90
Mauzi, Robert, 228, 228 n.2, 232, 232 n.9, 272, 272 n.99, 273 n.101, 281, 281 n.109, 289, 289 n.8
Mayer-Lamartinière, Constance, 312
Mead, Margaret, 25, 25 n.35
Mecenas, 58
Mede, John, 209
Melancton, Philip, 175
Mendieta, Jerônimo de, 167, 168 n.74
Mercier, Louis Sébastien, 250, 263, 263 n.73, 266, 266 n.81
Merlin, 115
Mestre de Claville, o (Charles Nicolas), 231
Metódio (o Pseudo), 103
Metódio de Olímpia, 103
Michelangelo, 140
Michelet, Jules, 248
Mill, James, 338
Mill, John Stuart, 321-2, 325, 338
Millet (padre), 355, 360
Milton, John, 148, 171, 186
Minúcio, Félix, 85, 85 n.8
Mirabeau, Gabriel de, 238, 253, 282
Misrahi, Robert, 409-10, 410 n.10
Moisés, 148, 258
Molinos, Miguel, 219
Montaigne (Michel de), 165, 166, 166 n.70, 179, 179 n.106, 180-2, 182 n.115, 183-4
Montalvo, 135
Montbar (madame de), 242
Montemayor, Jorge de, 135
Montenault, Charles Philippe, 293, 293 n.21
Montesquieu, Charles Louis de, 227, 237, 248, 259, 259 n.64-66, 260, 267, 288
Morandi, Benedetto, 169
More, Thomas, 156, 158, 159, 159 n.53, 160, 167, 170, 205, 249
Morel, 249
Morelly (abade), 249, 249 n.49
Morland, George, 360
Morley, Ebenezer, 337
Morris, William, 317, 318, 318 n.12, 338
Morton, Thomas, 295
Moukhina, 376

Mounier, Jean-Joseph, 303
Muchembeld, Robert, 173
Mumford-Jones, Howard, 331, 331 n.38
Müntzer, Thomas, 105
Muratori, Louis Antoine, 230

N

Neckham, Alexandre, 110, 112
Neill, A. S., 394, 395 n.38
Nero, 64
Nicolas de Clamanges, 124, 126
Nietzsche, Friedrich, 345, 350-1, 351 n.72, 73, 352, 352 n.75, 353, 353 n.79, 366, 398
Nobel, Alfred, 319
Nougaret, Pierre Jean Baptiste, 278
Novalis, Friederich, 362

O

Ogier, François, 178
Olimpiodoro, 31
Olivi, Pierre-Jean, 104
Orígenes, 37, 107
Orwell, George, 336, 380-1
Oseias, 102
Oswald, Andrew, 406
Otávio, 71
Otávio, 85
Ovídio, 3, 12, 13 n.18, 71, 72, 121, 164, 319
Owen, John, 209
Owen, Robert, 336-8

P

Pacard, Georges, 154
Paley, William, 229, 261, 290
Pandora, 9, 10, 25
Papety, Dominique, 359
Pápias, 103
Paradis de Moncrif, François Augustin, 253
Paradis de Raymondis, 268, 293, 293 n.23
Paré, Ambroise, 171
Pascal (Blaise), 184, 186, 187, 191, 211-2, 212 n.63, 223, 226, 275, 310
Paulo (São), 82
Pausânias, 41
Pavese, Cesare, 388, 388 n.20

Pedro (São), 82, 138, 173
Pellerin, Georges, 316, 316 n.6
Pereira, Rui, 165
Péricles, 2, 39, 40, 57
Pérotin, 120
Perpétua, (Santa), 82
Pétion de Villeneuve, Jérôme, 303
Petrucci, Pier Matteo, 177
Philippe de Vitry, 125-6
Pinelo, Antonio de Leon, 149, 165, 248
Pisan, Christine de, 126
Pitágoras, 79
Platão, 40, 40 n.2, 41, 41 n.5, 42-6, 46 n.10, 47, 51-2, 64, 74, 91, 181, 249, 379, 414
Plínio, 31, 114
Pluquet, André-François, 233, 233 n.12, 293, 293 n.22
Plutarco, 71, 73, 73 n.70, 113
Poiret, Pierre, 154
Políbio, 71
Pollack, F. L., 427
Polo, Gil, 135
Ponce de Leon 109, 137
Pontorno, Jacopo, 140, 140 n.8
Pope, Alexander, 227, 227 n.1
Pot, Pol, 378
Prévost (abade), 252, 252 n.53, 294, 294 n.24
Price, Daniel, 165, 295
Price, Richard, 229, 296
Priestley, Joseph, 358
Pródico, 32
Proudhon, Pierre Joseph, 335, 344, 344 n.56
Proust, Marcel, 388
Prudêncio, 107
Prud'hon, Pierre Pau, 312, 359
Puisieux (madame de), 269, 269 n.94, 278, 279
Purcell, Henry, 224
Puységur (marquês de), 301

Q
Quantin, Albert, 317, 317 n.10
Quincey, Thomas de, 362
Quinet, Edgar, 248, 315, 315 n.4
Quiroga, Vasco de, 167, 205

R
Rabanne, Paco, 393, 394 n.35
Rabaut Saint-Étienne, Jean-Paul, 303
Rabelais, François, 128, 137, 158, 178
Rafael, 140, 169
Raleigh, Walter, 147, 147 n.29
Ramsay, André-Michel de, 267, 267 n.86
Rauschenberg, Robert, 404
Ray, John, 224
Raynal (abade), 244, 244 n.38, 266
Renan, Ernest, 316
Renard, Jules, 364, 388, 416
René (rei), 126
Renoir, Auguste, 360
Restif de La Bretonne, Nicolas, 250, 279
Reynolds, Henry, 208
Reynolds, Joshua, 284
Ricard, Matthieu, 420, 421, 421 n.43
Richeome, Louis, 178
Richter, Johann, 363
Rimbaud, Arthur, 363
Rio, Martin del, 186
Robespierre, Maximilien, 307, 308 n.61
Robida, Albert, 340
Robin, Charles, 229
Rochefort, Guillaume de, 263, 263 n.95, 292, 293 n.18, 306
Rodin, Auguste, 361
Ronsard, Pierre de, 141, 141 n.12, 145, 145 n.24, 166, 166 n.71, 170, 205, 205 n.50
Rosa, Francisco Martinez de la, 146
Rothmann, Bernard, 105-6
Rougemont, Frédéric de, 320, 358
Rousseau, Jean-Baptiste, 239
Rousseau, Jean-Jacques, 15, 220, 241, 247, 253, 273
Roux, Jacques, 306
Rudolph d'sem, 110
Rufus de Éfeso, 80
Russell, Bertrand, 395, 399, 400, 400 n.50, 401 n.54, 402
Russell, Charles Taze, 318
Rutebeuf, 120

S
Saint-Evremond, Charles de, 190
Saint-Just, Antoine, 2, 283, 308, 308 n.62

Saint-Lambert, Jean-François de, 257, 270, 287
Saint-Mard, Rémond de, 278
Saint-Paul, Charles de, 190
Saint-Pierre (abade de), 258, 258 n.62
Saint-Simon, Henri de, 3, 314, 315, 315 n.2, 332, 332 n.39
Sales, Francisco de, 177
Salked, John, 148-50, 150 n.36, 152, 152 n.43, 153, 153 n.45
Salutati, Colucci, 144, 144 n.21, 170, 170 n.79
Sand, George, 320
Sannazzaro, 135
Sartre, Jean-Paul, 388
Sautel, Pierre-Juste, 178
Savérien, Alexandre, 228
Savonarola, 105-6, 106 n.61
Say, Jean-Baptiste, 289, 321
Schiele, Egon, 362
Schiller, Friedrich von, 361-2
Schlegel, Friedrich, 318, 320
Schopenhauer, Arthur, 191, 347, 347 n.63, 350, 350 n.71, 364, 411, 419
Scudo, P., 355
Seconds, Jean-Louis, 304
Segni, Lotario dei (Inocêncio III), 84, 84 n.6, 89
Segrais, Jean de, 240
Sêneca, 13, 14 n.21, 15-6, 64-7, 67 n.57, 68, 69, 69 n.63, 70, 70 n.64, 71, 71 n.66,67, 72, 103, 113, 19
Serbon de Wilton, 85
Serenus, 69
Servet, Michel, 154
Shaftesbury, Antony Ashley Cooper, (conde de), 224-5
Shakespeare, William, 142, 142 n.17, 143 n.18, 171, 171 n.82, 172 n.83-5
Shaw, Bernard, 388
Shaw, J., 239
Short, Philip, 377 n.5, 378
Sidônio Apolinário, 107
Sieyès (abade), 303
Signac, Paul, 360
Siguier, Auguste, 320
Sillery (marquês de), 303
Silvestre, Bernard, 110
Sinety, André-Louis-Esprit (conde de), 304-5

Smith, Adam, 229, 285, 288-9, 300, 320, 341
Smith, John, 165, 295
Sócrates, 2, 31-2, 32 n.52, 37, 40-3, 48, 54, 62, 64, 74, 92, 180, 324, 350, 351
Sófocles, 30, 62
Sólon, 28-30, 49, 181
Sorano de Éfeso, 78
Soranos (pseudos), 79
Southey, Robert, 337, 337 n.49
Souvestre, Émile, 340
Spinoza, Baruch, 189, 194-5, 195 n.22-5
Spronk, Maurice, 340
Staël (madame de), 277
Stiblin, Kaspar, 161
Stillingfleet, Benjamin, 279, 291, 291 n.13
Stirner, Max, 342
Straton, 40
Strindberg, Auguste, 361
Stuart, Maria, 141
Swan, John, 150, 150 n.38
Swift, Jonathan, 159, 283
Sydney, Philip, 135-6

T

Tales, 31
Tanquelmo, 104
Tate, Nahum, 224
Teilhard de Chardin (padre), 397, 396 n.42, 397, 402
Tellegen, Auke, 421
Telo, 28, 29
Tenorio, Gonzalo, 168
Teócrito, 13
Teodoreto de Ciro, 112
Teodorico, 73
Teodoro de Mopsueste, 111
Teofrasto, 40, 53
Téognis de Mégara, 27
Teresa de Ávila, 176
Terme, Jean-Joseph, 303
Tertuliano, 37 n.68, 88, 88 n.22, 107
Thibaudeau, Antoine, 309
Thierry, Solange, 419, 419 n.38
Thiroux d'Arconville (madame), 265
Tocqueville, Alexis de, 324, 327-9, 329 n.34
Tomás de Aquino, 89, 89 n.24, 97, 97 n.46, 98, 98 n.47, 49, 99 n.51, 100, 110, 122 n.74

Tristão, 119
Trotsky, Leon, 374
Trublet (abade), 231, 232 n.8, 262, 262 n.74, 263, 265, 265 n.80, 270, 278, 279, 281, 286-7, 287 n.5, 292, 292 n.17, 302
Tryon, Thomas, 224
Turgot, Anne, 235, 288
Twain, Mark, 325, 327

U
Urfé, Honoré d', 135

V
Valbuena, Bernardo de, 146
Valla, Lorenzo, 169, 169 n.76
Varrão, Marco, 94-5
Vasari, Georgio, 133, 139-40, 140 n.8, 179, 179 n.75
Vasconcelos, Simão de, 149
Vaughan, Henry, 171
Vauvenargues, Luc de, 277, 282, 282 n.111, 287
Veenhoven, Ruut, 386, 386 n.17
Veiras, Denis, 223
Verdier, 288
Vermigli, Pierre, 148
Verne, Julio, 319
Verri, Pietro, 291
Vespúcio, Américo, 164
Vianney, Jean-Marie, (o cura d'Ars), 354
Viau, Teófilo de, 190
Vicente de Beauvais, 112
Vicente de Paulo, 189
Vidal, Marciano, 423, 423 n.48
Vieira, Antônio, 154
Villegagnon, Durand de, 166, 205
Vincent de Paul, 221
Vindiciano, 97
Virgílio, 21, 73, 129, 150
Vitor, Claudio Mario, 107
Volney, Constantin François de, 246 n.44
Voltaire, 36, 185, 235, 241, 246, 258, 254, 261, 263, 268, 270, 275-6, 276 n.103, 279-80, 286, 286 n.4, 410
Vondel, Jost van den, 148
Voyer d'Argenson (marquês de), 249

W
Wagner, Richard, 361
Wallace, Robert, 249
Wangchuck, Singye, 381
Watelet, Claude-Henry, 238
Weber, Max, 152, 329-30, 330 n.36
Webster, Noah, 297
Wells, Herbert George, 339, 379
Whitaker, Alexandre, 295
White, Adrian, 406
Whittier, John, 316
Wilde, Oscar, 364
Wilson, Eric, 424
Winstanley, Gerard, 209-10
Winthrop, John, 295
Wood, Grant, 339
Wycherley, William, 171

X
Xenocrates, 40
Xenofonte, 32, 32 n.53, 40

Y
Young, Edward, 293, 293 n.29
Youngbauer, Edmund, 371

Z
Zacarias, 102
Zamiatine, Eugène, 339, 365, 379
Zanchi, Girolamo, 148
Zangwill, Israel, 326
Zenão de Cítio, 54, 61, 201
Zeus, 8-11, 28, 46, 54, 56, 76
Zucchi, Jacopo, 133
Zumarraga, Juan de, 167
Zwínglio, Ulrich, 175

SOBRE O LIVRO

Formato: 16 x 23 cm
Tipologia: Iowan Old Style 10/13,1
Papel: Off-white 80g/m² (miolo)
Cartão Supremo 250 g/m² (capa)
1ª *edição*: 2011

EQUIPE DE REALIZAÇÃO

Assistência Editorial
Olivia Frade Zambone

Edição de Texto
Maria Sílvia Mourão (Copidesque)
Elisa Andrade Buzzo (Preparação de original)
Vivian Miwa Matsushita (Revisão)

Capa
Moema Cavalcanti

Editoração Eletrônica
Eduardo Seiji Seki

Rua Xavier Curado, 388 • Ipiranga - SP • 04210 100
Tel.: (11) 2063 7000
rettec@rettec.com.br • www.rettec.com.br